Europa zu Beginn des 18.Jahrhunderts

Karelien

Wiborg

St. Petersburg

Ingermanland

Narwa

Reval

Estland

Pernau

Livland

Wo

W0055125

Moskau

Düna

Njemen

Nowogrodek

RUSSISCHES REICH

Don

Wolhynien

Jaroslau

Ukraine

Dnjepr

Poltawa

Dnjestr

Moldau

Pruth

ES REICH

Bender

Gabriele Hoffmann

Constantia von Cosel
und August der Starke

Gabriele Hoffmann

Constantia von Cosel

und August der Starke

Die Geschichte einer Mätresse

Gustav Lübbe Verlag

Frontispiz
Anna Constantia Gräfin von Cosel, geb. Brockdorff
(Aus: Cornelius Gurlitt, August der Starke. Bd. 1. Dresden 1924.)

August der Starke
Nach Jean Louis Sponsel um 1713 von H. Chr. Fehling
oder Adam Manyoki gemalt.
(Aus: Paul Haake, August der Starke. Berlin, Leipzig 1927.)

Die Originale dieser Gemälde
sind seit dem Zweiten Weltkrieg verschollen.

Copyright © 1984 by Gabriele Hoffmann
Alle deutschen Rechte bei Gustav Lübbe Verlag GmbH, Bergisch Gladbach
Umschlaggestaltung: Roberto Patelli, Köln,
unter Verwendung einer Fotografie des Ölgemäldes von Antoine Watteau
»Einschiffung nach Kythera«, um 1717
(Original: Staatliche Schlösser und Gärten, Berlin,
Foto: Bildarchiv Preußischer Kulturbesitz, Berlin)
Satz: ICS Computersatz GmbH, Bergisch Gladbach
Druck und Bindung: Bercker, Graphischer Betrieb GmbH, Kevelaer
Alle Rechte, auch die der fotomechanischen Wiedergabe, vorbehalten.
Printed in West Germany
ISBN 3-7857-0379-1

INHALT

*D*ie Liebesgeschichte zwischen August dem Starken und der Gräfin Cosel ist höchst ungewöhnlich. Neun Jahre umgab der
König die Mätresse mit Pracht und Glanz, und sie war die
mächtigste Frau in Sachsen. Dann stürzte sie, und er sperrte sie in
eine Festung ein. Neunundvierzig Jahre lang lebte sie als Gefangene,
von sechsundvierzig Soldaten bewacht, die Hälfte dieser Zeit in
strenger Isolationshaft. Es gab keine Anklage, keinen Prozeß, kein
Urteil. Einige kleine Indizien überdauerten die Jahrhunderte und
zeigen, daß der König die Mätresse auch nach ihrem Sturz noch
liebte. Doch dreißig Jahre nach seinem Tod saß sie noch immer im
Turm der Festung.

Diese Geschichte machte mich neugierig. Ich fing an, alles zu
lesen, was ich über die Gräfin Cosel und August den Starken auftreiben konnte. Schließlich reiste ich in die Archive: Was geschah
zwischen dem König, der seinen Ruhm suchte, und der Mätresse, die
ihre Ehre verteidigte? Ruhm und Ehre sind zwei Begriffe, die in den
Äußerungen beider wiederholt vorkommen. Was machte sie noch als
alte Frau für den Sohn und Nachfolger Augusts so gefährlich, daß
sie bis zu ihrem Tod als Fünfundachtzigjährige in Festungshaft bleiben mußte? Aus der Aufklärung einer Liebesgeschichte ist ein Buch
auch über das höfisch-politische Leben im Spätbarock geworden.

August der Starke ist ein von Historikern halb vergessener und
meist abfällig beurteilter Herrscher. Es verstellt ein wenig den Blick
auf die historischen Entwicklungen in Europa, wenn man überwiegend Preußen betrachtet. Dabei hielt ein preußischer König — Friedrich Wilhelm I., der Soldatenkönig — August für den größten Fürsten, der je regierte.

August, Kurfürst von Sachsen und König von Polen, war ein
lebensfroher und tatkräftiger Mann. Innenpolitisch setzte er seinen
Anspruch auf Alleinherrschaft gegen den mitregierenden Adel in
Sachsen durch. Er führte die Kabinettsregierung ein, schuf den
ersten Rechnungshof in Deutschland, baute das stehende Heer aus,
trieb Wirtschaft und Handel voran. Außenpolitisch wollte er aus
Sachsen und Polen ein einheitliches Reich machen. Er verbündete
sich mit Peter dem Großen, dem Zaren von Rußland. Damals zeigte
sich im Nordischen Krieg und im gleichzeitigen Spanischen Erbfolgekrieg die Teilung Europas in eine östliche und eine westliche Staa-

tengruppe, die wir noch heute haben. Seit damals ist Rußland eine
Großmacht in Europa.

August verstand es wie wenige andere, Kunst und Politik miteinander zu verflechten. Die Künstler an seinem Hof in Dresden gehören zu
den bedeutendsten des Spätbarock: Pöppelmann, der den Zwinger
entwarf, Permoser, der Figuren aus Stein schuf und aus Elfenbein,
Dinglinger, der Kleinodien bisher unbekannter Grazie und Brillanz aus
Gold schmiedete. August wurde der strahlendste Fürst seiner Epoche,
sein Hof der glanzvollste unter den Höfen der Reichsfürsten. Er führte
lange Jahre seines Lebens Krieg und hinterließ dennoch mehr Geld in
der Kasse, als er vorgefunden hatte. Sachsen war bei seinem Tod eines
der wohlhabendsten Länder des Reichs.

Die Mätresse Anna Constantia Reichsgräfin von Cosel, geborene
Brockdorff, stammte aus altem Holsteiner Adel, der stolz auf den
Rechten seines Standes gegen den Anspruch der Fürsten auf Alleinre-
gierung beharrte. Sie war eine der schönsten Frauen ihrer Zeit,
intelligent, witzig und schlagfertig. Sie ritt, schoß und tanzte mit
gleicher Fertigkeit und Anmut, war eine tüchtige und geachtete
Geschäftsfrau. Schönheit und Geist ließen sie zum Günstling des
Königs aufsteigen, zur ersten Dame seines Hofes, die Einfluß auch auf
die Politik suchte. Sie liebte den König leidenschaftlich und war doch
unerschütterlich auf die Wahrung ihrer Standesehre und auf eine
andere, eine persönlichere Ehre bedacht.

Die Geschichte der Mätresse und Augusts des Starken ist zugleich
eine Geschichte vom Wachsen des absoluten Königtums, das, noch
unvollendet, dem absoluten Staat den Weg bahnte. Das Spannungs-
verhältnis zwischen dem Anspruch des einzelnen auf seine Rechte und
dem Anspruch eines Königs auf ungehinderte Herrschaft, der wenig
später Anspruch des Staates wird, ist ein Thema, das uns auch heute
noch beschäftigt. Eine Generation nach August dem Starken nannte
sich Friedrich der Große den ersten Diener seines Staates, den ersten
Diener einer abstrakten Idee. Der Dienst am Gott-König wird zum
Dienst am Gott-Staat, zum Dienst an einer metaphysischen Ordnung,
an der zu zweifeln nicht erlaubt ist.

Diese Entwicklung war nicht zwangsläufig. Damals, zur Zeit
Augusts und der Mätresse, war der Kampf noch offen. Es hätte auch
alles ganz anders kommen können. In England zum Beispiel siegte der
Adel und brachte damit eine Entwicklung des Parlamentarismus
voran, die wir Deutsche heute in der Rückschau auf unsere eigene
Geschichte manchmal traurig bewundern.

Ich schildere die ferne bunte Welt, in der die Mätresse und der
König lebten, beschreibe, wie ihr Alltag aussah in den Schlössern, in

8

denen wir heute noch umhergehen können. *Ich konnte der Versuchung nicht widerstehen, eine Innenansicht von Personen zu entwerfen, von denen ich doch in den Archiven nur wenige Selbstbekenntnisse fand. Ich bringe sie in kleinen romanhaften Rahmenkapiteln, die die historischen Kapitel begleiten: Am 23. Juli 1727 sahen der König und die Mätresse, die seit elf Jahren in Haft war, sich noch einmal. Dieser Besuch Augusts auf der Festung Stolpen ist belegt, nicht belegt sind die Gedanken, Gefühle und Hoffnungen des Königs und der Gefangenen. Ein solcher Interpretationsversuch ist reizvoll für den Biographen und zugleich gewagt: Indem ich das Belegbare zusammenfasse, verlasse ich es auch.*

Manchmal ist der Boden schwankend, den ein Biograph betritt, wenn er seine Funde auswertet. Allzuoft bleiben die Zeugen, die ihm Auskunft geben sollen auf seine Fragen, nach dreihundert Jahren schattenhaft. Und doch schält sich aus den Lagen von Papieren, aus Briefen, Urkunden, Protokollen, Leichenpredigten und Memoirenfragmenten das klare Bild einer Frau heraus, die dem Anspruch eines Königs auf ihre Person widerstand und nicht nur Untertanin wurde.

Der König erwachte. Er hatte geträumt. Er lag ganz still und wartete, daß die Angst vorüberging, die alte Angst, etwas verloren zu haben.

Im Traum war er wieder durch Polen geritten, nach Krakau, wo der hermelinbesetzte Krönungsmantel und die Krone mit dem blauen Saphir für ihn bereitlagen. Constantia ritt auf einer weißen Stute neben ihm. Die Reise war gefährlich, in den Wäldern verbargen sich noch Aufständische. Leibgardisten mit blanken Degen umgaben ihren König und seine Mätresse. Sie ritten durch einen breiten schwarzen Fluß, und als er das Ufer erreichte und sich im Sattel nach Constantia umdrehte, war sie fort. Er galoppierte zurück durch den Fluß, allein, ohne Gefolge. Die Bäume am jenseitigen Ufer schienen sich bedrohlich über dem schnellfließenden Wasser ihm entgegenzuneigen. Er hörte ein Pferd hinter sich, Flemming, sein Erster Minister, kam, um ihn zu holen. In Krakau wartete der polnische Adel, er mußte weiter, mußte sich entscheiden zwischen Constantia und Polen, Constantia und dem Ruhm. Er wendete sein Pferd und folgte Flemming, und ihm war, als ob der dunkle glatte Fluß mitten durch sein Herz strömte und ein kühler Hauch schwindelnder Leere von ihm ausging. Das Klirren des Zaumzeugs verwandelte sich in das Klingen und Schlagen der Uhren im Schlafzimmer, und der König war erwacht.

Er lauschte dem Konzert der Uhren. Sie schlugen die dritte Morgenstunde. Hohe und tiefe Töne durchdrangen sich, das seidene Klingen und Singen tat ihm wohl. In allen seinen Schlössern schlugen jetzt die Uhren, goldene Uhren, silberne Uhren, Uhren in Gehäusen aus kostbaren Hölzern, mit Elfenbein eingelegt, mit Edelsteinen besetzt. Er horchte dem letzten tiefen Schlag der Standuhr im Vorzimmer nach. Dann war es still, und der dunkle Himmel des Paradebetts schien sich ein wenig auf ihn herabzusenken.

Der König hatte Durst. In den letzten Monaten wachte er nachts oft auf, weil Durst ihn quälte. Manchmal fühlte er sich bleiern, einer Ohnmacht nahe.

Er setzte sich auf und rief leise nach seinem Kammermohr, der am Fußende des Bettes auf dem Boden schlief. Er hieß ihn die schweren Samtvorhänge des Bettes aufziehen, auf die Bordüren aus Goldbrokat gestickt waren. Er verlangte zu trinken. Der Mohr brachte eine Weinkaraffe und ein Glas, goß ein, lächelte. Der König trank.

10

Der Mohr zog die Fenstervorhänge zurück und öffnete ein Fenster. Das tiefe Rot der chinesischen Lackschränkchen, die an den Wänden standen, begann zu leben. Der Himmel war noch blaß, bald würde die Sonne über den Bergen von Pillnitz aufgehen. Durch das Fenster kam der Duft der Orangenbäume aus Constantias Garten unter dem Schlafzimmer des Königs.

Früher stand Constantias Bett neben seinem, damals, als Schloß und Rittergut Pillnitz noch ihr gehörten.

Der König gab dem Mohr das Glas zurück, dankte ihm und sagte, er möge hinausgehen. Er wollte allein sein. Heute war ein besonderer Tag.

Er fühlte sich nun besser. Erwartung wuchs in ihm. Ihm war, als könnte er noch einmal durch den glatten dunklen Fluß seines Traumes reiten. Heute war der 23. Juli 1727. Heute würde er nach Stolpen fahren und Constantia wiedersehen.

Er hatte sie von Soldaten auf die Festung Stolpen bringen lassen. Sie war auch dort stolz geblieben.

Dresden hatte sich verändert, seit sie fort war. Die wichtigsten Veränderungen waren eingetreten, als sein Sohn die häßliche kleine Maria Josepha heiratete. Häßlich oder nicht: Sie war eine Kaisertochter, und es hatte ihn, den König, viele Jahre Diplomatie, Intrige und zahlreiche Schlachten gekostet, bis er sie als Braut für seinen Sohn in Dresden einholen konnte. Fünfzehn holländische Jachten mit Kanonen und weiß- und rotgekleideten Schiffern und hundert vergoldete Gondeln schwammen damals der Braut bis Pirna auf der Elbe entgegen. Dort bestieg sie den großen Bucentauro, den er eigens für sie nach venezianischem Vorbild hatte bauen lassen. Die Schiffsleute des Bucentauro waren in gelben Atlas und weiße Seide gekleidet.

Der König empfing das junge Paar am Ufer bei Dresden unter einem Zelt von gelbem Samt mit Silberbändern. Ein langer Zug geleitete die Braut in die Stadt: über dreihundert reichbehangene Pferde und Maulesel mit silbernem Geläut, mehr als hundert sechsspännige Kutschen und ein Schwarm von Läufern mit goldenen Stäben, von Heiducken, Schweizern mit Hellebarden, alle in den alten Hoffarben Sachsens, Gelb und Weiß, Türken und Mohren in den polnischen Farben, Scharlachrot und Weiß, Pagen in spanischen Kleidern und Mänteln, 2000 Personen insgesamt, sieben Fürsten, zweihundert Grafen, dreihundert Barone und fünfhundert Edelleute unter ihnen. Der König trug ein karmesinrotes Samtkleid mit der funkelnden Rautengarnitur: Rock- und Westenknöpfe aus Diamanten mit Rosenschliff, Schuh-, Knie- und Gürtelschnallen mit Diamanten besetzt, Degen, Orden und Hutagraffe, Juwelen im Wert von über zwei Millionen Taler. Es war September gewesen, das Laub hatte sich hier und da schon verfärbt.

Dann saß Maria Josepha beim Ball neben ihm auf einem der vier Fauteuils, die für ihn, die Königin Christiane Eberhardine, den Sohn und die Schwiegertochter auf ein Podest unter einem Baldachin gesetzt worden waren; blaß und verschlossen saß die Kaisertochter neben ihm in einem dunkellila spanischen Kleid.

Er trug damals neunundzwanzig verschiedene Kleider bei den Festen zur Hochzeit, die den ganzen Monat September des Jahres 1719 währten: beim Fußturnier ein Kleid aus strohfarbenem Samt mit der Saphir-Garnitur, in der französischen Oper weißen Samt mit der Smaragd-Garnitur, beim Feuerwerk Purpursamt zur Brillant-Garnitur. Aber an Maria Josepha erinnerte er sich nur in dem dunkellila spanischen Kleid vom ersten Ballabend.

Heute noch kam sie ihm, immer wenn er sie sah, vor, als trüge sie dieses merkwürdige starre Kleid. Das Erstaunlichste war, daß sein Sohn dieser starren Dame treu zu sein schien. Sie brachte ein Kind nach dem anderen zur Welt, und sein Sohn wurde immer ruhiger und träger. Er war ein guter Sohn, wenn ihm, dem Vater, auch ein wenig fremd. Dem Sohn fehlte die Heiterkeit, das Leichte. Trauer und Freude schien er nicht zu kennen, er war immer lau. Und er war sehr fromm. Es wimmelte um ihn von katholischen Priestern.

Doch er konnte sich nicht beklagen. Niemals hatte er mit seinem Sohn diese Auseinandersetzungen, die sein lieber Cousin, der König in Preußen, mit seinem Fritz erlebte und von denen ihm seine Spione aus Berlin berichteten. Was wohl die Spione des Königs in Preußen ihrem Herrn vom Hof in Dresden zutrugen? Der König mußte lachen. Er sollte die beiden, Vater und Sohn, nach Dresden einladen. Die Augen würden ihnen übergehen, dafür würde er schon sorgen.

Vielleicht kam das Phlegma seines Nachfolgers von der Mutter. Der König hatte Christiane Eberhardine pflichtgemäß in diesem Frühjahr bei seiner Rückkehr aus Polen besucht. Er bemühte sich stets, die ihr schuldigen Ehren nicht zu vergessen.

Vor über dreißig Jahren hatte er das letzte Mal mit ihr geschlafen. Sie war immer kalt geblieben. Er merkte gleich, daß ihre Kälte tief saß, daß sie niemals im Ehebett mit ihm die Freuden finden wollte, die er ihr zu geben bereit war — jedenfalls beim ersten Mal. Er hatte sich nie zu unerfahrenen Frauen gedrängt. Nachdem sie endlich schwanger war, mochte er sich nicht noch einmal überwinden.

Ihre Starre und Bigotterie schienen ihn damals zu ersticken. Stur war sie, sie wurde nicht katholisch wie er, um sich auf dem polnischen Königsthron von den katholischen Polen ehren zu lassen, sondern hielt

12

an ihrem lutherischen Glauben fest und lebte auf ihrem Witwensitz Pretzsch mit ihren Pfaffen, die ihm in Sachsen die Politik störten. Immer seltener war sie nach Dresden an den Hof gekommen. Nun saß sie da noch in ihrem alten zugigen Schloß und schaute dem Wechsel der Jahreszeiten auf dem platten Land zu.

Wie anders als Christiane Eberhardine war damals doch Aurora von Königsmarck. Im Abstand von drei Wochen kamen 1696 der Kurprinz und Auroras Sohn zur Welt. Der Kurprinz erhielt nach ihm die Namen Friedrich August. Aurora nannte ihren Sohn Moritz, nach Moritzburg, dem Jagdschloß, in dem er seine übermütige und fröhliche Liebschaft mit ihr gefeiert und den Sohn gezeugt hatte.

Aber auch Aurora betrog ihn. Damals ahnte er es nur, er war zu selbstverliebt und unerfahren, ein Kraftprotz, der glaubte, wenn er nur etwas im Bett vollbrachte, würde sie schon glücklich sein. Die kleine Fatima lehrte ihn, daß für eine Frau mehr dazugehörte. Aurora war eine Schauspielerin, er durchschaute sie und war verletzt. Sie benutzte ihn wie einen dummen Jungen, um sich finanziell zu sichern: Er machte sie zur Pröpstin der Abtei Quedlinburg. Sie wußte sich auch später an seinem Hof zu halten, aber er schlief nie mehr mit ihr. Seine kleine Fatima war ihre Gesellschafterin, und Aurora spuckte Gift und Galle, als sie erfuhr, daß Fatima seine Gunst genoß. In allen Sprachen Europas empörte sie sich, wie man ihm hinterbrachte, denn sie war weit herumgekommen und eine gebildete Frau.

Ihm hatte es immer Spaß gemacht, mehrere Liebschaften gleichzeitig zu haben, von einem warmen Bett ins andere zu eilen, ohne daß die Frauen voneinander wußten. Einmal wollte Sophie Charlotte, die verstorbene Mutter des preußischen Königs, sich einen Spaß mit ihm machen und lud vier seiner Mätressen – die Kessel, die Königsmarck, die Esterle und die Teschen – zum selben Ball. Er gab sich erschrocken, um ihre Freude zu erhöhen, aber in Wirklichkeit genoß er die Situation. Auch als Constantia ihr erstes Kind erwartete, waren zwei andere von ihm schwanger: Fatima, zum zweitenmal, und Henriette, die Weinhändlerstochter aus Warschau. Constantia war tief getroffen, als sie davon erfuhr. Dann tobte sie eine rasende Eifersucht aus, die ihn beschämte und vor der er erschrak. Und dann ließ sie ein Bett für sich in sein Schlafzimmer stellen, in Warschau, in Dresden und in allen anderen Schlössern auch.

Constance, dachte der König, chère Constance.

Wäre Constantia ein Mann, wäre sie sein Freund und Minister. Augustus und Constantin. Nie hätten sie sich getrennt. Der König lächelte traurig über seine Phantasie. Ein König konnte nur einen König zum Freund haben. Die Adligen, die sich um den Thron drängten, suchten nur ihren Vorteil, auch Flemming, und der war meist nicht der des Königs. Aber auch die königlichen Cousins in den Nachbarländer sahen nur ihren Vorteil, so wie er nur den seinen sah, und daher lief es darauf hinaus, daß ein König auf Dauer keinen Freund hatte und haben konnte.

Damals wußte er das nicht. Er dachte daran, wie er mit Constantia jagte, mit ihr um die Wette ritt und schoß. Heute konnte er mit niemandem um die Wette reiten. Er konnte nicht mehr mit einem Bären ringen und ihm die Zunge aus dem Rachen reißen. Seit seiner Krankheit war nichts mehr wie früher.

In den letzten Jahren schon machte ihm sein linker Fuß zu schaffen, und im vorigen Winter bildete sich eine offene Wunde neben der großen Zehe. Als er vom Landtag in Grodno nach Warschau zurückreiste, ging es ihm so schlecht, daß er in Bialystok ausruhen mußte. Er fieberte, seine Chirurgen ließen ihn zur Ader. Sie fürchteten um sein Leben und benachrichtigten den Kurprinzen.

Er hatte Brand im Fuß. Die drei Leibärzte diskutierten über das Absterben seiner Zehe, konnten sich aber nicht einigen, was sie tun wollten.

Am 15. Dezember 1726 legte er seinen Letzten Willen für seinen Sohn nieder. Zwei Tage später kam Flemming nach Bialystok, der mächtigste Minister in Sachsen und Polen, und der König ordnete alles für seine Beisetzung: Ich bereite mich für »die große Reise« vor. Flemming brach in Tränen aus. Der König ließ seine letzten Gedanken für die Großen Polens aufsetzen und empfahl ihnen, seinen Sohn als Nachfolger auf den Königsthron zu wählen.

Der Kurprinz schickte auf die Nachricht der Ärzte sofort einen Boten nach Paris, damit der dortige sächsische Botschafter den besten Chirurgen Frankreichs, den er auftreiben konnte, nach Polen sandte. Jean-Louis Petit, einer der berühmtesten Wundärzte, war bereit, die lange Reise im Winter anzutreten. Hals über Kopf reiste er am 26. Dezember aus Paris ab.

Der Zustand des Königs verschlimmerte sich. Er litt unter heftigen Schmerzen. Er aß fast nichts als mit Ungarwein getränktes Brot und wurde immer dünner und schwächer. Bei einer Größe von 176 Zentimetern hatte er stets um die zweieinhalb Zentner gewogen. Nun magerte er auf 140 Pfund ab. Seine drei Ärzte konnten sich noch immer zu nichts entschließen. Des Königs Leibbarbier, Johann Friedrich Weiß, ein Schüler Petits, rettete ihm das Leben.

Die Nacht vom 31. Dezember auf den Neujahrstag 1727 wurde furchtbar. Die zweite Zehe des linken Fußes war ganz schwarz. In der Nacht darauf wachte Weiß bei ihm. Weiß gab ihm ein opiumhaltiges

Mittel, und so konnte er endlich schlafen. Einmal erwachte er durch einen Schmerz. Weiß sagte, er habe ihn nur mit einer Nadel geritzt, und der König fiel wieder in den Opiumschlaf.

Am nächsten Morgen wachte er durch heftige Schmerzen auf. Er befahl seinem Kammerdiener, ihm einen Hohlspiegel zu bringen, in dem er den Fuß vergrößert sehen konnte. Die Zehe war weg.

Weiß fiel auf die Knie, holte die Zehe aus seiner Tasche: »Hier ist sie.« Er hatte sie in der Nacht abgeschnitten, ohne die Leibärzte zu fragen.

Der König nahm seine Tabaksdose vom Nachttisch, schüttete den Tabak aus, legte die abgeschnittene Zehe hinein und schenkte sie Weiß zum Andenken.

Am gleichen Tag brachte ein Eilkurier einen Brief von Petit: Wenn die Zehe nicht sofort amputiert werde, sei der König tot, ehe er, Petit, nach Bialystok komme. Der König führte in den nächsten Tagen jeden seiner drei uneinigen eifersüchtigen Leibärzte an der Nase herum: »Was ist der Herr curieus! Warum will Er wissen, was darunter ist?« Er erlaubte keinem, die Wunde zu sehen. Petit erreichte am 11. Januar Dresden, blieb über Nacht, weil sein Reisewagen ausgebessert werden mußte, und jagte am nächsten Morgen weiter nach Polen. Am 19. Januar traf er beim König ein.

Zehn Tage später stand der König zum ersten Mal auf. Wieder zehn Tage später reiste er nach Warschau. In allen Kirchen wurden Dankgottesdienste abgehalten.

Als er zur Ostermesse nach Leipzig reisen wollte, gerieten seine Ärzte außer sich. Doch er verließ Warschau Ende April. An seinem Geburtstag, dem 12. Mai 1727, er wurde siebenundfünfzig Jahre alt, ließ er Petit und Weiß je ein neues Samtkleid schenken. Alle Ärzte belohnte er reich. Weiß kaufte sich von seinem Honorar ein Haus.

In der zweiten Maihälfte traf er in Dresden ein. Die Dresdner feierten ihn mit einer Illumination der ganzen Stadt. Der König war gerührt, als er daran dachte. Jedes Haus zeigte Fahnen und Fackeln vor den Fenstern. Auf dem Schloßhof brachten ihm Rat und Bürgerschaft ein Ständchen. Vom Turm der Kreuzkirche ertönte Trompeten- und Paukenschall, die Glocken der Stadt läuteten, und die Kanonen rings auf den Wällen schossen Salut.

Die Zuneigung wärmte den König. Alles in allem war es ein gutes Leben gewesen. Er fühlte sich freudig wie seit langem nicht, wenn die Krankheit auch jetzt noch nicht überwunden war. Das Sprechen fiel ihm manchmal schwer, und er war noch immer recht dünn und schwach.

Er klingelte. Der Mohr kam sogleich herein. Der König bat um die beiden Figürchen, die auf dem Schreibtisch standen, und die Mappe mit den Bauplänen. Er ließ sich auch den Kasten mit neuen Juwelen aufs Bett setzen.

Der Mohr fragte, ob er Kerzen bringen solle. Der König schüttelte den Kopf.

Der Mohr sah ihn verwundert an. Sein König war verändert. Seit er so viele Monate krank gelegen hatte zwischen Leben und Tod, liebte er das Zwischenreich, nicht hell, nicht dunkel, nicht wach, nicht schlafend – oder hell und dunkel, wach und schlafend, so, als wollte er aus beidem das Wesen ziehen, als suchte er etwas, was er weder im Hellen noch im Dunkeln fand.

Der Mohr schloß leise die hohe vergoldete Tür hinter sich.

Der König nahm eines der Figürchen in die linke Hand, strich mit der Rechten leicht über den dunklen Holzarm. Es war ein muskulöser Bogenschütze, kaum zehn Zentimeter groß. Der Schütze hatte den diamantenbesetzten Bogen gehoben und den Pfeil angelegt. Voller Leben und Kraft stand er auf seinem mit Rubinen und Diamanten eingefaßten Podest. Des Königs Hofbildhauer Permoser hatte ihn geschnitzt, des Königs Hofjuwelier Dinglinger ihm einen grün, weiß und dunkelblau emaillierten Federschmuck gegeben und einen Lendenschurz. Der König strich zart über das Emaille des Kopfputzes. Auch das zweite Figürchen war ein Bogenschütze. Der König las die Devisen auf den Postamenten: »mon but cest la Gloire«, stand auf dem einen, mein Ziel ist der Ruhm, und auf dem anderen »le soleil mon assistance«, die Sonne meine Hilfe.

Er besaß viele dieser köstlichen Figuren. In ganz Europa gab es kaum Kleinodien, die den seinen an künstlerischer und handwerklicher Qualität vergleichbar waren. Er pflegte die eine oder andere Figurengruppe aus dem Grünen Gewölbe, wie seine schwervergitterten Tresorräume im Schloß in Dresden hießen, zu holen und mit auf seine Reisen zu nehmen.

Er griff zur Mappe mit den Bauplänen. Er wollte das Grüne Gewölbe erweitern und ließ von seinem Hofbaumeister Pöppelmann Vorschläge zeichnen, wie andere Kellerräume hinzugezogen und wie seine Kunstwerke aufgestellt werden könnten. Er wollte eine der reichsten Schatzkammern der Welt der Öffentlichkeit zeigen. Die neuen Schauräume sollten einen eigenen Eingang von der Straße bekommen, ein Foyer mit Garderobe, einen Dienstraum für die Beamten. Auch das gab es noch nirgends in Europa. Reisende, die in Dresden Station machten, würden die Schätze bestaunen und die Pracht des Königs und seines Hauses in aller Welt rühmen. Die Beamten würden ihnen beim Eintreten die Schuhe abstauben, sie führen, ihnen Anekdoten erzählen gegen ein Trinkgeld.

Pracht war Macht. Der König klappte den Deckel des Juwelenkästchens auf. Einige große Topase und Achate lagen darin. Zu den Steinen aus seiner Erbschaft sammelte er geduldig weitere für neue Garnituren. Wer so viele Steine, wie für eine Garnitur nötig waren, auf sein Kleid nähen lassen konnte, bewies, daß er nicht nur reich war, sondern aus einer langen Tradition mächtiger Herrscher kam. Zwar brachten die Schiffe der Kaufleute Edelsteine aus allen Winkeln der Erde nach Europa, doch so viele erlesene Steine waren niemals, selbst durch Jahrzehnte nicht, gleichzeitig auf dem Markt. Edelsteine waren eine gute Kapitalanlage, und zugleich bewiesen sie selbst dem Dümmsten, der bei den großen Hoffesten mit offenem Mund am Straßenrand stand, die Macht des Königs. Mit Edelsteinen hatte er sein politisches Programm schreiben lassen.

Seine Sprache war die Kunst, sein Sprecher hieß Dinglinger. Der Goldschmied hatte ihm nach seinen, des Königs, Ideen das Programm seiner Regierung in einer Weise formuliert, die ein jeder verstand, der es sah. Noch stand das Programm eingeschlossen im Grünen Gewölbe, aber bald würde jeder Untertan und jeder Reisende es sehen können: den Hofhalt des Großmoguls Aurang Zeb.

Dutzende von Fürsten und Dienern zogen durch die glänzenden Festhöfe, um sich auf den Stufen des Thrones niederzuwerfen. Die winzigen Gestalten waren aus Gold gegossen, farbig emailliert und mit Edelsteinen übersät. Sie kamen zum Geburtstagsfest des Großmoguls und brachten ihm das Kostbarste zum Geschenk, was sie besaßen: Elefanten und Pferde, Kleinodien und Gold. Hoch und mächtig wie die Sonne saß der Herrscher allein über den Großen seines Reichs, ein Gott auf Erden, der absolute König.

Der König sah zum Fenster. Der Himmel war jetzt heller, die aufgehende Sonne kündete sich an. Sein Leben lang hatte er um die von niemandem eingeschränkte Macht in Sachsen und Polen gekämpft. Durch kriegerische Eroberungen und außenpolitische Erfolge suchte er die Macht im Innern seiner Länder gegen den Adel durchzusetzen. Vor vielen Jahren, 1699, verband er sich dazu mit einem merkwürdigen Herrscher aus einem Land, das bis dahin kaum jemand kannte, mit Peter, dem Zaren von Rußland. Gemeinsam wollten sie sich vollsaugen auf Kosten Schwedens, der alten Großmacht im Norden Europas. Der schwedische König, Karl XII., war damals kaum erwachsen. Es sollte ein lustiger Feldzug gegen einen Achtzehnjährigen werden. Der Krieg dauerte einundzwanzig lange Jahre. Karl entpuppte sich als Kriegsheld, den ganz Europa fürchtete und verehrte und an dem der König und der Zar wuchsen. Als der Friede endlich geschlossen wurde, gab es eine neue Großmacht in Europa: Rußland.

Der König fuhr sich mit der Hand über die Stirn. Sein gefährlicher Feind, der König von Schweden, war nun tot, ebenso wie sein gefährlicher Verbündeter, der Zar. Peter war vor zwei Jahren an den Folgen einer Geschlechtskrankheit gestorben, die er sich bei einer Generalin geholt hatte. Karl traf eine Pistolenkugel in einem Gefechtsgraben in Norwegen in den Kopf. Es geschah in einer stillen Nacht, und an den Höfen Europas munkelte man, die Schweden selbst hätten wohl genug von ihrem kriegerischen Herrn gehabt.

Seine großen Mitspieler um Ruhm und Macht waren tot, und er selbst war dem Tode nahe gewesen. Aber seine Zeit war noch nicht gekommen. Die Nähe des Todes mahnte ihn, sein Haus zu bestellen.

Seit den schlimmen Tagen in Bialystok mußte er oft an Constantia denken. Er wollte sie sehen. Sie war die schönste, die witzigste, geistvollste seiner Geliebten, die warmherzigste, und sie liebte ihn. Keine hatte ihn so gefesselt, aber keine auch mit ihrer Energie so erschöpft. Was hatte Flemming ihm für sie gegeben – die Dönhoff.

Ihm fiel das Fest in Flemmings Garten ein. Alle Hofkavaliere hatten kräftig gezecht. Flemming war ihm um den Hals gefallen, nannte ihn, seinen König, Bruder, duzte ihn. Der König schätzte Derartiges nicht. Die Dönhoff wollte Flemming zurückhalten. »Du kleines Hurchen«, sagte der Premierminister zur offiziellen Mätresse seines Königs, »schweig du nur still, du bist doch ein gutes Hurchen!«

Marie Dönhoff lachte nur. Sie war immer guter Laune und langweilig. Keine kostete ihn so viel Geld wie sie, sie sorgte finanziell für ihre ganze Familie. Ihm führte sie sogar andere Frauen zu. Der König kicherte. Ja, damals ging es hoch her. Aber seit einigen Jahren war es damit vorbei. Als seine Macht in Polen gefestigt war, hatte er Marie Dönhoff, die polnische Mätresse, gut verheiratet und fortgeschickt.

Er sehnte sich nur noch nach Constantia.

Er ließ die Topase durch seine Hände gleiten. Die Sonne war nun aufgegangen. Sein Kammerdiener hielt gewiß schon das Bad bereit. Seine Angewohnheit, täglich zu baden, stammte von den Polen. In seinem Schloß bei Warschau lag das Bad gleich neben dem Schlafzimmer.

Constantia würde staunen, wenn er sie mit nach Dresden nahm und ihr zeigte, was er alles verändert und verbessert hatte. Seine Herren glaubten, er reise nur nach Stolpen, um dort eine neue Sorte von Artilleriekugeln an den Basaltfelsen der Festung ausprobieren zu lassen. Der Kommandant der Festung wußte, daß sein König kam. Constantia wußte nichts.

Der König klingelte und legte die Topase in ihr Kästchen zurück. Die Kammerpagen öffneten die Türen des Schlafzimmers, und die Herren des Königs traten ein.

18

Die Uhr, die hoch oben auf einem der elf Türme der Festung Stolpen angebracht war, schlug metallisch drei. Constantia warf die Bettdecke zurück. Seit Mitternacht drehte sie sich von einer Seite auf die andere, zählte den harten Viertelstundenschlag und fand keinen Schlaf.

Durch das schmale Fenster drang das erste Grau des Morgens. Constantia griff aus Gewohnheit nach dem Rubin an ihrem Hals. Der Stein war fort. Sie hatte ihn eines Tages in Zorn und Bitterkeit abgerissen und aus dem Fenster geschleudert. Was sollte sie mit einem Symbol der Liebe, wenn die Liebe selbst sie narrte.

Die seidene Bettdecke hatte einen langen Riß. Constantia sah an sich herab. Auch ihr Nachthemd war zerschlissen. Ihre Finger tasteten nach den Flicken des Leinentuchs. Die Kuratoren, die ihr Vermögen verwalteten, bereicherten sich an ihm, statt für sie zu sorgen. Alle ihre Bestellungen mußten an den Geheimen Rat in Dresden gehen, der sie an den dafür zuständigen Rechnungsführer Pohle weitergab. Sie hatte darum gebeten, ihre Bestellungen direkt an Pohle geben zu dürfen, da sonst nie etwas aus ihnen würde. Der Geheime Rat genehmigte ihre Bitte, nahm die Erlaubnis nach ein paar Monaten aber wieder zurück. Pohle erzählte ihr bei einem seiner seltenen Besuche auf der Festung, der Minister Flemming, ihr alter Feind, habe dem Gouverneur Wackerbarth, der für die königlichen Festungen zuständig war, aus Warschau befohlen, er müsse die neue Regelung unterbinden, weil die Gräfin Cosel durch Pohle von allem, was bei Hofe vorgehe, unterrichtet werde, da sie »es ihm aus der Nase ziehe«. Was wußte Pohle schon, und wie konnte sie mit dem wenigen, das sie erfuhr, in ihrer Gefangenschaft Flemming gefährlich werden!

Pohle betrog sie. Er antwortete kaum auf ihre Briefe und schickte nicht, was sie dringend brauchte. Er behauptete selbst bei kleinen Wünschen, er habe Befehl, sie nicht zu erfüllen. Sie war in die Hände von Korsaren gefallen, die sie ausplünderten. Kleider fehlten ihr und oft auch Nahrungsmittel, so daß sie manchmal wochenlang knapp am Hunger vorbeilebte. Das konnte nicht der Wille des Königs sein.

Vor fünfzehn Jahren hatte sie August zum letzten Mal gesehen. Seit elf Jahren war sie gefangen auf seiner Festung. Dachte er denn niemals mehr an sie?

Constantia stand auf und öffnete das Fenster. Von der Festung auf dem hohen Basaltkegel, deren Mauern und Türme selbst aus schwarzem Basalt erbaut waren, konnte sie weit über die morgendliche Hochebene sehen. Am Fuß des steilen Abhangs wuchsen Bäume im eingezäunten Tiergarten. Der Abhang wurde aus Sicherheitsgründen von den Soldaten kahl gehalten. Stolpen war ein düsterer Ort, der ihre Lebenskraft zu erdrücken drohte. Sie hörte das Schnarchen der Wachsoldaten aus dem Fenster der Stube unter ihrem Schlafzimmer. Sie rief nach ihrer Dienerin. Früher war sie Tag und Nacht von Dienerinnen umgeben gewesen. Jetzt hatte sie nur ein Kammermädchen. Auf der Treppe blieb es still.

Außer dem Kammermädchen sorgten ein Koch, eine Küchenmagd, ein Tafeldecker und ein Stubenheizer für sie. Die fünf schafften kaum, den Haushalt in dem alten unbequemen Zeughaus der Festung einigermaßen in Gang zu halten. Sie waren einfache Leute, die arbeiteten, so gut sie konnten, aber sie waren nicht zu vergleichen mit den geschulten Dienern, die Constantia gewohnt war. Es war schwer, Diener zu finden, die die Gefangenschaft mit ihr teilen wollten. Die Leute hielten die Abgeschlossenheit nicht aus. Seit zwei Jahren unterstand Stolpen einem neuen Festungskommandanten, dem Oberst Johann Heinrich von Boblick, einem engstirnigen Pedanten. Constantia verachtete ihn. Er faßte seine Instruktionen mit großer Strenge auf. Er hatte ihren Dienstleuten verboten, in die Stadt Stolpen zu gehen. Constantia war in Zorn geraten. »Einem Hund, einer Bettelfrau wird besser begegnet als mir«, schrie sie ihm ins Gesicht.

Sie schrieb sofort an Wackerbarth. Der ließ dem Koch, dem Stubenheizer und dem Küchenmensch, die selten mit der Gräfin zusammentrafen, auch wieder gestatten, ins Städtchen zu gehen. Aber er ließ sie streng ermahnen, keine Briefe der Gräfin oder Briefe an sie zu bestellen. Das Kammermädchen und der Tafeldecker durften die Festung nicht verlassen.

Constantia wanderte unruhig auf und ab in ihrem Gefängnis – wie eine der Tigerinnen, die im Tierhaus in Dresden in Käfigen gehalten wurden. Wie viele tausend Male war sie in den zurückliegenden elf Jahren diesen Weg gegangen: von der verschlossenen Tür des Schlafzimmers, hinter der auf dem Wehrgang zum Johannisturm Wachposten standen, durch den Fürstensaal in das Wohnzimmer und wieder zurück durch den Fürstensaal in das Schlafzimmer. Der Fürstensaal hatte zum Tiergarten sieben schmale Fenster und sieben in der gegenüberliegenden Wand zum Festungshof. Sie ging an der Hofseite hin, an der Gartenseite zurück. Die Pfeiler zwischen den Fenstern waren wie die Gitterstäbe eines Käfigs.

Auch der Fürstensaal besaß eine verschlossene Tür. Hinter ihr führte eine Wendeltreppe in den Hof. Die Posten, die diese Tür bewachten, mußten unten an der Treppe stehen, damit sie nicht etwa durchs Schlüsselloch mit ihnen reden konnte. Vierzig Mann, vier Unteroffiziere und zwei Offiziere waren zu ihrer Bewachung abkommandiert.

20

Unter jedem Fenster standen Posten, denen verboten war, auch nur ein Wort mit ihr zu wechseln. Selbst der Kommandant durfte nur in Gegenwart eines zweiten Offiziers mit ihr sprechen. Das Städtchen Stolpen hatte sie nie gesehen. Es ist mir ebenso fremd wie Madrid, dachte sie bitter. Auch die Festung kannte sie kaum. Nachts hatte man sie hergebracht. Sie kannte nur, und das bis zum Überdruß, den dritten Festungshof, in dem das Zeughaus lag, in dem sie eingesperrt war: den Anblick des Kommandantenhauses, des Brunnens, der Kapelle. Zugbrücken verbanden die drei Höfe der Festung. Das Kammermädchen hatte ihr erzählt, im ersten Hof gäbe es ein Gefängnis, eine Marterkammer und ein Magazin. Die Hauptwache der Festungsgarnison lag im mittleren Hof.

Vor vielen hundert Jahren beherrschten die Bischöfe von Meißen von hier aus das Land. Bauern aus dreiundzwanzig Dörfern errichteten in jahrelanger Zwangsarbeit die elf Türme und die gewaltigen Mauern der Wohn- und Kornhäuser. Heute lebten Garnisonssoldaten hier, die Wachsoldaten, ihre Frauen, Kinder, Diener. Am Tage konnte Constantia von ihrem Fenster aus hören, wie die Küchenmägde der Offiziere und die Frauen der Soldaten am Brunnen miteinander schwatzten. Sie hörte Pferde schnauben, Kinder lachen. Sie war von allem ausgeschlossen. Das Leben ringsum erreichte sie nur als ferne Unruhe.

Sie durfte kein Geld haben, und immer wieder ließ der Kommandant ihre Räume nach Gewehren und Pistolen durchsuchen. Wenn ihre Kuratoren in Geschäften zu ihr kamen, was der Geheime Rat nur äußerst selten erlaubte, konnten sie nur in Gegenwart des Kommandanten und eines Offiziers mit ihr sprechen. Sie durfte Tinte, Feder und Papier besitzen, doch der Kommandant las die Briefe, die sie schrieb, und leitete sie zur Genehmigung an den Geheimen Rat weiter. Die Briefe kamen gewöhnlich sechs Monate später ungenehmigt an sie zurück. Seit Jahren erhielt sie keine Briefe von ihren Kindern und ihrer Mutter. Vielleicht dachte ihre Mutter, sie sei längst tot.

Hinter dem Geheimen Rat steckte Flemming, Flemming, der als einziger der Minister den Vortrag beim König hatte. Was Flemming nicht vortrug, erfuhr der König nicht. Sie war abgeschnitten von aller Welt.

Ihre Bewacher durchblätterten alle Bücher, die sie sich schicken ließ, ebenso ihre französischen Zeitungen. Deutsche Zeitungen durfte sie nicht halten, da sie in ihnen Nachrichten aus Dresden hätte lesen können. Kam doch einmal ein Paket mit Kleidern und Wäsche für sie an, wurde es genau durchsucht. In der nach dem Tiergarten zu liegenden Wachstube unter ihren Fenstern paßten Tag und Nacht ein Unteroffizier und eine besondere Wachmannschaft auf, daß sie keine

21

Briefe hinunterließ oder heraufzog. Oft genug schliefen sie allerdings, so wie heute.

Vor drei Jahren gelang es ihr, mit ein paar Talern, die sie versteckt hatte, einen Leutnant Helm zu bestechen, Briefe für sie zu besorgen. Der Kommandant fing die Briefe ab und meldete die Bestechung an den Geheimen Rat nach Dresden. Der bauschte den Vorfall zu einem Fluchtversuch der Gräfin auf. Leutnant Helm wurde zum Tode durch Erschießen verurteilt.

Ihre Feinde waren zahlreicher, als sie geglaubt hatte. Man fürchtete sie noch immer.

In letzter Zeit aber bemerkte sie, daß sie sich manchmal für Stunden nicht mehr auflehnte. Sie legte sich das als Schwäche aus, als erstes Anzeichen, daß sie den Kampf aufgab. Sie wollte sich nicht ändern, wollte sich nicht demütigen um kleiner Vorteile willen, wollte nicht ihre Ehre verlieren.

Constantia unterbrach ihr rastloses Umhergehen und blieb vor ihrem Bett stehen. Wie oft hatte sie mit den Füßen gegen dieses Bett getreten und versucht, die Säulen des Himmels mit bloßen Händen einzureißen. Sie haßte dieses Bett, aber sie konnte kein anderes bekommen.

Lange vor ihrer Gefangenschaft schlief sie schon einmal in diesem Bett – mit August. Sie lachte bitter auf. Sie erinnerte sich genau an das Datum. Sie erinnerte sich immer genau an alles. Sie hatte versucht, sich den Kopf an der Wand einzuschlagen. Es war nicht geglückt. So lebte sie weiter und erinnerte sich.

Am 16. Juli 1708 war es gewesen. Sie reiste mit dem König, ihrem Mann, von Pillnitz nach Stolpen. August langte um neun Uhr früh hier an und besichtigte die Festung. Sie traf etwas später mit einigen Kavalieren ein. Nach der Festungsbesichtigung jagten August und sie im Tiergarten, blieben hier über Nacht, lagen in diesem Bett. Am nächsten Morgen um acht ritten sie zurück in das heitere Pillnitz.

Es war eine schöne Nacht gewesen. In den Tagen danach sahen sie sich manches Mal über die Köpfe der Hofleute hinweg an, und jeder wußte, der andere dachte an diese Nacht.

Und in demselben Bett lag sie jetzt allein, Nacht für Nacht, Jahr um Jahr. August war so gefühllos, sie ausgerechnet hierher zu verbannen. Vergangenes berührte ihn nicht.

Aber sie erinnerte sich, erinnerte sich an alles.

Einmal gab er ihr zu Ehren im Großen Garten in Dresden ein Fest der Venus. Er ließ einen Teich ausgraben und an dessen Ende einen Venustempel mit Marmorsäulen bauen. Das Fest begann mittags mit einem Ringrennen. In vier Mannschaften stachen Damen und Kavaliere von Rennwagen und Reitpferden aus mit Lanzen um die Wette nach aufgehängten Ringen: Die vier Jahreszeiten kämpften um den Preis der Venus. Die Mannschaften und ihre Lanzenträger waren in Rosa, Blaßblau, Grün und Zitronengelb gekleidet. Nach dem Wettkampf zogen Kämpfer und Zuschauer feierlich in geschmückten Equipagen vom Rennplatz zum Großen Garten. Der König war Ares, der Kriegsgott, und ritt auf einem weißen Pferd in rosafarbener, silberdurchwirkter Kleidung. Constantia war Venus, die Liebesgöttin, und fuhr in einer goldenen, von vier Pferden gezogenen Muschel. Im Palais im Großen Garten erwarteten üppige Tafeln die Festgesellschaft. Ares und Venus speisten an der Haupttafel.

Dann war es Nacht, und Diener entzündeten Fackeln vor dem Venustempel. Ares reichte Venus die Hand und führte sie langsam zum Palais hinaus an den Teich. Sie bestiegen eine goldene Gondel und fuhren über das Wasser zum Tempel der Venus. Ares und Venus standen vor dem Tempel, Barken mit Amouretten und kaum bekleidete Nymphen zogen an ihnen vorüber, die dem Gott und der Göttin huldigten – Ares und Venus, Macht und Liebe.

Constantia nahm ihre Wanderung durch die drei engen Räume wieder auf.

Damals war sie glücklich. Damals herrschte Venus am Hof. Kavaliere und Lakaien, Pagen und Minister sprangen, wenn sie nur die Augenbraue hob, und Könige beugten sich vor ihr. Aber Venus war verstoßen. Die Welt wandte sich von ihr ab und vergaß sie. Wie viele Briefe hatte sie an August geschrieben! Niemals war eine Antwort gekommen.

In den ersten Jahren ihrer Gefangenschaft hatte sie gehofft, dies sei nur ein vorübergehender Arrest. Als sie von der Hochzeit des Kurprinzen mit der Kaisertochter erfuhr, bat sie ihn, beim königlichen Herrn Vater Gnade für sie zu erwirken und ihre Freiheit. Keine Antwort war gekommen. Sie schrieb an Maria Josepha. Die Kaisertochter schickte die Bittbriefe zurück.

Als der König ihre gemeinsame älteste Tochter, Augusta Constantia, vor zwei Jahren mit dem Grafen Friesen verheiratete, dankte sie ihm dafür und schrieb: »Sire, haben Sie Mitleid mit mir und lassen Sie mich von einem Ort fortgehen, wo ich seit neun Jahren verfaule. Ich erbitte nichts als Brot, Friede, Gnade.« Sie schickte den Brief an Wackerbarth und flehte ihn an, ihn persönlich dem König zu übergeben: »Es gibt keinen Grund, mich hier verschimmeln zu lassen, da ich niemals Feinde des Königs unterstützt habe, wer auch immer sie sein mögen.«

Niemals war eine Antwort gekommen.

Sie zählte nicht mehr in der Welt. Subalterne Beamte durften ihr Geld stehlen. Der König selbst nahm ihr die Juwelen fort, die er ihr einst geschenkt hatte. Aber sie war trotz allem die Ehefrau des Kurfürsten Friedrich August I. von Sachsen, der zugleich als August II. König war von Polen. Sie war seine Frau zur Linken.

Sie hatte sich nicht zu ihm gedrängt, wie so viele, die es als höchstes Glück und Beginn einer Karriere ansahen, eine Stunde in des Königs Bett zu verbringen. Er warb um sie wie um eine Braut, und lange wies sie ihn ab. Aber dann verliebte sie sich in ihn. Gegen ihre eigene Vernunft wagte sie für ihre Liebe alles. Die Liebe, so glaubte sie, würde stärker sein als die strengen Gesetze von Ebenbürtigkeit und politischem Kalkül. Aber sie verlangte einen Ehevertrag, und er gab ihn ihr.

Ihr Verlangen nach einer Ehe war nicht ungewöhnlich. Es kam vor, daß ein König seine Geliebte heiratete, wenn die Nachfolge auf den Thron durch die Kinder mit einer Prinzessin gesichert war. Ludwig XIV. von Frankreich heiratete nach dem Tod der Königin die Marquise de Maintenon. Peter, der Zar von Rußland, heiratete seine Mätresse Katharina, und nun, nach seinem Tod, regierte sie als Zarin in Rußland. Constantias eigener Landesherr, Frederik IV., der König von Dänemark, entführte Anna Sophie von Reventlow vom Gut ihrer Mutter in Jütland und heiratete sie. Heute war Anna Sophie Königin in Dänemark, denn am Tage nach dem Tod von Königin Luise ließ der König sich mit Anna Sophie zur Rechten trauen.

Bei ihren Feinden am Hof galt Anna Sophie als ehrgeizig und intrigant. Constantia mußte lachen. Das kannte sie. Jede Frau, die an einem Hof aus dem Rahmen des Unbedeutenden, Unverbindlichen fiel, galt als ehrgeizig und intrigant, herrschsüchtig und habgierig. War es denn etwas so Verachtungswürdiges, daß eine Frau, nur weil sie liebte, nicht ihre Ehre aufgeben, nicht Königshure sein wollte, daß sie den Schutz des Rechts für sich und ihre Kinder forderte?

Constantia sehnte sich nach August, ihrem Mann. Sie liebte ihn noch immer. Aber es gab Zeiten, da haßte sie ihn, wochenlang, monatelang. Sie hatte ihre Ehre verloren, war zum Gespött ihrer Feinde geworden.

Sicher ist August jetzt schon wach, dachte sie plötzlich weich. Er war ein Frühaufsteher, freute sich jeden Morgen auf den neuen Tag, war voller Erwartungen und Pläne.

Für sie brach ein Tag an wie jeder andere. Die Welt einer Gefangenen war eng, nicht nur äußerlich. Geistig kreiste sie um zwei Pole: die Demütigungen durch die Wächter und das Erlangen der Freiheit. Gewöhnliche Sträflinge kamen auf den Bau, wurden auf die Galeeren verkauft oder ans Militär. Aufständische verkaufte man in die Kolonien nach Amerika. Ins Gefängnis kamen nur politische Gefangene der höheren Stände. Das Zeughaus der Feste Stolpen war noch komfortabel, verglichen mit anderen Gefängnissen der Politischen. Welches ist mein Verbrechen? dachte Constantia. Warum werde ich gehalten wie eine Sklavin, ehrlos, rechtlos? Ich habe nur versucht, Ehre und Liebe zu verbinden, zu leben, wie Ehre und Geburt es von mir fordern. Wie lange wird meine Gefangenschaft dauern, werden die Mäuse mit meinem Skelett durch diese Räume ziehen?

Die Sonne war jetzt aufgegangen, ein wolkenloser Sommertag kündigte sich an über dem grünen Land. Gegen Mittag würden die Ränder der Hochebene im Dunst verschwimmen. Constantia dachte an die funkelnden klaren Sommertage in Holstein. Sie setzte sich auf die harte Bank, die rings um die Wände des Fürstenzimmers lief. Vor langer Zeit hatte ein Maler die Wände und die schwere niedrige Balkendecke mit Wildschweinen und Köpfen von Hirschen und Rehen geschmückt. Sie starrte auf die abblätternden Tierköpfe und dachte an Depenau, das Gut ihrer Eltern. Wie stark war sie früher gewesen, wie war sie geritten, hatte mit dem Vater und den Brüdern gejagt, gefischt, war über Land gefahren zu Cousinen und Cousins auf den Nachbargütern, hatte auf fröhlichen Bällen getanzt. Depenau, die Tiefe Au. Sie schloß die Augen und träumte, sie sei zu Hause und frei.

1.

Am 17. Oktober 1680 bringt Anna Margarethe Brockdorff, Ehefrau des Ritters Joachim Brockdorff, auf dem Gut Depenau in Holstein ein Mädchen zur Welt. Ihre letzten beiden lebendgeborenen Kinder sind als Säuglinge gestorben, und obschon dieses Kind kräftig zu sein scheint, erhält es doch am Tage nach der Geburt die Taufe. Der Pastor tauft es auf die Namen Anna Constantia – Constantia, die Beständige.

In diesem Herbst bricht an mehreren Orten in Deutschland die Pest aus. Durch die Straßen der Städte gehen die Pestärzte in langen Hemden, ihre Gesichter verbergen Masken mit Vogelschnäbeln und Brillen, und sie tragen Stöcke in den behandschuhten Händen. Der König von Dänemark und Norwegen, Herzog von Schleswig und Holstein, verbietet in seinen Ländern jeden Verkehr mit den Pestgebieten. Niemand darf dorthin reisen und niemand von dort in seine Länder eingelassen werden.

Die Zeitungen in Deutschland melden jede Woche die Anzahl der Pesttoten. In der Woche, in der Constantia zur Welt kommt, sterben in Dresden zweihundertvierundzwanzig Kranke. »Allein es sind wenig Leute von Qualität darunter«, berichtet der Dresdner Nachrichtenkorrespondent. Die Leute von Qualität sind auf ihre Weinberge außerhalb der Stadt geflohen. »Wenn man über die Gassen gehet«, schreibt er, »so höret man das Winseln und Jammern der Krancke, und die in den letzten Zügen liegen, und bitten nur umb einen Trunck Wasser, ihren Durst zu stillen. Ob nun einem das Hertze scheinet zu zerspringen, so darff keiner doch solchen im geringsten nicht nahen, zu geschweigen, daß er solchen etwas sollte reichen mögen.« Wer in die Nähe eines Pestkranken gekommen ist, wird in das Haus, in dem er wohnt, nicht mehr eingelassen.

Am Himmel erscheinen die Zeichen, die stets eine Pestepidemie begleiten. Die Schildwachen auf den Wällen um Dresden sehen ein helles Sternlein, das sich in einen langen Strahl verwandelt und im Fallen zu einem riesigen feurigen Ball wächst, der in tausend prasselnde Funken zerspringt. Auch in Berlin und Hamburg erscheinen glänzende weiße Strahlen und leuchtende Kugeln am Himmel, und am 18. Dezember taucht am fahlen Winterhimmel nachmittags um halb fünf im Westen ein Komet auf und verschwindet erst kurz vor Mitternacht.

Am 30. Dezember 1680 kommt aus Leipzig die Meldung, daß die Pest wohl bald vorüber sei. Die Überlebenden beginnen, die Häuser zu reinigen und das Bettstroh zu verbrennen, und wenden sich wieder ihren Alltagsgeschäften zu. Der König von Dänemark und Norwegen, Herzog von Schleswig und Holstein, läßt die Grenzen seiner Länder öffnen.

Constantia wächst in einem alten Herrenhaus auf, das ein Wassergraben mit einer Zugbrücke umgibt. Über einen Treppenturm außen am Haus erreicht man die einzelnen Stockwerke. Die Wendeltreppe ist nach rechts gedreht, damit Angreifer, die das Haus erobern wollen, ihre Schwerter in der linken Hand führen müssen, und in die Spindel der Treppe sind für die Verteidiger Gabeln zum Auflegen der Musketen eingelassen.

Tief im Keller gibt es in feuchten Gewölben ein Gefängnis. In der Diele, die durch das ganze untere Stockwerk des Hauses geht, versammeln sich die Gutsuntertanen, wenn Joachim Brockdorff, der Gerichtsherr ist auf seinem Grund, Recht spricht über einen der Ihren. Im Alltag ist die Diele die Winterstube der Hausbewohner; sie hat eine schwere Balkendecke und einen gewaltigen Kamin. Von ihr gehen kleine unbeheizte Seitengemächer ab, außerdem das heizbare Bad und die Küche, von der die Abfälle durch Ausgußröhren in den Burggraben fließen. In der Diele lernt Constantia laufen, so wie ihr fünf Jahre älterer Bruder Christian Detlev vor ihr hier laufen gelernt hat. Als Constantia zwei Jahre alt ist, bleibt wieder ein Säugling am Leben, ihr Bruder Joachim, und als sie sechs ist, eine Schwester, Marguerita Dorothe. Die Schwester kommt am 29. Januar 1687 zur Welt, in dem Jahr, in dem der Vater den zweiten großen Hexenprozeß auf Depenau anstrengt und wochenlang Tag für Tag die vom Teufel Besessenen in der Diele verhört.

Über der Diele liegt im ersten Stock der Rittersaal, die unbeheizbare Sommerstube. Schmale Türen führen von ihr in die Schlafkammern. Hier oben sind die Fenster breiter als unten und lassen Sonne, Licht und Wärme herein. Ein großer Raum, schon in alten Zeiten die Frauenstube, gehört Constantias Mutter. Anna Margarethe hat ihn sich behaglich und luxuriös eingerichtet, mit Bildern von Rubens, Cranach und Bloemaert, mit Porträts ihrer Eltern und Verwandten von Holbein und van Dyck, mit Büchern und Silber. Von den Fenstern der Mutter kann Constantia den Lustgarten auf der anderen Seite des Wassergrabens sehen, seine von Buchsbaum eingefaßten Blumenbeete, die Lauben und Statuen.

Das Wasser des Grabens ist abgeleitet von der Alten Schwentine, einem forellenreichen Fluß, der aus dem Stolper See im Süden kommt und gerade nach Norden durch die Tiefe Au fließt. Hinter Depenau fließt er durch den Postsee, an dessen nördlichem Ende die Stadt Preetz liegt, und weiter nach Norden bei Kiel ins Meer. Im Sommer ziehen weiße Haufenwolken am hohen hellblauen Himmel über die Herrenhäuser des Landes und seine gedrungenen roten Backsteinkirchen. Die Seen zwischen den Buchenwäldern und langgestreckten Hügeln blinken in der Sonne. Im Schilf brüten Enten und Schwäne, und weiße Möwen segeln durch die klare Luft.

Bis Constantia neun ist, bleiben ihre Entdeckungsreisen auf die nähere Umgebung des Herrenhauses beschränkt, denn der Vater, Oberst zu Pferd im Generalstab des dänischen Königs, ist nur im Winter und im Frühjahr zu Hause. Er kommt im Dezember von seinem Kavallerieregiment im Norden und zieht spätestens im Juni wieder fort, wenn das neue Gras auf den Weiden hoch genug steht für die Pferde. In der Erntezeit leitet die Mutter das Gut, so wie auch auf den Nachbargütern tatkräftige Frauen die Wirtschaft in Händen haben, deren Männer im Westen gegen die Franzosen, im Osten gegen die Türken kämpfen oder, wie Constantias Vater, im Norden dem König dienen. 1689 nimmt der Vater seinen Abschied und bleibt von nun an ganz zu Hause. Er lehrt Constantia das Vergnügen des Adels, die Jagd, und nimmt sie mit hinaus in die Wälder und Moore. Und er lehrt sie die Pflicht einer Adligen, weder gegen ihre Ehre noch gegen ihre Geburt — die Familie, den Stand — zu handeln.

Über das Kind Constantia habe ich in Archiven und Büchern kaum mehr gefunden als das Datum seiner Geburt. Ich fand aber einiges über das Umfeld, in dem die Mätresse aufwuchs: über die Familien ihrer Eltern, die Eltern selbst und über das Rittergut Depenau. Nachrichten von Zeitgenossen und Briefe Constantias aus späteren Jahren geben Hinweise auf Fähigkeiten, die sie schon als Kind geübt haben muß, und wenn ich ihren Namen in die Beschreibung ihres Lebens auf Depenau einfüge, betone ich, wofür ihr Interesse belegt ist.
Über das Denken und Fühlen der Mätresse haben nur sehr wenige Zeugnisse die Jahrhunderte überdauert. Ich spüre ihrer Kindheit und Jugend nach, weil ich hoffe, aus ihrer Erziehung und ihren alltäglichen Erlebnissen erfahren zu können, wie sie wohl sich und andere sah. Ich bin neugierig auf den Gutsalltag vor dreihundert Jahren. Mit ihrer Familie und mit Depenau blieb Constantia auch als Erwachsene verbunden.

Vom Vater her gehört Constantia einer der ersten Familien Holsteins an. Die Ritter Brockdorff, die im Wappen einen silbernen geflügelten

Fisch auf blauem Grund führen, stammen aus der Wilstermarsch westlich von Hamburg, aus dem Ort Brockdorf, und gehören zur großen Gruppe des aus dem Bauernstand hervorgewachsenen Adels. Doch sie sind die ältesten aller Bauernritter, sind schon 1220 nachweisbar, früher als manche der aus dem Herrenstand hervorgegangenen Rittergeschlechter. Sie taten sich bei der Eroberung Holsteins in den Kämpfen gegen die Slawen hervor und sammelten großen Grundbesitz. Constantias Vater läßt sich wenig sagen von seinem König in Kopenhagen. Schließlich sind die Könige von Dänemark auf ihren hohen Thron nur dank der Unterstützung auch seiner Familie gelangt.

Constantia ist mit den übrigen großen Ritterfamilien des Landes eng verwandt. Ihre Großmutter väterlicherseits, Øllegaard Catharine, war die Tochter Gert Rantzaus auf Drage und Breitenburg, die Enkelin Heinrich Rantzaus, nach dem das 16. Jahrhundert in ganz Holstein das Rantzauische Zeitalter genannt wird. Heinrich war ein gebildeter Humanist, der viel von sich reden machte, reich, der Statthalter des Königs in den Herzogtümern. Auch sein Sohn Gert wurde Statthalter, später Feldmarschall: Er war einer der Großen des dänischen Reichs, und in seinem Trauerzug folgte König Christian IV. seinem Sarg zu Fuß.

In der Familientradition der durch viele Heiraten miteinander verbundenen Rantzau und Brockdorff wächst Constantia auf. »Stolt as en Rantzau« heißt es im Volksmund, stolz wie ein Rantzau. Für sein Grab in der Laurentiuskirche in Itzehoe hat Heinrich Rantzau die Inschrift bestimmt:
»Heinrich Rantzaus Grab. Das Übrige wissen die Völker
In Europa rings und in der westlichen Welt.«
Und »riik as en Brockdörp« weiß der Volksmund, reich wie ein Brockdorff.

Auf Constantias Großvater Ditlev traf das noch zu. Er besaß mehrere Güter, Dörfer, Meierhöfe, besaß Wälder, Moore und Seen. Sein Gut Rixdorf war eines der größten in Holstein. Fünf Dörfer und vier Meierhöfe gehörten dazu. Das Gut Depenau hat seine Mutter Helvig Sehestedt als Mitgift in die Familie gebracht.

Constantias Vater wurde am 2. April 1643 geboren. Nach seiner Kavaliersreise durch Holland und Italien wurde er Kammerjunker beim Herzog von Holstein und Schleswig in Schloß Gottorf. Doch in einem Duell schoß er seinem Verwandten Leopold Joachim Rantzau zwei Kugeln durch den Kopf und mußte fliehen.

Duelle sind nichts Ungewöhnliches. Aber seit neuestem sind sie an den meisten Höfen verboten. Die Fürsten streben nach uneingeschränkter Macht über den Adel und wollen ihn ihrer Gerichtsbarkeit unterstellen. Doch das Gesetz ihrer Ehre hindert Ritter und Offiziere, sich an das Verbot ihrer Fürsten zu halten. Bei Streit, Beleidigung, falscher Verdächtigung bieten sie wie seit alters her den Zweikampf an, denn sie müssen beweisen, daß ihr Name, ihre Familie, untadelig ist, des Standes würdig. Oft ist es nur die Lust am Kampf, die Lust, mit tödlichen Waffen aufeinander loszugehen, die junge Adlige einen Grund zum Duell suchen läßt. Aber ein Adliger, der nicht bereit ist, für seine Ehre als Ritter zu sterben, verliert gerade dadurch diese Ehre und existiert für seine Standesgenossen nicht mehr.

Joachim floh nach Kopenhagen. Das Pardon für das Duell kam am 16. Dezember 1671 aus Gottorf, aber da diente Joachim schon dem König. 1675 avancierte er zum »Lt. i Liv. Rgmt tilhest«, zum Leutnant des Königs im Leibregiment zu Pferd, und 1676 zum Rittmeister im 4. Jütländischen Reiterregiment. Im Dezember desselben Jahres wurde er in der Schlacht der Dänen gegen die Schweden bei Lund in Schonen verwundet.

Der Reichtum der Familie Brockdorff auf Rixdorf und Depenau schmolz in den Kriegen des dänischen Königs gegen den schwedischen König und gegen den Herzog von Holstein-Gottorp kurz vor Constantias Geburt. Seit dem Tod des Großvaters gehören beide Güter der Erbengemeinschaft der Kinder und ihrer Mutter: Constantias Vater leitet Depenau, sein Bruder Gerhard Rixdorf. Constantias Großeltern haben mit ihren zwölf Kindern stets in großem Aufwand gelebt und Schulden gemacht, denn ein prunkvolles Leben steigert die Ehre und den Rang einer Familie. In den Kriegen zogen wilde Soldatenscharen durch Holstein, verheerten die Güter und erschlugen die Bauern. Sie plünderten Rixdorf und steckten es in Brand. Der König aber erhöhte die Steuern. Nun mußte die Familie noch mehr Geld aufnehmen. Doch die Güter erholten sich nach den Kriegen nur langsam. 1681, ein Jahr nach Constantias Geburt auf Depenau, geht die Erbengemeinschaft in Konkurs.

Das große Rixdorf ist verloren. Constantias Eltern gelingt es, Depenau aus der Konkursmasse für 47 000 Taler zu kaufen, die Constantias Mutter mit in die Ehe gebracht hat. Doch Joachims Erbteil ist dahin, und an Depenau hängt noch eine Bürgschaft über »der einen Schwester Brautschatz à 25 000 Thaler«, die entweder jährlich verzinst oder ausgezahlt werden müssen.

Joachim hat bald nach dem Pardon für das Duell die junge Kaufmannswitwe Anna Margarethe Berns kennengelernt und sie am 1. Oktober 1672 in Hamburg geheiratet. Sie ist die Tochter des reichen Hamburger Kaufmanns Leonhard Marselis. Die Liebesheirat zwischen dem Ritter und der Kaufmannswitwe war romantisch und unstandesgemäß. Wäre Anna Margarethes Vater noch am Leben gewesen, hätte er die Heirat vielleicht verhindert, die der Firma nur Kapital entzog.

Constantias Mutter ist auf ihre Familie genauso stolz wie der Vater auf seine. Der Großvater der Mutter, Gabriel Marselis, gehörte zu den frommen Calvinisten, die lieber vor dem katholischen Herzog Alba aus Brabant flohen, als ihren Glauben aufgaben, zuerst nach Stade, dann nach Hamburg. Der Großvater baute in Hamburg eine Im- und Exportfirma auf und verband sich in einer zweiten Firmengründung mit Albert Baltzer Berns, einem niederländischen Kaufmann in Kopenhagen. Die Schiffe der Firma Berns und Marselis segelten unter dänischer Flagge auf der Ostsee, und Gabriel wurde der einflußreichste Bankier des dänischen Königs. Er handelte mit Getreide aus Rußland und Salz aus Spanien, lieferte Luxuswaren für den Hof in Kopenhagen, Spitzen aus Flandern und einmal vierundzwanzig silberne Trompeten aus Nürnberg. Er lieferte Geschütze, Kugeln, Schießpulver auch an Hamburg und England. Sein Sohn Selio verkaufte Pulver sogar an die spanischen Kaperschiffe in Dünkirchen, die Feinde der niederländischen Generalstaaten, und es hieß, er habe gesagt: »Wir sind Kaufleute, der Handel kann nicht ruhen. Sollten wir für unseren Gewinn durch die Hölle segeln und unsere Segel versengen müssen, dann riskieren wir es.«

Constantias Urgroßvater hatte fünf Kinder mit Anna L'Hermite, der Tochter eines holländischen Juwelenhändlers in London. Kaum erwachsen, leiteten die Kinder die Zweigniederlassungen der väterlichen Firma. Constantias Großvater Leonhard übernahm das Stammhaus in Hamburg gemeinsam mit dem Kompagnon des Vaters, Albert Baltzer Berns, den die Marselis-Tochter Elisabeth, das jüngste Kind, im Alter von vierzehn Jahren heiratete. Auch die Marselis-Söhne schlossen vorteilhafte Ehen mit Töchtern großer niederländischer Handelshäuser und etablierten sich damit fest im internationalen Waffenhandel.

Constantias Mutter wurde im letzten Jahr des Dreißigjährigen Krieges, der so viel Segen über die Familie brachte, in Hamburg geboren und am 6. August 1648 in der reformierten Kirche in Altona getauft. Die Familie sorgte dafür, daß sie als Erbin Leonhards die Finanzkraft der Firma nicht schwächen würde. Von früher Jugend an stand fest, daß sie ihren Cousin Albert Berns, den ältesten Sohn der Tante Elisabeth, heiraten würde.

Die bürgerlichen Marselis lebten wie die Adligen. Constantias Großvater baute seinen Landsitz in Ottensen aus, und als die Königin Christine von Schweden nach ihrem Rücktritt nach Süden reiste, traf sie sich mit dem Herzogspaar von Gottorp »auff Herrn Marcellis vor der Stadt gelegenen Garten«.

Wieder einmal rüsteten Dänen und Schweden gegeneinander, und die Brüder Marselis und ihre Schwester lieferten dem dänischen König Waffen und Soldaten und rüsteten Kriegsschiffe aus. Der König sah Onkel Selio nach, daß er in Norwegen Raubbau in den Bergwerken trieb und die Bauern auf seinen Gütern auspreßte, und adelte ihn. Doch das Kriegsunternehmen mißglückte. Der König war bei den Marselis tief verschuldet und gab ihnen ein Krongut nach dem anderen zum Pfand: Die Marselis-Firmen übernahmen ganze Ämter, Klöster, die Insel Mön. Der König erhob nun auch Onkel Gabriel zum Freiherrn Gyldencrone. Der Krieg, der den Ruin der väterlichen Familie Constantias einleitete, machte die Familie ihrer Mutter noch reicher. Die Marselis lebten nun prachtvoller als Fürsten.

Mit zwanzig Jahren, im Sommer 1668, heiratete Anna Margarethe ihren Vetter Albert, Doktor beider Rechte der Universität Basel. Tante Elisabeth war in den Schloßgraben von Wandsbek gestürzt und ertrunken, und Anna Margarethe lebte nun als Schloßherrin auf Wandsbek. Doch nach eineinhalbjähriger kinderloser Ehe erkrankte Albert und starb. Mit zweiundzwanzig Jahren wurde sie Witwe. Sie war reich und schön, und reiche Männer umwarben sie. Aber sie liebte Joachim Brockdorff, einen Adligen aus Holstein, der als eines von zwölf Kindern nicht einmal ein einziges Gut für sich besaß. Die schöne und verwöhnte Anna Margarethe war nicht bereit, ihre Liebe einer neuen vorteilhaften Geschäftsverbindung zu opfern. Es war eine Heirat gegen Herkommen und Vernunft. Doch Liebe und Leidenschaft gaben ihr einen besonderen Glanz.

Im Jahr von Constantias Geburt setzt der Niedergang der Marselis-Firmen ein. Constantias Kindheit und Jugend sind begleitet von Gesprächen über Firmengüter und Prozesse, Handelsverträge und Gewinnanteile, die jetzt Anteile an Schulden sind. Der König, nun Christian V., hat durch das Verpfänden der Krongüter die Grundlage für die Versorgung seines Hofes verloren, und er beginnt 1680 mit einer sogenannten Güterreduktion: Er zieht die verpfändeten Güter einfach wieder ein und zahlt für sie nur einen Wert, den seine Beamten festsetzen. Es weht ein neuer Wind in Dänemark. Die Admiralität gräbt einen vierzig Jahre alten Handelsvertrag über Salz aus, dessen Bedingungen aus vergessenen Gründen von Urgroßvater Gabriel und Berns Senior nicht eingehalten worden waren. Der König verlangt jetzt Schadenersatz in Millionenhöhe von Marselis, Berns und Erben und beschlagnahmt Güter, Ämter, Klöster, die Insel Mön.

Nach langjährigen Prozessen der Marselis-Erben und angeheirateten Geschäftspartner gegeneinander bleiben Constantias Mutter schließlich nur die Güter Dueholm in Nordjütland und Semb in Norwegen. An den Ursprung der Familie erinnern nur noch die gekreuzten Kanonenrohre im Wappen der Vettern Constantias in Jütland, der Freiherrn Gyldencrone und Barone Marselis.

Joachim Brockdorff gibt Anna Margarethe bei Verwandten und Bekannten als geborene Gräfin Marselis aus. Es ist ein schlimmer Zufall, daß von allen Söhnen des alten Gabriel ausgerechnet ihr Vater Leonhard sich nicht um den längst fälligen Adelsbrief gekümmert hat. Der Besitzverlust der Brockdorff und Marselis mindert den Rang der Familien auf Depenau, nun darf nicht auch noch Zweifel an ihrer hohen Geburt die Ehre Constantias und ihrer Geschwister gefährden und ihre Aussichten auf standesgemäße Heiraten mindern.

Constantia ist äußerlich ganz eine Marselis. Die Marselis haben ruhige, ausgeglichene Gesichter mit hoher Stirn, gerader Nase, kräftigem Kinn, mit einer vollen Unterlippe und großen runden, dunklen Augen. Sie sind schöne Leute, intelligent und selbstbewußt, wirken auf ihren Porträts befehlsgewohnt und überlegen. Aber die auffallendste Familieneigentümlichkeit ist ihre Haltung. Auch Constantia hat die gerade federnde Haltung der Marselis: Von ihr geht etwas Unantastbares aus, das Unantastbare derer, die auch nach Rückschlägen ihrer selbst sicher sind und an sich glauben.

Von ihrem Vater, dem Ritter Brockdorff, lernt Constantia, daß auf Ehre und Geburt kein Schatten fallen darf. Von ihrer Mutter, der Kaufmannstochter, lernt sie, daß auch die vom Adel verachtete bürgerliche Geschäftstüchtigkeit Reichtum und damit Standeserhöhung bringen kann. Die Liebe aber, das weiß sie von beiden Eltern, erlaubt ein gewisses Herausspringen aus dem gesellschaftlich vorgeschriebenen Verhaltensgleis.

2.

Lange noch haftet die Sage vom gewaltigen Reichtum der Marselis an Anna Margarethe und ihren Kindern, und Anna Margarethe unterläßt nichts, was diesen Ruhm nähren kann. Geld bleibt knapp auf Depenau. Das Leben, das Constantias Eltern führen, entspricht nicht mehr dem Rang und der Ehre der Großeltern, ist ein langsamer Rückzug, ein zähes Verteidigen einstigen Glanzes. Das Wichtigste im Leben aber, lernt Constantia früh, ist, Ehre und Rang nicht nur zu verteidigen, sondern weiter zu erhöhen im Wettstreit mit den Standesgenossen.

Es gibt verschiedene Möglichkeiten, Ehre und Rang zu erhöhen. Man kann seinen Reichtum zeigen und Pracht entfalten. Man kann eine feine Bildung erwerben und sie in gewählten Kunstsammlungen darstellen. Man kann Ehre durch Tapferkeit gewinnen und durch Schönheit.

Die Generation von Constantias Onkeln und Tanten auf den Nachbargütern ist die erste in Holstein, die sich nach dem Dreißigjährigen Krieg und den folgenden Schwedenkriegen erholen kann, die erste, die Geld hat, die schönen Dinge, die sie auf ihren Reisen nach Holland und Italien kennengelernt hat, auch zu Hause zu genießen. Onkel und Tanten beginnen, sich Häuser zu bauen, die nicht mehr in einem engen Befestigungsring liegen wie Depenau, sondern in weiten Parks. Sie lassen Marmorierer aus Italien und Gärtner aus Frankreich kommen. Wer noch nicht an einen Neubau denken kann, fängt doch an, sich sein Haus behaglich auszustatten mit Gobelins, gemalten Tapeten, kunstvollen Möbeln, sammelt Bilder oder sogar Porzellan aus China. Onkel und Tanten haben eine Leidenschaft für schöne Gärten, veranstalten lebensfrohe Geselligkeiten, musizieren, tanzen, spielen Theater, lesen einander vor. Sie studieren Bücher über Jagen und Kochen, über Gutswirtschaft und Hauswirtschaft. Sie lieben die Klassiker der Antike, französische Komödien, deutsche Lyrik und Romane. Wer noch nicht – wie Constantias Mutter – eine große und vielseitige Bibliothek hat, fängt eifrig an, Bücher zu sammeln.

Auch in Fragen der Bildung ist Anna Margarethe den ländlichen Verwandten voraus. Die weibliche Bildung steht nicht überall sehr hoch, und selbst große Prinzessinnen klagen einander, wenn sie alt und einsichtig werden, in Briefen ihre Unbildung. Aber Anna Margarethe kommt aus einer Familie, deren Frauen mehr können als gerade nur lesen und ein wenig schreiben. Hauslehrer kommen nach Depenau, zuerst für Christian Detlev, Constantias älteren Bruder. Außerdem wird für Constantia ein Fräulein engagiert, das mit ihr Französisch spricht und Klavizimbel spielt. Für alle Kinder lassen die Eltern einen Tanzmeister kommen.

Das Erziehungsideal für die Brüder Christian Detlev und Joachim ist noch das gleiche wie in Vaters Kindheit: Ein junger Adliger soll ein hervorragender Reiter sein, im Fechten und Schießen geübt, ein guter Springer, Läufer, Schwimmer, Ringer. Er muß Latein, Französisch, Italienisch können, in Wissenschaften, besonders in Mathematik, und Künsten Bescheid wissen und gut tanzen. Auf einer Kavalierstour soll er dann Weltläufigkeit erwerben, sich umsehen an Höfen und Kunstkammern, vielleicht ein bißchen studieren.

Für Constantia kommen Kavalierstour und Universitätsstudium nicht in Frage, aber sonst ist ihre Erziehung kaum anders als die der Brüder. Die Mutter sorgt dafür, daß sie Sprachen und Rechnen lernt, sich in antiker Geschichte auskennt und bibelfest wird. Der Vater sorgt dafür, daß sie dem Frauenideal seiner Jugend gleicht, der Amazone.

Das Erziehungsideal für junge adlige Damen hat sich, anders als das für junge Herren, gewandelt – zum Sanften, Zarten, Hilflosen hin. Aber Anna Margarethe hat nie an Höfen gelebt und kennt die neuen Moden der großen Welt nicht. Die Frauen, die sie erzogen haben, ihre Mutter Aletta und ihre Tante Elisabeth, waren lebenszugewandt, praktisch und geschäftstüchtig, kaum anders als die älteren Gutsfrauen aus Joachims Verwandtschaft auch, und ihre Fähigkeiten und Erfolge fanden bei den Männern ihrer Generation Beifall.

Der Vater trainiert Constantia im Schießen mit Pistolen und Gewehr und im Fechten mit dem Degen. Er bringt ihr das Reiten im Damensattel und im Herrensattel bei. Bei den großen Jagden am Hof, die er kennengelernt hat, ist es meist üblich gewesen, daß die Damen Hosen trugen wie die Männer und im Herrensitz ritten. Von Joachims Generation hat noch niemand Lust, sich beim höchsten Vergnügen des Adels, der Jagd, durch ein Gefängnis aus Textilien zu Ziererei und Zaghaftigkeit zwingen zu lassen. Seine Tochter wird eine verwegene Reiterin, schießt treffsicher, ficht gewandt und ist eine leidenschaftliche Jägerin.

Zu den Herbstjagden kommen die Verwandten und Nachbarn, bringen Hunde und Wild mit als Geschenke oder einen »Schuwutt«, einen Uhu, der die Krähen zum Abschuß anlocken soll. Die Eltern fahren mit den Kindern auf Gegenbesuche, und Constantia und Joachim sehen abends zu, wie ihr schon konfirmierter großer Bruder, der gelehrte, verschlossene Christian Detlev, mit den Cousinen Brockdorff, Rantzau und Gyldencrone tanzt. Noch ist Constantia ein wildes lautes Landfräulein, ungestüm und jähzornig wie der Vater, aber die erfahrenen Tanten und alten Onkel der Familie sind sich einig darin, daß sie zu einer der schönsten der schönen und strahlenden Marselis-Frauen heranwachsen wird.

Der prachtvolle aufwendige Lebensstil unterscheidet den Adel von Bauern und Bürgern. Die äußerliche Herausgehobenheit aus den niederen Ständen ist gerade ein Hauptmerkmal des adligen Standes. Sie steigert das Gefühl des eigenen Wertes und rechtfertigt den Anspruch der Adligen auf weiteres materielles Wohl: Die leibeigenen Bauern auf den Gütern arbeiten nur für ihre Herren. Constantia sieht, daß Bauern eine andere Sorte Menschen sind als sie selbst.

Seit die politische Macht des holsteinischen Adels mehr und mehr schwindet, stecken viele Ritter ihre Energien in die Verbesserung der

Gutswirtschaft, wetteifern mit landwirtschaftlichen Erzeugnissen und dem Bau moderner Scheunen und Ställe. Constantia lernt von Mutter und Vater alles, was eine Landedelfrau wissen muß, um Haus und Gut zu führen, denn wenn es auch Verwalter und Diener, Knechte und Mägde gibt, so muß sie doch die Leute zur Arbeit befehlen und von ihnen verständig Bericht fordern können.

In der Gutsküche herrscht der Koch über Mägde und Küchenjungen. Für den Tisch der Herrschaft brät und kocht er täglich Fleisch: Rinderbraten, Wild, Geflügel. Der Küchengarten liefert Erbsen, Bohnen, Kopfsalat, Gurken. Auch Kräuter läßt die Mutter ziehen, Petersilie, Thymian, Majoran. Aus den Teichen kommen lebende Fische in die Küche, Hechte, Karpfen, Karauschen, Barsche, Schleie. Sogar im Graben um das Herrenhaus hat der Vater Fische aussetzen lassen, und in der Schwentine liegen Reusen für den Aalfang. Der Koch gibt süße und gesalzene Speisen zusammen, wie es in Holstein üblich ist, Birnen mit Bohnen und Speck oder Pflaumen mit Schweinebraten. Constantia ißt süße Milch mit Zwiebackkringeln, Pflaumenkuchen, Fliedersuppe.

Für das Gesinde kochen die Mägde dreimal am Tag wäßrige Gerstengrütze, und manchmal gibt es Heringe oder Roggenbrot dazu; aber darum braucht Constantia sich nicht zu kümmern.

Die Mutter zeigt ihr das Bierbrauen und lehrt sie, Branntwein zu brennen. Branntwein ist das Allheilmittel der Gutsfrauen gegen Krankheiten, und Constantia lernt, wofür er gut ist, wenn er nicht im Übermaß gebraucht wird. Er hilft gegen Gicht und Reißen, wenn man die schmerzenden Stellen damit einreibt. Wer regelmäßig am Morgen etwas Branntwein trinkt, dem sterben die Würmer, die ihm um Herz, Leber und Lunge sind. Wer das Gesicht und den Kopf mit ein wenig Branntwein einreibt, der ist immer schön, und der Branntwein stärkt ihm den Sinn und den Verstand. Die Mutter lehrt Constantia, medizinische Kräutertees zu bereiten und Wasser zu destillieren für die Gesichtspflege.

Constantia lernt auch, Zibeben auszubacken, die herrlichen getrockneten Weinbeeren, die aus Damaskus kommen und so viel Geld kosten. Sie macht einen dünnen Teig mit Wein und färbt ihn gelb mit Safran. Sie steckt die Zibeben auf kleine Spieße, taucht sie in den Teig und backt sie in siedendem Olivenöl aus. Im Spätherbst, wenn draußen der Nebel über Äckern und Seen liegt und schillernde Wassertropfen an den kahlen Ästen der Buchen hängen, machen Constantia und die Mutter Marzipan. Constantia häutet Mandeln und stößt sie mit Rosenwasser und kostbarem Zucker aus Westindien in einem Mörser. Sie formt die Masse zu runden Törtchen und läßt sie in einer Kupferpfanne mit geschlossenem Deckel auf kleinem Feuer backen. Sind die Marzipantörtchen fertig, bestreut sie sie mit Koriander und Anis.

An diesen Nebeltagen kommt es vor, daß Constantia eine große Unruhe auf dem Hof bemerkt. Der Verwalter und die Aufseher rennen zu den Pferdeställen, der Vater holt eilig Gewehr und Pistolen, und die Knechte lassen die Hunde aus den Zwingern. Dann sieht sie, wie der Vater mit seinen Bewaffneten vom Hof reitet. Leibeigene haben den Nebel zur Flucht benutzt, und noch in der Nacht hört Constantia das Bellen der Hunde, die die Gejagten in den Wäldern aufspüren, und die Schüsse der Menschenjäger.

Die leibeigenen Gutsuntertanen versuchen, in die Städte zu fliehen, nach Lübeck oder Hamburg, oder nach Dithmarschen ins freie Bauernland. Stadtluft macht den frei, der sich ein Jahr und einen Tag in der Stadt aufhält. Als es in den Städten nicht mehr genügend Arbeit gibt, erhöhen die Bürger die Wartezeit: für Verheiratete auf zehn Jahre, für Unverheiratete auf einunddreißig Jahre, sechs Wochen und drei Tage. Doch das schreckt die Leibeigenen auf den Gütern nicht.

Dann kommen sie zurück im Morgengrauen, der Vater und die Aufseher auf ihren müden Pferden, die eingefangenen Leibeigenen, denen Blut von Peitschenschlägen über die Gesichter rinnt, schleppen sich gefesselt und an die Sättel gebunden hinterher, die knurrenden Hunde auf ihren Fersen. Der Torhüter schließt auf, die Pferde traben über den Hof und über die Zugbrücke, die Männer steigen ab. Sie treiben die Leibeigenen in den Keller, ins Gefängnis. Der Vater läßt sie am Hals in Eisen schließen und an den Füßen, so daß sie jämmerlich liegen müssen, und läßt sie durchpeitschen. Die schlimmste Strafe ist das Reiten auf dem hölzernen Pferd im Hof. Das Pferd ist ein Holzgestell mit einem scharfkantigen Rücken. Der Vater läßt den Gefangenen Gewichte an die Füße binden.

Der Vater ist erbittert über die widersetzlichen Untertanen, die in seinen Augen schuld sind, daß es auf Depenau nicht vorwärtsgehen will. Mit allen Mitteln versuchen er und die Mutter, das Gut hochzubringen. Sie haben Semb, Anna Margarethes Gut in Norwegen, verkaufen müssen, um Depenau halten zu können, das alte Stadthaus der Brockdorff in Plön und den Meierhof Tramm. In den ersten Jahren haben sie Ochsen gemästet, dann haben sie auf Milchvieh und Getreideanbau umgestellt.

Mit dem Butter- und Käsemachen hat der Vater wenig zu tun. Ein Holländer, wie der neue Beruf heißt, pachtet die Gutskühe für jeweils ein Jahr und verarbeitet die Milch auf eigene Rechnung. Der Vater stellt Futter und Ställe, liefert Feuerholz, Roggen und Gerste. Der

Holländer zahlt die Kuhpacht, beköstigt und entlohnt das Gesinde. Auf zwanzig Gutskühe darf er eine eigene Kuh halten, die der Gutsherr für ihn füttert. Buttermilch und Molke gehen an den Vater, der sie den Schweinen geben läßt. Auf zehn Kühe rechnet er ein Schwein. Die Kühe müssen holländermäßig gehalten werden, das heißt, sie müssen sich ohne Hilfe aufrichten können. Weder im Sommer noch im Winter ist das Futter reichlich, und es ist oft schwer, die Tiere vor dem Hungern zu bewahren.

Die Eltern wollen aus Depenau einen landwirtschaftlichen Großbetrieb machen. Der Vater legt mit seinen Bewaffneten Bauernstellen nieder und schlägt das Land zum Gut. Er läßt um das Land erst Zaunpfähle setzen und später Heckenzäune anpflanzen, die Knicks. Drei Dörfer löscht er aus. Die vertriebenen Bauern müssen in seine Dörfer Stolpe und Wankendorf ziehen, und die dortigen Bauern müssen ihnen von ihrem Land abgeben.

Er läßt Moore trockenlegen und verpachtet Wald an Glasbläsermeister. Der Meister und seine Knechte schlagen den Wald als Feuerholz für den Schmelzofen der Glashütte. Ist der Wald verbrannt, legt der Vater Äcker und Wiesen an. Es gibt mehrere Glashütten auf Depenau, eine gehört dem Meister Adam Hoff aus dem Städtchen Sachsa am Harz, andere der Familie Gundlach. Stundenlang kann Constantia dem Meister zusehen. Sie ist fasziniert davon, wie aus Sand, Soda und Kalk durch die Kraft des Feuers eine hellrotglühende Masse wird, aus der Adam Hoff grüne, braune und weiße Glasflaschen bläst und große durchsichtige Ballons, die er aufschneidet, solange sie noch weich sind, und zu Fensterscheiben glattstreicht.

Mühle, Schmiede, Ziegeleien gehören zum Gut, und aus all diesen Betrieben hat der Vater Einnahmen. Die Untertanen sind verpflichtet, in seiner Schmiede schmieden, in seiner Mühle mahlen zu lassen. Sie müssen eine bestimmte Menge Bier und Branntwein vom Gut kaufen und Torf zum Heizen. Der Vater hat auch Einnahmen aus den Häusern, die er mit ein wenig Land seinen Handwerkern verpachtet, den Zimmerleuten und Webern, dem Schulmeister für die Bauernkinder und den Jägern. Auch die Fischerkaten am Stolper See und das Fischrecht bringen Pacht.

Auf den neugewonnenen Äckern baut der Vater Getreide an, Roggen, Gerste, Hafer. Im Spätsommer kommen die Kornaufkäufer aufs Land. Der Vater läßt das Getreide auf Prahmen auf den Flüssen oder in Planwagen fortbringen, in die Häfen an der Westküste — Tönning, Husum oder Friedrichstadt — oder nach Hamburg, dem großen Umschlagplatz für Getreide. Von den Häfen wird es nach Flandern und England, nach Spanien, Frankreich, Norwegen, Kopenhagen verschifft.

Für den Getreideanbau braucht der Vater viele Arbeitskräfte. Er erhöht die Dienstpflicht der Bauern. Statt einem Gespann müssen sie ihm jetzt täglich zwei stellen, das sind acht Pferde und sechs bis sieben Leute. Auf dem Gut selbst gibt es nur einige Reit- und Wagenpferde für die Familie, den Verwalter, den Gutsschreiber. Die Hofdienste werden für die Bauern immer drückender, die Leute fehlen ihnen zur Arbeit auf ihrem eigenen Land, die Ernteerträge sind gering, und sie können die vielen Pferde, die sie für Joachim Brockdorff halten müssen, kaum ernähren. Die Pferde sind klein und kümmerlich, selbst auf leichtem Boden muß man vier vor einen Pflug spannen. Neben den Hofdiensten sind die Bauern dazu verpflichtet, Gänse und Hühner an den Hof zu liefern, Eier und Pferdehaar für Fischnetze. Für sie selbst bleibt kaum etwas übrig, sie leben in Armut und Elend.

Alle Bewohner eines holsteinischen Gutes sind leibeigen. Ohne Erlaubnis des Gutsherrn darf niemand fortziehen, niemand heiraten. Wird ein Gut verkauft, gehen auch die Leibeigenen in den Besitz des Käufers über. Sie gehören zum Land, aber das Land gehört auch zu ihnen. Die Reste eines Rechtsverhältnisses bestehen noch. Doch auf Depenau werden sie auch ohne Land verkauft – wie Sklaven.

Erst der Dreißigjährige Krieg hat die alte Dienstbarkeit der Bauern den Herren gegenüber zur Leibeigenschaft verschärft. Dann war noch einmal Krieg in Holstein. Polen, Brandenburger, Kaiserliche kamen den Dänen gegen die Schweden und den Herzog von Holstein-Gottorp zu Hilfe, und Truppen aller Herkünfte plünderten das Land. Lange noch bleiben die Erzählungen vom Polenkrieg im Kirchspiel lebendig, und Constantia hört von ihrer Amme, von den Jägern und Fischern, wie sie vor den Soldaten mit ihrem Vieh und ihrer Habe in die Wälder flüchteten und darin molken und butterten. Das Herrenkind lernt den Krieg aus der Sicht der Leidenden kennen.

Die Steuerlasten stiegen nach jedem Krieg, und die Bauern konnten nicht zahlen, standen vor dem Verlust von Haus und Hof. Die Gutsherren, die größeren Kredit bei den Geldverleihern in den Städten haben, übernahmen die Steuerschulden der Bauern und tauschten dafür Dienste ein. Die Bauern sind nun Schuldner des Gutsherrn, ihre Häuser mit lebendem und totem Inventar gehören ihm.

Der Vater holt mit aller Kraft, die er hat, mit Strafen und Prügeln, Arbeit aus seinen Leuten heraus und hat doch weniger Ertrag als die Nachbarn. Auf jeden Unfreien, der aus dem Amt Plön flieht, kommen fünfzig, die aus Depenau entweichen, Bauern, Knechte, Handwerker mit Frauen und Kindern, weit über hundert Personen bis jetzt. Sie widersetzen sich der Macht ihres von Gott über sie gegebenen Herrn. Sie tragen die Schuld daran, daß er nicht vorwärtskommt. Sie sind vom Teufel besessen.

Es ist noch nicht lange her, da hat er wenigstens einigen der Hexen und Zauberer auf seinem Gut den Prozeß machen können. Vier Wochen, ehe Constantia sieben Jahre alt wird, am 21. September 1687, schlägt auf Depenau der Scharfrichter Matthias Liebknecht aus Plön Antje Sieck, Lehnke Schramm und Gretche Dohsen die Köpfe mit dem Schwert ab und verbrennt ihre Körper. Der Scharfrichter hat seinen großen Tag und verdient viel Geld mit den Hinrichtungen. »Einen Kopf mit dem Schwerdte abzuhauen« bringt ihm zehn Reichstaler ein und einen »Körper zu verbrennen« noch einmal zehn. Für zwei Schweine verlangt der Gutsherr auf Depenau fünf Reichstaler und für einen Ochsen sieben. Der Scharfrichter aber verdient sechzig Taler.

Wochenlang haben die drei Frauen im Gefängnis des Herrenhauses gelegen. Der Scharfrichter zeigte ihnen die Folterwerkzeuge und folterte sie, und Constantia hörte die unheimlichen Schreie bis in die Diele. Dann sind die Hexen geständig, und der Prozeß beginnt. Der Vater sitzt in der Diele zu Gericht. Der Notar Johannes Olderogg ist aus Kiel gekommen und der Verteidiger Johannes Witte. Der Pastor aus Bornhöved hat seinen Platz neben dem Vater. Die Frauen werden angeklagt, sich von Gott abgewandt, sich vom Teufel taufen lassen und mit ihm geschlafen zu haben. Der Notar fragt Lehnke Schramm, wie es der Teufel gemacht habe, als er sich zu ihr legte. Und der Gerichtsschreiber protokolliert: »Er hätte es gemacht, wie es die Weise mit sich bringt, . . . und wäre so kalt wie Eis gewesen.«

Und was hat sie dabei empfunden, will der Notar wissen. »Sie hätte nicht lange Lust davon gehabt; denn es nur eine kleine Zeit gewähret, als wenn ein Wind vorüber wehet.«

Der Verteidiger Johannes Witte ist bestürzt über die Missetaten seiner Mandantin, denn in der Verhandlung wird auch deutlich, daß sie von Ove Fresen zaubern gelernt hat und Vieh verhexen kann.

Ove Fresen aus Stolpe ist neun Jahre vorher mit zwei Frauen auf Depenau lebendig verbrannt worden. Ein vierter Angeklagter, Clas Lille, hat Gefängnis und Folter nicht überlebt und ist vom Schinder begraben worden. Die eine Frau hat auf der Folter zugegeben, daß ihr der Teufel als Hund erschienen sei, die andere hat einen Mann mit roten Hosen gesehen. Ove Fresen aber sagte, ihm sei er als normaler Mensch erschienen in lederner Büx und einem weißen Wams. Das Gericht sprach das Urteil im Namen des Wohlgeborenen Herrn, Herrn Joachim Brockdorff, Erbherr auf Depenau. Der Vater schickte die Akten nach Kiel. Der Dekan und die Doktoren der Juristischen Fakultät an der Universität bestätigten das Urteil.

40

Dieser Ove Fresen also hat über seinen Tod hinaus gewirkt, und wieder kommen am »Totenberg« von Depenau viele Menschen zusammen, um die Hinrichtung zu sehen und das große Feuer. Constantia hört die Gutsleute murren: Da so lange gemartert werde, bis die Angeklagten gestehen, könne der Herr sich unwillkommener Leute entledigen und ihren Besitz an sich bringen. Die Kinderfrau zieht Constantia rasch fort. So manche Hexen und Zauberer, denen man noch nichts beweisen kann, stehen mit ums Feuer.

Dämonische Kräfte wirken auf die Natur und die Menschen ein. In ganz Europa verbrennt man Hexen und auch in Amerika. Der Professor Benedikt Carpzow in Leipzig rühmt sich, dreiundfünfzig Mal die Bibel gelesen und 20 000 Todesurteile unterzeichnet zu haben. Wer den leibhaftigen Teufel mit Hörnern und Klauen leugnet, der leugnet Gott. Und vor Gottlosen muß sich ein frommes kleines Mädchen hüten.

Constantia weiß sich in der Obhut der Eltern, ihrer strahlenden Mutter, ihres ritterlichen Vaters. Die Eltern, die am Scheiterhaufen stehen, fühlen sich im Einklang mit Gott. Die Mutter hat wohl Mitleid mit den Bauern. Aber ihre Mitgift steckt im Gut, Geld, das ihr anderswo Zinsen brächte, und die Hexen und Zauberer verhindern den Profit. Die Bauern sind wilde Bestien, die gebändigt, aber nicht zivilisiert werden können. Sie sind eine andere Menschenrasse als die Herren, vor Gottes Augen kaum mehr als das Vieh.

Die Menschen sind nicht gleich, lernt Constantia. Die große Mehrzahl ist dazu da, dem Adel zu dienen. Ein Fräulein von Stand darf sich nicht mit ihnen gemein machen.

Sie kennt noch eine zweite Rasse, die Bürger. Die meisten Menschen dieser Art sieht sie alljährlich auf dem Umschlag in Kiel. Der Umschlag beginnt jedes Jahr am Tag der Heiligen Drei Könige, am 6. Januar. Die Adligen aus Holstein und Schleswig kommen von ihren Gütern in die Stadt. Man zahlt seine Schulden oder die Zinsen an diesem Termin. Wer Geld hat, leiht es aus: Man setzt die Gelder um, schlägt sie um. Der Geldhandel dauert acht Tage, danach gibt es einen schönen Jahrmarkt, zu dem oft Künstler von der Oper in Hamburg anreisen. Der Jahrmarkt dauert vierzehn Tage, und die Bürger der Stadt nehmen viel Geld ein, denn sie vermieten Zimmer mit Halb- oder Vollpension.

Nach dem Umschlag verbringt Constantia mit ihren Eltern einen Teil des Winters im Stadthaus in Kiel. Ein Sechstel aller Häuser der Stadt gehört dem Adel. Die Junker vom Land trinken viel und randalieren in den Gassen. Je mehr sie durch Unterdrücken der Bauern an Reichtum gewinnen, desto größer wird ihr Übermut. Die Bürger tragen ihre Schwerter an der Seite und können gut mit ihnen umgehen, aber es nutzt ihnen wenig. Ein Brockdorff hat einmal in der Nikolaikirche dem Bürgermeister Töke in den grauen Bart gegriffen und ihn ausgerissen.

Adel und Bürger sind verschiedene Menschenrassen, deren Trennung auch im Jenseits fortdauern wird.

Doch selbst innerhalb des Adels sind nicht alle Menschen gleich. Nach einer noch geheimnisvollen Ordnung sieht Constantia die Ritter und ihre Frauen nacheinander durch die Türen gehen, sie muß ihnen mit unterschiedlichen Anreden antworten, wenn sie angesprochen wird, und es wird viel darüber geredet, wer sich auf welche Art Stuhl setzen darf, mit oder ohne Rücken- und Armlehnen, und wer stehenbleiben muß.

Der Vater ist wohl angesehen, das spürt Constantia, aber mit der Mutter stimmt etwas nicht: Die Mutter hat eine andere Religion. Sie ist nicht gut lutherisch wie der Vater, Constantia und die Geschwister, sie ist reformiert. Denn noch eine Unterscheidung gibt es zwischen den Menschen, die der Religion. Constantia hat schon von den furchtbaren Katholischen im Süden erfahren, aber Reformierte, so flüstern die Cousinen Brockdorff und Rantzau, sind eigentlich noch viel schlimmer.

Einmal hat der Vater sich auf sein Pferd gesetzt und ist nach Preetz ins Kloster geritten. Dort sprach er lange mit der Priörin Ida von Buchwaldt, und die Priörin notierte in ihr großes Urkundenbuch: »Anno 1689 den 4 february hat H. Joachim brocktorff von Depenau seine Kinder hier einschreiben lassen, und einen revers gegeben, dafern sich finden würde, daß die Mutter sie in der Calvinischen lehr soltte erziehen, sie alsdan hier nicht sollen angenohmen werden. Die 1. Anna Constantia, die 2. Marguerita Dorothe, 3. Charlotte Sophie Brocktorffen. Dieße letzte ist nicht zur Welt gekommen.«

Joachim ritt beruhigt nach Hause. Sollten seine Töchter ledig bleiben, würden sie als Stiftsfräulein im Kloster Preetz ein ruhiges sicheres Leben führen. Viele Tanten Constantias sind dort Stiftsfräulein gewesen und einige sogar Priorinnen. Manch eine der Damen Brockdorff ist berühmt und angesehen wegen ihrer Gelehrsamkeit.

Aber auch die Mutter ist klug, belesen und fromm. Die lustigen Vettern und Cousinen Gyldencrone sind Reformierte. Constantia weiß nicht, was schlimm an ihnen ist, und fragt sich verwirrt, welches denn der rechte Glaube sei.

Und dann gibt es noch eine merkwürdige Zwischenklasse, vor deren Rang man sich beugen muß und mit deren Ehre dennoch etwas nicht stimmt und die man insgeheim verachten darf. Das sind die Mätressen der Fürsten. Constantia kennt von ihren Streifzügen zu Pferd die Güter der Mätressen. Die Mätressen haben die Güter als Kapitalanlage und kommen nur selten nach Holstein, und dann auch nur für ein paar Tage.

Rixdorf, das verlorene Familiengut der Brockdorff, gehört nun der Gräfin Sophie Amalie Danneskiold-Samsøe. Bis sie fünfzehn war, hieß sie noch Sophie Amalie Moth. Sie ist die Tochter eines Flensburger Arztes, der als Leibarzt am königlichen Hof in Kopenhagen lebt. Mit fünfzehn wurde sie die Geliebte des Königs Christian V. Er erhob sie zur Gräfin und läßt ihr ein Wochengeld reichen, das, so heißt es, ein Vielfaches dessen beträgt, was die Königin erhält. In Kopenhagen gehören des »Königs natürliche Kinder« in die erste Rangklasse bei Hof.

Auch die Güter Nehmten und Perdöl, die an Depenau grenzen, gehören seit kurzem einer Mätresse, Aurora von Königsmarck. Sie hat sie von ihrem Bruder geerbt, der, so munkelt man, der Geliebte der Erbprinzessin Sophie Dorothee von Hannover war. Eines Nachts verschwand er spurlos. Seine Schwester Aurora war nach Sachsen gereist, um Hilfe bei der Suche nach ihrem Bruder zu finden. Der junge Kurfürst Friedrich August erhob sie zu seiner Mätresse.

Constantias Vater spart nicht mit verächtlichen Worten über die Mätressen, denen die Güter um Depenau gehören. Und doch haben sie an den Höfen ihren ursprünglichen Rang erhöht und Ehre gewonnen.

Die »Ehre«, weiß Constantia, ist das Wichtigste im Leben. Die Ehre ist die gute Meinung, die andere Leute von ihren, Constantias, Kräften haben und nach der sie ihr einen Vorzug vor den übrigen Menschen geben werden. Die Ehre verhilft zur »Beyhülffe« anderer, und durch die Beihilfe anderer wird man glücklich. Im Besitz von Ehre zu sein, ist mit Lust erfüllt. Was aber mit Lust erfüllt ist, das ist natürlich. Das Natürliche ist der Wille Gottes, und was Gott will, das muß Constantia zum Ziel ihres Strebens machen.

Die »Ehre« ist der Ausdruck der Zugehörigkeit zur Adelsgesellschaft. Wer nach Meinung der Standesgenossen nicht mehr zur guten Gesellschaft gehört, verliert die Ehre. Die Ehre aber begründet den Anspruch auf ein vor den übrigen Menschen privilegiertes Leben und ist Teil des Selbstverständnisses einer Adligen. Eine Adlige sucht lieber den Tod als den Verlust der Zugehörigkeit zu ihrem Stand zu riskieren, den Verlust der Ehre, denn ohne Ehre ist ihr Leben in den Augen ihrer Verwandten und Freunde und in ihren eigenen sinnlos.

3.

Constantia ist nun zu einem großen Mädchen herangewachsen. Es wird Zeit, daß sie das Gut verläßt und an einen Fürstenhof kommt. Sie muß lernen, wie man sich in der feinen Welt bewegt und sich angenehm macht. Ihr Bruder Christian Detlev hat seine Kavaliersreise beendet und schreibt sich am 7. Juli 1694 an der Christian-Albrecht-Universität in Kiel zum Jurastudium ein. Der Vater hat in Siena studiert, wo man das feinste Italienisch lernt, und der Großvater Brockdorff in Leiden in Holland. Doch wer in holsteinische Dienste treten will, muß die Landesuniversität besuchen, hat der alte Herzog in Gottorf, der Universitätsgründer, bestimmt. Die vier Vettern Gyldencrone sind auf die Ritterakademie in Kopenhagen geschickt worden. Baron Holger ersticht einen Tanzmeister und wird zum Tode verurteilt. Und Baron Gabriel wird auf der Akademie in einem Duell erstochen. Die Söhne des alten Adels wollen sich ihren Rang auf der Akademie nicht schmälern lassen und zeigen denen, die Barone erst in zweiter Generation sind, ihre Überlegenheit. Die Vettern sind stolz und empfindlich, und so ist es zu dem großen Unglück gekommen. Constantias Eltern besprechen schon seit langem mit Onkeln und Tanten, was mit Constantia geschehen soll. Die engsten Verwandten der Familie auf Depenau haben den vier Töchtern des dänischen Königs Frederik III. gedient: Constantias Tante Øllegaard war Hofdame bei der Königin von Schweden, Tante Dorothea Hofdame bei der Kurfürstin von Sachsen und Cousine Marie Elisabeth Hofdame bei der Kurfürstin von der Pfalz. Die vierte Königstochter ist die Herzogin in Gottorf, und dort war Constantias Vater vor Jahren Kammerjunker.

Die Tochter der Herzogin ist einverstanden, Constantia als Hoffräulein zu sich zu nehmen.

Die Mutter läßt sich Modeblätter aus Paris und Amsterdam schikken. Auf den Blättern sind fürstliche Personen der regierenden Häuser Europas in vorbildlicher modischer Kleidung gezeichnet. Aus Amsterdam treffen Pakete ein mit Stoffen, Spitzen und Bändern, mit Tuchmänteln für Constantia und eleganten Schürzchen aus Taft, aus Goldspitze oder aus bestickter Seide. Schneider kommen nach Depenau, und die Schuster in Preetz mühen sich, Schuhe mit leicht geschweiftem hohem Absatz mit dem Brokat oder der Seide zu überziehen, aus dem das Kleid ist, zu dem Constantia sie tragen soll.

Dann sind die Kleider fertig, die feingestickten Weißwäschestücke gebügelt und verpackt. Der Vater läßt die Kisten auf die Reisekutsche laden und bringt Constantia nach Schloß Gottorf.

1.

D ie Herzogtümer Holstein und Schleswig haben seit über hundert Jahren zwei Landesherren: den König in Kopenhagen und den Herzog von Holstein-Gottorp, der von einer jüngeren Linie des Königshauses abstammt. Doch es ist kein Zufall, daß Joachim Brockdorff seinen Sohn an der Universität des Herzogs in Kiel studieren läßt und seine Tochter nach Schloß Gottorf bringt statt nach Kopenhagen, wo der Hof größer und glänzender ist. Trotz der ritterlichen Treue, die er seinen beiden Herren gleichermaßen schuldet, steht Constantias Vater mehr auf der Seite des Herzogs als auf der des Königs.

Beide Landesherren regieren die zwei Herzogtümer gemeinsam und in endloser Zwietracht. Holstein gehört zum Heiligen Römischen Reich Deutscher Nation, und als Herzöge von Holstein sind der König in Kopenhagen und der Herzog in Gottorf Lehnsmänner des Kaisers in Wien. Aber Schleswig gehört zum Dänischen Reich, und hier ist der Herzog Lehnsmann des Königs. Der Herzog versucht, unabhängig vom König zu werden, und der König versucht, den Herzog zu verdrängen.

Schon der Vater des derzeitigen Herzogs sah sich nach Bundesgenossen im Ausland um, und es gelang ihm, den alten Verwandtenzwist in die Kämpfe der europäischen Großmächte einzuklinken.

Noch hat Constantia mit der großen Politik wenig zu tun, aber die Konfliktsituation in Holstein, in die sie hineinwächst, gehört zur Vorgeschichte des Nordischen Krieges. Dieser Krieg beginnt 1700 und bestimmt ihr ganzes Leben. Die Mätresse ist eine politisch engagierte Frau, und um ihre spätere Parteinahme zu verstehen, sammle ich, was sie in ihrer Jugend am Hof in Gottorf aus der Nähe kennengelernt haben muß.

Außen- und Innenpolitik sind eng miteinander verwoben: Durch die Macht, die sie in den Kriegen gewinnen, wollen die Fürsten die Macht im Innern ihrer Länder erweitern. Frederik III. von Dänemark, der Großvater Augusts des Starken, ist einer der Fürsten, die besonders entschieden den Adel von der Mitregierung abdrängen. Der Kampf zwischen Königen und Adel wird von großer persönlicher Bedeutung für Constantia, Tochter eines Ritters und Mätresse eines Königs.

Der alte Herzog fand seinen Bundesgenossen im König von Schweden. Seit alters her kämpfen Dänemark und Schweden um die Vorherrschaft in der Ostsee, vor allem um den Sund, die schmale Einfahrt in dieses Binnenmeer. Der dänische König nimmt in Helsingör saftige Zölle von allen Handelsschiffen, die Tuche, Salz und Gewehre nach Schweden und Rußland bringen und Erz, Getreide und Pelze zurück nach Flandern und England. Als der schwedische König seine Macht vergrößern und 1657 an der Ostseeküste auch Teile Polens erobern wollte, begann der dänische König sofort den Krieg, um einen neuen Landgewinn des alten Gegners zu verhindern – mit Hilfe des Großvaters, der Großonkel und Großtante Constantias, der Bankiers und Waffenlieferanten Marselis. Aber Dänemark verlor Schonen und damit die Alleinherrschaft am Sund. Dem schwedischen König war dieser Erfolg nicht genug, er wollte nun Dänemark ganz in seine Abhängigkeit bringen. Der Herzog von Holstein nutzte die Gunst der Stunde und schlug sich auf die Seite des siegreichen Schweden. Der dänische König hatte den Feind in Schonen vor der Nase und in Holstein im Rücken.

Aber er bekam Hilfe gegen Schweden, das auch anderen Ländern zu groß wurde: Die Holländer schickten ihm eine Flotte, der Kaiser, der König von Polen und der Kurfürst von Brandenburg schickten Truppen. Beim Friedensschluß 1660 verdankte der Herzog es nur den Verbündeten Schwedens, Frankreich und England, daß er seine Regierungsrechte in den Herzogtümern diesmal noch behielt.

Unerhörte Dinge geschahen nach Kriegsende in Kopenhagen. König Frederik III. schloß sich mit den Bürgern gegen den durch den Krieg geschwächten und verarmten Adel zusammen. Er versprach ihnen wirtschaftliche Vorteile, und sie verschafften ihm eine solide Basis zur Alleinherrschaft: Am 18. Oktober 1660 fand auf dem Schloßplatz die Erbhuldigung statt. Die Repräsentanten der Stände verzichteten auf ihr Wahlrecht und garantierten Frederik und seinen Nachfolgern, gleich ob Sohn oder Tochter, das alleinige Erbrecht in Dänemark. Bislang war es so, daß die Stände – Adel, Prälaten, Städte und früher auch einmal Bauern, aber das war schon lange her – nach gutem altem Recht und Brauch wie überall in Europa jeden neuen König wählten. Nun gaben sie Macht und Mitsprache auf.

Die Vertreter des Adelsstandes versuchten bis zuletzt, die Erbhuldigung, ihre Entmachtung, zu verhindern. Da ohne sie nichts Rechtsgültiges auf dem Schloßplatz geschehen konnte, beschlossen sie, Kopenhagen zu verlassen. Doch sie fanden die Stadttore von Soldaten besetzt und waren gezwungen, sich dem Willen des Königs zu beugen.

Das also war der erste Schritt zur absoluten Macht. Es kam aber noch schlimmer. Constantias Vater erlebte als junger Mann in Kopenhagen, wie Christian V. bei seiner Krönung in der Schloßkirche von

Frederiksborg am 7. Juni 1671 zu verwischen suchte, daß dem König von Dänemark die Macht von den Ständen übertragen worden war. Christian trat auf, als sei er nicht der Erste unter den Großen des Landes, sondern ein höheres Wesen, aus anderem Stoff gemacht als sie.

Am Hof gingen sogar Gerüchte über ein Königsgesetz, das seit sechs Jahren fertig im königlichen Schreibtisch wartete. Es legte die von keinem Adelskollegium eingeschränkte Regierung des Königs über alle Untertanen fest: Er ist oberster Richter, Gesetzgeber, Machtausüber in einer Person und niemandem Rechenschaft schuldig. Das war die Revolution von oben. Das war das Grundgesetz des Absolutismus, wie es selbst später in keinem anderen Land aufgeschrieben wurde. Noch wagte der König nicht, dieses Gesetz bekanntzugeben, noch war der dänische Adel so mächtig, daß er es nicht friedlich hinnehmen würde: Der englische König Karl I. war für weniger gehenkt worden. So blieb es vorerst bei Gerüchten.

Aber während der Krönung sagte der Bischof von Seeland, Hans Wandals, Worte, die in alle Winkel der Erblande getragen wurden und Berühmtheit erlangten: »Eure Majestät repräsentieren uns hier auf Erden Gott selbst.«

Viele dänische Adlige waren einigermaßen verstört, und die Holsteiner und Schleswiger Ritter fürchten seitdem, daß es bei ihnen im Lande auch noch so weit kommt. Denn der König versteht es, seine Macht in den Herzogtümern mit Hilfe seiner außenpolitischen Erfolge auszubauen. Zweimal gelang es ihm, den Herzog, jetzt Christian Albrecht, abzusetzen, wenn auch beide Male die Großmächte sich einmischten und ihn zwangen, Christian Albrecht als zweiten Landesherrn neben sich anzuerkennen.

Das erste Mal besiegte er den Herzog 1676. Schweden und Frankreich zwangen ihn drei Jahre später, Christian Albrecht wieder Platz zu machen. Das gab dem König die Idee, sich vor dem nächsten Versuch mit Frankreich zu verbünden. Wieder vertrieb er den Herzog aus Schloß Gottorf. Diesmal mußte er seine Beute fünf Jahre später, 1689, dem Herzog herausrücken. Das Bündnis mit Frankreich war ein Fehler gewesen.

Frankreich, das vom Dreißigjährigen Krieg verschont blieb, ist die führende Macht Europas, und sein König Ludwig XIV. will diese Führung auf Kosten des Reiches zur Vorherrschaft ausbauen. Er verhandelte mit dem türkischen Sultan, damit der Kaiser einen Zweifrontenkrieg führen mußte. 1688 marschierte er unter einem Vorwand in die Pfalz ein und bombardierte Heidelberg. Aber seine Rechnung ging nicht auf. England und Holland wollen die Weltherrschaft zur See und keineswegs den Handel mit den Kolonien in Amerika, Afrika und

Indien mit einem mächtigen Frankreich teilen. Eine große Allianz aus Kaiser, Reich und den Seemächten kämpft seit 1689 gegen Frankreich, und Frankreichs Verbündeter, der dänische König, hatte gleich in diesem ersten Kriegsjahr das Nachsehen. Und so zog die herzogliche Familie wieder in ihre Residenz Gottorf ein.

Der Holsteiner und Schleswiger Adel hat also wieder den vertrauten Zustand: König und Herzog sind gleichberechtigte Landesherren. Dem Adel geht es noch am besten, wenn seine beiden Herren sich gegenseitig in Schach halten. Die Ritter geben die Hoffnung nicht auf, ihren führenden Einfluß auf die Regierung der Herzogtümer zurückzugewinnen. Seit der König durch die Erbhuldigung in Dänemark gefährlicher geworden ist, sind die holsteinischen Ritter gut gottorpisch gesinnt. Sie bauen ihre Macht über die Untertanen auf den Gütern aus, und Christian Albrecht läßt sie gewähren und sitzt nach den langen demütigenden Kämpfen resigniert in Gottorf und verschönert seine Schloßgärten.

So ist die Lage, als Constantia nach Gottorf kommt. Die Konflikte sind in einem kalten Krieg eingefroren, und nur weil der Herzog müde ist und auch die Könige von Dänemark und Schweden nun alt und vorsichtig geworden sind, explodiert das eingelagerte Pulver in den Festungen nicht.

2.

Das wilde Landfräulein aus Depenau soll von der Prinzessin, deren Hoffräulein sie nun ist, elegante Sitten lernen. Die Prinzessin heißt Sophie Amalie und hat eine lange, nach unten gebogene Nase, runde Bäckchen und ein spitzes Kinn und ist vierundzwanzig Jahre alt. Sie ist die älteste Tochter des Herzogs und hat selbst eine sorgfältige Erziehung von ihrer Mutter erhalten, der Königstochter aus Kopenhagen.

Constantia darf nun nicht mehr wie ein Jagdhund durch Gänge und Treppenhäuser laufen. Sie soll gesittet und mit Anstand gehen. Sie versucht es und stellt fest, daß sie mit den steifen Kleidern, die sie nun täglich tragen muß, so besser zurechtkommt. Zur »L'art de plaire dans le monde«, zur Kunst, in der Welt der guten Gesellschaft zu gefallen, gehört allerdings auch, daß man nicht übertreibt. Ehre gewinnt, wer die Anstandsregeln streng einhält und sich dabei doch leicht und ungezwungen benimmt.

Gottorf ist das größte Schloß, das Constantia bislang kennt. In den Augen der Weitgereisten am Hof ist es ein unmoderner, baufälliger Kasten. Und doch ist sein Anblick schön, wenn Constantia mit Sophie Amalie von einer Ausfahrt zur Stadt Schleswig heimkommt und an der

Schlei entlangfährt und zur Rechten die Türme des Schlosses aus den Buchen hervorragen. Das Schloß liegt in einem kleinen See am Rande der Schlei, einer tiefen Ostseebucht. Es ist mit vier Bastionen befestigt, auf denen achtzehn Kanonen stehen, und eine Zugbrücke verbindet es mit dem südlichen Ufer des Sees.

Jenseits des Sees, zum Land hin, steigen die Gärten des Schlosses in langen Terrassen zum Friedrichsberg hin an. Constantia begleitet die Prinzessin bei ihren Spaziergängen durch die Gärten, bewundert die Teiche, Fontänen und Lusthäuser, die, wie die Prinzessin erklärt, im persianischen Stil, auch indianischer Stil genannt, erbaut sind. Das erstaunlichste und wunderbarste Lusthaus ist die Friedrichsburg. Die Prinzessin läßt ihren Diener den Schlüssel holen und das Lusthaus aufschließen und geht mit Constantia hinein. Innen steht der größte Globus der Erde, den Constantia je für möglich gehalten hat. Der Diener öffnet ein Türchen im Globus, und die Prinzessin winkt Constantia hinein. Da hängt ein runder Tisch, den eine Bank umgibt, auf der zehn Personen gemütlich sitzen und dem Auf- und Niedergehen der Sterne zusehen können, denn von innen zeigt der Globus den Himmel. Er kann von einer umgeleiteten Wasserquelle bewegt werden, so daß Erde und Himmel sich drehen, aber es ist schon ein paar Jahre her, seit das Wunderwerk zum letzten Mal funktionierte.

Die Prinzessin führt Constantia auch in die Bibliothek im Schloß und zeigt ihr seltene Bücher und kostbare Handschriften. Die Herzöge fördern mathematische und astronomische, geographische und historische Studien, und gelegentlich kommen Gelehrte von weither nach Gottorf, um die lateinischen, griechischen und seltsamen orientalischen Handschriften zu studieren.

Sophie Amalie beschäftigt sich viel mit den Wissenschaften und wird auch Constantia darin unterrichten. Doch das erste und wichtigste, was ein Hoffräulein lernen muß, ist die Hofordnung. Zur Kunst, in der feinen Welt zu gefallen, gehört, daß sie weiß, wie sie die Ranghöheren anredet und bedient und wie sie sich von Rangniedereren bedienen läßt.

Da ist zunächst einmal die Familie des Herzogs: der Herzog Christian Albrecht, die Herzogin Friederike Amalie und ihre vier Kinder. Der Herzog ist ein freundlicher Herr, den alle am Hof verehren. Friederike Amalie, Tochter König Frederiks III., ist mit Christian Albrecht verheiratet worden, um das schlechte Verhältnis zwischen dem dänischen König und ihm zu verbessern. Doch das schlug bekanntlich fehl. Die Familie hält nach politisch harten Jahren und zweimaligem Exil in Hamburg eng zusammen.

Sophie Amalie ist die Älteste, dann kommt ihr jüngerer Bruder

Friedrich, der Erbprinz. Er ist ein dreiundzwanzigjähriger hübscher und kräftiger Mann, ein Herr von hohem Geist und plötzlichem Entschluß, wie es heißt. Er ist temperamentvoll und waghalsig und liebt es, auch bei starkem Wind stundenlang in seinem kleinen Boot auf der Schlei zu segeln. Dann folgt Christian August, drei Jahre jünger als die Prinzessin. Um ihn gehen merkwürdige Gerüchte. Constantia hört sie wohl, es heißt, er liebe die Männer mehr als die Frauen. Das jüngste Kind ist wieder ein Mädchen, Marie Elisabeth. Sie ist siebzehn Jahre alt.

Herzog und Herzogin, Prinzessinnen und Prinzen haben jeder einen eigenen Hofstaat. Außerdem gehören zum Hof die Beamten, die das Land verwalten, mit ihren Familien und ihren Dienern. Hofdienst und Landesdienst, Haushalt und Regierung gehen, kaum getrennt, ineinander über, das Land wird fast noch geführt wie ein großes Gut.

Am Hof ist genau geregelt, wer vor wem durch eine Tür gehen darf, wer Zutritt hat zu welchen Zimmern und zu welchen Tageszeiten er eintreten darf. Das alles kennt Constantia in einfacherer Form aus Kiel, doch hier muß sie in allen Situationen auf dem täglichen Kampfplatz der Ehre Bescheid wissen, darf niemanden beleidigen und sich selbst nicht beleidigen lassen.

Christian Albrecht hat eine schriftliche Rangordnung für seinen Hof erlassen, um der eitlen Ehrsucht Grenzen zu geben und unendlichen Zänkereien vorzubeugen. Er hat die Ordnung nach Abstammung und Verdienst festgelegt, und innerhalb der gleichen Rangstufe nach Anciennität. Nur wer die besondere Zuneigung des Herzogpaars besitzt, darf mehr beanspruchen, als ihm nach seiner Rangklasse eigentlich zusteht. Daher gibt es doch immer wieder Kontroversen und Dispute. Aber die Weitgereisten sagen, an allen Höfen seien die Leute mit der Rangordnung unzufrieden und in Gottorf führe man ein ruhiges Leben.

An erster Stelle stehen in Gottorf die Landräte, dann kommen der Reihe nach der Generalmajor, die Amtleute, der Hofmarschall, der Hofkanzler, der »Printzeßin-Hofmeister«; dann die Geheimen Räte, die Kammerräte, Kanzleiräte, die Militärs. Die Zivilisten haben in Gottorf im allgemeinen den Vorrang vor den Militärs, die Studierten vor den Nichtstudierten. Aber »Der Printzeßin-Cammer-Diener«, Nr. 39 der Hofordnung, kommt vor dem Hofprediger, Nr. 40. Der Fischmeister hat einen höheren Rang als die Lehrer der Prinzen und Prinzessinnen. Ab Nr. 68 kommen die Schreiber, Schneider, Trompeter, Pauker, Gärtner, die Mundköche, Bettmeister, Silberdiener. Nr. 84 sind die Lakaien, und die »Beyläuffer«, die bei Ausfahrten vor und neben den Kutschen laufen, stehen an letzter Stelle auf Nr. 91.

50

Der Rang der Frauen richtet sich nach dem der Männer, deren Ehefrau oder Witwe sie sind, und die Dienerschaften der Hofbedienten spiegeln die Hofordnung noch einmal in ihrer eigenen Rangordnung wider.

Bei Hof kommt es darauf an, sich bekannt und beliebt zu machen, wenn man sein Glück sucht, lernt Constantia. Man muß nach Gnade und Gunst streben und sich an die richtigen Leute halten, die einem weiterhelfen können auf der Stufenleiter von Rang und Ehre. An Abstammung und Anciennität ist nichts mehr zu ändern, die eine liegt fest, die andere steigt mit der Zeit, aber an der Beliebtheit muß man arbeiten.

Hohe in der Welt, meint die Prinzessin, müssen immer ihren Stand bedenken und in ihrem ganzen Leben nur das tun, was ihrem Stand gemäß ist.

Die Prinzessin ist sehr stolz auf ihre Ahnen und nimmt es mit ihrer Pflicht, den gebührenden Rang in Anspruch zu nehmen, sehr genau. Auch wenn Verwandte zu Besuch kommen, geht es innerhalb der fürstlichen Familie nach einer vor der Ankunft ausgehandelten Rangordnung zu, hängt es von den Ahnen und den Erbansprüchen ab, wie viele Schritte der Herzog den Gästen entgegenkommt und in welcher Entfernung von der ranghöchsten Person unter den Anwesenden man beim Mittagessen sitzt. Die Prinzessin heißt Sophie Amalie nach ihrer Großmutter, der Königin von Dänemark. König Christian, der Bruder ihrer Mutter, ist ihr Patenonkel, und sie führt den Titel einer Erbprinzessin von Dänemark und Norwegen. Es gibt nicht viele im Norden, die ihr an Rang gleichkommen.

Constantia ist zwar auf dem Land groß geworden, doch sie findet viele der Hofdamen schlicht und hausbacken. Wenn sie auch von französischen Kleidern, französischen Speisen, französischen Sitten auf französisch und Holsteiner Platt reden, so merkt Constantia doch, daß die Männer ungezwungener und ausdrucksreicher sprechen. Auch sind die Männer prächtiger und kostbarer gekleidet als die Frauen.

Die Herren haben fast alle riesige Löwenkopfperücken aus blondem oder braunem Haar, halten den Dreispitz unterm Arm. Sie tragen unter dem Leibrock eine Weste, die sich in Material und Farbe vom Rock unterscheidet. Rock und Weste sind fast gleich lang, enden in Kniehöhe; der Rock, aus Brokat oder bestickter Seide, sitzt eng an. Die Weste hat unzählige kleine Knöpfe in unzähligen kleinen Knopflöchern, die großen Knöpfe des Rockes bleiben offen, denn die Herren wollen ihre Westen zeigen. Die riesigen Knopflöcher und Zierriegel des Rockes sind mit Stickereien und manchmal mit Edelsteinen geschmückt. Um den Hals tragen die Herren ein langes schmales Tuch aus reicher Spitze. Die engen Hosen bedecken gerade die Knie, dann kommen feine Kniestrümpfe und Absatzschuhe mit breiten Schnallen.

Auch die Damen wählen, wie die Herren, kräftige, harmonisch aufeinander abgestimmte Farben, Rot, Blau, Violett, leuchtendes Gelb, Himbeer, Lachs, lichtes Grün, nur sind ihre Stoffe seltener als die der Herren mit Gold- oder Silberfäden durchzogen.

Die Prinzessin Sophie Amalie, aber auch ihre Mutter, besitzen weniger Staatskleider als der Herzog und die Prinzen. Ihre Kleider sind auch schlechter gearbeitet, und wo man es nicht sieht, haben die Schneider Leinen verwendet. Die Staatsrobe besteht aus einem Ober- und einem Untergewand. Der obere Rock öffnet sich an der Taille, wird nach hinten gerafft und endet in einer Schleppe. Das Mieder hat einen tiefen Ausschnitt, den ein Latz ausfüllt, der eine andere Farbe oder ein anderes Muster zeigt als das Kleid. Die lange Schleppe und das knapp geschnürte steile Mieder lassen jede Frau schmaler erscheinen. Kragen und Ärmel sind üppig mit Spitzen ausgeputzt, und aus Spitzen besteht auch der hohe Kopfschmuck, die Fontange, die mit Draht gestützt hoch oben auf dem Lockenhaar sitzt.

Es gehört zu Constantias Aufgaben, der Prinzessin beim An- und Auskleiden zu helfen. Die Kammerfrau reicht ihr das jeweilige Kleidungsstück, und sie gibt es an ein älteres Hoffräulein weiter, das es der Prinzessin reicht. Wenn Constantia Hofdienst hat, bedient sie bei Tisch, und sie ist bald so weit, daß sie dem Pagen die silberne Wasserschale abnehmen darf und der Prinzessin vor und nach dem Essen das Wasser reichen kann. Ein anderes Hoffräulein nimmt von einem anderen Pagen das Handtuch entgegen und reicht es der Prinzessin. Während ihrer Dienststunden begleitet Constantia die Prinzessin überallhin, und da Sophie Amalie sehr fromm ist, betet auch sie oft lange im kunstvoll geschnitzten Fürstenstuhl der Schloßkapelle.

Hauptvorbild für die Sitten an den Fürstenhöfen ist der Kaiserhof in Wien. Von den Hofdamen dort heißt es: »Ihr Dienst ist fatigant [ermüdend], denn sie leben unordentlich, müssen lange stehen, und zwar den ganzen Tag in geschnürten und gesteifften Kleidern, bekommen kalte Speisen, und gehen spät zu Bette. Kurtz, wenn sie gleich schön und eine Zeitlang dabey sind, werden sie doch unscheinbahr von dem unordentlichen Leben.« In Gottorf geht es alltags nicht sehr formell zu, und Constantia kann wohl kaum klagen.

Das Beherrschen eleganter Sitten, der Rangordnung und des Hofdienstes genügt nicht für ein Hoffräulein, das später einmal eine Dame der guten Gesellschaft sein soll. Zu Constantias Erziehung gehört die Übung in »zivilisierter Konversation«. Besonderes Ansehen gewinnt, wer sich geistvoll und amüsant unterhalten kann, und zwar nicht nur über die kleinen Ereignisse des Alltags, sondern vor allem über die Geschichte und die Politik.

Als vorzügliches Mittel, die Jugend in Geschichte, Politik, Genealogie und Geographie zu unterrichten, gilt die Zeitungslektüre. Deutschland ist das Land der Zeitungsleser. Hier erscheinen mehr Zeitungen – zwischen fünfzig und sechzig – als im übrigen Europa zusammen. Einige tadeln die umsichgreifende »Neue-Zeitungs-Sucht«, aber die meisten rühmen der »Zeitungs Lust und Nutz«. Von den gelehrtesten Hofpersonen bis zu den einfachen Bedienten reißt man sich die neuesten Zeitungen aus den Händen, liest oder läßt sich vorlesen und diskutiert. Wenn der Hofmeister der Prinzessin die Zeitungen bringt, versammeln sich gewöhnlich die Hofdamen und Hoffräulein, hören zu oder lesen selbst vor und besprechen nach jeder Meldung, was sie von den Neuigkeiten in der Welt zu halten haben.

Ich weiß nicht, welche Zeitungen in Gottorf gehalten wurden. Es könnten die ›Relation aus dem Parnasso‹ gewesen sein, die im dänischen Altona erschien, die ›Leipziger Post- und Ordinar Zeitung‹, ein inhaltsreiches Blatt, denn Leipzig war Knotenpunkt zahlreicher Postlinien, oder der ›Relations-Courier‹, in dem ich besonders viele Nachrichten von der Niederelbe und über die Ereignisse in Holstein und Gottorf gefunden habe. Er erschien viermal wöchentlich an den Posttagen in Hamburg und bestand aus acht kleinen Seiten. Hamburg war damals schon Zentrum der Presse. Für mich sind von nun an – Ende 1694 – die Korrespondenten der Zeitungen bedeutende Zeugen für die Personen, bei denen Constantia lebte, bis ihr Name schließlich selbst in den Zeitungen auftaucht.

Aufmerksam lauschen die Damen den Berichten von den Kriegsschauplätzen in West- und Osteuropa, denn fast jede von ihnen hat Brüder und Cousins, die für den Kaiser gegen Frankreich oder die Türkei kämpfen. Breiten Raum nehmen in den Hamburger Zeitungen Nachrichten über Schiffsbewegungen ein. Die Hamburger wollen Bescheid wissen, wenn ihre Kapitäne in Cadiz in Spanien die Luken nicht öffnen können, weil es so stark regnet, wollen wissen, was sie für die Rückreise laden und ob die Konvois der Kauffahrer sicher an den Piraten vorbeikommen. Im Mittelmeer, aber auch vor Holland, an der Doggerbank und vor der Elbmündung lauern Piraten, und in den Kirchen stehen Sammelbüchsen für Seeleute, die aus der Sklaverei freigekauft werden können.

Neben Meldungen hört und liest Constantia auch Reportagen aus fernen Ländern. Die Schiffe der Handelskompanien segeln nach Westindien, Afrika, Ostindien, China. Es dringen nicht mehr nur einzelne waghalsige Entdecker ins Unbekannte vor, sei es in ferne Kontinente oder in ihrem Laboratorium in die Geheimnisse der Natur, sondern die Welt wird nun in großem Maßstab planmäßig besetzt. In den Residenzstädten gründen die Fürsten Akademien, um das naturwissenschaftliche Wissen zu vermehren und die Naturgesetze zu erkennen. Der Herzog von Orléans ist so eifrig bei chemischen Experimenten, daß alle am Hof in Paris ihn der Giftmischerei verdächtigen. Neue Quellen des Reichtums sprudeln, und Könige, Fürsten und Bischöfe wollen sich an technischen Neuerungen in der Warenproduktion und an der modernsten Art des Handels, dem mit Negersklaven aus Afrika für die Zuckerplantagen in Amerika, beteiligen.

Als es Herbst wird in Gottorf und Buchen und Eichen sich verfärben, klingen Jagdhörner durch die Wälder, und im Schloß ist abends Ball, aber in kleinem Rahmen, kaum anders als auf den Gütern. Das Herzogpaar lebt zurückgezogen und ruhig. Dann wird das Wetter schlecht, der Regen setzt ein, und Nebel zieht über die Schlei. Die Prinzessin bleibt im Schloß, macht Handarbeiten in ihrem Lehnstuhl am Fenster und läßt sich von ihren Hoffräulein vorlesen. Constantia ist eine eifrige Leserin und gespannt, wie die Ritterromane und langen verwickelten Liebesgeschichten ausgehen.

Zur Ausbildung eines Hoffräuleins gehört schließlich der Unterricht im höfischen Tanz. Auch viele schon erwachsene Damen und Kavaliere nehmen Tanzunterricht und suchen seit Jahren, ihre Kunst zu vervollkommnen. Es zeigt sich, daß Constantias Tanzmeister zu Hause in Depenau sie viel gelehrt hat, und bald darf sie bei den seltenen kleinen Festlichkeiten im engeren Kreis des Hofes tanzen. Der Herzog und die Herzogin sitzen dabei auf erhöhten Stühlen auf einem Podest. Der Zeremonienmeister bestimmt das Paar, das zusammen tanzen soll. Aller Augen sind auf diese beiden Personen in der Mitte des Saales gerichtet, und jede ihrer Bewegungen wird kritisch begutachtet.

Constantia liebt alle Tänze, das Menuett mit seinen kleinen Schritten, die lustige Gaillarde und die ernste Courante. Das tanzende Paar begrüßt zuerst die Gesellschaft mit einer Reverenz, einer Verbeugung, dann sich gegenseitig. Der Herr und die Dame tanzen in zierlich schleifendem Schritt nach rechts und links, reichen sich die behandschuhten Hände, bewegen sich aneinander vorüber, verbeugen sich, sinken in die Knie, erheben sich auf die Fußspitzen und verbeugen sich am Schluß noch einmal gegeneinander und gegen die Gesellschaft. Jeder Schritt ist vorgeschrieben, und es ist unhöflich, sich im Vorbeitanzen mehr als einen Schritt weit einander zu nähern. Herr und Dame dürfen sich weder anlachen noch griesgrämig gucken, sondern sollen

54

freundlich und gleichmütig dreinschauen. Es ist verboten, miteinander zu reden. In den Sprüngen und Kapriolen dürfen sie nie die guten Sitten überschreiten, der Körper soll durch wohlanständige Bewegungen höfisch zivilisiert sein.

Constantia, die sonst so stürmisch sein kann, dreht, wendet und beugt sich mit gemessener Grazie, und man bewundert allgemein ihre Haltung. Ihre Anmut bringt ihr Ehre.

Am dritten Adventsonntag 1694 befällt den Herzog Christian Albrecht in der Schloßkapelle während des Gottesdienstes »einige Unpäßlichkeit«, wie der Berichterstatter am Hof den Zeitungen meldet. Unruhe entsteht im Fürstenstuhl, und Constantia sieht erschrocken, wie die Kammerherren den Herzog hinausführen, wobei sie ihn halb tragen müssen. Sie bringen ihn in sein Schlafzimmer, der Leibarzt eilt herbei und läßt ihn zur Ader. Aber von Tag zu Tag wird der Herzog schwächer. Er ruft seine Geheimen Räte zu sich, seinen ältesten Sohn und ordnet Haus und Nachfolge sorgfältig. Er bereitet sich auf den Tod vor.

Jeder am Hof ist tief ergriffen von der Geduld und Gelassenheit des Herzogs. Er klagt nicht, obwohl er große Schmerzen hat. Am Abend des neunten Tages seiner Krankheit nimmt er Abschied von seiner Frau, den Prinzen und Prinzessinnen, von den Ministern und Hofkavalieren. Er ist milde und gütig und tröstet sie. Der Hof steht in seinem Schlafzimmer, und alle weinen. In der Nacht schläft der Herzog einige Stunden, dann spricht er noch einmal mit seiner Frau. Am 27. Dezember morgens zwischen sechs und sieben Uhr stirbt »Ihro Hochfürstl. Durchl. unser gnädigster Herzog und allergütigster Landes-Vater«. Er schläft leise ein, umgeben von allen, die ihm treu gedient haben.

Der Hof ist wie erstarrt. Prinzessin Sophie Amalie hält ihren äußerlichen Gleichmut aufrecht und bringt viele Stunden im Fürstenstuhl der Kapelle im Gebet zu.

Es wird ein kalter und langer Winter in Schloß Gottorf.

Die Schlei friert zu, und auch im Norden gefriert der Sund, so daß die Schiffahrt in der Ostsee ruht; im Süden steht der Rhein in der Nacht vom 25. auf den 26. Januar 1695 bei Köln still. Der Schnee fällt in den Herzogtümern so hoch wie seit Menschengedenken nicht. Beißend kalte Winde fegen über das Land, und Schneeverwehungen schneiden die Güter, die Dörfer und die Städte voneinander ab.

Ende Februar wird es langsam wärmer. Doch kein Schlitten mit silbernen Glöckchen fährt über die Zugbrücke von Gottorf, niemand holt die Karnevalsmasken aus den Truhen. Der Hof trauert.

Am 1. März wird der Sarg des Herzogs im Dom von Schleswig zu den Särgen seiner Ahnen gesetzt. Die Ritter sind von den Gütern nach Gottorf gekommen, und Constantia sieht ihren Vater wieder. Im ganzen Land läuten die Glocken, und auch in Hamburg, wo der Herzog so lange gewohnt hat, läuten die Glocken drei Tage, vormittags von zehn bis elf und nachmittags von zwei bis drei.

Nach vierzehn Wochen Stillstand bricht das Eis auf der Elbe. Tropfendes, gurgelndes Tauwetter mit lauen Winden setzt ein. Der junge Herzog Friedrich IV. läßt, sobald es frühlingswarm ist, sein kleines Boot zu Wasser bringen und segelt bei gutem Wetter auf der Schlei, und Constantia darf mit ihrer Prinzessin ausreiten oder in der Kutsche fahren.

Friedrich reist in die Ämter, läßt in Stapelholm Schanzen aufwerfen und legt Truppen hinein. Der König in Kopenhagen soll merken, daß er bereit ist, den alten Kampf seines Vaters und Großvaters gegen die dänischen Verwandten und Mit-Landesherren wieder aufzunehmen.

Und dann geschieht etwas, das auch Constantias Leben verändert. Boten reiten hin und her zwischen dem Hof des Bischofs in Eutin und Schloß Gottorf. In Eutin ist der Herzog Anton Ulrich von Braunschweig-Wolfenbüttel mit seinem Erbprinzen August Wilhelm zu Besuch eingetroffen, und in Gottorf beginnen diejenigen am Hof, die immer als erste das Gras wachsen hören, darüber zu reden, daß der alte Herzog eine Frau für seinen verwitweten Sohn suche. Es geht alles sehr schnell: An einem Donnerstagabend Ende Juni 1695 kommen der Herzog und der Erbprinz in Gottorf an, am Freitag ist Verlobung. Das Haus Holstein-Gottorp verbindet sich mit der älteren Linie der Welfen: Sophie Amalie wird Erbprinzessin von Braunschweig-Wolfenbüttel.

Der Erbprinz August Wilhelm ist ein kleiner fleischiger Herr mit einem roten Gesicht und blauen, leicht hervorstehenden Augen. Seine erste Frau ist nach vierzehnjähriger Ehe am 26. Januar dieses Jahres kinderlos gestorben. Er lächelt jedermann am Hof vage an und schweigt. Das Reden besorgt sein Vater, ein lebhafter alter Herr. Anton Ulrich hat ein feingeschnittenes Gesicht mit hoher Stirn und etwas müden Lidern über blauen Augen, was seinem Lächeln einen mokanten Anstrich gibt. Er trägt eine blonde Perücke und ist sehr galant.

Anton Ulrich will, daß Prinzessin Sophie Amalie gleich mit ihm nach Wolfenbüttel kommt. Vor der Abreise soll noch schnell in Gottorf Hochzeit sein. Sophie Amalies Mutter meint, man solle die Hochzeit noch sechs Wochen hinausschieben, der Herzog möge erst seine Gemahlin aus Wolfenbüttel holen und den Erbprinzen so lange hierlassen. Mehrere Tage reden der alte Herzog und die verwitwete Herzogin hin und her, dann setzen beide ihre Köpfe durch. Sie legen für die

56

Hochzeit einen Termin in der kommenden Woche fest, dafür soll Sophie Amalie mit ihrem Ehemann noch ein, zwei Monate nach der Hochzeit bei der Mutter bleiben.

Im Schloß schwirrt es von Geschäftigkeit. Die Prinzessin und ihre Mutter beraten sich mit den Hofdamen, die Schneider müssen in höchster Eile viele kostbare Kleider nähen, und Eilkuriere reiten über die Zugbrücke davon und kommen abgehetzt und mit Paketen beladen aus Hamburg zurück. Anton Ulrich und der junge Friedrich von Holstein handeln die »Ehepakten« aus, und Friederike Amalie läßt es sich nicht nehmen, im Interesse ihrer Tochter mehr als ein Wörtchen mitzureden. Der Hochzeitstermin muß mehrmals von Tag zu Tag verschoben werden.

Constantia ist aufgeregt: Sie darf mit nach Wolfenbüttel.

Am Sonntag, dem 7. Juli 1695, wird das hochfürstliche Beilager zwischen dem Erbprinzen von Braunschweig-Wolfenbüttel und der Prinzessin von Holstein-Schleswig gehalten. Früher haben Kavaliere und Damen an den Höfen von einem Beilager wesentlich mehr gesehen, sehen müssen, als in diesen modernen Zeiten. Nun ist man zivilisiert und diskret, und das ehemals öffentliche Beilager wird nur zeremoniell durch die priesterliche Trauung vollzogen. Der Generalsuperintendent Sandhagen gibt am Abend um sieben Uhr das Brautpaar auf dem Schloß zusammen. Nach der Trauung setzt sich das Paar mit Verwandten und Gästen zu einem großen Hochzeitsbankett im Königssaal an die Tafel, und abends von zehn bis elf donnern bei Trinksprüchen auf Gesundheit und Glück die achtzehn Kanonen von Schloß Gottorf dreimal. Draußen herrscht stürmisches kaltes Regenwetter, aber drinnen im Saal schimmern die Kerzen, klingen Gläser und »befindet sich alles in vollen Freuden und suchet man das verliebte Paar auf alle ersinnliche Weise« zu unterhalten. Die Gedenkmedaille auf das Beilager zeigt Cupido, der den norwegischen Löwenschild Sophie Amalies, in Herzform und mit Herzen bestreut, an einen Palmbaum hängt. Cupido hat sich einen Palmbaum ausgesucht, weil, wie ein gelehrter Zeitgenosse erklärt, die Hochzeit im Juli ist, wo die Sonne im Löwen steht. Die Umschrift »Juncta arma armori« übersetzt der gelehrte Herr mit: »Der starcken Löwen Muht/Verknüpft der Liebe Gluht.«

Es geht herrlich und rührend zu bei dieser Hochzeit. Der junge Ehemann ist glücklich. Er hat sich in Prinz Christian verliebt, seinen Schwager, und Prinz Christian erwidert das Gefühl.

Während der Hochzeitsvorbereitungen hat Herzog Friedrich mit seinen Ministern täglich Rat gehalten. Es geht um die bevorstehenden Huldigungen des Herzogs durch die Stände. Kann er es sich leisten, einfach einen Minister als Stellvertreter zu schicken und die Stände so spüren zu lassen, daß das Ganze eigentlich nur eine Traditionsveranstaltung ohne aktuellen politischen Sinn ist, oder soll er lieber selbst die Huldigungen entgegennehmen, um nach diesem dann doch bedeutenden Rechtsakt sicherer gegen den Mit-Landesherrn und Onkel auftreten zu können? Er will weder dem Adel noch dem König Zugeständnisse machen.

Das Wetter bleibt naß, schwere Nordstürme toben mitten im Sommer, die Felder sind überschwemmt, und niemand kann sich an eine so schlechte Ernte erinnern wie in diesem Jahr. Prinz August Wilhelm und Prinz Christian verbringen die meiste Zeit miteinander. Friedrich will seinen Bruder nach Stockholm schicken und durch ihn nachfragen, ob der Onkel in Schweden ihm wieder gegen den Onkel in Dänemark beistehen werde. August Wilhelm will Christian begleiten.

Nun ist es schon Anfang Oktober. Sophie Amalie macht sich Sorgen um ihren Bruder Friedrich. Sie steht politisch ganz auf seiner Seite, wünscht nur, er würde nicht so schnell vorgehen. Friedrich wirbt Truppen an und verlangt vom König eine durchgreifende Teilung der Herzogtümer und in seinem Teil die volle Souveränität. Der König ist gegen die Trennung der Herzogtümer. Dänische Truppen zerstören die neuen Schanzen des jungen übermütigen Herzogs. Alle Offiziere in dänischem Dienst erhalten Heimreisesperre.

Christian und August Wilhelm wollen so spät im Jahr nun doch nicht mehr durch Dänemark und Schweden reisen. Es ist Zeit für das junge Ehepaar, Schloß Gottorf zu verlassen. Das Hoffräulein Anna Constantia Brockdorff begleitet die Prinzessin nach Wolfenbüttel.

3.

Sie reisen mit mehreren, von je sechs Pferden gezogenen Kutschen, gefolgt von Gepäckwagen, Küchenwagen und den Kammerwagen mit den Betten. Neben den Wagen reiten bewaffnete Offiziere und Soldaten. Kavaliere, Pagen, Lakaien, Leibarzt und Reisefriseur reisen mit, ein Hufschmied und Leute, die gebrochene Räder und Achsen reparieren können.

Der Reisemarschall eilt mit seinen Leuten voraus, kümmert sich um frische Pferde an den Poststationen und um das Nachtlager. Bis Reinbek, östlich von Hamburg, übernachten sie in den Schlössern des Herzogs. Die Schlösser sind nur selten bewohnt und bis auf ein paar schwere altertümliche Möbel fast leer, haben an Personal meist nur den Verwalter und den Gärtner. Der Reisemarschall läßt lüften und heizen, und wenn der lange Wagenzug in den Schloßhof einfährt, tragen die Diener die Reisebetten nach oben, und der Koch beginnt, in der Küche mit seinen Töpfen zu klappern.

An der Grenze des Landes Braunschweig-Wolfenbüttel empfängt sie der Obermarschall. Er bringt eine Botschaft von der Schwiegermutter, der Herzogin Elisabeth Juliane: Sie plant für den 18. Oktober ein nachträgliches Geburtstagsfest für Anton Ulrich, ein Tanzspiel mit Gesang, dessen Höhepunkt die überraschende Ankunft der jungen Schwiegertochter sein soll. Ihr Eintreffen in Wolfenbüttel muß also geheimgehalten werden. Elisabeth Juliane will dafür sorgen, daß Anton Ulrich sich auf seinem neuen Lustschloß Salzdahlum aufhält.

Das Fest ist eine liebenswürdige Überraschung auch für Sophie Amalie. Schwiegervater Anton Ulrich ist ein kunstliebender Herr und sucht den Ruhm seines Hauses auf dem Felde der Kultur. Das Hoffräulein Constantia wird an einem weithin bekannten Sitz der Musen leben.

Spätabends erreichen sie Wolfenbüttel, Pferde und Wagen lärmen in den dunklen engen Straßen der kleinen Residenzstadt. Das Schloß liegt mitten in der Stadt. Der Schloßhof ist mit Fackeln erhellt. Ludwig Rudolf, der jüngere Bruder August Wilhelms, und seine Frau Christine Luise empfangen mit ihren Damen und Kavalieren die neue Erbprinzessin an der Karosse. Ludwig Rudolf sieht seinem Bruder ähnlich, hat aber eine kleine Knollennase und pfiffige blaue Augen. Oben an der Treppe erwartet die Herzogin, eine imposante umfängliche Dame, ihre Schwiegertochter.

Sophie Amalie ist vom Obermarschall über das in Wolfenbüttel übliche »Damen-Ceremoniel« unterrichtet worden. Als sie zur Herzogin hochsteigt, tut sie so, als ob sie ihr den Rock küssen will. Die Herzogin hebt sie auf, küßt sie »auf beyde Backen« und führt sie in ihr künftiges Apartment zur Tafel.

Spät in der Nacht, als Diener die Tafel aufgehoben und hinausgetragen haben, hilft Constantia ihrer Prinzessin beim Auskleiden. Die Prinzessin hat ein Vorgemach und eine Kammer. Die Räume werden durch Kamine beheizt. In einem winzigen Seitenraum steht der Nachtstuhl. Diener halten sich bereit, um Holz nachzulegen, den Nachtstuhl zu säubern und Kerzen auf die Leuchter zu stecken. Constantia selbst fällt todmüde in ihr Bett in einem ungemütlichen kleinen Raum im obersten Stock.

Die nächsten Tage sind mit Betriebsamkeit gefüllt. Die Schwiegermutter schickt ein Heer von Schneidern, die der Holsteinerin und ihrem Gefolge die Kostüme für das Fest anprobieren. Constantia findet kaum Zeit, einen Blick aus dem Fenster auf den großen Platz vor dem

Schloß mit dem Zeughaus zu werfen. Ihr eigenes Festkleid wird in letzter Minute fertig. Ihre Zofe frisiert die Perücke und schimpft über die Enge und Unbequemlichkeit der neuen Umgebung. Die Familie des Herzogs Anton Ulrich ist zahlreich. Jedes seiner Kinder und Enkelkinder hat eigene Bedienstete, die Schwiegerkinder haben Kavaliere und Damen ihrer Höfe zum Geburtstagsbesuch mitgebracht, und so ist es recht eng in dem alten Stadtschloß.

Am Tag vor dem Fest leert sich das Haus. Die Verwandten, die Gäste und die Söhne des Herzogs steigen in die Kutschen und fahren hinaus nach Salzdahlum. An diesem Tag, dem 17. Oktober 1695, hat Constantia Geburtstag. Sie wird fünfzehn Jahre alt.

Am Mittag des 18. Oktober endlich verlassen auch die Kutschen der Erbprinzessin und ihres Holsteiner Gefolges den Schloßhof. Schnell sind sie zum Tor hinaus, fahren durch Felder und den herbstlichen Wald, bis sie auf eine schnurgerade Allee kommen, die direkt auf Salzdahlum zuführt, das eine Stunde von Wolfenbüttel entfernt liegt. Der berühmte Sitz der Musen ist in prachtvollen Farben bemalt, und wer es nicht weiß, kommt nicht darauf, daß das Schloß nur ein riesiger hölzerner Fachwerkbau ist.

Einige Kammerherren und Hofdamen führen die Erbprinzessin und ihr Gefolge heimlich in die Räume der Herzogin im Erdgeschoß. Gegen Abend, als die Gäste schon plaudernd in den Festsaal gehen, nähen die Schneider Sophie Amalie in ihr Kleid ein. Die Holsteiner, als heroische Genii, Grazien und Liebesgötter ausstaffiert, sollen ihre lange Schleppe tragen. Constantia trippelt vor Aufregung, als ein Kammerherr der Herzogin erscheint und sie alle hinter die Kulissen führt. Hymenäus geht gerade auf die Bühne, der Gott der Ehe, mit Blumen gekrönt und mit einer hellbrennenden Fackel in der Hand. Kurz darauf hört Constantia ihn singen:

»Ihr werdet es gleich sehn.
Ihr Musen sollt zum Jupiter begleiten
Die Sonne
die ihm wird die größte Lust bereiten
weil schon ihr glanz beginnet aufzugehn.«

Die Trompeter schmettern eine Fanfare, der Pappmachéberg Parnassus mit dem geflügelten Dichterroß Pegasus fährt an Constantia vorbei nach hinten, von oben sinkt ein Gazevorhang herab, auf den ein Palast gemalt ist, die Prinzessin schreitet auf die Bühne hinaus und durch die dünne Gaze sieht Constantia die Festgesellschaft, die auf Bänken im Halbkreis um den Parnaß sitzt. Anton Ulrich ist als Jupiter gekleidet, als Vater der Musen. Elisabeth Juliane ist Mnemosyne, eine behäbige Musenmutter.

Für einen Augenblick ist es still im Saal. Die Zuschauer beginnen zu murmeln, recken die Köpfe, erkundigen sich flüsternd bei ihren Nachbarn und reden und lachen schließlich laut und erfreut, als es sich herumspricht: Vor ihnen im Gazepalast steht die Durchlauchtigste Fürstin Sophie Amalie. Die neun Musen und Apoll begrüßen sie als Minerva, die Tochter, die dem Hirn Jupiters entsprang, die kluge Pallas aus dem Norden. Sie führen sie vom Parnaß hinunter in den Saal zu Jupiter Anton Ulrich und Mnemosyne Elisabeth Juliane. Der Saal ist mit grünem Laub, mit Blumensträußen und Früchtebüscheln geschmückt und von Wachskerzen erhellt.

Constantia muß mit den anderen Grazien und Genien den Musen zurück in den Gazepalast auf der Bühne folgen, und Hymenäus, eine Nymphe und Merkur begrüßen nun wortreich die nordische Pallas. Endlich kommt das Zeichen, und die Holsteiner tanzen von der Bühne hinunter in den Saal zwischen die Zuschauer. Constantia fühlt sich sicher und legt alle Ehre ein für ihre Prinzessin, denn sie merkt schon, daß es in Wolfenbüttel anspruchsvoller und heiterer zugeht als in Gottorf.

Auf der Bühne erscheinen Ganymed, den die Poeten des Herzogs zum Tafeldecker und Mundschenk Jupiters gemacht haben, mit Comus, dem Gott der Fröhlichkeit, und Bacchus, dem Gott des Weines, mit Silenus, der Götter kurzweiliger Tafelrat. Ihr Gefolge trägt fünfzehn kleine Tafeln vom Parnaß hinunter und stellt sie vor die Zuschauer. Tanzende Mänaden und Bacchanten bringen Weinflaschen und Gläser, Teller und Speisen. Bacchus und Silenus singen Trinklieder, Trompeter und Orchester legen sich ins Zeug, und die Musen bringen ein Hoch aus auf den Herzog und die neue Erbprinzessin. Als nach dem Souper die Tafeln weggetragen sind, fegen zehn tanzende Satyrn mit grünen Besen den Saal aus. August Wilhelm eröffnet den Ball mit Sophie Amalie, der Herzog tanzt mit seiner Frau dazu, dann die Mitglieder der Familie mit den Gästen und schließlich der Hof.

Bei der offiziellen Einführung der Erbprinzessin in die Residenz Wolfenbüttel am 12. November 1695 wird ihr ein »Unterthänigster Bewillkommungs-Zuruff« von einer poetischen Feder überreicht. Wortreich preist der Poet Sophie Amalies »Frommheit« und ihren Verstand, ihre kluge Freundlichkeit und ihre keusche Schönheit:
»Zeuch ein im Glück, und tritt herein im Heyl und Segen,
Leb lang hier, lebe wohl, gesund, und bleib hergegen
Von dir, O Mensch-Göttin, entfernet aller Schmertz
Kein Angst, kein Leyd, kein Traum betrübe dieses Hertz.«
»Mensch-Göttin«, das muß Sophie Amalie für den bürgerlichen

Gratulanten sein. Die Bürger sollen sich seit Ende des Dreißigjährigen Krieges, dessen eigentliche Gewinner die regierenden Landesfürsten sind, daran gewöhnen, auf die Höfe wie auf das irdische Paradies aller Vollkommenheit zu blicken und auf die Fürsten und ihre Familien wie auf übermenschliche Wesen. Ein anderer Fürst hört von seinem Hofpoeten: »Wenn Gott nicht Gott wäre, wer sollte billiger Gott sein als Eure Hochfürstliche Durchlaucht?«

Konzerte, Theateraufführungen, Maskenfeste und Opern schließen sich den Empfangsfesten für Sophie Amalie bis zum Ende des Karnevals im Februar an. Constantia genießt die heiteren Wochen nach dem ruhigen nüchternen Leben in Gottorf.

In Wolfenbüttel gibt es zwei Herzöge, Anton Ulrich und seinen sechs Jahre älteren Bruder Rudolf August. Während Anton Ulrich schon als Kind gern und viel lernte, zur Freude seines gelehrten Vaters, hat Rudolf August keinen Hang zur Gelehrsamkeit. Er liebt die Jagd und überläßt die Geschäfte seinem begabteren und ehrgeizigen Bruder, den er 1685 zum Mitregenten erhoben hat. Die gemeinsame Regierung läuft nicht reibungslos, aber nach außen zeigen die Brüder Eintracht. Rudolf August weckte Mißvergnügen, als er zwei Monate nach dem Tod seiner ersten Frau sich mit Rosine Elisabeth Menthe verheiratete, der Tochter eines Barbiers aus Braunschweig, die nun am Hof als Madame Rudolfine möglichst gemieden wird. Doch das Paar zieht sich weitgehend vom Hof zurück und lebt auf einem Jagdschloß. Den Ton in Braunschweig-Wolfenbüttel geben Anton Ulrich und seine Frau Elisabeth Juliane an.

Anton Ulrich zeigt bei der Hochzeit seines Sohnes, daß es bei ihm ebenso prunkvoll zugeht wie bei den Vettern in Hannover. Dort regiert die jüngere Linie der Welfen und ist mit allem, was sie unternimmt, Anton Ulrich ein Dorn im Auge. 1689 haben die Hannoveraner ein Opernhaus eröffnet; Anton Ulrich weiht ein Jahr darauf ein viel größeres in Braunschweig ein. Die Hannoveraner bauen das Lustschloß Herrenhausen; Anton Ulrich baut das größere Salzdahlum. Vor drei Jahren ist der Vetter in Hannover Kurfürst geworden, und Anton Ulrich weiß nicht, wie er diesen neuen Schlag parieren soll.

Das Hoffräulein Constantia kann alles genießen, was Wolfenbüttel zu bieten hat. Anton Ulrich besitzt nicht viel Geld, doch Kunst und Literatur sind ihm Mittel der Selbstdarstellung und der Politik und Quellen der Freude.

Der Herzog vereint seit Jahren die Hofgesellschaft zum Liebhabertheater. Er hat selbst kleine Lustspiele geschrieben, und fast jedermann am Hof eifert ihm nach, schreibt Couplets und Scharaden, trägt eigene

Verse vor und Lieder. Im Schauspiel, in Gesang und Tanz zeigen die Herren und Damen des Hofes sich, und Constantia hat viel Spaß an Proben und Aufführungen. Die Pagen führen Komödien von Corneille, Racine, Molière auf, die Christian Bressand, der Hofdichter, übersetzt hat, denn Anton Ulrich legt Wert auf eine gepflegte deutsche Sprache.

Er sorgt auch dafür, daß die Bibliothek seines Vaters, die größte und berühmteste in Europa, auf dem neuesten Stand bleibt. Sie umfaßt weit über 120 000 Bände und ist in einem sehr langen und niedrigen Saal im ersten Stock des Zeughauses untergebracht. Anton Ulrich kauft kostbare Handschriften wie sein Vater August, der berühmte Sammler und Kenner. Bei öffentlichen Auktionen in Holland läßt er italienische, holländische und französische Bücher aufkaufen. Doch sein Hauptaugenmerk gilt der deutschen Literatur. Vier von fünf Büchern, die neu herauskommen, sind in lateinischer Sprache geschrieben. Anton Ulrich hat eine Ritterakademie gegründet, auf deren Lehrplan an erster Stelle der Unterricht in der »reinen deutschen« Sprache steht, gefolgt von Latein, Französisch, Italienisch und Englisch. Er korrespondiert mit Gelehrten und Philosophen, die wie er die deutsche Kultur heben wollen, und lädt sie zu sich ein.

Er will ein Erneuerer der deutschen Kunst nach dem vernichtenden Dreißigjährigen Krieg sein. Ein halbes Jahrhundert ist in dem verelendeten Deutschland nichts Bemerkenswertes gebaut worden. Die Folge: »die Teutschen selbsten / schienen von dem blöden Wahn eingenommen zu seyn / daß Sie sich selbsten zu einer wichtigen Ausführung untüchtig hielten« und nur schätzten, was aus Frankreich, Spanien und Italien kam, wie Anton Ulrichs Hofmaler Tobias Querfurt mißbilligend berichtet. Nun aber beginnen die Fürsten überall, sich von deutschen Baumeistern die herrlichsten Paläste und Gärten als Zentren der neuen deutschen Kultur errichten zu lassen, und Anton Ulrich ist mit Salzdahlum dabei. Hofmaler, Hofbildhauer, Stukkateure sind noch immer an der Arbeit. Anton Ulrich sucht sich die besten Leute in Europa, die er bezahlen kann, vor allem in Italien schaut er sich um. Aber wo sich ein deutsches Talent regt, versucht er, es zu fördern. Für Salzdahlum kauft er das Schönste auf dem internationalen Kunstmarkt, das er sich leisten kann: holländische Gemälde von Rubens, Rembrandt, Vermeer van Delft, italienische Majolikateller aus Urbino und Emailleteller und -kannen aus Frankreich. Doch zur Einweihung des Musensitzes konnte der Hofdichter Christian Bressand dichten:

»Der stolze Po / und die berühmte Tyber /
werff' uns nicht ferners vor / daß aller künste glanz
von uns entfernet ganz;
die Zeit ist nun vorüber /

die wilde Zeit ist längst vorbey
da Teutschland hieß ein Sitz der Barberey . . .«

Anton Ulrich ist selbst einer der berühmtesten deutschsprachigen Schriftsteller seiner Zeit. ›Die Durchleuchtige Syrerin Aramena‹ ist in fünf Bänden von 1669 bis 1673 erschienen und die ›Octavia, Römische Geschichte‹ in drei Bänden von 1677 bis 1679. Beide Romane zählen zusammen über 10 000 Seiten und haben unendlich verschlungene Handlungsfäden. Anton Ulrich schreibt im Team, läßt sich Material besorgen und Entwürfe vorlegen. Jetzt arbeitet er emsig an einer Fortsetzung der ›Octavia‹.

Der Schriftsteller Anton Ulrich, an dessen Hof Constantia fast acht Jahre verbringt, ist ein wichtiger, obwohl indirekter Zeuge für ihr Leben. Er beschreibt im orientalischen und römischen Gewand seine Gegenwart: Die Romane zeigen die höfisch-politische Welt, in der Constantia heranwächst, zeigen das Handeln, die Ängste und Tugenden der Menschen, die sie umgeben und beeinflussen. Später wird Anton Ulrich ein noch deutlicherer Zeuge: Die Arbeit an der ›Octavia‹ zieht sich über so viele Jahre hin, daß er und seine Mitarbeiter auch die Geschichte der Mätresse Cosel in den Text aufnehmen können.

Der Herzog schreibt Schlüsselromane, bringt Anspielungen auf Tagesereignisse: Lebende Personen kommen unter historischen Namen vor. Und so gehört es zum Genuß der Leser an den Höfen zu raten, wen er wohl gemeint hat. Doch selbst Leute, die mit allem vertraut sind, was an deutschen Höfen vorgeht, wie die Herzogin Elisabeth Charlotte von Orléans in Paris, besser bekannt als Liselotte von der Pfalz, tappen manchmal im dunkeln. Liselotte, die den Herzog sehr schätzt, gesteht − und das macht natürlich die Runde −, sie könne täglich nur einige Seiten der Romane »auf dem Kackstuhl lesen«.

In der ›Aramena‹ erzählt Anton Ulrich die Erlebnisse und Abenteuer von ungefähr dreißig Liebespaaren. Fürstliche Dynastien bestimmen die Politik, und Heiraten sind von höchster politischer Bedeutung für die Länder. Von den dreihundert wichtigeren Personen des Romans sind zweihundertzwanzig eng miteinander verwandt. Aramena selbst ist eine kriegerische Heroine, hochgebildet, umflossen von Anmut, im ritterlichen Sport jedem Mann gewachsen − sie gleicht dem Frauenideal, nach dem Constantias Vater seine Tochter erzogen hat. Doch neben Aramena läßt der Herzog schon sanfte Gestalten durch die Bände wandeln, ein neues Menschenideal kündigt sich an, fort vom Heroischen zum Gefühlvollen, Empfindsamen.

Die Menschen im Roman müssen alle viel ertragen. Jede der

dreihundert Hauptpersonen mißversteht und wird mißverstanden. Ihr Handeln ist Intrigieren. Die Intrige beruht darauf, daß jemand getäuscht wird: Ihm wird etwas als wirklich vorgespielt, was nicht wirklich ist. Die Intrige ist das Kampfmittel in der Welt der Höfe. Sie ist das bewußt herbeigeführte Mißverständnis, begleitet von der Lüge. Wer selbst sein Ziel nicht erreichen kann, hindert andere in ihrem Streben. Alle Personen fallen Täuschungen zum Opfer, verhängnisvollen Verkettungen und schließlich sogar ihrem Glück.

Aber was auch immer über sie hereinbricht, sie bewahren Haltung. Heroisch ist der hoffnungslose Mut, mit dem sie passiv Widerstand leisten, ihr Gleichmut. Sie sind gequälte Objekte einer grausamen Wirklichkeit. Die großen Begebenheiten der Geschichte sind Beispiele von Fortunas Walten und des menschlichen Verhaltens in ihrem Wirbel. Nur der in höfischer Zucht beherrschte Mensch kann sich der unberechenbaren Glücksgöttin stellen.

Doch je hoffnungsloser das Leid der Liebenden wird, um so näher ist der Umschwung. In zwei glanzvollen Massenhochzeiten am Schluß dürfen Heldinnen und Helden ihr Glück genießen. Alle Mißverständnisse, Intrigen, Verkettungen sind plötzlich aufgelöst: Fortuna lächelt.

Ende Februar sind die Feste vorüber, und der Alltag beginnt. Als die Gäste abgereist sind, zeigen Schwiegereltern und Schwägerinnen sich kühl gegen Sophie Amalie. Sie ist zwar die Erbprinzessin, doch der Erbprinz wird wenig geachtet am Hof. Anton Ulrich ist streng mit seinem Sohn und Nachfolger — Rudolf August hat keine Söhne — und unzufrieden. August Wilhelm hat Angst vor seinem Vater und dessen eisernem Willen, lehnt sich nur manchmal gegen seine Härte und Kälte auf. Der Vater duckt ihn und läßt ihn seine Verachtung spüren, die Verachtung für den homosexuellen Sohn, dessen Neigung er vertuscht. August Wilhelm lebt zurückgezogen und beschäftigt sich mit mathematischen und mechanischen Studien.

Sophie Amalie ist gerade und offen, fast stur in ihrem Gerechtigkeitssinn und fordert einen anständigen Umgang miteinander, ohne alle Winkelzüge. Gerade die aber schätzt der intrigenlustige Anton Ulrich, und so bleibt es nicht aus, daß sie mit den Schwiegereltern aneinandergerät.

Für Constantia beginnen stille Jahre, in denen wenig mehr geschieht, als daß sie zu der Schönheit heranwächst, die ihre erfahrenen Tanten und alten Onkel für sie vorausgesagt haben und nach der man sich am Hof umzusehen beginnt.

Im Juli 1698 stirbt in Depenau ihre kleine elfjährige Schwester Marguerita Dorothe. Die Mutter hat so viele Fehlgeburten gehabt, und von sechs lebendgeborenen Kindern sind nun drei tot. Die Eltern leben jetzt ganz allein, beide Brüder sind fort, es muß still sein an den Abenden in der Diele des alten Herrenhauses.

Von ihrem Bruder Christian Detlev hört Constantia Gutes. Er hat sich in Kiel bei Professor Simon Heinrich Musäus auf Natur- und Völkerrecht spezialisiert: das möglicherweise angeborene Recht der Menschen, das dem Griff der Fürsten nach absoluter Macht entgegensteht. Ende August 1698 hält er die Disputation, die mündliche Verteidigung seiner Doktorarbeit auf Latein. Er bekommt die Note »summo cum applausu«, mit höchstem Beifall, und gibt, wie Constantia in der Zeitung lesen kann, »dardurch den hohen Seinigen große Hoffnung zu künfftiger Fortune«.

Auch das Hoffräulein Constantia macht ihrer Familie Ehre. Sie bedient ihre Prinzessin und leistet ihr Gesellschaft, sie tanzt, dichtet Verse, wie jedermann am Hof, liest und vervollkommnet sich in allem, was eine Dame von Geburt beherrschen muß.

4.

In Wolfenbüttel geht das Leben seinen gleichmäßigen Gang, doch in Holstein nehmen die politischen Spannungen mit jedem Jahr zu.

Der König von Schweden ist am 5. April 1697 gestorben. Sein Nachfolger, Karl XII., ist erst fünfzehn Jahre alt, und es heißt, er habe, abgesehen von den Pockennarben, noch die feine glatte Haut eines Mädchens. Der König von Dänemark ist besorgt: Friedrich von Holstein hat sich mit der Schwester dieses Knaben verlobt, und wenn Karl etwas zustoßen sollte, wäre der Herzog König von Schweden und er, der dänische König, hätte wieder einmal den Feind auf zwei Seiten.

Friedrich reist nach Stockholm. Er befreundet sich eng mit dem kleinen Cousin König Karl, sie betrinken sich und prahlen mit lebensgefährlichen Reiterkunststücken. Ihre Tollheiten und Exzesse, ihre Wagnisse und Abenteuer werden als »Gottorper Rasereien« ein Begriff in Schweden. Manche Schweden glauben, Herzog Friedrich verleite den König mit Absicht zu den sinnlosesten Waghalsigkeiten, um, wenn dieser dabei sein Leben verliere, selbst König zu werden. Man wünscht allgemein seine Abreise.

Im Sommer 1698 heiratet Friedrich seine Cousine Hedwig Sophie und kehrt in die Herzogtümer zurück. Karl hat ihm den Oberbefehl über sämtliche schwedischen Truppen in Deutschland übertragen. Der Herzog zieht Regimenter von Wismar nach Husum, und über 6000 Schweden rücken in die Herzogtümer ein. Er läßt die von den Dänen geschleiften Schanzen wiederaufbauen. Er hat große Pläne für sein

Land, die seine Kassen füllen sollen. Vorerst beginnt er mit dem Bau eines Südflügels in Gottorf.

Im Sommer 1699 reist Constantia mit Sophie Amalie und August Wilhelm nach Schweden. Bei Helsingör setzen sie über den Sund nach Helsingborg, und so sieht Constantia die berühmte Wasserstraße, um die so viele Kriege geführt worden sind.

Tagelang reisen sie durch die weiten Wälder Schwedens, bis sie endlich in Stockholm ankommen. Die Nächte sind hell und warm, der Sommer ruht über den Schären und der silberblauen See. Constantia begleitet ihre Prinzessin zum Empfang beim König. Cousin Karl XII. ist nun siebzehn Jahre alt, lang und schmal, höflich und wortkarg, ein seltsamer junger Mann, von dem man noch nicht weiß, wie er sich entwickeln wird.

Auf der Rückreise bleiben sie in Kopenhagen, der großen Königsstadt am Sund mit den vielen goldenen Kugeln auf den kupfergedeckten Türmen. In der Ferne liegt hinter rosafarbenem Dunst das verlorene Schonen. Hier am Königshof erzeigt man endlich Sophie Amalie alle Ehren, die einer königlichen Prinzessin zustehen. Sie ist nach Kopenhagen gekommen, um sich ihren Titel als Erbin von Dänemark bestätigen zu lassen, und hat Erfolg. Es gibt Scharen von Erbprinzen und Erbprinzessinnen, und die Wahrscheinlichkeit, daß sie Königin von Dänemark wird, ist äußerst gering, denn sie steht weit hinten in der Warteschlange. Aber in Wolfenbüttel muß ja ausgezählt werden, wo ihr Platz bei Tisch ist. Und außerdem: Man weiß ja nie. Fortuna hat die merkwürdigsten Launen.

Der König verleiht August Wilhelm den Elefantenorden, und das ist eine große Genugtuung für Sophie Amalie. Constantia sieht auch Sophie Amalies zweiten königlichen Vetter, den Kronprinz Frederik, einen galanten Herrn mit schmalem Gesicht und scharfer Nase. Hochgestimmt machen sich die Wolfenbüttler wieder auf den Weg nach Süden.

Kurz nach ihrer Abreise verwundet ein Hirsch den dänischen König auf der Jagd. Christian V. stirbt am 25. August 1699. Sein Nachfolger ist nun der Kronprinz, auch ein Friedrich IV. wie der Vetter in Gottorf und nur eine Woche älter als dieser, auch brennend vor Ehrgeiz und Unternehmungslust. Die alten nachsichtigen Könige im Norden sind tot, und ungeduldige ruhmsüchtige junge Herren regieren in Schweden, Dänemark und Holstein.

Dabei herrscht gerade jetzt endlich einmal Ruhe in Europa. Der Kaiser und Ludwig XIV. haben 1697 Frieden geschlossen, und nun, 1699, siegt der kaiserliche Oberbefehlshaber Prinz Eugen über die

Türken und schließt Frieden mit ihnen. Frankreichs Vorherrschaft scheint gebrochen.

Frederik IV., seit vier Wochen König von Dänemark, geht am 25. September 1699 ein Bündnis ein mit seinem Vetter Friedrich August I., Kurfürst von Sachsen und als August II. König von Polen. Am 11. November folgt ein Bündnis der beiden Vettern mit Peter, dem Zaren von Rußland, einem Mann, den niemand in Europa so eigentlich auf der Rechnung hat. An den Höfen weiß man von ihm nur, daß er vor einem Jahr eine Bildungsreise nach Holland und England gemacht hat, wo er sich ziemlich unhöfisch für Handwerker und derlei schlichte Leute interessierte, und daß er auf der Rückreise in Dresden Station machte, mit holländischen Schifferschuhen an den Füßen und einem kleinen schwarzen Barett auf dem glattgeschorenen Kopf, das er beim Aussteigen aus der Kutsche vors Gesicht hielt, um nicht erkannt zu werden – kurz, daß er ein seltsamer Herr aus einem sonderbaren Land ist.

Der König von Dänemark, der König von Polen und der Zar von Rußland verbünden sich, um dem achtzehnjährigen König von Schweden, dem nur der Herzog von Holstein zur Seite steht, ein ordentliches Stück seines Landes wegzuschnappen. Schweden ist die größte Macht im Norden. Finnland gehört dazu, Karelien, Ingermanland, Estland, Livland, die Insel Oesel. Als Herzog von Vorpommern ist Karl Lehnsmann des Kaisers. Rügen gehört ihm, Wismar, die Herzogtümer Bremen und Verden in Norddeutschland und das Fürstentum Pfalz-Zweibrücken im Süden.

Die Kriegsziele der Bundesgenossen:

Frederik von Dänemark will das verlorene Schonen jenseits des Sundes wiedererobern und die Alleinherrschaft in Schleswig.

August von Polen will Livland und Estland zurückerobern, die die Schweden den Polen erst vor wenigen Jahrzehnten abgenommen haben.

Peter von Rußland will den Seeweg zum Westen, einen Hafen an der Ostsee, erkämpfen. Die ganze lange Ostseeküste gehört Schweden, und es beherrscht alle Zufahrten zu Rußlands Handelsstädten.

Am 11. Februar 1700 überschreiten sächsische Truppen die livländische Grenze, erstürmen eine Schanze und greifen Riga an.

Karl XII. erhält diese Nachricht am 9. März bei Kungsör, wo er mit seinem Schwager Friedrich von Holstein Bären mit Keulen und Holzgabeln jagt. Sie haben die Jagd mit der Büchse satt, das Schießen ist ihnen zu zahm. Der Kurier Johan Brask, Kapitän bei der Nylandsinfanterie, stört den wilden Zeitvertreib. Er ist rund um den Bottnischen Meerbusen gehetzt, der noch von Schnee und Frost starr liegt.

Der dänische Vetter besetzt Norddithmarschen, Eiderstedt, Schleswig, stürmt die Husumer Schanzen und belagert Tönning. Er besetzt die herzoglichen Ämter Tremsbüttel, Steinhorst, Trittau und Reinbek. In Reinbek nimmt sein kommandierender General am 21. März im Schloß des Herzogs Quartier.

Karl verläßt Stockholm am 14. April 1700. Er wird es niemals wiedersehen. Am 17. Juni, seinem Geburtstag, läuft er mit der Flotte von Karlskrona aus. Der große Nordische Krieg hat begonnen.

Nach dem Angriff des dänischen Königs auf Holstein und Schleswig geschieht zweierlei:

Die Truppen der Holländer und Engländer, der Garantiestaaten des Vertrages von 1689, der den alten Herzog zurück in sein Schloß Gottorf gebracht hat, marschieren in Holstein und Schleswig ein.

Karl, das halbe Kind, stößt mit seiner Flotte im Sund zu den Flotten der ihm wohlgesonnenen Holländer und Engländer. Die Vorsicht der erfahrenen Admirale der Seemächte ist für ihn schlichte Trägheit. Er treibt die dänische Flotte in den Hafen von Kopenhagen zurück und läßt die Stadt bombardieren, landet selbst nördlich von Kopenhagen und schließt die dänische Hauptstadt auch von der Landseite ein. Dem dänischen König bleibt nichts anderes übrig, als schnellstens um Frieden zu bitten.

Den bekommt er am 18. August 1700 in Traventhal, einem Schloß bei Bad Segeberg, nördlich von Hamburg. Wieder einmal muß er die Gleichberechtigung des Gottorper Herzogs anerkennen. Außerdem muß er ihm 260 000 Taler Entschädigung zahlen. Das ist bitter für den jungen König.

Herzog Friedrich würde gern noch mehr Vorteile aus diesem Frieden ziehen, aber die englischen und holländischen Diplomaten haben es eilig. Sie befürchten täglich den Tod des kranken Königs von Spanien und einen darauffolgenden Krieg mit Frankreich um das Erbe. Das Gleichgewicht zwischen Schweden und Dänemark am Sund ist wieder gesichert, die Handelsschiffe können in Ruhe und für nicht zu teures Geld in die Ostsee fahren. So schnell wie möglich reisen die Gesandten der Seemächte ab.

Eines bleibt: Europa staunt über den achtzehnjährigen Karl. Er hat Kraft und Kühnheit. Er ist umsichtig wie ein alter Militär. Nun segelt er mit seiner Flotte über die Ostsee. Am Abend des 30. November 1700 existiert die Armee des Zaren Peter nicht mehr. Karl hat die vierfache Übermacht bei Narwa vernichtet.

Der kinderlose König von Spanien ist am 1. November 1700 an der Syphilis gestorben. Ludwig XIV. beansprucht das Erbe für einen Enkel; der Kaiser will es seinem Bruder sichern. Im Februar 1701 beginnt

Ludwig den Spanischen Erbfolgekrieg. Der Kampf geht um Spanien, Teile Italiens und der Niederlande und um die spanischen Kolonien in Amerika. Noch einmal erscheint eine französische Vormachtstellung in Europa möglich: wenn Frankreich den Krieg gewinnt, wird es Europa, das Mittelmeer und die mittel- und südamerikanischen Märkte beherrschen. England will das Erbe am liebsten teilen, um das Gleichgewicht der Mächte in Europa zu wahren, das so wohltuend für seinen Handel ist. Die Seemächte kämpfen wieder mit dem schwächeren Kaiser gegen das stärkere Frankreich.

Friedrich August von Sachsen und Polen ist übriggeblieben als einziger Gegner Karls. Ein Teil des polnischen Adels erhebt sich gegen ihn und weigert sich, im Krieg gegen Schweden mitzukämpfen.

Die Sorgen des Sachsen gehen Constantia nichts an. Für sie und ihre Prinzessin ist wichtig, daß Holstein gerettet ist. Sie stehen auf der Seite des Königs von Schweden, der so freundlich und zuvorkommend gegen seine Cousine Sophie Amalie bei ihrem Besuch in Stockholm war.

Ein Jahr später haben Constantia und Sophie Amalie den Krieg vor der eigenen Haustür. In der Nacht zum 20. März 1702 besetzen 4000 hannoversche und cellische Soldaten das Fürstentum Braunschweig-Wolfenbüttel und entwaffnen die im Quartier liegenden Truppen Anton Ulrichs: Der Herzog hat sich im Spanischen Erbfolgekrieg auf die Seite der Franzosen geschlagen.

Anton Ulrich hat bisher stets zum Kaiser gehalten. Aber wichtiger als die Geschäfte des Kaisers ist ihm der Kampf gegen die Verwandten in Hannover. Er will die Kurwürde für die ältere Linie der Welfen, für sich. Wenn er sie nicht haben kann, soll der Neffe Georg Ludwig in Hannover sie auch nicht haben. Doch an den deutschen Höfen will niemand von seinen Ansprüchen hören. Nur in Paris wird sein Gesandter bestens empfangen. Anton Ulrichs Geduld reißt, als durch kaum wahrscheinliche Zufälle die alte Kurfürstin Sophie von Hannover 1701 zur übernächsten englischen Thronfolgerin wird: Eines Tages wird Georg Ludwig König von England sein. Fortuna lächelt den Hannoveranern. Anton Ulrich wendet sich den Franzosen zu und rüstet auf. Frankreich will seinen Anspruch auf die Kurwürde unterstützen. 10 000 Soldaten hat er schon zusammen. Der französische General Marquis d'Usson kommt nach Wolfenbüttel und verspricht monatlich 25 000 Reichstaler. Anton Ulrich fährt mit ihm in den Harz und macht das Bündnis perfekt. Nun wird er den Hannoveranern die Kurwürde abjagen. Der Neunundsechzigjährige betrinkt sich mit d'Usson und, das notiert sein Sohn Ludwig Rudolf in sein Tagebuch, »tanzt in Unterhosen auf dem Tisch«.

Der Kaiser setzt Anton Ulrich am 18. Februar 1702 als Mitregent in Wolfenbüttel ab. Georg Ludwig von Hannover rückt mit kaiserlicher Genehmigung in Braunschweig-Wolfenbüttel ein. Der Hof reist eilig in die befestigte Stadt Braunschweig, wo auch Herzog Rudolf August von seinem Jagdschloß eintrifft. Er ist schwer verärgert über das, was sein »Bruder Tönjes«, wie er Anton Ulrich in Wolfenbüttler Platt nennt, ihm da eingebrockt hat.

Die Bauern haben Angst. »Das Flüchten von dem Lande nach [Braunschweig] von Menschen und Vieh ist unbeschreiblich«, berichten die Zeitungen. Die Soldaten der hannoverschen Verwandten zerstören die Brücken um Braunschweig, damit keine Lebensmittel dorthin gebracht werden können. Constantia ist in der belagerten Stadt. Die Straßen sind von den Wagen der Landleute verstopft. Auf den Plätzen kampieren Flüchtlinge, und das Vieh brüllt zwischen den Häusern.

Da wird bekannt, daß der König von England am 19. März 1702 gestorben ist. Jeder auf seiten des Kaisers ist bestürzt und befürchtet, daß dieser Todesfall die gesamte politische Lage in Europa verändern wird. Doch das englische Parlament beschließt, den Krieg gegen Frankreich weiterzuführen. Auch die zweite Seemacht will den Krieg fortsetzen: Die Generalstaaten von Holland und West-Friesland versammeln sich und kommen überein, »ihre Freyheit und Religion biß auf den letzten Bluts-Tropffen« zu verteidigen.

Rudolf August hält sich in den Verhandlungen mit den kaiserlichen Gesandten zäh, aber in der zweiten Aprilhälfte rettet ihn nur noch eine schnelle Unterwerfung vor dem Verlust der Herzogswürde. Anton Ulrich reist heimlich mit kleinem Gefolge zu einer Tochter, die in Thüringen verheiratet ist. Sein Bruder erkennt die Kur in Hannover an und überläßt die für Frankreich geworbenen Truppen nun dem Kaiser und Holland. Die Besatzungssoldaten ziehen ab.

Nach einigen Wochen kommt Anton Ulrich aus Thüringen zurück. Fortuna hat ihm nicht gelächelt. Aber sie wendet sich auch nicht ganz ab. Rudolf August reist auf sein Jagdschloß, und Anton Ulrich ist wie früher Mitregent und Herzog.

Mars, der Kriegsgott, vergißt Wolfenbüttel wieder.

5.

Nun ist Mai, die Luft ist weich, Birken und Buchen grünen, und Ludwig Rudolf zieht mit seinen Freunden ins Lecheln Holz zwischen Braunschweig und Wolfenbüttel, wo ein Lusthaus steht, und sie spielen Flöte am Abend, um das Echo in den Alleen zu hören.

Das Hoffräulein Constantia ist eine Schönheit geworden. Seit Jahren schon drehen sich Kavaliere und Gäste nach ihr um, aber nun geht ihr Ruf weit über die kleine Residenz hinaus. Sie ist groß gewachsen und hält sich aufrecht und anmutig. Sie hat ein längliches Gesicht, eine zierliche Nase, einen kleinen Mund, prachtvolle Zähne und große schwarze Augen. Ihre Gesichtszüge sind weich, ihr Lächeln bezaubert und geht zu Herzen. Sie hat schwarzes Haar und einen weißen Teint, man rühmt ihren wunderbaren Busen, ihre formvollendeten Hände und Arme und den herrlichen Hals. Ihre Erscheinung ist majestätisch, und sie tanzt vollkommen. Sie ist lebhaft und unterhaltsam, liest Bücher in mehreren Sprachen und ist eine große Spötterin.

Zu den Festen pudert sie sich jetzt die Haare. Das Schminken und Pudern hat sich allgemein durchgesetzt, verdeckt es doch die häßlichen Pockennarben, an denen viele leiden. Der Puder ist aus Reis- oder Weizenmehl. Constantia zieht Puder den Perücken vor, denn die sind so heiß. Auch die Herren pudern und schminken sich, und oft kann man kaum das Alter einer Person erkennen. In den Unterröcken tragen die Damen nun Reifen, die helfen, die schwere Robe zu entfalten.

Sophie Amalie läßt man jetzt allmählich zufrieden. Nach außen hin täuscht Anton Ulrich Harmonie in der Ehe seines Sohnes vor, indem er behauptet, der sehnliche Wunsch des fürstlichen Paares nach einem Erben sei unerfüllt geblieben, obschon einige Male gar nahe Hoffnung gewesen, weil sie, kränklich, Fehlgeburten gehabt habe. Sophie Amalie nimmt es mit Gleichmut hin. Sie gewinnt sich eine gewisse Anerkennung am Hof, da sie immer mehr Wissen erwirbt. Sie ist eine geachtete, wenn auch zurückhaltende Dame geworden, die neben der alten Herzogin Elisabeth Juliane nicht viel zu sagen hat. Pflichtgetreu erscheint sie, wenn der Hof im Großen Saal von Schloß Wolfenbüttel zusammenkommt. Constantia tanzt nun auf allen Bällen. Ihre Schönheit bringt ihr endlich die gute Meinung anderer Leute, die Ehre. Im Besitz von Ehre zu sein ist mit Lust erfüllt, was mit Lust erfüllt ist, ist natürlich, und das Natürliche ist der Wille Gottes. Constantia ist glücklich.

Ludwig Rudolf macht ihr den Hof. Sie mag Ludwig Rudolf gern. Er ist lustig und gewandt und läßt sich immer neue Spiele für den Hof einfallen, er trägt Parodien und Versrätsel über die Mitglieder der Familie, die Hofdamen, Frauen und Töchter der Geheimen Räte vor — auch ein Spötter, der Constantia oft zum Lachen bringt. Seine Aufmerksamkeit schmeichelt ihr. Einmal will er sie küssen. Sie gibt ihm eine derbe Ohrfeige. Ein Page sieht es, und nun weiß es der ganze Hof.

Jetzt ist Sommer, die leichte, lustige, berauschende Jahreszeit, und Constantia ist einundzwanzig Jahre alt. Sie liebt. Sie trifft sich heimlich des Nachts in den Lusthäusern im Park. Niemand findet heraus, mit wem. Verräterische Anzeichen sprechen für Ludwig Rudolf.

Plötzlich reißt die Heiterkeit jäh ab. Friedrich von Holstein ist am 19. Juli 1702 in Polen gefallen.

Im Mai besetzte Karl XII. Warschau. Auf dem Weg zur Krönungsstadt Krakau kam es bei Klissow, zehn Meilen nordöstlich von Krakau, zu einer Schlacht mit den Sachsen und Polen. Friedrich von Holstein kommandierte die schwedische Reiterei. Die Nachricht über seinen Tod ist unklar. Es heißt, er sei von einer Kanone, die mit Hagel geladen war, so hart auf den Rücken getroffen worden, daß er drei Stunden danach starb. Andere sagen, er sei von einer Falkonetkugel, einer Kugel aus einem leichten Geschütz, durchs Kreuz getroffen worden.

Sophie Amalie liegt in ihrem abgedunkelten Zimmer. Constantia ist bei ihr. Pläne und Träume sind in Blut geronnen. Friedrichs Sohn ist ein zweijähriges Kind. Was soll aus Holstein werden?

Bald kommen genauere Nachrichten über das, was in Polen geschehen ist, zur Erbprinzessin und Constantia nach Wolfenbüttel. König August kämpfte mit 17 000 Mann. Die Schweden waren nach Eilmärschen müde und ausgehungert, sie hatten viele Kranke und abgemagerte Pferde. Karl ging darüber hinweg: »Hungrige Hunde beißen gut«, antwortete er seinem Kanzler Piper und den Offizieren, die mit den hart mitgenommenen Leuten nicht gleich zum Angriff vorgehen wollten. Karl ließ nur vier Geschütze mit durch die Moräste schleppen. Hinweisen, daß man so Feldzüge kaum gewinnen könne, begegnete er mit den Worten, »daß wir bald die Artillerie des Feindes bekommen und dann mehr haben, als wir brauchen«.

Karl hält Kanonen keineswegs für entbehrlich in Schlachten, aber warum soll denn er sie mitbringen. Es ist eine Glorie des Sieges um ihn, seine Soldaten vertrauen ihm, und seine Offiziere meinen, daß der Zwanzigjährige ein Heerführer sei, wie er im Jahrhundert nur einmal geboren werde. Es interessiert ihn auch kaum etwas anderes als der Krieg.

Am 19. Juli um sechs Uhr morgens stellt er die Armee in Schlachtordnung auf: die Kavallerie an den Flügeln, die Infanterie in der Mitte. Er hat zwischen 12 000 und 13 000 Mann. Durch Moor und Wald rücken sie vor.

König August und seine Generale halten die Anrückenden zunächst für einen Spähtrupp und sind bestürzt, als sie den König von Schweden mit seiner ganzen Armee vor sich sehen. Sofort schießen die sächsischen Kanoniere Alarm, und König Augusts Heer stellt sich schnell auf. Junge sächsische Offiziere, die sich gerade zu Tisch gesetzt haben, befehlen gutgelaunt ihren Dienern, den Braten warmzuhalten, während sie den Sieg herbeiführen. Pauker und Trompeter geben die Signale. Die sächsische Artillerie eröffnet mit sechsundvierzig Kanonen das Feuer. Die Schweden antworten mit ihren vier Geschützen. Die Sachsen haben allen Grund, vergnügt zu sein. Die Erde beginnt zu zittern, und von den nahen Hügeln kommen plötzlich 10 000 Reiter angetrabt, in vier mächtigen Schlachtlinien hintereinander. Das ist Hieronymus Lubomirski mit der polnischen Kronarmee, einem Ritterheer, wie man es seit langen Zeiten in Europa nicht mehr gesehen hat. Die Reiter prangen in vielen Farben, mit Standarten, Panzerhemden, langen Scharlachröcken, Leopardenfellen, mit reiherfedergeschmückten Lammfellmützen oder Sturmhauben und Adlerflügeln, mit Streitäxten, ziselierten Büchsen und langbewimpelten Lanzen. Sie stoßen ein fürchterliches heroisches Geschrei aus und lassen ihre Pferde steigen und sich drehen in prachtvollen Reiterkunststücken.

Die verdutzten Schweden haben nicht lange Zeit, sich die Augen zu reiben. Die Sachsen greifen mit ihrem rechten Flügel an, und die Lage wird kritisch für die schwedische Kavallerie am linken Flügel. In diesem Augenblick gleitet der Herzog von Holstein schwerverwundet von seinem weißen Pferd. Soldaten tragen den Sterbenden fort. Von allen Seiten rücken die Feinde vor, seit dem Auftauchen der Polen nun 27 000 Mann gegen 13 000 Schweden. Karl behält die Nerven. Dieser König ist kein Mensch wie andere. Er antwortet dem Adjutanten, der ihm das Nähergehen der Sachsen über den Sumpf meldet: »Laß sie gehen, wohin sie wollen, sie werden bald zurückgehen.«

Am Nachmittag haben die Schweden die Kanonen der Sachsen erbeutet. Karl hat die Sümpfe und Moore zu seinem Vorteil genutzt. Die sächsische Infanterie flüchtet in den Wald, wird verfolgt, gerät in einen der vielen Sümpfe. Die polnische Kronarmee ist mit ihren wehenden Standarten und fliegenden Röcken längst davon. König August gelingt es im letzten Augenblick – er ist ein kühner und furchtloser Kämpfer – sich in Sicherheit zu bringen. Der Sumpf schließt sich über einer unbekannten Anzahl Ertrunkener. Noch nach drei Tagen zieht man lebende Menschen heraus, die bis zum Kinn eingesunken waren.

Um fünf Uhr nachmittags ist die Schlacht zu Ende. König Karl reitet zu seinem Schwager und Freund. Er fragt, wie es Friedrich gehe, und als er hört, er sei tot, spricht er kein Wort. Die Tränen laufen über sein Gesicht. Niemals zuvor haben die schwedischen Soldaten ihren König weinen gesehen.

Die gesamte Artillerie der Sachsen, die Kriegskasse, das silberne Tafelgeschirr der jungen Offiziere mit dem nunmehr kalten Braten und der ganze Troß fallen den Schweden in die Hände. Zum Troß gehören fünfhundert liederliche Frauenzimmer, darunter einige von Rang. Karl läßt sie sicher über die schlesische Grenze bringen. Vetter August schickt einige gefangene schwedische Offiziere zurück. Vetter Karl schenkt darauf einigen sächsischen Offizieren die Freiheit. An Großmut lassen Könige sich nicht leicht übertreffen.

Am 30. Juli bricht man aus dem Lager von Klissow auf. Die Leiche des Herzogs soll in Stafetten über Breslau nach Gottorf gebracht werden. Die Ärzte haben den Körper seziert und die Eingeweide herausgenommen. Sie haben ihn balsamiert und die Diener ihn nach Stand und Rang gemäß gekleidet. Die Eingeweide werden an Ort und Stelle begraben, der balsamierte Körper und die Kapsel mit dem Herzen, dem edelsten Teil des Körpers, gehen auf die Reise. Viele vornehme Schweden geben dem toten Herzog das Geleit. Zwölf Tage später hält Karl seinen Einzug in Krakau.

Während der Sarg langsam in Stafetten quer durch Nordeuropa nach Holstein zieht, bereitet Sophie Amalie die Reise zu ihrer Mutter nach Kiel vor. Das Hoffräulein Constantia wird sie begleiten. Zum ersten Mal stört der Krieg Constantias Leben. Wird Ludwig Rudolf ihr treu bleiben, während sie fort ist, beständig? Ludwig Rudolf und Constantia verabreden ein kleines galantes Wortspiel um ihren Namen, um Constance, die Beständigkeit. Jeder von ihnen schreibt sechs Wörter auf, aus denen sie Sätze bilden wollen. Die Reihenfolge der Wörter darf nicht geändert werden. Die schwarzhaarige Constantia schreibt: »Inconstance, Louche, Brune, Blonde, Rousse, Brouillamini«, auf deutsch: Unbeständigkeit, verdächtig, eine Braune, eine Blonde, ein Rotschopf, Wirrwarr. Ludwig Rudolf schreibt: »Constance, Retour, Repos, Sans-Soucy, Peut-etre, Sans-Illusion«.

Dann verläßt Constantia mit der Prinzessin Wolfenbüttel. Ludwig Rudolf vermißt sie: Constance, die Frau, ist fort, ihm bleibt nur Constance, die Beständigkeit. Und so fallen ihm die Sätze ein: »La constance vent au moins qu'on attende le retour de sa belle, pour jouir d'un parfait repos. Alors je serai Sans Soucy, peutetre la pouraije embrasser Sans illusion dans le mois d'octobre.« Auf deutsch: »Wenigstens stellt Beständigkeit sich ein, wenn man die Rückkehr seiner Schönen erwartet, um sich mit ihr des wahren Seelenfriedens zu erfreuen. Doch ich werde ohne Sorge sein, denn vielleicht kann ich sie schon im Monat Oktober — nicht mehr nur als Trugbild — in meine Arme schließen.«

Das Blatt mit dem Wortspiel habe ich im Nachlaß Ludwig Rudolfs in Wolfenbüttel gefunden. Es ist das älteste Papier mit Constantias schwungvoller Schrift, das ich kenne. Doch die Sätze, die sie aus ihren Wörtern bildete, fand ich nicht.

Constantia und Sophie Amalie reisen durch Holstein. Die Holsteiner sind in größter Sorge: Die Herzoginwitwe Hedwig Sophie soll gemeinsam mit Prinz Christian für den kleinen Sohn regieren. Niemand weiß, wohin das führen wird, da die fürstlichen Personen so gar nicht auf ihre Aufgabe vorbereitet sind. Die Ruhe in Holstein und Schleswig ist nur gewährleistet, solange König Karl aus dem fernen Polen seine Hand über die Herzogtümer hält.

Nach fast dreimonatiger Reise kommt die Stafette mit dem toten Herzog am 15. Oktober 1702 in Reinbek an. Über Trittau wird er ins Holsteinische geführt und an allen Orten, durch die er kommt, festlich empfangen. Die Glocken in Stadt und Land läuten täglich zwei Stunden, die großen Glocken in den Kirchen, die den hohen Herren vorbehalten sind, mit einem besonderen Geläut. Das Geläut heißt Pulsgeläut, und die Leiche, der es zusteht, ist eine Pulsleiche. Zehn Tage später kommt des Herzogs Leiche nach Schleswig. Hinter dem Sarg geht das weiße Pferd, auf dem der Herzog gesessen hat in der Schlacht. Die Ritter tragen ihn, der so große Pläne für sein Land hatte, in den unvollendeten Südflügel des Schlosses Gottorf, dem noch die Fenster fehlen.

Die Vorbereitungen für eine prunkvolle Beisetzung sind in vollem Gange. Vor dem Altar in der Schleswiger Domkirche bauen die Handwerker sechs Pyramiden, zwischen denen der Sarg stehen soll. Über den Pyramiden bringen sie einen Baldachin an wie einen wolkigen Himmel. Aus den Wolken sollen während der Trauermusik zwei Engel mit dem fürstlichen Wappen erscheinen. Berühmte Sänger von der Hamburger Oper sind engagiert. Doch dann heißt es, das Begräbnis werde kaum sehr bald sein, da die Silberschmiede für den Prachtsarg allein 4000 Lot Silber verarbeiten müssen.

Sophie Amalie und Constantia kehren zurück nach Wolfenbüttel. Das Begräbnis findet am 19. Dezember statt. Es beginnt abends um sechs und dauert bis Mitternacht. Die Zeitungen berichten ausführlich darüber: Auch im Tode hört der Wettstreit um Ruhm und Ehre nicht auf.

Constantia ist schwanger. Noch glaubt man auf den Maskeraden und Bällen des Winters, das Hoffräulein sei nur dicker geworden. Sie weiß nicht, was nun werden soll.

Ein Herr von Hoym aus Dresden hat von der Schönheit des Fräuleins gehört und kommt zum Karneval und macht ihr den Hof. Er ist ein großer, ziemlich fetter Mann, Sohn eines hohen sächsischen Beamten und selbst Geheimer Rat des Königs August von Polen. Seine Familie besitzt Güter im Braunschweigischen, im Sächsischen, im Schlesischen. Er heißt Adolf Magnus und ist gefesselt von Constantias Schönheit.

Schönheit und Leidenschaft bringen Constantia Kummer ein. Die alte Herzogin Elisabeth Juliane schickt sie zurück nach Depenau. Der Abschied scheint der Herzogin der beste Ausweg zu sein, um allen Gerüchten vorzubeugen, die ihrem Hause schaden könnten. Die Erbprinzessin lächelt und zeigt ihr übliches beherrschtes Gesicht, als Constantia fortfährt. Aber es läßt sich nicht vermeiden, daß Gerüchte aufkommen und sich um das schönste und berühmteste Fräulein am Hof in Wolfenbüttel ranken, um das Fräulein, das so viele verehren und das nun so plötzlich nach Hause reist. Die alte Herzogin unterdrückt jedes böse Wort, nur in den Gemächern tuscheln die tugendhaften Neider und Neiderinnen und die nicht so tugendhaften, die mehr Glück hatten.

Es ist ein nasses Frühjahr, in dem Constantia nach Hause kommt. Der Vater ist außer sich, als er sie sieht. Ihre unehrenhafte Rückkehr ist ein neuer Schlag für die Eltern, die sich schon um die Zukunft der Söhne sorgen. Christian Detlev hat in Kiel studiert, um seinem Herzog Friedrich zu dienen, aber der ist nun tot. Ohne Geld und Protektion ist weder für ihn noch für den jüngeren Joachim eine dänische Offizierscharge zu bekommen, die ihrem Stand und Rang gemäß wäre.

Die Stimmung auf Depenau ist schlecht. Das Verhältnis zwischen Gutsherrn und Leibeigenen hat sich weiter verschärft. Der Vater ist noch eigensinniger und strenger geworden. Nur einen Leibeigenen hat er freigelassen, es ist schon drei Jahre her: Hans Christoffer Rieck bat um die Erlaubnis, eine Freie zu heiraten. Der Vater gestattete es ihm unter der Bedingung, »daß von den Kindern, so er in solcher Ehe hoffentlich zeugen wird, Eines und Zwar welches mir oder meinen Erben davon am besten anstehet und wählen und haben wollen, es sey ein Knabe oder Mädgen Leib Eigen sein sollen«.

Constantia hat es nicht leicht zu Hause.

Eines Tages holen die Mägde den großen hölzernen Geburtsstuhl hervor. Er ist mit Leder bezogen und hat ein Loch im Sitz. Dann ist es soweit. Constantias Mutter ist bei ihr, einige vertraute Dienerinnen helfen.

Das Kind wurde wohl irgendwem zur Pflege gegeben oder es starb. Ich weiß nicht einmal, ob es ein Junge oder ein Mädchen war. Das Gut Depenau gehört zur Kirchengemeinde Bornhöved, und die Kirchenbü-

*cher beginnen zwar 1655, aber der Band von 1689 bis 1711 fehlt. 1711
war die Mätresse in Depenau. Doch wahrscheinlich ist das nur ein
zufälliges Zusammentreffen von Daten. Ich habe auch nicht herausbe-
kommen, ob Ludwig Rudolf wirklich der Vater des Kindes war. Das
wenige, was ich zusammentragen konnte, legt seine Vaterschaft nahe,
aber nachgewiesen ist sie nicht.*

Wieder ist es Mai, Birken und Buchen grünen wie im vorigen Jahr, als
alles begann, was in Unehre endete. Constantia kommt von einem Ritt
durch das junge Buchengrün zurück. In der Diele von Depenau sitzt
Adolf Magnus von Hoym mit dem Vater. Er ist nach Holstein gereist,
weil er Constantia heiraten will.

Hoym ist eine gute Partie. Er ist zwölf Jahre älter als Constantia,
und sein König hat ihn im März zum Direktor des General-Accis-
Collegiums ernannt, einer Behörde für eine neuartige Umsatzsteuer
auf Nahrungsmittel und Getränke. Anna Margarethe interessiert sich
für alles, was mit Geld zusammenhängt. Auch mit dem ungestümen
schwierigen Joachim weiß Hoym umzugehen.

Einmal scheint es Constantia, als ob er die Verbindung wieder lösen
will, als ob er Gerüchte über das Kind gehört habe. Sie hat keine Wahl
gehabt, aber dies ist eine gute Heirat, und sie ist entschlossen, Hoym
mit ganzem Herzen zu lieben, so wie die Mutter den Vater liebt. Sie
bezaubert ihn mit ihrem Lächeln und verspricht ihm ewige Treue. Am
2. Juni 1703 ist Hochzeit auf Depenau. Constantia ist eine strahlende
Braut. Ihr Mann ist freundlich, klug und tüchtig, und das gefällt ihr.

Sie erhält 10 000 Reichstaler Mitgift, wenig für eine Tochter aus
den Familien Brockdorff und Marselis, doch eine große Summe für
Depenau. Die Mitgift bleibt im Gut, der Vater wird Hoym jährlich vier
Prozent Zinsen schicken, und er hat Constantia in die Erbfolge von
Depenau aufgenommen. Falls beide Brüder ohne Erben sterben, wird
Depenau an sie und ihre künftigen Kinder fallen.

Hoym und Constantia reisen nach Dresden. Das Unglück des
vergangenen Winters und Frühjahrs bleibt zurück und verblaßt. Con-
stantia reist einem neuen Hof entgegen, weit glänzender als der zu
Wolfenbüttel, dem Hof des Königs August, an dem sie als Ehefrau des
Steuerpräsidenten einen hohen Rang einnehmen wird. Nun hat ihre
Schönheit ihr doch Ehre gebracht.

1.

An einem freundlichen Sommertag sieht Constantia zum ersten Mal das Elbtal. Die Schleifen des Flusses glänzen in der Sonne, und im leichten Dunst erkennt sie die Türme von Dresden. Dresden ist eine große Stadt, viel größer als Kiel oder Braunschweig, von Wolfenbüttel gar nicht zu reden. 21 298 Einwohner bei der letzten Volkszählung vor vier Jahren, weiß Hoym, ohne die Garnisonssoldaten und ihre Familien.

Sie fahren bergab, und die Luft, die durch das geöffnete Kutschfenster hereinweht, wird feuchter und wärmer, je tiefer sie in das weite fruchtbare Tal kommen. Sie holpern über die Elbbrücke, und die Brückenwache salutiert, als die Soldaten das Wappen des Geheimen Rats Hoym erkennen. Sie fahren am Schloß vorbei und über den großen Altmarkt. An seinem linken hinteren Ende biegen sie vor der Kreuzkirche in die Kreuzgasse ein. Der Kutscher hält vor einem stattlichen Haus, dem letzten auf der linken Seite der Gasse. Dies ist das Haus des Kammerpräsidenten Hoym. Constantias Schwiegervater, der Präsident Ludwig Gebhardt von Hoym, hat der Kammer vorgestanden, der Behörde, die die Güter und Wälder des Kurfürst-Königs und die Einnahmen aus ihnen verwaltet. Sein Haus nimmt den ganzen Raum ein zwischen der Kreuzgasse und ihrer Parallelstraße, der Großen Frohngasse.

Der zweiundsiebzigjährige Kammerpräsident erwartet Sohn und Schwiegertochter vor dem Portal. Er verbeugt sich vor Constantia und führt sie an der Hand die Stufen hoch. Er hält sich sehr aufrecht, und Kälte geht von ihm aus. Die Gassenbuben auf der Straße und die Bürgerfrauen mit ihren Dienstmägden sehen ihm nach.

Constantia ist munter und voll froher Spannung. Sie wird bei Hof erscheinen, in einer prächtigeren, zahlreicheren Gesellschaft leben als bisher und ein großes Haus führen. Eine Schwester ihres Mannes, Rahel Charlotte, ist mit Friedrich von Vitzthum zu Eckstädt verheiratet, dem engsten Jugendfreund des Königs. Rahel Charlotte ist nur vier Jahre älter als Constantia, und Hoym und seine Schwester stehen sich sehr nahe. Sie ist geistreich und elegant, meint Hoym.

Doch Rahel Charlotte ist mit dem Hof beim König in Warschau. Dresden ist leer. Die wenigen Herren und Damen von Stand, die nicht beim König sind, verbringen den Sommer auf ihren Landgütern. Nach Dresden kommen nur Kuriere aus Polen mit Nachrichten vom Krieg dort, den viele Sachsen für unnütz halten.

Constantia hat noch nie lange mitten in einer großen Stadt in einem Haus gewohnt, an das andere Häuser grenzen. Die Sommerluft ist stickig in den Straßen und voll übler Gerüche. Von ihrem Fenster aus sieht sie in einen üppigen Garten am Stadtwall. Aber er gehört nicht der Familie Hoym, und so kann sie nicht hinübergehen und unter der kühlen Laube im Grünen sitzen.

Zentrum der Stadt ist der Altmarkt, ein gewaltiges Rechteck, dessen längste Seite zweihundert Meter mißt. An seiner Nordseite steht das Rathaus. In seinen offenen Gewölben zu ebener Erde wählen Hausfrauen und Köchinnen an den Brotbänken und den Fleischbänken ihre Einkäufe aus. Die Fleischsteuer steht auf weit sichtbaren Tafel neben den Fleischerbuden. Die Korn- und Mehlsteuer gibt der Rat an einer hölzernen Säule auf dem Markt bekannt.

Die Großstädter müssen alles kaufen, was sie zum Leben brauchen, Salz und Licht, Wein und Bier, Holz zum Kochen und zum Heizen, Zucker, Tee, Tabak, Hemden, Strümpfe, Schuhe. Nur die Wohlhabenden besitzen Gemüsegärten vor der Stadt, die meisten kaufen auf den Märkten, was die Gartenweiber jeden Morgen in die Stadt bringen. Früh schon sammeln die Weiber sich vor den Stadttoren. Sobald die Reveille geschlagen ist, das militärische Wecksignal, das auch die Bürger aus den Federn trommelt, öffnet der Stadtmajor mit neun Mann von der Wache Tore und Pforten. Außer den Gemüsefrauen drängen auch andere Händler herein, die meinen, in Dresden einen guten Absatz für ihre Waren zu finden. Mit den Marktleuten versuchen Bettler, von denen es sehr viele gibt, ungesehen von der Wache in die Stadt zu schlüpfen. Abends, sobald die Glocken auf dem Kreuzturm läuten, sperrt der Stadtmajor die Tore wieder zu. Doch bis zum Schlagen des Zapfenstreichs wird noch jedermann für einen Groschen hinaus- oder hereingelassen; ein Pferd kostet zwei Groschen und ein Wagen acht. Nach dem Zapfenstreich, der jetzt im Sommer um halb zehn, im Winter um acht geschlagen wird, ziehen die Soldaten alle Brücken auf und verriegeln die Tore.

Auf dem Neumarkt sieht Constantia das große Kauf- und Gewandhaus, in dem überwiegend sächsische Tuchmacher ihre Stoffe auslegen. Die Preise sind hoch, besonders Lebensmittel sind teuer. Die tägliche Nahrung einfacher Leute besteht aus Brei und Grütze, und Constantia hört Lehrbuben und Gesellen in den Gassen singen:

»Die Rüben, die Rüben, die haben uns vertrieben,
Hätt' die Frau Meister Fleisch gekocht, so wären wir geblieben.«

Die Bürgerhäuser an den Märkten und Hauptstraßen wachsen bis zu vier Geschossen empor. In den meisten Häusern wohnen zahlreiche Mietparteien, denn immer mehr Leute ziehen vom Land in die Stadt, um hier ein besseres Auskommen zu finden, und manche Hausbesitzer haben ihr vom Vater übernommenes Handwerk aufgegeben, weil sie als Hauswirte, die Werkstatt und Nebenräume vermieten, mehr Gewinn erzielen. Andere haben Seiten- und Hintergebäude errichtet und im Vorderhaus abgeschlossene Wohnungen gebaut.

Auch wer im vierten Stock im Hinterhaus wohnt, muß das Wasser vom öffentlichen Brunnen holen. Nur die Reichen haben sich private Wasserleitungen bis in ihre Häuser legen lassen. Die Nebenstraßen sind zum großen Teil noch ungepflastert, der Unrat läuft in einem Bächlein mitten auf der Straße. Aber vor den Häusern und in den Hauptstraßen sogar über die ganze Breite hat man Steinplatten darübergelegt, so daß Wagen fahren können.

Constantia merkt wohl, daß sie in ein reiches Land geheiratet hat. Landwirtschaft und Handel stehen in Blüte, ebenso die Manufakturen. Die Bürger sind rührig und erfindungsreich und neuen Gewerben gegenüber aufgeschlossen. Das ist das Besondere an Sachsen im Vergleich zu den anderen Ländern, die Constantia kennt: Der Anteil der Bürger an der Gesamtbevölkerung ist hoch, und auf dem Land sind mehr Bauern frei als anderswo.

Die Sachsen sind stolz auf sich und ihr Land und besonders auf ihre Sprache. Sie halten sich für schöne Leute und ihre Sprache »wegen der lieblichen wohllautenden Bethönung«, wie ein Sachse sagt, für den schönsten von allen deutschen Dialekten.

Gute und schnelle Postlinien verbinden die Sachsen mit anderen Ländern. Zweimal wöchentlich fährt die Postkalesche von Dresden nach Leipzig. Die Reise dauert zweiundzwanzig Stunden. Außerdem gibt es noch einen reitenden Postboten. Von Leipzig aus, dem Hauptpunkt aller Postanstalten des Landes, gibt es zweiunddreißig fahrende und acht reitende Posten wöchentlich, die bis nach Berlin, Frankfurt am Main, Holland gehen.

Nur was die Straßenbeleuchtung angeht, gehört Dresden nicht zu den modernsten Städten Europas. Vor bald dreißig Jahren hat der Rat versucht, sie einzuführen. Doch die nächtliche Beleuchtung war den Bürgern zu teuer. Um aber dem Übel der Finsternis und Unsicherheit einigermaßen abzuhelfen, darf niemand nachts ohne Licht auf der Gasse gehen. Wen die Stadtwache ohne Licht antrifft, der wird bis zum nächsten Morgen in Arrest gebracht.

Wenige Tage nach ihrer Ankunft erfährt Constantia, daß zum Haushalt eine Frau gehört, die seit langem Hoyms Geliebte ist. Constantia bittet ihren Mann, diese Frau fortzuschicken. Er weigert sich, Constantia gerät in jähe Wut. Es kommt zum ersten heftigen Streit zwischen den Jungverheirateten.

Ihre Ehe verwirrt Constantia. Sie entdeckt immer mehr sonderbare Eigentümlichkeiten ihres Mannes. Sein Charakter ist bizarr und widersprüchlich. Heute ist er großzügig, morgen geizig, heute ist er brüsk, morgen höflich, bald ist er geheimnisvoll, bald mitteilsam. Er ist klug, und sie redet gern mit ihm, aber manchmal ist er verlegen und weiß nicht, was er sagen soll. Sie weiß, daß er ein Liebhaber der Schönheit ist und sie nur wegen ihrer Schönheit geheiratet hat. Aber er versteht nicht, mit Delikatesse und Pläsier zu lieben. Constantia kennt die Liebe, und sie leidet unter seiner kalten Grobheit. Sie will mit Geduld seinen unfreundlichen Sinn überwinden und seine Zuneigung gewinnen, aber zuerst muß diese Frau aus dem Haus. Auch jetzt, nach seiner Hochzeit, geht Hoym nachts in ihre Kammer. Constantia ist zutiefst verletzt.

Ein Kurier aus Warschau bringt einen Befehl König Augusts in das Haus an der Kreuzgasse. Adolf Magnus Hoym muß nach Polen reisen. Er will Constantia nicht nach Warschau mitnehmen. Eilig packen seine Kammerdiener die Koffer.

Constantia läßt sich ein Siegel für ihre Briefe an ihren Mann schneiden mit einem sitzenden weinenden Amor, dessen Pfeil und Bogen am Boden liegen, und den Worten »Je pleure vostre abcence«, ich beweine deine Abwesenheit.

Sie ist nun allein in dem stattlichen Haus mit der Geliebten ihres Mannes und dem alten Schwiegervater.

2.

Constantia hat in eine umstrittene Familie eingeheiratet. König August schätzt Vater und Sohn Hoym, aber in Dresden sind sie verhaßt. Eine Adelsclique am Hof sorgte vor ein paar Jahren für den Untergang des Kammerpräsidenten Hoym: Zwei Jahre saß der Schwiegervater auf der Festung Königstein gefangen.

Der tüchtige Kammerpräsident war ein enger Vertrauter und Berater des Kurfürsten Johann Georg IV., des verstorbenen älteren Bruders von König August. Johann Georg wollte nach dem laschen Regiment seines Vaters und Großvaters ein straffes Beamtentum in Sachsen einführen, und Hoym half ihm dabei. Aber Hoym nutzte seine hohe Stellung aus, ließ sich von Adligen und Bürgern Geld geben, um angeblich drohende Ungnade von ihnen abzuwenden. Man fürchtete ihn um so mehr, als er bei Sybilla von Neitschütz in Gunst stand, der

Geliebten Johann Georgs, über die das Gerücht ging, sie sei die Gemahlin des Kurfürsten zur Linken.

Im Frühjahr 1694 starb Sybilla an den Pocken, kaum zwanzig Jahre alt. Der Kurfürst, in Schmerz und Verzweiflung, küßte die Tote und starb drei Wochen später an den Pocken. Nun wurde Friedrich August Kurfürst, der vierundzwanzigjährige Bruder Johann Georgs, ein beliebter, aber auf die Regierungsgeschäfte unvorbereiteter Prinz. In Sachsen ging es damals hoch her. Adel und Bürger waren in Empörung. Es hieß sogar, Adlige hätten Johann Georg durch Giftmord beseitigt, weil seine Politik ihnen nicht paßte. Der Volkszorn richtete sich gegen die Mutter der Neitschütz und gegen Hoym. Der neue Kurfürst wollte erst einmal Ruhe im Lande. Die alte Neitschütz, die angeblich Johann Georg durch Liebeszauber verhext hatte, wurde im Kerker der Festung Stolpen gefoltert. Hoym ließ der Kurfürst auf den Königstein bringen.

Anfang 1696 fühlte Friedrich August, gerade aus den Türkenkriegen zurückgekehrt, sich stark genug, um eine Neuordnung der Finanzen und eine Reform der Verwaltung und des Hofes durchzusetzen: Korruption und Unterschlagung waren Hindernisse auf seinem Weg zur Alleinherrschaft. Hoym schien ihm der rechte Mann für den Kampf gegen die seit zwei Generationen kaum kontrollierte Adelsbürokratie. Er ließ ihn gegen Zahlung von 200 000 Talern Strafe frei und machte ihn wieder zum Kammerpräsidenten.

Hoym schlug seinem Kurfürsten vor, eine Große Kommission einzusetzen, ein Generalrevisionskollegium, das die Geschäftsführung aller Ämter auf Betrügereien hin prüfen sollte. Der Vorschlag gefiel Friedrich August. An die Spitze der Kommission setzte er Hoym und den Statthalter Fürst Anton Egon von Fürstenberg, einen Ausländer und Katholiken. Die Geistlichen Sachsens empörten sich über den Katholiken, die Lutheraner begannen um die reine Lehre im Ursprungsland der Reformation zu zittern. Die Adligen empörten sich über die gesamte Kommission. Sie allein hatten die profitbringenden Posten und befürchteten unliebsame Entdeckungen und wollten sich überhaupt der Aufsicht des Landesherrn entziehen. Außerdem sah es nun so aus, als sollten sie mehr und mehr durch aufstrebende Bürger ersetzt werden.

Den Hexenprozeß gegen die alte Neitschütz ließ Friedrich August einstellen.

Das Revisionskollegium arbeitete gut und scharf. Fürstenberg war verhaßt, Standesgenossen drohten ihm mit Mord. Der Kurfürst gab ihm vierundzwanzig Mann Leibwache. Auch Hoym war seines Lebens nicht sicher.

Der Kurfürst war seit 1697 auch König von Polen. Um seine

Herrschaft in Polen zu sichern und um seine Kriegszüge gegen Karl XII. zu gewinnen, brauchte er viel Geld, das ihm die sächsischen Landstände als Steuern bewilligen sollten. Aber die Stände liefen unvermindert Sturm gegen die Kommission. 1700 gab der König nach erregten Auseinandersetzungen nach: Der Adel bot ihm Steuerbewilligungen über eine Million Taler gegen Aufheben der Kommission und Verschärfen der Ahnenprobe. Statt wie bisher acht adlige Ahnen – vier von väterlicher und vier von mütterlicher Seite – sollten Käufer von Rittergütern und Inhaber von Hof- und Verwaltungstellen jetzt sechzehn nachweisen. Das war ein Abwehrschlag gegen die Konkurrenz frischgeadelter Bürger.

Der Adel war nicht lange zufrieden. Die Akzise, die der König im März 1703 einführte, wenige Monate vor Constantias Heirat, erbittert ihn aufs neue: erstens, weil diese Steuer unabhängig von der Bewilligung durch Grafen und Ritter ist und der König, ohne zu fragen, seine Kassen füllen kann, und zweitens, weil die Adligen jetzt wie Bauern auf Nahrungsmittel, die sie auf ihren Landgütern produzieren und verkaufen, Steuern zahlen müssen. Kaum jemand in Sachsen kann noch glauben, daß der König seine Machtpläne aufgegeben hat. Constantias Mann, der Direktor der neuen Akzisebehörde, ist ebenso unbeliebt wie sein Vater.

3.

Woche um Woche vergeht. Constantia hat einige Zeit auf einem Landgut der Hoyms verbracht und lebt nun wieder still in Dresden. Das einsame Leben ist ungewohnt. Sie geht viel in die Kirche.

Im Dezember erschüttert Kanonendonner die Häuser. Der Feldzeugmeister und Kommandant von Dresden und der Generalfeldmarschall probieren eine neuartige Kanone aus, die Dresdner Meister erfunden haben. Die Kanone macht einen solchen Lärm, »als ob umb eine gantze Stadt herumb die Canonen gelöset würden«, und kann innerhalb von zwanzig Minuten mehr als fünfzig Schüsse abgeben. Die beiden Herren sind zufrieden, und den Winter über sollen Kanonen dieser Art für den Krieg in Polen gebaut werden.

Endlich, am 23. Dezember 1703, sieht es so aus, als sei Constantias ruhiges Dasein vorüber: Königin Christiane Eberhardine reist aus Schloß Torgau mit ihrem Hofstaat nach Dresden. Constantia lebt auf. Auch Anna Sophie, die Mutter des Königs, kommt mit dem Kurprinzen von ihrem Witwensitz Schloß Lichtenburg, und am 31. Dezember um Viertel vor vier am Nachmittag trifft König August ein.

In der Woche seit der Ankunft der Königin hat Dresden sich

verändert. Der Landadel ist mit Familien und Bedienten in die Stadt gekommen, und täglich treffen nun Minister und Räte mit ihren Frauen aus Polen ein. Der Adel öffnet seine Häuser. Aus den Hoftoren fahren prächtige Karossen mit würdigen Kutschern auf den Böcken in die Stadt, und hinter den Wagenfenstern sitzen schöne junge Frauen in kostbaren Pelzen. Abends brennen Fackeln vor den Portalen, hinter den Fenstern schimmern Kerzen, und frierende Passanten lauschen der Musik, die bis auf die dunklen Gassen klingt. Eine Vorahnung liegt in der Luft. Es heißt, der König werde endlich wieder einen Winter in Dresden verbringen. Der Hof wird Karnevalsfeste feiern, und auch die Bürger und ihre Frauen werden auf den Maskenbällen des Königs tanzen.

Am Neujahrsmorgen schon fährt der König mit dem Statthalter Fürstenberg weiter nach Leipzig zur Neujahrsmesse, und am Tag darauf folgt ihm die Königin.

Vitzthum kommt mit seiner Frau Rahel Charlotte, Hoyms Schwester, aus Polen. Und dann kommt Hoym. Constantia hat packen lassen, um ihn zum Hof nach Leipzig zu begleiten. Aber Hoym will sie nicht mitnehmen. Wieder geht der Jähzorn mit Constantia durch, es gibt eine große Szene mit Geschrei und Türenschlagen.

Rahel Charlotte stimmt schließlich den Bruder um.

Madame de Vitzthum ist eine Dame von Welt. Sie hat große blaue Augen und die Haltung einer Königin. Nur ihr kindliches Lachen paßt nicht zu ihrer eindrucksvollen Erscheinung. Sie ist sehr lebhaft, hat die schönen Augen überall und begreift sofort, was zwischen ihrem Bruder und seiner Frau vorgeht. Hoym ist mißtrauisch und argwöhnisch gegen jeden und neigt daher zu unsinnigen Handlungen, und noch immer lebt seine Geliebte im Haus. Rahel Charlotte kennt ihn gut, und doch braucht sie all ihre Geschicklichkeit und ihren guten Verstand, um ihn endlich dazu zu bringen, daß seine Frau, so wie es sich schließlich gehört, mit nach Leipzig darf.

Constantia macht Rahel Charlotte einen Gegenbesuch. Die Schwägerin hat eine bewundernswerte Ordnung in ihrem Haus. Nichts geschieht ohne ihre Anweisung, und doch scheint es, als mische sie sich in nichts. Sie ist sparsam wie ihr Vater und ihr Bruder und lebt doch in prächtigem Glanz. Sie regiert ihren Ehemann und läßt ihm dabei den Anschein, Herr zu sein. Wie er liebt sie das Glücksspiel, aber wenn sie eine große Summe gewonnen hat, steht sie vom Spieltisch auf. Sie bewegt große Kapitalien, baut Häuser und handelt mit Landgütern.

Friedrich von Vitzthum, der Jugendfreund des Königs, ist ein schöner Mann, höflich, lebhaft und immer guter Laune. Mit zwölf Jahren kam er als Page nach Dresden, er begleitete Friedrich August auf seiner Kavalierstour durch Europa. Vitzthum reitet und schießt vortrefflich und kann in den ritterlichen Übungen, die der König so liebt, mit seinem Herrn mithalten. Er ist kein sehr heller Kopf, aber ein rechtschaffener Mann. Er ist sanft und vermeidet Streit, mengt sich in nichts ein am Hof, schadet niemandem und nützt auch keinem. Seine große Leidenschaft ist das Spiel, und wenn er Gelegenheit dazu hat, spielt er Tag und Nacht. Er besitzt kein großes Vermögen, und es heißt, der König selbst habe die Heirat mit der tüchtigen Rahel Charlotte vermittelt.

Das Ehepaar Vitzthum und das Ehepaar Hoym reisen also nach Leipzig. Aber Hoym ist kalt zu Constantia. Wenn er überhaupt mit ihr spricht, dann mit schneidenden Worten.

Die Messe ist ein Geld- und Warenmarkt wie der Umschlag in Kiel, nur weit bedeutender. Käufer und Anbieter aus Ost- und Westeuropa treffen sich hier. In den Straßen herrscht Gedränge, vornehme Kutschen mit Läufern und Lakaien, schwer bepackte Planwagen suchen ihren Weg, und ein langer Zug von Lastwagen kommt noch durch die Tore in die Stadt. Die Wagen aus dem Norden und Osten bringen Pelze und Leder, die aus dem Süden seidene Stoffe, die aus dem Westen Tücher und Modewaren. Zur Messe kommen auch die niederen Adligen von ihren Gütern, kaufen Strümpfe, Leinwand, Schuhe, Perücken, Galanteriedegen und Tabak im großen. Vornehme Hochzeiten pflegt man in die Meßzeit zu legen.

Für den König ist die Messe auch eine Mustermesse, auf der er Interessenten aus vielen Ländern vorführen kann, wie vorzüglich die Waren sind, die in Sachsen hergestellt werden. Er pflegt mit seinem großen Gefolge im Fürstenhaus des reichen Kauf- und Handelsherrn Andreas Dietrich Apel am Markt abzusteigen und dort zwei, drei Wochen auf Kosten der Stadt zu leben. Ein Meßbesuch des Königs kostet den Leipziger Rat an die 30 000 Taler. Doch die Kaufherren bekommen das Geld allemal wieder herein. Die Anwesenheit des Königs verleiht der Messe auch gesellschaftlichen Glanz und politische Bedeutung. Fürsten aus den Nachbarländern kommen mit ihren Beamten und Kaufleuten, und mancher Handelsvertrag wird abgeschlossen.

Rahel Charlotte sorgt dafür, daß Constantia der Königin vorgestellt wird. Die Königin ist freundlich zu ihr und fragt sie nach ihrem Wohlergehen.

Christiane Eberhardine, die verlassene Ehefrau, ist keineswegs häßlich. Sie ist eine blauäugige Blondine Anfang Dreißig, schon ein bißchen schwer, eine zurückhaltende und ernste Frau. Fast elf Jahre ist sie, die Tochter des Markgrafen von Brandenburg-Bayreuth, nun mit dem König verheiratet. Sie kam nach Dresden mit der Hoffnung, eine gute und kinderreiche Ehe zu führen. Anfangs kämpfte sie um Friedrich August. Ein Jahr nach der Hochzeit kam es zu einer öffentlichen Szene zwischen ihr und einer allzu keck auftretenden Mätresse ihres Mannes. Sie war einsam in der großen Stadt und enttäuscht, als ihr Mann zum Karneval nach Venedig reiste und sie in Dresden zurückließ. Sie liebte ihn, sehnte sich nach ihm, wünschte, er würde bei ihr bleiben. Es »verlanget mich gar ser, ihm wider hir zu wißen«, gestand sie ihrer Mutter. Doch er setzte eine Kränkung auf die andere.

Als Friedrich August katholisch und König von Polen wurde und die polnischen Adligen auch von ihrer neuen Königin den Glaubenswechsel verlangten, war sie entsetzt. Auch die Sachsen waren aufgeregt: Sollten sie, in deren Land Martin Luther lebte, nun alle papistisch werden müssen? August ließ gleich nach der Königswahl verkünden, daß er in Religionssachen nichts ändern wolle. Aber man glaubte ihm nicht. Christiane Eberhardines Eltern drängten die Tochter, nachzugeben, damit der frischgewählte König sich nicht von ihr scheiden lasse. Doch sie reiste nicht zur Krönung nach Krakau. Sie hatte Angst vor dem fremden Land, Angst um ihr Seelenheil im Jenseits, es ging gegen ihr Gewissen, ihren Glauben aufzugeben. Sie wollte »liber alle zeitliche glückseeligkeit fahren und verlaßen werde, um meinen Gott getreu zu verbleiben biß in den todt«.

Der alte Adel Sachsens und die Geistlichkeit scharten sich um die Königin. Sie fürchteten, daß der König den Kurprinz katholisch erziehen lasse. Der König übertrug die Erziehung seines Sohnes seiner Mutter, einer frommen Lutheranerin. Falls die Königin doch noch ihre Meinung ändern und katholisch werden würde, wäre so die protestantische Erziehung des Sohnes gesichert. Aber Christiane Eberhardine blieb fest. Er mußte sie gewähren lassen, wenn er neue Unruhen unter Adel und Geistlichen vermeiden wollte. Andererseits beruhigten ihn die Berichte seiner Spione am Hof seiner Frau. Ihr fehlen Temperament und politisches Interesse, um eine Hofpartei gegen ihn zu bilden und sich an ihre Spitze zu setzen.

Christiane Eberhardine lebt nun meist in Schloß Torgau oder in Schloß Pretzsch, ihrem Witwensitz. Sie erzieht Prinzessinnen aus ihrer Verwandtschaft. Aus Wolfenbüttel ist seit 1701 Ludwig Rudolfs Tochter bei ihr, die kleine Charlotte Christine. Dem Hofstaat der Königin gehören neunzig Personen an, darunter sieben Damen und sieben Pagen, sechs Oboisten und der Leibkammerzwerg Hans Tramm.

Constantia macht auch am Hof von Madame Royale, der Mutter des Königs und Tante der Prinzessin Sophie Amalie in Wolfenbüttel, ihre bewunderte Reverenz. Anna Sophie freut sich sehr, Constantia zu sehen. Die Königstochter freut sich über jeden, der die dänische Partei

am Hof verstärkt. Sie hält noch eifrig die Verbindungen nach Dänemark und Holstein und nach England zu ihrem Bruder Jörn aufrecht,
der als Prinz George Ehemann der Königin Anna ist. Ihrem Hofstaat –
er ist ein wenig zahlreicher als der der Schwiegertochter – gehören
viele Adlige aus Holstein und Schleswig an, die mit großer Treue an ihr
hängen. Anna Sophie ist Mitte Fünfzig; sie hat ein schmales Gesicht,
eine hohe gewölbte Stirn über blaugrauen Augen und sieht trotz des
kleinen Doppelkinns und der Falten um den breiten Mund sehr gut aus.
Sie ist eine freundliche energische Dame, der die sächsischen Verhältnisse, in die sie aus Kopenhagen geheiratet hat, immer ein wenig eng
waren. Politisch ist sie lebhaft interessiert. Sie ist fromm, aber der
erstarrte engstirnige Protestantismus Sachsens ist ihr fremd; sie hängt
einem freundlicheren, verinnerlichten Glauben an, dem Pietismus.
Nicht nur ihr Sohn, auch ihr Mann und ihr Schwiegervater hatten
während ihrer Regierung Ärger mit Theologieprofessoren und Hofpre-
digern. Sie beklagte, daß ihr Sohn katholisch werden mußte, und
begrüßt, daß mit ihm das Leben am sächsischen Hof weltoffener und
königlich wird.

Der König gibt einen Ball. Die Gesandten sind geladen und die
adligen Gäste, die von auswärts zur Messe kamen. Die Gesellschaft ist
glanzvoll. Aber Hoym stellt Constantia dem König nicht vor.

Christiane Eberhardine gibt dem König ein Essen. Wieder ist der
Hof versammelt. Constantia nimmt sich ein Herz. Sie tritt vor und
verneigt sich vor dem König.

August, dieser den Frauen gefährliche Mann, hat dichte Wimpern
um die blitzenden braunen Augen und einen bräunlichen Teint. Sein
Gesicht ist breit und fest, und er trägt sein eigenes langes und lockiges
dunkles Haar. Über der Nase hat er eine senkrechte Falte, seine
Augenbrauen sind dicht und schwarz. Er hat einen großen Mund,
üppige Lippen und im Kinn ein Grübchen. Er ist größer als Constantia,
von ordentlicher Manneslänge, und wohlgebaut.

Constantia hat schon viel über ihn gehört. Auf seiner Kavalierstour
hat er in Spanien bei einem Stierkampf dem Stier mit einem Streich das
Haupt vom Rumpf geschlagen. Als er einem Bären im Ringkampf die
Zunge aus dem Rachen reißen wollte, büßte er einen Finger ein.
Silberne Teller hat er wie Papier zusammengerollt. Doch seine große
Liebenswürdigkeit trifft sie unvorbereitet, sein Charme.

Damen und Kavaliere tuscheln. Die Feinde der offiziellen Mätresse
des Königs, der Fürstin Lubomirska, die in Polen geblieben ist, mustern
die strahlend schöne Madame Hoym wohlwollend, die jetzt mit dem
König plaudert. Andere finden es unerhört, daß sie sich selbst vorgestellt hat, und je länger das Gespräch dauert, um so mehr wächst ihre

Eifersucht auf die Gunst des Königs. Sie wünschen Constantia Hoym einen tüchtigen Verweis von ihrem Ehemann.

Constantia hat ihr Ziel erreicht. Sie ist bei Hof empfangen worden. Jetzt hat sie Zugang zur guten Gesellschaft.

Von ihrer Schwägerin Rahel Charlotte erfährt sie den Hofklatsch. Es ist wichtig, die Gruppierungen an einem Hof zu kennen. Am Hof arbeitet eine starke Partei gegen die Mätresse des Königs. Manche Höflinge wollen die Polin Ursula Katharina Lubomirska durch eine Mätresse ersetzen, auf die sie selbst Einfluß haben. Andere halten zur Königin.

Als der König die Lubomirska vor Jahren mit nach Dresden brachte und der Königin vorstellte, fragte Christiane Eberhardine reserviert, seit wann die Fürstin denn in Sachsen sei.

»Ich bin mit dem König gekommen, Majestät«, sagte die Lubomirska, »und ich werde wohl bald wieder mit ihm zurückkreisen.«

Das war ein offener Affront gegen die Königin.

Für einen Herrscher, der durch glänzende Hoffeste Ehre gewinnen will, gehört es zum guten Ton, eine Mätresse zu haben: eine schöne, gebildete, geistreiche Frau, die jeden anzieht und den Hof zu einem beachteten Mittelpunkt macht. Fürstliche Gemahlinnen werden nach anderen Gesichtspunkten gewählt und sind oft für eine solche Rolle nicht geeignet. Aber gerade von einer Mätresse verlangt man Takt gegenüber der hohen Gemahlin.

Denn selbstverständlich ist Ehebruch nicht. Im bürgerlichen Leben wird Ehebruch zwischen Verheirateten mit dem Tode bestraft. Eine unverheiratete Ehebrecherin kommt an den Pranger neben der Kirchentür mit einem weißen Tuch am Kragen als Zeichen ihrer verlorenen Unschuld. Die Juristische Fakultät der Universität Halle hat in Sachen Mätresse ein vorsichtiges Gutachten erstellt. Gutachter waren die Professoren Thomasius, Gundling und von Ludewig. »Die Verachtung, die eine außereheliche Geschlechtsgemeinschaft verdient«, schreiben sie, »greift bei großen Fürsten und Herren nicht, da diese den Strafgesetzen nicht unterworfen sind, sondern allein Gott von ihren Handlungen Rechenschaft geben müssen. Auch scheint sich auf eine Konkubine etwas von dem Glanz ihres Geliebten zu übertragen.« Mit anderen Worten: Die Gottähnlichkeit des Herrschers hebt auch seine Mätresse über gewöhnliche Sterbliche und ihre Gesetze empor.

Die Lubomirska ist eine Nichte des Kardinalprimas von Polen, der lange zu den erbittertsten Gegnern Augusts gehörte. Die Wahl dieser katholischen Mätresse war große Politik. Der König verband sich durch sie enger mit den mächtigsten Adligen Polens und gewann selbst an Macht.

Die Königin verläßt Leipzig am 15. Januar 1704, am Tag darauf reist August ab, um in Torgau neugeworbene Truppen zu mustern. Auch der schwedische König Karl wirbt Soldaten, und jeder weiß, daß in Polen der Friede noch weit ist. Zwei Tage später schon trifft August in Dresden ein. Er besichtigt die Festungsmauern, das Zeughaus und mustert täglich weitere Regimenter. Den ganzen Vormittag des 23. Januar hält er bis ein Uhr großen Geheimen Rat; zehn Personen nehmen daran teil, unter ihnen auch Hoym, Constantias Mann. Dresden sieht keine Feste, nur zweimal wird abends italienische Komödie im Schloß gespielt, und nur einmal hören die Bürger den Schall der Trompeten des Königs und das Läuten von Schlittenglöckchen. Einen Abend verbringt der König im Laboratorium des Statthalters, wo, wie man sagt, ganz im geheimen ein Goldmacher arbeitet, und am nächsten Morgen, am 29. Januar, reist er früh um halb sechs nach Krakau ab.

Dann kommt die Nachricht nach Dresden, daß Karl XII. seinen Vetter August nicht länger als König von Polen dulden will. Der Kardinalprimas Michael Radziejowski, ein Onkel der Mätresse Lubomirska, und der Krongroßfeldherr Fürst Hieronymus Lubomirski verbünden sich mit Karl. Sie erklären August II. auf einer Versammlung polnischer Adliger am 14. Februar 1704 für abgesetzt.

Prinz Jakob Sobieski, der Sohn des vorigen polnischen Königs, ist als neuer Thronkandidat im Gespräch. Er bricht mit seinem Bruder Konstantin von Breslau aus, wo er sich gerade aufhält, nach Polen auf, um seine Chance wahrzunehmen. August läßt die Brüder von dreißig verkleideten sächsischen Offizieren überfallen und nach Sachsen bringen.

Karl schlägt Stanislaus Leszczyński, den Woiwoden von Posen, als Gegenkönig vor.

König August erteilt den Waffenfabrikanten in Sachsen große Aufträge. Allein die Schwertfeger in Dresden sollen 15 000 Degen anfertigen.

4.

Die Königin und Madame Royale verbringen den Winter in Dresden und laden Hoym und seine Frau zu ihren Gesellschaften ein. Beide Damen sind sehr freundlich zu Constantia und zeichnen sie mit Gunstbeweisen aus. Aber Constantia ist tiefunglücklich: An ihren häuslichen Verhältnissen hat sich nichts geändert.

Immer wieder bittet sie ihren Mann, seine Geliebte fortzuschicken, aber er hört kaum noch hin, wenn sie davon spricht. Die Frau fühlt sich sicher in ihrer Stellung im Haus, sie wird ausfallend gegen Constantia, beschimpft und verhöhnt sie, und es kommt so weit, daß Hoym in Constantias Beisein Zärtlichkeiten mit seiner Geliebten austauscht.

Constantia läuft zur Schwägerin und bittet sie um Hilfe. Rahel Charlotte spricht wiederholt mit dem Bruder und versucht, ihn dahinzubringen, die Geliebte endlich fortzuschicken.

Hoym besteht auf seinen ehelichen Rechten an Constantia. Jedesmal, wenn er ihre Kammer verläßt, ist sie erschöpft von seinen Roheiten, und ihr ist, als würde sie ohnmächtig.

Eines Tages erzählt ihr eine Dienerin, die sie aus Depenau mitgebracht hat, die verhaßte Frau habe Constantias Zimmer, ihr Bett, ihre Kleider und die Kleider ihres Mannes mit Zaubermitteln und Gift ausgeräuchert. Als Constantia das hört, hat sie ein Gefühl, als würde ihr Wasser über den Leib gegossen. »Gott ist mächtiger als der Teufel«, sagt sie tapfer zur Dienerin. Doch die alte Angst vor Hexen und Zauberern steigt auf. Sie bekommt Fieber und muß drei Tage im Bett liegen.

Im Frühjahr verlassen die Königin und Madame Royale Dresden. Anna Sophie lädt Constantia und Hoym ein, sie nach Lichtenburg zu begleiten. Sie müssen reisen, und die verhaßte Nebenbuhlerin reist mit. Trotz der heiteren Frühlingszeit kann Constantia den Aufenthalt in Lichtenburg nicht genießen.

Selbst hier ist sie vor der Geliebten ihres Mannes nicht sicher. Wieder räuchert die Frau in Constantias Abwesenheit ihr Zimmer und ihr Bett aus, und wieder machen die giftigen Zaubermittel Constantia krank vor Angst. In ihr wächst ein starker Widerwille gegen ihren Mann, ein Widerwille, den sie nicht mehr beherrschen kann.

Kaum zurück in Dresden, sagt sie Hoym, sie sei von seiner Geliebten verzaubert worden und habe nun eine starke Antipathie gegen ihn. Da drängt er sie in ihre Kammer und aufs Bett. Er behandelt sie so hart, daß sie nicht aus noch ein weiß. Als er sie verläßt, schwört sie ihm, sie werde nie wieder mit ihm schlafen.

Am nächsten Tag schickt Hoym die Frau fort. Doch es ist zu spät. Constantia wird ihren Eid nicht brechen.

Es ist etwas Unerhörtes, daß eine Ehefrau ihrem Mann die ehelichen Rechte verweigert. Eine verheiratete Frau ist nach allgemeiner Anschauung »ihres Mannes Willen und Befehl unterworfen«. Durch den Ehevertrag hat er ein vollkommenes Recht auf sie erworben und macht sich keiner Notzucht schuldig, wenn er den Beischlaf erzwingt.

Aber Constantia versteht sich zu wehren. Wiederholt kommt es zu rasenden Auftritten mit Hoym. Er nennt sie ein Weib von höllischer Bosheit, das zudem noch trinke.

Endlich ruft der König Hoym nach Warschau, und Hoym reist fort.

Langsam wird Constantia wieder gesund. Sie ist tief verzweifelt und findet nur selten aus ihrer Niedergeschlagenheit heraus. Dann kommt ein Brief aus Polen. Hoym droht ihr mit Scheidung, wenn sie sich ihm nicht füge.

Eine Scheidung wäre der gesellschaftliche Bankrott. Trotzdem bringt Constantia es nicht über sich, ihrem Mann nachzugeben. Sie ist kein schöner Körper, mit dem man im Schlafzimmer machen kann, was einem in den Sinn kommt. Sie ist bereit, alles, was anzustreben sie seit ihrer Kindheit gelernt hat – Ehre, Rang, Reichtum –, aufzugeben, um dieser Ehe ein Ende zu setzen.

Constantia antwortet Hoym im Juni 1704, gerade ein Jahr nach ihrer Hochzeit: ». . . weillen euch mein umbgang und manier unerdräglich scheinet, ich dergleichen sentiments auch von euch habe und mich euher hartes tractament so desperat macht, daß ich mich vielmals den dodt wunsche, würde also meine verdrislichkeiten und chagrins [Gram] abzuhelffen mir in der welt nichts liebers wiederfahren können, als wen euher bedrohung nach unsere gäntzliche separation balt befördert würde, wormit verbleibe

Monsieur
votre servante [Ihre Dienerin]
A. C. b. d. Hoym.«

Und als Nachschrift setzt sie darunter: »Die reprochen, so ihr mir macht wegen unterlaszung der beywohnung, so habe ich darzu genugsame entschuldigung und werde ich von mein eit niemals abstehen, welges ihr woll könnet versichert sein.«

Sie siegelt ihre Briefe nach Polen längst nicht mehr mit Amor, der über die Abwesenheit des Gatten weint. Ihr Siegel ist eine Gemme mit einem Frauenkopf.

Sie hört lange nichts von Hoym. Die Schweden erobern Warschau und verlegen König August und seiner Armee die Wege in die Stadt. Am Abend des 2. Juli 1704 ruft ein polnischer Adliger unter dem Druck der schwedischen Armee Stanislaus Leszczyński in Warschau zum König von Polen aus.

August erobert Warschau zurück und räumt die Stadt wieder, als Karl mit seiner Armee anmarschiert. Augusts General von der Schulenburg muß sich über die Oder Richtung Sachsen zurückziehen. Auch der Livländer Patkul, der die Verbindung zwischen König August und Zar Peter, den beiden Bundesgenossen, hält, schickt seine russischen Truppen nach Sachsen.

Die Dresdner sind in großer Sorge. Regimenter, Kanonen, Munitionswagen gehen nach Polen ab.

Die Fürstin Lubomirska, die Mitte Mai schwanger nach Dresden reiste, bekommt hier am 21. August einen Sohn. Sie nennt ihn Johann Georg. Eine Woche später erhebt der Kaiser die junge Mutter zur Reichsfürstin von Teschen.

Aus Polen hört man, daß der König immer weniger Lust zu diesem Krieg habe, daß er lieber die Krone aufgeben wolle, »als noch immer so defensiv zu einem Spektakel vor der ganzen Welt aus einem Winkel in den anderen sich herumjagen zu lassen«. Der Zar verspricht ihm wiederholt Soldaten und Geld, doch die Hilfe kommt nicht.

Die Dresdner Bürger sollen sich auf drei Jahre verproviantieren. Alle Festungen im Land sollen repariert werden. Unter den Einwohnern wächst die Furcht vor einem Einfall der Schweden in Sachsen. Der Kommandant von Dresden läßt Verteidigungsgräben vor der Stadt ausheben, und die Bürgerschaft muß in der Miliz exerzieren. Der König schickt aus Polen Geschütze zurück zur Verteidigung Dresdens.

5.

Manchmal geht Constantia in Gesellschaft. Viele adlige Häuser Dresdens sind wieder verschlossen wie im Vorjahr, aber der Statthalter Fürstenberg residiert in Dresden. Seine Freundin, die Gräfin Henriette Amalie Reuß, führt ein großes Haus, in dem sich die Adligen, die in der Stadt sind, allabendlich treffen.

Die Gräfin Reuß ist eine enge Freundin von Rahel Charlotte Vitzthum. Sie ist Mitte Dreißig, die Witwe eines hohen sächsischen Militärs, der in den Türkenkriegen gefallen ist, und hat vier Kinder. Sie ist dick, hat eine blühende Gesichtsfarbe und eine zarte Haut, die sie mit Sorgfalt pflegt. Zu Constantia ist sie umgänglich und offen, doch Constantia merkt, daß die Gräfin sie bei aller Gutherzigkeit prüfend abschätzt. Die Reuß läßt im Gespräch durchblicken, daß sie und ihre sieben Schwestern von Jugend an daran gewöhnt seien, an allen großen Affären des Landes teilzuhaben. Ihr Vater, Baron Heinrich von Friesen, war Premierminister unter dem Großvater König Augusts.

Die Politik der Gräfin Reuß und ihrer sieben Schwestern ist es, an nichts zu sparen, um die Minister an sich zu ziehen und mit ihnen in aufrechtem Vertrauen zu sein. Dazu gehört auch, den Verwandten der Minister zu schmeicheln. Nichts geschieht in den Behörden, von dem die Gräfin nicht vorher informiert ist. Mit ihren Plänen und Intrigen hat sie fast immer Erfolg, denn nicht nur ihre Schwestern, auch ihre Freundin Fräulein Hülchen hat viele Freunde im Geheimen Rat und in den Ämtern. Das derzeit ehrgeizigste Projekt der Gräfin ist, dem König eine neue Mätresse zu geben, die mit ihr, der Reuß, und dem Statthalter verbündet ist.

Fräulein Hülchen ist eine große Dame, nicht mehr jung, sehr dick und sehr vornehm, dabei amüsant und fröhlich. Sie ist überreich gekleidet und trägt zuviel Schmuck; aber sie hat viel gelesen, und ihre Konversation ist leicht und angenehm. Sie beobachtet genau, was in der Gesellschaft vorgeht, hat viel Geist und ist schlagfertig. Der König schätzt sie. Madame Royale verabscheut sie, denn sie hat Anna Sophies Plan, ihren ältesten Sohn Johann Georg mit einer Tochter ihres Bruders Christian V. zu verheiraten, vor Jahren durchkreuzt.

Auch Fräulein Hülchen prüft Constantia. Diese auffallende, seltene Schönheit mit ihrer bestrickenden Anmut und ihrem zu Herzen gehenden Lächeln könnte in ihre politischen Pläne passen.

Constantia ahnt nichts von diesen Plänen. Sie lernt auch den Statthalter näher kennen, einen Herrn um die Fünfzig, groß, schlank, sehr zuvorkommend, ganz Kavalier, ein Bonvivant und angenehmer Plauderer. Jemand flüstert Constantia zu, das Alter mache, daß seine Galanterie nur in Worten bestehe und er sich nur aus Höflichkeit in der Gesellschaft der Damen einfinde.

Nach dem Souper pflegt man bei der Gräfin Reuß zu spielen. Fräulein Hülchen spielt um große Summen und gewinnt viel.

Hier im Haus der Gräfin Reuß, an einem Oktoberabend, hört Constantia die Geschichte, wie die Vettern König August und König Karl sich zum ersten Mal sahen. Karl ließ gerade eine Brücke über die Weichsel schlagen. Schwedische und sächsische Posten bewachten jeweils ein Flußufer, ohne daß viel geschossen wurde. Als Karl eines Tages mit dem Gegenkönig Stanislaus und zwei Begleitern an seinem Ufer entlangritt, erschien zufällig August mit seinem Gefolge auf seiner Flußseite. Vitzthum, Constantias Schwager, ritt an den Rand des Wassers, grüßte und rief hinüber: »Meine Herren, hätten Sie nicht die Güte, zu uns herüberzukommen?« Karl sagte etwas zu seinem Pagen, und der Page rief: »So boshaft sind wir nicht!« Vitzthum und der Page namens Klinckowström wechselten noch einige Worte, und ohne daß die Monarchen voneinander Notiz nahmen, trennte man sich verbindlich grüßend.

Am Vormittag des 30. Novembers 1704 verbreitet sich in Dresden die Nachricht, früh um zwei Uhr sei der König überraschend aus Krakau gekommen. Der Hausmarschall lag längst im Bett, und weil er die Schlüssel zum Schloßtor nicht hergeben, sondern selbst hinuntergehen und seinem Herrn öffnen wollte, mußte der König eine halbe Stunde vor seinem Schloß im Wagen warten. Denn so lange brauchte der Hausmarschall, um sich anzukleiden und sich die Perücke auf den Kopf zu setzen.

Der König ist voller Tatendrang. Morgens um acht am nächsten Tag besichtigt er die Verteidigungsgräben und Schanzen und geht ins Reithaus zu den Pferden. Die Dresdner reden von einem Waffenstillstand und hoffen auf Frieden. Aber einige wollen wissen, daß der König von Sachsen 18 000 Mann in voller Montur und Ausrüstung verlange, die ins Feld gehen sollen.

Am Abend des 1. Dezember ist der König Gast beim Statthalter Fürstenberg. Am 2. Dezember bleibt er in seinem Gemach, arbeitet, fährt abends zur Gräfin Reuß, wo Assemblee ist und Ball. Hoym, der nun wieder in Dresden ist, ließ sich und Constantia bei der Gräfin entschuldigen. Am nächsten Tag probiert der König die verbesserte schnellschießende Kanone aus, arbeitet mit Gesandten und Ministern, ißt abends bei der Königin. Am 4. Dezember reitet er früh um neun zum Stadttor hinaus auf die Hetzjagd.

Gräfin Reuß besucht Hoym und Constantia und lädt beide persönlich zu Assemblee und Ball am Abend des kommenden Sonntags, dem 7. Dezember, ein. Der König, sagt sie, habe sein Erscheinen versprochen. Er werde vorher abends um sieben mit dem Statthalter beim Kammerherrn von Seifertitz Gevatter stehen und dann zu ihr fahren. Hoym kann diese Einladung nicht ablehnen.

Am Sonntagabend schmückt Constantia sich langsam und sorgfältig. Sie hat in ihrem Zimmer viele Kerzen anzünden lassen, im Kamin flackert das Feuer. Sie zieht das schönste ihrer kaum getragenen neuen Hofkleider an, sitzt lange vor dem Spiegel, schminkt sich und läßt die Haare pudern.

Plötzlich riecht es beißend nach Rauch. Constantia reißt die Tür auf. Eine Magd hat ein Licht unbewacht im Nebenzimmer stehenlassen, die Tapeten brennen und in der Leinwandbespannung unter der Holzdecke knistert es schon.

Constantia ruft die Diener, befiehlt ihnen, die ledernen Wassereimer zu holen und alle Wassergefäße, die sie im Haus auftreiben können. Das Wasser aus der privaten Leitung der Hoyms reicht nicht aus zum Bekämpfen des Feuers. Der nächste öffentliche Brunnen ist in der Großen Frohngasse. Das Gesinde hetzt in Panik und mit lautem Geschrei über die Treppen.

Der Türmer auf dem Kreuzturm sieht den Rauch, bläst seine Trompete und meldet so der Stadt das Feuer. Dann läutet die große Feuerglocke zum Zeichen, daß die Handwerker des Viertels, die Zimmerleute, Maurer, Schieferdecker, die Schlosser, Kupferschmiede und Büchsenmacher mit ihren Gesellen herbeieilen und Äxte und Feuereimer mitbringen sollen. Alle Gassen des Viertels sind jetzt von Feuerpfannen hell erleuchtet. Schaulustige eilen zu Fuß und in Wagen herbei und verstopfen mit ihren Karossen den Ausgang der Gasse zum Altmarkt. Das Feuer frißt sich in dem alten Holzhaus schnell bis zum Hof durch. Stroh und Heu entzünden sich mit einem Schlag. Die Knechte binden die Pferde los und versuchen, sie aus dem Stall zu treiben. Ihre Rufe sind im Prasseln der Flammen kaum zu hören. Der Dachstuhl des Hauses qualmt.

August will sich nach der Taufe mit der Festgesellschaft gerade an die Tafel setzen, als der Türmer bläst und kurz darauf die Feuerglocke läutet. Er läßt sich sofort zum Brand fahren. Die Gefahr, daß das ganze Stadtviertel abbrennt, ist groß.

Als er in der Kreuzgasse eintrifft, brennt schon der Dachstuhl. Die Menschen weichen zurück, als sie ihren König sehen. Nun ist auch der erste Bürgermeister gekommen, die Viertelsmeister sind da und übernehmen die Leitung der Löscharbeiten.

Der König sieht im Flammenschein eine schöne Frau in Hofkleidern, die mit lauter und fester Stimme Befehle erteilt und der die Leute gehorchen. Nun spricht der erste Bürgermeister mit ihr, sie nickt und tritt zur Seite. Da steht der König neben ihr. Sie erkennt ihn erst nicht, sieht nur seine funkelnden Kleider und dann sein Gesicht. Sie macht einen Hofknicks.

Der Brand ist unter Kontrolle, die Gefahr für die Stadt vorüber.

Die staunende Menge sieht, wie im gelbroten Flammenschein der Feuerpfannen die Madame Hoym in des Königs Kutsche steigt. Der König und sie fahren davon. Zur Gräfin Reuß, sagen die Leute, dort ist heute nacht Ball.

6.

Seit der Nacht des Brandes wirbt der König um Constantia von Hoym, die Frau seines Geheimen Rats und Generalakzisedirektors. Er kümmert sich nach dem Ball bei der Gräfin Reuß, der bis in die frühen Morgenstunden dauert, persönlich darum, wo Hoym und dessen hinreißende Frau unterkommen können. Einer seiner Beamten muß ihnen sein Zimmer im Fraumutterhaus räumen.

Das Fraumutterhaus liegt in der Kreuzgasse gegenüber der Brandruine, aus der auch jetzt am Montagmorgen noch weißer Rauch steigt. Es trägt seinen Namen, seit vor über hundert Jahren die Witwe eines Kurfürsten in ihm wohnte. Nun enthält es Dienstwohnungen, Graf

Stratmann, der Gesandte des Kaisers, wohnt hier mit seiner Frau, und in einigen Räumen sind Kunstschätze des Königs untergebracht, seit vor drei Jahren ein Flügel des Schlosses ausbrannte.

Constantia und Hoym, beide übermüdet, richten sich in ihrem Zimmer notdürftig ein. Das Haus hat einen weiten Flur von vierzehn mal vierundzwanzig Metern, durch den man zur Treppe im Innenhof gelangt. Der Hof ist an drei Seiten von Holzgalerien umgeben, von denen Türen in die Zimmer führen. Ihr Zimmer im Obergeschoß ist fast acht Meter tief und erhält sein Licht von der Galerieseite. Der große Ofen wird von außen beheizt. Constantias Mägde kichern über den sehr bescheidenen Abort des Hauses, in den sie die Nachtstühle ihrer Herrschaft leeren müssen.

Am Tag darauf ist wieder Gesellschaft bei der Gräfin Reuß, und wieder kommt der König. Am nächsten Vormittag besucht er Constantia im Fraumutterhaus: Er habe hier sowieso zu tun und wolle seine Gemälde anschauen. Am Abend trifft sie ihn wieder, diesmal auf einer Gesellschaft bei ihrem freundlichen Schwager Vitzthum und Rahel Charlotte. Auch am nächsten Abend ist der König mit Constantia bis zum Morgen zusammen. Hoym benimmt sich, als bemerke er nichts. Er hält sich im Vorsaal der Gräfin Reuß auf, spielt viel und hoch und gewinnt.

Am 12. Dezember ist der König von Generalleutnant Flemming zum Abendessen ins Gasthaus Schorer eingeladen. Doch danach sieht Constantia ihn wieder täglich. Er hält jeden Vormittag Geheimen Rat, fertigt mit seinen Sekretären die Kuriere ab, gibt polnischen und russischen Herren Audienz oder dem Gesandten des Kaisers. Mittags rennt er auf der Stallbahn nach dem Ring. Am Nachmittag arbeitet er weiter oder geht ins Grüne Gewölbe und überwacht das Auspacken der Kleinodien, die nun aus Polen zurückgekommen sind. Abends gegen sieben fährt er zum Statthalter oder zur Gräfin Reuß und sieht Constantia.

Zu Constantias Überraschung ist er schüchtern, keineswegs der Draufgänger, den sie nach den Gerüchten über seine Liebesabenteuer in ihm vermutet hatte. Er ist ein angenehmer Plauderer. Sie freut sich darauf, ihn zu sehen, es tut ihr wohl, daß endlich jemand sich nach ihr, Constantia Brockdorff, erkundigt. Hoym hat nur Vorwürfe für sie, weil eines ihrer Mädchen den Brand verursacht hat, ja, er beschuldigt sie, jetzt habe sie in ihrer Bosheit auch noch das Haus seines Vaters angesteckt. Constantia leidet darunter, mit ihm in einem Raum leben zu müssen.

Der König fährt in den Langebrücker Saugarten, um die Vorbereitungen zur großen Diplomatenjagd zu überprüfen, die er am Geburtstag der Königin geben will. Über vierhundert Stück Rotwild treiben seine Jäger mit ihren Hunden aus weitem Umkreis zusammen, darunter hundert gewaltige Hirsche. Nachts unterhalten Jäger und Treiber große Feuer, damit das Wild nicht ausbricht, ehe es am nächsten Morgen weiter zum Saugarten getrieben wird. Die Treiber sind Bauern, die ihre Arbeit im Stich lassen müssen, wenn der König sie herbeibefiehlt. Aber jetzt ist Winter, und sie sind froh, endlich von der Wildplage erlöst zu werden. Der König prüft Wurfspieße und Lanzen. Am Abend führt er Constantia an der Hand in ein Nebenzimmer und erzählt von der Jagd.

Als sie zur Gesellschaft zurückkehren, entdeckt eine der Schwestern der Reuß, daß Constantia keine Handschuhe mehr anhat. Sie findet die Handschuhe in dem Nebenzimmer auf dem Bett liegen mit den Handschuhen des Königs. Die Gräfin Reuß und Fräulein Hülchen sehen sich bedeutsam an. Die Ankunft der Mätresse Teschen aus Polen steht bevor, aber offenbar könnte sie sich die Reise sparen. Nicht zufällig sorgen die Damen dafür, daß der König Abend für Abend ungestört mit Constantia Hoym reden kann.

Am 19. Dezember 1704 wird die Königin vierunddreißig Jahre alt, und der Hof fährt hinaus vor die Stadt zur Diplomatenjagd. Die Jäger öffnen für die Kutschen ein Tor in den großen runden Platz des Saugartens, der mit hohen Netzen umstellt ist. Constantia sieht die angrenzenden Gehege, in denen das zusammengetriebene Wild gehalten wird. Sie sind mit Tüchern umzäunt, und Jäger mit Hunden passen auf, daß kein Tier durch die Lappen geht. Auf dem Platz haben Jäger einen hölzernen Pavillon als Schießstand für den König und die vornehmsten Gäste errichtet. Die übrigen Gäste werden hinter Stellwänden stehen und schießen. Auf dem Boden sind mit grünen Reisern die Schußbahnen markiert. Sie laufen auf die Waldschneisen zu, die sternförmig vom Platz, dem Mittelpunkt des Saugartens, ausgehen. Als der König einfährt, heben die Jagdbläser die Hörner und blasen den Willkommensgruß. Die leeren Karossen rumpeln hinaus, und Knechte schließen das Tor.

August gibt dem Oberjägermeister das Zeichen zum Beginn der Jagd. Die Jäger nehmen ihre Hüte ab und rufen »Joho, hoch do, ho!« Sie öffnen das erste Wildgehege. Die Hunde kläffen aufgeregt. Jäger schreien den Treibern zu, die größten Hirsche einzeln zum Pavillon des Jagdherrn zu treiben. Der Platz ist von Tieren erfüllt, deren Augen in Panik das Weiße zeigen. Die Schüsse knallen, und bei jedem Todestreffer trommeln die Pauker und blasen die Trompeter. Vier der größten Hirsche setzen mit gewaltigen Sprüngen über die meterhohen Netze und entkommen in den Wald, und »der Herr Ober-Jäger-Meister,

98

welcher zu Pferd eben hinter der Leimbd [Netz] hielte, erstaunten ungemein, als diese Thiere ihme so nahe bey weg geflogen kamen«, beobachtet ein eifriger Zeitungsberichterstatter. Die Jäger lassen die Hetzhunde auf angeschossene Hirsche los. Die Hunde umstellen die verwundeten Tiere, der jeweilige Schütze wirft Spieß oder Lanze oder tötet sie mit dem Hirschfänger.

Nach den Hirschen treiben die Bauern die Sauen herein, dann die Rottiere, das Damwild. Die Strecke der erlegten Tiere wird immer länger. Jäger schieben ihnen grüne Zweige, die Brüche, in die Äser. In der Aufregung halten sich nicht alle Jagdgäste an die vorgeschriebenen Schußrichtungen. Dem Kutscher des kaiserlichen Gesandten, der draußen an der Karosse wartet, wird »durch den Ermel und Hut, ohne schaden, geschossen«.

August fängt mit Lanze oder Saufeder unerschrocken und geschickt angeschossene Tiere ab. Er und seine Gäste schießen Bachen, Rehböcke, Rehe und zuletzt das Raubwild, Füchse, Iltisse, Hermeline, Wildkatzen.

Dann ist die Jagd vorbei. Die Jäger rufen »Joho, hoch do, ho!« und blasen auf ihren Hörnern die Jagd ab. Der Oberjägermeister überreicht dem Jagdherrn einen Bruch. Auch Kavaliere und Damen stecken sich Brüche, die Ehrenzeichen guter Hirsche, an die Hüte. Der König hält den geschmückten Hut in der Hand und dankt Oberjägermeister und Jägern für die Jagdlust und lädt sie zum Essen in die Zelte ein. Er selbst hält im Forsthaus bei Oberförster Brunn mit seinen Gästen Tafel.

Abends um sieben ist Constantia zurück in Dresden. Sie ruht sich ein wenig aus, ehe sie zur französischen Komödie ins Schloß fährt. Die Komödie beginnt nachts um halb zwölf und endet morgens um zwei. Gräfin Reuß macht Constantia gegenüber eine Andeutung über die Aussichten, die die Verliebtheit des Königs ihr eröffnen. Constantia ist entrüstet, daß die Gräfin ihr zutraut, sie könne sich dem Reigen der Kessel, Königsmarck, Esterle anschließen, der Spiegel, Teschen und wie sie alle heißen. Niemals wird Constantia Brockdorff eine Mätresse.

Die Aufmerksamkeit des Königs ist gefährlich. Aber es ist wichtig für sie, ihn gnädig zu stimmen. Sollte es zu einer Scheidung kommen, hätte der König als Landesherr das letzte Wort. Sie hat Angst, daß das Gericht sie als geschiedene Frau des Landes verweist und ihr eine weitere Heirat untersagt. Der König könnte das verhindern.

Sie glaubt, das Spiel in der Hand behalten zu können. Sie flirtet nur zurückhaltend mit dem König und hält ihn auf Abstand, was bei seiner Schüchternheit in Liebesworten nicht schwerfällt. Es ist das Spiel der Galanterie, das an allen Höfen gespielt wird und das sie aus Wolfenbüttel kennt. Mehr nicht.

Am letzten Tag des alten Jahres bricht der König abends spät zur Neujahrsmesse nach Leipzig auf. Das Ehepaar Hoym folgt einige Tage später gemeinsam: Der Anstand muß nach außen gewahrt bleiben. Am 5. Januar 1705 trifft auch die Königin in Leipzig ein.

Constantia bezieht mit Hoym eine Mietwohnung, hält sich aber meist bei der Gräfin Reuß auf. Die Gräfin und der Statthalter bewohnen ein Haus neben dem Haus des Königs, und eine geheime Tür verbindet beide Häuser, so daß man zum König gelangen kann, ohne durch sein belebtes Vorzimmer gehen zu müssen. Zwölf Schweizer Gardisten stehen vor dem Antichambre und zwölf Gardisten aus dem adligen Elitekorps des Königs halten im Vorzimmer Wache.

August besucht Constantia in Hoyms Wohnung. Das offene Werben des Königs um seine Frau kränkt Hoym in seiner Ehre. Der König ist besonders freundlich zu ihm, und bald geht das Gerücht, Hoym werde »von der Accise weg und als Primier-Minister mit in Pohlen gehen«.

Graf Stratmann kommt mit seiner lustigen Frau nach Leipzig, die Fürstin Ursula von Teschen trifft ein und die Gräfin Aurora von Königsmarck. Die Gräfin ist eine hübsche kleine dicke Frau Anfang Vierzig. Sie ist gewandt, hat viele alte Freunde am Hof und ist, kaum über die Lage unterrichtet, liebenswürdig, beinahe herzlich zu Constantia, ihrer Gutsnachbarin aus Holstein. Während eines Abendessens bei der Reuß sitzt der König zwischen der Gräfin Königsmarck und Constantia. An Constantias anderer Seite sitzt Hoym. Sie versucht, mit ihm ein Gespräch in Gang zu bringen über gleichgültige Dinge, doch er antwortet beleidigend, und in ihrem plötzlichen Zorn stößt sie ein Glas um. Die Gräfin hat die Augen überall und bemerkt den peinlichen Zwischenfall.

Eines Tages lassen Fürstenberg und Vitzthum sich bei Constantia melden. Sie bittet die Herren in ihr Zimmer. Der Statthalter und der Stallmeister kommen ohne Umschweife zur Sache. Der König habe sie geschickt, um mit Madame Hoym über die Bedingungen zu verhandeln, unter denen sie bereit sei, seine Mätresse zu werden. Mit Hoym werde man sich einigen, sagen sie, er habe beim König um ein Darlehen von 50 000 Talern nachgesucht, und der König sei geneigt, es ihm zu gewähren.

Constantia ist empört: Hoym will wie bei einer Ware einen Besitzanspruch für Geld abtreten. Doch sie beherrscht sich. Mit höflichen Worten lehnt sie den Antrag des Königs ab.

Die Vornehmsten des Hofes treffen sich jeden Abend zu Festessen, Bällen, Maskeraden reihum in den einzelnen Häusern. Eines Abends maskieren sich auf Wunsch des Königs die Reuß, Fürstenberg, Flemming, Wackerbarth, Vitzthum, Constantia und viele andere und schleichen zu später Stunde mit Musikanten in das Haus der Gräfin Königsmarck. Sie zünden die Kerzen in ihrem Schlafzimmer an, und die Musikanten spielen eine leise sanfte Musik. Aurora schlägt, leicht ärgerlich darüber, daß dieser beliebte Streich nun ihr gespielt wird, die Bettvorhänge zurück. Constantia läuft übermütig durch alle Zimmer und weckt die Schlafenden, andere Maskierte ziehen sie aus den Betten. Sie kommt zurück, findet einen Pantoffel auf dem Fußboden mitten im Zimmer und wirft ihn auf das Bett der Gräfin. Der Pantoffel trifft den König. Constantia verläßt bestürzt das Haus. Doch die Gesellschaft holt sie ein. Auch Aurora muß sich schnell maskieren und mitkommen. Es ist der Befehl des Königs, alle Aufgeweckten in Tragstühlen nachzubringen.

Die Masken treffen sich im Haus des Grafen Stratmann. Fremde Masken sind hinzugekommen, Masken von der Straße, die mitfeiern wollen. Der König geht auf den Spaß ein und speist mit den Masken unter der Bedingung, daß sie sich zu erkennen geben. Eine der schönsten Masken ist die Fürstin Teschen, die ihre Traurigkeit kaum verbergen kann, daß August sie vernachlässigt.

Die Gräfin Stratmann denkt sich für ihre Gäste ein Spiel aus. Nach dem Essen gibt sie Constantia einen dicken roten Apfel und fragt:
»Wie straft man den, der unbeständig liebt,
Und dessen Herz dem Wechsel sich ergiebt?«
Constantia überlegt nur kurz und sagt impulsiv:
»Die falsche Treu mit eigener Hand zu rächen
Will ich sein Herz mit einem Dolch durchstechen.«
Sie errötet tief. August beginnt zu lachen. Die anderen am Tisch finden die Strafe zu hart. Inzwischen ist der Apfel bei der Fürstin Teschen angelangt:
»Mit Unbestand will ich die Untreu lohnen:
ein ander soll in meinem Herzen wohnen.«
Der König sieht seine Mätresse geringschätzig an. Ursula Teschen wendet sich entrüstet ihrer Nachbarin zu. Gräfin Reuß und der Statthalter blinzeln sich an. Die Teschen ist erledigt. Es macht nichts, daß die Hoym sich sträubt, das wird die Begierde des Königs nur weiter anfachen, der es schätzt, in der Liebe Hindernisse zu überwinden.

Nun ist der Apfel bei der Gräfin Königsmarck, und die geschliffene Hofdame sagt:
»Durch stäte Treu und ewiges Verehren
Will ich sein Herz von andern zu mir kehren.«
Sie gibt den Apfel augenzwinkernd dem König: Jetzt möge doch er auch ein Urteil über den ungetreuen Liebhaber sprechen. Ihm fällt kein

Vers ein, und er sagt, man müsse Geduld haben und dem ungetreuen Liebhaber alles verzeihen.

Dieser Meinung gibt die Gesellschaft Beifall. Nur Gräfin Stratmann und Aurora von Königsmarck lachen, weil August sich selbst ein so mildes Urteil spricht.

7.

Hoym reicht die Scheidungsklage am 22. Januar 1705 beim Oberkonsistorium in Dresden ein. Die Ehe untersteht der Gerichtsbarkeit der Kirche, das Oberkonsistorium ist die Behörde des Landesherrn für kirchliche Angelegenheiten: Der Kurfürst-König ist, obzwar katholisch, Landesherr und Oberhaupt der lutherischen Kirche in Sachsen, summus episcopus, in einer Person.

Hoym klagt auf böswilliges Verlassen seiner Frau und verlangt die Aufhebung der Ehe. Das Oberkonsistorium setzt den Verhandlungstermin für den 29. Januar an. Am Tag davor reicht Hoym ein Nachtragsrepititium ein, in dem er die Untersagung einer anderweitigen Ehe für die schuldige Gattin verlangt.

Zur Verhandlung des Kirchengerichts werden beide Eheleute Hoym geladen. Richter und Beisitzer sind lutherische Geistliche. Der Vorsitzende Richter, ein Oberhofprediger, läßt zunächst die Frau Beklagte allein vor.

Ihr Mann, sagt er, verlange die Scheidung, weil sie Antipathie gegen ihn habe. Dazu möge sie sich äußern.

Sie wolle lieber die Schande der Scheidung tragen als länger bei ihrem Mann bleiben, sagt Constantia. »Es wäre ein Mensch im Hause gewesen, die sie da gefunden, alß Sie ihren Gemahl geheyrathet und mit der er vor diesem gelebt hätte«, erzählt sie den Richtern, und der Gerichtsschreiber protokolliert eifrig mit, wobei er die direkte Rede in indirekte umwandelt. »Da Sie nun zu Ihm kommen, habe Sie Ihn gebethen, er möchte das Mensch aus dem Hauße schaffen; habe aber befunden, daß, wenn Sie davoon geredet, es Ihm zuwider gewesen; Gestalt er sich, obgleich das Mensch auf Sie geflucht und tourniret«, er sie nicht entfernte.

Sie berichtet, daß die Frau Zaubermittel gegen sie angewandt habe und daß sie seitdem einen unbezwinglichen Widerwillen gegen ihren Mann verspüre. Sie sei hier in der Fremde, fügt sie hinzu, sie wisse, daß diese Affäre ihr »nicht honorable« sei, aber das wolle sie lieber ertragen, als weiter in einer solchen Ehe zu leben. »Sie bitte dahero, die Sache sofort zu Ende zu bringen. Sie befände bey sich, daß Sie nicht so leben könte.«

Der Vorsitzende ist beeindruckt. Die geistlichen Herren sind von der Existenz von Hexen und Zauberern und der des Teufels überzeugt. Gerade kürzlich erst hatten sie es mit einem Schusterjungen zu tun, dem sich der Teufel in Wirtshäusern zeigte und ihm zuredete, »er solte sich ihme nur auff fünff Jahre verschreiben«.

Ihr Mann klage auf böswilliges Verlassen, doch das Gericht erkenne nun, sagt der Vorsitzende, daß sie ihn nicht böswillig verlasse, sondern überzeugende Gründe habe. Er sähe jedoch keine Möglichkeit, die Ehe zu scheiden, es sei daher besser, wenn sie ihre Meinung ändere.

»Das könne sie nicht, wann ihr gleich morgen der Kopff abgeschlagen werden solte.«

Eindringlich redet der Vorsitzende der verstörten und so schönen Frau zu.

Das Gericht, sagt sie, möge sich bei ihrem Beichtvater und allen Leuten, die sie kennen, nach ihr erkundigen; man werde finden, daß sie kein böses Gemüt habe. Sie sei ihrem Mann immer treu gewesen und sei ihm auch heute noch treu, aber die Beiwohnung versage sie ihm. »Ja, wenn ihr Gemahl bei ihr in der Kammer gewesen, sey ihr nicht anders zu muthe gewesen, alß wann Sie in einander fallen solte.«

Sie solle doch Geduld haben, ermahnt sie der Vorsitzende, und die Stunde erwarten, in der Gott die Bosheit der Feinde vernichten würde.

Sie habe genug Geduld gehabt, erwidert Constantia. Sie habe sich alles lange überlegt, und wenn man sie zwinge, bei ihrem Mann zu bleiben, werde sie davongehen.

Das Gericht klärt einige Tatsachen: Die Geliebte des Ehemannes ist inzwischen nach Wien gegangen, die Dienerin, die sie beim Ausstreuen des Zaubermittels überraschte, nach Holstein zurückgekehrt. Von der Geliebten ist ein Kind im Haus an der Kreuzgasse zurückgeblieben, Vater unbekannt, das die Frau Beklagte erziehen läßt, seit sie es in den Tagen ihrer Ankunft in Dresden vernachlässigt im Haus ihres Mannes fand. »Sie habe sich seiner nur angenommen, weil sie gemeint, es sei ein armes Kind«, notiert der Schreiber, sie werde aber auch weiterhin für es sorgen.

Das Gericht entläßt Constantia und ruft Hoym herein.

Es könne wohl sein, sagt Hoym, daß diese Zauberei passiert sei, aber er halte diese Angaben seiner Frau mehr für einen Vorwand. »Sie habe nur einen solchen horreur vor ihm«, und keineswegs aus übernatürlichen Gründen. Sie habe aber gesagt, der Widerwille käme von der Zauberei, sagt der Vorsitzende.

Das mag sie glauben, antwortet Hoym, Weiber seien leichtgläubig, er halte es nur für einen Vorwand.

Mit dieser Bemerkung gewinnt er das Wohlwollen der geistlichen

Richter nicht. Sie lassen sich von diesem weltlich denkenden Kläger auch nicht beirren, denn gerade die Auflösung einer vor Gott geschlossenen Ehe hat der Teufel mit seiner Zauberei im Sinn, und dem Teufel muß man widerstehen.

Das Gericht habe der Frau Beklagten gesagt, teilt der Vorsitzende Hoym mit, sie möge abwarten, bis Gott das Teufelswerk der Zauberei zerstöre und ihr Widerwille erlösche, und dasselbe sage das Gericht nun ihm, weil es doch eine bedenkliche Sache sei, »Gottes Ordnung durch des Teuffels Werck aufheben zu laßen«.

Er meine nicht, daß ihre Abneigung durch Zauberei komme, beharrt Hoym. Was solle er bei einer Ehefrau, die nicht mit ihm zu Bett gehe? Das Gericht entläßt Hoym und ruft Constantia herein.

Der Vorsitzende ermahnt sie noch einmal, ihre Abneigung gegen ihren Ehemann zu überwinden. Nein, sagt sie, das könne sie nicht. Das Kollegium müsse nach Gottes Wort richten, sagt der Vorsitzende, und die Antipathie reiche nicht aus, um Gottes Ordnung zu brechen.

»Wenn sie es länger können ausstehen, würde sie es getan haben«, sagt Constantia, aber es schlage ihr aufs Gemüt. »Wenn sie das Collegium nicht scheide, gehe sie fort zu ihren Eltern.«

Der Vorsitzende macht einen letzten Versöhnungsversuch und läßt Hoym hereinrufen. Ob der Kläger, fragt er, seine Ehefrau nicht doch mit Freundlichkeit gewinnen könne.

Nein, antwortet Hoym, gegen jemanden, der solche Antipathie gegen ihn habe, könne er keine Freundlichkeit zeigen.

Hätte er gleich die Frau aus dem Haus geschafft, sagt Constantia, wäre alles gut gewesen.

»Wäre es doch geschehen und dieses alles vorbey!« ruft Hoym. Sie werde ihm nie wieder beiwohnen, sagt Constantia, sie habe einen Eid geschworen, und den wolle sie nicht brechen. Hiermit bitte sie ihn vor der Versammlung, er möge aus dem gemeinsamen Haushalt ziehen!

Der Vorsitzende schließt die Verhandlung. Das Gericht zieht sich zur Beratung zurück.

Hoym bittet die Geistlichen noch einmal schriftlich, die Ehe aufzuheben. Doch die Richter sind noch am Tage der Verhandlung zu einem Urteil gekommen: die Ehe aufzuheben ist nicht statthaft. Das Gericht hält Frau von Hoym an, trotz ihrer Einwände ihrem Ehemann beizuwohnen, und Herrn von Hoym, seiner Frau mit Freundlichkeit zu begegnen. Eine Abschrift des Urteils gehe an den König.

Hoym ist empört über die verbohrten abergläubischen Geistlichen. Er bittet den König schriftlich, entweder selbst die Ehe aufzuheben oder die Scheidungssache den Priestern fortzunehmen und dem Rechtskollegium zu überweisen. Er fügt seinem Bittbrief einen Beweis an, aus dem hervorgeht, daß seine Frau ihn böswillig verläßt, einen Brief Constantias, in dem sie ihm nach der Urteilsverkündung schrieb, »das ich nicht will und kan länger mit euch leben es entstehe draus was draus wolle«.

Doch der König will sich nicht in die Angelegenheit der Kirche mischen, will nicht riskieren, daß die Geistlichen Sachsens sich, wie schon einmal, gegen ihn, den Katholiken, empören und innenpolitische Unruhen im ganzen Land verursachen.

Hoym wendet sich mit der Bitte um ein Gutachten an Christian Thomasius, Professor an der Juristischen Fakultät der Universität Halle. Thomasius strebt die Befreiung der Rechtswissenschaft von der Vorherrschaft der Theologie an, und Hoym erhofft sich für seine Scheidungssache von ihm Unterstützung: Vielleicht kann das Gutachten des fortschrittlichen Professors auch den König umstimmen.

Aus seiner und Constantias gemeinsamer Wohnung im Fraumutterhaus ist Hoym ausgezogen. Er lebt nun auf der anderen Straßenseite bei einer stadtbekannten Liebesdame.

Bei Hof gibt es jetzt täglich Bälle, Opern, Komödien, Konzerte, und Constantia ist zu allen Hoffesten geladen.

Auf den Gesellschaften wird mehr Politik gemacht als in den Ämtern, und man spricht viel über Geld und Preise. Geld haben und sich teure Dingen kaufen, deren Preis man jeden wissen läßt und im Gespräch noch erhöht, ist überaus wichtig, um Ansehen und Ehre zu gewinnen. Wie man sein Geld erlangt, ist weniger wichtig. Aber im höchsten Ansehen steht, wer im Spiel gewinnt, wem Fortuna sich vor aller Augen gnädig erweist. Wer abends auf den Gesellschaften hoch spielt, erhält Zugang zu den feinsten Kreisen, selbst wenn er nicht von altem Adel ist. Bürgerliche Arbeit verachtet man, und Verwandte, die sich um ihre Gutswirtschaft kümmern und lieber fern von Dresden leben, verspottet man als dumme Bauern. Das wichtigste ist, sein Glück zu versuchen, mit dem Glück zu spielen. Man liebt abenteuerliche Gestalten und romantische Geschichten.

Um Constantia, die den meisten am Hof erst seit kurzem bekannt ist, da Hoym sie nie nach Polen mitnahm, rankt sich die Geschichte, wie eine so auffallende und bezaubernde Schöne so lange unbekannt bleiben konnte, eine Geschichte, mit der Hoym kräftig verspottet wird. Bei einem Herrenabend des Königs, auf dem viel getrunken wurde, so erzählt man sich in den Spielzimmern, habe jeder seine Geliebte und ihre Schönheit gepriesen. Hoym aber habe gesagt, seine Frau sei schöner als jede Mätresse. Der König wußte, daß Hoym eifersüchtig seine Frau auf einem Landgut verborgen hielt, und reizte ihn: Wenn sie wirklich so schön sei, hätte sie längst in der großen Welt Aufsehen erregt. Der Statthalter Fürstenberg wettete tausend Taler gegen Hoym, Hoym hielt die Wette, der König sollte Schiedsrichter sein, und Hoym mußte gleich einen Kurier mit einem Brief an seine Frau schicken. Die Herren machten ihn betrunken, damit er den Brief nicht widerrufen konnte. Am anderen Morgen sei Frau von Hoym in Dresden eingetroffen und habe der Königin ihre Aufwartung gemacht. Alle, die bei der Wette anwesend waren, kamen zur Königin und mußten gestehen, daß Hoym nicht übertrieben hatte, als er die einzigartige Schönheit seiner Frau pries, und Fürstenberg mußte die tausend Taler zahlen.

Dann beginnt der Karneval. Jeden Abend ist jetzt Redoute, ein öffentlicher Tanz, zu dem alle anständig gekleideten Masken Zutritt im Schloß erhalten. Die Redoute beginnt um fünf Uhr nachmittags und dauert bis zwei Uhr nachts. Für Bürger und Volk gibt es einen besonderen Tanzplatz, und Damen und Kavaliere haben ihren Spaß daran, wie der gemeine Haufe unhöfisch hüpft und springt. Schreiber und Sekretäre, Bäcker und Schlachter, Kutscher und Diener, jeder kommt mit seiner Liebsten, zumeist als Domino verkleidet, mit schwarzen Gesichtsmasken zum Tanz. Der Saal für das Volk ist von vielen Kerzen erhellt, an kleinen Ständen läßt der König Naschwerk, Getränke und Speisen reichen, und hinter den Buden gibt es Nebenzimmer, in denen gespielt wird.

In den Saal, in dem Hof und Adel tanzen, kommt niemand herein, ohne sich zu demaskieren und dem königlichen Hauptmann der Leibwache seinen Namen zu nennen, es sei denn, er ist bekannt. Große ovale Wandspiegel aus Venedig vervielfachen die tausend Kerzen. Hinter dem Tanzsaal liegen die Spielzimmer, in denen Bank gehalten, L'hombre, Schach und Billard gespielt wird. Im Audienzsaal stehen Tafeln, an denen der König den heimischen und ausländischen Adel bewirtet. Der König erscheint in seinem Juwelenschmuck, und auch die Königin kommt jeden Abend, allerdings ohne Maske, und sie pflegt auch nur eine Stunde lang vor den Tafeln zu verweilen.

Auch auf dem Altmarkt ist trotz der winterlichen Kälte Redoute, und selbst die Bauern kommen in die Stadt zur Maskerade.

Der König sorgt dafür, daß in dem närrischen Maskentreiben niemand zu Schaden kommt. Kein Maskierter darf eine Waffe tragen. In der Stadt stehen an allen Straßenkreuzungen Wachposten der Miliz und der Bürgerschaft, und in den Sälen und Zimmern des Schlosses stehen Fußtrabanten. Ertappte Taschendiebe, die Uhren, Tabaksdosen, Schnupftücher stahlen, müssen am nächsten Morgen in ihren Maskenkleidern einen halben Tag lang auf dem scharfen hölzernen Esel reiten, auf den auch ungehorsame Soldaten und widerspenstige Diener kommen. Die Soldaten sitzen vorwärts, Diener und Diebe rückwärts.

Nicht nur Bürger und Gesindel sind übermütig, auch der Adel gerät in diesen Tagen leicht außer Rand und Band – und selbst der König. Eines Abends sind der König und Constantia mit anderen Damen und Herren bei Graf Stratmann und seiner Frau zum Essen eingeladen. Der kaiserliche Diplomat ist Constantia zugetan. Außerdem erfordert es sein Beruf, mit einer Dame, die der König umwirbt, wohl zu stehen. Gäste und Gastgeber leeren die Gläser so oft, bis jemand anfängt, die Fenster einzuschlagen. Vitzthum hilft mit, der König, Constantia, sogar Stratmann selbst in seiner Trunkenheit, so daß kein Fenster in der Wohnung heil bleibt. Am nächsten Tag ist Sonntag, Stratmann kann keinen Glaser bekommen, es herrscht eine sehr strenge Kälte.

Am Hof wird viel geredet über diesen Vorfall, und erste Neider Constantias sagen, sie habe dieses unhöfische Spiel begonnen. Der König, der so eifrig beim Fenstereinschlagen gewesen war, ist verärgert, daß er selbst seiner Würde Abbruch getan hat.

Auch tagsüber gibt es während des Karnevals Kurzweil für Hof und Gäste, ein Saujagen im Schloßhof oder ein Kampfjagen im Löwenhaus. Den König und seinen Hof vergnügt es, Löwen und Bären miteinander kämpfen zu sehen, Wildschweine und Wölfe, Ochsen und Büffel, Pferde und Hirsche. Manchmal geht der König allein oder mit einem Herrn, den er auszeichnen will, nach einem Tierkampf in den Hof und hetzt das unterlegene Tier mit Hunden und tötet es mit Fangeisen oder Hirschfänger.

Der König macht sich durch seine kostbaren Feste bei den Bürgern beliebt. Jeder in der Stadt nimmt an ihnen teil und vergnügt sich, und außerdem bringen die Aufträge des Hofes Geld unter die Leute. Die Bürger sehen ihren König meist erst ab Nachmittag in seiner vergoldeten, in Frankreich gebauten Staatskutsche, die mit blauem Samt ausgeschlagen ist. Trotz der nächtlichen Lustbarkeiten und obwohl viele fürstliche Gäste nach Dresden gekommen sind, inspiziert er täglich Truppen, empfängt den dänischen Gesandten von Jessen, den schwedischen Minister von Palmberg und immer wieder den kaiserlichen Botschafter Stratmann. Der entscheidende Schlag gegen Karl von Schweden und seine Marionette, den Gegenkönig Leszczyński, steht bevor. In einer großen Mobilisation aller Kräfte will August ganz Polen zurückgewinnen, dann soll Friede sein. Glanz und Ruhm des Hauses Wettin müssen wachsen, aber er will Sachsen und Polen in Blüte sehen und nicht von Soldaten kahlgefressen.

Als der Karneval vorüber ist, fährt der König auf sein Jagdschloß Moritzburg. Am Tag nach seiner Rückkehr gerät die Hofgesellschaft in höchste Aufregung: Die Generale Flemming und Schulenburg haben sich am Vormittag duelliert.

Der König ist aufgebracht. Er ist auf die beiden tüchtigen Männer angewiesen und kann Ärger zwischen ihnen nicht brauchen. »Sehr ungnädig« läßt er beide in Arrest bringen.

Tagelang ist das Duell Hauptgesprächsstoff am Hof. Jeder kennt Flemmings Ehrgeiz, der erste in der Nähe des Königs zu sein.

Die Generale sind im Vorzimmer des Königs aneinandergeraten. Flemming, der länger in sächsischem Dienst steht als Schulenburg, aber erst kürzlich General der Kavallerie geworden ist, hat in Gegenwart anderer Herren sehr deutlich gemacht, daß der General der Infanterie Schulenburg ihm zu gehorchen habe, und hinzugefügt, »er werde denjenigen General, welcher im Dienst ein Subordinations-Vergehen sich zu Schulden kommen ließe, in Eisen schließen, unter ein Kriegsgericht stellen und den Kopf vor die Füße legen lassen«. Schulenburg forderte Flemming sofort, und beide verließen das Vorzimmer, fuhren hinter »der Hertzogin Garten« und duellierten sich mit Degen.

Die Höflinge rätseln auf den abendlichen Gesellschaften, wen der König fallenlassen wird, Flemming oder Schulenburg. Constantia kennt Jakob Heinrich von Flemming bislang noch kaum, denn er kam erst kürzlich als Gesandter des Königs aus Berlin zurück. Er ist ein lebhafter, munterer Bonvivant, jähzornig und schnell, stets geschäftig und voller Pläne. Sein Geist ist beweglich und unternehmend wie der des Königs, und beide Männer verstehen sich gut. Flemming ist drei Jahre älter als sein König, ist gerade am Tag des Duells, am 3. März 1705, achtunddreißig Jahre alt geworden. Er stammt aus Pommern, ist schon unter dem Bruder des Königs aus brandenburgischem in sächsischen Dienst getreten und stieg unter August schnell auf. Nachdem der König die polnische Krone erworben hatte, verhandelte Flemming an den Höfen von Kopenhagen und Berlin, doch — so verbreiten jetzt die, die seinen Sturz wünschen — die dortigen Könige fänden ihn ein paar Nummern zu klein für einen Minister, meinten, er wirke eher wie ein Spion oder Handelsagent. Wenn er in Frankreich wäre, meinen seine Neider, würde man sagen, er sei ein niedlicher Offizier, da seinen schönen Talenten für den Krieg — für das Ministerium habe er keine — noch die Erfahrung fehle.

Johann Matthias von der Schulenburg kennt Constantia aus Wolfenbüttel. Er wechselte ein Jahr, ehe sie nach Dresden kam, aus dem Dienst des Herzogs Anton Ulrich in den des Königs über. Der gebürtige Preuße ist jetzt vierundvierzig Jahre alt, ein befehlsgewohnter Mann, energisch und umsichtig. Mehrfach hat Schulenburg den König auf den schlechten Zustand des sächsischen Heeres hingewiesen: Es gebe weder

Disziplin noch Subordination, die Offiziere lehnten sich gegen die kommandierenden Generale auf, seien fast immer betrunken und machten, was sie wollten. Schulenburg verzweifelt daran, daß seine eifrigen Reformbestrebungen so wenig Erfolg haben, und hat schon mehrmals den König um seine Entlassung gebeten. August befiehlt beide Duellanten zu sich. Es gelingt ihm, sie zu versöhnen, wenigstens nach außen. Er verweigert Schulenburg den Abschied, macht Zusagen für die Heeresreform. Flemming fügt sich seinem König. Er kann warten.

Das Getuschel auf den Gesellschaften verstummt, seit der König mit Flemming wieder umgeht, als sei nichts geschehen. Man muß sich in acht nehmen vor den Spionen des gefährlichen Mannes.

Das Gutachten von Professor Thomasius trifft in Dresden ein. Der Professor stimmt dem Spruch des Oberkonsistoriums zu: Widerwille der Frau gegen den Mann ist kein Scheidungsgrund. Vom Eingreifen des Königs in die Streitsache rät er ab, weil er im Niederwerfen des Urteils des Oberkonsistoriums eine Kränkung der Protestanten erblicke und fürchte, daß von allen Kanzeln in Sachsen dagegen gepredigt werde. Auch stehe dem katholischen König ein Eingriff in eine protestantische Ehe nicht zu.

Hoym erkennt die Aussichtslosigkeit der Scheidungssache. Er will keinen Streit und Kampf mehr und fragt Constantia, ob sie nicht doch zu ihm zurückkehren wolle, über die Sache mit der Geliebten und der Zauberei lache doch die ganze Welt. Müde antwortet Constantia, sie habe darauf nichts zu sagen, was sie nicht schon gesagt hätte.

Der Hofprediger Johann Bartholomäus Freiesleben versucht auf Hoyms Bitte, Constantia zur Versöhnung zu bewegen. Aber sie bleibt dabei, daß ihr Ehemann ihr zuwider sei und sie nie mehr mit ihm zusammenleben könne. Lieber, sagt sie heftig, wolle sie sich morgen totschlagen lassen, als zu ihm zurückzukehren.

Freiesleben wird ungeduldig mit dieser Frau, die sich weder Sitte noch Recht fügen und mit ihrem Ehemann schlafen will, und droht ihr beim Abschied, er werde sie künftig vom Abendmahl ausschließen.

Constantia ist verzweifelt. Gefühl und Wille einer Frau gelten den geistlichen Herren nichts. Sie weiß nicht, wie ihr Leben weitergehen soll.

Der Hofprediger berichtet Hoym von der Unterredung. Hoym läßt sich den Bericht schriftlich geben und reicht ihn dem König als weiteren Beweis für das böswillige Verlassen seiner Frau ein. Doch der König will noch immer nicht in die Scheidung eingreifen.

D er König ließ das Frühstück hinaustragen. Gleich, sagte er, ich komme gleich, laß Er mich noch einen Augenblick allein. Der Kammerdiener verbeugte sich, und der Lakai schloß die Tür hinter ihm und den Pagen, die das Essen hinaustrugen. Draußen blieb der Kammerdiener nachdenklich vor der Tür stehen.

Der König in der Tafelstube stützte sich auf einen Stuhl und hinkte, den Stuhl behutsam vor sich herschiebend, langsam zum Fenster. Unten im Garten lag die Morgensonne auf der Jasminlaube, die vor langer Zeit ein Verwalter von Pillnitz für Constantia angelegt hatte, damit die Frau Gräfin sich daran erfreue.

Er sah sie wieder vor sich im Schein der Flammen vor dem brennenden Haus in der Kreuzgasse, furchtlos in Funken und Rauch. In der Nacht, beim Ball, blickte sie während eines Tanzes zu ihm mit ihren großen dunklen und spitzfindigen Augen. Alle ihre Züge waren zärtlich, ihr Lächeln erweckte die Liebe im Innersten seines Herzens.

Seine erste große Liebe war auch ein Fräulein Brockdorff gewesen, Marie Elisabeth. Sie war Hofdame bei seiner Tante Wilhelmine Ernestine, die vor Ludwig XIV. geflohen war und bei seiner Mutter lebte. Später hatte Marie Elisabeth geheiratet. Fünfzehn oder sechzehn war er gewesen.

Damals begann er, einen Roman zu schreiben. Das lag im Alter. Er kam sich wichtig und bedeutend vor, verlegte die Handlung in ein exotisches Land und gab den Personen fremdartige Namen. Das ferne Land war in Wirklichkeit Sachsen, und hinter den Personen mit den klingenden Namen verbarg er seine Familie. Er schrieb über sich und seinen Bruder. »Diesse beiden Brieder hatten nur stehten krieg miet einander«, denn weil die Natur dem Jüngeren mehr Vorteil vor dem Älteren gegeben hatte, war der Ältere eifersüchtig. Der Jüngere aber mißgönnte dem Älteren, daß die Natur ihn zum Älteren gemacht hatte. Ja, so schrieb er damals.

Der Ältere »wahr von natur und glietmassen schwag, von gemiette zornig und mellanquolich«, er liebte die Wissenschaften, lernte gern und machte gute Fortschritte. Der Jüngere dagegen war ein »frischer Herr«, gütig und freigebig, der früh schon zeigte, daß er an Leib und Kräften stark werden würde. Er war geschickt in allen Leibesübungen, aber zum Studieren hatte er keine Lust. Seinen

Eltern und Lehrern gegenüber verteidigte er sich damit, daß er als der Jüngere sowieso nichts als den Degen im Leben brauchen werde, um Ruhm zu erringen.

Später bereute er seine mangelnde Aufmerksamkeit bitter, mit der er als Junge wohlmeinende Lehrer zur Verzweiflung trieb. Denn plötzlich war er Kurfürst und stellte fest, daß er nichts von der Welt und den Geschäften wußte. Nun wollte niemand mehr ihn unterrichten, denn ein Herrscher, der weder etwas über äußere Affären wußte noch über innere, konnte sich auch in die Politik seiner Beamten nicht einmischen.

Da hatten seine Minister und Räte sich aber verrechnet.

Auch das fesselte ihn an Constantia: Sie wußte viel. Sie ritt und schoß so gut wie er. Sie war ihm wie eine Amazone aus alter Zeit vorgekommen. Er liebte energische, selbständige Frauen. Die Frauen heute konnten bald gar nichts anderes, als auf hochhackigen Schühchen im Garten spazierengehen und sich dabei auf ihre Stöcke stützen, damit sie nicht umfielen. So waren auch seine Töchter. Nur Anna nicht. Anna Orzelska war in Mannskleidern mit einem Leutnant um die Wette von Warschau nach Dresden geritten. Ausgerechnet Anna, die Constantia, als sie von ihrer Geburt erfuhr, am liebsten umbringen lassen wollte, war wie Constantia. Vielleicht liebte er deshalb von seinen Töchtern Anna am meisten.

Seine Mutter war auch eine energische Frau, dabei sanft im Umgang und fromm. Sie liebte ernste Gespräche und gediegene Lektüre. Sie sprach lateinisch, italienisch, spanisch, französisch, deutsch und natürlich ein wenig dänisch.

Merkwürdig, daß er in letzter Zeit oft an seine Jugend denken mußte. Seine Kindheit stand manchmal deutlicher vor ihm als die Ereignisse der letzten Jahre. Vielleicht hing auch das mit seiner schweren Krankheit zusammen.

Der Vater, Johann Georg III., war eine Kraftnatur und schätzte Regierungsgeschäfte und Bücherlesen überhaupt nicht. Der lebenslustige Mann, der in seiner Feldrüstung einem General des Dreißigjährigen Krieges glich, erregte durch Trinkgelage und Galanterien Aufmerksamkeit. Er hatte das stehende Heer eingeführt, den sächsischen Mars nannte man ihn.

Der Vater hielt wechselnde Mätressen, und der Hofadel führte ihm aus Furcht, er könne einer Fremden seine dauernde Gunst schenken, die Verwandte eines der höchsten Beamten zu, Margarethe Susanne Gräfin von Zinzendorf, das schöne Suschen. Aber mit Suschen allein begnügte er sich nicht. Manchesmal nahm der Vater ihn, den Prinzen Friedrich, mit auf heimliche Tour. Die Mutter fügte sich stumm in das Schicksal fürstlicher Frauen.

Er hatte von seinem Vater den kriegerischen Sinn geerbt und sich gut mit ihm verstanden. Der Vater bedachte ihn auch in seinem Testament weit reicher, als es sonst für nachgeborene Söhne üblich war. Schon als Junge lernte Friedrich eifrig alles, was mit der Kriegskunst zusammenhing: Mathematik, Zeichnen, Zivil- und Festungsbau. Sein Lehrer im Fach Zivil- und Festungsbau war Wolf Kaspar von Klengel. Diesem Mann verdankte er viel. Klengel machte aus beiden Prinzen gutausgebildete Ingenieurs-Offiziere. Aber der Bruder Hans interessierte sich mehr für die Bücher als für den Krieg.

Mit elf erhielt Friedrich Reitunterricht, mit zwölf schoß er seinen ersten Hirsch, und mit dreizehn war er bitter gekränkt, weil der Vater ihn nicht mit in den Türkenfeldzug nahm. Die Türken belagerten damals, 1683, Wien, und der Vater befreite die Stadt mit den 10 000 Mann seines stehenden Heeres. Er brachte aus Wien ein prächtiges Türkenzelt mit, sonderbare köstliche Waffen und einen Elefanten, den die Dresdner bestaunten, der aber bald einging.

Als er sechzehn war, nahm die Mutter ihn und den Bruder mit in ihre dänische Heimat. Mutter und Söhne hielten sich im Lager der Dänen vor Hamburg auf; sie waren auch in Schloß Gottorf Gäste des Königs, der damals den Herzog von Holstein nach Hamburg verjagt hatte. Ja, er kannte die Verhältnisse des Landes, aus dem Constantia kam, recht gut. Die Brüder aus Dresden lernten auf ihrer Reise von ihrem königlichen Onkel, daß ein Fürst den Adel zurückdrängen muß, wenn er Macht und Ruhm seines Hauses vergrößern will.

Als er siebzehn war, schickte der Vater ihn auf die große zweijährige Kavalierstour durch Europa. Dem Hofstaat, den der Vater ihm mitgab, stand Christian August von Haxthausen vor, ein kluger, unbestechlicher Mann von starkem Pflichtgefühl. Er spielte dem guten Haxthausen damals schlimme Streiche, und der beklagte sich über seine wunderlichen und tollen Einfälle.

In Paris empfing Ludwig XIV. den jungen Herrn aus Sachsen freundlich. Er lernte auch die Herzogin von Orléans kennen, Liselotte von der Pfalz. Sie fand ihn nicht hübsch, aber wohlgeschaffen und freute sich über sein gutes Auftreten. Er spreche nur zu wenig, fand sie.

Der König am Fenster der Tafelstube verzog verächtlich den Mund. Er wußte wohl, daß diese Dame sich später nicht sehr schmeichelhaft über ihn und seine Mätressen äußerte. So war das eben mit unglücklich verheirateten Frauen, die zuviel Zeit hatten und alle Welt mit Briefen voller Klatsch bombardierten.

Damals war er ein schwerfälliger junger Mann, schüchtern und ungelenk, der sich in Versailles langweilte. Er war stolz auf Dresden und hatte in seinem Jugendroman über den Hof seines Großvaters geschrieben: ». . . man kunte sagen, das es der schenste hoffe war, den ein König zu der Zeit hatte.«

Haxthausen klagte, daß sein Zögling zwar im Reiten und Fechten Fortschritte zeige, aber zur französischen Sprache und zum Tanz wenig Lust habe. Auf seiner großen Tour machten auf ihn eigentlich nur militärische Dinge tieferen Eindruck. Ausführlich erzählte er dem Vater in seinen Briefen von dem großen Campement, das Ludwig XIV. gerade während seines Pariser Aufenthalts veranstalten ließ, einer Truppenparade von 30 000 Mann. Am meisten interessierte ihn die Fortifikation: Der große Festungsbaumeister Vauban stand damals auf der Höhe seines Ruhmes. Versailles beeindruckte ihn nicht, der Klosterpalast Escorial in Spanien war für ihn das größte und schönste Gebäude der Welt. Und Venedig bezauberte ihn.

Mit neunzehn durfte er endlich zum ersten Mal mit dem Vater in den Krieg ziehen, gegen Ludwig XIV. Vor Mainz erhielt er beim Sturm auf ein Fort einen Streifschuß am Kopf. Ein Glied vom Daumen der linken Hand verlor er durch ein explodierendes Gewehr, das er doppelt hatte laden lassen, um über den Main schießen zu können. Der Vater, Oberbefehlshaber des Reichsheeres, starb am 12. September 1691 plötzlich in Tübingen an einer Seuche, kaum vierundvierzigjährig. Johann Georg, zweiundzwanzig Jahre alt, wurde Kurfürst.

Der König setzte sich schwerfällig auf den Stuhl nieder. Er hörte, wie hinter ihm vorsichtig die Tür geöffnet wurde; das mußte sein Kammerdiener sein, der sehen wollte, ob er gebraucht wurde. Der König winkte ihn, ohne sich umzuwenden, hinaus.

Er hatte seinen älteren Bruder nie gemocht. Aber jetzt, aus dem Abstand so vieler Jahre, würde er sich doch gerne mit ihm unterhalten können. Hans trat damals ein schweres Erbe an. Das innenpolitische Leben Sachsens war nach der Regierung des Vaters, den nur der Krieg reizte, in Adelsherrschaft, bürgerlichem Zunftzwang und religiöser Orthodoxie erstarrt. Wirtschaftlich verkraftete das Land den Dreißigjährigen Krieg allmählich, früher als die Nachbarländer. Doch die Bauern erholten sich nicht recht von diesem Krieg; der Adel erhöhte die Dienste, die die Bauern ihm leisten mußten, immer mehr. Sein Bruder nahm damals gleich den Kampf gegen die Stände auf. Vor ihrem Fürsten sollten alle Untertanen gleich sein. Als er starb, gab es Adlige, die meinten, die Gefahr für sie sei nun vorüber. Er, der König, fühlte sich manches Mal in späteren Jahren dem toten Bruder näher als zu dessen Lebzeiten.

Wäre er glücklicher geworden, wenn er Heerführer geblieben wäre? Bis zu seinem Regierungsantritt kämpfte er Sommer für Sommer gegen die Franzosen am Rhein und in den Niederlanden. In den beiden folgenden Jahren lag er in Ungarn, danach in Polen gegen die Türken im Feld. 1700 begann er mit dem Einfall in Livland den Nordischen Krieg, und wenn er alles zusammenzählte, hatte er 28 Jahre Krieg geführt. Constantia hatte den Krieg gehaßt.

Er war als Soldat nicht so erfolgreich gewesen, wie er gewünscht hatte, Fortuna narrte ihn oft. Zum ersten Mal bot ihm der Kampf gegen die Türken in Ungarn die Aussicht, Feldherrnruhm zu gewinnen: 1695 erhielt er, fünfundzwanzig Jahre alt, den Oberbefehl über die kaiserliche Armee in Ungarn. Er stellte 8000 Mann Hilfsvölker, für die er Geld bekam, Subsidien. Wie leicht war ihm damals zumute, wie siegessicher war er, leichtfertig auch, fühlte sich vom Glück begünstigt und stark.

Der Kaiser zeichnete ihn aus, indem er ihm bei seiner Ankunft in Wien mit neununddreißig Kutschen entgegenfuhr. An keinem Hof wurde das Zeremoniell der Vergötterung des Souveräns und das Vermeiden jeder Berührung dieses Gottes mit Sterblichen so weit getrieben wie in Wien. Und doch kam ihm der Kaiser zehn Schritte entgegen. Er, der Kurfürst, ging dem Kaiser dreißig Schritte entgegen. Der Kaiser begleitete ihn auch mehr als die drei üblichen, den Kurfürsten zustehenden Schritte aus der Geheimen Ratsstube hinaus, und bei der Tafel durfte er ihm die Serviette reichen. Am andern Tag aber fand der Oberhof-Zeremonienmeister sich bei ihm ein, um ihm einige Winke für die nächste Tafel zu geben. Es wäre übel vermerkt worden, daß er dem Kaiser die Serviette zu spät gereicht und nicht lange genug hinter dessen Stuhl gestanden hätte.

Sein Problem in Ungarn war, daß er sich gegen die Generale nicht durchsetzen konnte. Außerdem taugte das Heer nichts. Die beiden kaiserlichen Generale, die man ihm zur Seite gegeben hatte, waren unfähig. Statt anzugreifen, strebten sie ängstlich zu den Magazinen zurück. Sie gönnten ihm keinen Erfolg und schreckten sogar vor Verleumdung nicht zurück. Er hätte sich vor der Schlacht bei Olasch im August 1696 betrunken und den Feind im Rausch angegriffen, behaupteten sie. Zornig verließ er die Armee und eilte nach Wien zum Kaiser. In der Schlacht, in der er angeblich betrunken war, hatte er zwölf Pferde zuschanden geritten. Was man ihm auch vorwerfen konnte, persönliche Feigheit nicht. In der Schlacht bei Dinasch hatte er zweimal selbst die Türken in ihre Wagenburg zurückgetrieben. Bei Temeschvar hatte er bei einem Rekognoszierungsritt zwei Türken getötet, den einen spaltete er von oben bis unten.

Den Mißerfolg der Feldzüge verschuldeten die Leere der kaiserlichen Kassen, Mißstände unter den Soldaten, die weder Sold noch

Nahrung bekamen und davonliefen, und die Ängstlichkeit der Generale. Er überreichte eine lange Denkschrift über den Zustand der kaiserlichen Truppen.

Der Kaiser bat ihn, den Oberbefehl im nächsten Jahr wieder zu übernehmen. Doch ihm hatte sich schon die Aussicht eröffnet, König von Polen zu werden. Sein Nachfolger Prinz Eugen, ein Mann, den er noch heute hochschätzte, übernahm den Oberbefehl erst, nachdem er in langen Verhandlungen durchgesetzt hatte, daß die widerspenstigen Generale strikt befolgen mußten, was er befahl. Am 11. September 1697 erfocht Prinz Eugen daraufhin einen glänzenden Sieg bei Zenta.

Da war er schon König von Polen. Kaiser und Papst unterstützten ihn. Er hatte das kaiserliche Heer kritisiert, aber in seinem eigenen sah es damals kaum besser aus. Kein Regiment besaß die vorgeschriebene Stärke, weil die Offiziere einen Teil der Soldgelder für sich verwendeten, die Waffen taugten nichts, Munition fehlte. Heute war das anders.

Ein deutscher Kurfürst war als König von Polen eine wichtige Figur der europäischen Politik. Auch der Große Kurfürst von Brandenburg hatte zweimal die Absicht gehabt, König von Polen zu werden, doch beide Male scheiterte sein Plan daran, daß er nicht bereit war, den Glauben zu wechseln. Ein Pole, Jan Sobieski, wurde König, und dessen Nachfolger war dann er, Friedrich August, der Wettiner. Ihm hatte die Königskrone mehr bedeutet als ein Glaubensbekenntnis. Sie erhöhte die Macht des Hauses Wettin, und die neuen königlichen Einnahmen ermöglichten eine Prachtentfaltung, die den Wettiner hoch über andere Kurfürsten und Könige hob und seinen Ruhm in alle Länder Europas trug.

Das Projekt Polen war lange vorbereitet worden, und lange schien ungewiß, wen die polnischen Adligen unter den Kandidaten aus ganz Europa zum König wählen würden. Er verpfändete Landschaften und Erbansprüche, um die Bestechungsgelder für die Adligen zusammenzubringen. Flemming mit seiner einflußreichen Verwandtschaft in Polen leistete ihm dabei gute Dienste.

Die Bagage, die ihm nach Polen folgte, bestand aus zwölf Paradekutschen und zwölf Packwagen. Heute war sein Hofstaat auf weit über zweieinhalbtausend Personen angewachsen, war zahlreicher als der des Kaisers. Wenn er heute von Dresden nach Warschau reiste, wurden über sechzig vierspännige und über siebzig sechsspännige Wagen gebraucht.

Neun Kandidaten hatten sich um die polnische Krone beworben, unter ihnen der Kurfürst von Bayern und der Markgraf von Baden. Prinz Conti, den Ludwig XIV. unterstützte, blieb als einziger Kandidat gegen ihn übrig, und es kam auch zu einer Doppelwahl. Frankreich wollte mit Polen gegen Habsburg kämpfen, denn mit ihm, dem Kurfürsten von Sachsen, an der Spitze, würde Polen zum Kaiser halten. Conti landete mit einer Flotte unter Jean Bard und vielen Geldsäcken in Danzig. Doch als er, der neue König, sich mit seinen Truppen nach Danzig auf den Weg machte, segelte Conti schnell davon.

Die Krönung, gerade jetzt im Sommer vor dreißig Jahren, war prunkvoll. Bei der Huldigung auf dem Markt von Krakau am folgenden Tag ließ er Schaupfennige in die Menge werfen, der Magistrat schenkte freien Wein für die Bürger aus und zerteilte vier gebratene Ochsen.

Auch der Zar von Rußland hatte sich für seine Wahl ausgesprochen und gedroht, wenn ein französischer Kandidat siege, würde er mit seinem Heer in Polen einfallen. Peter kam plötzlich aus dem unbekannten Osten, in dem man nur Barbaren vermutete, und mischte sich in die europäische Politik. Er kämpfte gegen die Türken, eroberte Asow am Schwarzen Meer, half — ungebeten — dem Kaiser, wo er konnte, und ehe man sich's versah, war da eine neue große Macht, die einen unterstützen, die einem aber auch schaden konnte. Peter bewunderte die Kultur des Westens und gehörte zu den Russen, die ihr Land nach westlichem Vorbild modernisieren und entwickeln wollten.

Der Zar war ein hübscher, dunkelhaariger Herr, wißbegierig, zielbewußt und von unglaublicher Siegessicherheit erfüllt. Er hatte daneben seine Eigenarten, ein sonderbares Zittern zum Beispiel, das ihn manchmal überfiel, Angstzustände; er hatte eine schlimme Jugend erlebt, war, von gewaltsamem Tod bedroht, herangewachsen. Aber er, der König, war persönlich stets gut mit ihm ausgekommen.

Gleich beim ersten Mal, als sie sich trafen, tauschten Peter und er Hüte und Degen. Das war in Rawa gewesen, bei Lemberg, vom 10. bis 13. August 1698. Die vier Tage verliefen lustig und sehr anstrengend. Sie verhandelten miteinander, besichtigten Truppen und tranken fast ununterbrochen. Einmal tauschten sie sogar ihre Kleider. Sie maßen ihre Kräfte im Scherz und im Ernst.

Nach dem erfolgreichen Treffen in Rawa bat der Zar ihn brieflich, ihm Handwerker aus Sachsen zu schicken, Bergleute, Gießereimeister, Waffenschmiede. Diese Meister sollten die Untertanen des Zaren unterrichten, und er versprach ihnen dafür sehr gute Bezahlung und kostbare Geschenke. Der Zar war ein kluger Mann gewesen, der nicht nur ehrgeizige politische Pläne hatte, militärische und wirtschaftliche, sondern auch wußte, wie er sie verwirklichen sollte.

Er selbst, der König, hatte mehr Tapferkeit und Energie als Glück gehabt. Ob der Kaiser die rebellischen Ungarn besiegt hätte, wenn ihm ein Karl XII. entgegengetreten wäre? Erst mußte er viele Jahre gegen Karl kämpfen, dann konnte er sich des Zaren und seines Einflusses in

Polen kaum erwehren. Constantia warnte ihn vor dem Zaren. Ihre Warnung hatte ihn damals verärgert. Sie behielt recht. Rußland war mächtig geworden, sein Einfluß reichte bis nach Sachsen.

Über Politik konnte er immer mit Constantia sprechen. Sie hatte einen guten Kopf und interessierte sich dafür. Constantia hielt zu ihm, als er alles verloren glaubte. In der schlimmsten Zeit waren sie am glücklichsten.

Er hatte sie wie eine fürstliche Braut umworben, seine vornehmsten Herren als Brautwerber zu ihr geschickt. Sie war so wunderschön, liebreizend und majestätisch, das Ideal einer Königin. Wenn ich sie jetzt aus Stolpen zurückhole, dachte der König, wird sie wieder eine Adlerin sein unter Hofhühnern.

Sie war so lebendig, hatte viel Geist, war immer guter Laune und sehr amüsant. Er langweilte sich niemals mit ihr. Sie war frei, konnte sich nicht verstellen und sagte jedem die Wahrheit, was ihr viele Feinde schuf. Sie war aufbrausend und jähzornig, tapfer und fähig, mit Pistolen zu kämpfen oder sich mit dem Degen zu schlagen. Nun, das würde sie heute hoffentlich nicht mehr tun.

Er versuchte oft, sie bei seinen kleinen Abenteuern mit anderen Frauen zu hintergehen. Manchmal gelang es ihm. Aber manchmal kam er zu ihr und unterhielt sich so gut in ihrem Salon, daß er ein mühsam eingefädeltes Abenteuer einfach vergaß.

Was war denn wichtig im Leben? Gehörte es zu seinen Pflichten als König, als alter kranker Mann einsam an der Schwelle des Todes zu leben?

Die Rechnung mit den Toten war beglichen. In der steigenden Morgensonne zählten nur die Lebenden. Die Rechnung mit Constantia wollte er heute abschließen.

Die Morgensonne erfüllte das altertümliche Fürstengemach mit der schweren Balkendecke und schien auf die abblätternden gemalten Tierköpfe an den Wänden. Constantia stand von der harten Holzbank auf, die rings um die Wände lief. Sie sehnte sich nach einer Tasse Schokolade.

Sie läutete ihrem Kammermädchen. Das Schnarchen in der Wachstube unter ihren Fenstern hatte aufgehört, es war so ruhig, als ob die Wachsoldaten fortgegangen wären. Aber sie hatten sich wohl nur auf die andere Seite gedreht. Endlich öffnete sich die Tür, das Kammermädchen schlüpfte herein. Sein Haar war wirr. Es machte einen unbeholfenen Knicks.

Constantia lächelte dem Mädchen zu. Es war ein gutes, braves Mädchen, willig, aber ein wenig beschränkt und sehr häßlich. Sie konnte nur Leute in Dienst nehmen, die aus Dummheit nicht wußten, was Freiheit war, die überhaupt, so dachte sie, von allen fünf Sinnen nur ein Viertel besaßen und ohne viel nachzudenken in den Tag lebten.

Laut sagte sie zu dem Mädchen, es solle die Küchenmagd wecken, damit sie Feuer mache, und den Koch, damit er ihr eine Schokolade koche. Wortlos verschwand das Mädchen.

Constantia war zu müde, um sich selbst die Schokolade zu kochen, deshalb schickte sie nach dem Koch, obgleich sie wußte, daß das Getränk sicher nicht so gut wurde, als wenn sie selbst es bereitete. Noch immer destillierte sie sich das Wasser, mit dem sie sich ihr Gesicht wusch, so, wie sie es von ihrer Mutter in Depenau gelernt hatte. Und manchmal brannte sie auch Aquavit, wenn sie endlich erreichte, daß die Kuratoren ihr die Zutaten schickten. Die Schokolade hatte sie sich von der Leipziger Messe kommen lassen zusammen mit anderen Spezereien, Kaffee, Tee, Vanille, Zucker, Mandeln, Rosinen. Fast ein Jahr mußte sie warten, bis der Geheime Rat diese Bestellung genehmigte und an die Kuratoren weiterleitete.

Constantia blieb vor dem schweren Eichentisch im Fürstensaal stehen. Da türmten sich ihre Korrespondenzen, Briefentwürfe, die Antworten, neue Entwürfe. Nichts war bei allem herausgekommen. Dutzende von Briefen hatte sie geschrieben und ihre Bitternis und Not in die Welt geschickt und vergeblich um Hilfe gefleht. Sie war in die Mühle der Bürokratie geraten, der neuen Verwaltung, auf die August so stolz war. Dabei hatte sich ihre Situation, verglichen mit der Anfangszeit in Stolpen, verbessert. Damals war es für sie kaum möglich, auch nur eine Tasse Tee zu bekommen. Sie blätterte in den alten Konzepten. Da war der Entwurf ihres Briefes an den damaligen Gouverneur von Dresden: »Wan ich in mein Zimmer spatsiren gehe, werden die Seuhlen vom Hauße visitirt, ob ich auch Simsons Stärke bekommen, die Tohre aus ihre Riegel zu heben, in Summa ühber mir, neben mir und unter mir habe ich Irwische, und wenn ich nicht noch ein bisgen Jugend hätte, zweifle ich nicht sie würden mir auch des Nachts bis in mein Bette accompagniren. Wenn ich hier dolle werde, ist es kein Wunder.«

Constantia lachte laut und bitter, brach schnell ab. Sie hatte sich angewöhnt, Selbstgespräche zu führen, und es war schon so weit gekommen, daß ihr Kammermädchen sie manchmal mißtrauisch von der Seite her ansah. Sie nahm ein Buch vom Tisch auf, legte es wieder hin. Sie ließ sich so viele Bücher schicken wie nur möglich, über Naturwissenschaften, Chemie, Physik, über Geschichte in lateinischer Sprache. Immer hatte sie gern und viel gelesen. Doch hier auf der Festung wurden ihr die Tage trotzdem so lang.

118

In den ersten Monaten ihrer Gefangenschaft saß sie am Spinnrad, aber man verbot es ihr. Ihrem Bewacher, Hauptmann Holm, erschien es sehr gefährlich, daß die Gräfin sich und ihren weiblichen Domestiken die Zeit mit Spinnen verkürzte, und er leitete seine Bedenken auf dem Dienstwege dem Geheimen Rat in Dresden zu. Der Geheime Rat ordnete daraufhin an, daß zwar der Gräfin, nicht aber ihren Mädchen das Spinnen zu gestatten sei und daß das bisherige Gespinst und das, was die Gräfin noch spinnen werde, von Holm in Verwahrung genommen werde. Wahrscheinlich dachten die Räte, sie könne sich eine Strickleiter zusammenspinnen und entfliehen. Als sie einen Kleiderschrank haben wollte, erlaubte man ihr das zwar, schrieb aber ausdrücklich vor, wie er aufgestellt werden sollte, nämlich so, daß »durch diesen Schrank nicht etwa Gelegenheit sich ereigne, welche die Bewahrung [der Gräfin] erschwere«.

Wie hatte sie sich damals über diese und ähnliche kleinlichen Beschränkungen und die fortwährenden sinnlosen Demütigungen beschwert: Sie wollte sich nicht unterwerfen. In ihrer Glanzzeit hatte sie Gefangene erlebt, einstmals mächtige Minister, die sich unterwarfen, die, um der Freiheit willen, ihre Ehre aufgaben und deren Persönlichkeit sich auf erschreckende Weise veränderte. Sie wollte sich nicht verändern. Sie wollte bleiben, wie sie war, stark und furchtlos.

Wo nur die Schokolade blieb, so ungeschickt konnte der Koch doch nicht sein, daß das bißchen Kochen so lange dauerte. Constantia legte die Hände an die Schläfen. Wenn sie doch nur aufhören könnte zu denken, aufhören, immer wieder dasselbe zu denken, im Kreis, im Kreis, im Kreis.

Selbst um das heilige Abendmahl hatte sie viele Jahre kämpfen müssen. Oft hatte sie am Fenster gestanden und die Prediger aus Stolpen, die durch den Festungshof zum Kommandanten gingen, flehentlich gebeten, ihr das Abendmahl zu spenden. Auf der Höhe ihres Ruhms, an der Seite Augusts, zweifelte sie am rechten Glauben und ging viele Jahre nicht zur Kirche. Aber dann hatte sie ihre Glaubenssicherheit wiedergefunden. Der Superintendent Valentin Löscher erlöste sie. Löscher fuhr ein paar Mal aus Dresden zu ihr nach Stolpen und führte lange Gespräche mit ihr über den rechten Glauben, von denen sie noch heute zehrte. Er reichte ihr endlich das Abendmahl. Er sorgte auch dafür, daß der Geheime Rat ihr geistlichen Zuspruch gestattete. Der Rat erließ dabei den ausdrücklichen Befehl, daß der Geistliche aus Stolpen nur vom Christentum und geistlichen Dingen im Beisein von Zeugen, nicht aber von anderen Angelegenheiten mit ihr spreche.

Man suchte sie in allem und jedem zu kränken, an ihrer Seele und an ihrer Ehre und an den Vorrechten ihrer Geburt. Immer war es so gewesen, daß eine Gräfin für das Schlagen von Brennholz und das Anfahren von Holz und Kohle dem Anspänner und den Fuhrleuten nur den Fronheller bezahlte. Der Fronheller betrug für eine zweispännige Fuhre drei Pfennige, für die Tagesarbeit eines Mannes einen und einen halben Pfennig. Man hatte versucht, ihr eine Fuhrrechnung über mehrere hundert Taler unterzuschieben. Oh, sie weigerte sich, sie anzuerkennen. So weit kam es noch, daß sogar einfache Fuhrleute glaubten, sie könnten sie in ihrer Ehre als Adlige kränken. Wer von Stand war, mußte seine Vorrechte in Anspruch nehmen und leben wie eine Dame von Stand. Sie bewahrte noch das Silberservice, mit dem sie hier in Stolpen angekommen war, und speiste einsam und in schäbigen Kleidern doch von silbernen Tellern. Beim Geheimen Rat, in dem schließlich Leute von Stand saßen, hatte sie mühelos erreicht, daß sie sich bei einem Goldschmied zwei große Schalen und sechs kleine aus Silber und Teebüchsen bestellen durfte.

Wo nur das Kammermädchen blieb? Merkwürdig. Constantia dachte daran, wie sie früher mit den Damen der Dresdner Gesellschaft Schokolade getrunken und geplaudert hatte. Ob sie Dresden wohl je wiedersehen, ob sie wohl jemals wieder Gastgeberin sein würde für einen heiteren Kreis eleganter Damen?

Wenn sie sich weit aus dem Fenster beugte, konnte sie die Dächer einiger Häuser von Stolpen sehen, nicht einmal die ganze Stadt. Aber was bedeutete ihr schon Stolpen, ein kleiner Ort mit 151 Häusern, in denen Leinweber ihr Leben fristeten und kleine Händler, die ihre armseligen Waren an die Landleute verhökerten, die auf der großen Ebene ihre windigen Äcker bestellten. Dieses elende Landnest Stolpen hatte vor vier Jahren gebrannt. 115 Häuser gingen in Flammen auf, sogar die Festung fing an drei Stellen Feuer. Sie hörte das Läuten der Kirchenglocken, Rauchwolken wehten bis zu ihr herauf, und im dritten Festungshof arbeiteten Leute in Aufregung und Angst am Brunnen. Sie dachte damals, alle würden davonlaufen und sie hinter ihren verriegelten Türen verbrennen lassen.

Im Jahr dieses Brandes kam Pöppelmann, des Königs Baumeister, nach Stolpen. Sie freute sich so darauf, Matthäus Daniel Pöppelmann wiederzusehen, den Architekten ihres Palais in Dresden, den größten Baumeister Sachsens, den der König vor allen anderen schätzte und der den Zwinger baute. Sie kleidete sich für einen offiziellen Besuch an und erwartete, man würde ihn vorlassen. Der Kommandant erlaubte es nicht.

Pöppelmanns Besuch weckte große Hoffnung auch im Kommandanten. Denn um die Festung Stolpen kümmerte der König sich kaum, sie verfiel. Aber trotz Pöppelmanns Besuch wurden kaum Reparaturen auf der Festung bewilligt. Eines Tages würde das baufällige Zeughaus noch einstürzen.

Hastig kam das Mädchen die Treppe hochgestapft. Auf dem Tablett standen eine silberne Schokoladenkanne mit einem Quirl im Deckel, eine Zuckerdose und eine Tasse aus Meißner Porzellan mit Untertasse. Die Tasse war angeschlagen. Es war die einzige, die Constantia besaß.

Sie wollte das Mädchen schon zur Vorsicht ermahnen, da tat es den Mund auf.

Der König, sagte das Mädchen. Sie sagen, der König kommt.

Der König?

Der König kommt. Die Magd sagt es, und die Soldaten sagen es auch.

Constantia lachte, sie lachte, schrill, bis ihr die Tränen das Gesicht herunterliefen. Das Mädchen stellte das Tablett auf den Boden und lief erschrocken hinaus. Das brachte Constantia wieder zu sich.

Sie wischte sich die Tränen ab.

Sie hat wohl Angst, daß ich wieder krank werde, dachte sie. Der König kommt!

Sie mußte wieder lachen. Sie nahm das Tablett auf und ging in ihr Schlafzimmer, stellte das Tablett auf den Nachttisch und schlüpfte unter die zerschlissene Bettdecke.

Der König. Wie oft hatte sie hier gelegen oder am Fenster gestanden und sich ausgemalt, August komme und hole sie. Er antwortete nicht einmal auf ihre Briefe. Der König. Genausogut könnte das halbverrückte Mädchen behaupten, der liebe Gott käme.

Sie war ganz vertraut in ihrem Wachtraum, der König komme und hole sie: Er wacht mit der Sonne auf in seinem rotgoldenen prächtigen Schlafzimmer im Schloß in Dresden. Wenn er im Schloßhof auf sein Pferd steigt, krächzen die Raben, und der weiße Reiher stolziert herbei. Seit vielen Jahren wurden diese Vögel im Schloßhof gehalten. Ob es noch die waren, die sie kannte? Er reitet über die Elbbrücke inmitten seiner Herren, seiner Janitscharen und Leibtrabanten. Auf der Elbe verhüllen noch die Morgennebel die Schiffe am Ufer, die von Hamburg gekommen waren. Dann reitet er über sommerliche Felder und durch den rauschenden grünen Wald. Immer war Sommer in ihrem Traum. Nach wenigen Stunden kommt er in Stolpen an, wo die goldene Kutsche wartet, die er am Tag vorher geschickt hat. In einer goldenen Kutsche kehrt sie nach Dresden heim an der Seite des Königs. Ihre Ehre ist wiederhergestellt, für alle sichtbar. Sie fordert Schadensersatz für alles, was von ihrem Vermögen abhanden gekommen war, und er gewährt ihn ihr und bestraft ihre Kuratoren.

In den ersten Jahren in Stolpen hatte sie nur auf ihn gewartet.

Nie wollte sie eine Mätresse sein, eine Hure, eine Königshure. Er bestürmte sie, warb um sie, schickte ihr seine Herren. Sie verlangte, seine Frau zu werden. Aber sie gab ihm nach, noch bevor der Ehevertrag abgeschlossen war.

Er versprach ihr, sie zu lieben und ihr immer treu zu sein. Sie glaubte ihm. Sie gab ihm nach, weil sie ihn liebte. Sein Aussehen verführte sie und sein weitgespannter Geist.

Von da an sah sie immer nur sein Interesse. Sie wollte ihn groß sehen in Sachsen, mächtig, alles sollte so werden, wie er es wollte; sie half ihm, wo immer sie konnte, verhinderte, daß seine Minister ihn betrogen, unterstützte ihn in seiner Politik. Aber Flemming wurde so mächtig, daß nur sie ihn noch störte, nachdem er über Jahre einen fähigen Minister nach dem anderen gestürzt hatte, der ihm im Weg stand. Lebte Flemming am Ende nicht mehr, kam der König tatsächlich?

Ach, was sollte das. Ihre Feinde waren stark und lebendig. Das halbverrückte Kammermädchen brachte sie ganz durcheinander, erweckte alte Hoffnungen und Träume, über die sie doch nun langsam die Herrschaft zu gewinnen glaubte. Der König war in Polen. Sie lag im Gefängnis auf der Festung Stolpen. Es war früher Morgen, und sie hatte nicht geschlafen in der Nacht und war überreizt. Sie wollte noch ein bißchen liegenbleiben. Wenn sie jetzt schon aufstand, war der Tag so lang, so endlos lang, wie alle Tage hier.

1.

Die Damen Reuß und Fräulein Hülchen verstärken ihr Bemühen, Madame Hoym zur Mätresse des Königs zu machen. August ist in sie verliebt, und der ganze Hof nimmt an seiner Werbung Anteil. Doch Constantia will nicht Mätresse sein, ihr Vater wäre entsetzt; schon einmal hat sie ihrer Familie Unehre gemacht, als sie schwanger nach Depenau zurückkehrte, und nun ist auch noch ihre Ehe gescheitert.

Aber sie kann dem König nicht aus dem Weg gehen. Wenn er den Hof zu sich befiehlt, muß auch sie kommen.

Doch alles ist noch viel schlimmer. Sie will ja kommen. Sie liebt den König: Sie liebt seine Gestalt, seinen vollen Mund, das Grübchen an seinem kräftigen Kinn, seine großen braunen Augen unter den dicken geraden Brauen und seinen energischen Blick, sein ganzes tatkräftiges Wesen. Er ist das Urbild eines Königs, großzügig, gescheit, romantisch, mutig und stark.

Sie lauscht ihm, wenn er über seine Pläne redet. Er lebt in der Zukunft, ist ein nachdenklicher Mensch, der sich künftige Freuden und Leiden zu Herzen nimmt. Im Grunde ist er verschlossen und spricht selten über seine Gefühle. An seinen Taten kann man ihn erkennen.

Der König glaubt nicht an Gott, für ihn ist der Himmel leer, und das Paradies will er auf Erden schaffen, will selbst Schöpfer sein in seinen Ländern. Den klügsten Leuten ist es in Jahrhunderten nicht gelungen, die Existenz Gottes zu beweisen, ihnen gelang nur der Beweis, daß Gott nicht zu beweisen ist. So überließen sie Gott den Kirchen und widmeten sich den Naturwissenschaften. Die besten Köpfe der Gegenwart verbringen ihre Zeit in Laboratorien, mit mechanischen Erfindungen, damit, die Universitäten von der Vorherrschaft der Theologen endgültig zu befreien. Sie wollen in das Unerforschte eindringen, wollen Gold machen, Krankheiten heilen, Leiden und Angst schon auf Erden besiegen, wo der Himmel und sein Lohn fraglich geworden sind. Vor langer Zeit hat eine Kurfürstin, eine Königstochter aus Dänemark wie so viele sächsische Kurfürstinnen, über das Tor der Lichtenburg, dem Witwensitz von Madame Royale, einmeißeln lassen: »Ehre und Hoheit habe ich von Gott«. Ihr Nachfahr August will nicht zur Ehre Gottes herrschen, sondern zu seiner eigenen, will nicht zum Ruhme Gottes handeln, sondern zu seinem eigenen. Seine Taten sollen ihm Ehre und Hoheit bringen, Ruhm.

Er ist fleißig wie ein Kaufmann, der sein Glück machen will, arbeitet und schreibt oft Tag und Nacht. Unermüdlich unternimmt er kurze Reisen durch Sachsen und ordnet überall Verbesserungen an. Er ist der Motor seines Landes, hält Wirtschaft und Handel in Bewegung, kümmert sich um Wichtiges und Unbedeutendes.

Dresden will er zur modernsten Residenzstadt Europas machen. In der Stadt kann jetzt jeder, der nicht zu Fuß gehen will, für zwei Groschen eine Sänfte mieten. Der König hat der Glashütte befohlen, 1500 Glaskugeln für eine Straßenbeleuchtung zu blasen, das Stück zu vier Talern. Er will sie bezahlen, der Rat soll die laufenden Beleuchtungskosten tragen. Die Glashütte baut jetzt an einem Spezialofen für diesen Auftrag. Für den Schloßhof hat August besonders große Glaskugeln bestellt.

Er klagt, daß er in seiner Jugend wenig gelernt habe, doch seine Minister stellen fest, daß es kaum Gebiete gibt, auf denen er nicht Bescheid weiß. August studiert eifrig Chroniken, Landesbeschreibungen und Militärschriften. Er ist ausgebildeter Ingenieur, und sein General Schulenburg bewundert, wieviel er von Befestigung und Verteidigung von Plätzen versteht, von Artilleriewissenschaft und Heeresorganisation.

Einer meiner wichtigsten Informanten über die Persönlichkeit des Königs ist sein Minister Jakob Heinrich von Flemming, ein Augenzeuge also, der alles in allem über dreißig Jahre lang eng mit August zusammenarbeitete. Flemming hat ein Porträt des Königs geschrieben, das noch heute in der Sächsischen Landesbibliothek in Dresden aufbewahrt wird.

Der König ist tüchtig und versucht, tüchtige Leute an seinen Hof zu ziehen. Er meint, man solle niemanden entlassen, ehe man nicht einen anderen habe, der zumindest dasselbe leiste. Er glaubt allerdings, es gebe keinen Privatmann, der ein Freund großer Herren und Fürsten sei. Das macht ihn mißtrauisch. Dabei sucht er Vertrauen, will bei allen beliebt sein. Er mischt sich ungern in Streitereien. Wenn zwei sich streiten, geht er fort.

Doch er ist höflich zu allen und sehr zuvorkommend, wenn er auch unbedacht und rasch reagieren kann. Zweideutigkeiten in Gegenwart von Damen kann er nicht leiden, selbst im Trunk nicht. Er ist jähzornig und nachtragend und läßt niemals zu, daß Leute sich danebenbenehmen. Trotz der Beliebtheit, die er anstrebt, hält er ungemein viel auf seine königliche Würde.

Seine größte Leidenschaft ist die Kunst. Er beschreibt Constantia die

Paläste, die er bauen will oder bauen könnte. Zeichnen und Entwerfen sind seine Zerstreuung. Wie andere schreiben oder komponieren, so zeichnet er. Und er fördert und ehrt die Künstler an seinem Hof.

Der König lädt Constantia in die Kunstkammer ein, in der das Goldene Kaffeeservice seines Hofjuweliers Johann Melchior Dinglinger auf einer Tischplatte aus Lapislazuli steht. Vor vier Jahren war er so gespannt auf Dinglingers neue Arbeit gewesen, daß er ihm im Winter 1701 »bey Verlust Dero Hohen Gnade« mitsamt dem Kaffeezeug die Reise durch Schnee und Eis nach Warschau befahl. Die goldenen Tassen mit emaillierten Damenporträts, die Kannen, Deckeldosen, Fläschchen und Schalen stehen auf einem Goldberg. 5600 Diamanten und viele farbige Edelsteine glitzern und glühen im Kerzenschein. Constantia sieht durch Öffnungen in das Innere des Berges, in dem eine Gesellschaft von winzig kleinen Türken Kaffee trinkt und raucht. Der König läßt den Goldberg abheben, und Constantia kann die Kaffeegesellschaft aus der Nähe betrachten. Sie erinnert sie an das französische Kaffeehaus auf der Schloßstraße, wo am Abend die vornehmsten Kavaliere und Damen Kaffee, Schokolade oder Limonade trinken, rauchen und die Gazetten in vielen Sprachen lesen.

Eines Abends führt der König Constantia und einige Damen und Kavaliere von der Gesellschaft weg in sein »Retirade Gemach« im zweiten Stock des Schlosses, in dem er seine Juwelen und Preziosen aufbewahrt und für das nur er selbst den Schlüssel hat. Er zeigt ihnen das Bad der Diana. Constantia hält den Atem an. Die Schale scheint zu schweben über den Geweihen eines Hirschkopfes. August hat sie im Dezember 1704 von Dinglinger erhalten, wenige Tage, nachdem er Constantia beim Brand sah.

Diana, die Göttin der Jagd, ruht nackt am Rande ihres Bades, einer Schale aus rosabläulichem Chalzedon, unter einem roten Baldachin. Der Hirsch, dessen Geweih die Schale hält, ist der Jäger Aktäon, der die Göttin im Bade belauschte und den sie in einen Hirsch verwandelte, den die eigenen Hunde dann zerrissen. Die Göttin ist so leicht und kühl und zart wie weißes Mondlicht. Zwei silberne Delphine speien aus dem Schilf schäumendes Wasser in das Bad. In winzigen Schalen am Rand liegen die Toilettendosen der Göttin. Silberne Muscheln und Schnekken haften an der durchsichtigen Wand des Bades, an der goldene Girlanden hängen. Der Göttin gegenüber sitzt ihr schwarzer Jagdhund, der ein Halsband aus Diamanten trägt und ihr grünes Kleid und ihren goldenen Köcher bewacht.

Balthasar Permoser hat die Göttin aus Elfenbein geschnitzt. Er ist ein Bayer aus dem Chiemgau und heißt in Dresden allgemein nur »Balthasar mit dem Barte«, und über seinen Bart hat er auch ein Buch mit Versen herausgegeben. Er ist Steinbildhauer, hat in Italien gelernt, und Constantia kennt die schöne Büste, die er dort von Anton Ulrich gemacht hat. Permoser kam unter dem Vater des Königs als Hofbildhauer nach Dresden. Er ist ein großer, starker, heftiger Mann, doch für den Juwelier Dinglinger und für seinen König schnitzt er die zartesten Figuren.

Der König will sich satt sehen an seiner Diana, denn er muß sie versetzen, weil er Geld braucht für den Krieg. Aber versetzt ist nicht verkauft, er wird sie wieder auslösen. Und − er sieht Constantia an − er wird Herrlicheres erringen. Sie wird rot und zeigt auf die Devise am Fuß der Schale: »L'Effronterie perd Discretion sert«, Frechheit verliert, Anstand gewinnt. Der König küßt ihr die Hand.

Constantia sieht August viele Tage nicht. Dem König gehe es nicht gut, heißt es, er werde »wol vor dißmal die Messe« in Leipzig »nicht besuchen«. Schon den ganzen März und April hat er sich krank gefühlt, hat verschiedene Arzneien genommen, die aber alle nicht halfen, und so raten ihm seine Leibärzte zu einer Purgierkur. Am 21. April lassen sie ihn zur Ader, und er beginnt die Purgierkur, die bis zum 6. Mai dauert.

Am Tag nach dem Ende der Kur fährt der König zum ersten Mal wieder aus, und am 8. Mai bricht er doch nach Leipzig auf. Der Hof und damit auch Constantia folgen. In Leipzig wird die Königin aus Bayreuth zurückerwartet, wo sie ihre Eltern besucht hat.

Am 12. Mai 1705, einem Dienstag, hat August Geburtstag. Er wird fünfunddreißig Jahre alt. Die in Leipzig anwesenden Kavaliere und Damen erscheinen in höchster Gala zur Aufwartung bei Hof, und die Königin bewirtet den König abends auf der Börse. Christiane Eberhardine ist in froher Stimmung. Vielleicht wird nun doch alles noch gut zwischen ihr und August. Die Teschen ist fort, aus der Affäre mit der Hoym scheint nichts zu werden − bedeutet das nicht endlich etwas Gutes für sie? Der König ist so freundlich zu ihr. An einer großen Tafel sitzen das Geburtstagskind und die fürstlichen Gäste, alles zusammen vierzig Personen, und die Tafel hat die Form eines A. König August ist »über alle massen vergnügt«, wie die Leipziger in der Zeitung lesen können, und die Königin neben ihm ist glücklich.

Aber dann erfährt auch sie, daß der König so besonders vergnügt ist, weil Madame Hoym nachgegeben hat.

Die Damen Reuß, Fräulein Hülchen, der Statthalter, alle, die auf Constantia setzen und durch sie ihren Einfluß am Hof steigern wollen, atmen auf.

2.

Constantia weiß selbst nicht, wie es geschehen konnte, wie ihr plötzlich doch das Spiel der Galanterie aus der Hand geglitten ist. Die heißblütige Madame Hoym ließ alle Vorsicht außer acht und blieb allein beim König. Und nun wissen es alle.

Vielleicht war bei der Werbung des Königs um Constantia bislang auch Eitelkeit mit im Spiel. Vielleicht wollte er allen zeigen, daß die Spröde, die ihrem Mann so standhaft die ehelichen Rechte verweigert, ihn nicht verschmäht, daß die gefeiertste Schöne in Dresden ihm gehören kann. Aber nach dieser Liebesstunde will er sie für immer an sich binden.

Er sagt zu Hoym, es hinge seine Gesundheit und sein Leben vom Besitz der Madame Hoym ab und es sei ihm, als sei er bezaubert worden. Hoym warnt den König vor Constantia. Er spricht von ihren bösen Qualitäten, ihrem Jähzorn, sie trinke zuviel und sei von höllischer Bosheit. Der König lacht ihn aus.

Constantia bittet Hoym, er möge nun wieder die Scheidung fördern und nicht mehr versuchen, sie zur Rückkehr zu ihm zu zwingen. Sie habe mit dem König geschlafen, und jetzt habe er, Hoym, doch wohl alles Interesse an ihr verloren. Sie habe sich aber dem König nicht aufgedrängt, nur die Schönheit seiner Person und seine süßen Worte seien die Ursache gewesen, daß sie seinen Bestürmungen nachgab.

Christiane Eberhardine reist, verletzt und verstört, sofort nach Torgau ab.

Constantia will noch immer nicht Mätresse werden. Dies war nur ein Liebesabenteuer; ihre Leidenschaft hat ihr einen Streich gespielt. Was bedeutet schon eine Liebesstunde.

Alles, wenn alle am Hof davon wissen.

Hoym wendet sich an die juristischen Fakultäten in Jena und Tübingen und fordert weitere Gutachten zur Scheidung seiner Ehe an.

Eine Woche nach der vorzeitigen Abreise der Königin verläßt August Leipzig. Er fährt nach Lichtenburg zu seiner Mutter und zu seinem Sohn. Christiane Eberhardine hat er zurück nach Dresden befohlen.

König und Königin treffen sich. Niemand weiß, was gesprochen wird. Die Königin fährt fünf Tage später wieder nach Torgau, und der Kurprinz darf ausnahmsweise für eine Woche zu seiner Mutter.

Der König reist mit dem Hof und mit Constantia für vier Wochen zur Kur nach Karlsbad. Am ersten Pfingstfeiertag kommen die Dresdner im Bad an. Niemand im Ort kann sich darauf besinnen »wenn so viele

Hohe Standes-Personen hiesiges warme Bad besuchet hätten, als dieses mahl«. Der Statthalter, Flemming, die Reuß, Vitzthum und seine Frau, Hoym, alle wichtigen Damen und Herren des Hofes sind da.

Die große Welt reist nach Karlsbad, um dort die Mineralwässer zu trinken und in ihnen zu baden. Allgemein witzelt die Hofgesellschaft, denn die heißen Bäder sind wegen ihrer fruchtbar machenden Kräfte sehr berühmt. 1630 war der große Feldherr Wallenstein zu den heißen Quellen gereist, und sein Hofquartiermeister mußte die Bürger mahnen, ihre Nachttöpfe nicht auf dem Markt auszugießen. Die Zeiten sind zwar vorbei, aber in Karlsbad gibt es noch keine herrschaftlichen Häuser, nur bürgerliche Quartiere, in denen die Hofgesellschaft sich recht und schlecht einrichtet, denn Modebad ist Karlsbad erst seit wenigen Jahren. Es gilt als etwas ganz Ausgefallenes, Neues und Feines. Dabei haben die Bedienten nicht wenig Umstände, ausreichend Ställe für die Pferde zu finden und Heu. Hafer haben sie mitgebracht, und für ihre Herrschaften Betten, Tischzeug, gemalte Tapeten, Damastvorhänge und Sessel, Lichter und Seife. Den König begleiten Sekretäre und Kuriere, Hofapotheker und Leibärzte, die alle irgendwo unterkommen müssen, Küchenmeister, Mundköche, Konditoren, Silberdiener, Lakaien, Oboisten.

Damen und Kavaliere können sich in Karlsbad freier und lustiger bewegen, als die Etikette es ihnen in Dresden erlaubt. Man geht spazieren, macht Bekanntschaften, gibt Essen, man badet, trinkt – nicht nur Wasser –, tanzt, genießt Intrigen und Klatsch und spielt hoch, und wer in den warmen Nächten ein wenig Luft schöpft, hört die Nachtigallen singen.

August macht erst eine Trinkkur, dann eine Badekur, dann wieder eine Trinkkur und zum Schluß noch eine Badekur.

Von überallher reisen Adlige zum König, angezogen vom glänzenden Dresdner Hof im Bad, und der König muß für die Gäste Ducksteiner Bier nachkommen lassen. Eiligst wird es bei Tag und Nacht angefahren. Der König liebt französischen Champagner und ungarischen Wein. Von den schweren Weinen trinkt man allerdings wenig, läßt sich ein Glas zur Abendtafel einschenken und die Flasche wieder versiegeln.

Gesandte reisen an, der Schwede Palmberg, der Däne Jessen, Patkul, der Gesandte des Zaren, Stratmann, der Gesandte des Kaisers. Aus Polen kommen sächsische Offiziere und polnische Adlige. Auch von Karlsbad aus gehen die Staatsgeschäfte weiter. Schulenburg ist da: 1500 Mann Reichskontingent, die der König für den Krieg gegen Frankreich stellen muß, sind marschfertig, die ersten sächsischen Truppen sollen zur Grenze nach Polen marschieren. Des Königs eigener

Gesandter Wackerbarth kommt aus Wien. Der Kaiser in Wien ist gestorben, und August läßt den Thron aus dem Thronsaal im Dresdner Schloß nach Karlsbad holen, um Gesandte aus den Reichsländern gebührend empfangen zu können, denn bis zur Wahl des neuen Kaisers ist er Reichsvikar und führt die Geschäfte des Reiches.

Kaiser Leopold I. ist am 5. Mai 1705 in Wien an den Pocken gestorben, der gefürchtetsten Krankheit neben der Pest. Viele haben sie gehabt, auch August, als er zwanzig war. Die Blasen und Entzündungsherde auf der Haut hinterlassen tiefe Narben bei denen, die die Krankheit überleben. Ludwig XIV. hat durch sie zweimal den Thronerben verloren, erst den Sohn, dann den Enkel. Für seinen alten Widersacher in Wien legt der französische König in Versailles die Trauer in Violett an.

Aber trotz der Geschäfte bleibt doch viel mehr Zeit als in Dresden. Der König und Constantia sehen sich oft. Sie machen Weinprobe zusammen, und August schenkt ihr zwei Fäßchen Tokaier. Sobald sie sich beim Oberschenk in Dresden meldet, soll er ihr die beiden Fäßchen ausliefern.

Dann kommt aus Dresden die Nachricht, daß der frühere Oberhofmarschall von Haugwitz gestorben ist. Sein Haus neben dem Schloß steht zum Verkauf. August schickt sofort einen Kurier. Er beschreibt Constantia, wie der Palast aussehen soll, den er ihr neben dem Schloß bauen will, plant, welche Grundstücke zum Haugwitzschen dazugekauft werden müssen, wie er die vorhandenen Häuser einbeziehen, welche Häuser er gleich abreißen lassen will und welche später, um dem Palast einen Flügel nach dem anderen hinzuzufügen.

Und so gibt Constantia dem König nach. Sie ist verloren an ihn. Ist nicht auch ihre Mutter gegen alle Vernunft dem Vater gefolgt? Constantia glaubt an die Liebe. Die Liebe vermag alles.

Dies ist keine Romanze, dies ist mehr. Aber der König und Constantia sind beide gescheite Leute. Es ist klar, daß sie nicht einfach ihr Bettzeug zusammenwerfen. Doch Mätresse will Constantia nicht werden. Sie will des Königs Frau zur Linken sein.

In Sachsen ist die Frage, ob ein Fürst zwei Ehefrauen haben kann, schon einmal durchgespielt worden. Augusts Bruder, der Kurfürst Johann Georg, war bei seiner Verbindung mit Sibylle von Neitschütz zu dem Ergebnis gekommen, daß »keineswegs in der heiligen Schrift zwei Weiber zu haben verboten, sondern exempla anzuführen wären, worin es selber von unserer Kirche zugelassen«. Martin Luther schon hat ein Gutachten geschrieben zugunsten der Doppelehe des Landgrafen Philipp von Hessen, der Margarethe von der Saal heiratete und diese Ehe mit Zustimmung seiner Frau einging.

Aber August will keine Doppelehe führen. Die lutherischen Geistlichen haben die größten Schwierigkeiten gemacht, als Sibylle Neitschütz sich offiziell als Gemahlin zur Linken seines Bruders etablieren wollte. Der König wagt im Augenblick nicht, die Geistlichen zu reizen. Überall in Sachsen kursieren wieder Gerüchte, er wolle der katholischen Kirche Rechte einräumen. Die Erlaubnis, die er den wenigen Calvinisten in Leipzig gegeben hat, nämlich Gottesdienst in einer Wohnung zu halten, mußte er zurücknehmen. Christiane Eberhardine würde niemals ihre Einwilligung zu einer Doppelehe geben, und zwingen will er sie nicht. Die Lutheraner, die zur Königin halten, würden ihm das Leben noch schwerer machen. In Sachsen geht es nicht so zu wie in einem kleinen Fürstentum in Süddeutschland, über das man sich erzählt, die Bürger hätten, als ihr Fürst mit seiner eben angetrauten jungen Frau vorüberfuhr, gerufen: »Nun fehlt unserem Fürsten nichts mehr als eine schöne Mätresse!« August braucht Ruhe in Sachsen, wenn er bald nach Polen in den Krieg zieht.

Er schlägt vor, Constantia nach außen zur offiziellen Mätresse zu erheben und im geheimen einen Vertrag zu schließen, durch den sie seine Ehefrau zur Linken wird. So hat sie, was sie will, und die Geistlichen werden nicht beunruhigt. Sobald die politische Lage sich entspannt, kann er sie öffentlich als Ehefrau anerkennen. Da kein formelles Beilager geschehen kann, wird er sie kraft seiner Unterschrift zur Frau nehmen. Ein König setzt Recht. Ein König kann alles.

Constantia ist einverstanden unter drei Bedingungen: Sie verlangt, daß August sich ganz von der Fürstin Teschen trennt, daß er ihr, Constantia, eine jährliche Pension von 100 000 Talern aussetzt – ein Lebensstandard, bei dem sie 100 000 Taler jährlich verbrauchen kann, fast soviel wie die Königin, setzt sie über alle anderen am Hof –, und sie verlangt, daß er ihr verspricht, sie nach dem Tod der Königin als Kurfürstin und Königin anzuerkennen und die mit ihr erzeugten Kinder als legitime Prinzen und Prinzessinnen zu behandeln.

August stimmt zu. Nun muß in den kommenden Monaten ein genauer Vertrag zwischen Constantias Bevollmächtigten und den Vertretern des Königs ausgehandelt werden, Ehepakten, in denen alle finanziellen Umstände geregelt werden und auch, was aus Constantia und den Kindern im Fall einer Witwenschaft wird. August will ihr das Rittergut Pillnitz als Witwensitz geben, das sein Bruder für die Neitschütz kaufte. Pillnitz soll Constantia persönlich gehören, sie soll es ihren Kindern vererben können im Gegensatz zu Gegenständen aus dem Familienbesitz der sächsischen Kurfürsten, die der König ihr zur Repräsentation übergeben wird.

Constantias Forderungen und die vertraglichen Regelungen der heimlichen Ehe, auf denen sie besteht, lassen einige Eingeweihte am Hof insgeheim sagen, sie sei aufdringlich und unverschämt. Selbst Flemming, der sie verehrt und ihre Schönheit bewundert und in dem sie einen Freund gewonnen hat, sagt ihr, sie stelle sich sehr schwierig an. Das beweist ihr, wie recht sie hat, einen Vertrag zu fordern, der jeder rechtlichen Prüfung standhält. Sie wird viele Neider haben in ihrer herausragenden und gefährdeten Position. Sie muß Ehre und Rang gegen alle Willkür sichern.

Als offizielle Mätresse steht sie an der Spitze der Hofordnung; aber zugleich ist sie an ihren adligen Titel gebunden und hat als einfache Freifrau von Hoym nicht zu allen Hofzeremonien Zutritt oder doch nur in einer Entfernung vom König, die ihrem Ansehen schadet. August gibt seinem Gesandten Wackerbarth den Auftrag, in Wien mit dem neuen Kaiser zu verhandeln und Constantia zu einer Reichsgräfin erheben zu lassen, einer Gräfin, die keinem Landesfürsten unterstellt ist, sondern direkt Kaiser und Reich. Nach einigen Jahren soll der Kaiser sie zur Reichsfürstin ernennen.

Constantia trägt nun einen herzförmigen Rubin an einer Kette um den Hals. Gerüchte kursieren durch die Salons in Karlsbad. Die Hoym soll zum König gesagt haben: »So bin ich denn die Ihre, Majestät. Möge mein Glück beständig währen.«

Seit Tagen herrscht kaltes Regenwetter, man kann nicht spazierengehen. Die Fronleichnamsprozession muß ausfallen, weil es zu stark regnet, doch der König wohnt der Zeremonie in der Karlsbader Kirche bei. Dreihundert Bergleute aus St. Georgenstadt in Sachsen wandern über das Erzgebirge und warten ihrem König mit einer schönen Musik auf. Der König sorgt für seine Bergleute, hält sie nicht wie andere Fürsten als Leibeigene, sondern in Ehren und Wohlstand.

Die Zahl der Brunnengläser, die August täglich trinkt, steigert sich von zwanzig auf fünfundzwanzig, ja einmal auf neunundzwanzig. »Den 20. Juni haben S.K.M. zuguterletzt 26 Töpgen getruncken und damit die Trinkcur geendigt«, schreibt der zuständige Sekretär in das Hofjournal, in dem alles festgehalten wird, was der König macht. Der König schenkt dem Apothekergesellen Repradt die beiden Töpfchen, aus denen er täglich getrunken hat. Sie sind aus Porzellan und kommen aus China, sind also kostbar wie Gold, denn niemand in Europa kennt das Geheimnis, Porzellan zu machen. Nun beginnt die letzte Badekur in den heißen Quellen.

Am Johannistag bricht der König unter Hagel und Schnee mit dem Hof aus Böhmen auf. In Aussig besteigt er ein Schiff, das ihn und Constantia die Elbe hinunterträgt. In Sachsen scheint die Sommersonne, und die Leute freuen sich auf eine reiche Ernte.

Mit fünf Schiffen segeln sie elbabwärts. Voran segelt eine Schaluppe mit Trompetern, Paukern, Oboisten und einem Waldhornistenchor, die abwechselnd spielen. Dann kommt das vergoldete Schiff des Königs. Das Patrouillenboot und die Gepäckschiffe folgen. Sie gleiten durch das Elbsandsteingebirge mit seinen schroffen Steinen, wie die Sachsen ihre Berge aus Sandstein nennen. Breit und dunkel fließt der Fluß, verengt sich zwischen den Bergwänden, fließt durch Wälder und Äcker und an Dörfern und Städtchen vorüber; die Einwohner grüßen ihren König mit Kanonendonner und Musik, und die Bürgerschaft tritt ins Gewehr. Constantia ist glücklich. Niemals hat sie ein schöneres Land gesehen.

Am Abend legt das Schiff im Städtchen Königstein an, und August und Constantia fahren mit einer Kutsche hinauf auf die Festung, die größte des Landes. Die politischen Gefangenen sind eingeschlossen worden. Selbst der frühere Kammerpräsident von Einsiedel, der sonst auf der Festung umhergehen darf, kann sein Zimmer nicht verlassen. Der König will nicht mit Bittschriften und anderer Leute Not belästigt werden.

Am nächsten Morgen kehren sie auf das Schiff zurück und gleiten weiter den Fluß hinab. Gegen Mittag tauchen die Türme von Schloß Pillnitz hinter hohen Parkbäumen auf. Das Schiff legt an, August und Constantia steigen aus, und der König hält Tafel beim Geheimen Rat von Rumohr, dem Oberhofmeister von Madame Royale, dessen Tochter Anna von Einsiedel Pillnitz zur Zeit besitzt.

Pillnitz ist ein großes schönes Rittergut, weit größer als Depenau. Der König hat es von seinem Bruder geerbt. Es ist verschuldet, weil er Geld für den Krieg braucht, vorübergehend verkauft in komplizierten Transaktionen zwischen ihm und seiner Mutter und Anna von Einsiedel. Aber er wird es zurückkaufen, und dann soll es Constantia gehören, das Gut, das Schloß, die zugehörigen Dörfer, die Elbinsel, die Weinberge.

Am Abend legt das Schiff in Dresden an.

Der König will gleich am nächsten Tag weiter zu seinen Truppen nach Torgau, aber er schiebt die Reise auf, denn die lederne Schiffsbrücke, die er in Frankfurt am Main bestellt hat, ist eingetroffen. Auf zwanzig Wagen ist sie gekommen, von hundertzwanzig Pferden gezogen. Das ist eine große Neuheit, denn die Schiffsbrücke Karls XII. braucht fünfzig Wagen mit dreihundert Pferden. August läßt die neue Brücke über die Elbe schlagen und geht selbst am Sonnabend gegen sieben zu Fuß hinüber und läßt seine Pferde hinter sich herführen.

In ganz Sachsen werden mit Trommelschlag Soldaten geworben. Der König erläßt an alle Ämter Befehl, daß niemand die Wiesen abmähen dürfe, damit genug Furage da sei, Grünfutter für die Pferde. Die Dresdner Bäcker erhalten den Auftrag, mehrere tausend Stück Zwieback für die Armee zu backen, jedes drei Pfund schwer.

Unter den Truppen herrscht zum Ärger des Königs große Unruhe. Als in Leipzig vier Kompanien Dragoner, jede zu hundert Mann, die Musterung passierten, legte die letzte, die aus Bayern besteht, die Waffen nieder. Die Bayern sagten, ihnen seien zwei Groschen täglich versprochen und sie bekämen nur einanhalb Groschen. Der Kriegskommissar schrie, »sie solten sich dergleichen Ding, so in Sachsen noch niemals geschehen, nit unterstehen«, sie sollten sich gefälligst auf andere Art zu ihrem Recht verhelfen. Aber die Bayern antworteten ungerührt, er möge nur »die Galgen über die Pferde bauen, und sie daran hängen«. Der Kommissar ließ alle in Arrest sperren und droht ihnen mit schwersten Strafen, weil sie keinen Anführer benennen wollen.

Eine Woche später reist August zu Schiff nach Meißen. Constantia begleitet ihn. Der König mustert und exerziert Regimenter. Nach fünf Tagen segeln sie weiter nach Torgau. Constantia und die Königin wohnen im selben Schloß.

Christiane Eberhardine ist nach Torgau gegangen, um sich zu verkriechen, die Blicke der Hofleute sind ihr schrecklich. Sie hat sich ein letztes Mal Hoffnung auf ihren Mann gemacht und ist wieder bitter getäuscht worden. Zwar ist sie die Königin, doch Madame Hoym wird mehr Macht und Einfluß am Hof haben als sie — Madame Hoym, die dem Herzen des Königs so nahe ist. Verzweifelt hat Christiane Eberhardine, als der Kurier ihr die Ankunft des Königs und seiner Mätresse ankündigte, an ihren Vater in Bayreuth geschrieben: »Ewer Gnaden wenten [wenden] Dero vetterl. gnad und hertz nicht von mir, die ich ohne dem die unglückseligste auf erden bin, welche mit so vielen leuden umgeben, daß ich wohl tegl. und stüntl. nach meiner erlößung seufze und ein seeliges ende mir ales guht machen könte.«

August und Constantia reisen weiter durch Sachsen. Der König mustert seine Soldaten, mustert die 6000 russischen Soldaten des Zaren, die unter Patkuls Befehl stehen, besichtigt Schanzen und Gräben zur Verteidigung des Landes gegen einen Schwedeneinfall. Sie reisen bis in die Niederlausitz. Am Tag ihrer Rückkehr nach Dresden brennen zum ersten Mal am Abend die Laternen auf dem Schloßhof.

Christiane Eberhardine kommt pflichtschuldig aus Torgau. Der König hat sie gerufen. Niemand soll glauben, zwischen ihr und ihm sei das Geringste vorgefallen.

3.

Der Hofkalender meldet am 24. August 1705, daß »die Madame Hoymin ihr Hauß aufm Taschenberge« bezieht. Taschenberg heißt die Straße an der Stadtseite des Schlosses. Sie ist dicht mit Bürgerhäusern besetzt.

August hat das Haus des Herrn von Haugwitz auf Constantias Namen für 10 500 Taler gekauft und außerdem für 8000 Taler das Einsiedelsche Haus auf der Kleinen Brüdergasse, der stadtwärtigen Parallelstraße des Taschenbergs. Der König beauftragt seinen Hofbaumeister Matthäus Daniel Pöppelmann, ein Palais für Constantia zu entwerfen auf sechzehn ehemaligen Wohnhausgrundstücken; einige gehören dem König schon, andere will er für Constantia noch hinzukaufen. August ordnet an, daß Frau von Hoym jährlich dreißig Schragen hartes Bauholz vom Holzhof erhalten soll.

August und Constantia suchen im Grünen Gewölbe silberne Möbel für Constantias Haus aus, große silberne Tische, Spiegel mit silbernen Rahmen, silberne Schalen. Constantia erhält kunstreiche Gobelins, türkische Teppiche und kostbare Spitzen. August stellt vor ihr Haus einen Doppelposten als Ehrenwache. Sie ist die einzige in Dresden, die diese hohe Auszeichnung genießt. Vor den Häusern der übrigen Großen stehen einfache Posten. Kaiser Joseph I. sagt zu, Madame Hoym zur Reichsgräfin von Cosel zu erheben.

Sie bekommt Juwelen für die großen Hoffeste. Als regierende Mätresse muß sie selbst Feste geben, und für die Tafel, die sie nun halten muß, werden ihr Fische aus dem Hoffischhaus geliefert. August überläßt ihr den freien Gebrauch des Türkischen Gartens vor dem Wilsdruffer Tor samt Wohnung und allem Zubehör auf Lebenszeit. Sobald der alte Oberküchenmeister Samuel von Egidy gestorben ist, der den Garten zur Zeit hat, kann sie alles in Besitz nehmen, ohne etwas an die königliche Kammer zahlen zu müssen. Sie muß nur das Haus in baulichem Stand erhalten.

Um ganz Dresden liegen Lust- und Küchengärten des Adels und der Bürger. Die geringe Bequemlichkeit der Wohnräume und das abgeschlossene Leben hinter den Mauern und Toren der Stadt verstärken die Liebe der Städter für das Leben in freier Luft und die Freude an der Natur. Mit Sehnsucht strömen sie aus den beengenden Mauern hinaus. Wo immer sie nur können, legen sie in der Stadt Plätze mit Bäumen an, wer es sich nur irgend leisten kann, erwirbt außerhalb der Stadt einen Garten oder einen Acker, den er in einen Garten umwandelt.

In Constantias Garten gibt es ein kleines Palais, ein Reithaus und eine Orangerie, ein Glashaus für empfindliche Gewächse. August liebt seltene Bäume aus fernen Weltgegenden, Kaffeebäume, Magnolienbäume, Feigenbäume, mit deren großen Blättern Adam und Eva sich bedeckt haben sollen, und er verspricht Constantia, ihr große Lorbeer und Orangenbäume aus dem Garten der Herzogin zu schenken, einem seiner Gärten, aus dem die Hofküche die Gemüse und Kräuter bekommt.

Für alle in Dresden ist die Installierung der Frau von Hoym als Mätresse regnante politisch bedeutsam. Gesandte fremder Höfe zum Beispiel müssen, nachdem sie dem König ihr Beglaubigungsschreiben überreicht haben, laut Etikette Höflichkeitsbesuche bei den Mitgliedern der königlichen Familie machen und bei Constantia. Eine offizielle Mätresse steht im Rang über den Ministern. Nachmittags ist Constantias Vorzimmer voll von Ministern und Leuten der ersten Rangklasse, die bis zum Abend kommen und gehen. Jeder versucht, über sie den König für ein Anliegen gnädig zu stimmen. Constantia ist bald über alle Geschäfte unterrichtet und kann Leuten, wenn sie will, helfen, zu ihrem Ziel zu kommen. Auf ihre Empfehlung wird jeder in den Ämtern einen Besucher empfangen.

Viele Abenteurer, die von Hof zu Hof ziehen und ihr Glück suchen, finden sich bei Constantia ein, als bekannt wird, daß sie einen Hofstaat für sich zusammenstellt. Doch sie versteht es, windige Gestalten von sich fernzuhalten. Der König ist stolz auf sie. Er hat nun die schönste Frau in Dresden und eine gescheite, liebreizende dazu, die er aller Welt zeigen kann.

Nur ihre Scheidungssache ist noch unklar. Das Rechtsgutachten der Juristenfakultät Tübingen ist angekommen. Es umfaßt einundvierzig Folioseiten, datiert vom 8. August 1705, und kommt zu dem Schluß, die Ehe sei zu trennen und die schuldige Gattin, die die Beiwohnung verweigere, nach der Trennung des Landes zu verweisen. Doch die Leipziger Fakultät reagiert anders, nun, da Frau von Hoym die offizielle Mätresse des Königs ist. Die Leipziger Juristen, darunter Carpzov, der dreiundfünfzigmal die Bibel gelesen und 20 000 Todesurteile gegen Hexen unterzeichnet haben will, winden sich. Sie überreichen dem König ein Schreiben, in dem sie ihren mit dem der Tübinger Kollegen gleichlautenden Spruch begründen und sich zugleich für diesen Spruch beim König entschuldigen.

Zu den Leuten, die in Constantias Vorzimmer darauf warten, bei ihr vorgelassen zu werden, gehört auch Johann Reinhold von Patkul, der Gesandte des Zaren Peter in Sachsen, ein großer schwerer Balte mit kantigem Kinn und lauter Stimme. Patkul ist eine herausragende

Persönlichkeit unter den Adligen, die ihre alte Ehre gegen den neuen Anspruch der Könige auf Alleinherrschaft verteidigen. Er will Livland, seine Heimat, aus der Herrschaft des schwedischen Königs befreien und ist eine treibende Kraft des Nordischen Krieges. Der Freiheitskampf erfüllt sein Leben, er kämpft mit allen ihm erreichbaren Mitteln, dazu gehören auch Schmiergelder, feiner ausgedrückt: Dotationen oder Gratifikationen. Die höchsten Herren an den Höfen beziehen regelmäßig solche Gelder von anderen Höfen. Sicher kann ein Gesandter nie sein, daß dieses Mittel hilft, aber wer nicht zahlt, gerät unwiderruflich ins Hintertreffen.

Patkul überreicht der Geheimen Rätin von Hoym von den Subsidiengeldern, die der Zar dem König zum Aufstellen von Truppen zahlt, 30 000 Taler »leihweise für König August«, wie er in die Schuldverschreibung einfügt.

Patkul hat große Ausstrahlungskraft, eine Faszination geht von ihm aus. Er ist ein gebildeter Mann, hat Schwung in Rede und Schrift und eine lebhafte Phantasie. Er hat die Schriften Samuel von Pufendorfs studiert und gehört zu den Verfechtern des angeborenen Naturrechts der Menschen und Völker, zu den Adligen, die sich gegen den Absolutismus der Herrscher erheben. Patkul haben die Gedanken Pufendorfs nie losgelassen. Auch Constantia sind sie vertraut.

Patkul hat diese Gedanken in seiner Verteidigungsrede vorgebracht, als er in Stockholm vor Gericht stand wegen seines Berichts über die Lage des Adels in Livland, den er als Vertreter der dortigen Ritterschaft dem König eingereicht hatte. Die baltischen Adligen kämpften um ihre alten Freiheiten gegen den absolutistischen Griff des Königs in Stockholm, und sie kämpften gegen die Güterreduktion. Zum Prozeß in Stockholm war Patkul freies Geleit zugesagt worden, doch er vertraute nach einigen Monaten der Zusage nicht mehr und floh, als Jäger verkleidet, am 15. November 1694 auf einem kleinen Schiff über die Ostsee. Vier Wochen später verurteilte ihn das Gericht zum Verlust seines gesamten Besitzes, der rechten Hand – der Schwur- und Schwerthand, also seiner Ehre – und seines Lebens. Der Grund: Er hätte mit seiner Rede die Majestät beleidigt und sei ein Aufrührer. Das Urteil wurde an auswärtige Höfe geschickt. Patkul ist seitdem ein steckbrieflich gesuchter Verbrecher und vogelfrei.

Der berühmte Schöppenstuhl in Leipzig und die juristische Fakultät in Halle, denen er die Prozeßakten vorlegte, erklärten das schwedische Urteil für ungerecht.

Damals lernte Patkul Flemming kennen, der vermittelte, daß er König August am Neujahrstag 1699 auf der Zitadelle von Grodno traf, der Hauptstadt Litauens, das zu Polen gehört. Patkul redete flammend und überzeugend für den Angriffskrieg Sachsens, Rußlands und Dänemarks gegen Schweden. Zugleich gab er zu bedenken, »daß der Zar nicht den Braten, den wir an den Spieß gestecket, uns vor dem Maul wegfresse, das heißt: daß er uns nicht Livlandt selbst mit der Zeit wegfische«.

Patkul wurde erst Geheimer Rat bei König August, dann, um die Hilfe des Zaren gezielt einsetzen zu können, seit 1703 Gesandter Peters in Sachsen. Aber nicht einmal in Moskau war er vor seinen schwedischen Kopfgeldjägern sicher. Er kam mit dem Leben nur davon, weil der Zar ihn inmitten einer Karawane russischer Kaufleute aus Moskau schmuggeln ließ.

In Dresden mischt Patkul sich noch immer in die Geschäfte des Geheimen Rats. Er hat August die ganze Mißwirtschaft am Hof vorgehalten und ihn verletzt, indem er in seiner Ungeduld, Livland zu befreien, drohte, an anderen Höfen über die Mißstände zu berichten. Die Höflinge hassen ihn. Patkul hat wenige Freunde in Dresden. Er ist hochfahrend und kann sehr unfreundlich sein. Nur am Hof von Madame Royale ist er gern gesehen. Als Dänin ist auch sie antischwedisch eingestellt.

Die Vorbereitungen für den Krieg in Polen laufen auf vollen Touren. Die Schiffsbrücke ist zur Oder unterwegs, die Garnison in Dresden wird zum Teil eingezogen und durch die Bürgerschaft ersetzt; auf den Weiden vor der Stadt grasen Amtspferde aus ganz Sachsen, die das Gepäck der Armee tragen sollen. August prüft neugegossene Granaten und auch die neuen Geschwind-Schuß-Kanonen. Constantia begleitet ihn überallhin.

Der König wünscht Ruhe in Sachsen, wenn er fort ist. Er läßt von allen Kanzeln des Landes ein Patent verlesen, in dem er zum fünften Mal in acht Jahren »Unseren getreuen Ständen und Unterthanen« wiederholt, daß sich an der Religion nichts ändern solle, er werde sich an den Westfälischen Frieden halten. Er wolle lediglich die Geschäftsführung der Geistlichen untersuchen, um Betrug zu verhindern. Predigern und Schullehrern, die eine zu schlechte Besoldung haben, wolle er mehr geben. Alle »unverschämten und lügenhafte Verläumbder«, die boshaft ausstreuen, er würde Katholiken oder Reformierten im Land Kirchen einräumen lassen, sollen an Leib und Leben, Ehre, Hab und Gut bestraft werden. Wer die Namen solcher Leute nenne, bekomme zweihundert Taler Belohnung, sein Name werde verschwiegen.

Der König will bei seiner Rückkehr nach Polen, um den Adel weiter für sich zu gewinnen, den 1325 von König Wladislaus Locticus gestifteten Ritterorden vom Weißen Adler erneuern und bestellt bei seinem

Hofjuwelier Dinglinger fünfundzwanzig diamantbesetzte Ordenskreuze, das Stück zu fünfhundertfünfzig Talern. Er nimmt Constantia
mit in Dinglingers Werkstatt auf der Frauengasse.

4.

Johann Melchior Dinglinger arbeitet mit seinen beiden Brüdern zusammen, hervorragenden Emaillierern, beschäftigt Gesellen und Lehrbuben und ist durch seine Kunst und die Gnade des Königs ein reicher und
angesehener Bürger Dresdens geworden. Als unbekannter schwäbi-
scher Goldschmiedegeselle war er nach Dresden gekommen, hatte
zunächst frei gearbeitet und damit den Zorn der Goldschmiedeinnung
geweckt, die den Kurfürsten 1693 bat, gegen alle nicht zur Innung
gehörenden achtzehn Gold- und Silberarbeiter einzuschreiten. Dinglinger heiratete die Tochter eines Goldschmiedes, machte sein Meister-
stück und gehört nun zur Zunft. Jetzt gibt es zweiundneunzig Gold-
schmiedemeister in Dresden und viele wilde Gesellen, wie er selbst
einer war.

Wie verzaubert sitzt August neben Constantia am Tisch des Gold-
schmieds, der die ersten Figurengruppen seines großen Werks vor
ihnen hinstellt, das er vor vier Jahren begonnen hat und das erst
halbfertig ist, der Hofhalt des Großmoguls. Der Großmogul Aurang
Zeb in Indien ist der reichste und mächtigste Herrscher der Erde. Zu
seinem Geburtstag kommen die Großen seines Reiches und beschenken
ihn. Zierliche emaillierte Diener tragen ihre Herren in Sänften, Mohren schleppen einen Lacktisch herbei, zwei bringen eine winzige
Pendeluhr, Leibwächter beugen sich in den Hüften und sehen aus, als
wären sie lebendig. Einhundertfünfundsechzig Figuren und Tiere aus
Goldemaille hat Dinglinger geplant. Die Idee zu diesem Werk kam vom
König. August hat die Bücher von Tavernier und Bernier gelesen,
zweier Weltreisender, die an der Geburtstagsfeier des jetzt noch lebenden und regierenden Großmoguls teilgenommen hatten, und er
wünschte sich, die Pracht des Orients nicht nur mit den »Augen des
Gemühts« zu sehen, wie er Dinglinger sagte. Und so unternahm
Dinglinger das kühne Wagnis, diesen Hofhalt zu arbeiten, das Außer-
gewöhnlichste, das je ein Goldschmied in Europa begonnen hat. Allein
der Thron des Großmoguls wird soviel kosten wie Dinglingers Haus
auf der Frauengasse: 4000 Taler.

Der König besichtigt den Vorrat an Edelsteinen und Perlen, greift
selbst zum Zeichenstift, um rasch eine Idee zu skizzieren. Alle Aufträge besprechen August und der Goldschmied mündlich, sie vereinba-
ren auch den Preis persönlich miteinander, wenn ein Werkstück fertig

ist. Dinglinger arbeitet auf eigene Rechnung, er will frei sein und nicht gezwungen, sich in seine Arbeit hineinreden lassen zu müssen. Er hat Kapital zu vier Prozent geliehen, um die unglaubliche Fülle kostbaren Materials kaufen zu können, die er für den Hofhalt braucht. Er lehnt zwar feste Bestellungen und Vorschüsse ab, die der König auch gar nicht geben kann, denn außer der Diana im Bad hat er jetzt auch seine Juwelengarnituren für den Krieg verpfändet, und das Goldene Kaffeeservice ist noch nicht einmal ganz bezahlt. Aber Dinglinger vertraut dem König, daß er eine gute Arbeit erkennen und im Lauf der Jahre auch gut bezahlen wird. Seine großen Stücke macht er nur für ihn. Ihm liegt am künstlerischen Urteil des Königs. August macht ihm Mut, spornt ihn an, reißt ihn mit. Er holt das Beste aus dem Goldschmied.

Constantia sieht zwei Besessene vor sich, die sie über Stunden vergessen haben. Beide kämpfen, ihre Visionen in Materie umzusetzen. Der Hofhalt ist ein Gedankenwerk: So soll ein König regieren, hoch über allen Adligen, nahe der Sonne, König und Gott zugleich. Der Goldschmied ist ein offener, temperamentvoller Mann, vielseitig und originell. Es geht hier plötzlich um mehr als um Gold, Silber, Diamanten oder um Politik, Macht, Ruhm. Hier sitzen zwei Poeten, die in Gold und Edelsteinen dichten.

August will nicht nur Herr sein über seine Länder, er will Herr sein auch über die Elemente der Natur. Zugleich ist er nüchtern: Er will zumindest endgültig klären, ob es möglich ist, Gold zu machen oder nicht. Die berühmtesten Chemiker halten diese Frage für noch unentschieden.

Constantia ist von der Wissenschaft der Chemie seit ihrer Kindheit gefesselt. Sie hat gesehen, wie man Glas aus Sand macht, und kann selbst Medizin aus Kräutern und Elementen ziehen. Sie begleitet den König zu seinem Aurifex, seinem Goldmacher, der behauptet, eine Tinktur destillieren zu können, die Stoffe in Gold verwandelt. Der Aurifex arbeitet in den großen Kellergewölben im Haus des Statthalters Fürstenberg unter strengster Bewachung.

Er heißt Johann Friedrich Böttger und ist, wie sich herausstellt, ein etwas sonderbarer, aber bezaubernder junger Mann, zwei Jahre jünger als Constantia, deren Schönheit er gleich bewundernd verehrt. Seine Geschichte ist merkwürdig.

Er ist in Schleiz im Vogtland geboren, wo sein Vater bei der Münze angestellt war. 1696 kam er als Lehrling nach Berlin zum Apotheker Zorn, wo er sich sofort aufs Goldlaborieren legte, ermuntert von dem berühmten Chemiker Johannes Kunckel, der das Rubinglas erfand, einem Gevatter und Hausfreund Zorns. 1701 erschien in Berlin ein auffallender Fremder, der sich Laskaris nannte. Er sei, so erzählte er, Archimandrit eines griechischen Klosters auf der Insel Mytilene und führe auch ein Beglaubigungsschreiben des Patriarchen von Konstantinopel bei sich. Bald hieß es in Berlin, er wäre einer von den fünf Weisen, die die Tinktur besitzen, mit deren Hilfe man Gold machen kann.

Beim Apotheker Zorn traf er den hübschen Laboranten Böttger und fand großen Gefallen an ihm. Bei seiner Abreise schenkte er ihm zwei Unzen von seiner Tinktur, und Böttger erzählte in der Stadt, nun könne er Gold machen. Mit den Folgen seiner Geschichte hatte er nicht gerechnet. König Friedrich I. gab Befehl, den jungen Goldmacher festzunehmen. Böttger wurde gewarnt und floh nach Wittenberg zum Bruder seiner Mutter, Professor Kirchmaier, dem Lehrer der Beredsamkeit an der Universität. Der preußische König forderte ihn als entlaufenen Untertanen vom Statthalter in Dresden zurück. Der aber sah ihn als sächsischen Untertanen an, ließ ihn festnehmen und nach Dresden bringen. Böttger zeigte ihm in seiner Not die Tinktur und machte in seinem Beisein Gold. Fürstenberg reiste sofort mit der Tinktur zu König August nach Warschau. Doch im Zimmer des Königs warf ein Hund die mitgebrachte Schachtel vom Tisch, das Glas mit der Tinktur zerbrach, und die kostbare und geheimnisvolle Flüssigkeit lief aus.

Nun mußte Böttger auf Befehl des Königs versuchen, selbst das Rezept für die Tinktur herauszubekommen. Er wurde wie ein Gefangener behandelt. Der lebenslustige Neunzehnjährige bekam Wutanfälle und drohte, sich zu ermorden, wenn man ihn nicht freiließe. Fürstenberg ließ ihn auf den Königstein bringen. Hier wurde Böttger noch wilder, »brüllte wie ein Ochse«, berichtete der erschrockene Kommandant, den er für den Erzengel Gabriel hielt, »knirschte mit den Zähnen, rannte mit dem Kopf gegen die Wand, arbeitete mit Händen und Füßen, kroch an den Wänden herum, zitterte am ganzen Leibe«, so daß zwei starke Soldaten ihn nicht halten konnten, verzweifelte an seiner ewigen Seligkeit und trank oft zwölf Kannen Bier am Tag.

Fürstenberg, um seine Gesundheit besorgt, nahm ihn nun doch wieder nach Dresden. Hier wurde Böttger mit Ehrenfried Walther von Tschirnhaus bekannt, der zu Fürstenbergs vertrautesten Freunden gehört und, sooft er nach Dresden kommt, beim Statthalter wohnt. Tschirnhaus ist einer der ausgezeichnetsten Naturforscher seiner Zeit, Physiker und Mathematiker, Mitglied der Akademie der Wissenschaften in Paris. Er hat die Glashütten in Sachsen eingerichtet, die jährlich 20 000 Taler ersparen, die sonst als Devisen für Glas nach Böhmen gegangen sind. Seine Brenngläser und Brennspiegel, mit denen er große Hitzen erzeugen kann, sind berühmt. Er hat ein Laboratorium in Fürstenbergs Haus, in dem er Versuche zur Nachbildung des Porzellans der Chinesen macht. Tschirnhaus schloß Böttger in sein Herz.

Böttger lebte nun im Schloß von Dresden wie ein großer Herr. Er bewohnte zwei Zimmer mit Aussicht auf den Hofgarten. Eine königliche Equipage stand ihm zur Verfügung, doch durfte er nie allein ausfahren, der Sekretär Nehmitz haftete für ihn. Böttgers Tafelgerät war von Silber, er konnte Geld haben, soviel er brauchte, und seine Bewacher hielten ihm Mätressen.

Böttger ist ein anziehender Mann, freundlich, lebhaft. Der Statthalter zog ihn zur Tafel und fuhr manchmal mit ihm nach Moritzburg zur Jagd. Er war bezaubert von Böttger und schrieb ihm Liebesbriefe: »Habt mich lieb! Lasset nicht nach mich zu lieben! Haltet mich vor den, der euch die Zeit seines Lebens allezeit lieben wird.«

Im Sommer 1703 hielt Böttger seine Gefangenschaft nicht länger aus und floh. Der Statthalter ließ ihn durch Major von Bomstorff zurückbringen und von nun an sehr streng bewachen.

Anfang 1705 nahm der König die Sache selbst in die Hand. Er befragte seinen Beichtvater Vota über den Goldmacher, und Pater Vota meinte, Böttger scheine ihm ein ehrenhafter Mann zu sein, von außerordentlicher Bildung und »excellentissimi ingenii«, einzigartigem Genie. Tschirnhaus, Fürstenberg und der Bergrat Pabst aus Freiberg wollen nun gemeinsam mit Böttger die Tinktur finden. Sie haben im März 1705 einen Vertrag mit sechsunddreißig Punkten beschworen, von denen sich siebzehn auf die Geheimhaltung ihrer Arbeit beziehen. Auf Anweisung Böttgers wird die Goldtinktur während des Sommers von Tschirnhaus in Dresden und Pabst in Freiberg präpariert.

Die Versuche im September 1705 mißlingen. Der König läßt Böttger zur Strafe auf die Albrechtsburg in Meißen bringen. Wiederholt bittet Böttger um seine Freiheit. Am 17. September macht er den König vor Christi Richterstuhl für seine Ungerechtigkeit verantwortlich. Aber der König läßt seinen Aurifex nicht los. Er soll noch einmal mit der Arbeit beginnen, noch strenger bewacht, so daß kein Verdacht auf Betrug aufkommen kann.

5.

Es ist Herbst, das Laub verfärbt sich, erste Fröste liegen in der Luft, und nachts hallen die Brunftschreie der Hirsche durch die Wälder. Constantia und August reiten auf die Jagd, zumeist allein, nur in Begleitung einiger weniger Bedienter. Sie reiten durch den frühherbstlichen Wald, das Licht fällt schräg und golden durch die Bäume, das Zaumzeug knarrt. Constantia sitzt im Sattel wie ein Mann, ist gestiefelt und gespornt. Sie lassen die Pferde stehen, gehen auf die Pirsch und schießen Hirsche auf den Feldern, ganz so, wie Constantia früher mit dem Vater zu Hause in Depenau gejagt hat.

Ein anderes Mal gibt es für eine kleine Gesellschaft eine Treibjagd, und es ist lustig im Wald, wenn die Jäger die Jagdhörner blasen, die Hunde jachern und die Damen und Herren sich später in Zelten zum warmen Essen versammeln. Der neunjährige Kurprinz begleitet seinen Vater auf die Pirsch und erlegt sein erstes Stück Wild, und am 3. Oktober schießt er einen drei Zentner und fünfundsiebzig Pfund schweren Hirsch. August ist stolz auf seinen kleinen Sohn.

Constantia ist glücklich, und das Herz tut ihr weh, wenn sie an den Abschied denkt, der immer näher rückt. Augusts Arbeit in Sachsen ist getan, die Armee ist gerüstet, der König bricht auf. Die Königin ist bereits nach Torgau übergesiedelt, die Gesandten erhalten Abschiedsaudienzen. August versucht, sooft wie möglich mit Constantia zusammen zu sein. Sind in Dresden zu viele Geschäfte, so ißt er doch zu Mittag »bey der Madame von Hoymb«. Der König wird in Polen den Zaren treffen. Constantia darf ihn nicht begleiten. August will die polnischen Adligen mit der Wahl einer deutschen Mätresse nicht vor den Kopf stoßen. Die Polen wünschen, daß ihr König, wenn schon die Königin nicht zu ihnen kommt, eine polnische Mätresse hat.

Die königliche Armee sammelt sich bei Guben. Die Schiffsbrücke ist über die Oder geschlagen. Verpflegungs- und Munitionswagen gehen an die Armee ab. Ein Teil der königlichen Hofstatt reist nach Polen voraus.

August und Constantia gehen noch einmal für ein paar Tage nach Moritzburg zur Jagd. Dann reist der König mit dem Statthalter in die Lausitz, um die Armee zu mustern, und kommt von der Armee nach Leipzig zur Michaelismesse. Die Schweden haben die Übergänge über die Oder stark verschanzt.

Constantia trifft August in Leipzig. Das Fürstenhaus am Markt ist umgebaut worden. Es hat neue Stuckdecken mit Blumenranken bekommen, schön und feuersicher, wie der König es wollte.

In Warschau wird am 14. Oktober 1705 der Gegenkönig Stanislaus gekrönt. Seine Krone ist eine Nachbildung. Die echte Krone hat König August.

Dinglinger liefert zwölf der bestellten Ordenskreuze.

Dann kommt der Abschied. August reist über Lichtenburg, dem Schloß seiner Mutter, nach Guben. Noch kommen Nachrichten von ihm zu Constantia. Er ist über die Schiffsbrücke geritten und läßt das Dorf Schiedloh, den einzigen Brückenkopf, der den Sachsen auf der anderen Oderseite gehört, befestigen, dazu hat er 2000 Mann abkommandiert, Deutsche und Russen, die sich täglich abwechseln. Der König verläßt die Armee. Zehn Tage hört Constantia nichts von ihm, dann kommt endlich die Nachricht, daß er bei Krakau ist, wo ein russischer General mit 3000 Mann steht. Der König ist ganz allein, nur in Begleitung des Stallmeisters Vitzthum, des Kammerdieners Spiegel und eines Leibbarbiers als polnischer Kaufmann verkleidet über Danzig nach Tykoczyn am oberen Narew gereist. Der Kammerdiener Spiegel ist seit vielen Jahren sein treuer Begleiter; er hat Fatima, die frühere Geliebte des Königs, geheiratet und verläßt den König niemals.

Ungeduldig wartet Constantia auf die Kuriere, die ihr auf großen Umwegen durch die Linien der Schweden fast täglich Briefe von August aus Polen bringen. Allmählich nimmt sie wieder Anteil an dem, was um sie her in Dresden geschieht. Es wird von einer Heirat geredet: Patkul hat sich verlobt mit der vornehmen, reichen verwitweten Anna von Einsiedel, der Tochter des Oberhofmarschalls der Madame Royale von Rumohr. Die Damen und Herren des Hofes sind empört. Sie wollen Patkul nicht in den Reihen des sächsischen Adels.

Constantia ist nun Reichsgräfin Cosel, und auch ihr Scheidungsverfahren läuft endlich an. Der König hat die Scheidungssache zwar nicht an das Rechtskollegium gegeben, um die Geistlichen nicht zu kränken. Aber vor seiner Abreise befahl er den Oberkonsistorialräten, die Ehe nun schleunigst und ohne weitere Verzögerungen zu scheiden. August ist Constantia zuliebe von seinem politischen Grundsatz, sich nicht in die kirchlichen Angelegenheiten Sachsens einzumischen, abgewichen. Die Theologen gehorchen, ändern aber nicht den Gang des Verfahrens. Am 9. November urteilt das Oberkonsistorium, die Frau Beklagte sei ungeachtet aller ihrer Einwände verpflichtet, dem Kläger Hoym ehelich beizuwohnen, und Hoym, »derselben mit aller Freundlichkeit zu begegnen«. Am 18. Dezember kommt ein weiteres Schreiben, daß Constantia der an sie ergangenen Auflage, eben der Beiwohnung, bis zum 8. Januar 1706 nachzukommen habe unter der Verwarnung, daß sie andernfalls als »bösliche Verlasserin« geschieden werde.

Am 12. Dezember 1705 hat Constantia den Vertrag erhalten, mit dem der König sie zu seiner Frau macht. »Wir Friedrich August von Gottes Gnaden König in Pohlen . . .«, beginnt die Urkunde. Sobald Frau Constantia Gräfin von Cosel, geborene von Brockdorff, von ihrem Ehemann Adolf Magnus Freiherr von Hoym geschieden ist, soll die Urkunde in Kraft treten. Der König heiratet sie ». . . nach Art der Könige in Frankreich und Dänemark, auch andern Souverainen in Europa als Unsere legitime épouse . . . derogestalt, daß Wir in Kraft eines ehelichen Eydes versprechen und halten wollen, dieselbe herzlich zu lieben und beständig treu zu verbleiben, dahero wollen Wir solches hiermit vor Unserm Geheimen Rat declariren und die mit Unserer geliebten Gräfin von Cosel künftig erzeugenden Kinder männ- und weiblichen Geschlechts vor Unsere rechte natürliche Kinder kraft dieses erkennen«.

Die Bevollmächtigten haben sich auf »épouse«, das französische Wort für Ehefrau, geeinigt, um keine Schwierigkeiten mit der Königin zu bekommen. Doch wenn Constantia Wert darauf legt, kann sie das Wort nach Belieben auswechseln.

Wenn der König stirbt, sollen der Kurprinz und alle Nachfolger in der Kur die Gräfin und ihre Kinder als Grafen anerkennen, und ihr ganzes Vermögen und das Gut Pillnitz sollen in ihrem Besitz bleiben. Der König hat ». . . diese mit gutem Bedacht aufgesetzte Declaration und Verordnung Unserm Geheimten Raths Collegio versiegelt überreichet, auch selbige Unserer geliebten Gräfin von Cosel zugestellet und ist Unser Wille und Meinung, daß hierbei in künftigen Zeiten fest gehalten werden«.

August hat Constantia geraten, die Urkunde, die ja geheimbleiben soll, sicher zu verwahren. Sie läßt das kostbare Dokument durch den Hofrat Stryck, der auf der Durchreise nach Norden ist, ihrem Vetter Graf Christian Detlev von Rantzau für das Familienarchiv in Drage übergeben. Sie hat das Paket mit fünf Siegeln verschlossen, zweimal mit dem Frauenkopf, den sie für ihre Briefe verwendet, und dreimal mit ihrem neuen Wappen als Reichsgräfin, das zwei wilde Männer halten und in das sie die fliegenden Fische der Brockdorff eingefügt hat. Wenn ihre Eheurkunde irgendwo sicher ist, dann bei Rantzau in Holstein.

Constantias Bevollmächtigter in Leipzig rät ihr, alle Papiere über Pillnitz auf die nächste Ostermesse mitzubringen, um die Übertragung des Gutes auf sie vorbereiten zu können. Aber wird August bis dahin zurücksein?

Der König trifft den Zaren in Grodno. Es gibt wieder große Trinkgelage, sie schwören sich ewige Treue und Brüderschaft, dann muß Zar Peter überstürzt abreisen: In Rußland haben sich diejenigen gegen ihn erhoben, die gegen die Verwestlichung des Landes sind. Der Zar läßt sein Heer unter Fürst Menschikow und Feldmarschall Ogilvy zurück.

König August hält in Grodno einen großen Reichstag der polnischen Adligen ab und verleiht den neuen polnischen Weißen Adlerorden, auf dem die Devise steht »Pro Fide, Rege et Lege«, für Glauben, König und Recht. Senatoren aus Groß- und Kleinpolen und aus dem Großherzogtum Litauen kommen zu ihm, Bischöfe, Kastellane, auch der Fürst

Hieronymus Lubomirski, Kastellan von Krakau und Großfeldherr der polnischen Kronarmee, ist wieder auf seine Seite getreten, Großmarschälle und Kronschwertträger. Der König gibt die lange Liste derjenigen, die ihm Treue schwören, zur Veröffentlichung an den örtlichen Zeitungskorrespondenten. Nach dem Ende des Reichstags bleiben viele Deputierte noch über die Weihnachtsfeiertage bei ihm. Warnungen laufen ein, daß die Schweden mit dem ersten Frost angreifen wollen; die sächsisch-polnisch-russische Armee steht in höchster Alarmbereitschaft. Der König gibt Schulenburg den Oberbefehl über die Infanterie. Die beiden Widersacher Schulenburg und Flemming, der die Kavallerie befehligt, unterstehen nun direkt dem König. Die Truppen in Sachsen bekommen Order, sich stündlich marschfertig zu halten, damit sie, sobald die Schweden sich von der Oder zurückziehen und über die Weichsel setzen, sofort nach Polen aufbrechen können.

Am Abend vor seiner Hochzeit mit Anna von Einsiedel wird Patkul verhaftet, gerade als er sich in seiner Wohnung in Dresden ins Bett legen will. Er kommt zunächst auf den Sonnenstein, weil auf dem Königstein schon so viele politische Gefangene sind, daß kein Raum mehr frei ist. Da Patkul Gesandter des Zaren ist, befürchten die Geheimen Räte diplomatische Proteste.

Den ganzen Sonntagvormittag bleiben die Tore Dresdens verschlossen. Wachen durchsuchen Häuser und verhaften zwölf Personen, Freunde und Diener Patkuls. Die Dresdner sind beunruhigt. Constantia gehört nun zu den am besten Informierten am Hof.

Der Vorschlag, Patkul zu verhaften, ist von Schulenburg gekommen. Patkul hat sich zwielichtig, zumindest undurchschaubar verhalten. Er hat am 15. Dezember mit dem Grafen Stratmann, dem Wiener Botschafter, einen Vertrag geschlossen, in dem er dem Kaiser die 6362 russischen Soldaten überläßt, die in Sachsen überwintert haben und unter seinem Befehl stehen. Die Russen sind nach Patkuls Ansicht schlecht ernährt, frieren und haben nichts anzuziehen. Da seine mehrfachen Bitten an den König, ihnen zu helfen, nichts fruchteten, überläßt er sie jetzt dem Kaiser. Schulenburg sieht nur eines: Die Truppen, auf die der König bei der bevorstehenden Offensive gegen die Schweden fest rechnet, vermietet er einfach einem anderen Fürsten.

Der Geheime Rat schickte sofort einen Herrn zu Patkul mit dem Ersuchen, die Truppen nicht eher abmarschieren zu lassen, als bis Instruktionen von König August und Zar Peter aus Grodno kämen. Patkul antwortete, die Sache sei abgeschlossen, er könne nichts mehr ändern, wolle aber mit dem kaiserlichen Gesandten noch einmal sprechen. Daraufhin ließ der Geheime Rat ihn verhaften. Die Räte wußten nicht, was sie anderes tun konnten. Der Postweg zum König ist weit und unsicher. Sie wollen die Truppen im Land halten und abwarten, wie der König entscheidet.

Die befürchteten Konsequenzen treffen ein: Der kaiserliche, der dänische und alle anderen Gesandten verlassen Dresden, das Völkerrecht ist verletzt. Von vielen Höfen kommen Protestnoten. Hoym verteidigt den Standpunkt des Geheimen Rats: Als General der russischen Hilfstruppen unterstehe Patkul dem sächsischen Oberkommando und habe keinen diplomatischen Charakter mehr. Ein Militär, der im Augenblick des Angriffs seine Truppen einer anderen Macht gibt, sei ein Hochverräter. Über Patkuls Einwand, man habe die Soldaten so schlecht gehalten, daß sie kurz vor dem Verhungern seien, lacht man nur: Alle Soldaten werden schlecht gehalten.

Ende Januar billigt König August das Vorgehen des Geheimen Rats. Er will mit den Russen verhandeln und versuchen, diese schwierige und für das gute Einvernehmen gefährliche Sache gütlich beizulegen.

König Karl von Schweden ist mit seiner Armee über die Weichsel gegangen und marschiert auf Grodno zu. Moräste und Flüsse sind gefroren, die Schweden finden feste Passage, und die sächsischen Spione berichten, die Schweden sagten, bei diesem Frost würden sie schnell vorwärtskommen und siegen und im Frühling gegen Moskau ziehen. König August will den Feind in Grodno erwarten. Er schickt Generalorder, daß alle Truppen in Sachsen innerhalb von vier Tagen nach Polen marschieren sollen. Alle Generale haben Befehl, die Leute auf vier Wochen mit Brot und Zugemüse zu verproviantieren. Oberhofmarschall Pflugk beantragt in der schwedischen Kriegskanzlei Pässe für die Angehörigen des sächsischen Hofes.

Die Truppen aus Dresden und Umgebung rücken am 31. Januar 1706 aus. Die Artillerie geht ab, immer fünfzig Geschütze auf einmal. 16 000 Mann marschieren nach Polen. 8000 Uniformen für die Infanterie, die schon unterwegs ist, werden noch in Leipzig angefertigt; sie sollen nachgeschickt werden.

Als eine Einheit Franzosen aus Dresden marschiert, zertritt ein Grenadier sein Gewehr mit den Füßen. Sein Offizier spaltet ihm mit dem Säbel den Rücken, er bleibt am Straßenrand liegen. Als die Einheit das Stadttor passiert, legen alle Grenadiere das Gewehr nieder. Ponty, ihr Oberst, befiehlt den jüngeren Offizieren, auf die Soldaten zu schießen. Die Grenadiere legen die Gewehre auf die Offiziere an, doch sie sind unentschlossen; die Offiziere zwingen sie zum Marsch nach Polen in den Krieg.

In Dresden steht die Hofstatt zur Reise bereit, über fünfzig Wagen und dreißig Maultiere mit neuen Decken und Federbüschen. Die Truppen marschieren, die Möbel des Königs sind aufgeladen, der Hof macht sich reisefertig. Constantia ist unruhig.

Sie ist nun geschieden, ist Reichsgräfin und Exzellenz, ist die Ehefrau des Königs. Doch August ist in Polen und sie in Dresden. Ihre Ehe ist seit dem 8. Januar 1706 aufgelöst. Das Oberkonsistorium erklärte sie zu einer böslichen Verlasserin ihres Mannes und verbot ihr, sich wieder zu verheiraten. Hoym als der unschuldige Teil darf eine neue Ehe eingehen. Aber von einer Landesverweisung der Mätresse des Königs ist keine Rede mehr.

Hoym jammert auf den Soireen, ihm seien durch die Affäre nur Unehre und Schaden entstanden und kein Vorteil erwachsen. Er müsse Constantias Mitgift herausgeben und Silberwerk und Juwelen, die er ihr geschenkt habe. Er habe so viele Unkosten ihretwegen gehabt, die ihm nun keiner ersetze, ganz zu schweigen vom Haus seines Vaters, das sie bei ihrem Aufputz, um den König zu erobern, abgebrannt habe.

In Hofpapieren heißt sie jetzt Gräfin von Cosel oder Cossel, in Zeitungsberichten Gräfin von Kosel, und ihre Briefe unterschreibt sie La Comtesse de Cossell. Es gibt auch eine Herrschaft Kosel in Schlesien, Constantia hat die Beschreibung in ihren Akten. Aber es besteht kein Grund, die Herrschaft zu kaufen; der Kaiser verleiht schon lange Titel auch ohne Land und läßt sich gut dafür bezahlen.

Constantia hat ihren Rang in schwindelerregende Höhe gesteigert und wird eines Tages, so Gott will, sogar Kurfürstin-Königin sein. Sie liebt. Sie wird geliebt. Doch sie ist unsicher geworden. Ihr ist klar, daß sie in Dresden allein steht, sie hängt nur vom König ab. August ist leicht beeinflußbar. Viele neiden ihr den Aufstieg. Wer sie angreift und dem König etwas einflüstert, kann sie verletzen.

Noch immer erhält die Fürstin Teschen ihre Mätressenpension aus der Hofkasse. Hat August sein Versprechen vergessen? Die Teschen ist in Warschau, Fatima Spiegel ist in Warschau. August ist ein schöner Mann, und sicher warten auch andere Damen auf seine Gunst.

Sie erhält die Nachricht, daß die Schweden die russischen Truppen in Grodno eingeschlossen haben. König August ist in letzter Minute entkommen und von Grodno nach Krakau geritten. Einige Tage bekommt Constantia keine Nachricht. August ist überall und nirgends. Seine Kosaken erobern vierzig der Gepäckwagen des Gegenkönigs Stanislaus, seine Küche, seinen Wein und die Apotheke des Königs von Schweden. Dann heißt es, König August hält Hof in Warschau.

Constantia geht zu Pflugk und bittet um einen der schwedischen Pässe für eine Reise nach Polen.

1.

Mitte Januar hieß es, daß Regen die Wege in Polen aufweiche und das Eis auf den Flüssen unsicher werde. Aber als die schwedischen Pässe eintreffen, die den sächsischen Hofleuten das Passieren schwedisch besetzter Gebiete gestatten — eine Höflichkeit feindlicher Könige untereinander —, liegt überall tiefer Schnee, und die Wege sind wieder gefroren. Die Reisegesellschaft des Oberhofmarschalls Pflugk, der die Gräfin Cosel sich anschließt, bricht unverzüglich auf.

Die Reisenden überholen die langen Züge der Regimenter, die zu Fuß ostwärts ziehen. Die Soldaten schleppen müde ihre schweren Gewehre und Tornister. Die Offiziere erlauben ihnen nur wenig Ruhe in der Nacht aus Angst, sie könnten erfrieren, und treiben sie tagsüber von ihren Pferden aus an. Mürrisch gehen die Soldaten vom Weg ab in den tiefen Schnee der Felder, wenn die Karossen der Herrschaften aus Dresden heranrollen. Damen und Kavaliere sind in dicke Pelze gehüllt; auch in den Kutschen ist es so kalt, daß ihnen der Atem weiß vor den Gesichtern steht. Den Kutschen folgen die Reisewagen, schwere lange Holzwagen, mit Kisten und Koffern beladen. Auf den Sitzbänken, über denen lederne Baldachine ein wenig Schutz geben, drängen sich die Bedienten. Vor, neben und hinter dem Zug reiten bewaffnete Begleitmannschaften und sorgen dafür, daß die Soldaten Platz machen und niemand aufspringt und ein Stück mitfährt. Auch der Troß des Heeres, die Frauen und Kinder müssen vom Weg in den Schnee, und Constantia hört im Vorbeifahren die derben Flüche, die die Soldatenfrauen den Leuten von Stand nachrufen.

Immer wieder bleiben die Karossen im Train stecken, wenn sie auf die Wagen der Artillerie stoßen. Sie sind mit Kanonen, Kugeln und Pulverfässern beladen, und ihre Räder graben sich durch den Schnee und wühlen die Erde auf. Knechte mit langen Peitschen treiben die dampfenden Artilleriepferde an.

Zur Armee, die der König das ganze vorige Jahr über mit soviel Mühe aufgebracht hat, 16 000 Infanteristen und 2000 Reiter, gehören Regimenter aus vielen Nationen. Schweizer sind dabei, die 6000 Russen, die Patkul dem Kaiser vermieten wollte, Sachsen, von brutalen Werbeoffizieren zum Heer gepreßt, Bayern, darunter die Dragoner, die in Leipzig protestierten, Franzosen, Überläufer und Kriegsgefangene aus der Armee König Ludwigs XIV., die bei der Schlacht von Höchstädt entkommen sind, davongelaufen, gefangengenommen, verkauft. Bei Höchstädt an der Donau haben vor eineinhalb Jahren Prinz Eugen und der Herzog von Marlborough eine große Schlacht gewonnen im Krieg um das spanische Erbe.

Die Uniformen der russischen Soldaten sind grün und weiß, die Uniformen der sächsischen rot, doch die meisten Uniformen sind noch in Leipzig bei den Schneidern, und so stapfen die Soldaten in zerlumpten Kleidern durch den Schnee, erschöpft und unwillig wegen der schlechten Verpflegung. Viele von ihnen sind seit Jahren an das rohe Leben gewöhnt. Sie nehmen in den Dörfern, durch die sie ziehen, was sie finden können, rauben, morden, vergewaltigen, ihre Offiziere gehen ihnen beim Plündern voran. Doch es ist kaum möglich, die Soldaten aus dem Land zu ernähren, und man hat nach Lissa gleich hinter der polnischen Grenze geschickt und von der kleinen Stadt »110. Brod, 100. Tonnen Bier, 300. Schöpsen [Hammel], 80. Schweine, 70. Ochsen und 100. Kälber« gefordert.

General Schulenburg, der die Armee kommandiert, ist zuversichtlich. König Karl steht mit seiner Armee fern in Litauen und belagert Grodno, sein General Rehnskjöld steht mit 10 000 Schweden noch westlich von Posen. Schulenburg wird von Westen, König August von Osten gegen Rehnskjöld vorrücken. Sobald Rehnskjöld geschlagen ist, will König August den russischen Feldmarschall Ogilvy in Grodno entsetzen.

Die Reisenden aus Dresden überqueren die Oder. Constantia verläßt die Kutsche und geht zu Fuß über das Eis. Stundenlang fahren sie durch verschneite Wälder und über gefrorene Sümpfe. Polen ist zwanzigmal so groß wie Sachsen. Dörfer und Städte liegen oft weit auseinander, die Wege sind wenig befahren, und jedes Überschreiten der breiten Flüsse im fast undurchdringlichen Schneetreiben ist ein Wagnis. Oft bleiben Kutschen und Wagen in Schneeverwehungen stecken, und die Wagenknechte müssen mit Schaufeln die Gefährte ausgraben. Constantia reist nun in Männerkleidern. Räuberbanden lauern in den Wäldern, und sie hat ihre Pistolen griffbereit.

Die Reisenden übernachten in winzigen Dorfherbergen, die ihnen kaum mehr bieten können als ein Dach. So essen sie den mitgebrachten Proviant und sind froh, daß sie nicht in der Kalesche übernachten müssen. Meistens teilen sich mehrere Damen ein Zimmer.

Endlich erreichen sie Warschau. Die Kutschen rumpeln über die vereiste Weichselbrücke und fahren die steile Straße Moslowa zur Stadt hinauf. Die hölzernen Vorstadthäuser liegen mit der Breitseite zur Straße, seitlich führt eine Treppe zur Galerie im ersten Stock. Die Stadtmauern Warschaus sind niedrig, die Türme veraltet, und zur

Weichsel hin stehen Häuser auf den Mauern am Abhang. Warschau ist eine enge, doch prächtige und reiche Stadt, eine Stadt der Klöster, Kathedralen und Paläste. Die Paläste sind meist zweistöckig, haben große Höfe und ausgedehnte Stallungen, denn die polnischen Herren pflegen sich von zahlreichen Bewaffneten begleiten zu lassen. Das Schloß liegt mitten in der Altstadt, es gehört der Republik Polen und ist dem König nur zur Benutzung überlassen, ein weitläufiger, altertümlicher Bau, mehr Burg als Palast.

August ist überrascht, Constantia zu sehen, und gerührt, daß sie seinetwegen die beschwerliche Reise auf sich genommen hat. Er findet sie reizvoll in ihren Männerkleidern und schöner als zuvor. Doch das Wiedersehen ist nicht so, wie Constantia es sich erhofft hat. Sie spürt eine eigenartige Fremdheit. Dann erfährt sie, daß der König noch immer in freundschaftlichem Umgang mit der Fürstin Teschen steht. Es ist gut, daß sie gekommen ist.

Das Schloß gleicht mehr einem Feldlager als einer geordneten Residenz. Kisten stehen herum, der Hof ist bereit, jederzeit sofort mit dem König wieder aufzubrechen. Nur die beiden Antichambres und der Marmorsaal sind prunkvoll hergerichtet. Der König will noch zwei Wochen in Warschau bleiben und dann dem General Rehnskjöld entgegengehen. Die Pferde werden eiligst beschlagen und die Armeewagen repariert.

Die polnischen Herren, die Constantia beim König ein- und ausgehen sieht, sind prächtig gekleidet. Sie tragen lange pelzverbrämte Mäntel, tragen Zobel-, Tiger-, Leoparden- oder Pantherfelle, nur wenige Polen sind nach französischer Mode gekleidet wie die Sachsen. Sie haben die Haare kurz unter den Ohren abgeschnitten und lassen sich große Schnauzbärte stehen, ganz anders als die sächsischen Herren, die langes Haar oder Perücken tragen und glattrasiert sind. Die meisten sind schöngewachsene Männer mit heller Haut und blondem Haar. Sie gehen gewichtig mit einem Streithammer in der Hand und dem bloßen Säbel an der Seite, der in ihrem Ledergürtel steckt. Vom Gürtel hängen auch ihr Taschentuch herab und ein Messer und ein kleiner, in Silber gefaßter Stein zum Messerschärfen.

Die adligen Damen ziehen sich französisch an und frisieren sich nach französischer Mode. Sie geben viel Geld für Kleider aus, das Gepränge ist groß in Warschau. Die Damen verlassen ihre Häuser nur in sechsspännigen Karossen, selbst wenn sie Besuch im Haus auf der gegenüberliegenden Straßenseite machen. Sie haben immer eine Anstandsdame bei sich, dabei sind sie ehrbar und kaum kokett, sie haben soviel Freiheit, wie sie wollen, und spielen auch in der Politik eine Rolle.

Constantia erfährt, daß Frau von Spiegel, Fatima, vom König schwanger ist. Sie kann ihre rasende Eifersucht kaum beherrschen, ihre Enttäuschung, ihren Jähzorn. Sie liebt den König und hat Angst, ihn zu verlieren.

August benimmt sich sonderbar. Eines Abends sagt er zu Constantia, er habe eine geheime Unterredung mit einem polnischen Herrn und wolle ihn in der Stadt treffen. Constantia ist um seine Sicherheit besorgt, in Warschau wimmelt es von Verrätern, die geschworen haben, ihn zu töten. Sie will August bewaffnet als Leibwache begleiten. Er ist gerührt, scheint zu schwanken, ob er nicht doch bei ihr bleiben soll. Ich werde Rantzau mitnehmen, sagt er schließlich, ich kann mich wohl auf ihn verlassen. Constantia habe ihm den Verwandten ja selbst als Adjutanten empfohlen. Jedem könne er Angst verzeihen, nur ihr nicht, die immer so mutig sei.

Constantia sitzt die ganze Nacht vor dem Kamin und wartet auf ihn. Sie ist in großer Sorge und Unruhe, weiß nicht, was hinter diesem nächtlichen Ausgang steckt. In der Stadt lebt ein Weinhändler namens Duval oder Truand, der französische Weine importiert und ausschenkt. Aber die Hauptattraktion seines Hauses ist eine hübsche Tochter, Henriette. Die ganze vornehme Jugend Warschaus macht ihr den Hof. Ist der König bei ihr?

Gegen Morgen kommt August ins Schloß zurück. Er ist ärgerlich, Constantia vor dem Kamin zu finden. Er will nicht, daß sie wach bleibt, wenn er ausgeht.

Am Vormittag, während der König mit den Räten arbeitet, läßt Constantia Rantzau kommen. Der König, sagt der Vetter fest, habe mit einem polnischen Grafen konferiert. Constantia bleibt unruhig. Als der König sie später besucht, weint sie. August tröstet sie, lenkt sie ab, spricht über Polen und den Krieg und sagt schließlich, er müsse diese Nacht aber noch einmal den polnischen Grafen sprechen. Constantia glaubt ihm nicht. August wird wütend: Er liebe solche Anschuldigungen und Verdächtigungen nicht und überhaupt keine Vorwürfe.

Meine Quelle für diese Szenen in Warschau ist ein Buch, das in erster Auflage 1734 erschien und später viel gelesen wurde: ›La Saxe Galante‹, das galante Sachsen. Sein Verfasser heißt Karl Ludwig von Pöllnitz, und ich traue ihm und seinen wörtlichen Reden nicht sehr. Aber vielleicht gibt er zumindest wieder, wie die Stimmung zwischen Constantia und August sich im Hofklatsch spiegelte.

August hält sich in den nächsten Tagen von Constantia fern. Sie versucht, herauszubekommen, was dahintersteckt, und erfährt endlich von einem Kammerdiener, der König verbringe viele Stunden mit einem jungen Mann in seinem Retirade-Gemach. Es sei möglich, sagt der Kammerdiener, daß es sich bei diesem jungen Mann um eine verkleidete weibliche Person handele, sie würde gar zu geheimnisvoll in das Zimmer des Königs geführt.

Constantia geht in ihrem Zimmer auf und ab. Sie ist verzweifelt, denkt an Selbstmord. Da kommt, unangemeldet, der König zu ihr, fragt, warum sie immer weine. Unter Tränen kommt sie mit der Sprache heraus. Unsinn, sagt August, das sogenannte Mädchen sei der Vetter eines polnischen Herrn, der zu ihm geschickt wurde, um ihn vor Mordanschlägen polnischer Rebellen zu warnen. Wenn er ein verkleidetes Mädchen sei, so wäre es ihr, Constantia, doch nicht unmöglich gewesen, ihn mit ihr zu überraschen. Ihm sei nichts verhaßter als solche Nachforschung.

Nun bricht alles aus Constantia hervor, womit sie sich seit Tagen quält. Sie glaube ihm, sie werde ihm immer glauben, aber das Schicksal seiner Mätressen werde sie nicht teilen. Sie habe sich um ihre Ehre gebracht und sei auf den Geheimvertrag eingegangen, weil er ihr ewige Treue geschworen habe. Aber wenn er sie hintergehe, müsse er um sein Leben fürchten. Sie werde ihm eine Pistolenkugel durch den Kopf schießen und sich selbst eine Kugel ins Herz, um so ihre Torheit zu bestrafen, daß sie ihn liebe. August nimmt sie in die Arme. Noch am selben Abend läßt sie ihr Bett in das private Schlafzimmer des Königs stellen. Der junge Mann kommt nicht wieder ins Schloß.

Am 18. Februar 1706 bricht der König morgens um sechs mit Constantia auf und reitet nach Lowitz, nach Westen, der Armee entgegen. Die Hofstatt hat er vorausgeschickt. Er läßt hundert russische Soldaten in Warschau, die die Tore bewachen.

Lowitz ist eine kleine Stadt aus Holzhäusern; lange Eiszapfen hängen von den Dachtraufen. Als die Suite des Königs durch die Hauptgasse reitet, bellen die mageren Hunde, und die Einwohner laufen in die Häuser. Die Stadt muß zum Unterhalt des königlichen Hofes Lebensmittel abliefern. Doch die Einwohner sind arm, im Winter geht es immer knapp zu, und seit vielen Jahren ziehen mehrere Armeen plündernd durchs Land. Die ausländischen Gesandten, die den König begleiten, müssen zusehen, wie und wo sie unterkommen.

Die Mißstimmung zwischen Constantia und August ist verflogen. Nacht für Nacht schlafen sie im selben Zimmer. Sie sind glücklich wie im vergangenen Sommer. Der König gibt Oberhofmarschall Pflugk die schriftliche Anweisung, daß die Pension von 15 000 Talern, die die Fürstin Teschen jährlich aus der Hofkasse erhalten hat, eingezogen und der Gräfin Cosel rückwirkend vom 1. Februar 1706 an ausgezahlt werden soll. Nun steht Constantia auf der Besoldungsliste des Hofes ganz oben. Sie erhält zweimal soviel wie der Erbprinz August Wilhelm in Wolfenbüttel.

Eine polnische Mätresse nutzt, so, wie es in Polen aussieht, August auch nichts mehr. Jetzt braucht er Schlachtenglück.

2.

August ist unruhig, die Nachrichten von Schulenburg bleiben aus, seine Sorge wächst mit jedem Tag, den er vergeblich wartet. Dann trifft ein hohläugiger unrasierter Reiter in Lowitz ein. Zehn Tage hat er gebraucht, um schwedischen Streifen auszuweichen und zum König durchzukommen. Die Armee des Königs existiert nicht mehr.

Der Kurier berichtet: General Schulenburg und fast alle sächsischen Offiziere seien tot. Rehnskjöld habe die Armee bei Fraustadt vernichtet.

Stumm sieht der König den Kurier an. Dann steht er auf: »Ich habe meine Armee sehr wohl besoldet, werde aber von selbiger sehr übel bedient.« Mehr hört niemand von ihm über den Verlust seiner Armee.

Der König bricht am nächsten Morgen nach Petrikau im Süden auf, wo noch sächsische Kavallerie steht.

Mehrere Kuriere aus Sachsen schlagen sich zum König durch. Schulenburg ist nicht tot, er ist nach Dresden zurückgeflohen. Das Bild der Schlacht bei Fraustadt wird allmählich genauer.

Die Armee hatte die Oder überquert, und Schulenburg zog mit ihr langsam nach Osten, obwohl König August noch in Warschau war. Er glaubte, mit seinen 18 000 Mann auch allein die 10 000 von Rehnskjöld besiegen zu können, falls dieser sich zu zeigen wagte. Am Sonnabend, dem 13. Februar 1706, um sieben Uhr morgens standen die Sachsen gerade abmarschbereit. Sie wollten auf den umliegenden Gütern und in den Landstädten Beute machen und plündern. Spähtrupps brachten die Nachricht, daß die Schweden anmarschierten. Schulenburg stellte die Armee eilig in Schlachtordnung auf. Er beobachtete die anrückenden Schweden von einer Windmühle auf einem Hügel aus und ließ den Obersten aller Regimenter bestellen, »es komme darauf an, ¼ Stunde dem feindlichen Angriff zu widerstehen«, dann halte er den Feind für geschlagen.

Die Schweden stiegen von ihren Pferden, knieten nieder, und die Sachsen hörten sie singen: »Ein' feste Burg ist unser Gott.« Die Schweden trugen als Feldzeichen Stroh an ihren Hüten, die Sachsen Rosen aus weißem Papier. Der Schlachtruf der Sachsen war: »Macht alles nieder«, der der Schweden: »Mit Gottes Hilfe.«

Dann begann die Schlacht. Die Sachsen zündeten die Kanonen, die Schweden fielen von ihren Pferden. Die Kanoniere nahmen an, die Reiter seien getroffen, Pulverdampf nahm ihnen die Sicht. Da waren die Schweden schon degenschwingend bei den Kanonen und richteten sie auf die Sachsen.

Der linke Flügel der sächsischen Kavallerie sah die Schweden und floh, ohne einen Schuß abzugeben. Die Reiterei des rechten Flügels floh ebenfalls. Die Franzosen und Schweizer sahen die Kavallerie davonreiten, legten die Gewehre nieder und liefen zum Feind über, 2400 Mann. Russen und Sachsen warfen die Gewehre weg und rannten vom Schlachtfeld fort oder zum Feind. Ein ungeheurer Lärm von den Schüssen der Kanonen begleitete das wilde Durcheinander. Alte Soldaten erzählten später, sie hätten nie ein ähnlich furchtbares Feuer erlebt und eine so blutige Schlacht.

Eine Gewehrkugel traf den General Schulenburg an der rechten Hüfte und drang durch seine beiden mit Pelz gefütterten Mäntel. Er schwankte, doch er hielt sich auf seinem Pferd. Er ritt zu Bataillonen, die noch standen und warteten, und führte sie gegen die Schweden, doch auch diese Soldaten warfen, als sie die Schweden sahen, die Waffen weg und ließen sich gefangennehmen. Dem kommandierenden General blieb nichts anderes übrig, als das Schlachtfeld zu verlassen. Er zog sich in Begleitung nur eines Ordonnanzoffiziers und eines Reitknechts in den nahen Wald zurück.

Die Hauptschlacht dauerte eine knappe Stunde und war gegen Mittag beendet. Doch ein Teil der sächsischen Infanterie stellte sich zu einem Viereck auf und verteidigte sich noch lange und tapfer. Nachmittags um vier starben die letzten.

Die Schweden suchten unter den Gefangenen die Russen und durchbohrten sie mit ihren Bajonetten. Sie rächten grausam die Gewalttätigkeiten, die Russen an Schweden in Livland, Finnland und Ingermanland begangen hatten. Noch zwei Tage nach der Schlacht holten sie zweihundert Russen aus einer Scheune und erschlugen sie.

Sächsische und bayerische Soldaten flüchteten in das Rathaus von Fraustadt. Die Schweden zündeten es an, und die Soldaten verbrannten. Die gefangenen Infanteristen lagen wie Vieh in Koppeln unter dem freien Winterhimmel. Die schwedischen Soldaten brachten die eroberten Kanonen und Wagen mit Beute in die Stadt. Zweimal täglich riefen sie Einwohner und Herbeigereiste auf, vom Erbeuteten zu kaufen. Nur Waffen verkauften sie nicht. Aus der Schule drang das Stöhnen und Wimmern der schwedischen Verwundeten bis zu den Händlern auf die Straße.

Die sächsische Kavallerie, die als erste geflüchtet war, hatte sich über die Bagage der eigenen Infanterie hergemacht und sie völlig ausgeplündert, die Frauen vergewaltigt.

Schulenburg gibt den Verlust an Toten, Verwundeten und Gefangenen mit insgesamt 5807 Mann an. Rehnskjöld meldet dagegen 4000 sächsische Tote und 6000 Gefangene. In den Zeitungen erscheinen die Listen mit den Namen der gefallenen Offiziere. Über sechzig tote sächsische Offiziere können namentlich nicht genannt werden, weil niemand mehr ihre zerhackten Gesichter identifizieren konnte. Rehnskjöld gibt 354 Tote und 972 Verwundete auf schwedischer Seite zu. Er ließ die toten Schweden noch am Tag der Schlacht und am folgenden Tag von Gefangenen begraben. An sächsischen Verwundeten holte man acht Oberste und Oberstleutnants vom Schlachtfeld und brachte sie in eine Scheune, die übrigen überließ man dem Frost, den Bauern und den Hunden.

Die Bauern ziehen Verwundete und Tote aus und schneiden ihnen die Finger mit den Ringen ab. Die Hunde fressen an den Leichen. »Ich bin gestern auf der Wahlstadt gewesen, welche recht erbärmlich aussiehet«, schreibt ein Berichterstatter, »das Chamb de Bataille ist auf eine halbe Meile mit todten Leuten bedecket, so gantz nackend ausgezogen, an manchem Orth liegen sie nicht neben, sondern auf einander.« Fünf Tage nach der Schlacht berichtet ein anderer: »Die Sächsischen Todten liegen noch unbegraben, nackend ausgezogen, man hat aber Anstalt gemacht, daß sie durch die Bauern begraben worden. Die Erd ist so hart gefrohren, daß man sie durch Feuer auffhauen muß.« Die Bauern werfen je zwei- bis dreihundert Soldaten in ein Loch, in zehn Lagen übereinander.

Die Schweden geben bekannt, was sie von den Sachsen erbeutet haben: vier Artillerie-Kompanien und eine Handwerkerkompanie, 701 Pferde und alle Munitionswagen der Sachsen, 31 Kanonen, 28 halbe Tonnen mit Pulver, 40 sechspfündige und 40 dreipfündige Kanonenkugeln, Granaten und Handgranaten, 2100 Musketen, 960 Degen, 1470 Bajonette, 1000 Klafter Lunten, 90 kurze Gewehre, 460 Schulterriemen, 220 russische Äxte, 32 Kästen mit Musketenkugeln, 16 Trommeln, vier Kästen mit Flintstein, 34 eiserne Schaufeln, doch sei »kaum die Helffte völlig auffgezeichnet, weil täglich von den Regimentern mehr einkommt, das meiste aber von den Bauren weggestohlen, inzwischen wir den Feind verfolgen musten«.

Noch den ganzen März über kommt sächsisches Fußvolk in Sachsen an, Soldaten, die bei den Schweden gefangen waren, flüchteten und sich nun wieder melden. Von den 6000 totgeglaubten Russen melden sich 1500, sie hatten sich auf dem Schlachtfeld fallen lassen und waren nachts davongelaufen. Auch »viele hohe Officiers«, von denen es hieß, sie wären tot, kommen nun »einer nach dem andern gesund« an. Sächsische Infanteristen ziehen in kleinen Haufen plündernd durch Preußen, Schlesien, Sachsen, führen ein wildes Beuteleben, wobei die Offiziere es den Soldaten gleichtun. Sie sind völlig verwahrlost, ohne Strümpfe, in zerrissenen Schuhen. In Böhmen bieten Soldaten ihr Gewehr und ihr Pferd zum Verkauf an. Alle Straßen in Sachsen sind von Soldaten besetzt, um die ausgerissenen und zerstreuten Truppen wieder einzusammeln. Sie bringen hundert der geflohenen Franzosen mit Ketten und Stricken gefesselt nach Dresden in die Stockhäuser. Aus neun Orten reisen neun Folter- und Torturmeister mit ihrem Gefolge in die Residenzstadt.

Schulenburg beklagt sich in seinem Rapport über die Schlacht beim König über die Soldaten, die feige davonliefen, besonders über die Kavallerie, und verlangt ein strenges Kriegsgericht. Er habe die Regimenter nach allen Regeln der wissenschaftlichen Kriegskunst zur Schlacht aufgestellt, sinnreich und klug, wie es ihm keiner so leicht nachmachen könne.

König August verzeiht Schulenburg.

Die strategisch-politischen Kombinationen, die er und Zar Peter in Grodno erarbeiteten, sind zerstört. König August unterscheidet sich im Augenblick von den vielen, im Lande umherziehenden Streifkorpsführern nur darin, daß er die polnische Krone im Koffer mit sich führt.

Er benimmt sich, als sei nichts Bedeutendes vorgefallen, verschließt sich vor jedem, auch vor Constantia. An allen Höfen bewundert man den stoischen Gleichmut, mit dem er den Verlust seiner Armee erträgt. In Wien erinnert er die Höflinge an Philipp II. von Spanien nach dem Verlust seiner Armada.

Der König plant, Rehnskjöld mit den Truppen, die ihm geblieben sind, noch einmal anzugreifen. Er geht von Petrikau nach Piltze, wo Schulenburg und Flemming eintreffen, konferiert, rechnet, organisiert. Wenn von den 18 000 Dörfern in Sachsen jedes einen Mann stellt und ausrüstet, hätte er alles wieder im vorigen Stand.

Aber die Adligen und die Bürger in Sachsen wollen keinen Krieg mehr. Sie sind erbittert über das Heer, haben die Augenzeugenberichte der Schlacht in den Zeitungen gelesen, die, anders als der Hof, Kritik an Schulenburg nicht unterdrücken. Ein Leutnant Hochmuth berichtet, Schulenburg habe sich überschätzt und den Feind nicht ernst genommen, daher habe ». . . der Feind, welcher den Wind, die Höhen, und hinter sich einen Wald zu seinem Vorteil hatte, unser Terrain aber viel zu klein war, die Advantage desto leichter erhalten«. In Sachsen wächst die Angst vor einem Einmarsch der Schweden.

Kaufleute in Hamburg und Berlin bezweifeln, daß es bei dieser schwebenden Gefahr sinnvoll sei, die Leipziger Ostermesse zu besuchen. Der König antwortet den Leipzigern, er kehre sich nicht an die Gerüchte eines schwedischen Einfalls, die von den Preußen immer vor der Messe aufgebracht würden, um den Handel zu ruinieren und die Messe nach Halle zu ziehen. Aber die Stimmung unter den Leipzigern Handelsherrn ist so antimilitärisch, daß ein Leipziger Journalist seine übliche Zurückhaltung aufgibt und schreibt: »Das Meiste, worauff wir uns verlassen, ist, daß die Engel- und Holland dieser Schwedisch- und Pohlnischen Unruhe nicht länger zusehen, sondern dem jenigen Theil, welcher die vorseyenden Friedens-Vorschläge nicht placidiren sollte, auff die Haut gehen werden, wozu sich mit der Zeit die darzu erforderende Truppen finden dürfften.« Für weitere Abenteuer des Königs nicht.

Der Geheime Rat fordert den König auf, die polnische Krone niederzulegen. Sein Bleiben in Polen könne Sachsen nur Schaden bringen, die Schweden würden schließlich Sachsen besetzen und so lange bleiben, »bis die Kosten des Liefländischen und Pohlnischen Krieges nach und nach bezahlet«. Er möge die glücklichen Zeiten seiner Vorfahren wiederherstellen, die innerhalb der Landesgrenzen ihre Macht und ihr Ansehen gesucht hätten.

Im Geheimen Rat sitzen die Spitzen des sächsischen Adels, der sich seit Jahren gegen das Streben des Königs nach absoluter Macht wehrt, die er, gestärkt durch kriegerische Erfolge in Polen, in Sachsen durchsetzen will. Jetzt ist der Moment gekommen, ihn für immer aus Polen zu holen. Wenn er sich weigere, schreibt der Rat dem König, werde er schuld sein am Verderben des Volkes: »Der Zorn Gottes wird immer mehr entflammet und die armen Unterthanen werden an den Bettelstab und zur Desperation gebracht.« Adel und Städte rebellieren mit kaum verhüllten Drohungen gegen den Kurfürst-König.

Der König muß seinen Befehl, neue Truppen in Sachsen zu werben, widerrufen. Das strenge Kriegsgericht, das er auf Vorschlag Schulenburgs befohlen hat, soll zwar abgehalten werden, doch rät er, »mit Behutsamkeit« vorzugehen, damit die Soldaten sich nicht zusammenrotten und eine Meuterei anstiften. Zum Schein weicht er geschmeidig zurück. Aber er wird aufrüsten. Und er wird den Geheimen Rat durch eine Reform der Regierung entmachten. In den nächsten drei Monaten arbeitet er am Aufstellen einer neuen Armee und – im stillen – an einer neuen Regierung. Er ist August der Starke, der sächsische Herkules. Er wird die widerspenstigen sächsischen Adligen bezwingen und die noch widerspenstigeren polnischen dazu.

Mit dem Erwerb der polnischen Krone hatte er eine seit vielen Jahrhunderten betriebene Politik entscheidend vorangebracht. Die sächsischen Kurfürsten bemühten sich seit Generationen, den gewinnbringenden Transithandel an sich zu reißen, der vom Orient über Polen nach Westeuropa führt, bemühten sich um den Import polnischer Rohstoffe nach Sachsen und um Polen als Absatzmarkt für sächsische Industrieprodukte. Sachsen, das als volkreich gilt, hat an die zwei Millionen Einwohner, Polen aber sechs bis zehn Millionen. Zudem genießt ein König von Polen mehr als eine Million Taler Einkünfte im Jahr aus Krongütern und Salzbergwerken, eine Summe, die in Friedenszeiten die Kosten bei weitem deckt, die die Königskrone einem Kurfürsten verursacht.

Doch viel Macht hat ein König in Polen nicht. Polen heißt trotz seiner königlichen Spitze ›Republik Polen‹. Eine lange Reihe von Königen vor August II. sind von dieser Republik des Adels, obzwar als Oberhaupt gewählt, nur geduldet worden und bei ihren Versuchen, die Macht der Krone auszudehnen, gescheitert.

Jeder zehnte Pole ist ein Adliger. Alle wichtigen politischen Beschlüsse müssen auf einem Reichstag des Adels einstimmig gefaßt werden, jedes Mitglied kann ein Veto einlegen, und jeder Pole ist stolz auf dieses Liberum Veto, die Goldene Freiheit.

Der Adel ist nach den Bauern der zahlreichste Stand in Polen. Er umfaßt die weite Spanne von Magnaten, die über Land, das in Mitteleuropa Fürstentümern entspricht, und Tausende von Bewaffneten verfügen, über Schlachtschitzen, den mittleren Adligen und Besitzern mehrerer oder auch nur eines Gutes, bis hin zu kleinen Landbesitzern, die kaum mehr haben als die ärmsten Bauern. Alle wichtigen Staatsämter und die hohen kirchlichen Ämter sind bei einigen wenigen vornehmen Familien, von denen keine der anderen die oberste Würde gönnt, die eines Königs. Aber in einem sind die mächtigsten Magnaten und die ärmsten Adligen gleich: im Liberum Veto.

Die Hauptmasse der Bevölkerung sind Bauern, die meisten von ihnen Leibeigene, die dem König, einem Adligen oder der Kirche gehören. Ihr Herr kann sie wie Sklaven verkaufen, sie besitzen kaum Vieh, wohnen in Bretterhütten, sind ausgeplündert, abergläubisch und ungebildet, unterwürfig wie verängstigte Hunde und fast so rechtlos wie diese.

Das polnische Bürgertum ist wenig einflußreich. Die angesehenen Einwohner der Städte sind meist Fremde. Nur in den größeren Städten treiben die Bürger Handel und Gewerbe, nur hier gibt es höhere Schulen und Akademien, Gelehrte und Künstler. Haupthandelsstadt ist Danzig. Danziger Kaufleute exportieren Getreide, Vieh, Wolle, Holz,

Hanf, Teer, Leder, auch Blei, Eisen, Kupfer, Steinkohle und Bernstein und importieren Manufakturwaren, Tuche, Seiden und Luxusgüter für die Reichen.

Die zahlreichen Geistlichen im Land sind mit dem Adel eng verbündet. Die vierzehn Bischöfe Polens und die beiden Erzbischöfe in Gnesen und Lemberg leben wie große Magnaten. Die Orden, Jesuiten, Dominikaner, Franziskaner, beherrschen den Schulunterricht und das geistige Leben. Sie dulden keine Emanzipation, schon gar nicht der unteren Stände, keine Anhänger selbständiger naturwissenschaftlicher Überzeugungen, kein Einmischen des Königs in ihre Angelegenheiten. Sie folgen den Weisungen, die von Rom aus durch den päpstlichen Nuntius in Warschau an sie gehen. Die Fortschrittsfeindlichkeit der katholischen Kirche findet Ausdruck in einer besonderen Wirtschaftsanschauung, dem »Kanonismus«. Der Kanonismus verurteilt aus ethischen Gründen jeden Egoismus, jedes Streben nach Gewinn, sieht gewerbliche Arbeit nur als notwendiges Übel an, Handel ist unsittlich, nur Landwirtschaft gut.

Der Adel steht Handel und Gewerbe ebenfalls ablehnend gegenüber, aus Standesbewußtsein und Lebensgefühl. Doch es gibt auch Adlige, die eine Erhöhung des Exports bei gedrosseltem Import fordern, Bildung von Handelsgesellschaften, Unterstützung der Schiffahrt, Kanalbauten, und die sich von einem König aus dem betriebsamen Sachsen Wirtschaftsreformen versprechen. Ein mögliches Eindringen sächsischen Bürgertums in Polen ruft bei vielen aber auch Besorgnis hervor: Die Initiative der Sachsen könnte auf das Bürgertum in Polen anregend wirken, es könnte erstarken und somit den Einfluß des Adels schwächen. Andere Adelsparteien wiederum fassen die Stellung des Königs in Sachsen als gefährlichen Absolutismus auf und wünschen keine Reformen, die von ihm ausgehen.

Zu den unterschiedlichen Auffassungen innerhalb des Adels über die Stellung des Königs, über Handel und Gewerbe kommt noch als weiterer Anlaß für Parteiungen, daß Polen sich aus drei Verwaltungseinheiten mit unterschiedlichem Recht und unterschiedlichen Interessen zusammensetzt: aus Großpolen, Kleinpolen und dem Großherzogtum Litauen. Die Reichstage treten zweimal hintereinander in Warschau, das dritte Mal in Grodno zusammen.

Auf den Reichstagen des Adels ist der König allenfalls ein Erster unter Gleichen. Während der Reichstag berät, regiert diese Versammlung die Republik, zwischen den Tagungen regiert ein Senat, der sich aus Mitgliedern des hohen Adels und der Geistlichkeit zusammensetzt. Aber bei wichtigen politischen Fragen muß der Reichstag zusammentreten. Der König darf ohne seine Zustimmung keine neuen Zölle und

Steuern erheben, er darf keinen Vertrag mit ausländischen Mächten schließen, keine Truppen werben, keinen Krieg beginnen und auch nicht die polnische Kronarmee aufbieten.

Das Liberum Veto führt Polen an den Rand von Chaos und Anarchie, denn viele Reichstage werden durch ein Veto gesprengt und müssen ohne Beschluß auseinandergehen. Es ist aber »Anarchia« auch im guten Sinn: Der Grundsatz der Herrschaftslosigkeit verhindert eine absolute Monarchie, die Herrschaft eines Menschen über andere. Die Polen sind der Meinung, daß die Freiheit des einzelnen − Adligen − das Wichtigste sei am politisch geordneten Zusammenleben.

Nach der Schlacht bei Fraustadt hält die überwiegende Mehrheit des mittleren Adels, die Schlachtschitzen, zu König August. Karl XII. versucht mit Gewalt, Anhänger für den Gegenkönig Stanislaus zu gewinnen. Der Besitz derjenigen, die nicht zu Stanislaus halten und ihm keine Kontributionen − Zwangsabgaben − zahlen, wird geplündert und angezündet. Doch nur wenige Schlachtschitzen und Magnaten sprechen sich für Stanislaus aus, weil sie ihre Güter schützen wollen.

August konferiert mit den polnischen Adligen. Die Hoffnung, die eingeschlossenen Russen in Grodno zu entsetzen, ist vernichtet. Feldmarschall Ogilvy schlägt sich kühn durch den Belagerungsring der Schweden und zieht sich in langen Märschen in die Ukraine zurück. Der Zar lehnt es ab, König August Kavallerie zur Verfügung zu stellen. Schulenburg geht zurück nach Sachsen, um neue Truppen zusammenzubringen. Der König hat ihn zum Feldmarschall ernannt. August erarbeitet Pläne, Sachsen vor einem Einfall der Schweden zu schützen.

Mitte März bricht er mit Constantia und dem Hof nach Krakau auf, um dort auf die neue sächsisch-polnische Streitmacht zu warten. Er läßt sich in Krakau wenig sehen: Die Adligen reiten von den Gütern in die Stadt und bestürmen ihn mit Bitten, ihnen die Kontributionen zu erlassen. Denn auch König August läßt hart eintreiben.

Die Ostertage verbringt August in ruhiger Abgeschiedenheit im Kloster Bielau bei Krakau. Doch gleich nach seiner Rückkehr in die Stadt arbeitet er rastlos weiter. Die Bauern aus der Umgebung müssen Stadt und Schloß befestigen. Das Kupferdach des Schlosses geht als Rohstoff für die Rüstung nach Sachsen.

In der ersten Aprilhälfte schickt Schulenburg Kavallerie und zweiundvierzig Wagen zu je sechs Pferden mit Flinten, Pulver, Kugeln, Handgranaten. Einhundertsiebenundfünfzig Mann bringen den Transport, als Equipagen und Besitztümer des Königs und seiner Hofbeamten getarnt, mit Hilfe schwedischer Pässe und hoher Bestechungsgelder durch Schlesien und über die polnische Grenze. Wenig später kommen

160

die neuen Uniformen aus Leipzig in Krakau an, die für die Soldaten bestimmt waren, die jetzt in Fraustadt verscharrt sind.

Aus Dresden kommen auch Nachrichten über die Verhöre vor dem Kriegsgericht. Die ersten Urteile ergehen. Am 27. April früh um sieben müssen dreißig Dragoner Spießruten laufen, neun werden am Pfahl aufgehängt. Drei Dragoner kommen an den Galgen, zweien werden die Köpfe abgeschlagen, die Körper aufs Rad geflochten. Einer von ihnen widerspricht dem Todesurteil des Gerichts, weil er gegen seinen Willen in den Krieg ziehen mußte. Er ruft auf dem Richtplatz vor allen Zuschauern seinem Wachtmeister zu: »Ihr seyd Ursach, daß ich diesen schimpflichen Todt leiden muß, ihr habt mich commandiret, daß ich Böses thun müssen, und nun fordere ich euch deswegen vor Gottes Gerichte, da ich euch heut auch anklagen will.«

Der König und Constantia leben jetzt im Lustschloß Lobsow, etwas außerhalb von Krakau. Nur alle paar Tage fährt August in die Stadt, um die Befestigungs- und Schanzarbeiten am Schloß zu inspizieren, abends kehrt er wieder nach Lobsow zurück. Am 30. Mai trifft Hoym aus Dresden ein, und am 1. Juni 1706 ordnet der König das neue Regierungssystem in Sachsen an: das Geheime Kabinett.

3.

Bisher beriet der Fürst mit den Geheimen Räten alle anstehenden Fragen und regierte mit ihnen. Der Geheime Rat in Sachsen hat durch die lange Abwesenheit des Königs noch besondere Selbständigkeit gewonnen. Der König überließ vor Jahren innen- und außenpolitische Angelegenheiten ganz dem Rat und dem Statthalter. Er glaubte, daß Fürstenberg nur den königlichen Interessen diene und ein Gegengewicht gegen die Interessen des Adels im Rat sei. Aber nach einer feindlichen Anfangszeit hat Fürstenberg sich mit dem sächsischen Adel verbündet.

Ab jetzt wird der König allein regieren. Er bespricht sich nicht mehr mit seinen Räten. Er verkündet aus dem Kabinett, seinem Arbeitszimmer, seinen unumstößlichen Willen — schriftlich. Dem König stehen einige wenige persönliche Berater zur Verfügung, Geheimes Kabinett genannt. Dieses Geheime Kabinett ist die private Auskunfts- und Hilfsstelle des Königs, eine oberste Zentralbehörde über den historisch gewachsenen alten Institutionen der Regierung wie Ständen, Landtagen und Geheimer Rat. Die Berater, nach wie vor Minister, Diener, genannt, treten öffentlich nicht in Erscheinung, jede Entscheidung kommt vom König, dem absoluten Monarchen. Die Geschäfte sind unter ihnen nach Fachbereichen aufgeteilt. Vorsitzender des neuen

Ministeriums ist der Oberhofmarschall Pflugk, für Auswärtiges ist Flemming Minister, für Inneres und Steuern Hoym. Jeder der drei neuen Minister bekommt einen bürgerlichen Sekretär zur Seite. Die Minister und die Sekretäre stehen an der Spitze neuzubildender Behörden und führen die Befehle des Königs aus. Das Militärwesen behält August sich vor, für die Ausführung seiner Befehle sorgt Kriegsrat von Kiesewetter.

Das Kabinettsprinzip ist etwas ganz Neues in Deutschland, lehnt sich lose nur an Einrichtungen in Brandenburg an. Mit ihm gewinnt der Fürst eine Stärke wie nie zuvor. Das Kabinett – das Arbeitszimmer des Königs, seine Regierung aus diesem Zimmer und die Zentralbehörde, die Gesamtheit der Minister, selbst – ist das Organ des fürstlichen Absolutismus, der Regierung von oben, und der Anfang für die Entwicklung einer Arbeitsteilung in Regierung und Verwaltung.

Den Geheimen Rat läßt König August bestehen, um keine unnötige Unruhe zu schaffen. Als Überbleibsel aus alter Zeit soll er allmählich mit der Bildung neuer Behörden, die ja erst geschaffen werden müssen, an Bedeutung verlieren. Der König umgeht mit dem Geheimen Kabinett den Geheimen Rat, ohne ihn aufzuheben.

Constantia nimmt starken Anteil an der Regierungsreform. August braucht mehr Berater, er bevorzugt Ausländer wie zum Beispiel den Pommern Flemming, die nicht mit dem sächsischen Adel versippt sind. Sie wird sich nach geeigneten Ministern umsehen, ihren Vetter Löwendahl aus Holstein holen.

Flemming begrüßt die Regierungsreform. Er kennt seinen König gut und hofft, daß durch die neue Organisation persönliche Schwächen des Königs weniger als bisher die Politik durcheinanderbringen. Flemming ist ein gewandter Organisator, der beste am Hof, und meint, auf seine Weise den König selbst mit dem neuen System im Zaum halten zu können. Denn der König erstrebt den Beifall aller, die zu ihm kommen, und gibt daher manchmal verschiedenen Leuten freundlich Zusagen, die sich aber widersprechen. Selbst im alltäglichen Hofleben stiftet er leicht Unfrieden. Wenn zum Beispiel jemand zu ihm kommt und einen anderen herabsetzt, geht der König darauf ein und spricht über diesen anderen vielleicht noch abschätziger als sein Besucher. Kommt aber der andere und spricht über den ersten, so leiht ihm der König gleichfalls sein Ohr. Beide glauben, Günstlinge des Königs zu sein. In Wahrheit horcht August sie nur aus und täuscht sie über seine Ansichten. Sein Wunsch, zu allen gnädig und verbindlich zu sein, kann sich besonders schlimm auswirken, wenn er zwei Diplomaten an einen fremden Hof schickt, wo beide dann, zunächst unwissend, gegeneinander arbeiten, weil jeder meint, gerade er habe für seine Art des

162

Vorgehens das besondere Vertrauen des Königs erhalten. Mit dem neuen Kabinettsprinzip, so hofft Flemming, wird dieses unerfreuliche Durcheinander ein Ende haben.

Fürstenberg dagegen beklagt sich bei seinen Freunden bitter darüber, daß »Mad. la Comtesse de Cossell se mêle beaucoup dans les affaires du pays«, daß die Gräfin sich stark in die Politik einmischt. Sie ist immer beim König, ist bei allen Besprechungen anwesend oder zumindest im Nebenzimmer. Er und seine Freundin, die Gräfin Reuß, hatten geplant, über die neue Mätresse Einfluß am Hof zu gewinnen. Jetzt sehen sie, daß sie sich von ihnen abwendet und ganz zum König hält und sich sogar mit dem ehrgeizigen Flemming befreundet.

Doch die aufsehenerregende Reform der Regierung, die der König am 1. Juni angeordnet hat, muß wegen des Krieges zurückgestellt werden.

4.

Rehnskjöld setzt sich in Richtung Krakau in Marsch. Die Streitkräfte Augusts bei Krakau sind auf über 15 000 Reiter angewachsen. Er könnte Rehnskjöld jetzt schlagen, fürchtet aber, von Karl in die Zange genommen zu werden, der nun im Osten, in Wolhynien, steht, bis wohin er Ogilvy verfolgt hat. August bricht mit der gesamten Kavallerie auf, marschiert nach Norden, nach Sandomir, und zieht dort die polnische Kronarmee an sich. In Sandomir hat er vor zwei Jahren seinen polnischen Anhängern den Eid geleistet, die Republik bis zu seinem Tod nicht zu verlassen und keinen einseitigen Frieden zu schließen. Die Armee zieht weiter nach Norden. August versucht, Karl zwischen sich und Ogilvy zu bekommen, ohne seinerseits zwischen Karl und Rehnskjöld zu geraten.

Der Hof begleitet den König und die Armee, Constantia, die Gesandten, auch Graf Stratmann. Tage und Wochen fahren und reiten sie durch das Land, Morgen für Morgen geht es weiter. Seit langem hat es nicht geregnet, und goldene Staubfahnen hängen hinter den Reitern in der flimmernden Luft.

August wechselt Mitte Juli mit der Armee über eine Pontonbrücke auf die andere Weichselseite und marschiert nach Nordosten. Einige Tage lang sieht es so aus, als könnten die Schweden doch noch ihn und seine Armee einschließen. Er umgeht das schwedische Korps des General Meyerfelt am Bug und rückt weiter nach Litauen vor, wo 6000 litauische Reiter zu ihm stoßen werden.

Die Offiziere tragen silberne und vergoldete Rüstungen unter den schweren bestickten Waffenröcken, tragen Spitzen an Hals und Manschetten, haben, wie es sich gehört, die Perücken auf den Köpfen. Die kostbaren Waffen und das reichverzierte Sattel- und Zaumzeug blinken in der Sonne. Die Herren duften nach Schweiß und Eau de Cologne, das sie in grünen Flaschen im Feldgepäck mit sich führen. Viele Ehefrauen sind mit auf Campagne, die Bedienten sorgen, wie üblich, für Reisemöbel, Geschirr und Vorräte aus einem umfangreichen Troß. Abends im Lager speist man von silbernen Tellern. Zur Tafel des Königs blasen die Trompeter.

Wenn der König zu den einzelnen Regimentern reitet, müssen die Soldaten das Gewehr präsentieren. Aber unterwegs will der König diese Ehren nicht, und wo er sich aufhält auf seinem prachtvollen Pferd, die Mätresse an seiner Seite, geben die Trommler das Signal, daß die Truppen ohne Tempoänderung weiterreiten oder weitermarschieren sollen.

Nur manchmal übernachten August und Constantia in einem Gutshaus oder einem Schloß am Weg. Das Land ist ausgeplündert, ein halbverbranntes verlassenes Schloß ist unbehaglich. Meistens schlafen sie ein wenig abseits der Armee in seidegefütterten Zelten.

Der König ist jetzt, wo die Armee endlich unterwegs ist, wieder zuversichtlich und frohgelaunt. Wochenlang war er nachdenklich und niedergeschlagen vor Sorgen um die Zukunft, wenn er das auch zu verbergen suchte. August und Constantia sind sich in den vergangenen Monaten sehr nahe gekommen. Er sucht ihre Gegenwart, will sie immer in seiner Nähe wissen.

In einer zärtlichen Stunde fragt Constantia, ob sie denn wirklich keinen Anlaß zur Eifersucht auf die Weinhändlerstochter Henriette hatte, damals in Warschau. August hat Henriette völlig vergessen. Nun fällt sie ihm wieder ein, das verkleidete Mädchen, er hat gehört, sie sei schwanger. Er lacht und erzählt gutgelaunt Constantia, seinem Kumpan und Freund, wie er sie hinters Licht führte. Mühsam lacht sie mit.

Weiter und weiter geht es nach Nordosten durch das sommerliche und wenig bevölkerte Land, durch Wälder, an Mooren und Seen vorüber. Auch im Schatten der großen Armee sind die Reisewege unsicher. Da ist zum Beispiel Teodor Lubomirski, der Starost — Verwalter — der königlichen Güter von Zips, der zu Stanislaus hält und an der Spitze von mehreren tausend Mann ständig Truppeneinheiten des Königs überfällt. August schickt den Kronjägermeister Zygmunt Tybinski mit einer polnisch-sächsischen Division los. Tybinski erobert den Stammsitz Lubomirskis, Schloß Lubowla, und sprengt das Schloß in die Luft, ein Schock, der den Anführer der Marodeure für eine Weile in Schach hält.

164

Constantia und August reiten unter der glühenden Sonne, sie haben Staub in den Haaren, Staub in den Kleidern. Abends stürzen die Pferde sich gierig zur Tränke an Flüssen und Seen, die Reitknechte können sie kaum führen. Constantia entdeckt, daß sie schwanger ist. Sie freut sich auf das Kind. Vielleicht wird es ein Sohn. Dann wird August sie endlich offiziell zu seiner Ehefrau erklären.

August ist besorgt um Constantia. Jede Schwangerschaft ist eine Gefahr für das Leben der Mutter. Sie muß fort von der Armee, zurück nach Dresden. Wer weiß, wohin der Krieg ihn führen wird, die Winter sind hart in Polen. Wenn die Kämpfe erst beginnen, wird es noch schwieriger für sie, nach Sachsen zu reisen.

Constantia läßt August ungern allein. Doch sie will ihr Kind, ihren Sohn, nicht verlieren. Sie kann nicht bei der Armee bleiben, sie wird umkehren, nach Westen reisen, nur einige Tage will sie noch bei August sein. Sie haßt den Gedanken an Trennung.

Mitte August erreichen sie Nowogrodek. Reisende Kaufleute berichten von den Schweden: König Karl marschiert nach Westen. Er setzt über den Bug. Er setzt über die Weichsel. Unter den Offizieren im schwedischen Lager wird von nichts anderem als von einem Marsch nach Sachsen gesprochen.

Noch ehe August einen Entschluß faßt, trifft der Geheime Referendar Georg Pfingsten aus Dresden in Nowogrodek ein. Er überreicht dem König eine Denkschrift, in der er ihm zur Rettung Sachsens den Verzicht auf Polen vorschlägt. Der König beginnt zu ahnen, daß der Geheime Rat seine Befehle für den äußersten Fall einer Verteidigung Sachsens gegen die Schweden, trotz königlicher Gewaltandrohung, nur unvollständig befolgt hat.

August hat im Juni befohlen: Adel und Bauern bringen Getreide, Vieh und alles Bewegliche von Wert in die festen Städte. Sachsen soll wüst und leer sein, damit die Schweden sich und ihre Pferde nicht ernähren können. Ein Volksheer von 12 000 bis 13 000 Mann soll das Land verteidigen. Die Bergleute sollen sich in Schluchten und Wälder legen, die Jäger in Hölzer und Moraste und mit schnellen Überfällen aus dem Hinterhalt die Schweden beunruhigen. Der König weiß selbst, daß diese Befehle höchst ungewöhnlich sind. Kriegführen ist das Geschäft der Fürsten, Kämpfen und Sterben der Beruf der bezahlten Armee. Volk und Land haben nichts damit zu tun — auch im Frieden haben sie ja immer weniger Einfluß auf Regierung und Politik.

August ist es gelungen, England und Holland vertraglich zu verpflichten, ihm im Fall eines Angriffs auf Sachsen im Besitz seines Landes zu sichern. Dafür hat er der Großen Allianz Truppen gegen Ludwig XIV. zur Verfügung gestellt. Der Reichstag in Regensburg hat schon früher jeden zu einem Reichsfeind erklärt, der während des Krieges mit Frankreich einen Reichsfürsten überfällt. Aber der Kaiser hat auf die Bitten des sächsischen Königs um Hilfsmaßnahmen höchst ausweichend geantwortet. Auch die Seemächte signalisieren Zurückhaltung. Niemand will es mit dem siegreichen König von Schweden verderben: er könnte sich mit Ludwig verbinden.

August weiß, daß Karl, wenn er erst einmal aufbricht, schnell marschiert. Pfingsten muß mit den Schweden verhandeln, muß sie aufhalten. Der König diktiert einem Sekretär einen Brief an seinen Vetter Karl: Er will Friedensverhandlungen eröffnen und überläßt es Karl, als erster Vorschläge zu machen. Karl hat sich militärisch in eine Lage gebracht, die ihm diplomatisch den Vorrang einräumt. So ist es üblich unter Fürsten. Er gehe aber davon aus, fügt August hinzu, daß Karl »dergestalt verfahre(n), dass dero eignen hohen glorie dadurch kein abbruch geschehen möge«. Die ›glorie‹, der Ruhm, ist nicht nur ein Ziel, sondern auch eine politisch einkalkulierbare Verhaltensweise.

Für die Verhandlungen mit den Bevollmächtigten des schwedischen Königs gibt August Pfingsten eine Haupt- und eine Nebeninstruktion mit. Pfingsten darf den Schweden anbieten, daß König August keine Soldaten mehr aus Sachsen nach Polen zieht und daß er den Gegenkönig Stanislaus als seinen Nachfolger anerkennt. Sollten die Schweden diese Angebote als zu gering ablehnen, aber erst dann, darf Pfingsten, um auf jeden Fall den Einmarsch in Sachsen zu verhindern, dem Paragraphen fünf der Hauptinstruktion folgen: »Solte aber der König von Schweden auch dadurch von der Invasion in Sachsen nicht abzuhalten seyn, so hätte man demselben zu declariren [erklären] dass Ew. Königl. May.tt parat wären, freywillig auf die Crone zu renunciren [verzichten].«

Wenn selbst das Karl nicht von einer Invasion abbringt, dann soll Pfingsten die Nebeninstruktion befolgen: Kommt der Friede nicht zustande, »so muß man wider die feindliche Invasion alle diensame Mittel, wie wir jüngsthin gnädigst verordnet, vorkehren«. Wenn die Schweden in Sachsen einmarschieren, dann wird ein Volksheer aus Soldaten und Bürgern, Bergknappen und Bauern kämpfen.

König August gibt Pfingsten auch ein Blankett, eine nicht ausgefüllte Urkunde, die er schon unterschrieben hat. Die Zeit ist knapp, Karl soll vertraglich schnell gebunden werden, das Arbeiten mit Blankounterschriften ist üblich. Auch der Geheime Rat in Dresden verwahrt eine Anzahl von Blanketts, um Verordnungen und Befehle auch dann erlassen zu können, wenn der König in Polen nicht oder nur nach wochenlangen Reisen zu erreichen ist.

Noch am Abend des 16. August reist Pfingsten mit Brief, Haupt-

und Nebeninstruktion und dem Blankett aus Nowogrodek zum König von Schweden ab. Auch Constantia reist fort. August gibt ihr die goldene polnische Krone mit dem blauen Saphir mit. Er wird mit der Armee nach Zurasz am Narew ziehen, die Kronarmee mustern und weiter in die Gegend von Grodno marschieren, wo er stehenbleiben und auf die Reaktion des Königs von Schweden warten will.

5.

Während Pfingsten und Constantia nach Westen reisen und König August nach Zurasz zieht, vereinigt König Karl seine Armee mit dem Korps von Rehnskjöld und überschreitet die Warthe. Er läßt 6000 Schweden und 4000 Polen und Litauer unter General Mardefelt zurück, um sich den Rücken zu decken. Seine Generale versuchen, ihn umzustimmen, August könnte Mardefelts Truppen aufreiben. Doch Karl kümmert sich nicht um ihren Rat und marschiert auf Sachsen zu.

Der Plan, Sachsen zu besetzen, stammt noch von Friedrich, dem Herzog von Holstein und Freund Karls, der bei Klissow fiel. Die Räte des Königs waren immer gegen einen Einfall in Sachsen. Der Kanzler Piper will schon lange Frieden schließen, er will keinen Krieg Schwedens gegen den Kaiser und das Reich, gegen England und Holland riskieren. Doch Karl ging in den zurückliegenden Jahren auf keines der Friedensangebote Augusts ein. Er hat für den Überfall auf die Großmacht Schweden den Vetter Frederik von Dänemark bestraft, er will den zweiten Vetter zur Strafe aus Polen vertreiben, und dann will er nach Moskau und den dritten Eindringling bestrafen, den Zaren Peter. Er will sich für Augusts »treulose und ungerechte Invasion« endlich, wie er sagt, »Recht und Satisfaktion« durch seine Waffen verschaffen. Doch wo immer der Polenkönig den Schweden entflieht, sammeln sich neue Truppen um ihn, und der Widerstand gegen die Schweden nimmt von Jahr zu Jahr in Polen zu. Er kann August nur treffen, wenn er in Sachsen einmarschiert, woher der Vetter immer neue Waffen und Soldaten bekommt.

Der Geheime Referendar Pfingsten trifft am 1. September in Dresden ein. Er hat den Brief König Augusts an König Karl unterwegs einem sächsischen Oberst Sutterheim zur Weiterbeförderung überlassen. Der Bürgerliche, der zu einer hohen Position in Sachsen aufstieg, fühlt sich mehr dem Adel verbunden als dem König. Noch am Abend seiner Ankunft sucht er den Geheimen Rat von Friesen auf. Friesen schickt eilig Boten zu den anderen Räten und lädt sie zu einer Sitzung am nächsten Vormittag.

Am 1. September 1706 überschreitet Karl die Oder.

Der König hat in einem Fischerhäuschen am Fluß geschlafen, während sein Kanzler Piper beruhigende Schreiben an die kaiserlichen, englischen und holländischen Gesandten diktierte. Vor Tagesanbruch sitzt Karl zu Pferd und befiehlt, die Schiffsbrücke zu schlagen. Er watet und schwimmt selbst in den Fluß hinaus und kommandiert das Rangieren der Pontonschiffe. Die Infanterie, die Artillerie mit siebzig schweren Kanonen, der Troß und König Stanislaus mit seinen Polen ziehen über die Brücke. Karl schwimmt an der Spitze seiner Kavallerie durch den Fluß. Alles zusammen sind es 19 000 Schweden und 3000 Polen, aber es sind so viele Troßknechte und Pferdejungen dabei, daß Beobachter 40 000 Mann und 60 0000 Pferde zählen. Die Soldaten sind abgerissen, mager und gelb im Gesicht.

Auf der schlesischen Oderseite versammeln sich viele Leute. Sie begrüßen den König von Schweden mit lauten Willkommensrufen und Segenswünschen und drängen sich mit Tränen in den Augen um ihn. Ein alter Graubart, ein Schuhmacher, wie sich später herausstellt, hält die Zügel des Pferdes fest, auf dem Karl sitzt, und bittet den König, sich der protestantischen Kirche Schlesiens anzunehmen, die der Kaiser widerrechtlich unterdrücke. Der König reicht dem Mann die Hand. Bald geht es von Mund zu Mund, eine weiße Schwalbe sei an der Front des schwedischen Leibregiments entlanggeflogen.

Die protestantischen Untertanen des Kaisers sehen in Karl XII. den Erben Gustav Adolfs, einen zweiten Befreier aus ihrer Glaubensnot. An allen Orten strömen sie zusammen, um den jungen Heldenkönig zu sehen und seinen Schutz zu erflehen gegen das katholische Haus Habsburg. Karl ist tief bewegt. Der Kaiser wird protestieren gegen die Verletzung seines Territoriums, die Seemächte werden protestieren — all das interessiert ihn nicht. Er wird wie sein Vorfahr das Evangelium schützen.

In Dresden leitet am Morgen des 2. September Otto Heinrich von Friesen die Sitzung des Geheimen Rats. Pfingsten trägt vor, daß der König über einen Frieden verhandeln wolle und bereit sei, auf Polen zu verzichten, um Sachsen zu retten. Er erbitte einen Begleiter zu den Friedensunterhandlungen, den Geheimen Rat Anton Albrecht von Imhoff.

Die Räte stimmen diesem Wunsch zu. Sie beschließen, auf einem Blankett des Königs an Karl von Schweden zu schreiben und ihn dringend um Frieden zu bitten. Außerdem wollen sie ihn auffordern, Pässe für die beiden Friedensbevollmächtigten zu schicken. Die Nebeninstruktion König Augusts trägt Pfingsten nicht vor.

Constantia ist in Sachsen eingetroffen. Das Land ist aufgestört. Bauern ziehen in die Städte zum Schanzen, Bürger schanzen und gehen Wache auf den Wällen, Infanteristen beziehen Quartier in den Häusern der Städte, alle hasten, überstürzen sich.

Madame Royale hat mit dem Kurprinzen das Land verlassen. Mit über hundert Begleitern flieht sie nach Holstein. Der Geheime Rat hat die Befehle des Königs zur Landesverteidigung kaum befolgt. Mehrere Städte haben ihn in den vergangenen Wochen um Vorschriften zur Abwehr der Schweden gebeten und keine Antwort erhalten. Jetzt ist der Rat betroffen, hat alle Mitglieder, die den Sommer auf ihren Gütern verbringen, schleunigst nach Dresden zurückgerufen. Doch es ist zu spät, das Versäumte nachzuholen. Die Geheimen Räte bekommen nun doch Angst vor ihrem König und schicken Briefe auf den unsicheren Postweg nach Osten, in denen sie die unüberwindlichen Hindernisse beschreiben, die sie abhielten, seine Befehle vollständig zu erfüllen, und seine Gnade erflehen.

Nur der Gouverneur von Dresden, Zinzendorf, hat seine Stadt vorbereitet, hat Salz, Getreide und Munition eingelagert. Täglich ziehen mit der Bürgerschaft 3000 Soldaten zur Wache auf die Wälle. In Altendresden, dem Stadtteil auf der anderen Elbseite, marschieren 1400 Mann über die Schanze und schieben jeden Abend auf dem Markt eine Wagenburg zusammen. Niemand darf zu den Stadttoren Dresdens hinaus, der nicht einen ausdrücklichen Befehl des Gouverneurs vorzeigen kann.

Am 5. September marschiert Karl in Sachsen ein. Den Brief, den König August Pfingsten in Nowogrodek mitgab, hat er am Vorabend erhalten. Am 6. September erst schreiben die Geheimen Räte, vier Tage nach ihrem Beschluß, den Brief, in dem sie den König von Schweden bitten, Pfingsten und Imhoff zu Friedensverhandlungen zu empfangen und ihnen Pässe auszustellen.

Die Geheimen Räte lassen in fieberhafter Eile packen, schicken Akten, Korrespondenzen, die Register der Steuerbehörden mit Eiltransporten nach Preußen, damit die Schweden keinen Anhalt haben für ihre Kontributionsforderungen. Das Archiv der sächsischen Kurfürsten, die Schätze des Grünen Gewölbes und der Kunstkammer hat Zinzendorf längst auf den Königstein schaffen lassen. Die königliche Schatzkammer in Stockholm ist voll von Kunstgegenständen, die Gustav Adolf im Dreißigjährigen Krieg zusammenraubte, vielleicht hat sein Nachfolger den gleichen Kunstsinn.

Die Sachsen packen ihre bewegliche Habe zusammen und fliehen, fliehen nach Halle, Magdeburg, in den Spreewald, nach Braunschweig und Lüneburg. Die Kaufleute schaffen Geld und Waren nach Preußen.

Wer nicht selbst mit auf die Flucht geht, schickt doch seine Frau und seine Töchter fort, in Sicherheit vor den Soldaten. Die Ausfallstraßen aus den Städten sind verstopft. Ein Professor Pfautz in Leipzig hat das Unglück, daß oben auf seinem hochbepackten Wagen sein kleiner Sohn sich ein Tabakspfeifchen ansteckt. Ein Funke fällt in die Betten, der Wagen verbrennt, Zinn- und Silbergerät schmelzen. Fuhrleute werden knapp, ein Bürger überbietet den anderen im Preis, die Löhne steigen von Stunde zu Stunde, und die Fuhrleute werfen die Güter wieder von ihren Wagen, wenn ihnen jemand ein besseres Angebot macht.

Die Geheimen Räte beraten am 8. September über die Landesverteidigung. Sie beschließen, Sachsen nicht zu verteidigen. Keine Kontribution kann so schlimm sein wie erschlagene Untertanen in einem vom Krieg verheerten Land.

Nur Zinzendorf befestigt Dresden immer weiter. Alle Stadttore sind jetzt verpalisadiert. Am 9. September rücken noch 6000 Soldaten ein, in manchen Häusern sind nun über zwanzig Mann einquartiert. Trotz der täglich näher rückenden Schweden läßt er die Urteile des Kriegsgerichts über die Deserteure von Fraustadt noch vollstrecken. In der Woche vor Constantias Ankunft mußten dreißig Musketiere durch dreihundert Mann sechsmal Spießruten laufen. Am Tag des Einmarschs der Schweden werden neun Soldaten gehängt, drei geköpft und achtundvierzig müssen Spießruten laufen. Zinzendorf ist fest entschlossen, die Stadt zu verteidigen, und führt Soldaten und Bürgern vor, wie ein Zurückweichen vor dem Feind ihres Herrn auch enden kann.

Immer weiter dringen die Schweden nach Westen vor. Nur vereinzelt setzen Bürgermilizen sich zur Wehr, und es kommt zu Kämpfen. Doch die Bürger haben keine Chance gegen die geübten Regimenter.

2500 schwedische Reiter waten bei Pillnitz durch die Elbe. Der Fluß ist seicht, elf Wochen hat es nicht geregnet. Die Reiter kommen nahe an Dresden heran, ziehen aber weiter. Andere Truppen zerstören die Räder der Getreidemühlen, die vor Dresden auf der Elbe schwimmen, sie beschlagnahmen die Getreidevorräte und lassen in den Mühlen kleiner Orte für sich mahlen. Sie zerschneiden die Rohrleitungen, die Dresden mit Wasser versorgen. Nun ist die überbelegte Stadt auf ihre Brunnen angewiesen.

Die Bürgerschaft legt das Gewehr nieder und will nicht kämpfen. Die Schweden haben den Bauern der umliegenden Dörfer mit Feuer und Schwert gedroht, wenn sie Lebensmittel in die Stadt bringen. Aber Zinzendorf setzt sich durch, und die Bürger ziehen wieder auf Wache.

Königin Christiane Eberhardine erreicht es, daß die Schweden Imhoff und Pfingsten empfangen. Der Kanzler Graf Piper spricht mit ihnen am 11. September. Die Unterredung ist kurz. Piper sagt, daß sie auf einen Waffenstillstand nur hoffen könnten, wenn sie bereit seien, sehr harte Bedingungen zu erfüllen.

Die Königin reist am Abend des 11. September von Dresden nach Bayreuth zu ihren Eltern. Auch die Gräfin Cosel verläßt Dresden. Noch haben die Schweden die Straße nach Leipzig nicht erreicht. Constantia will nach Wolfenbüttel zur Erbprinzessin Sophie Amalie. Die Flüchtlinge auf der Straße haben Angst vor streifenden Schweden. Constantia reist unauffällig, sie hat die polnische Krone im Gepäck.

Leipzig steht halb leer. Auch die Kaufleute wollen nicht kämpfen, wollen sich mit dem schwedischen König arrangieren. Immer noch flüchten die Bürger mit ihren Familien, dem Gesinde, den Möbeln. In den vornehmsten großen Häusern ist kaum eine Magd geblieben. Alle Handwerksburschen und die fünfhundert Studenten sind weggelaufen aus Angst, unter die Soldaten gesteckt zu werden, wenn die Schweden kommen. Überall im Land suchen die Schweden nach sächsischen Soldaten und nehmen sie gefangen. Schulenburg ist mit den restlichen Truppen nach Thüringen abmarschiert.

Auf der Landstraße hinter Leipzig gerät Constantia in den langen Zug der Flüchtlinge, die mit Wagen, mit Handkarren, zu Pferd und zu Fuß nach Norden ziehen.

Im schwedischen Hauptquartier in Bischofswerda findet am 12. September 1706 die erste und einzige ausführliche Verhandlung zwischen den Bevollmächtigten statt. Für König Karl verhandeln Kanzler Karl Piper und Sekretär Olof Hermelin. Grundlage für einen Friedensschluß sei, sagt Piper zu Pfingsten und Imhoff, daß König August auf den polnischen Thron verzichte und Stanislaus als König anerkenne. Außerdem fordere König Karl die Auslieferung des schwedischen Untertanen und Deserteurs Patkul.

Pfingsten und Imhoff kämpfen hartnäckig, aber Piper geht auf ihre Einwände, Vorschläge und Argumente nicht ein und bleibt bei seinen Forderungen. Die sächsischen Unterhändler verlassen »betrübt und verzagt« das Hauptquartier, wie der schwedische Schreiber in das Sitzungsprotokoll aufnimmt.

Pfingsten und Imhoff müssen dem schwedischen Heer auf seinem Marsch westwärts durch Sachsen folgen. Nur hin und wieder findet der Kanzler Piper Zeit und Ruhe, um mit ihnen über Einzelheiten des Friedensvertrags zu sprechen.

König Karl sieht westlich von Leipzig beim Dorf Altranstädt ein Schloß, das ihm gefällt, und richtet sich hier für seinen Aufenthalt in Sachsen ein. Gleich am nächsten Tag reitet er mit einigen seiner

Herren zu dem Ort, der ihn in ganz Sachsen am stärksten anzieht, auf das Schlachtfeld von Lützen. Die Herren treiben zwei alte Bürger der Stadt Lützen auf, die durch ihre Väter die örtliche Überlieferung der Schlacht kennen, in der Gustav Adolf 1632 fiel, und der König fragt sie unermüdlich aus. Dann schildert er seinen Begleitern den genauen Verlauf der Schlacht und nennt die beteiligten Regimenter nach ihrem Platz in der Schlachtordnung. Zuletzt sagt er, und die Herren merken seine Rührung: »Ich habe immer versucht, wie er zu leben; vielleicht beschert mir Gott die Gnade, auch zu sterben wie er.«

Am 24. September unterzeichnen Piper und Hermelin für König Karl und Imhoff und Pfingsten für König August im Hauptquartier von Altranstädt die Friedensurkunde. Der Friede enthält zweiundzwanzig Hauptpunkte und einen Nebenpunkt. Der König von Polen fügt sich in allem den Wünschen des Königs von Schweden, sogar Patkul, der Gesandte des Zaren, soll ausgeliefert werden.

Am Tag darauf verkündet Karl einen zehnwöchigen Waffenstillstand, der Geheime Rat verkündet den Waffenstillstand zwei Tage später, Otto Heinrich von Friesen unterschreibt das Blankett neben dem Namen seines Königs, Dresden, den 27. September 1706.

Die Tatsache, daß der Friede bereits unterzeichnet ist, bleibt vollkommen geheim. Die Aufgabe, dem ahnungslosen König die Ereignisse der letzten Wochen zu schildern und seine Unterschrift unter einen Friedensvertrag zu holen, der gegen seine Instruktionen abgeschlossen wurde, fällt Pfingsten zu. Der Geheime Referendar reist zu seinem König nach Polen.

Constantia erhält die Nachricht vom Waffenstillstand in Wolfenbüttel. Sie hat sich eine Wohnung gemietet, läßt sich bei Sophie Amalie melden. Die Prinzessin sagt, sie freue sich, sie zu sehen.

Wolfenbüttel kommt Constantia so eng vor, so behäbig, es ist, als liefe das Leben hier langsamer ab. Kavaliere und Damen haben ihre kleinen Sorgen, ein Tag gleicht dem anderen, es ist, wie es immer war. Constantia erscheint es kaum vorstellbar, daß sie noch vor wenigen Wochen mit dem König und der Armee durch das staubige gefährliche Polen geritten ist, vor wenigen Tagen im Flüchtlingstreck auf der Landstraße fuhr.

Die alte Herzogin Elisabeth Juliane, die sie nach Depenau zurückschickte, ist gestorben. Auch der Herzog Rudolf August ist tot, und Anton Ulrich ist Alleinherrscher. Jetzt ist er im Bad, in Wiesbaden, seit Juni. Der über Siebzigjährige ist im März schwer gefallen; und alle am Hof waren betrübt über seinen Zustand, der sich lange nicht bessern wollte. Sogar die alte Kurfürstin Sophie von Hannover, die englische

Thronfolgerin, hat ihn besucht. Sophie und Anton Ulrich sind nun befreundet.

Prinzessin Sophie Amalie erzählt von ihrer Sommerreise nach Kopenhagen und Holstein, man hat ihr alle Ehren erwiesen, die eine Erbprinzessin sich nur wünschen kann. Ihre Mutter ist vor zwei Jahren gestorben, sie erlebte noch die Hochzeit Prinz Christians mit Albertine Friederike, der Tochter des Markgrafen von Baden-Durlach. Und Albertine Friederike ist jetzt endlich schwanger — obwohl Prinz Christian die Männer mehr liebt als die Frauen.

Die Prinzessin empfängt Constantia nur inkognito. Constantia wünscht, beim offiziellen Empfang am Hof als Ehefrau des Königs von Polen geehrt zu werden. Die Prinzessin lächelt, schiebt das fort, bald wird Anton Ulrich zurückkommen, dann wird er entscheiden, wie Constantia empfangen wird. Constantia erzählt, sie sei August heimlich angetraut worden — es ist schwierig, der kirchenfrommen Prinzessin zu erklären, daß der König sie kraft seines Wortes zur Frau genommen hat. Die Prinzessin bleibt vorsichtig. Soviel sie weiß, ist die Gräfin Cosel, eine geschiedene Frau, nur die Mätresse des Königs. Eine Mätresse umgibt etwas Liederliches, etwas, das hohe Prinzessinnen bedroht und beleidigt. Aber auch eine Ehefrau zur Linken ist anrüchig, sie kränkt die erste Frau in ihrer Ehre, die Königin Christiane Eberhardine, und Hohe in der Welt müssen zusammenhalten. Außerdem sind nun die Schweden in Sachsen. Sie muß abwarten, wie das Herzogtum Braunschweig-Wolfenbüttel sich dazu stellt, muß warten, bis Anton Ulrich zurück ist. Die Anwesenheit der Mätresse eines Königs, der gerade seinen Thron verliert, kann unangenehme diplomatische Verwicklungen verursachen. Sie kann und will sich nicht in Gegensatz zu Anton Ulrich stellen.

Constantia ist in einer schwierigen und sie kränkenden Lage. Von August erhält sie keine Nachricht. Begierig liest sie alles, was aus Sachsen kommt, wartet auf die Zeitungen, so wie sie früher mit ihrer Prinzessin auf Nachrichten aus Polen wartete. Früher standen sie und die Prinzessin ganz auf Karls Seite. Holstein ist noch immer von seinem Schutz abhängig. Polen ist Constantia, der guten Holsteinerin, gleichgültig — aber Sachsen nicht mehr.

Die Herbstmesse in Leipzig verläuft schlecht, der Geldhandel ist gelähmt. König Karl fordert anderthalb Tonnen Gold vom Adel. Viele Schweden verkaufen billig Pferde, Rinder und Schafe, die sie aus Polen mitgebracht haben.

Die Sachsen wissen nicht, ob König August dem Waffenstillstand zustimmen wird, den der Geheime Rat geschlossen hat. Sie glauben es aber zuversichtlich und hoffen, daß der Waffenstillstand ein erster Schritt zum Frieden ist. Nach dem Waffenstillstand haben sich alle Städte und Plätze den Schweden geöffnet, nur die Festungen Dresden, Königstein, Sonnenstein und Stolpen bleiben geschlossen. Aber Zinzendorf läßt ein Stadttor wieder öffnen, und schwedische Soldaten dürfen zu zweit oder zu dritt in die Stadt und ihre Einkäufe machen. Sächsische Kadetten begleiten sie.

Die Schweden treiben scharf Kontributionen ein, Reparationen, den Lohn der Sieger. Sie richten Magazine ein für militärische Ausrüstungsgegenstände. Sie geben ihre Soldaten mit 22 300 Mann an und verlangen für sie zu essen. Jeder Soldat erhält nun täglich 850 g Fleisch, 850 g Brot, 2 ½ Liter Bier, 200 g Butter oder Speck, ½ Liter Erbsen oder Grütze, dazu Salz, Branntwein, Tabak. Wer nicht liefert oder den Gegenwert in Geld nicht zahlt, kriegt militärische Exekution ins Haus. Meist brennt das Haus, wenn die Strafkommandos es verlassen.

Die schwedischen Soldaten sind über das ganze Kurfürstentum verteilt und in Bürger- und Bauernhäusern einquartiert. Karl gönnt ihnen die Ruhe, aber er verlangt strenge Ordnung. Er will Europa zeigen, daß die alte Zucht aus Gustav Adolfs Heer wieder gilt. Am Tag nach der Veröffentlichung des Waffenstillstands hat er scharfe Bestimmungen für die Soldaten erlassen. Sie dürfen sich weder am Eigentum noch am Leben ihrer Quartiergeber oder deren Angehörigen vergreifen. Niemand darf ohne Bezahlung etwas nehmen, abgesehen von Pferdefutter. Erpressung wird bestraft. Jagen, Fechten, Schießen sind verboten. Keine Postkutsche, kein Reisender darf auf der Landstraße angehalten werden. Im Umgang mit den Einwohnern ist nur die deutsche Sprache zugelassen. Die Gemeinden sollen den schwedischen Truppen Atteste über ihr Benehmen ausstellen, und der König wird dafür sorgen, daß diese Atteste nicht durch Drohungen geschönt werden.

Nicht jeder Soldat sieht das alles ein. Anfang Oktober ergeht ein zweites Mandat des Königs, das sich besonders an die Polen richtet. Stanislaus hat seine Leute durch ein aufreizendes Manifest auf Plünderungen in Sachsen eingestimmt.

Für seine Regimenter ordnet Karl den in Schweden üblichen Heimatdienst an. Täglich halten die Schweden nach dem alten Brauch in Gustav Adolfs Heer zweimal Betstunde und üben sich an den Waffen. Trotzdem bleibt viel freie Zeit, und da und dort holen Soldaten nach, was sie versäumt haben, betrinken sich, vergewaltigen. Wenn Bürger und Bauern das melden, greifen sofort die schwedischen Offiziere scharf ein. Jedes Vergehen gegen die Vorschriften des Königs lassen sie mit Rutenhieben bestrafen. Nicht nur ganz Europa, auch die Sachsen selbst bewundern die Disziplin im schwedischen Heer.

Das ganze Land ist voll von Geschichten über König Karl. Seine einfache Kleidung wird viel besprochen: Er trägt einen blauen Rock mit Messingknöpfen, ein Halstuch aus schwarzer Seide, einen Radmantel, der beim Übernachten unter freiem Himmel praktisch ist, einen dreikantiggebogenen Hut, hohe grobe Reitstiefel und einen riesigen Degen. Der Kopf ohne Perücke entsetzt sogar seine eigene Umgebung: Krankheiten kann man sich holen, wenn man sich so abenteuerlich nackt der Luft aussetzt. Das sei auch der Grund, so meint man, daß dem König so jung schon die Haare ausgehen. Karl ist jetzt vierundzwanzig Jahre alt.

Er hinkt etwas, und wenn er aufblickt, fällt das Weiße in seinen Augen besonders auf. Er macht einen scheuen und wortkargen Eindruck und wirft keinen Blick auf hübsche Frauen. Sein Gesichtsausdruck ist ernst, und er ist höflich, ohne freundlich zu sein. Er ißt viel, trinkt aber kaum. Seine Hände sind grob, die Haut rauh, mit langen sauberen Fingern und geschnittenen Nägeln. Seine Offiziere legen Wert darauf, daß bekannt wird, ihr König habe saubere Fingernägel, denn Lügner verbreiten, daß der König sich weder wasche noch die Nägel schneide. Sie weisen auch darauf hin, daß er stets ein reines weißes Hemd trägt: Es sei ein Gerücht, daß seine Großmutter ihm beim Abschied von Stockholm ein lappländisches Zauberhemd geschenkt habe, das ihn unversehrbar mache. Dabei glauben die schwedischen Offiziere und Soldaten beinahe selbst an die Unversehrbarkeit ihres Königs. Er hält sich in den Schlachten an den gefährlichsten Stellen auf, unternimmt die verwegensten Ritte und Jagden, ist oft in Lebensgefahr und wird doch niemals verwundet.

Die Sachsen staunen über die völlige Freiheit, mit der jeder, der mag, im Schloß des Königs ein- und ausgehen kann. An der äußeren Tür stehen zwei Wachposten, aber sie halten niemanden an und fragen auch nicht, man kann einfach hineingehen in das schwedische Hauptquartier, bis in den Speisesaal, und dem König beim Essen zusehen. Nur ein paar Leibtrabanten stehen um den Tisch und halten die Schaulustigen ein bißchen zurück. So kann auch ein gewissenhafter Reporter seinen Lesern berichten: »Jüngsthin sahe ich Ihro Königl. Maj. von Schweden speisen, und hatten Dieselbe mehr nicht dann 6 Schüssel auf der Tafel, welche meines Erachtens darinnen bestunden, als in blauem gekochtem Kohl, geräuchertem Fleisch oder Schincken, einem gebratenen und gesottenen jungen Hahnen, Fisch und Obst, waren auch nicht lang über Tafel, und nichts von Confect zu sehen.«

Der Konfektgang zum Abschluß einer Mahlzeit ist der Gang, mit dem Fürsten prunken, Ehre zu gewinnen suchen, sich gegenseitig ausstechen. Die Konditoren an den Höfen sind hochbezahlte Künstler und übertrumpfen sich mit ihren Kreationen. Sie zaubern ganze Parks und Schlösser auf die fürstlichen Tafeln, in denen alles, Bäume, Vögel, Springbrunnen, Statuen und der Sand auf den Wegen, aus farbigem Zucker ist. Aber diesem sonderbaren König, der jetzt in Sachsen herrscht, schmecken Rotkohl und Obst.

Doch Karl läßt jedem sächsischen Spötter den Atem stocken. Er verlangt von den sächsischen Ständen 625 000 Taler monatlich, eine unerhörte Summe, und ruft einen Landtag ein. Die Stände bewilligen die Kontributionen nicht. Die Schweden beschlagnahmen alle öffentlichen Kassen, beschlagnahmen alle Einkünfte Augusts, Akzise, Zölle, nehmen die Einkünfte aus allen Dörfern an sich, die den Universitäten gehören, weshalb die Universität Leipzig schließen muß, nehmen Holzhöfe und Kornböden weg, legen das ganze öffentliche Leben lahm.

Die Sachsen sehnen sich nach Frieden. Gerüchte fliegen durch das Land: Unser König August kommt mit einer großen Armee aus Polen und befreit uns. Unser König hat 90 000 tüchtige Soldaten beisammen. An der Ankunft unseres Königs ist nicht mehr zu zweifeln.

König Karl schickt vorsichtshalber 6000 Mann unter Rehnskjöld und das polnische Korps unter Stanislaus zur Grenze.

Die Postwege nach Polen sind noch immer gestört. In der zweiten Oktoberhälfte erst bekommt zum Beispiel der Minister Hoym Briefe, die sein König Mitte August geschrieben hat.

In Wolfenbüttel ist Anton Ulrich aus dem Bad zurückgekehrt. Er will Constantia nicht bei Hof empfangen. Seinetwegen mag diese Frau, die in bescheidenen Verhältnissen lebt und weder durch goldene Möbel noch durch Gefolge einen Rang sichtbar machen kann, Reichsgräfin und Mätresse eines Königs sein, aber beweisen kann sie es nicht, und solange die Zukunft dieses Königs ungeklärt ist, ist sie für ihn nur eine unverheiratete Frau, die schon wieder ein uneheliches Kind erwartet.

Constantia hat keine Legitimation, nicht einmal einen Brief von August, den sie zeigen könnte. Sie läßt durchblicken, daß sie die Krone Polens bei sich hat, die der König ihr anvertraute. Man glaubt ihr nicht.

Anton Ulrich feiert seinen Geburtstag in seiner fürstlichen Akademie und Ritterschule. Morgens um elf geht der Hof mit den Gästen dorthin, und Anton Ulrich hört eine wohlgesetzte Rede »auff Dero glückliche Wiederkunfft aus dem Baade« auf deutsch, der Sprache, die ihm so sehr am Herzen liegt. Anschließend trinkt er mit dem Direktor Tee.

Constantia ist gedemütigt, weil man ihr den Zutritt bei Hof versagt.

Man behandelt sie als Königshure, höflich, aber unmißverständlich. In dem Augenblick, in dem sie fern von König August ist, ist sie jedem ausgeliefert. Die heimliche Ehe geht ganz zu ihren Lasten. Die politische Lage ist so schlimm, daß Rücksichten Augusts auf die Königin auch nichts mehr verbessern können. Sie muß anerkannte Ehefrau werden. Sie hofft auf ihr Kind, ihren Sohn. Sie muß ihre Ehre wiederherstellen.

Sie verlebt eine bittere Zeit in Wolfenbüttel. Und noch immer hat sie keine Post vom König.

In Polen bricht König August auf die ersten Nachrichten, die Kaufleute vom Einmarsch der Schweden in Sachsen bringen, sofort am 20. September in Eilritten nach Westen auf. Er hat über 30 000 Reiter, Kavalleristen und Dragoner, doch keine Infanterie. Die Russen, Kosaken und Kalmücken reiten auf dem linken Flügel, die Polen auf dem rechten, die Sachsen halten die Mitte. Der König überschreitet mit seiner Reiterarmee die Weichsel am 8. Oktober. Doch General Mardefelt verlegt den Weg nach Sachsen. August bleibt in Petrikau stehen, einhundertfünfundzwanzig Kilometer südlich von Warschau. Mardefelt zieht sich in Richtung Kalisch zurück. August kann ihn nicht angreifen, weil ihm Artillerie fehlt. So bleibt er vorerst in Petrikau und beunruhigt den schwedischen General durch streifende Partien. Er bittet Dänemark um Hilfe gegen die schwedische Invasion, den Kaiser, deutsche Fürsten. Aber es wird viel Zeit vergehen, bis die Antworten eintreffen.

Der König hält Kriegsrat. Er hat jetzt fast ganz Polen erobert. Vielleicht kann er Karl aus Sachsen herauslocken.

In Petrikau trifft der Geheime Rat Pfingsten ein, am 15. Oktober. August ist höchst betroffen und bestürzt über die Bedingungen des Friedens, darüber, daß er die polnische Krone niederlegen soll und doch die Schweden im Land hat. Da läßt Pfingsten die Friedensurkunde, die er und Imhoff am 24. September in Altranstädt unterzeichnet haben, in seiner Mappe und sagt dem König, daß der Friedensvertrag ja noch nicht unterzeichnet sei, die Verhandlungen seien offen, mancher harte Punkt werde sich bei einer Rückkehr des Königs nach Sachsen mildern lassen.

Der König schickt sofort einen Gesandten nach Haag in Holland mit der Bitte, man möge ihn bei den bevorstehenden Friedensverhandlungen mit dem König von Schweden unterstützen. Er gibt Pfingsten Instruktionen, wie er Karl hinhalten soll, bis die Seemächte reagieren.

August will keinen schimpflichen Vertrag unterzeichnen. Er hat seinen Eid von Sandomir, keine einseitigen Friedensverhandlungen einzuleiten, gebrochen, um Sachsen zu retten. Doch sein Vergleichsangebot hat nichts gebracht, die Schweden sind einmarschiert. Jetzt braucht er keine Rücksichten mehr zu nehmen, er wird seine militärische Position in Polen weiter verbessern, das wird entscheidende Vorteile bei den kommenden Verhandlungen bringen.

Er gibt Pfingsten einen Brief an Mardefelt mit: zwischen König Karl und ihm herrsche nun Waffenstillstand, und der General möge den Weg nach Sachsen freigeben. Pfingsten bricht am 20. Oktober von Petrikau nach Leipzig auf, mit besorgten Mahnungen seines Königs versehen, nicht unterwegs schwedischen Streiftrupps in die Hände zu fallen.

Pfingsten in seiner Kutsche hat viel Zeit zum Nachdenken. Er hat sich verstrickt. Ehrgeizig wollte er den König und den Geheimen Rat zufriedenstellen, selbst Politik in Sachsen machen. Er hat sich hochgespielt im Kampf zwischen dem Adel und dem König, sich zu hoch gespielt. Er ist zwischen den König und die Geheimen Räte geraten.

Für den König hat er einen Frieden geschlossen, zu dem August ihn nicht bevollmächtigt hat.

Den Geheimen Räten hat er die Nebeninstruktion des Königs verschwiegen, und jetzt kommt er nach Sachsen zurück mit einem Friedensvertrag, der nicht ratifiziert ist.

Aber selbst wenn Verhandlungen noch möglich wären, würden sie sowieso bei der Härte der Schweden nichts bringen. Zudem ist Pfingsten mit den Räten einer Meinung: Der König soll endlich auf Polen verzichten und sich an Sachsen genug sein lassen.

Er holt das Blankett hervor, das der König ihm vor zwei Monaten in Nowogrodek gegeben hat, und datiert es auf den 20. Oktober 1706. Nun sieht es so aus, als habe August selbst in Petrikau unterschrieben. Der Friedensvertrag ist ratifiziert.

Den Brief an Mardefelt gibt er dem schwedischen Gesandten in Breslau.

6.

In Sachsen erwartet jeder mit Spannung die Rückkehr des Geheimen Referendars. Ein Sonderbotschafter des Kaisers, Graf Wratislaw, ist in Leipzig eingetroffen. Die Gesandten von England und Holland sind unterwegs.

Die Invasion des Königs von Schweden in Sachsen beunruhigt die Alliierten, die gegen Ludwig XIV. kämpfen, auf das höchste. Sie rätseln über die politischen Ziele Karls: Will er Teile Polens für sich, will er ganz Polen, will er sich doch mit Frankreich verbünden und sich mit seiner großen siegreichen Armee zum Schiedsrichter im Spanischen Erbfolgekrieg, zum Schiedsrichter Europas und Amerikas machen? Seine moralischen Rachepläne an König August nimmt kein Diplomat ernst. Hier geht es um Politik, um Handelsgeschäfte, um Macht. Mit einer teuren Armee versucht man, eine militärische Position zu erlangen, die den Gegner am Verhandlungstisch nachgiebig macht. Deshalb kann man oft auf eine Schlacht verzichten, wenn es gelingt, seine Armee so aufzustellen, daß klar ist, man werde die Schlacht gewinnen – wozu da noch die kostbaren Soldaten opfern.

Graf Wratislaw bemüht sich um eine Audienz beim König von Schweden. Karl empfängt ihn nicht. Seine Minister weichen aus, sie verbergen, daß sie selbst wenig über die Pläne ihres Königs wissen. Karl hat großes Selbstzutrauen, ist voller Geschäftigkeit, aber auch voll Unlust, sich anderen mitzuteilen.

Die Königin von England und die Herren Generalstaaten von Holland schreiben dem König von Schweden und bieten ihm an, der Allianz gegen Frankreich beizutreten. Wenn er das nicht wolle, solle er sich »den Unternehmungen, die nicht allein unsere Mit-Alliirten sondern auch gantzes Europam in Gefahr-Ruins bringen möchten, entheben«. Der König antwortet: »Er habe niemahlen in Gedancken gehabt, mit diesem Einfall in Sachsen etwas zu unternehmen, wordurch der Hohen Alliirten Waffen sollten unterbrochen und entkräfftet werden; Sondern Er, als von dem Ungerechten Krieg ermüdet, thue nichts, als was aller Völcker Recht erlaube: Er hätte schon längstens den Krieg dahin, woher er entsprungen und so viel Jahr unterhalten worden, führen sollen.«

Pfingsten trifft am 31. Oktober ein. Gerüchte gehen um, er habe neue Instruktionen vom König, doch seien sie streng geheim. Man erfährt nur, der König habe einen Gesandten nach Den Haag geschickt. Da nun auch England und Holland König Karl um Frieden ersuchen, hoffen die Sachsen, daß die Verhandlungen sofort beginnen, wenn die englischen und holländischen Gesandten in Leipzig eintreffen, und daß der ganze Schwedenspuk noch vor Advent vorüber ist. Allerdings lassen verschiedene schwedische Offiziere ihre Frauen aus Schweden kommen, und so scheint es, als ob König Karl doch den Winter über in Sachsen bleiben wolle.

Ein königlicher Kammerdiener aus Polen bringt der Gräfin Cosel die Nachricht, die an den Höfen westlich der Oder wie eine Bombe einschlägt. In Berlin trifft sie in der Nacht vom 1. auf den 2. November ein, in Sachsen am Abend des 4. November. Constantia erfährt sie als eine der ersten.

Der König hat am 29. Oktober 1706 in einer großen Schlacht bei Kalisch die Schweden besiegt. August hat seinen Brief an Constantia noch auf dem Siegesplatz auf dem Rücken des Dieners geschrieben. Dieser Sieg kann die gesamte politische Lage ändern. Constantia schickt den Brief gleich zu Herzog Anton Ulrich.

König August und der schwedische Generalmajor Arvid Axel Mardefelt versuchen mehrfach, die Schlacht zu verhindern. Mardefelt hat am 24. Oktober einen Brief seines Königs Karl erhalten mit der Nachricht vom Waffenstillstand und dem Befehl, er möge sich vor August zurückziehen. Doch die hohen Militärs auf beiden Seiten, vor allem die Polen, wollen endlich eine Schlacht. Die Scharmützel und Unteraktionen haben eine Lage geschaffen, die nach ihrer Meinung aus sachlichen Gründen die Schlacht unausweichlich mache. Monatelang sind sie umeinander herumgezogen, jetzt stehen die Heere so günstig wie selten, jetzt wollen sie anwenden, was sie gelernt haben, wollen Orden gewinnen und Prämien. Sie setzen sich in den Kriegsräten auf beiden Seiten durch. Die Militärmaschinerie macht sich selbständig und löst sich von der Politik.

Die Schlacht soll auf freiem Feld nordwestlich von Kalisch stattfinden. Die Stadt Kalisch, eine der ältesten Polens und nun unbedeutend, zählt am Abend vor der Schlacht 2000 Einwohner. Es stehen dort 4500 schwedische Soldaten und 10 000 polnische Anhänger des Königs Stanislaus. Auf der anderen Seite stehen 6000 Sachsen, 10 000 Polen und gegen 20 000 Russen. Den Oberbefehl auf schwedischer Seite hat Mardefelt, ein alter erfahrener Soldat. Auf der Seite der Gegenpartei gibt es keinen einheitlichen Oberbefehl. Oberbefehlshaber der Sachsen ist Generalleutnant Michael Brandt, ein Holsteiner, der schon zur Zeit des Königs Jan Sobieski im polnischen Heer gedient hat und dem König August häufig das Kommando über seine Truppen überträgt. Oberbefehlshaber der Russen ist Fürst Alexander Menschikow. Die Reiter der polnischen Kronarmee haben weit über ein Dutzend Oberbefehlshaber.

Früh am Morgen des 29. Oktober beginnen beide Heere, sich aufzustellen. Um halb vier am Nachmittag beginnt die Schlacht. Beide Seiten kämpfen erbittert. Die Dämmerung bricht herein. König August ficht mit dem Degen neben seinen Soldaten. Er hat seinen Leibrock abgeworfen und kämpft in der Weste. Die Verbündeten führen Geschütze heran und eröffnen in der Dunkelheit ein mörderisches Feuer auf die Schweden. Mardefelt bietet die Kapitulation an. Seine einzige Bedingung ist, daß die Offiziere ihre Pferde und ihr Eigentum behalten dürfen. Nach dreistündigem Kampf legen die Schweden die Waffen nieder.

Sechshundert Schweden verschanzen sich in der Stadt Kalisch. Der König und Fürst Menschikow wollen die Stadt noch am gleichen Abend erobern, doch in der Dunkelheit ist an einen Sturm nicht mehr zu denken. Am Abend des nächsten Tages kapitulieren auch diese Schweden. Die Häuser der Stadt sind in Flammen aufgegangen.

Der Sieg ist vollständig. Mardefelt ist gefangen, ebenso vier Generale und hundert Offiziere und über 2000 schwedische Soldaten, viele polnische Herren und Soldaten. Der König läßt die schwedischen Befehlshaber von seinen Ärzten versorgen. Dies war zahlenmäßig die größte Schlacht des Nordischen Krieges, und er hat sie gewonnen.

Er schickt sofort Kuriere an die wichtigsten Höfe. Dieser Sieg wird die schwankenden Alliierten auf seine Seite ziehen. Der König lobt in seinen langen Berichten, die er auch den Kriegsberichterstattern zum Abdruck in ihren Zeitungen geben läßt, den Mut aller Offiziere und Soldaten, die »so hertzhafft wie die Löwen gefochten« haben. Der überwältigende Sieg soll die Erinnerung an das Flüchten in der Schlacht von Fraustadt auslöschen. Auch seinen eigenen Anteil an der Schlacht verschweigt August nicht: der Sieg ist »nebst dem Göttl. Seegen, welchem billig davor zu dancken, zuforderst Ihrer Königl. Majest. Wohlerwogen- und Dero standhaffter Hertzhafftigkeit zuzuschreiben«. Er kann der Versuchung nicht widerstehen und gibt die Stärke der Truppen auf beiden Seiten als gleich groß an, da er gar nicht mit all seinen Reitern gekämpft habe.

Auf dem Schlachtfeld liegen 6000 Tote.

Ein schwedischer Offizier, den August auf Ehrenwort freigegeben hat, bringt die Nachricht von der Niederlage nach Altranstädt. Die Schweden springen vom Abendessen auf und halten sofort großen Kriegsrat. In den nächsten Tagen stehen alle Regimenter alarmbereit. Karl, seine Generale und der friedliebende Kanzler Piper beraten weiter.

Der englische Gesandte Robinson und der holländische Gesandte Haerholt treffen am 12. November nachmittags um drei in Leipzig ein und besprechen sich gleich mit dem kaiserlichen Gesandten Wratislaw. Die Gesandten konferieren mit den Geheimen Räten, konferieren mit den schwedischen Ministern.

Am Sonntag, dem 14. November, bringt König Karl dem Geheimen Rat Imhoff eine Gesundheit auf den König in Polen aus, und alle anwesenden Herren trinken auf König August. Am Montagmorgen sagen die Pastoren ihren Gemeinden von den Kanzeln, gestern sei nun endlich Friede geschlossen worden.

Die Sachsen sind außer sich vor Erleichterung. »Was diese Friedens Posaune vor eine Freude in hiesigen Gemüthern und gantzen Landen verursachet hat, ist mit keiner Feder zu beschreiben«, teilt der Korrespondent der ›Europäischen Zeitung‹ mit. Stafetten mit der Friedensnachricht jagen nach Haag, London, nach Bayreuth. Der königliche Trompeter Zappe und der Page Carlowitz bringen sie dem König nach Polen. Die Kontributionen, davon ist jeder überzeugt, werden nun stark herabgesetzt, und die Kaufleute versprechen sich eine gute Neujahrsmesse.

Nur wundern die Bürger sich, daß keiner der fremden Gesandten den Frieden mit unterzeichnet hat, daß bei der Ratifikation nicht einmal ein Gesandter zugegen war, auch daß die Friedensbedingungen noch geheimgehalten werden. Die Schweden treiben die Kontributionen verschärft mit militärischen Exekutionen ein. Viele Bauern kommen nach Leipzig und kaufen Butter und Lebensmittel für die Einquartierten, andere verlassen ihre Höfe und wandern als Bettler durch das Land.

An allen Fürstenhöfen ist die Überraschung über den Friedensschluß so schnell nach der Schlacht groß. Einige Leute behaupten sogar, König Karl und König August hätten den Frieden schon vor einigen Wochen geschlossen. Man hält August von nun an für unberechenbar und unzuverlässig.

Liselotte von der Pfalz, die Schwägerin Ludwigs XIV., schreibt aus Paris an ihre Schwester in Heidelberg: »Ich habe in meinem sinn mein leben von nichts abscheulichers gehört alß den Frieden, so König Augustus gemacht. Er muß voll und doll geweßen sein, wie er die articlen eingegangen ist; vor so ehrvergeßen hett ich ihn mein leben nicht gehalten. Ich schäme mich vor unßer nation, daß ein teutscher König so unehrlich ist.« Und einige Zeit später bekräftigt sie: »Seyder König Augustus so einen liederlichen und leichtfertigen frieden gemacht, kan ich ihn nicht mehr leyden.«

Vor allem die Auslieferung Patkuls entsetzt die Höfe. Die Stimmung schlägt gegen Karl um. Aber jeder beugt sich ihm, fürchtet die Rolle, die er in Europa spielen kann, schickt Gesandte in sein Hauptquartier, hofiert ihn.

Noch immer kommt von König August keine Nachricht, obwohl man ihn täglich in Sachsen erwartet. Dann heißt es Anfang Dezember, der König sei mit dem Hof in Warschau, die Armee genieße ruhig ihre Winterquartiere in Polen: »Von den Frieden hat man . . . bey der Königl. Hoffstatt noch nicht das Geringste gewust.«

In Polen erregt der Sieg bei Kalisch gewaltiges Aufsehen. Viele bisherige Anhänger des Gegenkönigs Stanislaus leisten König August jetzt das Treuebekenntnis. Sogar große Herren, die in der Schlacht gegen ihn kämpften, erklären nun ihren Eintritt in die Konföderation von Sandomir, den Bund, den König und Adel vor zwei Jahren gegen die Schweden geschlossen haben.

Am Tag nach der Schlacht, nach einem feierlichen Dankgottesdienst, bricht August an der Spitze seiner Reiter nach Warschau auf. Alles, was er im vorigen Jahr in Sachsen und in den Konferenzen mit dem Zaren Peter geplant hat, alles, worauf er in diesem Jahr nach dem Rückschlag von Grodno und der fürchterlichen Katastrophe von Fraustadt hingearbeitet hat, ist Wirklichkeit geworden. Viele mächtige Magnaten reisen ihm entgegen, um zum Sieg zu gratulieren. In Warschau feiert er den Sieg und läßt am 11. November in der Pfarrkirche ein Te Deum singen.

Die sächsischen und polnischen Damen geben jeden Abend Bälle, jedermann ist vergnügt. Man rechnet damit, daß König Karl nach der verlorenen Schlacht und auf Druck der Alliierten nun Frieden macht und nach Schweden zurückkehrt. Rehnskjöld und Stanislaus haben sich wieder nach Sachsen zurückgezogen, sollten sie aber doch noch nach Polen kommen und einen Winterfeldzug beginnen, so ist man sicher, die Schweden endgültig zu schlagen. Der König fordert alle Adligen, die zu den Schweden hielten, auf, innerhalb von sechs Wochen zu ihm nach Warschau zu kommen. Dann sollen sie straffrei bleiben, andernfalls werden ihre Güter eingezogen. Er vereint ganz Polen unter sich und bereitet einen großen Reichstag der Republik vor.

Der Page Carlowitz trifft in Warschau ein und berichtet, der Friede sei geschlossen. Der König glaubt ihm nicht, ist empört und läßt an alle Kirchentüren Warschaus ein Manifest anschlagen, in dem er den angeblichen Frieden als Schmähschrift bezeichnet, die Nachricht von seiner Abdankung als niederträchtige Lüge.

Doch dann kommen Flemming, Hoym und Schulenburg nach Warschau, und Flemming zeigt seinem König ein Doppel des ratifizierten Friedensvertrages. Es ist also wahr. Er hat auf die polnische Krone zugunsten Stanislaus Leszczyńskis verzichtet und sich verpflichtet, für immer nach Sachsen zurückzukehren. Er hat sich verpflichtet, seine polnischen Untertanen vom Treueid zu entbinden und alle während des Nordischen Krieges vom Senat, von den Reichstagen und den Kongressen der Konföderation von Sandomir erlassenen Dekrete und Beschlüsse für nichtig zu erklären. Er hat sich verpflichtet, alle schwedischen Überläufer, vor allem aber Patkul, und die russischen Soldaten und Offiziere im sächsischen Heer auszuliefern, alle polnischen Schmuckstücke, Edelsteine, Ornate, die Krone mit dem blauen Saphir an Stanislaus zu schicken.

»Ich bin so außer mir wie noch nie«, sagt der König.

Auch Flemming und Hoym sind entsetzt über den Frieden. Die polnischen Würdenträger und Senatoren erhalten sofort Audienz beim König. Die Polen fühlen sich verraten.

Auch die Russen fühlen sich hintergangen. August weiß und spricht es aus: »mit Moskau zu brechen ist eine gefährliche Sache.«

Am Dienstag, dem 30. November, morgens um vier, verläßt er Warschau in Begleitung einiger weniger Herren, der Leibwache, der Trabanten. Der Hof und alle sächsischen Regimenter sollen nach Krakau gehen. Die Warschauer sind überrascht von diesem schnellen Aufbruch.

In Schlesien, auf dem Gut Damnitz, das einem sächsischen Baron von Nostiz gehört, bleibt August einige Tage, um noch einmal in Ruhe über den Frieden und seine Folgen zu beraten. Pflugk, Hoym und Flemming sind bei ihm. August schreibt Constantia, sie möge schnell zu ihm kommen.

Er will diesen Frieden noch immer nicht anerkennen. »Ich weiss wohl, was hiebey zu thun ist«, sagt er, »ich will den frieden zerreissen, und die Fabricanten auf Königstein setzen lassen.«

Pfingsten kommt nach Damnitz, und wieder gibt es lange Besprechungen. »Wenn ich im Thurm gesessen hätte, so hätte ich keinen schlimmeren Frieden machen können«, schreit der König.

Pfingsten bleibt unerschüttert. August solle nur den König Karl treffen. Die schwedischen Minister hätten gesagt, sobald er auf die polnische Krone verzichtet habe, würde ihr König viele Bedingungen mildern.

Constantia erhält den Brief des Königs am 11. Dezember. Der Wolfenbüttler Hof ist gerade von der Schweinejagd im Harz zurückgekehrt. Constantia war nicht mit zur Jagd.

Anton Ulrich hat sie nach dem Brief Augusts vom Schlachtfeld bei Hof empfangen. Nun war die Hochachtung des Königs für die Gräfin Cosel ausreichend bezeugt, jetzt kann er nicht umhin, ihr Höflichkeiten zu erweisen. Doch als Gemahlin des Königs empfängt er sie nicht, und sie besteht auch nicht mehr darauf.

Constantia ist voll innerer Anspannung. Sie ist verzweifelt, die Schwangerschaft ist beschwerlich, sie war lange krank. Aufgeregt ordnet sie jetzt ihre Angelegenheiten, schreibt noch schnell ihrem Vetter, dem Grafen Christian Detlev Rantzau auf Drage und Breitenburg, der ihren Ehevertag verwahrt: »Ich habe gestern einen Brief aus Polen erhalten, daß der König glücklich in Damnitz angekommen ist, einem Ort in Schlesien in der Umgebung von Breslau, und da die Majestät mich unbedingt sehen will, habe ich beschlossen, dorthin zu reisen. Ich fühle, daß meine Gesundheit – Gott sei Dank – genügend wiederhergestellt ist, um diese Reise zu wagen.«

Ihre Schrift ist unruhig, sie macht Tintenklekse. Sie weiß nicht, wohin sie den König begleiten wird, und bittet Rantzau, seine Briefe an sie an den Postmeister von Braunschweig zu schicken, dort werde sie mitteilen, wo sie zu erreichen sei.

Sie ist reisefertig. Kurz vor ihrer Abfahrt kommt ein Kurier des Königs. August ist nach Sachsen gereist.

In Sachsen sind Bürger und Adlige inzwischen restlos verwirrt. Die Post nach und von Polen geht jetzt wieder schneller, und so wissen sie, daß ihr König in Warschau ein Manifest anschlagen ließ, in dem er den Frieden abstreitet. Keiner kann sich das erklären, und man fragt sich, »in was Puncten eigentlich der Friede zwischen unserm und dem König in Schweden bestehen möge«.

Viele Leute auf dem Land und in den Städten haben ihre Häuser verlassen und sind fortgewandert, vergrößern die Schar der losen Leute, die auf den Landstraßen leben. Bald wird Sachsen vollkommen ruiniert sein. Die Erbitterung gegen die Schweden und die Polen wächst. Als der König Stanislaus, im Grunde ein harmloser Landedelmann, bei Leisnig mit seinen Herren jagt und die Hunde unter eine Herde von Schafen und Ziegen hetzt, verprügeln die Schäfer und Bauern ihn und sein Gefolge. Die Geschichte macht in Sachsen schnell die Runde, und als Stanislaus bei König Karl speist und sein Gesicht noch immer schmerzverzogen ist, lacht jeder schadenfroh.

Seit Wochen erwartet man täglich den König August. In Dresden möblieren die Diener die Zimmer im Schloß, und die Köche richten die Küche her. Doch jede Meldung seiner Ankunft stellt sich als falsch heraus.

Und dann ist er plötzlich da.

7.

Der König kommt am 15. Dezember 1706 morgens um vier in einem pelzgefütterten Rock aus grünem Samt in Dresden an. Er besichtigt sofort in Begleitung des Gouverneurs Zinzendorf und des Generals Schulenburg bei Fackellicht die verschneiten Palisaden der Stadt. Am nächsten Abend reist er nach Leipzig, fährt die Nacht durch. Es heißt, im Fürstenhaus am Markt habe er die Geheimen Räte empfangen und gesagt: »Hier habt ihr mich, ihr Friedensmacher, was wollt ihr weiter mit mir vornehmen«, und sei in Ohnmacht gefallen.

Am nächsten Mittag, es ist der 18. Dezember, fährt er in einer vierspännigen Kutsche zur schwedischen Kanzlei nach Günthersdorf. Er springt aus der Karosse, der überraschte Kanzler Piper, der mit einigen Herren seiner Kanzlei gerade am Mittagstisch sitzt, kann ihm nur bis zur Hälfte der Treppe entgegenkommen. Piper schickt sofort den Sekretär Cederhjelm zu seinem König. König Karl ist in einem wenige Kilometer entfernten Dorf bei Stanislaus. Er setzt sich auf sein Pferd und reitet so schnell nach Günthersdorf, daß nur wenige seiner Kavaliere ihm folgen können. Dort rennt er die Treppe hoch, so daß König August ihm nur bis zur Saaltür entgegenkommen kann. Jeder König macht drei Reverenzen, die Vettern umarmen und küssen sich, und Karl nötigt August, voran in den Saal zurückzugehen. Dort geben die Vettern sich die Hand und benehmen sich, als seien sie nie Feinde gewesen. Sie stellen sich an ein Fenster und unterhalten sich eine Stunde lang.

Karl, überschlank, mit abfallenden Schultern, trägt wie üblich seine schlichte Offiziersmontur mit einem abgeschabten Ledergürtel. Eine Hand stützt er auf den langen Degen, den er in der Schlacht von Narwa zu Beginn des Nordischen Krieges benutzte. Gelegentlich läßt er den Degen los und fährt sich mit beiden Händen durch das lichte Haar auf seinem schmalen hohen Kopf. Seine derben Soldatenstiefel sind schmutzig.

August mit dem langen, dunklen und dichten Haar wirkt groß und kräftig neben ihm. Er trägt einen Rock aus blauem Samt, Spitzenman-schetten, brillantene Schuhschnallen und einen mit Türkisen besetzten Galanteriedegen. Die Weltläufigen unter den Herren im Saal bemer-ken, daß er in der zuvorkommenden, zufriedenen Art spricht, die nur Fürsten und Männer, die an wichtige Geschäfte gewöhnt sind, auch bei den empfindlichsten Kränkungen zu zeigen verstehen.

Das Lob der Zeitgenossen gilt August, ihre Angst Karl.

Die Unterhaltung dreht sich bis jetzt nur um Nichtigkeiten. Die Könige gehen, August voran, hinunter, und der König von Schweden bietet dem König von Polen sein Reitpferd an. Karl nimmt das Pferd eines seiner Kavaliere.

Langsam reiten sie nach Altranstädt in das schwedische Hauptquar-tier, und sie reden miteinander so freundlich, daß ihr Gefolge von hundert Herren zu Pferd sich sehr wundert. In Altranstädt stellt Vetter Karl dem Vetter August seine Generale und hohen Offiziere vor, und August spricht mit ihnen über vergangene Schlachten und Verwun-dungen und erzählt, daß er selbst »sich incommodiret befand am Schenckel, so unterwegs von einem Pferde geschlagen worden«. Danach setzt man sich zu Tisch. Die Könige sitzen nebeneinander, August rechts von Karl. Rechts von August sitzen der Oberhofmarschall Pflugk und Rehnskjöld, den Karl nach der Schlacht von Fraustadt zum Feldmarschall ernannte, links von Karl der Geheime Rat Imhoff und zwei schwedische Generale.

Das Essen an der ovalen Tafel dauert nur eine halbe Stunde, aber es ist eine peinliche halbe Stunde. Niemand spricht. Nur zuweilen sehen sich die beiden Majestäten freundlich an.

Nach dem Essen gehen beide in Karls Zimmer, bleiben aber nur kurz zusammen. Karl ist höflich, will aber nicht über Politik reden, das solle man den Ministern überlassen. Er zieht sich zurück und läßt den Vetter in seinem Bett schlafen, nimmt sich selbst ein Zimmer im oberen Stock. Vor dem Schlafzimmer Augusts halten zwölf schwedische Trabanten Wache.

Am anderen Tag fährt August zurück nach Leipzig. Constantia ist eingetroffen. August ist längst nicht so niedergeschlagen, wie sie befürchtet hat. Nach dem Empfang bei Karl hat er Hoffnung, doch etwas zu erreichen. Er will seinen Titel und Rang als König behalten, will Patkul und die russischen Soldaten nicht ausliefern, will die Höhe der Kontributionszahlungen herabdrücken und die Schweden zum schnellen Abzug bewegen.

Am 21. Dezember macht Karl einen Gegenbesuch in Leipzig, und zwei Tage später besucht August ihn wieder in Altranstädt. August läßt die beiden polnischen Prinzen Jakob und Konstantin Sobieski frei, deren ältesten Karl zum Gegenkönig machen wollte. August hatte sie vor zwei Jahren überfallen und festnehmen lassen. Sie fahren mit Schlitten nach Altranstädt.

Doch Karl lehnt jedes Gespräch über den Friedensvertrag ab und bleibt unbeeindruckt von der gefälschten Ratifikation. Er schlägt jede Einladung zur Tafel Augusts ab. Aber August kann sich Unhöflichkeit nicht leisten und muß immer wieder in Altranstädt an den unbehaglichen Mahlzeiten teilnehmen.

Die Stimmung wird gereizt. Jeder Vorschlag Augusts, und sei er noch so vernünftig, stößt auf Ablehnung Karls.

Seine Majestät will nicht mehr nach Altranstädt gehen, schreibt Hoym an Flemming in Berlin, »denn all seine Courtoisie hat ihm nicht 5 Groschen eingebracht«.

Viele Abgesandte anderer Höfe sind in Altranstädt eingetroffen. Der schwedische General Spaar, der in französischem Dienst steht, kommt aus Frankreich mit Briefen von Ludwig XIV. an König Karl und König Stanislaus. Die Gesandten der Alliierten sind beunruhigt. Die Minister des Königs von Schweden, selbst der Kanzler Piper, dürfen ohne seine ausdrückliche Zustimmung auf nichts eingehen, selbst nicht auf das Thema Patkul. Einer der Wiener Gesandten, ein Graf Zinzendorf, nennt den Schwedenkönig in einem Bericht nach Wien »das wilde Tier«.

August bleibt nichts anderes übrig, als am 31. Dezember den Frieden zu unterzeichnen. Seinen Königstitel darf er weiterführen. Er habe diesen harten Frieden unterzeichnet, schreibt er seiner Mutter, »wegen des totalen ruins seines Landes und des ein Jahrzehnt in Polen ertragenen Chagrins«.

Aber August gibt nicht auf. Er verhandelt weiter über die Kontributionen und den Termin für den Abmarsch der Schweden aus Sachsen. Am 7. Januar ißt er wieder in Altranstädt zu Mittag, wo auch die beiden Gesandten von England und Holland zur Audienz sind. Die Stände verhandeln noch mit König Karl wegen der Zahlungen in den Wintermonaten. Karl fordert neunzehn Tonnen Gold.

Sächsische Bauern kommen zu ihrem König August und bitten mit Fußfall, ihnen gegen die Übergriffe der Polen beizustehen. Die Handwerkerzünfte kommen zu ihm und bitten um Hilfe. August ist bereit, den Schweden das Geld zu geben, wenn sie abziehen. Er will versuchen, die neunzehn Tonnen Gold von England und Holland zu leihen und dafür Soldaten zu vermieten.

Die nächste Zusammenkunft der beiden Könige dauert kaum eine halbe Stunde. Aufgebracht reitet August gleich wieder fort. Unterwegs stürzt er mit dem Pferd.

Selbst als er dem dänischen Gesandten von Jessen Audienz gibt, ist er noch in größter Erregung. Pfingsten und Imhoff, sagt er zu Jessen, hätten ihn »schändlich betrogen«. Er habe das gute Recht, seine ungetreuen Minister zu bestrafen, aber mit 20 000 schwedischen Soldaten im Land werde er sich wohl noch einige Zeit verstellen müssen. Er wolle zwar noch einmal den König von Schweden besuchen, um einen letzten Versuch zu machen, ob nicht doch ein Zugeständnis von ihm zu erlangen wäre. Aber wenn auch das vergeblich sei, so würde er fortreisen und sein Land dem Schutz der Königin von England, des Königs von Dänemark und der Generalstaaten von Holland überlassen.

Jessen weiß, daß die Alliierten König August zum Nachgeben drängen. Dänemark ist neben Rußland die einzige Macht, die einen neuen Bruch zwischen den Königen von Schweden und von Polen wünscht. Und in Polen halten, trotz ihrer Bestürzung über den Frieden, die meisten Adligen zu König August.

Karl schreibt am 17. Januar seinem Vetter August einen Brief: Er möge nun Patkul, die russischen Soldaten und die polnische Krone ausliefern und alles, was er gegen den Frieden gesagt habe, auf beiliegendem Formular für nichtig erklären.

August bringt es nicht über sich, Sachsen zu verlassen. Letzten

Endes hat er seinen Unterhändlern ja Vollmacht gegeben und zugesagt, alles halten zu wollen, was sie aushandeln. Am 19. Januar unterschreibt er das Formular.

Constantia lebt in Leipzig im Hinterhaus der königlichen Wohnung am Markt und hält sich sehr zurück. August hat Christiane Eberhardine gebeten, aus Bayreuth zurückzukehren. Viele Sachsen hoffen, daß ihre protestantische Königin bei dem frommen König Karl etwas für sie ausrichten werde. Auf dem Naschmarkt wird eine Küche für sie und ihren Hof aufgebaut.

Doch Christiane Eberhardine weigert sich zu kommen. Sie hat gehört, daß die Cosel sich Ehefrau des Königs nennt, und schickt einen Höfling zum König: Sie habe nie sein Vergnügen hindern wollen, aber da sie von vielen Seiten verständigt worden sei, daß die Gräfin Cosel sich ungescheut für seine Frau ausgebe, trüge sie Bedenken, zum König zu kommen und mit der Gräfin in einem Haus zu wohnen. Der König möge ihr nicht böse sein, aber die Gräfin entfernen, solange sie, die Königin, in Leipzig sei.

Der König versichert dem Boten, es sei Unfug, daß die Gräfin seine Frau sei, und verspricht, sie fortzuschicken.

Constantia aber ist entschlossen, diesmal nicht wieder nachzugeben. Die Demütigungen, die sie in Wolfenbüttel ertragen hat, waren zu bitter. Sie steht kurz vor ihrer Niederkunft und will ihr Kind in Leipzig bekommen und nicht durch Schnee und Eis nach Dresden reisen. Sie sagt August, daß sie sich als seine zweite Frau neben der Königin behaupten wolle.

August wird wütend. Man hört die Stimmen des Königs und der Gräfin bis ins Vorzimmer. Kavaliere und Damen flüstern, der König habe der Gräfin vor Zorn einen Stoß gegeben.

August reist nach Lichtenburg, wo seine Mutter eingetroffen ist, und Constantia reist nach Dresden. Sie ist kaum in der Stadt, als die Wehen einsetzen. Der Sohn kommt tot zur Welt.

1.

Der König sitzt bei seiner Mutter und seinem Sohn in Lichtenburg, als ihm ein Kurier aus Dresden gemeldet wird. Die Gräfin Cosel hat ein totes Kind geboren. Die Ärzte rechnen stündlich mit ihrem Tod.

Reiter mit blankgezogenen Säbeln jagen im vollen Galopp vor der Kutsche des Königs über die Landstraße und durch die Dörfer. Beim König in der Kutsche sitzt nur der Kammerdiener Spiegel, der wortlose Freund. An einer Poststation hält der Kutscher, die Knechte schirren eilig die schweißnassen Pferde aus. Der Pferdewechsel dauert dem König zu lange, er rennt, Spiegel dicht hinter ihm, zu einer Kutsche, die mit frischen Pferden bereitsteht. Sie gehört irgend jemandem, der im Posthaus seine Rechnung bezahlt, und ist für einen König viel zu schlicht. Der Kutscher des Königs springt auf den Bock, und weiter geht die rasende Fahrt nach Dresden.

Der König hastet die Treppe zu Constantias Zimmer hoch, die Kerzen flackern, als er eintritt. Constantia liegt mit weißem Gesicht in ihrem Bett, ihre Augen mit den dunklen Ringen sind geschlossen. Doch sie atmet. Die Mädchen haben ihr ein frisches Nachthemd angezogen und ihre verschwitzten Haare gekämmt. August ruft ihren Namen, streichelt ihre Hand. Constantia öffnet die großen schwarzen Augen, und von weit her scheint ein Funken Leben in sie zu kommen, aber dann läßt die Kranke die Lider sinken.

Spiegel schickt die Kammerfrau nach den Ärzten der Gräfin. Die Ärzte kommen, verbeugen sich tief und beantworten die Fragen des Königs mit einem Heben der Schultern. Spiegel verläßt das Haus, um alle Leibärzte des Königs zusammenzurufen.

August sitzt allein in der Wochenstube. Er weiß nicht, ob Constantia schläft oder bewußtlos ist. Im Schein des flackernden Kaminfeuers glüht das Herz aus Rubin, das sie um den Hals trägt.

Es ist das erste Mal, daß August der Geburt eines seiner Kinder so nahe kommt. Als Christiane Eberhardine den Kurprinzen bekam und Aurora von Königsmarck den Sohn Moritz, war er in Wien und umwarb die Gräfin Esterle. Als Fatima ihren Sohn Friedrich August bekam, stand er im Feld, und als Ursula von Teschen ihren Sohn Johann Georg bekam, war er in Polen, und jetzt, vor ein paar Monaten, als Fatima die Tochter Katharina zur Welt brachte, war er bei der Armee, mit Constantia. Er hat Post bekommen, daß die Weinhändlerstochter aus Warschau vor wenigen Wochen ein Mädchen geboren hat, Anna. Haben alle so gelitten?

Constantia, die stets frohgelaunt ist und voller Leben, übermütig und lachend, die sich auf ihr Kind gefreut hat, liegt jetzt hier so still, im Reich zwischen Tod und Leben.

Die Leibärzte treten ein. Sie können nichts tun, die Winterreise so kurz vor der Niederkunft, der Blutverlust bei der schweren Geburt, die Enttäuschung. Man kann nur hoffen, daß die starke gesunde Natur der Gräfin sich durchsetzt gegen das Kindbettfieber. Die Frau Gräfin braucht Lebensmut.

Der König wacht die ganze Nacht im Lehnstuhl an Constantias Bett. Er kann es kaum ertragen, nichts tun zu können, abwarten zu müssen, was von alleine geschieht. Manchmal stöhnt sie im Fieber, und August legt ihr kühle feuchte Tücher auf die Stirn. Die Tücher bringt eine Kammerfrau bis zur Tür, dort nimmt Spiegel ihr die Schüssel ab und trägt sie zum König. Spiegel befiehlt Essen für seinen Herrn, doch August rührt nichts an, trinkt nur ein wenig Wein.

Gegen Morgen hält er es nicht mehr aus. Auf dem Weg nach unten sieht er durch eine offene Tür die elegante Wiege für seinen und Constantias Sohn, die Badewanne, die vergoldete Kinderklapper. Er ruft nach seinem Pferd und reitet in Begleitung von Zinzendorf auf die Festung.

Als er zu Constantia zurückkehrt, haben die Kammerfrauen und Mädchen Samtvorhänge mit Goldstickerei um das Bett gehängt und eine Spitzendecke ausgebreitet. Räucherpfännlein sind angezündet, um den Geruch in der Stube zu verbessern.

Der König setzt sich in den Lehnstuhl.

Wahrscheinlich wachte August fünf Nächte bei Constantia, doch bin ich nicht sicher. Ich habe die Vorgänge aus verschiedenen Nachrichten über Reisen und Tätigkeiten des Königs und die Beerdigung des Sohnes rekonstruiert. Unter dem 5. Februar 1707 steht Constantias Name zum ersten Mal in der Zeitung: »Die Frau Gräfin von Kosel, nachdem sie in Dreßden einen todten Sohn zur Welt gebracht, befindet sich sehr traurig und hat heute dero Absterben verlauten wollen.« Aber möglicherweise ging es ihr am Morgen des 3. Februar schon besser, dem Tag, an dem August Dresden wieder verließ.

2.

August muß nach Leipzig, muß retten, was für Sachsen und Polen noch zu retten ist. Er setzt sich am 3. Februar morgens mit Spiegel in die Kutsche. Er reist schnell, in neun Stunden legt er den Weg zurück, für den die normale Post zweiundzwanzig Stunden braucht. Die Schweden sollen endlich einen Termin für ihren Abmarsch nennen. Nach ihrem Abmarsch will er sofort als König nach Polen zurückkehren. Er hat dem Zaren Peter geschrieben, er habe den Frieden nur geschlossen, weil der Zar seine Verpflichtungen nicht erfüllt habe, und ihm angeboten, den Frieden zu brechen, wenn er Truppen und Geld schicke.

Wie mußte er sich immer mühen, Steuern von den sächsischen Ständen bewilligt zu bekommen, um seine Regimenter ausrüsten zu können. Jetzt sind gerade fünfzig Wagen mit Uniformen zu den schwedischen Regimentern in Wittenberg gefahren, der sächsische Adel mußte sie bezahlen. Tausende von Sätteln und Halftern lagern die Schweden in der Pleißenburg in Leipzig, sie geben Aufträge für Schabracken und Degen. Tuchfabriken und Färbereien, auch die Goldmanufakturen haben Hochkonjunktur. So bleibt wenigstens ein Teil der Kontributionsgelder in Sachsen.

Er muß verhindern, daß der Kaiser und die Seemächte den Friedensvertrag garantieren, wie König Karl fordert, denn sonst werden sie ihn mit ihren Truppen angreifen, wenn er Sachsen verläßt, und Polen rückt für ihn in weite Ferne. Er mußte sie zwar im Januar um die Garantie bitten, doch hat er seinen Gesandten mündlich den Auftrag gegeben, die Garantie zu verhindern.

Am Abend trifft August in Leipzig ein. Am nächsten Morgen kommt Christiane Eberhardine aus Bayreuth an, und er empfängt sie auf der Treppe des Fürstenhauses, damit jeder sehen kann, daß zwischen ihnen bestes Einvernehmen herrscht. Als die Königin am Sonntag in die Kirche geht, kommen von überall her die Bürger, um sie zu sehen, und das Gedränge ist so groß, daß sie kaum in die Kirche und nach dem Gottesdienst kaum wieder zu ihrem Wagen gelangt. Jeder hofft, sie und der Kurprinz werden König Karl von seinen hohen Geldforderungen abbringen.

Karl macht der Königin eine höfliche Staatsvisite. Der Kurprinz kommt mit drei Kavalieren aus Lichtenburg und legt beim König von Schweden Visite ab. Er macht das sehr gut für seine zehn Jahre, und Onkel Karl schenkt ihm ein Pferd. Gleich am nächsten Tag reist der Junge zurück zur Großmutter. Anna Sophie, die dänische Königstochter, lehnt es ab, Visite zu machen beim Besetzer des Landes.

August erhält die Antwort des Zaren: Es sei nicht seine, Peters

Schuld, daß König August mit Menschikows 20 000 Reitern nicht nach Sachsen gezogen sei und die Schweden angegriffen habe. Doch wenn er den alten Bund wieder aufleben lassen wolle, würde er ihm mehr Geld schicken als in den vorigen Jahren und ihm 25 000 Mann zur Verfügung stellen. Voraussetzung sei, daß Patkul nicht an Karl ausgeliefert werde. August schickt sofort General Goltz zum Zaren, um den neuen Vertrag zu besprechen.

Karl pocht jetzt ungeduldig auf die Erfüllung des Friedensvertrages und verlangt Patkul. Seine Leute haben den Brief des Zaren abgefangen und kopiert. Sie fangen auch Briefe Augusts nach Polen ab, in denen er seine Anhänger zum Widerstand gegen Stanislaus ermuntert.

Viele große und kleine Fürsten und Adlige aus dem ganzen Reich sind nach Leipzig gekommen, um den jungen König zu sehen, der der meist umworbene Mann in Europa ist. Wem er sich zuneigt, der hat das spanische Erbe gewonnen und die Macht über den Welthandel. Für welche Seite er sich auch entscheidet: Schweden wird in jedem Fall größer, reicher und mächtiger dastehen als zuvor. Gesandte vieler Höfe treffen ein, bringen ihre Frauen und Töchter, ihre Adjutanten, Sekretäre und Bedienten mit. Lieferanten und Handwerker verdienen wie lange nicht. Leipzig wird in diesem Frühjahr 1707 zur diplomatischen Zentrale Europas. Tag für Tag sind Konferenzen und Abend für Abend Bälle und Soupers. König August, die Gesandten aus London, Den Haag, Wien, Kopenhagen, Berlin, Hannover haben gar nicht genug Leute, um alle wichtigen Gespräche belauschen, alle wichtigen Briefe ausspionieren lassen zu können.

Graf Piper führt ein großes Haus und beweist, daß die Adligen aus den Eisländern des Nordens sich sehr wohl auf Pracht und Luxus, Eleganz und Heiterkeit verstehen. Die Gräfin Piper und die Feldmarschallin Rehnskjöld sind aus Schweden gekommen und noch viele andere Damen, die ihre Männer sechs lange Jahre nicht gesehen haben. Sie feiern Feste und Prachtmahle mit fröhlichem Glanz, und jeder in Leipzig reißt sich um eine Einladung. Die Gräfin Piper hat ihre Schwester mitgebracht und richtet ihr eine prunkvolle Hochzeit mit dem General Meyerfelt aus. Auch Aurora von Königsmarck ist nach Leipzig gekommen, sie kämpft noch immer um ihre Güter in Schweden. Als Piper den König zur Hochzeit einlädt, fragt er vorsichtig, ob die Gräfin Königsmarck zum Fest kommen dürfe. Karl hat nichts dagegen.

Ich bin in Verlegenheit, sagt Piper, welche Ehrenstellung ich der Gräfin anweisen soll, ohne den Rangansprüchen der übrigen Damen zu nahe zu treten.

Wie kann sie auf Rang Anspruch machen, sagt Karl, sie ist eine Dirne.

Auf dieser Hochzeit sehen die Gäste den König von Schweden sogar tanzen. Die Damen versuchen, mit ihm zu flirten, doch Karl guckt sie kaum an. Unser König ist keusch, sagen lachend die Herren. Andere aber wollen wissen, daß in Marienburg, in Preußen, eine schöne Fleischhauertochter die Zärtlichkeiten des Königs genossen habe, und sie sei auch von ihm schwanger geworden. Der König habe das nur gemacht, sagen darauf die ersten, weil er sehen wollte, ob seine Zeugungskraft durch einen schweren Fall vom Pferd einige Wochen zuvor nicht gelitten hätte. Eine dritte Partei meint, so zynisch sei ihr König nicht, er sei im Gegenteil ein Romantiker und habe gesagt, eines Tages werde er eine Frau suchen, die er, gleich welchen Rang sie habe, von Herzen lieben könne und die auch ihn liebe, ohne daran zu denken, daß er König sei.

Aus Paris ist der Marquis Besenval mit dem Paß eines reisenden Geschäftsmannes durch das feindliche Gebiet in Deutschland nach Leipzig gekommen und verhandelt bei jeder Gelegenheit eifrig und lange mit Piper und Hermelin. Doch König Karl läßt ihn auf eine Audienz warten. Graf Wratislaw aus Wien wartet seit Oktober. Der kaiserliche Gesandte Zinzendorf wird zwar vorgelassen, aber Hermelin berichtet, Karls Ton hätte »beinahe zu einem Schlaganfall des Grafen Sinzendorff geführt«.

Mr. Robinson, der englische Gesandte, hat mehr Glück. Eines Tages begegnet er auf dem Weg nach Altranstädt zufällig König Karl. Der Engländer springt sofort aus seiner Equipage und erhält auf der Stelle eine Audienz. Sie dauert ungewöhnlich lange. Robinson spricht fließend Schwedisch. Karl bittet ihn, wieder in seinem Wagen Platz zu nehmen, und reitet neben ihm her.

Dieses Zusammentreffen wird hoch gehandelt an den Nachrichtenbörsen auf den abendlichen Festen. Marquis Besenval ist in größter Sorge. Auch der Gesandtenschwarm der kleinen Länder, die eifrig ausspähen, an welche große Macht sich anzuschließen für sie am meisten Gewinn bringt, ist aufgestört. Die schwedischen Herren lachen und verraten nicht, worüber ihr König und Mylord Robinson gesprochen haben.

Die Alliierten stehen im Spanischen Erbfolgekrieg seit dem Sieg bei Höchstädt gut da. Franzosen und Bayern mußten Süddeutschland räumen, der bayerische Kurfürst floh nach Frankreich, der Kaiser erklärte ihn in die Reichsacht. Im selben Jahr, 1704, hat eine Flotte der Alliierten mit Hilfe der Truppen des Landgrafen von Hessen-Darmstadt Gibraltar für die Engländer erobert. Bei Malaga wurden die

Franzosen geschlagen, die englische Seeherrschaft im Mittelmeer scheint gewonnen. Auch im Kaperkrieg vor Amerika behaupten sich meist die Engländer.

Doch Frankreich ist noch lange nicht besiegt. Ludwig XIV. ist ein zäher Gegner. Von König Karl hängt es ab, ob der Spanische Krieg und der Nordische Krieg zu einem großen Krieg zusammenfließen, ob der Osten Europas sich der wirtschaftspolitischen Entwicklung des Westens öffnen oder für sich bleiben wird. Das ist schon spannend genug und von größter Bedeutung für die Zukunft der Länder, aber nun ist plötzlich noch eine Macht da, die die Gesandten in Leipzig und die Gleichgewichtspolitiker in London vor eine schwierige Rechenaufgabe stellt: Rußland.

Zar Peter hat 1703 inmitten von Sümpfen seine Residenz Petersburg an der Ostsee gegründet, und man hat lange über ihn und seinen Ehrgeiz gelacht. Doch nun lacht niemand mehr. Der Zar hat jetzt eine Kriegsflotte von über hundert Schiffen. Und er rückt in diesen Februartagen 1707 mit 70 000 Mann in Polen ein. Es heißt, er wolle Livland und Litauen von den Schweden erobern. Es heißt auch, er wolle nach Sachsen kommen und die Schweden hier bekämpfen. Es heißt aber auch, er habe König Karl den Frieden angeboten. Wenn das stimmt, dann, so kombinieren die Gesandten, könnten Schweden und Rußland gemeinsam sich entweder mit den Alliierten oder mit den Franzosen verbünden. Rußland ist ein neuer Unsicherheitsfaktor, der groß hinter Schweden auftaucht.

August sind die Planspiele der Diplomaten vertraut. In ihrer Kenntnis liegt seine Hauptchance, wieder König von Polen zu werden, König des Landes, das als Puffer zwischen Mitteleuropa und Schweden, Mitteleuropa und Rußland liegt. Seit dem Einmarsch des Zaren in Polen ist er in größter Sorge. Es heißt, der Zar wolle dem Prinzen Konstantin Sobieski die polnische Krone anbieten und große Magnaten fänden sich bei Peter in Lemberg ein. Der russische Verbündete beginnt, ihm den Braten vom Spieß zu fressen, wie Patkul vor Jahren warnte.

Und er ist in Sachsen wie festgebunden. Das Verhalten seines Vetters ist quälend. Der König wäre erstaunt, wenn er wüßte, was Karl über ihn an seine jüngere Schwester nach Stockholm geschrieben hat: »König August wohnt nun hier in Leipzig, eine Meile von Altranstädt entfernt. Ich bin mehrmals mit ihm zusammengewesen. Er ist lustig und nett.«

Es fällt August schwer, lustig und nett zu bleiben. Piper schickt Cederhjelm zu ihm, um die Übergabe Patkuls zu regeln. Er muß Cederhjelm hinhalten, bis General Goltz vom Zaren zurückkommt. Er vertröstet ihn auf die Zeit nach der großen Diplomatenjagd in Liebenwerda, die er seit Wochen vorbereiten läßt. Er lädt Karl ein und schickt ihm einen Jagdwagen und einen kostbaren, mit Diamanten besetzten Jägerstab.

Das große Ausschießen ist am 15. Februar. Alle Gesandten sind zur Jagd gekommen und fast alle schwedischen Generale. Sie schießen und erstechen 2500 Stück Wild.

Nur König Karl fehlt. Er besucht König Stanislaus, um den sich kein Gesandter kümmert, wenn er nach Leipzig kommt und im Gasthaus Zum Birnbaum absteigt, er reitet nach Lichtenburg und macht seiner Tante Anna Sophie seine Aufwartung und speist bei ihr zu Abend. Am nächsten Morgen ist er in Wittenberg und besichtigt andächtig Luthers Wohnung – eine Demonstration gegen die Diplomaten, denen die Religion gleichgültig ist, die ihr abwegiges Streben nach Handelsmärkten verfolgen und Jagdgäste sind bei einem König, der den lutherischen Glauben verraten hat.

August weicht Cederhjelm aus und geht von Liebenwerda nach Torgau zu seinen Truppen. Am 24. Februar kommt er in Dresden an. Er fährt sofort zu Constantia.

Constantia geht es besser, das Fieber ist zurückgegangen, sie darf in diesen Tagen zum ersten Mal aufstehen. August ist nun täglich bei ihr. Immer wieder spricht er davon, daß er an Abdankung denke, und fällt in schweigendes Brüten.

Eine Woche nach seiner Ankunft kommen die Gesandten der Seemächte nach Dresden. Wieder eine Woche später ist ein Vertrag aufgesetzt: Holland wird die neunzehn Tonnen Gold, die Karl von August verlangt, leihen. August wird dafür 12 000 Soldaten gegen Frankreich auf zwei Jahre vermieten.

Cederhjelm ist August nach Dresden gefolgt. August bespricht das Problem Patkul mit den Gesandten. Wenn Patkul ausgeliefert wird, bedeutet das seinen Tod. Karl hat einen anderen Livländer, einen General Paykul, der lange Jahre vor der Rebellion des livländischen Adels in fremde Dienste getreten war, als Landeskind und Deserteur verhaften lassen, als er zufällig auf schwedischem Gebiet war. Dreimal ist die Generalin Paykul vor König Karl auf die Knie gefallen. Doch er ließ ihren Mann köpfen.

Zar Peter verlangte schon im vorigen Jahr, »der König von Polen möge ihn [Patkul] nebst denen bei ihm gefundenen Schriften nach Rußland senden, damit Gerechtigkeit und Gericht über ihm ergehe«, und hat nun Patkuls Auslieferung zur Vorausleistung für einen neuen Vertrag mit August gemacht. Aber das kann August den Gesandten der Seemächte nicht sagen.

Jeden Tag von acht bis elf sitzt August im Geheimen Rat. Von elf bis eins läßt er sich Rapport geben. Dann kommen die Konferenzen mit den Gesandten, die sich bis spät in die Nacht auf den Festen fortsetzen. Er hat soviel zu tun, daß er kaum auf die Jagd reiten kann und in Besprechungen sitzt, während »bey Hofe Cavalliers und Pagen gestiefelt herumb wandeln« und auf ihn warten.

Constantia ist jetzt so gesund, daß sie die Diplomaten zu Festessen einladen kann. August schickt nach Christiane Eberhardine, die sich wieder nach Torgau zurückgezogen hat, schickt nach seiner Mutter und dem Kurprinzen. Er braucht alle im Spiel der Diplomaten, um die Herren dahin zu bringen, sich für den Abmarsch Karls und die Rettung Patkuls einzusetzen.

Auch für Sachsens Zukunft werden ähnliche Planspiele angestellt wie auf der Ebene der alliierten Mächte. Es geht darum, eine möglichst große Anzahl von Verhandlungspositionen aufzubauen, um später auf sie als Gegenleistungen für die eigentlichen Zielpunkte verzichten zu können, wenn es zur großen Schlußrunde kommt. Der sächsische Hof ist im Spiel um Verhandlungspositionen in viele Parteien zerspalten, die alle glauben, sie hätten die Wunderstrategie für die Rettung ihres Königs.

Der König soll beim Reichstag in Regensburg die Ansprüche anmelden, die er an das Reich hat, weil es ihm beim Einfall der Schweden nicht half. Dafür soll das Reich ihm Ansprüche einräumen auf Gebiete in Süddeutschland, die Ludwig XIV. jetzt besetzt hält. Wenn man diese Ansprüche hat, wird man weitersehen, was man für sie eintauschen kann.

Der König soll König von Neapel werden. Die sächsischen Kurfürsten haben Erbansprüche auf Neapel aus dem 13. Jahrhundert, seit Konradin, der letzte Staufer, 1268 geköpft wurde. Dieser Anspruch muß Kaiser und Papst ungelegen kommen und wird sie ihre Hilfe gegen Karl anbieten lassen, falls August wieder auf ihn verzichtet.

Der König soll die Teilung Polens anbieten. Verschiedene Teilungspläne werden gehandelt zwischen verschiedenen Partnern, Rußland, Schweden, Sachsen natürlich, Preußen will auch etwas abhaben, und die Alliierten hätten Ruhe im Osten.

Der König soll Dänemark zum Kampf gegen Schweden auffordern.

Der König soll mit Schweden Freundschaft gegen Dänemark schließen.

Der König soll sich mit Frankreich verbünden.

Constantia kommt in den Verdacht, zur französenfreundlichen Partei am Hof zu gehören. Ihr ist es Ende März gelungen, die Befreiung von Luise von Rechenberg aus der Festung Königstein von August zu erreichen. Luise von Rechenberg ist die Tochter des Feldmarschalls

Hans Adam von Schöning, eines Brandenburgers, der unter dem Bruder des Königs die ersten Reformen der sächsischen Verwaltung begonnen hat, aber früh starb. Sie ist die Geliebte des ehemaligen sächsischen Kanzlers Beichling, der mit allen Verwandten und ihr seit 1703 gefangen ist.

Constantias frühere Schwägerin Rahel Charlotte Vitzthum hat sie bestürmt, sich beim König für die Rechenberg, die ihre Freundin ist, und für den jüngsten Bruder Beichlings einzusetzen, der in den langen Haftjahren fallsüchtig geworden ist und doch niemals etwas mit den Affären zu tun hatte. Constantia hat Mitleid mit den Gefangenen, die so lange schon in Festungshaft sind. August läßt sich nicht leicht überreden, denn er mag die Rechenberg wegen alter Geschichten nicht. Doch schließlich gibt er Constantia nach, und am vorletzten Sonntag im März fährt »der König herunter in die Stadt, und tractirte Ihn, wie auch die Gräfin von Kosel nebst noch andere Dames und hohen Cavaliers, der Hr. geheime Rath Baron von Rechenberg«, der Ehemann der Dame, die nun in Gnaden wieder am Hof aufgenommen ist, was ganz Deutschland in der Zeitung lesen kann.

Aber an pure Gutherzigkeit und Hilfsbereitschaft der politisch regen Mätresse des Königs mag niemand glauben. Alles, was irgend jemand am Hof tut, hat Bedeutung. Ist die Befreiung der Rechenberg ein Signal, daß Beichling zurückkehren wird? Bedeutet sie eine innenpolitische Änderung am Hof und/oder eine außenpolitische? Von Beichling heißt es, er sei von Frankreich gegen den Kaiser gekauft. Ist die Mätresse für die Franzosen? Oder will sie mit der Gunst, die sie der Tochter des Reformers Schöning verschaffte, Beamten am Hof drohen? Noch ist der König nicht auf seine Regierungsreform vom vorigen Jahr zurückgekommen.

Die rein sächsische Partei am Hof ist gegen den Polenplan, gegen den Rußlandplan, den Frankreichplan, gegen den Neapelplan oder gegen irgendwelche Verbindungen mit Süddeutschland. Überall betreiben die Jesuiten die Gegenreformation des Papstes. Die Adligen haben Angst, der König wolle dem Kurprinzen katholische Lehrer und Erzieher geben. Die lutherische Religion soll in Sachsen gesichert werden – mit Hilfe der Schweden. Und König August soll als Kurfürst im Lande bleiben.

Viele Gerüchte schwirren durch Dresden, es gibt jede mögliche Kombination dieser Pläne und Teilpläne, jeder ist der Freund eines jeden und zugleich sein Feind, und auf den mittäglichen Herrenessen der Gesandten und Höflinge und den abendlichen Einladungen der Damen wird jedes Treffen des einen mit dem anderen, jedes zufällige Wort, jede Miene durchgehechelt und auf ihre politische Bedeutung hin abgeklopft. Außer den größeren Parteiungen gibt es zahlreiche Personen, die überall herumhorchen, welche Partei die Gunst des Königs erlangen wird, um sich rechtzeitig den Gewinnern anschließen zu können, die überall mitreden und sich wichtig machen in der Hoffnung, auf diese Weise einen einflußreicheren Rang am Hof zu erhalten als bisher.

Die Königin ist jetzt in Dresden. Jeden Montag und Donnerstag hält sie Hof im Schloß, Damen und Kavaliere hören Musik und spielen um Geld. Christiane Eberhardine fühlt sich in großer Gesellschaft nicht wohl, sie geht nur im kleinen Kreis aus sich heraus. Doch sie hält sich tapfer neben der glänzenden Mätresse und stellt, wie August es von ihr verlangt, auch ihrerseits eine Arena für Intrigen und Gegenintrigen zur Verfügung, für Spione und Gegenspione.

General Goltz kommt vom Zaren aus Polen zurück: Der Zar wolle kein Geld zahlen, ehe König August nicht wieder in Polen sei. Aber ohne Geld kann der König nicht fort. Die Schweden haben fast alle seine Einkünfte in Sachsen beschlagnahmt, die Kassen sind leer. Er hat schon einen Teil des Hofstaats entlassen, seine Gesandten an fremden Höfen haben seit Monaten kein Gehalt bekommen. Die Sachsen hatten im vorigen Sommer eine reiche Ernte, sie haben viel Heu eingefahren, der Herbst war mild und das Vieh konnte länger als in anderen Jahren auf die Weide getrieben werden. Doch die Schweden nehmen alles weg. Das Korn zur Frühjahrsaussaat fehlt an vielen Orten, weil sie es als Pferdefutter verlangt haben. In Dörfern und auf Gütern kommt es zu Bauernrebellionen.

August schickt General Röbel nach Altranstädt. Röbel protestiert dort gegen den inzwischen dritten Anschlag auf das Leben König Augusts. Er protestiert gegen die Bauernunterdrückung: Die Schweden zögen mehr Kontributionen und Furage ein als abgemacht. König Karl soll zulassen, daß die sächsischen Truppen aus Polen nach Sachsen in Sicherheit kommen, und er soll jetzt endlich »ein vor allemal den eigentlichen Abmarsch der Schwedischen Trouppen« auf einen bestimmten Termin festsetzen.

Karl verlangt, bis Juni bleiben zu können. August schlägt das ab. Er drängt bei den Alliierten darauf, daß Karl abzieht. Er werde die 12 000 Mann nicht eher gegen Frankreich marschieren lassen, als bis die Schweden fort seien. Die Holländer teilen daraufhin mit, daß sie die Gelder für die 12 000 Mann, die Kontributionen, auf die König Karl wartet, nicht eher bezahlen, als bis die Schweden Sachsen räumen.

Karl teilt mit, ehe nicht Patkul ausgeliefert sei, werde er überhaupt nicht mit sich reden lassen.

August ist in der Zwickmühle. Wenn er Patkul ausliefert, bricht er mit dem Zaren. Wenn er ihn nicht ausliefert, verliert er seine Truppen in Polen, und Sachsen wird weiter ausgeplündert.

Madame Royale setzt sich für Patkuls Leben ein, ebenso ihr Oberhofmarschall von Rumohr, dessen Tochter mit Patkul verlobt ist. Der alte Rumohr wendet sich an alle Einflußreichen am Hof, einmal geht er voll Zorn auf Adolf Magnus Hoym mit dem Degen los. Doch Hoym will sich mit dem tapferen und loyalen alten Herrn nicht duellieren und hält seinen Degen fest. Rumohr läßt Piper und Hermelin durch Mr. Robinson 50 000 bis 60 000 Taler für die Freiheit Patkuls anbieten, den Gegenwert eines großen Ritterguts.

Am Hof will man den Schweden die Auslieferung zusagen und Patkul unterwegs fliehen lassen. Doch Patkul will nicht fliehen. Die Flucht wäre für ihn ein Eingeständnis von Unrecht im Kampf gegen den absoluten König, aber er will seine Rechte und seine Ehre als livländischer Adliger aufrechterhalten. Er vertraut auf das Völkerrecht, das ihm als Diplomaten des Zaren Immunität gewährt.

Jetzt aber drängen die Gesandten der Alliierten auf Auslieferung. Dies ist der letzte Punkt des Friedensvertrags, den König August nicht erfüllt hat. Danach wird der starrsinnige König Karl zufrieden sein und endlich mit ihnen über die Zukunft Europas verhandeln.

Cederhjelm, den die Gerüchte der Flucht erreicht haben, läßt Patkul vom Königstein abholen. Am 6. April abends fährt eine Kutsche mit schwedischen Wachen auf die Festung, und der Kommandant liefert den Gefangenen auf Befehl König Augusts aus. In Dresden verbreitet sich, die Schweden hätten Patkul »mit der Schlaff-Mütze und Schlaff-Pelz ausm Bette gerissen, so fort auf ein Pferd gesetzt« und im Konvoi von dreißig Reitern in das Quartier des Generals Mardefelt nach Dippoldiswalde gebracht und dort mit einer schweren eisernen Kette an einen Block gefesselt.

Karl verlangt noch etwas von August. Der Kaiser hat Stanislaus als König von Polen anerkannt, nun soll auch August ihm Glück wünschen. Also schreibt August am 8. April 1707: »Mein Herr und Bruder, wir hätten erachtet, daß es nicht eben nöthig sei, Uns mit Ew. Majestät in einen besondern Briefwechsel einzulassen. Um jedoch Sr. Schwedischen Majestät Uns gefällig zu bezeigen und damit man Uns nicht Schuld gebe, als ob Wir Schwierigkeiten machten, Seinen Wünschen zu entsprechen, wünschen Wir Ihnen hiermit zu Ihrer Thronbesteigung Glück.« Und er fügt hinzu: ». . . wobey Wir Ihnen zugleich wünschen, daß Sie in Ihrem Vaterlande treuere Unterthanen finden möchten, als Wir daselbst zurückgelassen haben. Alle Welt wird Uns die Gerechtigkeit widerfahren lassen, zu glauben, daß Wir für unsere Wohltaten nur mit Undank belohnt worden sind, und daß der größte

Teil unserer Unterthanen bemüht gewesen ist, Unsern Untergang zu beschleunigen. Wir wünschen Ihnen kein ähnliches Schicksal, und empfehlen Sie dem Schutze Gottes.

Ihr Bruder und Nachbar Augustus. Rex.«

Endlich kommt Cederhjelm zur Abschiedsaudienz ins Schloß. König August darf den sächsischen Truppen in Polen Order geben, nach Sachsen in Sicherheit zu marschieren.

Die Verhandlungen mit dem Zaren sind abgebrochen.

Karl hält sein Versprechen und setzt eine Kommission ein, die alle Übergriffe der Besatzungssoldaten unterbinden soll. Die Disziplin der Truppen hat stark nachgelassen. Soldaten bringen Dirnen mit in ihre Quartiere, betrinken sich, setzen aus Unachtsamkeit oder Übermut Häuser in Brand.

Die Kommission arbeitet streng und gerecht, und die Sachsen erkennen das auch an. Aber sie sind der Besatzungsmacht müde, deren Soldaten so wohlgenährt und frischgekleidet die Beine in ihren Stuben lang machen, während sie selbst immer weniger haben.

Karl füllt seine Regimenter auf, läßt seit Anfang des Jahres werben. Von allen Seiten strömen Leute zum König von Schweden, angelockt von seinem Kriegsruhm und dem guten, fetten Leben, das seine Soldaten haben.

3.

König August ist in Dresden. Das Warten auf den Abmarsch der Schweden ist zermürbend. Die Gesandten sind jetzt in Leipzig, in Dresden geht es gesellschaftlich ruhig zu. Der König hält sich meistens in seinem Gemach auf, zeigt sich kaum noch.

August hat einen empfindlichen Magen, und immer, wenn es Ärger gibt, bekommt er Darm- und Magenkoliken, und die Galle tut ihm weh. Die Ärzte empfehlen ihm Sauerbrunnen und Badekuren. Aber er will nicht nach Karlsbad, solange die Schweden noch im Land sind. Manchmal reitet er ganz früh am Morgen, ehe die Sitzungen mit seinen Ministern beginnen, oder am Spätnachmittag mit Constantia spazieren, unter den blühenden Obstbäumen in den Gärten vor der Stadt.

Eines Tages läßt er seine Baumeister zu sich rufen. Das Palais für Constantia soll nun gebaut werden. Er will es durch einen gedeckten Gang mit dem Schloß verbinden lassen.

Einige der alten Häuser am Taschenberg sind schon abgerissen. Constantia hat zu den Grundstücken, die sie bereits besitzt, noch drei weitere in der Kleinen Brüdergasse gekauft, der Parallelstraße zum Taschenberg.

Die Leitung des Neubaus erhält Matthäus Daniel Pöppelmann. Dies ist das erste selbständige große Projekt des Baumeisters, und er gibt sich große Mühe mit seinem Entwurf. Viele Stunden verbringen Constantia, August und Pöppelmann über Grundrissen und Plänen. Das Haupthaus soll ein Erdgeschoß haben, zwei Obergeschosse und ein hohes Mansardendach. Die dem Schloß zugewandte Front soll achtundvierzig Meter breit sein und prächtige Balkone und reichen Fensterschmuck zeigen. Die Front wird prachtvoll und ehrfurchtgebietend aussehen: Hier wohnt jemand, der Macht hat. Constantia wünscht die Front auch ein bißchen verspielt, will Blumenschmuck an den Simsen und zarte Ranken.

Das Palais soll ein Treppenhaus bekommen, wie noch kein Haus in Dresden es hat. Zwei stattliche Treppen sollen freistehend gegeneinanderlaufen. Das Treppenhaus wird so ein eindrucksvoller Repräsentationsraum: Das Palais ist das Gebäude, in dem die mächtigste Frau des Landes ihre Empfänge und Feste geben wird.

August und Constantia verbringen glückliche und heitere Stunden beim Planen. Er will das Haus türkisch einrichten, und sie soll türkische Gesellschaften geben. Nach den Stunden über den Bauplänen ist August stets entspannt und froh. Er stattet Constantia aus wie niemals eine Mätresse vor ihr. Jedermann am Hof wundert sich über die Beständigkeit, mit der er die Gräfin liebt und ihr treu ist. Sie soll nun auch bald Pillnitz bekommen, daß große Gut und Schloß an der Elbe, wenn die Schweden abmarschiert sind.

In der Nacht von Osterdienstag auf Mittwoch, dem 27. April 1707, klopft ein Kammerdiener an die Tür des Zimmers, in dem der König und Constantia schlafen: Der Herzog von Marlborough sei laut Botschaft eines Eilkuriers höchstpersönlich in Leipzig eingetroffen. John Churchill, Herzog von Marlborough, ist zur Zeit die politische und militärische Zentralfigur der Großen Allianz.

August und Constantia brechen sofort nach Leipzig auf.

Der König läßt sich in den Apelschen Garten fahren, wo ein kleines Palais steht. Die Leibgarde umstellt den Garten. Seit den Anschlägen auf sein Leben bewachen zahlreiche Gardisten ihn, wo immer er auch ist.

Kaum ist August im Palais, kommt Karl in den Garten und spricht eine Stunde mit ihm, zum ersten Mal seit fast drei Monaten. Der Herzog von Marlborough geht so lange zwischen Tulpen und Hyazinthen spazieren, und Oberhofmarschall Pflugk und die Gesandten aus Wien, London und Den Haag unterhalten ihn.

Marlborough ist bester Laune. Er ist ebenfalls ein Frühaufsteher und hat den ganzen Morgen Audienz gehabt bei Karl in Altranstädt und dort auch mit ihm gefrühstückt. Er ist gekommen, um die Pläne des Königs von Schweden zu erfahren und ihn von der Einmischung in den Spanischen Erbfolgekrieg abzubringen.

Der vierundzwanzigjährige König hat sich ausführlich mit dem eleganten siebenundfünfzigjährigen Herzog unterhalten, einem Herrn von überschwenglicher Liebenswürdigkeit und Schmeicheleien. Aber der Herzog ist auch einer der größten Militärs seiner Zeit, und Karl, der meist nicht weiß, worüber er mit Nichtmilitärs reden soll, spricht mit ihm lange über die größte Tat des Herzogs, die Schlacht von Blenheim-Höchstädt. Der Herzog dagegen entwickelt den Plan eines Feldzugs im Osten und der Vernichtung der russischen Truppen. Zum ersten Mal tritt England als Gegner Rußlands auf und treibt eine andere Macht an, den Zaren in Schach zu halten. Marlborough hört mit Vergnügen, daß auf Karls Arbeitstisch nur Landkarten von Rußland liegen und daß seine Generale an Feldzugsplänen für den Osten arbeiten.

Von Piper erfährt er, daß vor wenigen Tagen der König dem Marquis Besenval das Ansuchen, sich mit Ludwig XIV. zu verbünden, eindeutig abgeschlagen habe: Der König von Schweden könne sich jetzt nicht in die Affären des Reichs mischen, habe er gesagt.

Nach einer Stunde bei August bricht Karl auf. Die Verzögerung des Abmarschs der Schweden hat zwei Gründe: Er wartet auf die Garantie des Friedensvertrags durch England und Holland, und die Verhandlungen zwischen ihm und dem Kaiser über die Religionsfreiheit der Protestanten in Schlesien sind noch nicht abgeschlossen. Der Herzog hat versprochen, auf den Kaiser einzuwirken, daß er König Karl entgegenkommt.

Nun hat Marlborough bei August Audienz und spricht mit ihm über die 12 000 Mann, die er dringend im Westen braucht. Nach der Audienz fährt jeder in seine Wohnung, und abends ist der Herzog bei Constantia und dem König im Fürstenhaus am Markt zu Gast. Der König und der Herzog kommen gut miteinander aus, die englischen Diplomaten fühlen sich wohl in Gegenwart der gescheiten, witzigen und so schönen Gräfin, und es wird ein heiterer vergnügter Abend.

Am Donnerstag besprechen König August, König Karl und der Herzog weitere Einzelheiten, und nachmittags um fünf reist Marlborough nach Den Haag. Er ist sehr zufrieden mit seinem Besuch. Die beiden großen Kriege im Westen und im Osten werden getrennt bleiben. König Karl steht dem einschneidenden Wandel, der etwa seit 1680 in Europa eingesetzt hat, verständnislos gegenüber. Die Länder im Westen, England, Frankreich, Holland, bauen Manufakturen, machen sich Rohstoffländer und Absatzmärkte streitig. Zweckmäßiges, auf Gewinn gerichtetes Denken ist jetzt das wichtigste, Erforschen der Natur, Aufsteigen des Bürgertums. Der Osten und Norden Europas sind davon noch weitgehend unberührt. In Karl ist noch die lutherische Tradition lebendig, die soldatische Überlieferung Gustav Adolfs, die Verbindung konfessioneller Motive mit dem Wunsch, Lehnsherr über Feudaladel zu sein. Der Westen und der Osten werden sich getrennt weiterentwickeln.

Um ganz sicher zu gehen – denn einige schwedische Generale warnen ihren König, die Russen seien nicht mehr hilflose Scharen wie in den ersten Kriegsjahren, sondern gutausgebildete Soldaten –, hat der Herzog den schwedischen Ministern Geschenke hinterlassen. Der Kanzler Graf Piper erhält von nun an ein Jahrgeld von 2000 Pfund aus London und die Staatssekretäre Hermelin und Cederhjelm erhalten jeder 1000 Pfund – insgeheim.

Auch die schwedischen Minister sind beruhigt darüber, daß der Herzog sich an den Kaiser wenden will. Der Kaiser hat protestiert, weil Karl durch Schlesien marschiert ist. Aber nun im Frühjahr 1707 hat sich die Lage verändert. Die ungarischen Rebellen haben Kaiser Joseph als ihren König abgesetzt und sich an Karl um Hilfe gewandt. Der Kaiser will Karl nicht reizen, am Ende unterstützt dieser unberechenbare Mensch die Rebellen in Ungarn, und die Habsburger haben ein zweites Polen vor der Tür. Karl fordert die Anerkennung der Rechte der Protestanten in Schlesien, die ihnen im Westfälischen Frieden garantiert wurden. Doch sogar die eigenen Minister sind beunruhigt über sein hartes Vorgehen. »Gott wende den Krieg gegen den Kaiser ab!« ruft Hermelin besorgt aus.

August und Constantia kehren nach Dresden zurück. Anfang Mai gibt der König alle Kanonen, Standarten, Fahnen und Pauken, die er Mardefelt bei Kalisch wegnahm, an Karl zurück. Er ist bereit, alles zu tun, wenn Karl nur endlich abzieht.

Christiane Eberhardine kann nun, wo es nach dem Besuch des Herzogs von Marlborough so aussieht, als setzten sich die Alliierten für König August ein, endlich nach Torgau. Sie hält es nicht aus in Dresden neben der gewandten schönen Gräfin Cosel. Vorsichtshalber läßt August verbreiten, die Königin gehe nach Torgau, ganz wie sie sonst zu tun pflege, um dort den Sommer zu verbringen: Die Abreise bedeutet gar nichts, ist üblich, es gibt keine Reibereien zwischen der Königin und der Mätresse.

Mitte Mai fahren August und der Hof zur Messe nach Leipzig. Die Schweden bereiten nun wirklich den Abmarsch vor. Die Offiziere versichern, daß innerhalb von vier Wochen ganz Sachsen geräumt sein soll. Sie lassen Hafer zusammenführen, eine Marschordnung drucken

für die Reihenfolge der Regimenter beim Auszug und eine Pontonbrücke auf hundert Wagen laden. August wendet sich den sächsischen
Verhältnissen zu. Er will im ganzen Land das Steuerwesen vereinheit-
lichen und die Post verbessern. Zwei Tage vor seiner Abreise läßt er
Pfingsten und Imhoff verhaften, eine Untersuchungskommission soll
ihr Verhalten beim Friedensschluß prüfen. Der König wird keinen
Widerspruch gegen seine Politik mehr dulden.

Während der Messe gründet er am 24. Mai 1707 eine oberste
Rechnungsprüfungsbehörde. Er greift die alte Idee der Revisionskam-
mer auf, in der Constantias früherer Schwiegervater Hoym gearbeitet
hat. Doch das neue Instrument wird schärfer sein. Es soll Schluß
gemacht werden mit Betrügereien, Verschwendung und Bestechung.
Die Beamten sollen dem König dienen und nicht sich selbst. August hat
damit als erster Landesherr in Deutschland eine unabhängige und nur
ihm zugeordnete Rechnungsprüfungsbehörde errichtet, den ersten
Rechnungshof, etwas ganz Neues in der zeitgenössischen Finanzwirtschaft.

Anfang Juli setzt August die Regierungsreform vom Vorjahr in
Kraft, die Regierung aus dem Kabinett des Königs.

Immer wieder ist er bei Karl im Hauptquartier und drängt auf den
Abmarsch. Er schickt Kuriere nach Den Haag und Wien und wiederholt: Er könne die Truppen nicht eher marschieren lassen, als bis die
Schweden weg sind. Den Truppen, die schon unterwegs sind, jagt er
den Befehl nach, in Thüringen anzuhalten und zu warten, bis der König
von Schweden endlich abzieht.

4.

Die Truppen, die nach Brabant sollen, stehen bei Torgau, und dort sind
auch Constantias Brüder. Sie hat Christian Detlev und Joachim Offi-
zierspatente im sächsischen Heer verschafft, und Christian Detlev ist
nun auch sächsischer Kammerherr. Die Brüder besuchen die Schwester
in Leipzig. Constantia stellt sie August vor, und der König ist freundlich zu ihnen und wohlwollend. Dann bewirtet Constantia die Brüder,
und die Geschwister sprechen von Depenau.

Constantia ist besorgt: König Frederik hat dem Vater die Verwaltung von Depenau entzogen. Die Brüder erzählen.

Der Vater hat den Holländer Allers ins Gefängnis geworfen, wo er
fast gestorben wäre, und im Frühjahr drei Bauern seines Dorfes Horst
das Land weggenommen und zu einem neuen Meierhof zusammenge-
faßt. Die Bauern zerstörten die Zäune einer neuen Heuerstelle und
verboten dem Heuersmann unter Drohung zu pflügen. Daraufhin

befahl der Vater ihnen, ihre Beile und Forken niederzulegen und mit der Zerstörung aufzuhören. Sie gingen, die Forken in den Händen, auf ihn zu. Er rief:»Kerls, steht! Bleibt mir vom Leibe!« Sie hörten nicht. Claus Löhndorff aus Stolpe trat nahe an ihn heran. Da zog der Vater seine Pistole und schoß ihn tot. Er schoß weiter und verwundete andere schwer und ließ alle Rebellen ins Gefängnis bringen.

Als der Totschlag bekannt wurde, schickte König Frederik Truppen zum Schutz der Untertanen. Ein Leutnant kam mit vorgehaltener Pistole ins Haus und fragte nach dem Vater. Der Vater war gerade noch rechtzeitig geflohen.

Grenadiere besetzten das Herrenhaus. Niemand durfte auf den Hof und niemand hinaus. Zwei Grenadiere holten Vaters Bruder, Onkel Gerhard, vom Angeln und setzten ihn in Arrest. Auch der Koch kam in Arrest, und wenn er kochte, weil die Grenadiere ja Essen haben wollten, stand stets ein Soldat bewaffnet neben ihm.

Die Landesherrschaft setzte eine Untersuchungskommission ein. Die Kommission vermaß das Land der Bauern und prüfte, ob sie im Verhältnis zu ihren Dienstpflichten genügend Äcker hätten. Die Kommission verurteilte den Vater und setzte die Dienste neu fest. Die Bauern sollen nur noch vier statt acht Leute täglich stellen und in der Saat- und Erntezeit fünf. Der Vater wurde zwar vom Totschlag freigesprochen, aber wegen seiner Ausschreitungen verurteilt, 4000 Reichstaler an die königliche Kasse zu zahlen und 2000 Reichstaler für fromme Zwecke. Und die Verwaltung des Gutes hat der König ihm entzogen.

Es sieht schlimm aus auf Depenau.

5.

Die Schweden rüsten zum Abmarsch, sie haben bei den Bäckern große Mengen Zwieback bestellt. Ende Mai kommt Flemming aus Berlin zurück, wo er sich seit dem Einmarsch der Schweden aufgehalten hat. Flemming ist Pommer und hatte Angst, König Karl könnte auch ihn als Landeskind und Deserteur ansehen und köpfen lassen. Doch nun bekommt er eine Audienz in Altranstädt, und der König empfängt ihn freundlich.

Constantia hat packen lassen, auch die Damen und Herren des Hofes sind fertig, um nach Karlsbad zu reisen, sobald die Schweden marschieren. Das Klima zwischen den Königen hat sich entschieden verbessert. August und Karl schießen gemeinsam mit einer Kanone, die August selbst erfunden hat, nach der Scheibe. Diese Kanone ist eine Weiterentwicklung der Geschwind-Schuß-Kanone. Statt mit

Kugeln schießt sie mit Granaten. König August schenkt sie dem Vetter.

Karl begrüßt die Mätresse seines Vetters höflich. Seit sie ihn vor knapp zehn Jahren bei ihrem Besuch mit Prinzessin Sophie Amalie in Stockholm gesehen hat, hat er sich wohl nur äußerlich verändert. Der junge Mann von damals hat in der Zwischenzeit wenig von dem gesehen und kennengelernt, was andere Fürsten lernen. Er ist noch wie ein großer Junge und dabei grausam und hochmütig, vielleicht ohne es sein zu wollen. Er liebt die Soldaten und das Leben im Feldlager, liebt wilde Ritte und verwegene Angriffe. Über Militärfragen hat August nun endlich Kontakt zu ihm gefunden. Karl hat etwas von den Helden aus alten nordischen Sagen an sich, Männern, von denen nur wenige starke Züge überliefert sind, mit dem Unterschied, daß er nur wenige starke Züge hat.

Wieviel reicher ist doch August. Er versteht sich auf das Leben, ist ein Künstler des Lebens, vielseitig, vielleicht zu vielseitig, während Karl zu einseitig ist. Er ist liebenswürdig und gesprächig, ein Gesellschaftsmensch, der gerne über andere redet und neugierig auf ihre Geheimnisse ist. Karl ist überhaupt nicht zu beeinflussen, Augusts beweglicher Geist ist leicht zu beeinflussen, wenn man nur lange genug mit ihm redet, denn seine Phantasie ist groß. Er liebt das heitere glanzvolle Leben in seiner ganzen Fülle und lacht gerne, wenn auch niemals über sich. Nichts ist ihm schlimmer, als wenn jemand seine Würde nicht achtet. Seit Karl in Sachsen ist, verletzt er die Würde des Vetters und macht ihn lächerlich vor den Augen der Höfe ganz Europas.

Es gibt neuen Ärger.

Der Geheime Rat von Printzen ist aus Berlin nach Sachsen gekommen, um einen Auftrag seines Königs am Hof König Augusts auszurichten. Um jeden Mißklang mit den Schweden zu vermeiden, den Nachbarn der Preußen in Pommern, fragt Printzen in Altranstädt nach, ob er König August noch mit dem Titel eines Königs ansprechen darf. Die schwedischen Minister sagen nein. Die sächsischen Minister aber weisen sein Beglaubigungsschreiben ohne den Königstitel zurück: Die Schweden hätten zugestanden, daß König August den Titel behalten dürfe, das ganze Frühjahr über habe man ihn gebraucht. Die schwedischen Minister verlangen, daß ab sofort Titel und Wappen eines Königs von Polen vom Kurfürsten von Sachsen nicht mehr geführt werden.

August muß immer neue Fehlschläge einstecken. Er weist nun alle Kollegien und die Gesandten an, ihn nicht mehr als König von Polen zu titulieren, sondern nur noch als König August. Er hat alle Bedingungen des Friedensvertrags erfüllt. Jeder seiner Versuche, dem Wortlaut zu entkommen, den Pfingsten und Imhoff unterschrieben haben, ist gescheitert. England und Holland wollen nun beide den Frieden garantieren, wenn der König von Schweden abmarschiert und aus seiner Marschrichtung deutlich wird, ob er für die Franzosen oder die Alliierten Partei nimmt.

August will nicht aus Leipzig fortgehen, bis die Schweden aufgebrochen sind. Er sitzt mit Constantia im schattigen Garten des Kaufmanns Apel und trinkt Sauerbrunnen oder geht mit dem Hof in das Rosental, einen weitläufigen Park, und beschäftigt sich mit Plänen, hier einen Tiergarten anzulegen. Schwedische Gepäckwagen und ein eiserner Kochwagen fahren ins Hauptquartier nach Altranstädt. Jetzt heißt es, die Schweden gehen Mitte Juli. Doch dann schreiben sie Kontributionen auch noch für Juli aus.

In den ersten Julitagen besucht Karl den Vetter in Leipzig. August liegt krank zu Bett, und so reitet Karl gleich wieder fort. Doch August muß jede Chance ergreifen, auf Abmarsch zu dringen. Er steht sofort auf und folgt ihm ins Hauptquartier und bleibt dort bis elf Uhr nachts. In Altranstädt ist alles eingepackt. Aber die Verhandlungen zwischen Karl und dem Kaiser über die Protestanten in Schlesien kommen nicht vom Fleck.

Zwischen dem Kaiser und Karl scheint ein kriegerischer Zusammenstoß unvermeidlich. Endlich meldet ein Kurier aus Dresden die Anreise eines Sonderbotschafters des Kaisers. König August fährt mit dem Hof nach Dresden. Graf Altheim, der Sonderbotschafter, hält mit hundert Personen einen prächtigen Einzug in die Stadt, und August empfängt ihn in einer glanzvollen Audienz. Der Zar hat sich dem Kaiser als Bundesgenossen gegen Karl XII. angeboten. Doch er ist der einzige. Die Seemächte wollen noch immer kein Risiko eingehen und Karl Frankreich in die Arme treiben oder, wenn er besiegt werden sollte, sich mit Dänemark und Rußland am Ostseesund plagen. Ein Bundesgenosse allein ist dem Kaiser jedoch zu unsicher. Der Kaiser, läßt Altheim durchblicken, werde König Karl nachgeben.

Constantia ist froh, wieder in Dresden zu sein. Ihr Palais ist im Rohbau fertig, Pöppelmann hat es schnell hochgezogen. Sie beobachtet den Baufortschritt, drängt auf Beschleunigung der Arbeiten, studiert den Grundriß, hat Änderungswünsche. Sie will so bald wie möglich wenigstens einige Zimmer beziehen. Drei Treppen hinauf, im Obergeschoß, ist wenig fertig, und manches ist »gefertiget in aller Eile«, wie sie auf dem Grundriß notiert.

Geld fehlt an allen Ecken und Enden. Wackerbarth schreibt aus Wien wegen der Gebühren, die die Erhebung Constantias in den Reichsgrafenstand kostet. Er könne sie nicht an das kaiserliche Reichstaxamt bezahlen, da sie, selbst wenn die Hälfte erlassen würde, wie man ihm offenbar angeboten hat, immer noch zu hoch seien. Aber Dresden ist nun voller österreichischer Diplomaten. Der Kaiser, versichern sie, werde bestimmt auf die Gebühr verzichten, um König August einen Gefallen zu tun. Und so kommt es später auch. Constantia ist unentgeltlich Reichsgräfin und Exzellenz geworden, ein Diplom wird allerdings nicht ausgefertigt, was aber nicht ungewöhnlich ist.

Aus Depenau kommt endlich erfreuliche Nachricht für sie. König Frederik hat dem Vater die Verwaltung des Gutes wieder erlaubt. Auf sein flehentliches Bitten erläßt Frederik dem Vater der Mätresse seines Vetters und Bundesgenossen auch die Strafgelder und sagt zu, daß die Exekution aufgehoben würde, wenn er, Joachim Brockdorff, verspräche, seine Untertanen nicht zu hart zu behandeln.

Graf Altheim ist in Altranstädt. Bürger und Bauern erwarten nun, wo Altheim verhandelt, täglich die Marschtrommeln der Schweden zu hören. Die schwedischen Soldaten desertieren stark, auch dies ein Anzeichen für den Aufbruch. Überall im Land sind Suchtrupps unterwegs. Aber Mitte Juli heißt es, die Schweden wollen noch vier Wochen bleiben.

August ist in Dresden. Die Sachsen müssen Furage liefern, »gleichsam Berge von Heu anlegen«, wie es ihnen scheint. Die Schweden verlangen 1800 Ochsen oder das Geld dafür. August hilft den Untertanen, wo er kann. Alle, die bei der schwedischen Not ihre Güter verpfänden und Geld aufnehmen mußten, sollen »die Capitalien nicht höher als 5. pro Cento verinteressieren«. Er will Wucherern und Kriegsgewinnlern das Handwerk legen: Kein Gläubiger darf sich seiner Hypothek bedienen, wenn der Schuldner nicht zahlen kann, niemand darf um Haus und Hof gebracht werden.

Und dann gibt der Kaiser König Karl nach. Die russischen Soldaten aus der sächsischen Armee, die er durch Schlesien nach Osten abmarschieren ließ, kann er nicht mehr herbeischaffen. Aber er schließt mit Karl am 22. August 1707 die Konvention von Altranstädt, in der er bewilligt, daß die Lutheraner in Schlesien mehr als hundert Kirchen von den Katholiken zurückbekommen.

Graf Wratislaw erhält die Audienz, auf die er seit elf Monaten wartet.

Später läßt der Papst dem Kaiser durch seinen Gesandten Vorwürfe machen, daß er als katholischer Monarch einem Ketzer nachgegeben habe. Kaiser Joseph antwortet dem Nuntius: »Der Heilige Vater kann froh sein, daß der König von Schweden nicht begehrt hat, daß ich selbst Protestant werde, denn wenn er es getan hätte, weiß ich nicht, was ich hätte anfangen sollen.«

König August in Dresden wartet. Die Herren am Hof veranstalten Wettschießen. Der König und die Gräfin Cosel kommen und schießen mit dem Gewehr und gewinnen Preise. Constantia ist oft die einzige Dame unter den Herren. Auch der König richtet ein Schießen im »Gärtchen hinter der Hofküche« aus. Vier Tage später trifft Constantia bei einem Wettschießen den Hauptgewinn und erhält ein Perspektiv aus Elfenbein – ein dreidimensional geschnitztes Bild – und sieben Taler.

An diesem Tag, dem 31. August, kommt ein Kurier mit der Nachricht, die ersten schwedischen Regimenter marschierten aus dem Erzgebirge ab. Sie marschieren nachts, tagsüber rasten sie. Die Schweden verlassen Sachsen.

6.

Ein Jahr lang hat Europa voll Schrecken auf König Karl geblickt. Er hat dem König August den Thron genommen, den Titel, das Geld und hat als Wächter über ihn England und Holland, Preußen und Hannover verpflichtet. Er hat den Kaiser gedemütigt und ihm Gesetze vorgeschrieben. Nun ist für seine Soldaten das goldene Jahr im fetten Sachsen vorüber.

Feldmarschall Rehnskjöld bittet seinen König zum dritten Mal um den Abschied. Er geht auf die Sechzig zu, nun will er mit seiner Frau zurück nach Schweden, nach Hause zu seiner Familie, seinen Freunden, seinen Gütern. Zum dritten Mal schlägt der König ihm die Bitte ab. König Karl läßt keinen frei.

Die Feldmarschallin Rehnskjöld reist fort, auch die Gräfin Piper kehrt alleine nach Schweden zurück, ebenso ihre Schwester, die jungverheiratete Generalin Meyerfelt, und viele andere Offiziersdamen, deren Männer genug haben vom Krieg.

In allen Dörfern und Städten blasen die Militärtrompeter zum Appell, Kompanien und Schwadronen sammeln sich in den Lagern, die Marschtrommeln ertönen, und überall brechen die Regimenter auf und marschieren zur Elbe und weiter zur östlichen Grenze. Kein Soldat ist mehr mager und gelb und hat zerrissene Schuhe. Mit 19 084 Schweden ist Karl in Sachsen eingerückt, mit 32 136 Mann verläßt er es.

Früh am Morgen des 1. September, einem Donnerstag, mustert Karl seine Mannschaften in Altranstädt, dann steigt er vom Pferd und fällt, den Zaum am Arm, auf die Knie. Die ganze Armee sinkt auf die Knie und hält andächtig die letzte Betstunde in Sachsen. Die Zuschauer sind tief bewegt.

Die Schweden bieten einen stattlichen Anblick, wie sie an diesem späten Sommertag aus Sachsen davonziehen. »Für Menschenaugen sieht es so aus«, schreibt abends der Offizier Alstrin nach Hause, »als ob diese braven, starken, gut ausgerüsteten, gut einexerzierten Kerle nicht zu überwinden seien. Unser Herrgott gebe ihnen Glück, wohin es sie auch führen mag!« Sachsen erscheint ihm plötzlich verlassen und herbstlich leer. »Wie gut so ein Trupp Schweden aussieht, kann ich nicht beschreiben, dicke, fette, starke Kerle in ihren blauen und gelben Uniformen. Alle Deutschen müssen zugeben, daß sie unvergleichlich sind. Und es ist in diesen Tagen ein solches Elend mit den Leipzigern Frauenzimmern gewesen: weinen und greinen . . .« Eine ganze Armee von schwedischen Babys wird in Sachsen zur Welt kommen.

Sie marschieren und reiten in das weite Land im Osten, und nur wenige von ihnen werden ihre Heimat je wiedersehen. Karl reitet davon — auf der Höhe seines Glanzes und seines Glücks. Er reitet nach Moskau, um den dritten zu bestrafen, der ihn vor sieben Jahren überfallen hat, den Zaren.

Während das schwedische Hauptquartier sich in Oberau bei Meißen einrichtet, macht Karl einen Spazierritt in Begleitung von sieben Reitern. Er schlägt den Weg längs der Elbe ein und reitet, bis Dresden in Sicht kommt, die glänzende Stadt, die er nie gesehen hat. »Da wir so nahe sind«, sagt er, »wollen wir hinreiten.«

Am Weißen Tor hält die Stadtwache die schwedischen Reiter an. Der Torschreiber braucht die Namen für den Torzettel, auf dem schon Datum und Uhrzeit stehen, 6. September 1707, nachmittags vier Uhr. Und so fragt er auch den König, wie der Monsieur denn heiße.

Karl, sagt der König, und »Monß. Kahl« schreibt der Mann auf den Torzettel. Die Wache läßt alle acht ein, und einige sächsische Reiter begleiten sie wegen weiterer Formalitäten zur Hauptwache auf den Neumarkt. Die Dresdner laufen zusammen, denn so viele berittene schwedische Offiziere auf einmal sind ein ungewohnter Anblick.

Flemming, der am Neumarkt wohnt, hört das Pferdegetrappel und tritt ans Fenster. Er erkennt Leutnant Hård und geht die Treppe hinunter, um ihn zu begrüßen. Nun erkennt er auch König Karl und macht eine tiefe Reverenz. Er läßt sich ein Pferd bringen und reitet neben dem hohen Gast zum Schloß, höflich und perplex. In seinem schnellen Kopf arbeitet es: Soll er den König von Schweden festnehmen lassen, ist dies eine Gelegenheit für König August, alle Fesseln auf einmal loszuwerden?

Eine große Menschenmenge folgt den Reitern. Die Schweizer am Haupteingang des Schlosses kreuzen die Partisanen und lassen die Schweden erst durch, als Flemming es ihrem Hauptmann befiehlt. An der Schloßtreppe steigt König Karl vom Pferd und eilt mit Flemming die Treppen hinauf zu den Zimmern von König August und klopft an die Tür des privaten Schlafzimmers seines Vetters. Nach einiger Zeit öffnet August selbst. Wie jeder Herr hat er zu Hause den schweren unbequemen Leibrock abgelegt und statt dessen einen langen türkischen Schlafrock angezogen. Er hat gerade von seinem Sauerbrunnen trinken und andere Medizin nehmen wollen.

Die beiden Vettern umarmen sich. Karl will Abschied nehmen und August führt ihn zu Madame Royale, der Tante Anna Sophie, bei der der Kurprinz ist. Karl bleibt eine Viertelstunde und küßt seiner hohen Frau Tante dann mit viel Anstand die Hand. August hat sich inzwischen seinen Leibrock angezogen, und er und sein Sohn begleiten Karl die Treppe hinunter in den Schloßhof. Beide Majestäten und der Kurprinz setzen sich zu Pferd und reiten auf die Festung, das einzige, was Karl in Dresden interessiert, reiten eine dreiviertel Stunde lang um die ganze Stadt und durch den königlichen Stall. August bittet noch einmal dringend um Gnade für Patkul, aber Karl antwortet schroff, und Hård gibt sich alle Mühe, die Mißstimmung aufzufangen. August begleitet Karl mit großem Gefolge zum Weißen Tor hinaus, wo der verblüffte Torschreiber lange Monsieur Kahl nachsieht, und läßt alle Kanonen auf der Festung einmal Salut schießen.

Die schwedischen Herren im Hauptquartier sind außer sich. Die Generale halten dem König vor, in welche Gefahr er sich gebracht habe. Doch er sagt: »Da war doch keine Gefahr dabei, die Armee war ja bereit.« Für eine Laune hat er das Leben vieler Menschen aufs Spiel gesetzt. Doch am nächsten Tag, als die Nachricht kommt, König August halte einen außerordentlichen Rat in Dresden ab, vergessen die Herren ihre Empörung und spotten, heute beraten sie in Dresden, was sie gestern hätten tun sollen.

So ganz unrecht haben sie nicht, wenn ihre Vermutung auch nicht auf August zutrifft. Flemming schreibt an den Minister Görtz in Holstein: »Es gab Gefühle, daß man den König [Karl] hätte festnehmen sollen, aber das Gefühl des Königs [August] siegte darüber in Hinblick auf die Ehre.«

Mitte September haben die letzten Schweden Sachsen verlassen. Bürger und Bauern atmen auf, wenn es auch manchem Dresdner Bürger merkwürdig erscheint, daß man nun keine schwedischen Offiziere mehr in die Stadt hereinkommen sieht. An den Hof in Dresden kehrt die heitere Freude zurück.

August versucht, die ausländischen Gesandten mit allen Mitteln für sich einzunehmen, die ihm zur Verfügung stehen. Constantia lädt sie zu Festen in den Großen Garten und in ihr neues Palais, in dem sie nun einige Zimmer bezogen hat. August lädt sie zur Parforcejagd, der großen Hetzjagd zu Pferd auf den Hirsch. Der Herbst ist warm und sonnig, und August fährt mit den Gesandten, seinen Offizieren und Ministern hinaus in die königlichen Weinberge zur Weinlese.

Der Goldschmied Dinglinger hat dem König schon nach Leipzig geschrieben, der Hofhalt des Großmoguls sei nun fertig und er bitte ihn, dem Werk »eine Stunde zum Ansehen zu widmen« und dann zu sagen, ob es ihm gefalle und er es zu dem Preis, den Dinglinger ihm mache, kaufen wolle. Wenn der König ihn nicht immer wieder ermuntert hätte, fügt er hinzu, »hätte ich vielmahl den Muht in so langer Zeit sinken laßen«.

Der König und Constantia fahren in die Werkstatt in der Frauengasse, und als August den Hofhalt sieht, spürt er ein Entzücken und ein Wohlbefinden wie lange nicht mehr.

Dinglinger hat eine Bühne aus Holz von 142 Zentimeter Breite und 114 Zentimeter größter Tiefe mit Silber und Gold beschlagen und mit Arkaden umgeben, die mittlere goldene Arkade ist 58 Zentimeter hoch. Die Wandfüllungen in den Arkaden dieses glänzenden Thronsaals sind verspiegelt, täuschen angrenzende weite Säle des Palastes vor, vervielfältigen das orientalische Geburtstagsfest im Vordergrund. Zum Thron des Großmoguls steigen Festhöfe in Terrassen an mit geschwungenen Treppen und Rampen, auf deren Gittern Drachen mit den Flügeln schlagen. Silberne Stufen führen in den ersten Hof, in den zweiten Hof. Gratulanten ziehen mit ihrem Gefolge ein, ein Fürst aus China in einer hellblauen Sänfte mit seinen bezopften, hellblau gekleideten Herren, ein Fürst der Mohren unter einem rotgoldenen Baldachin. Palastdiener verbeugen sich ehrfurchtsvoll vor den hohen Gästen. Träger bringen Geschenke herbei, Prunkgefäße, ein Ruhebett, Mohren halten tänzelnde Pferde zurück und Jagdhunde, Kamele schreiten herein, mit prachtvollen langen Satteldecken und funkelnden Edelsteinen geschmückt. Auf dem Rücken eines Jagdelefanten können Diener nur mit Mühe einen Geparden und zwei wilde Affen an ihren Ketten halten.

Goldene Stufen führen in den nächsten Hof empor und zu den letzten sieben Stufen zum Thron. Auf der untersten Stufe haben sich drei Fürsten mit Turbanen und in üppigen Festgewändern vor ihrem Herrscher auf den Bauch geworfen. Zehn schnauzbärtige Leibwächter stehen mit goldenen Schilden und Lanzen auf den Stufen, stolze Adlige mit durchgedrücktem Kreuz. Diener halten türkisfarbene, rubinbesetzte Sonnenschirme über sie. Dem Thron am nächsten wachen vier Würdenträger mit bloßen Schwertern in den Händen und Dolchen im Gürtel. Über dem Thron, unter einem pendelnden leuchtenden Smaragden, strahlt die goldene Sonne mit dem Löwen, dem Sinnbild des Moguls. Der bärtige Mogul sitzt mit gekreuzten Beinen auf einem dicken roten Thronkissen mit goldenen Troddeln über einem riesigen gelben Diamanten und hat den Blick milde in die Ferne gerichtet. Sein weißes Gewand ist mit gelben Drachen durchwirkt, sein diamantbesetzter, goldumsäumter Mantel mit blauen Vögeln. Er trägt eine Krone aus Diamanten über seiner goldenen Mütze, goldene Ringe in den Ohren und hält ein reichverziertes Zepter in der rechten Hand. Die fünf Zentimeter hohe, in Gold gegossene emaillierte Figur hat Dinglinger erst vor wenigen Wochen mit seinen Brüdern vollendet.

Der König und Constantia können sich kaum losreißen vom Anblick der glänzenden, anmutigen Figuren. August hat noch Anregungen, Kleinigkeiten nur, und Dinglinger ist hochzufrieden, daß er das Werk bewundert und lobt, und doch voller Sorge, denn der König kann den Hofhalt jetzt nicht kaufen. König August ist entthront, seine Kassen sind leer. Die Gesandten, die zu ihm kommen, bringen ihm keine Geschenke, sondern Forderungen. Er ist im Streben nach absoluter Macht weit zurückgeworfen.

58 485 Reichstaler soll der Hofhalt kosten: 19 173 für Silber, Gold, Smaragde, Rubine, Perlen, Diamanten, 28 000 für sieben Jahre Arbeit und Unkosten, 11 312 für Zinsen, die Dinglinger bisher für das aufgenommene Kapital zahlen mußte.

Der Hofhalt kostet soviel wie das große Rittergut Pillnitz. Er kostet aber weniger als halb soviel wie 13 380 Soldatenuniformen, für die der König im vorigen Jahr 133 675 Reichstaler, neunzehn Groschen und sechs Pfennige, bezahlt hat. Jetzt, 1707, hat der Kaufmann Rudolf Ludwig Langguth in Leipzig wieder einen Auftrag für Überröcke, Hüte, Strümpfe, Westen, Röcke, Mäntel für die »noch im Lande stehenden 6000 Mann Kavallerie« übernommen. Für diese Uniformen muß der König 87 370 Taler, zwölf Groschen und sechs Pfennige bezahlen. Kavalleristen und Dragoner brauchen aber auch noch Sättel und Degengehenke, Flinten und Riemen für die Taschen, Trommeln, Beile, Halstücher, Hemden und Hosen, Kniegürtel, Ranzen und Feldflaschen. Ein Beil kostet einen Reichstaler, eine Hose kostet einen Reichstaler, und ein Paar Schuhe ohne Schuhschnallen kostet ebenfalls einen Reichstaler.

Dinglinger muß warten. Der König wird die Wirtschaft in Sachsen wieder heben und dann nach Polen ziehen. Er wird seine alten Pläne trotz aller Hindernisse verwirklichen.

Dann trifft in Dresden die Nachricht ein, daß Patkul am 10. Oktober 1707 in Kasimierz in Polen hingerichtet worden ist. Der Regimentspastor Lorenz Hagen schreibt Anna Sophie von Einsiedel und berichtet über die letzten Stunden, so wie er es Patkul versprechen mußte. Der Pastor hat den Tag vor der Hinrichtung und einen Teil der Nacht mit Patkul verbracht. Die meiste Zeit schwieg der Pastor und hörte Patkul zu, der sein ganzes tapferes Leben voller Fehlschläge an sich vorüberziehen ließ, hochfahrend anfangs, voller Pose offenbar vor dem schäbigen Mann, später demütig und still, erstaunt und dankbar, in seinen letzten Stunden in einem schlichten Bürgerlichen einen mitfühlenden Freund gefunden zu haben. Der bescheidene Feldprediger drückt es in seinem Brief und in dem Bericht, den er später über Patkuls Tod schreibt, zurückhaltend aus. Patkuls Lebensgeschichte bewegte ihn tief. Stundenlang hörte er zu und versuchte vorsichtig, Trost zu geben. Morgens um vier nahm er Patkul die Beichte ab, und Patkul empfing das Abendmahl. Bis die Sonne aufging, las der Geistliche ihm aus der Bibel vor.

Mit den ersten Strahlen der Sonne trat der Leutnant der Wache ins Zimmer. Patkul erhob sich, nahm seinen Mantel. Draußen stand ein Wagen, auf dem er angekettet wurde, der Pastor kletterte zu ihm, und von hundert Mann begleitet fuhren sie zum Richtplatz. Dort warteten dreihundert Soldaten im Kreis.

Vom Wagen aus sah Patkul fünf aufgerichtete Pfähle und ein großes Rad. Darauf war er nicht vorbereitet. Das bedeutete Rädern: Glied um Glied und Rippe um Rippe wird mit dem schweren Rad zerschlagen, während der Verurteilte angebunden zwischen den Pfählen am Boden liegt. Daneben sah er den Richtblock, wo er nach dem Rädern enthauptet werden sollte. Patkul umfaßte den Geistlichen: »Ach, Herr Pastor, bittet Gott, daß ich nicht verzweifele.«

Er stieg vom Wagen, Soldaten nahmen ihm die Ketten ab. Der Kapitän des Regiments las das Urteil vor. Es war das alte Urteil von 1694 mit einem Zusatz: Der Angeklagte sei General im Dienst des Feindes gewesen, ein Landesverräter also, der gerädert und enthauptet werden soll.

Die Soldaten zwangen einen Bauern, die Hinrichtung vorzunehmen. Der Bauer wußte nicht, wie er das machen sollte. Er hatte ein altes unbeschlagenes Rad mitgebracht statt eines eisenbeschlagenen, wie es sonst gebraucht wird, dessen Härte und Gewicht die Knochen schneller zerbricht. Der Bauer stand verstört vor dem vornehmen Herrn, den er martern und hinrichten sollte.

»Verzeihet mir, gnädiger Herr«, stotterte er.

»Ei was, gnädiger Herr«, antwortete Patkul und gab seinem Henker einige in Papier gewickelte Geldstücke, wie es Brauch bei Hinrichtungen ist. »Mach Er nur fein bald.«

215

Er mußte sich zwischen die Pfähle auf die Erde legen. Soldaten zogen ihm den Leibrock aus. Pastor Hagen bat die Umstehenden, ein Vaterunser zu sprechen. Während des Gebets banden die Soldaten Patkul zwischen den Pfählen fest. Hagen stellte sich neben ihn und betete.

Der erste Schlag mit dem hölzernen Rad traf auf den rechten Arm. Der Bauer brauchte drei Stöße, bis der Arm brach. Dann sauste das Rad auf den linken Arm herab, dann auf die Beine. Wegen der Unerfahrenheit des Scharfrichters, schreibt Hagen, »ging es mit seiner Marter jämmerlich und langsam zu«. Patkul sang »ohne Unterlaß den seligmachenden Nahmen Gottes, in deine Hände befehle ich meinen Geist«. Jedesmal, wenn das furchtbare Rad wieder herabkam, schrie er vor Schmerz.

Nun befahl der Kapitän, daß Patkul mit dem Rad auch noch der Brustkorb zerschlagen werde. »Nachdem er nun ein paar Stöße auf die Brust bekommen, schrie Er nicht mehr, sondern sagte mit gebrochenen Worten ›Kopf ab‹, und weil der Scharfrichter schauderte, kroch er selbst zu dem Block und legte den Hals über.«

Der Bauer mußte viermal zuschlagen, bis Patkuls Kopf vom Rumpf flog. Dann nahmen die Soldaten den Leichnam und flochten ihn aufs Rad.

Die Hinrichtung war beendet. Die Schweden zogen weiter. Der Leichnam blieb auf dem Rad.

In Dresden ist jeder am Hof tief erschüttert. Patkul hat seine Rechte und seine Ehre als Adliger verteidigt. Aus der Sicht seines Königs Karl mochte er ein Verräter sein, aber er hat nichts anderes versucht, als was viele Adlige in Sachsen, in Holstein und überall in Europa versuchen, die sich wehren gegen den Anspruch ihrer Könige und Fürsten auf Alleinherrschaft.

7.

König August unterhält die Gesandten weiter mit Jagden in Moritzburg, mit »Kampff-Jagen von Löwen, Tiegern, Bären, Auer- und Büffelochsen im Löwen-Hause« und mit Festen bei Hof. Ende November kehrt Fürstenberg aus Wien zurück, wo er das ganze Jahr über war, und Woldemar von Löwendahl kommt aus Hamburg, um vierter Minister im neuen Kabinett des Königs zu werden. Constantia hat dafür gesorgt, daß der König ihn beruft, auch Hoym, mit dem sie sich sonst gar nicht versteht, hat sich für Löwendahl eingesetzt.

Constantia sucht treue Leute für August, und auf wen kann man sich mehr verlassen als auf Verwandte. Löwendahl wird sicher nicht einen neuen Krieg in Polen betreiben, der die Schweden so schwächt, daß Karl seine Hand nicht mehr über Holstein halten kann. Constantia kennt ihn seit ihrer Kindheit und vertraut ihm. Er hat ihre acht Jahre ältere, nun verstorbene Cousine geheiratet, das war eine romantische Geschichte mit Entführen und Enterben und zwei Liebenden, die trotz aller Widrigkeiten treu zusammenhalten – ganz nach Constantias Geschmack.

Auch Madame Royale, die viel bei ihrem Sohn erreichen kann, hat sich für Löwendahl eingesetzt. Schließlich ist er ein, wenn auch illegitimer, Enkel ihres Vaters. Er kauft für 70 000 Reichstaler ein Rittergut und das Städtchen Elsterwerda, eine große Summe, die sein Ansehen am Hof gleich zu Beginn seiner Karriere erhöht. Von nun an gilt er als Finanzgenie. Er ist siebenundvierzig Jahre alt und nach vielen Fehlschlägen entschlossen, endlich sein Glück zu machen.

Der König ernennt ihn zum vierten Kabinettsminister. Die vier Minister dieses neuartigen Kabinetts – Pflugk, der es leitet, Flemming, der das Äußere, Hoym, der das Innere hat, die Steuer und die Akzise, und Löwendahl, der nun die Finanzen übernimmt – vereinen sich und setzen mit Zustimmung des Königs dem Statthalter Fürstenberg den Stuhl buchstäblich vor die Türen aller Kollegien. Sie schließen ihn aus der Regierung aus, jeder als unumschränkter Chef seines neuen Ministeriums. Fürstenberg bleibt nur der Vorsitz im alten Geheimen Rat, der nun unter der Autorität des Kabinetts steht. Der König hat die Regierung in Sachsen straff auf sich zugeschnitten.

Der 8. Dezember 1707 ist ein besonderer Tag für Constantia. Früh fährt sie mit ihrer Kutsche-sechsspännig elbaufwärts. Der Morgen ist grau und trübe, ein Wintermorgen, an dem es nicht richtig hell werden will. Heute wird sie Pillnitz übernehmen.

Die Kutsche nähert sich dem Dorf Pillnitz. Links liegen die jetzt verregneten Weinberge, und dann, durch die kahlen Zweige der Bäume, sieht Constantia die beiden Türme des Schlosses. Das Schloß hat vier Flügel mit Parterre, zwei Stockwerken und Mansardendach, die einen inneren Hof umschließen. Es ist seit alter Zeit gewachsen, jede Generation hat dem Bau ein weniges hinzugefügt.

Die Kutsche fährt an der Freitreppe außen am östlichen Flügel vor. Die Lakaien springen ab und öffnen den Schlag. Constantia geht die Treppe hoch zur Terrasse im ersten Stock. Hier wird sie im Sommer ihre Gäste begrüßen. Das Schloß und seine Nebengebäude bieten Platz für viele Leute, und doch wird es wohl eng werden, wenn August und sie hier wohnen, wenn die Kavaliere und Damen, die Garde, die Jäger, die Leibschützen hier unterkommen müssen.

Constantia geht in das für sie vorbereitete Zimmer. Der eiserne
Ofen glüht. Es ist still im Schloß, auch in den Dörfern, durch die sie
gefahren ist, hat sie keine Leute gesehen. Bauern und Bedienstete sind
jetzt im großen Saal des Schlosses, wo in Anwesenheit ihres Bevollmächtigten Dr. Freystein der Kammer- und Bergrat Kammerherr
Trützschler mit dem Amtmann Conradi und dem Amtsschreiber
Fischer die Namen der Untertanen aus Pillnitz und allen dazugehörigen
Dörfern, die Namen der Diener und des Gesindes aufschreiben. Später
wird auch Constantia im Großen Saal erwartet, doch noch hat sie Zeit.
Sie läßt ihre Zofe zurück, nimmt ihren Pelz dicht um sich und geht
allein durchs Schloß.

Die Treppen liegen in Türmen, wie in Depenau, nur daß es hier zwei
Treppentürme gibt. Schloß und Gut Pillnitz sind größer als Rixdorf,
das verlorene Jugendgut ihres Vaters. Das Schloß hat elf heizbare Säle
und Stuben, elf Kammern, drei Gewölbe, eine Küche und fünf Keller.
Constantia sieht aus dem Fenster auf die Schloßkirche, in der die
Grabsteine der verstorbenen Bünaus liegen, denen das Schloß gehörte,
bis der Bruder Augusts es kaufte. Sie geht weiter, kommt an der
Wohnung des Bettmeisters vorüber, des Schloßverwalters, steigt die
Wendeltreppe hinab und wandert durch das Parterre, durch die Wein-
kellerei mit den großen Weinfässern, Traubenpressen und steinernen
Wannen, durch den Braukeller und den Malzkeller mit Malzdarre und
Malztenne. Sie geht in die Küchenschreiberei, in die Küche, einen
großen Raum mit zehn Feuerstellen, die jetzt erloschen sind. Hier
werden bald ihre Köche die Kupferpfannen heben und sich eilen. Von
der Küche gelangt sie in die Bratseite, in die Backkammer mit den vier
Feuerstellen und drei großen Backöfen und in die zierliche blitzende
Konditorei.

Die Vorratsgewölbe sind verschlossen, sie hat die Schlüssel noch
nicht, will sie später anschauen, bald wird es hier aussehen wie in den
Vorratsräumen ihrer Mutter in Depenau, wo Flaschen und Gläser,
Säcke und Fässer in Reihen stehen, so daß man gut durch den Winter
kommt. Das Gewölbe des Silbergehilfen und die Silberstube sind
abgeschlossen, und auch der Lichtschreiber hat die Lichtkammer
ordentlich versperrt. Sie steigt die Wendeltreppe hoch in den ersten
Stock und sieht aus einem Fenster auf die schwarze Elbe, sieht die
beiden Lusthäuser und den Park. Der Obstgarten und der Gemüsegar-
ten liegen kahl und naß, Laub häuft sich auf Beeten und Wegen. Dem
Schloß gegenüber liegt die größte Elbinsel in ganz Sachsen, eine
Wildnis, die ihr gehört, und im Sommer werden August und sie im
Boot übersetzen und auf die Reiherjagd gehen. Auf dem anderen
Elbufer gehört ihr ein Jagdhaus mit Pferdeställen und Wagenschuppen.

Alles ist etwas vernachlässigt, aber das wird sich bald ändern. Sie will das Gut selbst bewirtschaften. Der Wirtschaftshof liegt ein wenig entfernt vom Schloß. Sie hat bei der Ankunft die Scheunen gesehen, die Pferdeställe, Kuhställe, die Wagenschuppen für Equipagen, Schlitten und Jagdwagen. Wiesen und Weiden, Äcker, Gärten, Teiche und Bäche gehören ihr, Wälder und Weinberge, eine Schäferei, ein strohgedecktes Fasanenwärterhaus, Häuser von Böttcher und Brauer, Mühlen, eine Ziegelei, aus der die gebrannten Ziegel auf der Elbe nach Dresden verschifft werden, eine Schmiede und ein Wirtshaus, und sie hat das Fischrecht auf der Elbe. Ihre Untertanen werden Bier bei ihr kaufen und das Salz, das sie brauchen. Sie hat viel vor in Pillnitz, August hat ihr ein freies Jahresdeputat an hartem und weichem Bauholz geschenkt. Sie will neue Scheunen bauen und ein Forsthaus.

Constantia ist die Kirchenpatronin ihrer Untertanen und ihre Gerichtsherrin über Freiheit und Leben, so wie der Vater Gerichtsherr ist in Depenau. Die Bauern in Pillnitz sind nicht in der Weise leibeigen wie in Depenau. Einen Bauern zu verkaufen ist ganz undenkbar. Doch hat es auch hier harte und strenge Gutsherren gegeben, in alten Zeiten einen von Loß, der, wie es heißt, von Zeit zu Zeit als schwarzer Hund bellend und heulend auf dem Hof von Pillnitz erscheint.

Constantia geht in ihr Zimmer zurück. Sie ist wieder schwanger, im siebten Monat schon. Wenn das Kind ein Sohn wird, wird er Pillnitz erben. Er wird das Recht auf Niederjagd bekommen, so wie alle Adligen im Land, aber sie, die eifrige Jägerin, hat vom König die hohe Jagd bekommen auf Lebenszeit, das Recht, Hirsche, Sauen und Hasen zu jagen.

Es klopft an der Tür. Der Lakai öffnet, und der Kammerdiener meldet Dr. Freystein und die anderen drei Herren. Constantia läßt bitten, und die Herren kommen herein zur Schlüsselübergabe. Amtsschreiber Fischer breitet Papier auf dem Tisch aus, nimmt einen Federkiel zur Hand, und Amtmann Conradi diktiert ihm ins Protokoll: ». . . die zu den Gebäuden vorhandenen Schlüssel, das Erbbuch . . . ein Inventarium, wie solches ultimo August 1707 beim Gute gestanden, der Frau Gräfin übergeben . . .«

Kammerherr Trützschler geleitet Constantia in den großen Saal. Unruhe geht durch die wartenden Untertanen und durch die Dienerschaft, als Constantia eintritt. Der Kammerherr geleitet die Frau Gräfin zu einem Lehnstuhl.

Die Untertanen der Dörfer und das Gesinde der Vorwerke erwarten die neue Gutsherrin, um ihr zu versprechen, daß sie alle Geld- und Getreidezinsen, alle Dienste und Pflichten leisten und ihre Gebote und Verbote halten wollen. Vor den Bauern stehen der Pfarrer, der Kantor, die Schulmeister und die Dorfrichter. Der Kammerherr stellt jeden Untertanen einzeln der Frau Gräfin vor. Mit einem Handschlag, den die Frau Gräfin durch Dr. Freystein annehmen läßt, versprechen sie ihr Gehorsam.

Constantia sieht sie aufmerksam an, ihre Tagelöhner, ihre Handwerker, ihre Bauern. Die Männer tragen einen bis über die Knie reichenden Leibrock, eine Kniehose, gestrickte Strümpfe und Schnallenschuhe, eine Weste mit vielen Knöpfen, ein grobleinenes Hemd darunter und unterm Arm einen niedrigen Hut mit dreispitziger Krempe. Die jungen Mädchen tragen ein Hemd mit weiten, bis zu den Ellenbogen gehenden Ärmeln und ein Brusttuch darüber, einen weiten Rock mit vielen kleinen Falten, der bis zu ihren Knöcheln reicht, eine Schürze und um den Kopf ein Tuch. Die Frauen haben hohe Hauben auf den Köpfen, einige Hauben der reicheren Bäuerinnen sind mit Goldfäden bestickt. Wenn es den Bauern gutgeht, halten sie mit der Mode der Städter mit.

Ihre Bauern müssen ihr Pferd und Wagen stellen und für sie Heu einfahren, müssen pflügen und eggen, rechen und säen und zuerst die Felder der Gutsherrin abernten, ehe ihre eigene Ernte beginnt. Sie müssen ihre Schafe scheren, Hanf schlagen für sie und Garn spinnen. Sie dürfen Haus und Hof nur mit ihrer Einwilligung verkaufen und nur mit ihrer Erlaubnis heiraten. Jährlich werden die Dorfkinder ihr vorgestellt, und sie wird Knechte und Mägde unter ihnen auswählen.

Müde und zufrieden fährt Constantia nach einigen Stunden zurück nach Dresden. Sie hat einen Ehemann, der sie liebt, ein Palais und nun auch ein Rittergut und in wenigen Monaten endlich ein Kind. Das polnische Abenteuer ist vorüber, August ist durch Garantien gebunden, sie wird in Sachsen bleiben, und Holstein ist sicher. Und eines Tages wird sie Kurfürstin von Sachsen sein.

Die Kammerfrau stürzte ins Schlafzimmer der Gräfin Friesen.
Der Herr Vater! rief sie.

Sie öffnete eilig die Fenstervorhänge, die Bettvorhänge, machte
einen hastigen Knicks: Ihro Königliche Majestät, der gnädige Herr
Vater, kommen, Ihro Exzellenz die Frau Gräfin müssen wach werden.

Augusta Constantia fuhr hoch. Die Sonne geht doch eben erst auf,
sagte sie verschlafen.

Ich weiß auch nicht, sagte die Kammerfrau und begann, die Nacht-
mütze auf dem dicken dunklen Haar der Gräfin zurechtzurücken. Der
König war schon auf dem Weg in den Schloßhof, wo die Kutsche
wartet, aber dann hat er kehrtgemacht und . . .

Die Kammerfrau verstummte und versank in einer tiefen Verbeugung. Die Türflügel öffneten sich, zwei Lakaien stellten sich zu beiden
Seiten der Tür auf, und der König kam, auf seinen Kammerdiener
gestützt, herein.

Das Taburett, zischte der Kammerdiener der Kammerfrau zu.

Guten Morgen, sagte der König.

Die Kammerfrau schob einen gepolsterten Hocker an die Seite des
Bettes. Der König setzte sich schwerfällig auf das Taburett und legte
seine Hand auf die Hand seiner Tochter.

Geh Er nur und nehm Er die andern mit, sagte er zu seinem
Kammerdiener.

Die Türflügel schlossen sich hinter den Dienern, der König und
seine Tochter waren allein.

Gut siehst du aus, sagte der König, nur ein bißchen schmal im
Gesicht. Deine Schwester ist wie eine blühende Rose. Aber das macht
dein Zustand. Wann kommt das Kind?

Ende November, sagte Augusta Constantia.

Neunzehn Jahre alt und in vier Monaten zum zweiten Mal Mutter,
sagte der König weich. Was macht mein Enkel Friedrich?

Augusta Constantia lächelte gerührt. Der Papa wollte ihr soviel
Liebes tun. Er verwöhnte sie. Er nahm sie mit nach Pillnitz, weil er
meinte, die Sommerluft und der Aufenthalt an der Elbe würden ihr
guttun. Dabei war der Papa selbst krank. Sie hatte sich so erschrocken,
als er im Mai aus Polen zurückkam. Sein Gesicht sah verfallen aus, und
er war sehr mager. Sie dankte Gott, daß er nun wieder ein wenig
zunahm. Aber er hatte noch diese etwas schwache und langsame

Sprache, und er konnte nicht alleine gehen. Doch er war immer guter Dinge, lustig, zu Späßen aufgelegt, ganz der alte Spötter.

Sie roch den schwachen Quecksilbergeruch, der von ihm ausging. Der Arzt Petit, der aus Paris die Leibärzte des Königs beriet, hatte Quecksilbereinreibungen verschrieben. Die Leibärzte sollten sie nur unterbrechen, wenn der König aus dem Mund nach Quecksilber zu riechen begann.

Der Papa versuchte, sein Leiden vor den Ministern und besonders vor den ausländischen Gesandten zu verbergen, die alles, was sie am Dresdner Hof beobachten konnten, ihren Höfen berichteten. Ein König war nie privat. Ein König mußte immer kraftvoll und stark sein. War er doch einmal krank, setzten die Fürsten in den Nachbarländern ihre Armeen in Alarmbereitschaft. Der Papa hielt Staatsfeste ab, nahm Huldigungen entgegen. Nur heute morgen war er so seltsam weich.

Du mußt auf dich achten, sagte der König. Deine Mutter hat es schwer gehabt, als du zur Welt gekommen bist. Nach deiner Geburt habe ich viele Wochen an ihrem Bett gesessen und Angst um sie gehabt.

Augusta Constantia bewegte sich nicht. Es war das erste Mal, daß der Vater die Mutter erwähnte. Sie hoffte, er würde weitersprechen.

Doch da stand der König schon auf. Sie griff zur Klingel, die Türflügel öffneten sich, der Kammerdiener kam herein und half dem König beim Hinausgehen. Im Korridor verharrte die Kammerfrau in einem ehrerbietigen Knicks.

Augusta Constantia schwang die Beine über den Bettrand und winkte der Kammerfrau, hereinzukommen.

Meinen Morgenmantel, rief sie, und Schuhe!

Die Kammerfrau brachte ihr einen türkischen Mantel und goldbestickte Pantoffel. Augusta Constantia lief dem König nach. Sie holte ihn am Kopf der Treppe ein, wo er sich in einem Tragstuhl niederließ.

Willst du mir etwas sagen? fragte der König.

Augusta Constantias Kehle war trocken: Ich bitte um Erlaubnis, Papa, Sie an die Kutsche begleiten zu dürfen.

Du solltest lieber noch ein wenig schlafen.

Ich kann den ganzen Tag schlafen, wenn Sie fort sind.

Der König lachte. Die Lakaien hoben den Stuhl an und trugen den König die Treppe hinunter. Der Stuhl war außen mit Gold lackiert und mit chinesischen Szenen bemalt. Sie trugen den Stuhl in den Hof und setzten ihn neben der Staatskutsche ab. Die Kutsche strahlte in goldenem Glanz, und auch das Fell der sechs weißen Pferde glänzte. Der Kammerdiener half dem König auf die blauen Samtpolster und stieg selbst in die Kutsche. Ein Lakai schlug die Tür zu. Der König beugte sich aus dem Fenster zu seiner Tochter.

Ich fahre nach Stolpen, sagte er.

Augusta Constantia hob unwillkürlich die Hand.

Ihr schien, der König wollte noch etwas sagen, aber da ließ der Kutscher schon die Peitsche knallen, die sechs Pferde zogen gleichzeitig an, die Lakaien sprangen hinten auf die Kutsche, die Leibgarde setzte sich in Trab. Und so ging es zum Schloßhof hinaus: vorweg berittene Soldaten, dann die Kutsche mit den Lakaien auf den Trittbrettern, dann Leibtrabanten und Offiziere des Königs, gefolgt von Reitknechten, die zwei kostbar gezäumte Handpferde für den König an der Leine führten.

Die zurückgebliebenen Kammerherren stiegen die Schloßtreppe hoch, die Lakaien trugen die Sänfte fort, und die Küchenbedienten, die der Abfahrt zugeschaut hatten, gingen in ihre Räume im Parterre des Schlosses.

Stolpen, dachte Augusta Constantia, Stolpen.

Die Kammerfrau stand neben ihr.

Ich gehe spazieren, sagte die Gräfin. Allein.

Ich glaube nicht, daß das dem königlichen Herrn Vater recht wäre, sagte die Kammerfrau streng.

Geh Sie nur hinein, sagte die Gräfin, Sie kann schon die Morgenschokolade kochen lassen.

Augusta Constantia verließ den Schloßhof und ging langsam durch den neuen Lustgarten. Rechter Hand hatte sie das Bergpalais, links das Wasserpalais, zwei Sommerpaläste in chinesischem Stil mit geschwungenen Dächern und weiten Terrassen.

Der Vater war so sonderbar gewesen. Nach Stolpen fuhr er also, auf die Festung. Dort saß die Mutter gefangen. Das wurde streng geheimgehalten in Dresden. Der Onkel Löwendahl hatte ihr verboten, darüber zu sprechen. Je weniger Leute es wissen, um so besser, hatte er gesagt, wer weiß, was noch einmal geschehen wird. War es endlich soweit? Holte der Vater die Mutter zurück?

Augusta Constantia ging am Wasserpalais entlang. Ein Lakai öffnete ihr die Glastür zum Mittelsaal, und sie ging über das Parkett am Marmorkamin vorüber und an den Lackschränken, die der Vater nach chinesischem Muster in Sachsen anfertigen ließ und auf denen Porzellanvasen standen. In diesem Saal hatte sie vor zwei Jahren geheiratet. Sie verließ das Palais auf der Elbseite. Der Fluß zu ihren Füßen strömte sommerlich träge, die Blätter an den Bäumen auf der gegenüberliegenden Insel zitterten in der Morgenluft. Auf den obersten Stufen der breiten Treppe zum Gondelhafen lag schon Sonnenschein. Sie wollte sich setzen, und der Lakai lief mit einem Kissen herbei.

Wie schön das Wasserpalais gelungen ist, dachte sie. Was immer der Vater auch anfing, es kam etwas Wunderbares heraus. Er hatte das alte Schloß Pillnitz zu einem exotischen Lustschloß erweitert, einem Lustort für sommerliche Feste und Spiele mit Ballplätzen und einer Ringreitbahn und dreißig einräumigen Häusern, dem französischen Dorf, für Schauspieler, Komödianten und Musikanten. Für das Innere der Sommerpaläste hatte er chinesisches und japanisches Porzellan per Schiff aus Dresden bringen lassen, wo er ein großes Haus besaß, das angefüllt war mit Porzellan, Zimmer um Zimmer, das Japanische Palais. Und doch sollte die herrliche Pracht in Pillnitz nur für ein paar Jahre bestehen. Der Vater hatte ihr eine Zeichnung gezeigt von einem prunkvollen gewaltigen Schloß in Pillnitz, das sich mit seinen Nebengebäuden, Gärten und Parks weit in die Landschaft erstrecken würde. Alle Künstler des Vaters sollten ihr Bestes zu diesem großen Kunstwerk beitragen. Seit langem schon träumte der Vater von einem Schloß, das jedem zeigte, wer Herr im Lande war, Herr über alle und alles. Aber immer, wenn er glaubte, nun könnte er mit einem solchen Riesenkunstwerk beginnen, war etwas dazwischengekommen. Wenn er das Schloß wirklich baute, mußte es das wunderbarste in ganz Deutschland und Polen werden. Das alte Schloß der Mutter würde verschwinden, würde weichen müssen vor dem Monument der Macht des Königs.

Augusta Constantia erinnerte sich nicht an ihre Mutter. Als sie eineinhalb Jahre alt war, hatte die Mutter sie und die vier Wochen alte Schwester Friederike Alexandra nach Depenau zu den Großeltern gegeben. Sie dachte an ihren kleinen Sohn, der jetzt in seinem Kinderzimmer im Schloß schlief, eineinhalb Jahre war er alt, so wie sie damals. Sie konnte sich nicht vorstellen, daß sie sich von ihrem Sohn trennen würde. Die Mutter hatte sie nicht so geliebt, wie sie ihren Sohn liebte und das Kind, das in ihrem Leib war und dessen Bewegungen sie manchmal spürte. Ihre ganze Kindheit über fühlte sie sich von der unbekannten Mutter zurückgewiesen, gekränkt. Und doch lebte sie in der Erwartung, daß etwas Großes, Herrliches passieren würde. Jeden Abend ihrer Kindheit in Depenau beteten Augusta Constantia und Friederike Alexandra mit der Großmama zu Gott, er möge der Mutter die Freiheit schenken. Würde es heute geschehen, würde sie heute ihre Mutter sehen?

Damals, als man sie und die Schwester nach Depenau brachte, liebten Mutter und Vater sich noch, hatte die Großmama erzählt, liebten sich leidenschaftlich. Wie das wohl ist, wenn man sich so liebt, dachte Augusta Constantia. Der Vater und die Mutter mußten etwas ganz Eigenartiges erlebt haben, ein starkes Gefühl, das sie selbst und die Leute ihrer Umgebung aus dem Gleichgewicht gebracht hatte.

Sie, Augusta Constantia, wollte keine starken Gefühle. Sie mißtraute Gefühlen. Wer liebte, mußte leiden. Ihre Ehe mit dem siebenundzwanzig Jahre älteren Grafen Heinrich Friedrich von Friesen war ruhig und angenehm. Sie fühlte sich sicher, seit sie verheiratet war. Ihr Mann hatte ihr erzählt, daß er die Mutter einmal besucht hätte, damals, als der Vater sie nicht mehr sehen wollte und sie verlassen in Pillnitz lebte. Wunderschön war sie, hatte er gesagt, und sehr unglücklich.

Augusta Constantia lächelte wehmütig. Sie kam sich vernünftig vor und trocken. So war sie immer gewesen. Immer fühlte sie sich für die kleine Schwester verantwortlich, schon in Depenau und dann erst recht in Dresden. Sie waren zwei verwirrte Kinder in den undurchschaubaren Spielen der Erwachsenen, die alle etwas anderes sagten, die sie, die Bastarde, duckten und ihnen doch schmeichelten, denn schließlich waren sie die Töchter eines Königs.

Die Großmama hatte sich bemüht, die kleinen Comtessen so zu erziehen, daß sie sich eines Tages, wenn der königliche Vater sich ihrer erinnern würde, an seinem Hof ihrer Geburt und ihres Ranges würdig zeigen konnten. Vormittags unterrichtete ein Hauslehrer sie im Christentum, in Rechnen und Schreiben, nachmittags spielten sie auf dem Klavizimbel und sangen, was Augusta Constantia große Freude machte, für ihre jüngere Schwester aber eine Qual war, oder sie lasen die Bücher, die die Großmama für sie aussuchte. Französisch lernten sie bei der Witwe Trugard, einer Gouvernante, die noch die Mutter nach Depenau geschickt hatte. La Marche, der alte Tanzlehrer der Mutter, brachte den Schwestern das Tanzen und die Reverenzen bei.

Sie sahen kaum andere Leute von Stand, denn die Großeltern verbargen ihre Armut vor ihren Standesgenossen. Aus Sachsen kam kein Geld für sie nach Holstein. Die Töchter des glänzenden Königs August von Polen wuchsen in Armut auf. Der Großpapa war ein verbitterter, kranker alter Mann, der die Reste seines Vermögens in Prozessen verlor. Onkel Christian Detlev, der Bruder der Mutter, der in Unehren aus Sachsen davongejagt worden war, führte einen Prozeß gegen die Großeltern um standesgemäße Unterhaltszahlungen. Aber der Großpapa zeigte einer königlichen Kommission die Bücher des Gutes und wies nach, daß er jährlich für seine Familie kaum fünfhundert Taler übrigbehielt. Der Großpapa überschrieb damals das Gut der Großmama, denn sie fürchtete, wenn der Sohn erbe, der seine Eltern so wenig liebte, würde nichts mehr für sie und die Comtessen bleiben, nichts für die gefangene Tochter, die doch einmal nach Depenau zurückkehren mußte. Nie gab die Großmama die Hoffnung auf, ihre Tochter wiederzusehen, nie verlor sie ihr festes Gottvertrauen.

Der Großpapa starb 1719, nach langer Krankheit, im Alter von sechsundsiebzig Jahren. Die Großmama verwand den Tod ihres Mannes nicht. Sechsundvierzig Jahre Ehe hatten sie miteinander geteilt, Reichtum und Armut, Ehre und Schande. Nach dem Tod des Großpapas mußte sie Dueholm verkaufen, um die dringendsten Schulden begleichen zu können, ihr Gut in Jütland, das einzige, was ihr aus der Erbschaft ihrer einstmals so reichen und mächtigen Familie Marselis geblieben war. Abgeschieden von aller Welt waren die beiden kleinen Mädchen in dem düsteren Herrenhaus aufgewachsen.

Aber einmal gab es doch einen Lichtschein. Einmal, als die Schwestern mit der Großmama im Kieler Stadthaus waren, im Mai 1720, kam ein Brief der Mutter mit einem Bücherpäckchen. Das war der erste Brief seit ihrer Gefangennahme. Die Großmama war ganz verändert vor Freude. Sie schrieb der Mutter einen langen Brief, und auch die Gouvernante Trugard schrieb ihrer einstmaligen Herrin für sich und auch für die Comtessen. Doch auf die Briefe aus Kiel kam niemals eine Antwort.

Großmutter und Enkelinnen versanken wieder in das alte ereignislose Leben. Die Großmama wurde schwerhörig, konnte immer schlechter sehen und machte sich große Sorgen, was mit den Comtessen geschehen würde, wenn sie stürbe.

Der Befehl des Königs kam im September 1721. Der Papa schrieb der Großmama, der Großmarschall Löwendahl sei gerade in Holstein, er habe ihm befohlen, die beiden Comtessen mit nach Sachsen zu bringen, und er danke ihr für die Erziehung, die sie ihnen habe angedeihen lassen. Dies war der Tag, auf den die Schwestern gewartet hatten, von dem sie geträumt hatten, und nun, da er da war, erschraken sie. Augusta Constantia weinte, als sie begriff, daß sie Depenau nun verlassen mußte. Die Großmama war bis dahin der einzige Mensch auf der Welt gewesen, der sie herzlich liebte. Doch die Großmama erklärte energisch, alles wäre ganz normal, Kinder erzöge man im Verborgenen, bis sie ein wenig zivilisiert worden wären, dann, wenn sie dreizehn wären wie Augusta Constantia oder zwölf wie Friederike Alexandra, kämen sie an den Hof. Wenige Tage nach der Ankunft des Briefes reisten die Schwestern mit dem Onkel Löwendahl von Depenau nach Lübeck und weiter über Berlin nach Dresden.

Ihr Leben änderte sich mit einem Schlag. Sie waren in der großen Welt, waren geblendet von ihrem Glanz, überwältigt von dem unerhörten Luxus, den jedes neue Kleid, jedes Paar Schuhe für sie bedeutete. Zum ersten Mal trafen sie ihren jüngeren Bruder, Friedrich August von Cosel, der damals neun war und in einem eigenen Haushalt mit einem Hofmeister lebte. Die Schwestern kamen in die Obhut der

Baronin von Löwendahl, der zweiten Frau des Oberhofmarschalls, einer geborenen Rantzau und also auch aus Holstein, eine richtige blutsverwandte Tante. Doch die Oberhofmarschallin, das merkten die Schwestern bald, hatte keine gute Meinung von der Mutter, ihrer Cousine. So lebten die Schwestern nun in einem großen, lauten und unruhigen Haus, in dem jeder seiner Wege ging, der Onkel, die Tante, die erwachsenen Kinder. Die Comtessen bekamen Möbel aus Pillnitz, aus dem Besitz der Mutter, und sie durften bald die Vergnügungen der Erwachsenen teilen. Aber sie vermißten die Liebe und Herzlichkeit der Großmama. Für die Mutter beteten sie nun nicht mehr.

Traurig dachte Augusta Constantia an die Großmama. Sie war jetzt neunundsiebzig Jahre alt und lebte allein mit einigen alten Dienern auf dem Gut, halbtaub und halbblind. Einmal hatte die Großmama ihr mitteilen lassen, das war vor drei Jahren, sie habe nun alles geregelt, daß die Mutter freikommen könne, habe die Kisten der Mutter mit Papieren einem Unterhändler des Königs gegeben. Aber nichts war geschehen.

Augusta Constantia sah gedankenverloren zu, wie die Sonne einen immer größeren Teil der Stufen beschien und der Schatten der Nacht zurückwich. Alles, was die Mutter anging, wurde geheimgehalten. Der Onkel Löwendahl hatte befohlen, wenn doch einmal jemand Augusta Constantia, die Schwester oder den Bruder nach der Mutter fragen sollte, so hätten die Geschwister zu antworten, die Mutter lebe auf einem der Landgüter ihres Schwiegersohnes, des Grafen von Friesen. Ihr Mann hatte Augusta Constantia anvertraut, nicht einmal der Geheime Rat wisse, warum die Mutter mit ewigem Gefängnis bestraft zu werden verdiene. Nach außen ließen die Geheimen Räte durchblicken, die Gründe seien ihre Bosheit, ihr Geiz, ihre Intrigen und ihre schlechte Aufführung.

Der Papa ließ seine drei Kinder, die nach der Mutter Cosel hießen, nie spüren, daß irgend etwas zwischen ihm und der Mutter vorgefallen war. Er zeichnete sie immer aus, hatte sie zu polnischen Grafen und Gräfinnen gemacht. Der Papa liebte sie. Er hatte ihr, Augusta Constantia, ein wunderbares Hochzeitsfest ausgerichtet und ihr 100 000 Reichstaler Mitgift aus dem Vermögen der Mutter gegeben.

Augusta Constantia dachte gern an ihre Hochzeit zurück. Der Papa plante damals das Fest persönlich, fuhr noch kurz vorher nach Pillnitz, um die Vorbereitungen zu überprüfen. Drei Wochen dauerte das Fest, vom 3. bis zum 25. Juni 1725, und sogar der Kurprinz und die Kurprinzessin kamen als Gäste.

Unter lautem Kanonendonner und Vivatrufen langten sie und ihr Bräutigam am 3. Juni mit einem Schiff in Pillnitz an. Die Treidelpferde zogen eine stattliche Flottille buntbewimpelter Brigantinen und Schaluppen elbaufwärts, die sich malerisch um den Bucentaurus gruppierten, das Prachtschiff, das die Kaisertochter zu ihrer Hochzeit vom König bekommen hatte.

Noch am selben Abend traute Oberhofprediger Dr. Marperger Augusta Constantia Cosel und den Grafen Friesen unter Pauken- und Trompetenschall im Saal des Wasserpalais, wo auf einem gewirkten Fußboden der mit rotem Samt und goldenen Tressen gedeckte Trautritt aufgeschlagen war. Der Oberhofprediger hielt eine endlos lange Predigt über das Thema »Gott ist die Liebe«. Nach der Trauung gab es ein großes Hochzeitsessen an vier Tafeln mit Reden und Gesundheitstrinken. Am nächsten Tag hielt der Bruder Friedrich August die Rede bei der Tafel. Der kleine Bruder, damals dreizehn Jahre alt, gab sich große Mühe mit seiner langweiligen Rede, die ihm sicher sein Hofmeister Tanner aufgesetzt hatte.

Jeden Tag fanden nun Feste im französischen Dorf statt und Komödien, Vogelschießen, Jagden und Ringrennen. Es gab eine Bauernschule, in der ein Hofzwerg den Schulmeister spielte, und einen Bauernprozeß, bei dem er Dorfrichter war, und ein Bauernkarussell, zu dem die echten Bauern mit ihren Mädchen kamen. Sie mußten mit Lanzen und Schwertern eine Reihe von Türkenköpfen aus Pappmaché von ihren Podesten stoßen. Wenn sie das Ziel verfehlten, ergoß sich ein Wasserkübel über sie. Die Bauernmädchen mußten mit Lanzen einer ausgestopften Puppe den Kranz entreißen. Doch wenn sie vor der Puppe ankamen, gerieten sie auf den Deckel eines großen Wasserfasses, das im Boden verborgen war, und durch Löcher im Deckel spritzte ihnen Wasser unter die Röcke – zur höchsten Lust von Hof und Adel. Die Bauern waren doch zu tolpatschig, dachte Augusta Constantia. Da sah man erst, wie fein und zivilisiert es bei Hofe und in der guten Gesellschaft zuging.

Während der Hochzeitsfestlichkeiten hielten auf der anderen Elbseite Truppen des Königs Manöver ab. Diese neuartige militärische Übung sollte nach dem Willen des Papas »dem Ernste gleichen und neben dem Amusement auch zur Information und Instruktion dienen«. Der Vater hatte von sechshundert Soldaten in sechs Tagen ein Fort aufwerfen lassen und dann die Aufgabe verkündet: Ein sächsisches Korps, das zu einer in der Türkei stehenden Armee gehört, erhält den Auftrag, die am Tanais – in Wirklichkeit der Elbe – gelegene Festung Halla Beckin zu erobern.

Die Besatzung des Forts war als Türken verkleidet und hatte einhundert Kanonen und dreiundsechzig Mörser auf den Wällen. Auf sechs kanonenbestückten Brigantinen näherte sich das sächsische Korps der Festung und hob Belagerungsgräben aus. Der Vater ließ sich allein zu den Übungen hinüberrudern oder in Begleitung des Kurprinzen, sah sich alles genau an und gab Verhaltensmaßregeln. Er wolle selbst lernen, sagte er. Aber um die Hochzeitsgesellschaft zu unterhalten, ließ er Gefangene und Überläufer zum Vergnügen aller verhören.

Kurprinz und Kurprinzessin blieben bis zum letzten Tag — eine hohe Auszeichnung für Augusta Constantia und den Grafen Friesen. Aber eigentlich, dachte Augusta Constantia, war es wohl nur Gehorsam dem König gegenüber.

Am Hof in Dresden hielten der Kurprinz und die Kurprinzessin sich zurück. Ihnen gefiel nicht, daß die natürlichen Kinder des Königs immer bei ihm waren. Prinz und Prinzessin hatten durchblicken lassen, daß ihnen das unangenehm war. Das schuf Mißvergnügen auf beiden Seiten, aber nach außen zeigte es sich nur darin, daß Prinz und Prinzessin selten beim König waren und auch nur kurz auf seinen Festen blieben. Der König liebte alle seine Kinder und mochte auf ihre Gesellschaft selbst der Kurprinzessin zuliebe nicht verzichten. Seine drei Söhne, Moritz, der Graf von Sachsen und Sohn der Aurora von Königsmarck, Friedrich August, der Graf Rutowsky und Sohn der Frau von Spiegel, und Johann Georg, der Chevalier de Saxe und Sohn der Frau von Teschen, waren Militärs und fern von Dresden. Aber die übrigen wollte der Vater um sich haben, Anna, die Gräfin Orzelska, Katharina, die Gräfin Bilinska — die Tochter der Frau von Spiegel —, den jungen Grafen Cosel und seine beiden Schwestern, die Gräfin Cosel und die Gräfin Friesen, die mit ihren dicken Brauen und vollen Lippen dem Papa so ähnlich waren.

Die Situation war für die ersten Minister delikat; nur Flemming verstand es, sich aus allem herauszuhalten. Der sächsische Adel verhielt sich den natürlichen Kindern des Königs gegenüber ablehnend, da der Kurprinz sie ablehnte und da nun, wo der König in Lebensgefahr gewesen und noch nicht wieder gesund war, jedermann vor Augen stand, daß der Kurprinz schnell Herrscher sein konnte.

Hielten Kurprinz und Kurprinzessin auch Abstand von den illegitimen Geschwistern, so vertrugen die Kinder untereinander sich gut. Anna, die Gräfin Orzelska, vertrat die Rolle der Hausfrau in dem frauenlosen Haushalt des Vaters. Sie selbst, Augusta Constantia, war verheiratet und Friederike Alexandra zu jung für die Rolle der Hausfrau. Die Schwester war sittsam, besaß gute Manieren, ein freundliches Naturell und war nicht so mißtrauisch wie sie, Augusta Constantia. Auch der Bruder war sehr bescheiden, klüger als seine Jugend es erlaubte, und die ausländischen Gesandten meinten, er denke viel und sage wenig. Anna war die temperamentvollste von allen Kindern des

Königs. Sie war sehr schön, tanzte gern, liebte Prunk und Kleider, lief oft im Männerkostüm herum, war witzig und ritt und jagte. Sie gab hinreißende Feste in ihrem Haus. Bei diesen Festen gingen Anna und die anderen Töchter an allen Tafeln herum und tranken Gesundheit mit jedem Paar. Der Vater hatte allen seinen Mädchen herrlichen Brillantschmuck geschenkt.

Manchmal spielte auch die Fürstin Teschen die Rolle der Gastgeberin für den Papa. Sie war eine große Dame und geehrt in Dresden. Augusta Constantia wünschte, ihre Mutter wäre auch so. Sie spürte wieder den alten Groll. Warum war ihre Mutter nicht wie die Fürstin Teschen, munter und fürsorglich und vor allem − immer da. Aber wenn die Mutter jetzt zurückkehrte, wenn der Vater sie heute mitbrachte, würde das Leben am Hof noch viel komplizierter werden. Wie würden Kurprinz und Kurprinzessin, die Kaisertochter, sich dazu stellen?

Augusta Constantia stand langsam auf. Sie warf einen letzten Blick auf die Sphinx an der Elbtreppe. Die Mutter war eine temperamentvolle Frau, jähzornig wie der Großpapa und sich ihrer Rechte bewußt wie die Großmama. Sie würde das delikate Gleichgewicht am Hof durcheinanderbringen, das Leben ihrer Kinder verwirren, das doch erst seit kurzem eine gewisse Ordnung besaß. Augusta Constantia wußte mit einemmal nicht, ob sie die Rückkehr der Mutter wünschen oder fürchten sollte.

1.

Constantia regiert in ihrem Palais neben dem Schloß in Glanz und Luxus wie noch niemals eine Kurfürstin in Sachsen. Großartig ist der Anblick der beiden Gebäude: links das alte Schloß mit Türmen und Zinnen, in Generationen gewachsen, breit und mächtig, rechts das neue Palais mit steinernen Blütenranken an der Fassade, Jagdwaffen, Früchtebüscheln, anmutig und hoheitsvoll. Wer Schloß und Palais sieht, die ein gedeckter Gang verbindet, weiß, wer am sächsischen Hof herrscht: König August und die Gräfin Cosel, die offizielle Mätresse.

Die Mätresse herrscht am Hof, aber der Hof bestimmt, wer ihre Freunde, wer ihre Feinde sind, diktiert Inhalt und Ablauf ihres täglichen Lebens. August hat ihr bilderreich versprochen, den Himmel für sie herunterzuholen auf die Erde, damit es ihr nur gutgehe. Zugleich ist sie ein Lockmittel, das er gezielt einsetzt, um seinem Hof den Glanz zu geben, mit dem er den großen Adel seines Landes an sich ziehen will.

Seit alters her hat der Hofadel die Aufgabe, die Regierungsgeschäfte des Fürsten zu führen, seinen Haushalt zu besorgen und mit eigenem Auftreten zu seinem Ansehen beizutragen. König August vergrößert seinen Hof: Er baut das stehende Heer aus, die Verwaltung, und er verleiht besoldete Ehrenämter. In den Jahrzehnten, in denen die Fürsten die Macht in ihren Ländern für sich allein beanspruchen, machen sie aus dem Hof ein Instrument der Herrschaft über den gesamten Adel. Dieses Instrument ist raffiniert, denn es greift auf vielerlei Weise.

Mit dem stehenden Heer ist die Zeit vorüber, in der ein Adliger einen Haufen Leute als Landsknechte anwarb und sie dem König als Regiment vermietete mit sich selbst als Oberst an der Spitze. Der König stellt nun eigene Regimenter auf. Wer Offizier werden will, muß sich um ein Kommando bemühen – muß an den Hof.

Mit der neuen Verwaltung macht der König die Mitsprache der Stände, der gewählten Abgeordneten der Ritterschaft und der Städte, bei der Regierung des Landes immer bedeutungsloser. Er regiert aus seinem Kabinett mit Ministern, die er sich selbst aussucht. Die Fürsten haben seit dem Westfälischen Frieden 1648 das Recht, unabhängig vom Kaiser Bündnisse untereinander und mit ausländischen

Höfen zu schließen, und der Bedarf des Königs an Diplomaten wächst. Wer etwas bewirken will in Sachsen, wer Freude an der Außenpolitik hat, muß versuchen, in eines der neuen Ämter zu kommen – muß an den Hof.

Mit den besoldeten Ehrenämtern hat der König ein besonders wirksames Mittel, den Adel an den Hof zu ziehen: Bürgerliche Berufstätigkeit gilt als unstandesgemäß. Wer nach den Kontributionszahlungen an die Schweden nicht mehr leben kann von seinem Rittergut, findet Amt und Einkommen am Hof – oder zumindest die Aussicht darauf. Auch wohlhabende Familien, die nach Erbteilungen die nachgeborenen Söhne und Töchter nicht mehr standesgemäß unterhalten können, schicken diese an den Hof. Das hat es früher auch gegeben. Nun wird es zum Normalfall.

Der Hof wird zum Zentrum der Macht. Selbst ein Adliger, der sich dem Willen des Königs nicht beugen will, kann sich dem Sog des Hofes kaum entziehen. Die wachsende zentrale Verwaltung erreicht auch den Ritter auf seinem Landgut. Will er protestieren gegen die neuen Verordnungen, die seine alten Lehnsrechte beschneiden und ihn so in seiner Ehre kränken, will er eine Ausnahmegenehmigung für sich erreichen oder einen Prozeß führen, muß er an den Hof. Er muß antichambrieren, muß douceurs, Bestechungen, verteilen, um an die richtigen Leute zu kommen. Er muß sich auf den Festen sehen lassen und die Nähe der Großen suchen. Und ist er erst am Hof, so ruiniert mancher sich beim allabendlichen Glücksspiel oder mit teuren Pferden, Waffen, Festkleidern, Juwelen. Der König bringt aufwendige Vergnügen in Mode, die den Adel, der seit Jahrhunderten seine Ehre im Wettstreit der Pracht sucht, in die Knie zwingen.

Wen aber weder Militär noch Politik reizen, wer übermäßig reich ist und unempfindlich gegen die Beschneidung seiner Lehnsrechte, diesen Mann zieht vielleicht der Glanz des Hoflebens an. Vielleicht liebt er die Gesellschaft schöner Frauen, liebt ihre Gespräche in den Salons, den Tanz auf den Hofbällen, liebt es, einer großen Dame seine Aufwartung zu machen, wenn sie vormittags in ihrem Paradebett liegt, ein Nachthemd aus Brabanter Spitzen trägt und ihm Schokolade servieren läßt. Oder ihn reizen die Kunstwerke des Königs, die Bibliotheken und Sammlungen am Hof. Vielleicht ist er ein leidenschaftlicher Jäger und liebt die neumodischen Parforcejagden in den weiten Wäldern des Königs. Oder die alten ritterlichen Kampfspiele ziehen ihn an, die Maskenfeste und Aufzüge. Vielleicht hat er Freude an Opern, Komödien, Konzerten, Ballett. Der Hof, das Zentrum der Macht, ist auch das Zentrum der Kultur.

Der Adel wird durch den Hof besiegt und besiegt sich selbst am Hof.

Er spaltet sich in Landadel und Hofadel. Der Hofadel verspottet den Landadel als dumme Bauern, die stur am Althergebrachten festhalten. König und Hofadel stehen hoch über allen Untertanen, unterscheiden sich von ihnen in Sprache, Gebärden, Sitten, Moral, Kleidung, Vergnügen. Der Hof, das ist le monde, die Welt, die einzige, die für den Adel zählt. Aus Rittern werden Höflinge.

Bürger spielen keine Rolle in dieser Welt, Bauern und Volk, das nicht einmal ein Haus besitzt, sowieso nicht. Der König nimmt zwar mehr und mehr Bürger mit Sachverstand in die Verwaltung auf und fördert so eine allmählich wachsende gebildete Mittelschicht. Aber die Bürger sind nicht zugelassen am Hof und zu seinen Festen, dem eigentlichen Ort der Politik. Solange sie nicht hoffähig sind, ist der Adel im Besitz seiner politischen und ökonomischen Vorrechte gesichert. Der Adel fühlt sich privilegiert und ist in Wahrheit doch gezähmt. Nicht mehr Mitsprache, untertäniges Dienen ist die neue Tugend. Dennoch haben viele Bürger nichts Besseres zu tun, als nach Adelstitel und Hoffähigkeit zu streben. Vorsichtshalber erhöhen die Adligen die Zahl der adligen Ahnen, die jemand nachweisen muß, um Rittergüter kaufen und bestimmte Ämter annehmen zu können. In Constantias Jugend erhöhte man sie schon auf acht, dann auf sechzehn, was alarmierend für Constantia mit ihrer bürgerlichen Mutter war. Jetzt strebt man sogar zweiunddreißig an.

Aber König August bestätigt nichts von alledem. Am Hof entscheiden nicht mehr hohe Geburt und adlige Lebensführung darüber, wer als Großer gilt. Der König duldet nicht länger, daß es neben ihm einen Adel gibt, der seine Ehre aus sich selbst erringt. Ehre erwirbt nun, wer die Gnade des Königs gewinnt. Die Ehre eines Adligen wird sichtbar an seiner Nähe zum Thron. Die Günstlinge des Königs sind die Großen am Hof.

Zwar regelt die geschriebene Hofordnung den Rang der Adligen nach ihrer vornehmen Geburt. Diese Ordnung wird sichtbar beim Zeremoniell, nach dem das Levée des Königs, seine Andachten, die Tafel, Récréation und Couché eingerichtet sind, an der Etikette also. Sie schreibt jedem vor, was er zu tun hat, wenn der Fürst aufsteht, betet, ißt, sich vergnügt und zu Bett geht, und wie er ihn dabei zu bedienen und »Dero geheiligte Person« — so nennen die Minister Pflugk, Flemming und Hoym König August — zu verehren hat. Aber das Zeremoniell schreibt nicht alle Handlungen den Angehörigen bestimmter Familien zu. Der König kann eine Reihe von Aufgaben beliebig und jeden Tag aufs neue an Personen seiner Wahl übertragen. Er kann bei Oper, Jagd, Redoute diesen oder jenen in seine Nähe holen und damit vor allen anderen auszeichnen.

Constantia ist dem Thron ganz nah. Ihre erotische Attraktivität hat die Tochter eines Ritters zum Günstling gemacht. Aber sie will kein Günstling sein. Es ist ihr zuwider, als Mätresse zu gelten, ist unehrenhaft in ihren Augen. Der Ehevertrag ist zwar geheim, doch sagt sie nun häufig, sie sei die Frau des Königs. August geht darüber hinweg. Constantia hat einen Spitznamen am Hof. Die Hymmen nennt man sie, nach Hymenäus, dem Gott der Ehe. Niemand mag glauben, daß der König neben der Königin noch eine zweite Ehefrau zur Linken hat. Als Mätresse ist sie in die Kämpfe der Höflinge um die Gunst des Königs verstrickt.

Das doppelte System der Ehren aus angeborenem Titel und erworbener Gunst verschärft den alten Kampf des Adels um Rang und Vortritt. Jedes Heranziehen eines andern in die Nähe des Throns bedeutet die eigene Entfernung, den Verlust der Ehre, der Einkommenschancen, die soziale Deklassierung. Dieses Unglück kann täglich eintreten. Alle am Hof leben in Unsicherheit und Spannung. Sie drängen sich bei jeder Gelegenheit vor, unterminieren fortwährend Ansehen und Stellung der andern. Sie streiten um die kleinsten Vorrechte, an denen eine Erhöhung abzulesen sein könnte. Sie wollen von Stufe zu Stufe näher zum Thron, in das volle Licht der königlichen Gnadensonne. Auch wer ganz vorn steht, wie Constantia, muß sich gegen die Angriffe der übrigen behaupten. Jede Aufmerksamkeit des Königs, die ihr gilt, nimmt sie einem andern weg. Steht sie vorn, steht ein anderer in ihrem Schatten. Spricht der König mit ihr, müssen andere warten, die selbst von Konkurrenten bedrängt sind.

Wer in diesem Wettkampf vorankommen will, muß in jedem Augenblick wissen, wie seine Stellung in der Gunst des Königs ist, wie die der Konkurrenten. Er muß auf dem laufenden bleiben und abends auf die Feste gehen, sich morgens in den Vorzimmern der Großen und des Königs sehen lassen. Er muß sich gut überlegen, wem er schmeichelt, wen er meidet. König August hat Löcher in den Türen zu seinem Antichambre, um heimlich sehen zu können, wer da ist, wer mit wem spricht.

Das Hofleben verlangt eine ausgefeilte Selbstkontrolle. Jeder am Hof trägt eine Maske, nuanciert sein Lächeln, seine Verbeugung, je nachdem, mit wem er es zu tun hat. Man geht nur noch selten mit Waffen aufeinander los. Man beleidigt mit einem Gruß, tötet mit einem Lächeln.

Wer einmal die Gunst des Königs errungen hat, arbeitet daran, auch seinen offiziellen Titel zu erhöhen, um seinen Anspruch zu festigen und wenigstens einen Teil der Mitstreiter abzuhängen. Auch Constantia strebt nach Rangerhöhung. Sie will, daß der König den Kaiser veranlaßt, sie zur Reichsfürstin zu erheben. Bei den großen Hofzeremonien macht ihr noch immer die Oberhofmarschallin Pflugk, eine geborene Gräfin Stubenberg, den Vorrang streitig. August hält sich aus jedem Streit heraus.

Kavaliere und Damen drängen sich um Constantia, die morgens die erste ist, die den König spricht, und abends die letzte. Sie erhoffen sich Unterstützung von der Mätresse in ihrem Streben, dem König näher zu kommen und Ehre zu gewinnen. Sie beobachten jedoch zugleich verstohlen und scharf sie und den König, warten auf jedes noch so schwache Anzeichen einer Änderung in seinem Verhalten. Es ist gefährlich, mit jemandem zu sprechen, der an Gnade verliert, man könnte sich selbst Ungnade zuziehen. Die Mätresse muß sofort geschnitten werden, wenn die Verliebtheit des Königs nachläßt.

2.

Constantia hat nur wenige Freunde. Die Eigenschaften, die den König an sie fesseln, entfernen andere von ihr: Ihre Schönheit und ihre Anmut rufen den Neid der Frauen hervor, ihr leichtes ungezwungenes Benehmen und ihr Charme machen ihr Feinde unter den Männern. Fast jeder Kavalier verliebt sich irgendwann in sie, und ein jeder glaubt, seine Verliebtheit müsse in ihr die gleichen Gefühle für ihn wecken. Aber wenn er nach einiger Zeit erkennt, daß sie ihn nicht anders behandelt als die übrigen Kavaliere auch, schlägt das Gefühl um. Statt sich seine eigene Eitelkeit einzugestehen, klagt der Verliebte, sie habe ihn getäuscht, sei eine Lügnerin.

Flemming beobachtet mit überlegenem Lächeln, wie Neid und Eitelkeit Constantia umgeben. Er ist fasziniert von ihrem freundlichen heiteren Wesen und von ihrer Schönheit. Der Freund des Königs liebt die Mätresse seines Herrn, liebt sie mit einer seltsamen kalten Leidenschaft.

Flemming ist neben Constantia der mächtigste Günstling am Hof. Der untersetzte Mann mit der gebogenen Nase und den halbgeschlossenen Lidern ist auf Assembleen und Bällen ebenso umlagert wie die Mätresse. Die Gnade des Königs hat aus dem kleinen pommerschen Adligen einen Großen am Hof gemacht, der Millionen einnimmt, und der König gibt ihm weitere Titel und Ämter. Der ehrgeizige Günstling versteht es, gefährliche Konkurrenten aus der Umgebung des Königs zu entfernen. Von allen Ministern unterstützt er am eifrigsten die Pläne des Königs, Polen zurückzuerobern — seine Frau ist Polin und hat großen Landbesitz in ihrer Heimat. Flemming ist voller Selbstvertrauen, und seine große Zuversichtlichkeit bringt ihm Erfolge ein, aber er zeigt auch Geschick und Ausdauer in den Regierungsgeschäften. Frühmorgens schon pflegt er mit seinen Sekretären zu arbeiten, auch wenn er spät erst von den Gesellschaften des Hofes nach Hause gekommen ist. Er schläft oft nur in einem Stuhl und ist gleich munter, wenn seine Sekretäre ihn wecken, weil etwas vorgefallen ist. Auf seiner Kanzlei geht es Tag und Nacht geschäftig zu. Für jeden am Hof ist es ratsam, Flemmings Meinung einzuholen, ehe er etwas unternimmt, und sich so abzusichern. Flemming hat ein weitgespanntes Netz von Spionen in allen Ämtern, und er trägt keine Bedenken in der Wahl seiner Mittel, lügt und betrügt, um seine Ziele zu erreichen. Sein Ansehen ist groß, nicht zuletzt, weil sein Haushalt fürstlich ist. Aber vor seinem Haus steht nur ein Ehrenposten, wie vor den Häusern der übrigen Großen auch. Allein Constantia hat zwei Ehrenposten.

Flemming beobachtet Constantia. Er beobachtet jeden in der Nähe des Königs und auch den König selbst. Seine Menschenkenntnis ist sein größtes Kapital, und er ist stolz auf sie. Am Hof wird erzählt, wie er einmal, fern vom König, in Ungnade fiel. Seine Spione schickten ihm Nachricht, seine Abschiedsurkunde sei schon geschrieben. Eilig reiste er nach Dresden, stürmte ins Schloß, ließ sich von niemandem aufhalten und ging zum König hinein. Zwei Stunden später verließ er ihn und stand höher in Gunst als je zuvor. Er lief sofort in die Kanzlei und zerriß den Abschied.

Systematisch erweitert Flemming seine Menschenkenntnis. Er macht sich Notizen über seine Beobachtungen, vergleicht die Notizen. Er liebt es, seine Studienobjekte in Situationen zu bringen, die bei ihnen Liebe, Zorn oder Gleichmut auslösen. »Es gibt nichts Besseres, um den Charakter einer Person kennenzulernen, als der Vergleich und die Gegenüberstellung in diesen unterschiedlichen Situationen«, schreibt er in einer Studie über Constantia.

Flemming bewegt sich am Hof berechnend und beherrscht. Er hat zu niemandem Vertrauen und berauscht sich an seiner Einsamkeit, die für ihn ein Beweis seiner Macht ist. Constantia dagegen ist offen und warmherzig, vertrauensvoll zu jedem, setzt ganz auf ihr großes Gefühl, ihre Liebe zum König. Die Liebe läßt sie naiv wirken im Kampf der Höflinge, macht sie verletzbar. Dieses Gefühl stört in seiner Unbeeinflußbarkeit durch Dritte das Beziehungsgeflecht am Hof, ist unhöfisch. Ihre Hingabe und Spontaneität rufen Flemmings Tadel hervor und ziehen ihn doch zugleich an.

Die Geliebte seines Königs ist für ihn unerreichbar. Aber es liegt nicht in seiner unternehmenden Natur, sie aus der Ferne anzubeten. Er will wenigstens ihr Vertrauter sein. Der Vierzigjährige sucht lange Unterredungen mit der siebenundzwanzigjährigen Constantia, gibt vor, ihr Lektionen erteilen zu wollen, in denen sie lernen kann, ihren Charakter zu verbergen und sich höfischer zu verhalten. Constantia geht halb spielerisch, halb ernsthaft darauf ein.

Sie wäre für ihn, meint Flemming, »la femme du monde la plus parfaite«, die vollkommenste Dame von Welt, wenn sie nicht zwei schlimme Fehler hätte, deren Ursache ihr voreiliges Temperament sei: mangelnde Menschenkenntnis und Jähzorn.

Im Gegensatz zu Flemming ist Constantia nicht neugierig auf die Angelegenheiten anderer Leute. Sie redet wenig über andere, weiß kaum, was in ihnen vorgeht, und erkennt ihre Absichten selten. Sie glaubt, wenn sie selbst offen und freundlich ist, müsse ein anderer ihr ebenso begegnen, und wenn jemand freundlich ist, glaubt sie, er meine es ehrlich. Sie behandelt ihre Freunde und Bewunderer mit derselben gleichmäßigen Freundlichkeit wie ihre Feinde und stößt damit ihre Freunde vor den Kopf. Sie gewinnt leicht neue Freunde, aber sie verliert sie aus Unaufmerksamkeit ebenso leicht. Sie bedenkt nicht, daß es Ansehen bringt, Freunde zu gewinnen, und Vorteil, sie sich zu erhalten. Ihr schrecklichster Irrtum aber ist in Flemmings Augen, daß sie keine Bestechungen annimmt und nur selten jemandem eine Gunst erweist, ein taktischer Fehler, den auch andere große Damen am Hof machen. Man darf seine Gunst nicht wahllos verteilen, sagt Flemming, aber es ist eine Grobheit, sie einem ehrenhaften Mann zu verweigern. Constantia macht ihren Freunden gern wertvolle Geschenke, aber auch das ist für Flemming ein Beweis ihrer fehlenden Menschenkenntnis: Geben ohne empfangen zu wollen sei eine Eitelkeit, die andere auf Dauer nur schwer ertragen könnten.

Constantias zweiter schlimmer Fehler ist ihr Jähzorn. Flemming ist selbst jähzornig. Er findet aber immer die Selbstkontrolle wieder, ehe nicht wiedergutzumachende Worte gefallen sind. Nur Untergebenen gegenüber läßt er seinem Zorn freien Lauf. Constantia unterscheidet nicht so fein. Ihr Zorn kann sich bis zur Raserei steigern, ganz gleich, wer ihn ausgelöst hat. Sie wird beißend scharf in ihren Worten und behandelt dann jeden als ihren Feind. Um ihre rasende Wut zu rechtfertigen, gibt sie den Worten selbst ihrer Freunde eine Bedeutung, die die Freunde nicht gemeint haben. Sie behauptet sogar, sie hätten Sachen gesagt, die sie nicht sagten. In der zweiten Phase ihres Zorns verletzt und beschimpft sie jeden, redet sich ein, man behandele sie schlecht und sie sei verpflichtet, mit dem, der ihren Zorn erregt hat, zu brechen. Wenn man ihr dann nicht nachgibt und sie tröstet, bricht sie die Freundschaft für immer.

Flemming versteht es, bei jedem Streit mit Constantia den Bruch zu verhindern. Wenn ihr Zorn abklingt und sie wieder sie selbst ist, gibt sie sich alle Mühe, ihn zu versöhnen. Diese Versöhnungen sind eine Qual für ihn und verdoppeln doch seine Bindung an sie.

Sie hält ihn in Unruhe und Unsicherheit. Manchmal hört sie auf ihn und folgt seinen Ratschlägen. Aber sie verdächtigt ihn, in ihr letztlich nur eine der Mätressen des Königs zu sehen. Sie glaubt, daß er trotz der Verehrung, die er ihr spöttisch zeigt, von Frauen und auch von ihr nicht viel hält. Sie mag ihn, neckt ihn, aber der Mann Flemming beunruhigt sie nicht. Sie vertraut ihm und hält ihn für ihren Freund. Sie durchschaut nicht, daß er auf seine Weise genausowenig frei ist von Eitelkeit und der Hoffnung, daß sie ihn wiederliebt, wie die anderen Kavaliere.

Über das Verhältnis zwischen dem Minister und der Mätresse, den beiden großen Günstlingen Augusts, berichten Flemming und Constantia selbst. Flemming hat das ›Portrait de . . .‹ geschrieben, das noch heute in der Sächsischen Landesbibliothek in Dresden aufbewahrt wird. Er nennt Constantias Namen nicht, aber es ist ganz deutlich, wen er meint. Er hat das Porträt wenige Tage nach seinem ersten ernsthaften Zusammenstoß mit ihr im Dezember 1710 in Danzig aufgezeichnet, von dem ich noch erzählen werde. Außerdem hat er ein Selbstporträt geschrieben. Constantia spielt in dem Briefwechsel, den sie in den ersten Jahren ihrer Haft mit Flemming führt, auf seine Lektionen an.

Ich finde es schwierig, die Betroffenen selbst als Zeugen zu haben. Ihre Auskünfte sind zwar bestechend durch die vielen Einzelheiten, die sie vorbringen, aber ihre Berichte und Briefe sind Verteidigungsschriften, Vexierbilder, die wegspiegeln, was ihnen unangenehm ist und was ich nach fast drei Jahrhunderten nicht mehr klar erkennen kann. Der Biograph muß seinen Personen mißtrauen.

Ich habe noch einen anderen Zeugen zu Constantias Alltag am Hof, der nicht in den späteren Machtkampf der beiden großen Günstlinge verstrickt und daher unverdächtig ist. Er heißt Georg Ludwig von Haxthausen. Er hat Memoiren hinterlassen, die allerdings den Schönheitsfehler haben, daß niemand weiß, wo ihr Original ist. Sie sind nur in Auszügen abgedruckt in Vehses ›Geschichte der Höfe des Hauses Sachsen‹. Aber auch Haxthausen bin ich ausgeliefert: Bei vielen Begebenheiten war er der einzige Zeuge.

In Georg Ludwig von Haxthausen hat Constantia einen wirklichen und treuen Freund gewonnen. Er schätzt sie als aufrichtige Frau, und sie weiß sich seine Freundschaft über viele Jahre zu erhalten.

Haxthausen ist der Sohn des verstorbenen Erziehers des Königs. Er zog im Herbst 1707 von Hannover nach Dresden, wo seine beiden

Schwestern wohnen, Emilie und Elisabeth, die schöne Babet, und er ist willkommen am Hof, denn der König erinnert sich gern an seinen Vater. Haxthausen ist einer der vielen Adligen, die von den Einkünften aus ihren Rittergütern nicht mehr standesgemäß leben können und sich nach einem Hofamt umsehen. Im Augenblick lebt er von fünfhundert Reichstalern, die seine Großmutter ihm jährlich schickt, und von 3000 Talern, die er jährlich an einem Hof im Spiel gewinnen muß und auch gewinnt.

Constantia mochte Haxthausen vom ersten Augenblick ihrer Bekanntschaft an. Eines Nachmittags bald nach seiner Ankunft in Dresden ließ er sich in ihrem Palais melden. Sie unterhielt sich über eine halbe Stunde mit ihm, was die Umstehenden eifersüchtig beobachteten. Dann ließ sie sich von einem Lakaien ein Tricktrackbrett bringen und setzte sich mit ihm zum Spiel. Der König kam an den Spieltisch und beriet Constantia über die geschicktesten Spielzüge. Sie lachten zusammen, neckten sich, forderten sich heraus in einer heimlichen Sprache. Mehrere Größen des Hofes drängten sich um den Spieltisch, mischten sich in das Gespräch und lenkten den König von seiner Geliebten ab. Constantia spielte weiter. Als das Spiel endete, ging sie zum König und fragte ihn, ob er etwas dagegen hätte, wenn sie Haxthausen zum Souper einlüde. Seit diesem Tag ißt Haxthausen fast täglich bei Constantia zu Abend.

Er freut sich darauf, sie zu sehen. Sie beschäftigt ihn nicht in der beunruhigenden, aufregenden Weise wie Flemming. Haxthausen ist es gleich, ob sie die vollkommenste Dame am Hof ist oder nicht. Er sieht, sie ist gut und wohlwollend, benimmt sich nicht stolz gegen die, die ihr nichts taten, und ist nicht nachtragend, denn sie vergißt, wer ihr Übles getan hat. Er weiß, daß sie heftig aufbrausen kann, aber er erlebt ihren Jähzorn selten, im Gegenteil, er bewundert ihre ausgeglichene Laune. Im Unterschied zu Flemming, der sie zu seinen Studienzwecken reizt, um Macht über sie spüren zu können, ist sie zu Haxthausen gleichmäßig freundlich. Haxthausen bewundert auch ihre Schönheit restlos, aber vor allem bewundert er ihren Geist, ihre lebendige amüsante Art, ihren Witz. Nur ihre Spottlust mißfällt ihm, und mit Kummer sieht er, daß sie jedem die Wahrheit sagt und sich so unnötig Feinde macht. Constantia kann sich nicht verstellen. Aber sie ist nicht bösartig und schadet niemandem, und ihm gefällt, daß sie ganz selten nur Bestechungsgeschenke annimmt. Constantia versucht, dem König unbestechliche und zuverlässige Leute zu empfehlen, doch da selbst Flemming Bestechungen annimmt in größtem Ausmaß, richtet sie wenig aus. Haxthausen und Constantia sind sich einig in der abfälligen Beurteilung habgieriger Minister.

Der dritte Freund Constantias ist Woldemar von Löwendahl, den sie mit Unterstützung Hoyms und von Madame Royale nach Dresden geholt und zum Kammerpräsidenten gemacht hat. Der König erwartet viel von seinem Finanzgeschick. Löwendahl führt ein prächtiges Haus, gibt eine gute Tafel und empfängt Fremde mit Zuvorkommenheit.

Constantia vertraut dem Verwandten. Sie sieht ihn nicht so scharf wie Haxthausen, der Löwendahl für eine Null hält, für einen selbstgefälligen und dünkelhaften Großsprecher, für einen Mann ohne Gesicht, der sich selbst mißtraut. Löwendahl, meint Haxthausen, dringe niemals in Einzelheiten der Regierungsgeschäfte ein. Er verspricht alles, worum man ihn bittet, mit viel Eifer, aber er denkt nicht daran, seine Versprechen zu halten. Er ist gierig auf Bestechungen und schmeichelt denen, die in Gunst beim König stehen. Ist die Gnade vorbei und das Glück vorüber, so läßt er die Leute fallen.

Constantia erkennt das nicht. Die Mätresse ist doch so wenig Höfling, so sehr noch in den alten Anschauungen ihres Vaters befangen, daß sie glaubt, Löwendahl werde immer die Ehre der Familie höher stellen als seinen eigenen Vorteil.

Zu Constantias Feinden gehören die Gräfin Reuß und ihre Schwestern, Fräulein Hülchen und der Statthalter Fürstenberg. Diese Partei kann ihre Enttäuschung darüber nicht verbergen, daß Constantia, die sie in den Vordergrund geschoben und zum Günstling des Königs gemacht haben, ihren Einflüsterungen nicht offen ist, nicht für sie arbeitet.

Rahel Charlotte Vitzthum, ihre frühere Schwägerin, hat Constantia sich unbedacht zur Feindin gemacht. Sie sagte einmal, sie liebe es, daß Vitzthum immer beim König sei, denn sie traue ihm keine Intrigen zu. Rahel Charlotte faßt das als Beleidigung der Geistesgaben ihres Mannes auf.

Constantia verdächtigt Vitzthum allerdings, der Berater des Königs in amourösen Angelegenheiten zu sein. Schadenfroh sieht der Hof, daß der König fortwährend kleine Liebschaften unterhält. Manche Kavaliere bieten ihm an, die Gunst einer Schönheit zu vermitteln, und hoffen, damit seine Gnade zu gewinnen.

Die Liebe nimmt den Vorrang unter den Vergnügen des Königs ein. Seine Freude daran ist jedoch nicht so groß, wie er andere glauben machen will. Er hat Flemming gegenüber zugegeben, daß er nicht der Kühnste in Liebessachen sei. Flemming weiß auch, daß der König sich nicht oft der Gefahr aussetzt, zurückgewiesen zu werden. Er zieht es vor, daß die Liebesstunde von einem anderen arrangiert wird, ehe er sich der Dame nähert. Er verschmäht, worüber Flemming nur den Kopf schüttelt, selbst Grisetten bis zu den gemeinsten hinunter nicht, Zofen,

Arbeiterinnen, käufliche Damen. Der König ist ein Angeber. Er hat mehrere Abenteuer gehabt, die auch in der galanten Welt des Hofes zählen, doch die meisten waren harmloser Natur. Er hat selbst immer Schwierigkeiten eingebaut, um sie romanhaft zu machen, um sich den Anschein des feurigen Liebhabers zu geben, über den der Hof reden kann.

Seine Untreue ist der große Kummer Constantias. Sie, die so viele lieben, hat niemals einen Mann für sich: weder den Vater ihres ersten Kindes noch ihren Ehemann Hoym, noch August, ihre große Liebe. Aber sie kämpft. Sie hält August kurz, läßt ihn kaum allein, umgibt ihn mit ihren Spionen. Der Hof verfolgt amüsiert, wie er alle Nöte der Welt aussteht und Verabredungen mit Ministern, Baumeistern, Jagdkumpanen vorschützt, um rechtzeitig zu einem Stelldichein zu kommen. Oft lenkt Constantia ihn ab, unterhält ihn, macht ihn so verliebt in sie, daß er ein Rendezvous vergißt. Sie beseitigt ihre Rivalinnen oder bedroht sie mit den schlimmsten Beleidigungen, so daß sie sich verschreckt vom König zurückziehen. August fürchtet Constantias Eifersucht und ihren Zorn, doch er kann sich von seinen mutwilligen Streichen nicht losmachen. Er kennt die Liebe nicht anders von seinem Vater.

Aber auch er ist eifersüchtig. Er ist sich Constantias nicht ganz sicher. Sie ist stets von einem Schwarm verliebter Anbeter umgeben. Am Hof heißt es, sie halte immer ein Schlachtopfer für den König bereit, um ihn mehr an sich zu binden.

Ihre Ehre ist schwer verletzt, als zur Schadenfreude der Hofgesellschaft der Superintendent Valentin Löscher während einer Predigt in der Kreuzkirche von der Bathseba Sachsens spricht und jeder Zuhörer verstehen muß, daß er die Gräfin Cosel damit meint. Sie bittet August, den Hofprediger zu bestrafen. Der König sieht auch allen Grund dazu. Löscher hat mehr noch als Constantia ihn selbst beleidigt: David schickte den Mann der Bathseba, den Hethiter Uria, in den Krieg, um ungestört in den Besitz seiner Frau zu kommen. Hoym aber lebt und ist ein hochgeschätzter Minister. August hat nichts mit dem Scheitern der Ehe Constantias zu tun. Doch er will jeden Streit mit der lutherischen Kirche vermeiden. Er droht Löscher: Alle Prediger hätten einmal in der Woche eine Stunde und einen Ort, wo sie sagen könnten, was sie wollten. Sollte aber ein Prediger sich erdreisten, außerhalb der Predigt Unziemendes zu sagen, werde er ihn festnehmen lassen.

Am Hof dreht der König den Vorfall zu einem Scherz. »Die lutherische Kanzel ist schon zu hoch für den Papst«, sagt er, »um wieviel mehr also für mich, der ich ein bloßes Weltkind bin.«

3.

Constantias Alltag ist angefüllt mit Repräsentationspflichten. Auf den Festen und Jagden des Königs ist sie neben ihm, sie begleitet ihn, wenn die Großen ihn zu ihren Gesellschaften einladen, zu Hochzeiten, zu Taufen, sie lädt selbst ein. Ihre Soupers und Bälle beginnen am frühen Abend und enden nach Mitternacht. Das gibt ihnen Exklusivität. Wenn die Bürger schlafen, feiert der Adel bei Kerzenschein.

Am Nachmittag verbringt Constantia viele Stunden mit dem Anlegen ihres Hofkleides. Es ist üblich, sich beim Ankleiden vorlesen oder Kammermusik spielen zu lassen und Besucher zu empfangen, denen sie, je nach Rang, Tee auf einem goldenen Teebrett mit diamantbesetzten Teetöpfchen servieren läßt oder Kaffee aus silbernen Kannen. Die Kleidermode hat sich etwas verändert seit ihrer Hoffräuleinzeit in Gottorf und Wolfenbüttel.

Für den Vormittag und seine Besuche hat ein Negligé genügt. Negligé heißt jedes Haus-, Straßen- oder Reisekleid im Unterschied zu den Hofkleidern. Als Negligés groß in Mode sind jetzt Contouchen, einteilige Kleider, weit und lang, mit einer Quetschfalte im Rücken. Sie umhüllen ihre Trägerin nur lose und geben ihr die Gestalt eines Kegels. Constantia besitzt eine Contouche aus gelbem Damast mit Hermelinfutter, eine rote mit Zobelfutter und eine aus goldenem Brokat, in den grüne und rote Blumen eingewebt sind, und die mit braunem Taft gefüttert ist. Wenn sie das vordere Oberteil einer Contouche auf ein Korsett nähen läßt, kann sie sie auch zu kleinen Gesellschaften tragen.

Die neue große Robe bei Hof heißt Manteau, Mantel. Sie besteht aus einem weiten Rock und einem halben rückwärtigen Überkleid, dem Manteau, das im Rücken oben am Hals auf das Mieder gesteckt wird und bis auf den Boden reicht. Das Anziehen beginnt damit, daß die Kammerfrau Constantias Taille in eine enge Schnürbrust aus rotem Leder zwängt. Obgleich man für üppige Formen schwärmt, legt man doch Wert auf eine schmale Taille. Von der Hüfte abwärts trägt Constantia ein Gestell mit runden Reifen aus Stahl, Fischbein oder Rohr. Über die Schnürbrust zieht die Kammerfrau das Mieder der Robe und näht Constantia darin ein. Sie heftet die Ärmel an und bindet den unteren Rock mit Nesteln an das Mieder. Nun kommt das Aufstecken des Manteau.

Das Aufstecken ist eine Arbeit für die Schneider. Sie füttern den Manteau mit starkem Papier aus, legen ihn in Falten und befestigen die Falten am rückwärtigen Halsausschnitt. Meist stecken sie sie mit großen Nadeln fest, manchmal nähen sie sie an und setzen auf die Stiche goldene Knöpfe. Sie drapieren den Manteau bauschig über den

Hüften, befestigen ihn unsichtbar mit Nadeln oder Stichen, damit er nicht verrutscht, und lassen ihn in einer langen Schleppe ausschwingen.

Constantia besitzt Kleider, deren Rock und Manteau, Mieder und Ärmel aus dem gleichen Stoff sind. Sie besitzt einzelne Röcke, Manteaus, Mieder und Ärmel, die sie phantasievoll kombinieren kann, dazu verschiedene Brustlätze, die vorn in die halboffenen Mieder gesteckt werden, Schürzen, Schärpen, Mantillen. Die Stoffe haben satte Farben. Die Seiden sind üppig mit Gold- oder Silberfäden bestickt. In die schweren Brokate sind silberne oder goldene Phantasieblumen eingewebt, Trauben und Ranken. Constantia besitzt goldene Kleider mit roten Blumen, silberne Kleider mit grünen Blumen. Sie hat auch einfarbige Kleider, ein blaues Taftkleid zum Beispiel, ein rotes und ein blaues Samtkleid, die beide mit Hermelin gefüttert sind, ein schwarzes Samtkleid, zu dem sie silbergoldene Ärmel trägt.

Über das tägliche Leben Constantias in Dresden und Pillnitz habe ich zahlreiche Nachrichten in den Akten im Staatsarchiv in Dresden gefunden. Nach ihrer Gefangennahme befahl August »Specificationes Der Frau Gräfin von Cosel sämtlichen Vermögens«. Sie sind zweihundertdreiundachtzig Seiten lang. Ich fand auch Packzettel aus der Zeit vor ihrem Sturz. Diese Listen sehen aus, als seien sie gestern geschrieben worden, wenn auch von jemandem, der noch die deutsche Schrift beherrscht. Sie spiegeln das wohl weitgehend komplette Bild des Stadt- und Landhaushalts einer großen Dame im Spätbarock wider. Nur weiß ich meist nicht, wann genau sie bestimmte Kleider oder Halsbänder trug oder bestimmte Tapeten kaufte, aber in einigen Fällen fand ich sogar das.

Zur Garderobe einer großen Dame gehört eine Nähstube. Constantia hat Ballen von Samt und Seiden und Brokaten, Goldstoffen, Silberstoffen, hat Futterstoffe in allen Farben, Taft, Atlas, Leinwand, Wolltuche und Pelzfutter. Sie besitzt ellenweise Tressen, Litzen, Bänder, Pakete mit bunten Federn, Hunderte von Perlen, darunter einige sehr große und kostbare, die um den Ausschnitt der Kleider genäht werden. Sie hat auch kleine Pelze, Hermeline, Zobel, weißen Fuchs, um den Ausschnitt zu verbrämen. Besonders liebt sie Brabanter Spitzen, mit denen sie Hals- und Ärmelkanten ausputzen läßt, verschwenderisch und schmeichelnd. Sie besitzt Hunderte von Metern davon. Sie hat Seidenstrümpfe, grüne mit goldenen Zwickeln, Handschuhe und Fächer.

Wenn die Schneider fertig sind mit Aufstecken und Ausputzen, setzt Constantia sich vor ihren Toilettentisch zum Schminken. Sie ist die sauberste und gepflegteste Dame am Hof, wie Flemming, der alles sieht, herausgefunden hat. Nicht nur ihre Kleider sind von makelloser Sauberkeit, sondern auch ihr Körper. In ihrem Baderaum stehen silberne Mundbecher, goldene Döschen mit wohlriechender Seife, mit Zahnpulver und Salben, Kristallflaschen mit destilliertem Wasser. Ihre Gerätschaften im Bad sind überwiegend schlicht in Gold gehalten, ihr Schminktisch dagegen ist mit Edelsteinen wie übersät. Im Rahmen ihres Toilettenspiegels glühen Rubine und funkeln Diamanten, und Rubine und Diamanten schmücken all die kleinen goldenen Döschen und Töpfchen, in denen sie Bleiweiß hat, um das Gesicht zu schminken, rote Läppchen oder Lackkügelchen für Wangenrot, Pomade für die Lippen. Rubine und Diamanten sitzen auf den Schächtelchen für mouches — die kleinen schwarzen Schönheitspflästerchen — und auf den Parfümfläschchen. Diamantbesetzt sind auch die kleinen Figuren, die auf dem Toilettentisch stehen, ein Jäger mit Hund, ein Hündchen auf einem Kissen, und die Blumenübertöpfe. In einer Schublade des Tisches hebt sie ein Tableau d'amour auf, ein Bilderbuch der Liebeskunst.

Nach dem Schminken legt die Zofe ihr einen Frisierumhang um und greift nach den vergoldeten Kämmen und Bürsten. Jetzt ist es modern, sein eigenes Haar zu tragen. Nach der Zeit der Löwenkopfperücken kann es nicht glatt, nicht flach genug am Kopf liegen. Einige Löckchen an den Schläfen sind alles, was die Mode duldet. In die flache Frisur arbeitet die Zofe eine Barbe ein, eine handbreite, ein Meter lange Spitze, und drapiert sie kokett. Zum Schluß stäubt sie mit einem kleinen rotemaillierten und diamantbesetzten Blasebalg parfürmierten Puder in das Haar.

Ehe Constantia das Ankleidezimmer verläßt, prüfen die Schneider noch einmal den Sitz des Kleides: Das Mieder ist eng, der Manteau fällt vom Hals glatt über den Rücken, bauscht sich seitlich um die Hüften und betont so die zarte Taille, fällt weiter in schweren Falten und liegt als Schleppe halbrund auf dem Boden. Das Lässige dieser Schleppe betonen die weiten Umschläge der dreiviertellangen Ärmel, die die Schneider mit flachen Bleistücken beschwert haben und aus denen duftige weiße Spitze.quillt. Ein Kleid wie dieses wiegt acht bis zehn Kilo, und um so mehr bewundert man, wenn seine Trägerin sich leicht zu bewegen weiß.

Bezaubernd sieht Constantia aus, wenn sie vor ihren Gästen erscheint, hoheitsvoll und anmutig — wie das Haus, in dem sie wohnt, und die Gegenstände, mit denen sie sich umgibt. Sie ist selbst ein Kunstwerk aus Schönheit und Haltung, Reichtum und Geschmack.

Auch die Mode der Herren hat sich geändert. Die Schöße des Rocks sind faltenreicher geworden und durch Einlagen versteift, so daß sie vom Körper weit abstehen. Dadurch erscheint der Rock stärker tailliert als früher: Die Männermode betont das Breite, geht ins Wuchtige. Auch die Herren putzen die Handgelenke reich mit Spitzen aus. Rock und Weste sind aus schweren Brokaten mit üppigen Gold- und Silberstickereien an den Rock- und Westenkanten, an Taschenklappen und Ärmelaufschlägen. Ein metallgestickter Rock wiegt allein soviel wie ein ganzes Damenkleid − neun Kilo.

Wachsfackeln brennen am Eingang des Palais, wenn die Gäste Constantias vorfahren. Lakaien springen herbei und helfen beim Aussteigen. Die Kutsche rollt davon, um dem nächsten Wagen Platz zu machen. Zuschauer sammeln sich vor dem Palais, bestaunen die rassigen Pferde, die Livreen, die Kleider der Großen am Hof. Wer das Palais betritt, sagen die Dresdner, glaubt, Zauberwerk vor Augen zu haben. Man sehe nur in Gold und Silber getriebene Möbel, Kristallgeschirr, Brokatbetten mit Goldstickerei. Alles sei von erlesenem Geschmack, jedes Stück einzigartig. Es gäbe Zimmer für jede Jahreszeit, Sommerzimmer mit kühlem Marmorfußboden, Winterzimmer mit schimmernden Lackmöbeln aus China oder Japan, oder wie diese persischen und indianischen Länder alle heißen.

Gast auf Gast geht an der salutierenden Ehrenwache vorbei und durch das säulengetragene Vestibül zum berühmten Treppenhaus des Palais, einem phantasievollen Festraum, in dem Constantia ihre Gäste empfängt.

Die großen Festgemächer liegen im Obergeschoß, nach Norden hin, dem Schloß zugewandt. Vor den Türen hat die Leibwache des Königs Posten bezogen. Constantia kann zwei- bis dreihundert Leute zu ihren Bällen einladen, aber zum Souper vor dem Ball kommt ein kleinerer, ausgesuchter Personenkreis. Die Räume gehen ineinander über, und jeder Raum ist auf eine besondere Weise möbliert.

Viel bewundert wird Constantias Augsburger Möbelgarnitur aus doppelt vergoldetem Silber. 28 000 Reichstaler hat sie gekostet, mehr als drei große Dresdner Bürgerhäuser. Der Schrank ist aus massivem Silber, ebenso der Rahmen des großen Spiegels und die Platten der beiden Tische und die Tafeluhren. Die Tischplatten ruhen auf unerhört prunkvollen Gestellen mit geschwungenen dicken Beinen. Massiv sind auch die beiden Kaminböcke, auf denen zwei Feuerzangen von Stahl mit vergoldeten Handgriffen und eine Schaufel liegen, und massiv ist der Kaminschirm. Was nicht massiv ist, hat einen Holzkern und ist mit dicken Platten aus getriebenem Silber belegt wie die zwölf großen

Gueridons, hohe einfüßige Tische, auf denen vielarmige Kerzenleuchter stehen. Dies ist ein Silberschatz, an dem sich das Auge erfreut, der den Gästen Constantias Bedeutung beweist und den sie in Notzeiten einschmelzen lassen kann.

Am meisten Aufsehen aber erregt ihr Türkisches Zimmer. Es trägt dem Palais sogar den Namen Türkisches Haus ein. So etwas hat man in Dresden noch nicht gesehen. Das Zimmer ist ganz in Grün, Gold und Silber eingerichtet. Die Wände sind mit einem grünen, türkisch gemusterten Tuch bespannt, das Gold- und Silberfäden durchziehen und in das unten Kränze aus goldenen Rosentöpfchen eingewebt sind. Der Fußboden ist mit einem gleichgemusterten und gleichfarbigen, aber kräftigeren Tuch ausgelegt. Mitten im Zimmer steht ein Paradebett, und sein Himmel und seine Vorhänge sind aus dem gleichen Tuch wie die Wandbespannung, und auch die beiden Armstühle und die vier Taburetts sind mit diesem grün-gold-silbernen Tuch bezogen. In diesem Zimmer hat Constantia dem König schon türkische Kaffeegesellschaften gegeben, zu denen die Geladenen als Türken gekleidet erschienen und genauso aussahen wie die kleinen Figuren im Goldenen Kaffeeservice, das der König sich vor Jahren von Dinglinger arbeiten ließ.

Constantias Gäste bewegen sich würdig und gemessen durch die Räume. Ihre Juwelen glühen im Kerzenschein. Jeder Herr und jede Dame ist ein Kunstwerk, kreist um das kostbarste, funkelndste Kunstwerk von allen, den König.

Wenn zur Tafel geblasen wird, nehmen die Gäste an mehreren Tischen Platz, die in angrenzenden Räumen aufgestellt sind. Pagen und Kammerjunker servieren das Essen in silbernen Schüsseln, Schalen und auf silbernen Platten, man speist von silbernen Tellern und benutzt silberne Messer, Gabeln und Löffel. Am Tisch, an dem der König sitzt, speist man von Constantias goldenem Service.

Drei Gänge tragen die Pagen und Kammerjunker auf. Beim ersten Gang bedecken sie die ganze Tafel mit den verschiedensten Gerichten, und jeder kann sich mit Hilfe der Diener in beliebiger Reihenfolge nehmen, wozu er Lust hat. Nach dem ersten Gang folgt der zweite mit einem neuen Reigen von Gerichten. Die Pracht eines Menüs wird an der Zahl der servierten Schüsseln gemessen und an der Verschiedenartigkeit der Gerichte. Auch das Essen, zu dem man lädt, ist ein Mittel, um Ehre zu gewinnen. Hecht und Lachs, Truthahnpasteten und Terrinen kommen auf den Tisch, gespickte und gebratene Kalbskeulen, gebratene Kapaune, Rehrücken, Rebhühner, gebratene Frischlinge, Enten mit Stangenspargel, Apfelsinengelee, Krebse, Salate aus Radieschen und frischen Gurken, Staudensellerie und großen Oliven; es gibt

Erdbeeren, Artischocken, Champignons. Die Lieblingsgerichte des Königs sind meist einfach und machen einem Gastgeber wenig Ehre. Also werden sie nebenbei serviert und offiziell nicht mitgezählt. August liebt Rindschwanz mit Petersiliensauce und gelben Rüben oder Schinken mit grünen Bohnen. Er mag auch Poularden in Champagnerwein mit frischen Champignons, Lammkotelett in kräftiger süßsaurer Sauce, Spargel in Öl angerichtet. Besonders gern ißt er Eierkuchen, möglichst mit Parmesankäse gefüllt, und Semmeln mit Pistaziencreme.

Während des Essens wird tüchtig getrunken, Tokaier, Burgunder, Rheinwein, der in großen silbernen Kühlflaschen steht, aber auch Bier. August kann viel vertragen, und wer mit ihm trinkt, muß sich in acht nehmen. Er vergißt niemals seine Würde und erinnert sich später an alles, was im Trunk gesagt wurde. Wenn er richtig betrunken ist, wird er unleidlich und streitsüchtig. Wer sich ihm dann nähert im Glauben, jetzt bei ihm besonders leicht eine Gnade erreichen zu können, bekommt eine Abfuhr, an der er schwer zu schlucken hat. Im Trunk verläßt den König seine sonst übliche gleichmäßige Freundlichkeit.

Auch Constantia muß beim Trinken mithalten. Neider sagen ihr nach, sie sei trunksüchtig. Aber das heißt es von Anna Sophie, Madame Royale, auch. Constantia trinkt gern und vielleicht auch einmal ein bißchen zu viel.

Nach dem zweiten Gang wird die Tafel ganz abgeräumt und das Tischtuch gewechselt. Die Speisen in den Schüsseln gehen später an die Pagen, und wenn sie gegessen haben, geht der Rest an die Köche, und was dann noch übrigbleibt, geben sie den Armen, die an der Küchentür warten.

Oben in den Sälen wird nun der dritte Gang serviert, der Konfektgang, ein Kunstwerk aus Zucker und Pralinen, das Augen und Gaumen erfreut.

Viele Bediente sind um Constantias Gäste besorgt, unsichtbare wie die Köche, Bratenmeister, Pastetenbäcker und Konditoren, die alle zahlreiche Gehilfen haben, die Küchenfrauen, Silbermeister, Silberwäscherinnen, die Tafeldecker und Kaminheizer, die Waschfrauen und der Rattenfänger, sichtbare wie die adligen Pagen, die Lakaien und die Musiker, die das reiche Mahl mit heiterer Tafelmusik begleiten. Sie alle bekommen ihr Gehalt von Constantia, Kleider, Essen und Wohnung, und manche bekommen noch einen zusätzlichen Sold von den Höflingen, in deren Dienst als Spione sie stehen. Wenn Constantia bei ganz großen Festen Leute fehlen, kann sie auf die Dienerschaft des Schlosses zurückgreifen.

Der König umgibt seine Geliebte mit einem zahlreichen Hofstaat. Sie selbst würde gern auf manche der vielen Bedienten verzichten, aber

Sparsamkeit läßt der König nicht zu. Er gibt ihr große Summen für den aufwendigen Haushalt, den er von ihr verlangt, läßt es an Pracht nicht fehlen, das könnte seiner Würde Abbruch tun und seinem Ruhm. Die Untertanen sollen den Monarchen und seine Mätresse von einem Glanz umgeben sehen, der sie an die Herrlichkeit des Himmels erinnert.

Selbst wenn es abends spät wird, steht Constantia morgens zeitig auf, denn August ist Frühaufsteher und befiehlt manchmal schon um sechs die Minister zum Vortrag. Er will Constantia um sich haben, und so ist sie meist bei ihm, wenn er arbeitet, und begleitet ihn auch auf seinen häufigen Inspektionsreisen durch Sachsen. Außerdem kümmert sie sich um ihren Stadthaushalt, um ihr Landgut und ist eine selbständige Geschäftsfrau. Es kommt vor, daß sie noch oben in ihrem Zimmer am Schreibtisch sitzt und eilig Briefe beantwortet, während unten die Karosse für sie schon wartet.

Constantias Wohnräume liegen in einem ihrer Häuser an der Rückseite ihres Palais, von dessen geplanten vier Flügeln erst der Mittelbau fertig ist, zur Kleinen Brüdergasse. Die Zimmer gehen nach Süden, sind hell und sonnig. Constantia hat sie heiter und beschwingt eingerichtet. Sie hat eine Vorliebe für Weiß und Gelb, und auch für das Kind, das sie erwartet, hat sie eine Wiege aus einem weißen Weidenkorb mit gelbem Himmel und gelben Vorhängen vorbereitet.

Auf der Platte ihres rotlackierten Schreibschranks stehen ein goldener Teller mit Tintenfaß, Sandstreuer und Glocke, liegen Papiermesser und Messer für die Gänsekiele. In einer der vielen Schubladen hebt sie ein Päckchen mit sechs Stück Brot und Salzstein auf, das man ihr als Glücksbringer beim Einzug überreicht hat. Sie führt Haushaltsbücher über die Einnahmen und Ausgaben ihres Stadthaushalts. Die Bücher sind sorgfältig in farbiges Papier eingebunden. Sie sammelt Kochrezepte für Marmeladen, Rezepte für Medizinen, zum Beispiel für einen Branntwein gegen Magenbeschwerden, dem man Anis, Orangen, Zimt und Kalmus zusetzt. Sie sammelt auch Ideen für Gesellschaftsspiele, so wie sie es in Wolfenbüttel gelernt hat, Couplets, Dialoge, Gedichte, Zahlenspiele, mit denen sie den König und ihre Gäste unterhalten kann.

Ihre Korrespondenz mit den Verwaltern in Pillnitz ist umfangreich. Sie prüft Handwerkerrechnungen, Domestikensachen, die monatlichen Abrechnungen des Pillnitzer Schloßverwalters über den dortigen Haushalt. Unterschlagung und Verschwendung sind im Taschenbergpalais und in Pillnitz ein Problem, wie in allen großen Haushalten, und täglich, aber besonders bei Festen, müssen zuverlässige Diener scharf aufpassen, daß nicht zuviel Essen verschwindet und mit dem Essen auch die silbernen Schüsseln und Gewürzbüchschen.

Constantia prüft auch die Abrechnungen der Pächter. Die Pächter zahlen die Pacht in Geld und Naturalien, der Gärtner zum Beispiel muß ein Viertel seiner Ernte an sie liefern. Von Pillnitz kommen Rind- und Schweinefleisch, Gänse und Enten, Bier und Wein, Gemüse und Obst mit Schiffen elbabwärts in den Stadthaushalt. 3000 Taler Gewinn wirft das Gut jährlich ab, und Constantia bemüht sich, die Wirtschaft zu verbessern, kümmert sich auch um die Jagd und den Bau des neuen Forsthauses. Als Großgrundbesitzerin ist sie zugleich Großkauffrau im Vertrieb ihrer Erzeugnisse. Der Wein von ihren Weinbergen ist nicht der feinste, und sie überlegt, wie sie ihn verbessern kann, um höhere Preise zu erzielen.

Constantia erwirbt Land um Pillnitz. Das macht sie auf die übliche Weise des Adels. Die Pillnitzer Bauern mußten, wie alle Gutsuntertanen in Sachsen, die Kontributionsgelder aufbringen, die Karl XII. vom Adel verlangte. Constantia schoß ihnen teilweise die Summen vor, und nun, nach Ende des Krieges und der Besatzungszeit, sind manche immer noch bei ihr verschuldet. Als sie sich im Sommer 1708 mit dem Gedanken trägt, einen neuen Gasthof zu errichten, tritt ihr der Bauer Zenker die Wiese ab, die ihr als Standort günstig erscheint, »ohne Entgelt«, wie es in der Urkunde heißt, »wegen Ihro Hochgräflichen Exzellenz vor die viele bisherige Nachsicht wegen der vorgeschossenen Schwedischen Kontributionsgelder erwiesenen Gnade«.

In Dresden vermietet und verkauft Constantia Immobilien, doch nur in geringem Umfang. Sie vermietet Wohnungen in einigen ihrer Häuser um den Taschenberg, die später einmal für den Palaisausbau abgerissen werden sollen, und sie hat ein geräumiges Haus an der Landhausstraße gekauft. Als der Postmeister Hauptvogel vom Oberpostmeister Kees in Leipzig 1708 den Auftrag bekommt, ein großes Gebäude für die Post zu suchen, da die Diensträume im alten Posthaus an der Kreuzgasse nicht mehr ausreichen, verkauft sie das Haus der Post für den stolzen Preis von 16 000 Reichstalern.

Ihr Hauptgeschäft ist der Geldverleih. Sie macht Kreditgeschäfte mit den jüdischen Hoffaktoren und verleiht Gelder gegen Wechsel an Herren und Damen des Hofes. Sie ist eine geschickte und zuverlässige Geschäftsfrau. Wenn sie den König zur Leipziger Messe begleitet, dann auch, um ihren eigenen Geldhandel zu betreiben. Die Messe ist der große Geldmarkt des Landes. In der Zahlwoche sind die Zinsen fällig, Gelder kommen zurück, werden erneut verliehen. Außerhalb der Meßzeit ist es kaum möglich, Bargeld aufzutreiben.

Auch andere Damen leiten wie Constantia ein Stadthaus, ein Landgut und machen Geschäfte, meist auf dem Immobilienmarkt. Aber so langsam wird die selbständige Geschäftätigkeit der Frauen unüblich, wird zum Relikt aus alten Zeiten. Noch werden ihre Erfolge anerkannt. Flemming, der Millionär, der durch ausgedehnten Güterhandel reich wird, bewundert, daß Constantia sich perfekt auf Ökonomie versteht, ohne privat geizig zu sein, im Gegenteil, mehr fürs Ausgeben ist als fürs Sparen.

Der Name Cosel ist der häufigste weibliche Name in den Geschäftsbüchern der jüdischen Hoffaktoren in Sachsen. Die jüdischen Geschäftsleute sind seit dem Dreißigjährigen Krieg zunehmend die Finanziers der Fürstenhöfe. Sie sind im Handel mit Edelmetallen reich geworden, sind Münzunternehmer, nun auch Hof- und Heereslieferanten. Mit den stehenden Heeren und den aufwendigeren Hofstaaten ist Bargeld gefragt wie nie zuvor. Durch ihre weitverzweigten Geschäftsbeziehungen können die Juden große Kapitalien bewegen.

Behrend Lehmann ist der große Finanzier König Augusts. Er ist der einflußreichste Hoffaktor in Norddeutschland, Bankier auch der Höfe in Berlin, Hannover und Wolfenbüttel. Nur er konnte 1697 die großen Summen für die Wahl Augusts zum König von Polen besorgen. Er hat mit Bankiers in ganz Europa besprochen, ob man den Kurfürsten von Sachsen zum König von Polen finanzieren wolle, und hat das Risiko mit Geschäftsfreunden in Berlin, Danzig, Hamburg und Wien geteilt. August ist kreditwürdig, seine Politik wird von der europäischen Hochfinanz unterstützt. Immer wieder bietet Lehmann ihm Gelder an, meist zu sechs Prozent.

Die Sachsen sind feindlich gegen die jüdischen Bankiers eingestellt, zumal sie dem wachsenden Kapitalismus mißtrauen. Im 16. Jahrhundert hat man die Juden aus dem Land gejagt, und bis vor wenigen Jahren kannte man sie nur als wandernde Meßjuden, die nach der Messe Sachsen wieder verlassen mußten. Doch König August schützt seine Finanziers. Er macht Lehmann und seine Teilhaber zu Hofjuden, nimmt sie also in seinen Hofstaat auf. Sie sind von der für Juden zuständigen Gerichtsbarkeit befreit und dem Hofgericht unterstellt, und sie brauchen keinen Judentribut an die Städte zu zahlen: Als Gegenleistung für diesen Tribut verhinderte zum Beispiel der Rat von Leipzig, daß man die Messestände der jüdischen Kaufleute zertrümmerte und plünderte. Der König hat Lehmann zum Residenten des Königsreichs Polen ernannt, also auch zu seinem politischen Agenten.

Die Damen und Herren des Hofes leihen Geld bei den Hofjuden und kaufen Juwelen bei ihnen. Die Höflinge sind Werkzeuge der Lehmannschen Geschäftspolitik. Gegen douceurs oder stille Teilhaberschaften sorgen sie dafür, daß Aufträge an Lehmann und seinen

Schwager Jonas Meyer gehen, sorgen aber auch für die Sicherheit der Juden in Sachsen.

Constantia verleiht Gelder an Jonas Meyer, Löwel Weißweiler, den Dessauer Wulff, Assur Marx. Sie leiht Behrend Lehmann 104 000 Taler, und der Resident gibt ihr Steuerscheine als Pfand, die er selbst vom König als Sicherheiten für Kredite bekommen hat. Ihr Geldverleih gewinnt schnell an Volumen, sie macht bald mehr Geschäfte mit den adligen Mitgliedern des Hofs als mit den Hofjuden. Sie ist eine geschätzte Partnerin. Später, nach ihrem Sturz, als die Juden sich von ihrem Einfluß am Hof nichts mehr erhoffen können, halten sie doch die Geschäftsbeziehungen zu ihr aufrecht.

Für ihre Ehre und für ihr Geld tue die Cosel alles, heißt es am Hof. Aber anders als viele Höflinge hält Constantia Ehre und Geld streng auseinander. Sie weigert sich, Freundschaft und Geld zu vermischen und stößt damit oft auf Unverständnis. Viele ihrer Freunde haben keine Ahnung von Geschäften. Einer von ihnen ist ihr Vetter Graf Christian Detlev Rantzau. Wohlwollend und besorgt mahnt sie ihn, die Ehre höher zu stellen als das Geld.

Die Briefe Constantias an ihren Vetter Rantzau sind besonders wichtige Zeugen für meine Rekonstruktion ihrer Geschichte: Sie sind die einzigen aus ihrer Glanzzeit, die die Jahrhunderte überdauert haben. Sie liegen heute im Rantzauischen Familienarchiv im Keller von Schloß Breitenburg. Diese Briefe stammen von Ende 1707 bis Anfang 1709 und geben Auskunft über ihr alltägliches Leben und vor allem über sie selbst.

Ich sammle noch aus einem zweiten Grund Nachrichten über Rantzau, in dessen Archiv damals Constantias Ehevertrag mit August lag. Rantzau wurde von beiden Landesherren Holsteins bedrängt, und Constantia versuchte über Jahre, ihm zu helfen: Nach ihrem Sturz verband sich ihr Geschick mit seinem Lebensweg auf dramatische Weise.

Christian Detlev Rantzau ist ein unglücklicher, verkrampfter Mensch und ungeschickt, sich von Erb- und Besitzansprüchen zu befreien, die sowohl der dänische König als auch der Herzog von Gottorp an der Grafschaft Rantzau haben. Er steckt in den größten Schwierigkeiten.

Sein Vater hat mit dem dänischen König einen Vertrag geschlossen, nach dem die Grafschaft den Rantzaus gehört, beim Fehlen männlicher Nachkommen aber an das Königshaus fallen soll. Zur Sicherung der Grafschaft verlobte der Vater den Sohn mit einer natürlichen Tochter des Königs. Doch als der Vater starb, hob Christian Detlev die Verlobung auf. Er ist homosexuell und will sich nicht in eine Ehe zwingen lassen. Der König legte ihm erbost eine Strafe von 40 000 Reichstalern für die geplatzte Verlobung auf. Christian Detlev hat die größte Mühe, das Geld zusammenzubringen, zumal er ein Verschwender ist.

Er preßte hemmungslos Geld aus seinen Untertanen. In ihrer Verzweiflung sandten sie eine Deputation zur herzoglichen Regierung nach Schleswig. Die Regierung verbot, daß der Graf immer mehr von seinen Untertanen forderte, und getrost reisten die Deputierten zurück. Doch der Graf ließ ihnen auflauern und sie ins Gefängnis von Schloß Drage werfen. Empörte Untertanen aus Barmstedt und Elmshorn erhoben sich gegen ihn, zogen, achthundert Mann stark, nach Drage, stürmten das Gefängnis und befreiten ihre Abgesandten. In dieser gespannten Lage forderte nun die Regierung in Gottorf, einen alten Handel rückgängig zu machen: Sie will ehemals herzogliche Anteile an der Grafschaft zurückkaufen. Der Graf lehnte ab. Darauf besetzten herzogliche Truppen im April 1706 die Grafschaft, und die herzogliche Regierung ließ die Einwohner den Treueid schwören.

Christian Detlev ist nun ein Graf ohne Land, aber doch ein Reichsgraf. Er wendet sich an den Kaiser in Wien um Hilfe. Doch in Wien will niemand die Bitte des Grafen dem Kaiser vortragen, aus Angst, Ungnade auf sich zu ziehen: Jeder weiß, daß der Kaiser alles scheut, was Karl XII. reizen könnte, der ja die Regierung in Holstein stützt. Der Graf entsinnt sich seiner Cousine Constantia, der einflußreichen Mätresse in Sachsen, und bittet sie, sich dafür einzusetzen, daß König August sich beim Kaiser für ihn verwendet.

Constantia korrespondiert mit dem Vetter auf französisch. Ihr Stil ist energisch und frisch. Sie kommt stets sofort zur Sache, und wenn sie alles gesagt hat, was sie sagen wollte, schließt sie ohne umschweifende Höflichkeitsfloskeln. Sie schreibt persönlich an den Vetter, das ist eine große Höflichkeit. Meist überträgt man seine Korrespondenz einem Sekretär, wenn man sich auch dafür entschuldigt. Briefe von eigener Hand gelten als besondere Gunst.

Auch in ihren Briefen kann Constantia nicht anders als die Wahrheit sagen. Als Rantzau sich in seiner Geldnot nun doch nach einer reichen Frau umsieht und sich bei ihr nach einer geeigneten Partie erkundigt, rät sie ihm von einer Heirat ab, denn »dazu wäre es nötig, daß Sie ein Mittel fänden, sich in einen anderen zu verwandeln«. Sie hat das Elend der Ehe erlebt, in der August Wilhelm und Sophie Amalie von Braunschweig-Wolfenbüttel leben. Einerseits sieht sie es als ihre Pflicht an, alles zu tun, um Verwandten zu helfen, andererseits darf nichts geschehen, was die Ehre der Familie mindert. Sie schreibt ihm:»Wenn man nicht die Möglichkeit hat, durch Glück die Ehre der

Familie zu vergrößern, muß man sich wenigstens davor hüten, sie um Geldes willen zu beflecken, denn Geld kann man immer irgendwoher bekommen.« Die Ehre aber, einmal verloren, ist für immer dahin. Constantia empfindet es als unehrenhaft, wenn ein homosexuell veranlagter Mann aus Geldgründen heiratet.

Sie gibt sich große Mühe, ihm wieder zu seiner Grafschaft zu verhelfen: »Ich habe nicht versäumt, die Bittschrift, die Sie mir anvertraut haben, dem König zu geben, und Ihre Majestät hat mir geantwortet, daß Sie bei der Abreise des Herrn von Wackerbarth ihm die notwendigen Befehle gegeben habe.« Wackerbarth, der sächsische Gesandte in Wien, soll Rantzau helfen, am Wiener Hof die Unterstützung eines Großen zu finden. Der Graf reist nun selbst nach Wien.

Constantia hilft ihm auch, als sie von ihm erfährt, daß er die größten Probleme mit seinem sehr viel jüngeren Bruder Wilhelm Adolf hat, den er erziehen soll. Beide Brüder mögen sich nicht. Constantia tröstet den Vetter, man habe immer Schwierigkeiten mit Jungen seines Alters. Sie rät ihm zu überlegen, ob er den Bruder nicht nach Frankreich zur Erziehung auf die Akademie schicken wolle. Dort, meint sie, werde man ihm sein ungelenkes Wesen abgewöhnen und ihn »mit dem Streben nach Ehre erfüllen und mit Gefühlen, die seiner Geburt würdig sind«.

Monatelang sucht sie nach einem Hofmeister für den kleinen und einem Sekretär für den großen Vetter. Sie leiht Rantzau Geld, wenn auch nicht die großen Summen, die er fordert. Als er einmal um 20 000 Taler bittet, antwortet sie leicht empört über seine mangelnden Begriffe vom Wert baren Geldes: »Monsieur, ich bin sehr überrascht, daß Sie glauben können, ich hätte 20 000 Taler zu Hause, um sie zu verleihen. Der gesunde Menschenverstand läßt Sie einsehen, daß diese Summe zu groß für mich ist.« So viel Geld leiht man gegen Zinsen aus, »und man muß eine sehr schlechte Wirtschafterin sein, wenn man sie anders verwendet«. Zwei- oder dreitausend Taler könne sie ihm anbieten, mehr nicht.

Bei aller Verwandtschaft ist sie Geschäftsfrau genug, um einem so unsicheren Schuldner wie dem Vetter nur kleine Summen gegen gute Sicherheiten zu verleihen. Nur bei ihrer engeren Familie vergißt sie jedes Geschäftsdenken. Der Vater kann ihr seit Jahren die Zinsen für ihre Mitgift nicht zahlen, die noch im Gut Depenau stecken, und sie mahnt ihn nicht, bietet ihm im Gegenteil Geld an, was er aber stolz ablehnt. Als ihr Bruder Christian Detlev ihr 1500 Taler, die sie ihm im Januar 1708 für ein halbes Jahr leiht, nicht zurückzahlen kann, legt sie die Sache für immer zu den Akten.

4.

Das Jahr 1708 ist das erste ruhige Jahr für Constantia, seit sie mit dem König zusammenlebt. Zwar betreibt August hartnäckig seine Rückkehr nach Polen, aber er kann erst mit seinem Heer aufbrechen, wenn sicher ist, daß Hannover und Preußen, die Garanten des Friedensvertrags von Altranstädt, Sachsen dann nicht besetzen. Er braucht die Unterstützung Englands, Hollands und des Kaisers. Der Zar, der allein gegen Karl XII. kämpft, drängt auf Augusts Einmarsch in Polen, und Flemming hat Mühe, die russischen Gesandten hinzuhalten, bis König August beim Kaiser und den Seemächten etwas erreicht hat. 1708 sieht es nicht so aus, als ob die Alliierten ihm helfen würden. Sie bereiten eine Entscheidungsschlacht gegen Frankreich vor und wollen Ruhe im Osten und Norden.

Constantia ist gegen den Krieg mit Karl, dem Beschützer Holsteins. Sie will in Sachsen leben, eines Tages vielleicht Kurfürstin werden. Ein katholischer Hof des Königs in Polen hat der Lutheranerin nichts zu bieten. Gelassen genießt sie ihr Leben in Dresden.

Gleich in den ersten Januartagen gibt es eine kleine Sensation: Böttger und Tschirnhaus bitten den König um seinen Besuch. Der Aurifex ist sofort nach dem Abzug der Schweden vom Königstein zurück nach Dresden gebracht worden. Er hat das Goldmachen aufgegeben und arbeitet mit Tschirnhaus an der Erfindung des Porzellans. ». . . tu mir zurecht, Böttger, sonst laß ich dich hängen!« schrieb der König im Oktober 1707 seinem begabtesten Laboranten. Böttgers Wohnräume und Labor in den Kasematten der Jungfernbastei sind mit Palisaden umgeben und werden von Offizieren scharf bewacht. Böttger ließ einen großen Ofen bauen, der Abzug funktioniert nicht, und das Gewölbe hängt ständig voller Rauchschwaden. Doch nun ist der erste Erfolg da. Am 15. Januar kommt der König in das geheime Labor, und Böttger macht Kannen und Tassen aus Porzellan. Der König ist begeistert. Das Porzellan ist braun und stumpf. Böttger und Tschirnhaus wollen weiter experimentieren, bis sie weißes, schimmerndes Porzellan finden. Vielleicht schenkt der König dem Aurifex dann endlich die Freiheit. Böttger ist so in seine Arbeit verbissen, daß er oft nächtelang nicht ins Bett kommt. Der König umgibt die Suche nach dem weißen Gold weiter mit der strengsten Geheimhaltung.

Im Februar vibriert Dresden vor Geschäftigkeit. Der Karneval mit seinen Umzügen und Maskeraden rückt näher, die Landstände tagen in der Stadt, und der König bereitet für die Vertreter der Ritterschaft und Städte, für Hofadel und Dresdner Bürger ein großes Scheibenschießen vor. Es soll am Montag, dem 13. Februar, beginnen, und noch den ganzen Sonntag davor und in der Nacht eilen die Arbeiter sich, die Wände der Schießstände auf der Rennbahn zu errichten und sie mit grünem Tannenreisig zu schmücken. »Ihro Majestät der König [kamen] früh um 5. Uhr, in Peltz-Stiefeln und Schlaff-Rock, zu denen Arbeitern«, berichtet die Zeitung, »und fragte: Ob sie bald fertig wären? wiese ihnen auch, wie Sie es haben wolten, und bunden selbst das Reisig über Latten mit an.«

Dreihundertneunundzwanzig Schützen haben sich gemeldet. Vier Tage lang schießen sie in zwölf Wettbewerben. August kommt meist unter die ersten Preisgewinner, insgesamt aber tragen die Bürger mehr Preise davon als der Adel. Erster Preis jedes Wettbewerbs ist ein silbernes Schälchen mit Marzipan, Zitronen und Pomeranzen, ein Kelchglas mit Wein und eine Taftfahne. Zweiter Preis ist eine Bratwurst mit Sauerkraut oder ein Gericht Schwarzfleisch mit einem Glas Bier und eine Leinwandfahne. Gesamtsieger aller Wettbewerbe und Gewinner hoher Geldpreise werden ein Büchsenschäfter aus Dresden und der Kanonengießer der Stadt. Den lustigsten Sonderpreis aber, eine Sau mit sieben Ferkeln, gewinnt ein Ingenieur namens Solger. Er muß ihn selbst durch die Stadt heimführen, »welches ein großes Gelächter verursachet«, von der Rennbahn durch das Schloß und die Schloßgasse hinauf über den Markt. Zuerst kommen zwei Harlekins oder Pickelheringe, einer mit einem Krug Bier in der Hand, der andere mit einem Kommißbrot. Dann kommen zwei Possenreißer, die Musik machen, und dann der Herr Ingenieur Solger, gefolgt von einem Gitterkasten auf vier Rädern, den Harlekins ziehen und schieben und in dem die Sau und die sieben Ferkel sind.

Die Gräfin Cosel hat man in den letzten Tagen kaum noch in der Stadt gesehen, und nach Ende des Karnevals sieht man auch den König nicht mehr. Am Freitag, dem 24. Februar 1708, bringt die Gräfin eine Tochter zur Welt, Augusta Constantia. Constantia ist sehr krank, August sitzt an ihrem Bett und verläßt sie kaum.

Sie hat große Angst vor der Niederkunft gehabt und am 22. Januar ihr Testament gemacht. Wenn sie und das Kind die Geburt nicht überleben, soll der König ihr Universalerbe sein »aus Dank vor die besondere und ungemeine Gnade, damit Sie mich Dero geringe Dienerin zeither gewürdigt«. Sollte dem König etwas zustoßen, wird als Universalerbe der Kurprinz an seine Stelle treten. Wenn aber das Kind am Leben bleibt, soll das Kind erben, und wenn sie selbst überlebt und in späteren Jahren weitere Kinder bekommt, sollen alle ihre Kinder erben. Für ihr Kind hat sie vorsichtshalber Flemming und Löwendahl zu Vormündern bestellt, ihre besten Freunde.

Die Erziehung des Ungeborenen und die Religion müssen Constantia in den angstvollen Stunden der Geburt beschäftigt haben, denn gleich nach der Niederkunft läßt sie einen Nachtrag zum Testament schreiben: Falls sie stirbt, soll die Tochter bei der Großmutter in Depenau erzogen werden. Wenn die Großmutter stirbt, sollen die Vormünder die Tochter erziehen und besonders darauf achten, daß sie fromm und fest im lutherischen Glauben stehe und an keinen Ort gebracht werde, wo sie nicht in der lutherischen Religion unterwiesen werden könnte, »wenn sie sich aber nicht wohl anlasse . . ., solle sie in ein lutherisches Stift« gebracht werden. Constantia, die fromme Lutheranerin, ist erfüllt vom festen Gottvertrauen ihrer calvinistischen Mutter. In Religionsfragen mißtraut sie August, dem Weltkind, das Polen durch eine Messe gewann.

Das Kindbettfieber klingt ab, die Lebensgefahr ist vorüber, Constantia hält die üblichen Sechswochen: Drei Wochen muß eine Wöchnerin im Bett bleiben, drei weitere im Haus, danach beendet sie diese Schonzeit mit einem festlichen Kirchgang.

Kurz bevor es soweit ist, weiht am Gründonnerstag, dem 5. April 1708, der königliche Beichtvater Pater Vota die erste katholische Kirche in Sachsen nach der Reformation. Der Papst hat nach dem Altranstädter Frieden, in dem August Karl XII. garantieren mußte, die Religion in Sachsen nicht anzutasten, empört seinen Briefwechsel mit dem Dresdner Hof abgebrochen. Französische Kardinäle in Rom bedrängen ihn seitdem, den Gegenkönig Stanislaus in Polen anzuerkennen. August will ihn versöhnen, damit er hilft, den Kaiser für seine Polenpläne zu gewinnen. Clemens XI. sieht nach wie vor sein großes Ziel darin, Sachsen, das Ursprungsland der Reformation, der katholischen Kirche zurückzugewinnen. Also befahl August, das Opernhaus neben dem Schloß in eine Kirche umzubauen. Sein Innenarchitekt Raymond le Plat ließ die Kulissen auf den Dachboden des Schlosses bringen, die Bühne einreißen und einen Altar und eine Kanzel herbeischaffen, die seit Jahren im Fraumutterhaus auf der Kreuzgasse einstauben. Der Papst ist hell entzückt über die Kirche, die 2000 Leute faßt, und verspricht, in einer feierlichen Schrift gegen die Thronenthebung König Augusts zu protestieren.

Selbstverständlich nimmt Constantia nicht am katholischen Gottesdienst teil. Sie geht fleißig in die lutherische Kirche, in der sie ein eigenes Betstübchen hat, bis ihre Hauskapelle im Taschenbergpalais fertig ist. Das Ganze gefällt ihr gar nicht. Der Gang von ihrem Palais zum Schloß läuft über eine Ecke der Oper, die früher ein Ballhaus war und jetzt eine Kirche ist. Die katholische Kirche steht nun wie ein Symbol des polnischen Throns zwischen ihrem Palais und dem Schloß.

Ende April läßt Prinz Eugen sich in Sachsen anmelden. Er will für

256

den bevorstehenden Feldzug gegen Frankreich mindestens 12 000 Soldaten vom König mieten, und der König erhofft vom Prinzen, der sein alter Freund ist, die Unterstützung der polnischen Pläne. Constantia soll ihm in Leipzig einen großen Empfang geben. Während der schwedischen Besatzung hat August gesehen, wie die Herzen der Diplomaten sich ihr öffnen, »la plus agreable Personne du monde« nannte der englische Diplomat Lord Peterborough sie.

Constantia läßt packen. Die Diener laden Kleider, Silbergeschirr, das goldene Service auf mehrere Wagen, und sie fährt nach Leipzig und bereitet im Apelschen Haus am Markt die Bewirtung des berühmten Kriegshelden und seines Gefolges vor. In Leipzig ist Messe, und die Leipziger und die Messebesucher sind begierig, den tapferen Prinzen zu sehen. Er wohnt im Haus eines früheren Bürgermeisters, und der König läßt ihn von zahlreichen Pagen und Offizieren bedienen. Von morgens bis abends warten viele Leute vor dem Haus auf den Prinzen, und wenn er heraustritt, kommt er kaum durch die begeisterte Menge. Bei herrlichem Frühlingswetter läßt sich sein Besuch bestens an. Jedermann ist guter Laune, und am Nachmittag des ersten Besuchstages fährt der König mit dem Prinzen und dem gesamten Hof zum Spaziergang in Apels Garten »und haben sich«, meldet der Berichterstatter einer Zeitung, »darinnen bey dieser anmuthigen Frühlings-Zeit und schönen Baum-Blüthe umbgesehen, auch grosses Vergnügen daselbsten gefunden«.

Prinz Eugen von Savoyen, nun fünfundvierzig Jahre alt, ist ein häßlicher kleiner Mann, dem alle Zuneigung entgegenbringen. Jeder weiß, daß er als Oberbefehlshaber des kaiserlichen Heeres den endgültigen Sieg über die Türken errang, daß er im Spanischen Erbfolgekrieg gemeinsam mit dem Herzog von Marlborough die berühmte Schlacht bei Höchstädt 1704 in Süddeutschland gewann und allein siegreich in Oberitalien kämpfte. Er ist Ratgeber und Vertrauter des Kaisers, der seinen politischen Scharfblick schätzt, und er ist ein Freund der Künste, der Wissenschaft und der Philosophie.

Am Abend, als der Prinz, der König und der Hof den Garten verlassen, drängen sich wieder die Leute heran, und auf dem Markt will eine vielköpfige Menge sehen, wie der König den Prinzen »bey der Hand die Treppe hinauff« führt in das Apelsche Haus, »da dann selben Abends die Gräfin von Kosel Ihr. Königl. Majest., Ihr Durchl. den Printzen Eugenium und andere Hohe Persohnen tractiret haben«. Constantia gibt dem Prinzen und seinen Herren ein großes Essen.

Am nächsten Morgen kommt der Prinz um neun gutgelaunt ins Apelsche Haus, um mit August und Constantia zu frühstücken. Eine Stunde später reiten die Herren mit zahlreichem Gefolge zum Peterstor hinaus zu einer großen Truppenparade. Pauken, Pfeifen und Waldhörner spielen, die Dragoner machen bei ihren Übungen zu Pferd und zu Fuß einen eleganten Eindruck, und ihre Salven gehen auch richtig auf Kommando los. Der König nimmt geschmeichelt das Lob des Prinzen entgegen und läßt es den Mannschaften ausrichten.

Doch was einen Dreierbund des Kaisers mit dem Zaren Peter und König August angehe, so sagt der Prinz, könne er nicht helfen. Zuerst müsse der Kaiser den Aufstand in Ungarn niederwerfen. Von jemandem wie Karl XII. müsse man fürchten, daß er am Ende noch Wien belagere.

Sofort nach der Abreise des Prinzen verlangen die beiden russischen Gesandten von Urbich und von der Lith eine Unterredung mit dem König. Der König und Flemming erklären ihnen, es sei immer noch nicht möglich, in Polen einzurücken: Die Hilfe der Alliierten sei nicht sicher, sie hätten im Gegenteil den Rat gegeben, der König möge noch abwarten. Außerdem sei der Geldmangel so groß, daß die sächsische Kavallerie keine acht Tage außerhalb Sachsens unterhalten werden könnte. Man müsse warten und weiterarbeiten.

Einige Wochen später erhält August aus Wien die Nachricht, der Kaiser habe nachgedacht und sei zu dem Ergebnis gekommen, daß es ihm überhaupt nicht möglich sei, vor dem Friedensschluß mit Frankreich, vor Ende des Spanischen Erbfolgekrieges also, in irgendeiner Weise gegen Schweden aufzutreten.

Constantia kehrt zufrieden nach Dresden zurück. Dort werden schon neue Lustbarkeiten vorbereitet, mit denen August seinen Hof unterhalten will. Er läßt den Großen Garten vor der Stadt instand setzen für eine tägliche Promenade des Hofes in der warmen Jahreszeit. Die Gärtner pflanzen leuchtende Blumen auf die Rabatten und beschneiden die Hecken, der Bildhauer Permoser und seine Gehilfen stellen anmutige Statuen auf, und Arbeiter reinigen die alten Wasserrohre und verlegen neue, damit überall Fontänen spielen. Im Schnittpunkt der beiden Hauptalleen des Gartens steht ein Palais, das der Vater des Königs im italienischen Stil erbauen ließ und das der überschwengliche Verfasser eines Dresdner Stadtführers für Reisende »octavum miraculum mundi« nennt, das achte Weltwunder. Es ist nur für die sommerlichen Vergnügen des Hofes gedacht, nicht zum Wohnen. Im Hauptsaal hält der König bei großen Anlässen unter kristallenen Kronleuchtern offene Tafel, hier gibt Constantia für ihn Bälle und Komödien, Assembleen und Illuminationen. Acht kleine quadratische Pavillons umgeben das Palais, Spielsäle für die Hofgesellschaft.

Jeden Nachmittag um fünf fährt Constantia nun in den Großen Garten. August kommt nicht regelmäßig zur Promenade, aber der Hof weiß nie, wann er erscheinen wird, wann nicht. Die Höflinge spielen im großen Saal oder promenieren im Garten und warten auf ihn. Flemming, Hoym, Rahel Charlotte Vitzthum gehören zu denen, die im Pharao um große Summen spielen. Constantia spielt meist eine Partie Tricktrack und geht danach spazieren. Wenn der König in den Garten kommt, sammelt die Gesellschaft sich um ihn. Meistens hält er sich nur kurz auf, und Constantia, die ihn immer der Untreue verdächtigt, folgt ihm als erste.

Anfang Juni gehen August und Constantia nach Pillnitz. Auch der Adel verläßt die Stadt, um den Sommer auf seinen Landgütern zu verbringen. Acht Pferde ziehen das große Hofschiff stromauf von Dresden nach Pillnitz.

Pillnitz steht zu dieser Jahreszeit in voller Pracht. Im Park klopfen die Buntspechte an den Stämmen der alten Kastanien und Linden, Waldkäuze und Hohltauben brüten, Grasmücken und Zaunkönige haben ihre Nester in den dichten Weißbuchenhecken. Wenn es dunkel wird, singen die Nachtigallen, und Johanniskäfer tanzen im Gebüsch.

Jeden Morgen erwacht Constantia in heiterem Sonnengelb: Der grüne Moiré ihrer Bettvorhänge ist mit gelbem Taft gefüttert. August im Nachbarbett schläft von rotem Damast umgeben, der mit Borten aus grüner Seide besetzt ist. Auch beim Ausreiten teilen sie sich in die Farben Grün und Rot. August hat einen mit rotem, Constantia einen mit grünem Samt bezogenen Sattel. Der Samt ist goldbestickt, hat goldene Tressen und Fransen, und die Schabracken, die Paradedecken unter den Sätteln, sind ebenfalls aus goldbesticktem Samt und ebenso die beiden Pistolentaschen rechts und links der Sättel. Constantia besitzt gute Gewehre und fünf Paar Pistolen, darunter ein Paar mit damaszierten Läufen, ein Paar, deren Läufe mit Gold eingelegt sind, und ein Paar Windpistolen aus Eisen, die August besonders gefallen. Manchmal lassen sie sich frühmorgens mit ihren Vogelflinten auf die Elbinsel hinüberrudern und gehen auf die Jagd am Rande des dichten Auwalds.

Der Sommer in diesem Jahr beginnt windig und kühl, es regnet oft. Doch folgt bald wieder Sonnenschein, und das Wetter ist so fruchtbar, wie seit vielen Jahren nicht. Das Obst setzt gut an, im Obstgarten weidet das Vieh unter Pfirsich- und Aprikosenbäumen, unter Kirsch-, Apfel-, Birnbäumen, unter Pflaumen-, Mandeln-, Morellen- und Quittenbäumen. Constantia liebt Blumen und läßt zu den vielen Sorten, die in Pillnitz wachsen, rings um das Schloß neue anpflanzen, Flieder, Rosen, Clematis. Im Lustgarten steht eine Gewächsstube, in der im Winter ihre italienischen Bäume vor Frost bewahrt werden, Feigen, Granaten, Pomeranzen, Lorbeerbäume und die Rosmarinstöcke.

August kann ruhige Sommerferien nicht lange genießen. Bald verlassen Kutschen und Rüstwagen das Gut, hochbepackt mit Truhen, Koffern und Körben, in denen Reisegepäck mitgeführt wird. Der König reist ins Erzgebirge, wo schon seit vielen Wochen die Bürger für seinen angekündigten Besuch die Straßen ausbessern und neue bauen. Er reist nach Freiberg, Chemnitz, Annaberg, nach Marienberg, Zwickau, Schneeberg, St. Georgenstadt und besichtigt mit Löwendahl und Pflugk »die Silber- und Hammer-Berg-Wercke wie auch die blaue Farben-Fabriquen und dergleichen«. Er läßt sich die Bücher vorlegen, prüft, mahnt, befiehlt Verbesserungen und setzt schließlich eine Kommission ein, die herausfinden soll, wie die Bergwerke rationeller arbeiten können. Einmal, zwischen Reichenbach und Plauen, trifft er zufällig den preußischen König Friedrich I., der aus Karlsbad zurückreist. Beide Majestäten plaudern auf offener Landstraße eine halbe Stunde miteinander, und während der König von Preußen zur Reiherbeiz nach Potsdam weiterfährt, steigt der König von Polen wieder in die sächsischen Bergwerke hinab.

Nach vier Wochen kommt die Reisegesellschaft zurück nach Pillnitz. Abends rasseln die königlichen Wagen durch die Einfahrt. Im Hof brennen die Fackeln, hinter allen Fenstern schimmern Kerzen. In den Küchen im Untergeschoß wird wieder für Hunderte von Personen gekocht, geschmort und gebraten. Der Schloßhof füllt sich mit Karossen und Pferden, aussteigenden Damen und Herren.

Auch in den nächsten Wochen machen August und Constantia Ausflüge, reiten durch die Umgebung von Pillnitz, zur Festung Königstein. Am 16. Juli 1708 besichtigen sie die Festung Stolpen und jagen im Tiergarten. Der König und Constantia übernachten im Fürstenzimmer im Zeughaus der Festung. Einige Tage später, am 26. Juli, besteigen sie den Lilienstein, einen der schönsten, hoch über der Elbe gelegenen Aussichtspunkte. Pöppelmann hat extra für den König eine Straße hinauf gebaut. Die Ausflugsgesellschaft steht auf dem zerklüfteten ebenen Gipfel, hoch über dem Wald, und sieht weit über das Sandsteingebirge, durch das die Elbe fließt. Tief unten strömt der Fluß an drei Seiten um den Lilienstein. König August enthüllt einen kleinen Obelisken. Seine Inschrift soll spätere Wanderer daran erinnern, daß er, der als erster der Wettiner König wurde, auch als erster seines Hauses hier mit einer Straße über die Natur siegte: »ut Fortunam virtute ita asperam hanc rupem primus superavit«, so wie durch Tugend als erster Wettiner Fortuna, bezwang er auch diesen beschwerlichen Felsen.

Am 30. Juli verläßt er abends um zehn Uhr Pillnitz in Begleitung von Oberfalkenmeister Vitzthum, General Lagnasco und nur weniger

Diener. Constantia ist nicht bei ihm. Der König will in drei, vier Wochen zurück sein. Das Ziel der Reise soll geheim bleiben. Er übernachtet in Dresden und nimmt am nächsten Morgen kurzerhand den zwölfjährigen Kurprinzen mit auf die Reise. Madame Royale ist verzweifelt, daß er ihr den Jungen nimmt; das verzeiht sie dem Sohn nicht. Sie reist umgehend nach Lichtenburg und kommt von nun an nur noch selten an den Hof in Dresden.

Die Kabinettsminister sind über die Reise bestürzt. Der König hat ihnen nur die kurze Mitteilung hinterlassen, es handele sich um »eine Vergnügungsreise, um mich von dem Kummer zu befreien, den ich seit einer gewissen Zeit ertrage«.

Der russische Gesandte ist schwer verärgert. Er ist vor wenigen Tagen erst in Dresden eingetroffen und hat um Audienz beim König gebeten. Der Zar hat ihm energisch befohlen, endlich von den Sachsen eine klare Antwort zu erreichen, ob aus der Allianz Rußland-Sachsen nun etwas werde oder nicht. Von der Lith hat den Ministern gedroht, wenn König August noch länger zögere, werde der Zar mit Karl von Schweden Frieden schließen. Die sächsischen Minister haben ihm die Audienz beim König versprochen, doch wenige Stunden später lassen sie ihn wissen, ihr König sei nach der Ankunft eines Abgeordneten des Herzogs von Marlborough plötzlich fortgereist. Von der Lith braust auf und reist sofort nach Berlin ab.

Dann kommt aus Brüssel die Nachricht, am 12. August 1708 sei »der König Augustus allhier incognito angekommen« und habe auch schon die Oper besucht.

Die Vorbereitungen für die Belagerung von Rijssel, wie die Flamen sagen, oder Lille, wie die Franzosen die Stadt nennen, laufen auf Hochtouren. 14 000 Franzosen halten die Zitadelle. Ganz Europa nimmt Anteil an dieser Belagerung, die das Ende des Spanischen Erbfolgekrieges bedeuten könnte. Der Herzog von Marlborough hat sechs Brücken über die Schelde befohlen, um seine große Armee über den Fluß zu bringen. Er will das Heer des Prinzen Eugen im Rücken schützen, das die Zitadelle belagert. Prinz Eugen hat alle Truppen der Alliierten aus Flandern und Brabant zusammengezogen.

August ist nach Flandern gereist, um endlich vom Prinzen und vom Herzog wenigstens die Duldung eines neuen Krieges gegen Karl zu erreichen. Er verlängert seinen Aufenthalt in Flandern, um die Belagerung mitzuerleben. Auch viele andere Fürsten sind gekommen, um sich das Schauspiel einer großen Belagerung und den Kampf berühmter Heerführer nicht entgehen zu lassen. Doch dann, als die Belagerung sich hinzieht, kann König August nicht mehr aus dem Militärlager weg. Französische Posten haben alle großen Straßen nach Holland besetzt. Der Sommer ist naß in diesem Jahr, es regnet Tag für Tag, und die Flüsse treten über die Ufer und überschwemmen das Land. Der Kurprinz von Hannover, der versucht, über Ostende nach Hause zu reisen, muß wegen des Hochwassers seine Equipagen auf der Straße zurücklassen und erreicht unter großer Gefahr mit nur einem Diener die Hafenstadt.

Lange ist man in Dresden ohne Nachricht vom König. Am Hof kommen erste Gerüchte auf, der König habe Constantia seine Gnade entzogen, zumindest sei die Alleinherrschaft der Mätresse bedroht. Oberhofmarschall Pflugk erinnert Flemming an eine Unterhaltung, die beide einmal mit Hoym hatten und in der Hoym ihnen von einem Horoskop erzählte, das er der Gräfin Cosel stellen ließ und in dem die Person des Königs nicht vergessen war. Steigen und Sinken in der Gunst des Königs sind lebenswichtig für die Höflinge, und sie denken an Absatzbewegungen von der Cosel, die der König gegen seine Gewohnheit zurückgelassen hat.

5.

Constantia hat die letzten Sommerwochen in Pillnitz verbracht, und als die kalten Herbsttage mit Regen und frühem Schnee einsetzen, ist sie nach Dresden zurückgekehrt. Sie gibt Steinmetzarbeiten an ihrem Palais in Auftrag, und Baumeister Pöppelmann läßt die Steinhauer, die ihren Hof an der Elbe haben, Balustraden und Simse, Postamente und Füllungen anfertigen.

Aus Brabant hört Constantia, daß ihr zwei Jahre jüngerer Bruder Joachim, der dort bei den sächsischen Truppen unter Schulenburg steht, von einem Herrn von Lüttichau im Duell erschossen worden ist.

Zur Herbstmesse fährt sie nach Leipzig, um sich um ihre Geldgeschäfte zu kümmern. Nun, wo der König nicht da ist, dreht sich das Interesse der Leipziger um die glanzvolle Hochzeit, die der Sohn des Scharfrichters von Königsberg in Preußen mit der Tochter des Meisters Heintze, des Scharfrichters von Leipzig, eine Woche lang feiert. Zur Trauung in der Thomaskirche kommt der Bräutigam in einem kostbaren roten Kleid, reich mit Gold bestickt, die Braut aber kommt in Schwarz.

Mitte November, Constantia ist längst wieder in Dresden, reisen Flemming und Löwendahl nach Leipzig, um den König von Dänemark zu empfangen, der als Graf von Oldenburg unterwegs nach Venedig ist. Wäre August in Sachsen, hätte Constantia Frederik bewirtet. Doch vom König hört man noch immer nichts.

Die Gerüchteküche am Hof ist so in Aufregung, daß es nun heißt, jemand habe der offenbar in Ungnade gefallenen Mätresse nach dem Leben getrachtet. Ein kleiner Vorfall gibt Anlaß zu diesem Gerede: In der Nacht vom 19. November 1708 erzittern die Fenster des Taschenbergpalais von einem starken Schuß. Die Leute laufen zusammen, Constantia selbst geht hinunter auf die Straße, um zu erfahren, was geschehen ist. Es war nur ein Versehen. Die beiden Grenadiere, die vor ihrem Haus Wache halten, langweilten sich, und um sich die Zeit zu vertreiben, machten sie Exerzierübungen, einer kommandierte, einer exerzierte. Auf das Kommando »Feuer!« drückte er automatisch sein Gewehr ab, das scharf geladen war.

Constantia will frei sein von ihren vielen Geschäften und August jederzeit folgen können. Sie schließt am 1. Dezember mit Daniel Christoph Bennewitz einen Pachtvertrag über das Gut Pillnitz. Sie übergibt ihm alle zur Wirtschaft gehörigen Gebäude, Scheunen, Ställe, übergibt ihm das Malz-, Darr- und Brauhaus, die Schank- und Wirtshäuser, die Mühlen, die Ziegelei, die Schmiede und eine Wohnung im Schloß.

Nicht nur Constantia, auch Flemming wartet mit größter Ungeduld auf den König. Wichtige Dinge müssen entschieden werden. König Karl ist nicht nach Moskau marschiert, sondern in die Ukraine, ohne auf das schwedische Heer, das unter General Löwenhaupt aus Livland mit Nachschub anrückt, zu warten. In der Ukraine will er sich mit dem Kosakenhetman Mazeppa gegen den Zar vereinen. Zar Peter griff Löwenhaupts Heer an und besiegte es. Lebensmittel und Munition, auf die Karl dringend wartet, sind verloren. Der Zar hat sofort einen Adjutanten mit der Siegesnachricht nach Dresden gesandt. Die Minister sind unruhig: Der Zar könnte nun eine neue Königswahl in Polen durchsetzen und König August übergehen. Der Vertrag mit Rußland muß jetzt abgeschlossen werden, sonst ist Polen vielleicht für immer verloren — wenn nicht an den König von Schweden, dann an den Zaren von Rußland.

Am 8. Dezember 1708 kapituliert die Zitadelle von Lille. Der Kaiser in Wien hält einen Dankgottesdienst ab. Am 24. Dezember, nachmittags um halb fünf, steht August plötzlich in Constantias Tür.

Am ersten Feiertag ist es noch still am Dresdner Hof. Der König bleibt in seinem Gemach, er hat Zahnweh. Die meisten Minister und Hofkavaliere sind zum Weihnachtsfest auf ihre Landgüter gefahren, nun finden sie sich in der Stadt und bei Hof eilig wieder ein, und bald können die Bürger in der Zeitung lesen: »Die Gräfin von Cosel hat die Feyertage über die hohen Ministers vom Hof tractiret und köstlich bewirthet.«

Die Höflinge drängen sich wieder um die Mätresse, versuchen, eine Einladung zu erhalten. Wieder fahren die Kutschen am Palais vor, steigen die Gäste die berühmten Treppen hoch, bewundern die Pracht der Tafel. Niemand spricht mehr davon, daß sie in Ungnade gefallen sei. Sie steht höher in der Gunst des Königs als zuvor, ist wieder der Mittelpunkt seines Hofes, wieder auf dem Gipfel von Glanz und Einfluß. Ein Komödienschreiber des Königs, der Herr Fisch, der sich Poisson nennt, überreicht »Son Excellence Madame La Comtesse de Cosel« ein unterhaltendes Stück zur Rückkehr des Königs. Es ist zierlich eingebunden in blaurotem Papier mit goldenen Hunden und Hasen, Rehen und Jägern und heißt »Le Triomphe de La Vertu«, der Triumph der Sittsamkeit, der Tugend. Sittsam und zurückgezogen wie eine treue Ehefrau hat Exzellenz auf den König gewartet.

Constantia läßt sich porträtieren. Der junge Künstler Ismael Mengs malt das kleine Bild, das sie August schenken will. Sie bestellt einen Rahmen bei Georg Christoph Dinglinger, dem Bruder von Johann Melchior. Der Rahmen ist aus vergoldetem Silber und reich mit Brillanten, Smaragden und Rubinen besetzt. Oben hängt an einem goldenen Kettchen ein Herz aus einem Rubin, in das die Ziffer Drei graviert ist, Drei für den dritten Buchstaben im Alphabet: C wie Constantia. Unten läßt sie eine kleine Kapsel anbringen für ihr Haar. Dieser Rahmen ist anmutig und licht, prächtig und gefühlvoll, ganz nach ihrem Geschmack, voll beziehungsreicher Zärtlichkeit. Sie läßt eine Devise emaillieren: »Ils ne m'oteront pas un seul Rayon«, sie werden mir nicht einen einzigen Strahl wegnehmen, nicht einen einzigen Strahl der königlichen Gnadensonne.

Vetter Rantzau aus Wien erkundigt sich bei seiner lieben und schönen Cousine, ob König August tatsächlich nach Polen abgereist sei, wie es nun in Wien heiße. Constantia versichert ihm, »daß wir hier in der größten Ruhe der Welt leben«. Das stimmt nicht ganz. Der Krieg gegen Karl von Schweden ist beschlossen.

1.

Das neue Jahr, 1709, steht für August und Constantia zunehmend im Zeichen der Rückkehr nach Polen. Der König treibt verstärkt die Wirtschaft Sachsens an, rüstet sein Heer. Aber vor allem bereitet er ein aufsehenerregendes Fest vor: Wohlstand und politische Kraft eines Landes werden nach dem Glanz seines Hofes beurteilt. Sechs Wochen lang feiern 1709 Hof und Bürger Dresdens wie nie zuvor in Sachsen. Mit diesem großen Fest wirbt August um Bundesgenossen und um Vertrauen in seine Polenpolitik.

Der Fall der Zitadelle von Lille hat die politische Lage in Europa verändert. Alliierte und französische Diplomaten verhandeln über ein Ende des Spanischen Erbfolgekrieges. Marlborough und Prinz Eugen wollen König August zwar auch jetzt nicht aktiv helfen, denn solange der Friede mit Ludwig XIV. nicht unterzeichnet ist, fürchten sie die Rückkehr Karls XII. und sein Eingreifen auf französischer Seite. Aber immerhin werden sie es nun dulden, wenn er den Friedensvertrag von Altranstädt bricht.

August hat seinen Ministern am 31. Dezember 1708 den Befehl gegeben, schriftlich die Frage zu beantworten, ob das Bündnis mit Rußland anzunehmen sei. Von neun Befragten bejahen fünf, zwei verneinen, zwei sind unentschieden. Die fünf befürworten den Angriffskrieg gegen Karl XII. aber nur, wenn ihr König von Zar Peter »wass verbindliches und reelles« bekomme, Truppen und Gelder in ausreichender Höhe, und wenn auch Dänemark wieder mit Schweden breche. König August soll den alten Dreierbund gegen Schweden aus dem ersten Jahr des Nordischen Krieges erneuern.

Ein Bündnis Sachsen-Dänemark wäre ein großes Kapital, das er in die Verhandlungen mit dem Zaren einbringen könnte, denn Peter hat sich lange und erfolglos um Dänemark als Bundesgenossen bemüht. August schickt sogleich Manteuffel, den früheren sächsischen Gesandten in Kopenhagen, mit dem Bündnisangebot nach Venedig, wo der dänische Vetter den Winter verbringt. Sollte auch die Allianz mit Rußland zustande kommen, müßte Frederik IV. im Juni oder Juli 1709, spätestens im August Schweden in Norwegen und Schonen angreifen. Manteuffel soll ihn nach Dresden zu Bündnisverhandlungen einladen und zu einem großen Fest, und er soll ihn überreden, die Rückreise aus Italien möglichst schnell anzutreten.

Eine Gesandtschaft des Zaren wartet seit mehreren Monaten in

Breslau auf die Rückkehr König Augusts aus Flandern. Nun bittet der König die Herren, umgehend nach Leipzig zu kommen.

Früh am Morgen des 3. Januar 1709, es ist noch dunkel, fährt August mit Constantia und seinen Ministern nach Leipzig zur Messe. Schnee ist über die Weihnachtstage gefallen, und der König hat für die Reise die Jagdschlitten hervorholen lassen. Die Kammerfrauen packen Constantia in warme Pelze ein, und beim Schein von Fackeln macht sich der lange Schlittenzug auf den Weg. Vor jedem Schlitten traben sechs Pferde mit Schellenhalsbändern, Leiblakaien reiten mit Fackeln voraus und nebenher, Pagen, Futterknechte und Sattelknechte folgen dem Schlitten ihrer Herrschaft. Dem Zug voran reiten bewaffnete Knechte, Trompeter und Pauker, am Ende des Zuges reitet die Leibgarde. In allen Dörfern und Städten lassen Trompeter und Pauker sich hören, und die Leute laufen zusammen, um die Schlittenfahrt des Königs und seiner Mätresse zu sehen.

Abends um Viertel vor sechs kommen sie in Leipzig an. Gleich am nächsten Morgen läßt August sich die zwanzig kostbaren Pferde vorführen, die er in den Niederlanden geschenkt bekam und die vor einigen Tagen in Leipzig eingetroffen sind. Vor seinem Logis am Markt probieren die Kavaliere sie im Ritt, und auch der König steigt in den Sattel.

Eine heftige Kälte setzt ein, die Zimmer sind kaum noch zu heizen. Vor dem Grimmischen Tor findet die Wache morgens einen Mann erfroren, der auf das Öffnen der Stadt gewartet hat. Als die Post aus Gotha eintrifft und der Examinator am Tor wie üblich die Reisenden befragt, woher sie kämen, bleibt eine Frau stumm, und die Mitreisenden stellen fest, daß sie in der Nacht erfroren ist. Von der Ukraine im Osten, wo Karl XII. mit seinem Heer überwintert, bis Holland im Westen leidet ganz Europa unter der ungewöhnlichen Kälte.

Dann läßt die Kälte nach, und es schneit Tag und Nacht. Große Schneeberge türmen sich in den Straßen Leipzigs. Als der Schneefall aufhört, friert es heftiger als zuvor. Die Bürger unterhalten sich mit Schlittenfahrten, und die Studenten verkleiden sich als Türken und Mohren, Persianer und Moskowiter und nehmen Pauker und Trompeter mit auf ihre Schlitten. Und »wie sie aber im besten Fahren waren . . . wurden alle diese Musikanten übern Hauffen geworffen und der Schlitten zerbrach, welches bey aller dieser Freude auch eine ziemliche Lust war«. Die meisten Leipziger aber »halten es mit der warmen Stube, und wünschen sich nur ein baar Klaffter Holtz mehr zu haben«, das knapp und »schier theuer ist«.

August gibt den russischen Gesandten aus Breslau Audienz, und am 14. Januar findet die erste einer Reihe von Konferenzen zwischen ihnen und den Bevollmächtigten des Königs statt. Die Herren feilschen über die Anzahl der Truppen, die Zar und König stellen sollen, und über die Höhe der Subsidiengelder, die Sachsen verlangt. Die Russen teilen mit, der Zar fordere die Auslieferung von Imhoff und Pfingsten als Wiedergutmachung für Patkuls Tod. König August lehnt ab. Die Russen erklären, über Truppenstärke und Subsidienhöhe den Zaren fragen zu müssen. Monate werden vergehen, bis der Vertrag endlich abgeschlossen werden kann. Doch nun drängt die Zeit. August will noch in diesem Sommer nach Polen aufbrechen.

Früh um vier am 17. Januar fährt der König im Schlitten nach Dresden zurück, »mithin dann auch dero höchsten Ministri gefolget seyn, wie auch die Gräfin von Cosel«.

August beginnt, das Fest vorzubereiten. Es soll das größte Fest werden, das Dresden je gesehen hat, soll die Erinnerung an die Demütigung von Altranstädt auslöschen. Seit dem Friedensvertrag und der Schlacht von Kalisch hält man ihn an den Höfen Europas für unzuverlässig, unberechenbar und leichtsinnig. Er, der in allem der erste sein will unter den Fürsten seiner Zeit, mußte sich seinen Geheimen Räten beugen und ist seitdem ein König ohne Thron. Nun will er seinen Ruhm, die Macht und den Anspruch seiner Dynastie vor den Augen Europas auf unvergeßliche Weise demonstrieren.

»Plaisir« und »ambition« sind die beherrschenden Eigenschaften des Königs, schreibt Flemming. Plaisir ist der Drang, seinen Willen in allem durchzusetzen, ambition das Streben nach Ehre und Ruhm. Plaisir ist aber auch das Vergnügen, die Freude, die Lust. »Les plaisirs des Dieux« heißt eine Serie von gemalten Tapeten, die August in Brüssel für ein Götterzimmer in Constantias Palais bestellt hat: die Freuden der Götter. Die Götter vergnügen sich auf den Tapetenbildern, und auch der König und seine Großen werden sich wie Götter in dem Zimmer vergnügen, das die Tapete schmücken soll — und nicht nur dort. Bei großen Festen ziehen sie als Götter der Antike feierlich vor den Augen der Bürger durch die Straßen Dresdens. Die Götter und ihre Freuden sind bedeutungsvoll: Im Fest gibt ein Fürst die klarste Auskunft darüber, wie er sich selbst sieht. Götter sind die Fürsten und ihre Großen auch für die Untertanen. ›Relation aus dem Parnasso‹ ist der Name einer Zeitung, die in Altona erscheint. Ihre Korrespondenten, die Dichter auf dem Musenberg, berichten, was an den Höfen der Götter geschieht, erzählen von ihren Kriegen, ihren Heiraten, ihren Befehlen — ihren Plaisirs, die die Untertanen als Innen-, Außen- und Wirtschaftspolitik erreichen. So, wie es am Himmel viele Sonnen gibt, gibt es auf Erden viele Fürsten. Sie regieren kraft ihrer Gottähnlichkeit, und die Untertanen bringen ihnen Devotion entgegen, eine Ehrerbietung, die eng verwandt ist mit Anbetung. Natürlich herrscht Gott noch im Himmel, auch wenn man nicht mehr wie früher genau weiß, wo dieser Himmel liegt, da man ihn doch selbst durch die stärksten Fernrohre nicht sieht. Aber Gott ist zu einer Angelegenheit der Kirchen geworden.

Die Fürstgötter sind die Schöpfer einer neuen Ordnung auf Erden. Die Natur ist für sie ein ungeordnetes Chaos, und in ihren Gärten ordnen sie sie nach ihrem Willen, schaffen einen Kosmos, das Paradies auf Erden. Die Gartenkunst ist ein Spiel auch der Geometrie, doch keine zufällige Mode: wie Gärten sollen die Länder werden, geordnet, überschaubar. Die Fürsten entwickeln Beamtentum und Heer, fördern neue Wirtschaftsformen und sichern ihre Herrschaft durch ein geregeltes Steuerwesen ab. Sie machen sich die Erde mit ihren Rohstoffen verfügbar, zum eigenen Ruhm und um die Angst vor Vergänglichkeit und Tod zu übertönen. Alles, was in ihren Ländern geschieht, soll zu ihrem Ruhm geschehen. Den Fleißigen unter ihren Landeskindern soll es gutgehen, weil sie dann um so mehr zur Größe des Fürsten beitragen können.

Die Fürstgötter wetteifern, wer von ihnen der Größte ist. Ihr Feld der Ehre und des Ruhms ist die Kunst. Geld in der Schatzkammer interessiert nur als Mittel zum Zweck. Nicht horten zählt, sondern schaffen. Mit Schöpfungen ihrer Künstler suchen sie einander zu übertreffen in Architektur, Malerei und Plastik, im Kunsthandwerk, in Musik, Theater, Ballett, in Feuerwerk und Illumination. Die Kunst an den Höfen ist politische Kunst. Die Fürsten wetteifern, wer das prachtvollste, neuartigste Schloß, den bei aller Regelmäßigkeit überraschendsten Garten besitzt. Schloß und Garten aber sind nur der Rahmen für den Zusammenklang aller Künste: für das große Fest. Das große Fest ist der Höhepunkt des Fürstenlebens. Es ist eine Freude der Götter, ein Kosmos im Chaos des Alltags.

Diese großen Feste finden selten statt an einem Hof. Mancher Fürst eines armen Landes sehnt sich sein Leben lang danach, wenigstens einmal ein Fest geben zu können. Das Fest ist ein Gesamtkunstwerk, dem alle anderen Kunstwerke sich eingliedern, und das doch selbst keinen Bestand hat, ist Aktionskunst. Viele Wochen lang reihen sich symbolische Spiele in beziehungsreicher Folge aneinander. Ein Fürst gewinnt Ansehen, wenn sein Fest an Dauer und Pracht, vor allem aber an Inventionen, an Erfindungen, die Feste anderer Höfe übertrifft. Die Freuden der Götter hängen davon ab, wie leistungsfähig die Wirtschaft eines Landes ist und wie erfolgreich die Politik seines Fürsten: Das große Fest ist ein Zusammenspiel aller Kräfte eines Landes.

August entwirft seine Feste selbst. Er ist ein Künstler, die Aktionskunst seine Form. Drei große und berühmte Feste erschafft er in seinem Leben: 1695 nach seinem Regierungsantritt als Kurfürst, 1709 zum Auftakt der Rückeroberung Polens und 1719, als sein Sohn und Nachfolger eine Kaisertochter heiratet.

Jetzt, im beißenden Winter 1709, läßt er in den Magazinen und Sammlungen nachsehen, was an Rüstungen, Lanzen und Säbeln vorhanden ist, die früher bei großen Festen gebraucht wurden, und in welchem Stand sie sind. Der König steht in der Festtradition des Dresdner Hofs, der ihm schon in seiner Jugend weitaus prächtiger erschien als der Hof des damaligen Versailles. Er macht Pläne für Ritterturniere und Umzüge, versieht die Vorschläge der Künstler mit Randbemerkungen, regelt, ordnet an, ist ganz in seinem Element. Er knüpft an die Tradition seines Hauses an, entwickelt sie phantasievoll weiter, schafft neue Inhalte, um seine politischen Absichten voranzutreiben.

Das Fest, das er sich in den Monaten des Wartens auf den Vetter ausdenkt — Frederik zeigt wenig Neigung, seine Italienreise überstürzt abzubrechen —, ähnelt stark dem Fest, das ihr gemeinsamer Großvater Frederik III. 1663 in Kopenhagen zur Verlobung von Anna Sophie und Johann Georg III., der Eltern Augusts, feierte. August spielt damit auf die enge Verwandtschaft der beiden Dynastien in Dresden und Kopenhagen an. Beim Fest im September 1663 gab es ein großes Feuerwerk »wie Herkules den Drachen tödtet«. An einem Abend tanzten Augusts Vater und der Vater Frederiks mit anderen Großen »ein köstliches Ballet, die Waldlust genant«. Der Großvater lud zu einer Schwanenjagd und zum Seehundschießen von fünfzig Booten und Jachten aus und als Erholung vom strengen Zeremoniell zu einer Bauernwirtschaft, zu der König, Fürsten, Kavaliere und Damen als Bauern und Bäuerinnen verkleidet kamen und bei der das Los bestimmte, wer wen bedienen mußte — eine verkehrte Welt also, die alle sehr komisch fanden.

Das Feuerwerk nimmt August in sein Festprogramm auf und das große Jagen und Schießen, wenn auch nicht auf Seehunde. Tanzen mag er nicht, und so entfällt das Fürstenballett, aber die Bauernwirtschaft greift er auf, und vor allem macht er den Höhepunkt des damaligen Festes zu einem der Höhepunkte seines Festes: ein Ringrennen.

Das Besondere am Ringrennen im Park von Schloß Rosenborg in Kopenhagen war die Beteiligung der Damen, der Königin, der Kurfürstin von Sachsen und der drei königlichen Prinzessinnen von Dänemark. Üblicherweise spielten Frauen damals bei Hoffesten eine zurückhaltende Rolle, wirkten nur als Zuschauerinnen mit. Das war bei den Skandinaviern anders, ihre Frauen sind seit Wikingerzeiten die freiesten in Europa, und Anna Sophie hat ihren Sohn August in dieser

Tradition erzogen. Im Götteraufzug, den er 1695 nach seinem Regierungsantritt veranstaltete, übernahmen zum ersten Mal Frauen die weiblichen Rollen, während beim letzten großen Fest seines Vaters, 1678, noch Männer als Göttinnen durch Dresden fuhren. Nun, 1709, greift er die Idee einer Beteiligung der Damen auf, um den Vetter zu ehren, wandelt sie, macht etwas noch nie Dagewesenes aus ihr: ein Damenringrennen. Er gibt vierundzwanzig Triumphwagen für vierundzwanzig Damen in Auftrag.

In diesen Wintertagen trifft in Dresden eine französische Truppe von Schauspielern, Sängern und Tänzern ein, die August in Brüssel engagiert hat. Eine Tänzerin namens Angélique Duparc ist bei ihnen. Der König hat sie mit dem Versprechen, sie zur Primaballerina zu machen, an seinen Hof geholt. Er gibt ihr nun das Gehalt einer Primaballerina, eine Wohnung und allen Hausrat, den sie braucht, und die Hofgesellschaft unterhält sich mit Gerüchten über romantische Begegnungen des Königs mit der Tänzerin. Der König soll ihr ein Hofkleid geschickt haben, in dessen Taschen er Schmuck versteckte. Es ist möglich, daß die Gerüchte stimmen, es kann ebensogut sein, daß die Tänzerin sich nur wichtig macht, um sich als Favoritin des Königs einen glänzenden Empfang in der Dresdner Gesellschaft zu sichern. Gerade in diesen Wochen ist das Verhältnis zwischen Constantia und August so eng, daß die Duparc vielleicht doch nicht so viel von ihrem königlichen Liebhaber hat, wie sie andeutet.

Constantia soll im Mittelpunkt des Damenrennens stehen. Das große Fest wird auch ihren Namen durch ganz Europa tragen.

2.

Inmitten der umfangreichen Festvorbereitungen kommt es zu einem kleinen Intrigenspiel zwischen dem König und seinen Ministern, das August sehr amüsiert und dessen Ende Constantia ein Jahr später tief erschreckt.

Sie ist selbst in die Vorgänge verwickelt. Seit Jahren kämpfen am Hof Freunde und Gegner Beichlings für und gegen seine Entlassung vom Königstein. Der ehemalige Großkanzler und Oberhofmarschall ist 1703 auf Betreiben Pflugks und Fürstenbergs, der Marionetten Flemmings, in Ungnade gefallen und mitsamt seinen Verwandten und Freunden verhaftet worden. Constantia setzt sich für den Gefangenen ein, weil sie, weichherzig, ihrem Freund Haxthausen und ihrer Freundin Luise von Rechenberg helfen will. Haxthausens Schwester, die schöne Babet, ist mit einem Bruder Beichlings verheiratet, der auch noch auf dem Königstein sitzt, und Luise von Rechenberg ist Beichlings

Geliebte. Constantia hat 1707 auf Bitten Rahel Charlotte Vitzthums Luises Befreiung aus der Festungshaft erreicht, und Luise ist ihr seitdem eine gute und beständige Freundin. Auch Hoym, Rahel Charlotte und Vitzthum unterstützen Luise und setzen sich beim König für Beichling ein. August kann nicht nein sagen, besonders nicht, wenn man ihn recht vertrauensvoll bittet. Andererseits scheut er die Proteste Fürstenbergs, Pflugks und Flemmings. Er herrscht über seine Minister nicht so frei, wie er möchte, und vermeidet Auseinandersetzungen. Aber Constantia drängt ihn hartnäckig, und schließlich gibt er nach. Er beauftragt Hoym, mit Haxthausen als dem Fürsprecher Beichlings über die Bedingungen zu verhandeln, unter denen der Gefangene freikommen könnte.

Das Problem ist, daß Beichling sein Vermögen wiederhaben will. Niemand weiß, wo es geblieben ist. Beichling weist nach, daß man ihm im Anschluß an die Verhaftung anderthalb Millionen Reichstaler beschlagnahmte. Der König hat nur die 500 000 Taler, die Beichling ihm während seiner Ministerzeit lieh. Alles übrige war vom Statthalter und von Dritten und Vierten genommen worden. Jeder, der irgendwie an Beichlings Eigentum herankam, war über den Besitz des in Ungnade Geratenen hergefallen. Nachweisbar ist nichts.

August verlangt, daß Beichling auf die Wiedererstattung verzichtet, denn er will einer fortwährenden Unruhe an seinem Hof vorbeugen. Beichling willigt nur ein, dem König die Rückzahlung zu erlassen, wenn er ihm eine Rente in Höhe der Zinsen zahle, damit er standesgemäß und ehrenvoll leben könne. Das wären, meint er, 35 000 Taler im Jahr. Der König sagt ihm eine Pension von 8000 Talern auf Lebenszeit zu und erlaubt ihm, sein Eigentum überall, wo er es fände, zurückzufordern.

Ende Januar 1709 sieht Haxthausen sich am Ziel seiner langwierigen Verhandlungen: Hoym kommt zu ihm und berichtet, der König habe ihm, Hoym, den Befehl gegeben, zum Königstein zu reisen und den Vertrag mit Beichling abzuschließen. Aber, sagt Hoym weiter, nach der Geschäftsordnung müsse dieser Befehl des Königs von einem der Kabinettsminister gegengezeichnet werden, von Pflugk oder von Flemming.

Haxthausen ist entsetzt. Pflugk ist der größte Feind seines Vorgängers Beichling, und sobald er von der Sache überhaupt nur erfährt, wird er Beichlings Entlassung verhindern. Hoym weigert sich jedoch, eigenmächtig die Geschäftsordnung zu umgehen: Pflugk sei auch sein Feind und würde dann bei nächster Gelegenheit für seinen Untergang sorgen. Er läßt nicht mit sich reden und fährt in seine Wohnung.

Haxthausen befiehlt die Kutsche seiner Schwester Emilie, bei der er wohnt, und fährt eilig zu Madame Vitzthum. Rahel Charlotte läuft über die Straße zu Hoym und redet so lange auf ihren Bruder ein, bis er ihr verspricht, weder Pflugk noch Flemming einzuweihen, sondern allein zu handeln. Vorsichtshalber gehen Haxthausen und Rahel Charlotte noch zu Constantia, damit sie den König auf das vorbereiten kann, was sich da zusammenbraut.

Und wirklich — Hoym redet doch mit Flemming. Aber, so beruhigt er am Abend die Schwester und Haxthausen, Flemming habe ihm das Wort eines Ehrenmanns gegeben, niemandem von der bevorstehenden Entlassung Beichlings zu erzählen und sie nicht zu hintertreiben.

Flemmings Rolle bleibt im dunkeln. Am nächsten Morgen jedenfalls, als der König die Verhandlungsinstruktion für Hoym im Beisein von Hoym und Flemming unterschreibt, ist auch Pflugk im Kabinett. Er wehrt sich heftig, die Instruktion gegenzuzeichnen, bis der König ihm Gehorsam befiehlt. Hoym schildert die Szene eine Stunde später Haxthausen und sagt: »Ich habe den König noch nie in einer so guten Laune gesehen. Beichling ist so gut wie frei.«

»Profitieren Sie doch von dieser guten Laune«, sagt Haxthausen, »gehen Sie zurück zum König und befreien Sie auch meinen Schwager. Der König hat meinen Vater so geliebt, er kann nicht wollen, daß seine Tochter weiter wie eine Witwe lebt.«

Hoym steigt in seine Karosse und kommt nach einer halben Stunde zurück: »Der König hat sehr über Ihre Gedanken gelacht. Ihre Schwester wird wieder liebkost werden.«

Hoym zeigt Haxthausen seine Verhandlungsinstruktion. Haxthausen fällt aus allen Wolken. Die Pension ist von 8000 Taler auf 4000 herabgesetzt worden. Niemals wird Beichling diese unehrenhafte Bedingung unterschreiben. Aber am selben Abend noch will Hoym aufbrechen, um am nächsten Morgen zeitig auf dem Königstein einzutreffen.

Haxthausen läuft zu Constantia. Constantia geht zu August. Sie kommt mit Vitzthum zurück und führt den aufgebrachten Freund zum König.

Haxthausen erklärt dem König, daß Beichling einen Vertrag über nur 4000 Taler Pension um seiner Ehre willen nicht unterschreiben könne. Das aber wäre gerade das Ziel seiner Feinde: Wenn Beichling sich weigere, werden er und alle, die für ihn gesprochen haben, die Gnade des Königs für immer verlieren. Der König werde so ärgerlich sein, daß Beichlings Feinde Macht gewinnen. »Monsieur Hoym wird ihr erstes Opfer sein und danach wird man auch andere angreifen« — Haxthausen sieht bedeutungsvoll zu Constantia und Vitzthum —, »bis niemand mehr um den König ist, der nicht zu ihrer Partei gehört.«

Der König lächelt über Haxthausen: »Haben Sie keine Angst. Ich habe Hoym eine zweite, geheime Instruktion gegeben, und Beichling wird frei sein.«

Pflugk hat am Morgen beim König heftig gegen die Freilassung Beichlings protestiert, wollte, daß zumindest die Pension gekürzt werde, damit er nicht in Ehren leben kann und niemand zu ihm komme. Pflugk und der Statthalter fürchten Beichlings erneuten Einfluß auf den König, und August hat nachgegeben, um seine beiden Minister zu beruhigen. In einer geheimen Instruktion für Hoym aber hat er die ursprünglich vereinbarten 8000 Taler doch zugestanden.

»Wenn Beichling nichts davon weiß, wird diese Instruktion ihm nicht helfen, und alles wird sich zerschlagen«, sagt Haxthausen.

August überlegt einen Augenblick und geht zu seinem Schreibtisch: »Voilà, das Konzept dieser Instruktion. Reiten Sie zum Königstein und informieren Sie Beichling, ohne daß jemand davon erfährt, und berichten Sie mir dann darüber.«

»Man wird mich nicht eintreten lassen, Sire, und die Sache wird schnell bekannt werden.«

August setzt sich hin und schreibt ein Billett, Vitzthum bringt ihm eine Kerze, und er versiegelt den Befehl für den Kommandanten der Festung und gibt ihn Haxthausen: »Keiner der Großen wird davon erfahren, treffen Sie von Ihrer Seite Ihre Maßnahmen für das Geheimnis. Die Zeit ist kostbar.«

Haxthausen befiehlt Emilies Kammerdiener, zwei Pferde zu mieten und ihn am Ausgang des Großen Gartens zu erwarten. Er zieht selbst den Anzug eines Lakaien an und fährt in der Kutsche seiner Schwester mit verhängten Fenstern durchs Stadttor zum Treffpunkt.

In der Dämmerung des frühen Winterabends kommen die beiden Reiter am Fuß des tiefverschneiten Königstein an. Haxthausen steigt allein den Berg hinauf zur Zugbrücke. Die Schildwache ruft ihn an, und er sagt dem Posten, er möge einen Offizier holen. Er muß eine halbe Stunde warten, bis endlich ein Unteroffizier kommt.

Der Kommandant sei auf seinen Gütern, sagt der Unteroffizier. Der kommandierende Offizier könne den Brief öffnen, sagt Haxthausen. Der Unteroffizier geht fort.

Der kommandierende Oberstleutnant kommt an die Barriere, aber nur, um Haxthausen zu sagen, daß er die Briefe des Kommandanten nicht zu öffnen pflege. Haxthausen wird wütend: »Der Brief ist vom König selbst und muß ohne Verzögerung geöffnet werden. Sie bürgen für Ihre Weigerung. Ich werde Ihnen nicht sagen, wer ich bin, Sie werden es vielleicht erfahren, wenn es zu spät ist.«

Diese Antwort macht den Oberstleutnant nachgiebig. Er bittet

Haxthausen einzutreten, nimmt das Billett und liest es im Schein einer Laterne. Dann führt er Haxthausen durch die langen, nur schwach erhellten Gänge der Festung. Der Oberstleutnant hat ein Holzbein.

Er sagt Haxthausen, daß er einen Offizier vor die Zellentür stelle, der ihm öffnen werde, wenn er herauswolle, und läßt ihn dann mit Beichling allein.

Der Gefangene kann fast nicht sprechen vor Freude. Haxthausen zeigt ihm die geheime Instruktion des Königs und sagt ihm, worauf er im Gespräch mit Hoym bestehen solle. Beichling schreibt schnell die Instruktion ab und gibt dann ein Klopfzeichen. Die Tür eines Schrankes öffnet sich, und Haxthausens Schwager tritt heraus, und aus einem zweiten Schrank kommt der Hofrat Ritter, der mit den Beichlings gefangengenommen wurde und nun auch freigelassen werden soll. Die Gefangenen erzählen, daß sie diese geheimen Gänge über Jahre mit großen Mühen durch die Mauern gegraben haben, immer auf der Hut vor den vielen Bewaffneten, die in den Fluren stehen. Der Großkanzler öffnet das Fenster und läutet eine Glocke; die andern beiden Gefangenen ziehen sich in ihre Schränke zurück. Ein Unteroffizier tritt ein, Beichling bittet durch ihn den Oberstleutnant um vier Gerichte. Eine Stunde später kommt das Essen. Die Schranktüren öffnen sich wieder, und die Gefangenen speisen mit Haxthausen.

Drei Stunden nach Mitternacht kommen Haxthausen und der Kammerdiener nach Pirna. Sie sind halb erfroren und übermüdet, und Haxthausen will in einer Herberge bleiben. Sie finden auch einen Gasthof vor der Stadt, und der Diener schlägt lange an die Tür, bis endlich ein Knecht aufwacht. Der Knecht sagt, die besten Zimmer seien schon weg, denn der Minister Hoym und sein Gefolge schliefen in der Herberge. Hastig schwingen Haxthausen und der Diener sich wieder auf die Pferde und reiten weiter nach Dresden, wo sie um fünf Uhr früh ankommen. Die Stadttore sind noch geschlossen.

Um sechs geht Haxthausen zu Constantia, die ihn gleich zum König bringt. Haxthausen gibt die geheime Instruktion zurück und erzählt seine Erlebnisse, und obwohl er den Schwager und den Hofrat ausläßt, die aus den Schränken traten, muß der König beim Zuhören lachen und wird bester Laune. Kaum etwas bereitet ihm mehr Freude, als seine Minister gegeneinander auszuspielen und ihnen ihre Intrigen heimzuzahlen.

Am nächsten Tag kommt Hoym nach Dresden zurück, hochzufrieden, daß der Vertrag mit Beichling zustande gekommen ist. Aber, sagt er zu Haxthausen, der Mann müsse ein Zauberer sein, da er halsstarrig auf nichts eingehen wollte, was von der geheimen Instruktion abwich, die er doch gar nicht kennen könne.

Haxthausens Ritt durch die Winternacht bleibt geheim selbst vor Flemming, dem sonst nichts entgeht. Flemming sorgt sogar dafür, daß Pflugk und Fürstenberg Haxthausen seinen Anteil an der Entlassung Beichlings verzeihen.

Der König will Beichling nicht in Dresden haben, und da sein Gutshaus bei Zschorna nicht instand ist, bietet Haxthausen ihm sein Gut Putzkau an. Dort hält Beichling hof. Kavaliere, die eine neue Sonne aufgehen sehen, finden sich trotz Kälte und Schnee bei ihm ein und auch solche, die für Pflugk spionieren. Beichling will unbedingt ins Ministerium zurück, gibt allen Herren Versprechungen, bis sogar seine Freunde sich von ihm zurückziehen, um sich am Hof in Dresden keine Feinde zu machen. Zu Luise von Rechenberg, der er letztlich seine Freiheit schuldet, ist er undankbar. Voller Kummer zieht sie sich vom Hof zurück und stirbt einige Monate später nach schwerer Krankheit.

Beichling bedrängt Haxthausen lange, er wolle die Mätresse Cosel sehen. Constantia hat wenig Lust, ihn kennenzulernen, aber schließlich sagt sie, um Haxthausen eine Freude zu machen, Anfang 1710 einen Besuch zu. Der König ist abwesend, und Pflugk hat die größten Bedenken wegen des geplanten Besuchs und schreibt sofort an Flemming. Doch Haxthausen hat Flemming längst gefragt und die Antwort bekommen, aus einem Besuch würden niemandem Nachteile entstehen.

Constantia, Haxthausen und seine Schwester Emilie besuchen im Februar 1710 Beichling auf seinem Weinberg bei Dresden und essen bei ihm zu Mittag. Beichling schlägt Constantia beredt verschiedene Projekte vor, und sie hört höflich zu. Am frühen Nachmittag kehren sie in die Stadt zurück. Kaum in der Kutsche ruft Constantia aus: »Ist es möglich, daß der König diesen Mann geschätzt hat? Und daß die Rechenberg, die so viel Geist hat, diesen Mann so liebte?«

»Die veränderten Zeiten verändern die Menschen«, antwortet Haxthausen, »und die Jahre des Unglücks verdummen sie; wenn man en place ist, ist man ganz anders, man imponiert, man spricht mit Autorität. Im Unglück will man sich einschmeicheln, man tritt nicht mehr auf.«

Constantia kann sich kaum beruhigen. Der einstmals große Günstling ist nach seinem Sturz um sein Vermögen gebracht worden, hat seine Ehre verloren und seinen Charakter. Nach der Gefangenschaft ist er nicht mehr der Mensch, der er einmal war.

Der Winter 1709 ist eisig und lang. Die Obstbäume erfrieren in den Gärten, und in den Wäldern verhungert das Wild. Am 10. Februar wehen plötzlich laue Winde aus Westen, es regnet, und die Elbe überflutet die Ufer und reißt Menschen und Vieh in den Eisschollen mit. Zehn Tage später setzt erneut starker Schneefall ein, ein heftiger Wind bringt bittere Kälte aus Osten und Norden. Ganz Europa liegt unter mannshohem Schnee, Verkehr und Handel stocken. In einigen Städten drohen Hungersnöte, weil die Getreidemühlen auf den gefrorenen Flüssen nicht mahlen können und das Mehl teuer wird. Die Wölfe kommen bis vor die Tore Wiens und fallen Reisende an. Anfang März schlägt der Wind wieder um. In Dresden steigt die Elbe höher als das letzte Mal, die Bewohner der tiefer gelegenen Stadtgebiete fahren mit Kähnen durch die Gassen. Doch noch ehe die Schneemassen des langen Winters tauen können und das Hochwasser abläuft, fällt neuer Schnee, und wieder leiden die Einwohner unter starkem Frost.

Der König von Dänemark hat die Einladung nach Dresden zwar angenommen, aber nicht mitgeteilt, wann er kommt. Ende März trifft aus Florenz die Nachricht ein, er sei dort am 15. März angelangt. In Dresden fragt man sich besorgt, ob er nun noch nach Rom gehe, bevor er nach Norden reist.

August ist ungeduldig. Er will aufbrechen, Polen erobern und die absolute Macht. Es ist wie ein Symbol, daß er jetzt endlich den Hofhalt des Großmoguls kaufen kann, der seit über einem Jahr fertig bei Dinglinger steht. Am 28. März 1709 nimmt er ihn in Empfang. 60 000 Taler sollen den Brüdern Dinglinger nach und nach innerhalb der nächsten drei Jahre aus der Hofkasse bezahlt werden. Auf dem Sockel eines der schwarzen sechsarmigen Götzen steht: »Deo inceptum 1701. Germanis Dinglerianis inventum« und auf einem zweiten Sockel: »Deo Finitum 1708. Dreßdae artificiose confectum« − mit Gott begonnen 1701, die Deutschen Dinglinger haben dieses Werk erfunden, mit Gott vollendet 1708, kunstfertige Dresdner haben es gemacht. Deutsche und Dresdner − der dänische Vetter wird staunen.

In den Monaten des Wartens fördert August wie vor seiner Reise nach Flandern wieder unermüdlich die Wirtschaft, rüttelt sein Land auf. Die Städte und die Zünfte, die früher Wirtschaft und Handel trugen, haben den Dreißigjährigen Krieg schlecht verwunden, sind erstarrt in überholten Strukturen. Der Landesfürst ist an ihre Stelle getreten.

Das große Fest, der aufwendige Hof und vor allem das stehende Heer sind nur möglich auf der Grundlage einer Wirtschaft, die den

König mit Geld versorgen kann. Hof und Armee treiben ihrerseits wiederum die Wirtschaft an. Die Warenproduktion in Sachsen steigt in nie gekanntem Maß. An der Armee verdienen Gerber und Schuster, Färber und Schneider. August wählt selbst die Tuche für die Uniformen aus, die Knöpfe. Alles, was die Armee braucht, wird in Sachsen gefertigt, Degen und Gewehre, Pulver und Kanonen. Die Rohstoffe für die Waffen kommen aus sächsischen Bergwerken. Die Feste des Königs beleben das Luxusgewerbe. August fördert die Einrichtung neuer Manufakturen für Damast, Samt und Seide, fördert das sächsische Kunsthandwerk, gibt Gläser, Tische, Stühle, Schreibschränke, Kommoden, Spiegel in Auftrag und läßt für sich nur einzelne Kostbarkeiten in Frankreich kaufen. Er ist stolz, als der Statthalter Fürstenberg ihm einen Hut überreichen kann, dessen Biberfilz und Goldspitzen in Sachsen hergestellt worden sind. Adel, Bürger und Volk sollen sächsische Produkte kaufen.

August ist begierig, dem Ausland etwas zum Kauf anbieten zu können, das es nur in Sachsen gibt. Er hält sich an die Grundsätze des Merkantilismus, strebt eine positive Handelsbilanz an: Waren ausführen, Geld einführen, nicht umgekehrt. Jetzt, im März 1709, kann er endlich bekanntgeben, daß Böttger das weiße Hartporzellan erfunden hat, das erste Hartporzellan der Welt. Tschirnhaus erlebt den Erfolg seiner Idee nicht mehr, er ist im Oktober 1708 gestorben. Der König setzt eine Kommission ein, die ein Gutachten erstellen soll über die Möglichkeit, eine Porzellanmanufaktur zu errichten. Er verzeiht Böttger, daß er nun doch kein Goldmacher ist. Aber die Freiheit bekommt er nicht.

August liegt an der Entwicklung neuer Produktionsverfahren, und er interessiert sich für jede Art von technischen Erfindungen. In seiner Modellkammer stehen Schraubstöcke und Flaschenzüge, Waagen und Thermometer, Instrumente zum Messen von Entfernungen und Winkeln, ein kupferner Brennspiegel von Tschirnhaus, in dessen Mitte eine Temperatur von 1500 Grad entstehen kann, und eine Luftpumpe, die er auf der letzten Leipziger Messe gekauft hat. Er sammelt Automatenuhren, besitzt eine Uhr in einem Pferd, auf dem ein Türke reitet, der beim Glockenschlag Kopf und Arme bewegt, und eine Uhr in einem Löwen, der den Rachen öffnet, scheinbar zweckfreie Spielereien, doch die Grundlage für die industrielle Entwicklung der Feinmechanik.

Er bemüht sich, Leute ins Land zu ziehen, die Erfindungen gemacht haben oder in Sachsen bisher unbekannte Fabriken aufbauen können, und gewährt ihnen Bauland, Bauholz und eine zehnjährige Steuerfreiheit. Er schickt Agenten nach Preußen, um reformierte französische Flüchtlinge abzuwerben. Der Berliner Hof reagiert ungehalten. Die lutherischen Sachsen protestieren. Der König gibt nach außen nach, läßt aber insgeheim Mitglieder des Hofes, auch Constantia, für ihn unter ihrem Namen Reformierte ins Land holen, wie es überhaupt seine Art ist, nicht mit dem Kopf durch die Wand zu gehen, sondern einen Weg zu finden, der um die Wand herumführt. Allmählich ermüdet seine Zähigkeit den Starrsinn der Lutheraner, aber noch lange müssen die Reformierten ihre Toten nach Dessau in Anhalt bringen und dort begraben, so wie die Juden die ihren nach Töplitz in Böhmen.

Die neuen Manufakturen unterliegen nicht dem Zunftwesen, sie stehen im freien Wettbewerb, und ihre Produktion ist höher als die des herkömmlichen Handwerkbetriebes oder Hausgewerbes. Doch noch sind sie nicht so einträglich, wie der König es erwartet, der, ebenso wie der Hofadel, Anteile an Manufakturen besitzt. Das Handwerk, nicht die neuen Großbetriebe, trägt die gewerbliche Wirtschaft. Aber viele Aufträge des Hofes können die sächsischen Handwerker nicht ausführen, weil die Zunftverfassung es ihnen verbietet, weil die alte Aufteilung von Arbeiten auf bestimmte Berufe die neuen Produkte, die der König verlangt, nicht zuläßt. Seit seinem Regierungsantritt arbeitet August an einer Reform des Handwerksrechts. Er will ein einheitliches Handwerksrecht im ganzen deutschen Reich einführen.

Im Frühjahr 1709 beschäftigt ihn lebhaft das Aufstellen von Postsäulen an den Landstraßen, zunächst solcher aus Holz. Wichtig für eine blühende Wirtschaft ist der Handel, und zum Handel gehört, daß jedermann bequem und sicher reisen kann. Die Säulen sollen Landesunkundigen Richtung und Reisezeit zu den nächsten Städten anzeigen. An den Straßen sollen neue Gasthöfe entstehen, in denen Vorspannpferde und Handwerker für Wagenreparaturen bereitgehalten werden, Lebensmittel für die Reisenden und Futter für die Pferde. August läßt die Räuber und ihre Banden bekämpfen, die davon leben, Reisende zu überfallen. Vor allem Lips Tullian, der die Hosterwitzer Kirche bei Pillnitz plünderte und als Freund der Armen gilt, hält Reisende in Angst, aber sie fühlen sich auch von den losen Leuten bedroht, den vielen Obdachlosen, die auf den Straßen leben. Wer Haus und Hof verliert oder seine Miete nicht mehr zahlen kann, wird von der Justiz der Gemeinden ohne Erbarmen auf die Straßen getrieben. Arbeitslose, entlaufene Leibeigene, verwundete Soldaten, die weder arbeiten noch im Heer dienen können, leben bettelnd und plündernd von der Straße, elternlose Kinder, Deserteure, Arme, die die Nachbarfürsten aus ihren Ländern weisen ließen. Der König befiehlt, die einheimischen Vagabunden ihren Herren auszuliefern, die fremden rücksichtslos über die Grenzen aus dem Land zu jagen.

Mittelpunkt des sächsischen Handels sind die Leipziger Messen.

Von einzelnen Schwankungen abgesehen weisen sie steigenden Besuch und Umsatz von Jahr zu Jahr auf. Das Leipziger Gewandhaus bietet in drei Geschossen etwa 5000 Quadratmeter für das Ausbreiten von Tuchen, Leinwand, Kleiderstoffen aus Sachsen.

Leipzig ist nun auch der führende Platz im Buchgewerbe, hat Frankfurt am Main überrundet. Große Firmen entwickeln sich hier, Verlagsbuchhandlungen, Schriftgießereien, Druckereien. Die Leipziger Handelsherren treten selbstbewußt auf, ihr Wohlstand spiegelt sich in der Einrichtung ihrer Häuser, in ihren Kleidern und Kutschen. Die Leipziger gelten im übrigen Sachsen allesamt als gebildet und reich. Handel und Stadt blühen auf, aber trotz aller Handelsvorrechte hagelt es von Leipzig ununterbrochen Klagen über den Verfall des Handels an den Hof in Dresden. Das Klagen gehört zum Geschäft der Kaufleute. Jeder will Vorteile auf Kosten von anderen, und wer am lautesten jammert, kommt am weitesten.

Neben Wirtschaft und Handel treibt August in diesem Frühjahr verstärkt die Reform des Heeres voran. Stöße eigenhändiger Aufsätze, Entwürfe, Briefe, Notizen, Zeichnungen verlassen sein Arbeitskabinett. Eingehend kümmert er sich um die Ausbildung von Offizieren und Soldaten. 1704 hat Schulenburg ein Reglement für die Infanterie entworfen, ein Jahr später Flemming eines für die Kavallerie. Der König ist nicht zufrieden. Er will keinen Haufen Bewaffneter, die im entscheidenden Moment davonlaufen, sondern eine scharf gedrillte, disziplinierte Armee. Jede Truppengattung soll aus einer Anzahl in sich festgegliederter Regimenter bestehen. Eine Generalkriegskasse soll für die Einheitlichkeit von Waffen und Uniformen sorgen.

Auch die Landmiliz reformiert er, die Sachsen verteidigen soll, wenn das Heer in Polen ist. Er läßt ein Verzeichnis aller wehrfähigen Männer im Alter von sechzehn bis sechzig Jahren aufstellen. Seit dem Abzug der Schweden reist eine königliche Kommission durch Sachsen, ruft in Städten und Dörfern die Männer aufs Rathaus und fragt: »Wie er heisse? wie alt? woher er gebürtig? was für Condition und Profession er sey? ob und wie viel er Brüder habe? und wo sie seyn? wie viel Söhne? und wie alt?« Das Los bestimmt, wer für die Miliz rekrutiert wird. Der König läßt den Männern Übungsplätze zuweisen und sie systematisch ausbilden.

Die Bevölkerung lehnt die Armee ab. Die Truppendurchzüge und Einquartierungen bringen nur Kosten. Die Soldaten überfallen Reisende, rauben Geld, Kleider, Schuhe, plündern die Häuser in den Dörfern. Wer selbst unter die Soldaten gerät, leidet unter der harten Disziplin, unter der steten Drohung mit Spießrutenlauf und Todesstrafe, denn obwohl der König Bluturteile verabscheut, hält er sie für notwendig.

Besonders starker Widerstand regt sich im ganzen Land gegen die Landmiliz. Den Sachsen ist der Gedanke fremd, daß jeder Mann nicht nur im Fall der Not, sondern ständig dem Landesfürsten wehrpflichtig sei. Die Feudalherren bekämpfen die Reform, weil ihre leibeigenen Bauern während der Ausbildung manchmal wochenlang vom Gut ferngehalten werden ohne Rücksicht auf dringende Feldarbeiten. Am schlimmsten leiden die Bauern. Auch wenn sie Mannschaften oder Waffen für den König fahren müssen, erlassen ihre Gutsherren ihnen nicht eine Stunde Fronarbeit. Immer mehr schränkt der Adel ihr Recht ein, sich von der Fron freizukaufen, nimmt ihnen ihr Land, macht sie zu Leibeigenen. Das Aufrüsten steigert ihre Verzweiflung, es kommt zu Aufständen. Besonders auf den Rittergütern der Oberlausitz wird die Lage für den Adel bedrohlich. Die Stände befürchten einen allgemeinen Bauernaufstand und wenden sich an den König um Hilfe.

In den Städten kommt es zu Tumulten der Handwerksgesellen. Sie kämpfen seit Jahren gegen ihre Ausbeutung durch die Zunftmeister. Nun heizen die Zwangsrekrutierungen des Königs für die Landmiliz ihre ohnmächtige Wut an.

Der König läßt jeden Aufstand unterdrücken. Zugleich lockert er aber die Rekrutierungen zur Miliz. Gegen ihn erhebt sich niemand. Gewerbe und Handel blühen wie nie zuvor. Den Bürgern geht es gut.

Die Leipziger Frühjahrsmesse 1709 wird ein großer Erfolg. August fährt mit Constantia, seinem Hof und seinen Ministern am 21. April hin. Aus ganz Sachsen und von allen Grenzstationen kommen Sonderwagen der Post, allein aus Dresden gehen täglich fünfzig bis sechzig Postkutschen nach Leipzig ab, »dergleichen Frequenz man sich in hiesigem Post Hauß nicht erinnern kan«. Als die Messe vorüber ist, »reichen auch allewege die Postpferde vor alle Passagiers nicht zu«, um sie in ihre Länder zurückzubringen.

Das Wetter ist beschwerlich geblieben. Jetzt, Anfang Mai, herrscht eine große Hitze. Das Land ist staubig geworden, die Flüsse führen Niedrigwasser, und man klagt über die Dürre.

Der König von Dänemark ist doch nicht nach Rom gereist und wird nun täglich in Dresden erwartet. August läßt für das große Fest seine Orangerie aus Apels Garten in Leipzig holen. Auf vierzig Wagen fahren Gärtner die schönen starken Orangenbäume nach Dresden. Die grimmige Kälte hat ihnen nichts getan, der König ließ in seinen Winterhäusern an Holz nicht sparen.

4.

Die Festvorbereitungen sind abgeschlossen. Die Proben für das Damen-rennen, für die Kampfspiele und Aufzüge können beginnen, sobald die Gäste da sind. Die Hofarchitekten haben um die Reitbahn vor dem Zwingerwall hölzerne Galerien mit offenen Logen für die Zuschauer gebaut. Die Galerien sind grün gestrichen, die Säulen vergoldet.

Die Königliche Musikalische Kapelle hat Tafel- und Jagdmusiken, Kirchen- und Kammermusiken eingeübt. Der König hat eine italieni-sche Schauspieler- und Sängergesellschaft engagiert. Der berühmte Sänger Francesco Ballerini ist aus Wien eingetroffen.

Die Zimmer für die Gäste im Schloß sind gerichtet. Der dänische Reisemarschall hat dem Oberhofmarschallamt eine Liste des Gefolges geschickt, mit dem sein König reist. Frederik wird mit 116 Personen kommen, mit Pferden und Hunden. Aus Kopenhagen werden seine Minister mit ihren Kanzleien erwartet. Der Herzog Johann Georg von Sachsen-Weißenfels, ein Cousin Augusts, hat sich mit 194 Personen und 75 reisigen Knechten angemeldet, mit 97 Reitpferden, 30 Kutsch-pferden, 6 Kutschen und 16 Wagen, darunter zwei für seine Oboisten, einer für seine Garderobe, einer für seine Leibmedizin und einer für seine Gewehre. Mit ihm kommen seine Frau, die Herzogin Friederike Elisabeth, und seine Schwester Johanna Wilhelmina mit 33 Dienern und Lakaien, insgesamt also über 300 Leute. Es haben sich aber auch noch die Herzöge von Holstein, von Württemberg, von Merseburg angemeldet.

Das Schloß ist voll belegt. Der König von Dänemark wird in den Räumen des Kurprinzen wohnen, der Herzog von Sachsen-Weißenfels in einem Teil der Wohnung des Hausmarschalls, der ausquartiert ist. Die Herzogin wird ebenfalls dort wohnen, die Schwester in den Zim-mern der Prinzessin von Wolfenbüttel. Vor den Türen des Königs von Dänemark soll die Leibgarde Wache halten, in den Gemächern die Chevalier-Garde. Der Herzog von Sachsen-Weißenfels bekommt nur eine doppelte Wache von Fußtrabanten vor die Tür, weil die Korridore vor seinen Zimmern so eng sind.

Für die Kavaliere der Gäste hat das Oberhofmarschallamt Quartiere in der Stadt gemietet. Allerdings sollen sie im Schloß beköstigt werden, wogegen die Bedienten der Gäste kein Essen bekommen, sondern Kostgeld. Die Schloßkirche ist für Frederik IV. mit rotem Samt ausge-schlagen worden, und Kutschen stehen bereit, falls die Gäste ausfahren wollen.

Das Oberhofmarschallamt wendet sich schriftlich mit letzten Fragen an König August. Sollen bei der öffentlichen Tafel Fußtrabanten

Wache halten? Nein, schreibt der König an den Rand, es ist kein Platz in den Gemächern. Wie es mit dem Säubern der Hände nach dem Essen gehalten werden soll, ob mit Krug und Wasserbecken oder mit Servietten? Antwort: mit Servietten. Ob die Kammerherren einschenken und die Kammerjunker das Getränk tragen sollen, oder wie? Der Vornehmste reicht dem Gast das Getränk, das der andere bis zum Tisch gebracht hat. Und wer soll die Speisen zur königlich-dänischen Tafel tragen? Die Kadetten. Und zur Tafel der Grafen? Die Trabanten.

Auskunft über diese organisatorischen Einzelheiten im Hintergrund des großen Festes gibt mir ein dreihundert Folioseiten dickes Tagebuch, das das Oberhofmarschallamt über diesen »Carneval« führen ließ. Der Schreiber des Journals, Christoph Weigelt, ist auch mein bester Zeuge für die Rolle Constantias bei diesem Fest. Meine Lieblingslektüre über das Fest aber und über große und kleine Feste anderer europäischer Höfe ist ein Buch von Johann Christian Lünig, das 1719 und 1720 in zwei Bänden in Leipzig erschien, beide zusammen fast 3500 Folioseiten stark.

Die Anordnungen Augusts erstrecken sich bis in Kleinigkeiten. Er mischt sich in alles ein und bringt häufig die gesamte Organisation durcheinander. Besonders Flemming ärgert sich immer wieder darüber. Der König kann es nicht lassen, in allem seinen Willen durchzusetzen, aber noch stärker ist sein Drang, seine Größe in der Achtung der anderen zu suchen. Er will geehrt und bewundert werden, und das verleitet ihn dazu, auch in der Kenntnis belangloser Einzelheiten vor seinen Dienern glänzen zu wollen, wodurch er dann oftmals den Gang der Dinge aufhält.

Auch politisch ist alles für den Abschluß des Bündnisses mit Dänemark vorbereitet. August hat die Meinungen Hannovers und Preußens zu seinem beabsichtigten Bruch des Friedensvertrags mit Karl erkunden lassen. Der harte Winter hat das Heer Karls schwer mitgenommen, viele Soldaten sind erfroren oder verhungert.

Diese Nachrichten aus der Ukraine beeinflussen die Antworten Hannovers und Preußens, die, obgleich Garanten des Friedensvertrags, doch selbst nach schwedischem Land schielen. Hannover möchte Bremen und Verden haben, sein Kurfürst wünscht eine Niederlage Karls und hat zugleich Angst, daß dann Dänemark und Preußen nach diesen Provinzen greifen. Die Minister des Kurfürsten sagen dem sächsischen Gesandten, wenn Bremen und Verden nicht angetastet würden, werde Hannover sich nicht in die polnischen Absichten König Augusts mischen.

Der preußische König Friedrich I. möchte Schwedisch-Pommern haben, glaubt aber nicht, daß Karl besiegt wird. Seine Minister sagen Flemming, falls König August den Altranstädter Frieden breche, werde man aus Berlin wohl viele Briefe gegen Sachsen schreiben, aber ein Pferd wolle man deswegen nicht satteln lassen. Es ist klar: Wenn August Karl besiegt, werden alle ihm zujubeln und für ihre Duldung einen Anteil an der Beute verlangen. Geht der Krieg aber schlecht aus, wird jeder ihn zum Friedensbrecher erklären.

In Polen werden die Königstreuen ungeduldig. Der König müsse spätestens im Juni kommen, schreiben sie, länger werde es für sie nicht möglich sein, seine Partei aufrechtzuerhalten. Die Macht der Russen wachse von Tag zu Tag, so daß der Zar bald der Republik einen Regenten aufdrängen könne.

Tatsächlich hat Zar Peter die polnische Krone Prinz Eugen angeboten. Hätte der Prinz angenommen, so gäbe es jetzt drei Könige in Polen: Eugen, Stanislaus und August.

Der Bürgerkrieg zwischen den Anhängern Stanislaus' und Augusts hat Polen ruiniert. August will die Schwäche nutzen und die bisherige Personalunion nun zu einer wirklichen Union mit Sachsen ausweiten, aus beiden Ländern einen neuen einheitlichen Großstaat schaffen, den einmal eine Landbrücke durch Schlesien verbinden soll. Er will in Polen die Kabinettsregierung einführen, will das buntgewürfelte polnische Adelsheer durch ein stehendes Heer ersetzen. Seine Anhänger, die Konföderierten von Sandomir, sind mißtrauisch und verlangen, daß er ihnen noch einmal wie bei seiner Thronbesteigung 1697 versichert, alle Rechte und Freiheiten der Republik achten zu wollen. Das will August auf keinen Fall, denn er geht davon aus, »daß er die Krone nicht aufs neue suche, sondern sich ihr kraft seiner Besitzrechte . . . wieder zuwende«. Noch muß er leise auftreten. Flemming soll mit den polnischen Gesandten verhandeln, die zum Fest nach Dresden anreisen.

Die Zeit drängt, aber der dänische Vetter bleibt aus. Dann heißt es, der König von Dänemark sei am 10. Mai in Innsbruck eingetroffen. Hastig kehren August und Constantia von einer Schiffsreise zu den Truppen in Torgau und Wittenberg zurück. Doch dann heißt es, Frederik wolle in Innsbruck einige Zeit bleiben. Monate hat man auf ihn gewartet, und als er am 20. Mai schon Nürnberg verläßt, ist man überrascht. Jetzt, in der zweiten Maihälfte, schneit es, stürmische Winde fallen über Dresden her, und Platzregen jagen die Leute in die Häuser.

August schickt dem Gast sofort den Kammerpräsidenten Löwendahl und einige andere Herren zur Grenze entgegen, schickt Hoftrompeter, Pagen, Lakaien, Mundköche, Kellermeister und einen Teil der Garde.

Am Abend darauf trifft spät eine Stafette mit der Nachricht ein, der dänische König sei so schnell gereist, daß er schon in Freiberg logiere. Nachts um eins setzt August sich in die Kutsche nach Freiberg. Zwei Tage später, am 26. Mai 1709, abends zwischen acht und neun, es ist ein Sonntag, kommt der dänische König im Großen Garten vor der Stadt an. Die Kanonen rings um Dresden schießen eine Salve, die, »weil deren Anzahl sehr groß, ein ungemeines Donnern verursachte«. Mit einem langen feierlichen Zug aus Jägern, Garden, Trompetern, Kutschen der Minister und Hofkavaliere wird der Gast in die Stadt eingeholt. Er sitzt mit dem dreizehnjährigen Kurprinzen Friedrich August in der prächtigen, von sechs Pferden gezogenen Kutsche, die August ihm entgegengeschickt hat und die Bediente zu Fuß und zu Pferd mit weißen Wachsfackeln umgeben. Als die Kutsche das Pirnaische Tor erreicht, donnern die Kanonen zum zweiten Mal. Vom Tor bis zum Schloßhof steht auf beiden Seiten der Straßen die Bürgerschaft »in sauberer Kleidung und gutem Gewehr«. König Frederik steigt im Schloßhof aus der Kutsche, die Kanonen schießen die dritte Salve, und die Trompeter schmettern Fanfaren. In der nachfolgenden Stille geht der Gast auf die Schloßtreppe zu, die Fackeln knistern, König August kommt die Treppe herunter und reicht König Frederik die Hand.
Das große Fest beginnt.

5.

Sechzehn Festtage sind vorgesehen, doch es werden mehr als doppelt so viele, und für alle denkt August sich neue Freuden aus. Im ersten Drittel dieser Tage glänzt er mit seiner Erfindung, dem Damenfest, im zweiten zeigen die Fürsten sich als Herren der Welt, im dritten als Götter. Gastgeberin an der Seite des Königs ist Constantia.
Frederik macht am Morgen nach seiner Ankunft seine Aufwartung bei Madame Royale, der Schwester seines Vaters, und ißt bei ihr zu Mittag. Abends, nach der Komödie und ehe die Redoute beginnt, der Ball der Masken, fallen die Lose zum Damenfest. Jede der vierundzwanzig Damen zieht drei Lose: ihren Kutscher, ihre beiden Mitkämpfer zu Pferd – die sogenannten Renner – und die Farbe ihrer Mannschaft und ihres Wagens. Constantia zieht den König von Dänemark als Kutscher, den König von Polen zu einem ihrer Renner und mit dem dritten Los die Farbe der Rose, der Blume der Liebe.
Am nächsten Abend ist König Frederik Gast im Palais am Taschenberg. Constantia gibt ihm nach der Komödie ein Souper und einen Ball. Zweiundzwanzig Personen sitzen an der Haupttafel, die beiden Könige und die wichtigsten Minister, Flemming, Pflugk, Löwendahl mit ihren

Frauen, die unvermeidliche Gräfin Reuß, die Gräfin Nostiz, die eine Freundin Constantias ist, und natürlich der muntere Vitzthum mit Rahel Charlotte. König Frederik sitzt zwischen Constantia und Flemming, den beiden großen Günstlingen König Augusts.

Christiane Eberhardine, die Königin, ist kurz vor Beginn des Soupers kaum beachtet aus Torgau in Dresden eingetroffen.

Constantia leuchtet förmlich vor Glück. Sie ist wieder schwanger, und August ehrt sie vor den Augen der Welt. Sie trägt ihren Brillantschmuck, ein Halsband aus einundzwanzig Brillanten, Ohrringe, an denen je ein birnenförmiger Brillant hängt, und in der Frisur zwei Haarnadeln mit fast zwei Zentimeter langen Brillanttropfen. Frederik ist tief beeindruckt von ihrer Schönheit. Er bedaure unendlich, sagt er, über keinen weiblichen Tugendorden zu verfügen, den er ihr verleihen könne.

Der Achtunddreißigjährige hat seine Italienreise genossen, hat in Venedig an Bällen und Maskeraden teilgenommen und wirkliche und vorgegebene Liebesabenteuer bestanden. Er hat sich gebildet und Einblicke in andersartige politische Verhältnisse gewonnen. Als er 1699 König wurde, war er unwissend, denn die dänischen Minister glaubten, daß sie leichter herrschen könnten, wenn ihr König als Kronprinz nichts lernt. Doch mit sturer Energie und großem Fleiß eignet er sich jetzt Kenntnisse und Fähigkeiten an. Wenn er in Kopenhagen wohnt, ist jede Stunde seiner Zeit nach einem Wochenplan besetzt. Nur auf die Sonntagsruhe legt der fromme Protestant großen Wert, doch oft läßt er sich auch sonntags noch Berichte vorlesen. Aber Gott kann das nicht ungnädig aufnehmen, meint er, da es doch »Ihm zu Ehren« und »erst, wenn beide Predigten zu Ende sind«, geschieht. Sein Benehmen ist freundlich und entgegenkommend, doch seinen Ratgebern begegnet er mit Argwohn — genau wie sein Vetter August den seinen. Frederik setzt in Dänemark fort, was der gemeinsame Großvater der beiden Vettern, Frederik III., 1660 mit der Erbhuldigung begann: Entmachtung des Adels, Aufbau einer zentralen Verwaltung in der Hauptstadt, Regierung aus dem Kabinett des Königs. Aber das Königsgesetz, das Grundgesetz des Absolutismus, das der Großvater 1665 schreiben ließ, wartet noch immer in der Schreibtischschublade. Schonen gehört noch Schweden, und um es zurückzuerobern, fehlten Frederik bislang Geld und Gelegenheit. Doch mit Augusts Hilfe will er nun den Krieg beginnen.

Constantias Ball endet erst, als die Sonne aufgeht.

Zwei Tage später gibt die Königin dem Gast ein Mittagessen. Doch Abend für Abend sitzt Constantia, nicht Christiane Eberhardine, an der königlichen Tafel. Das Los bestimmt die Tischordung, damit niemand sich übergangen fühlt und beleidigt ist, doch selbstverständlich fällt es immer wieder so, daß König August Constantias Tischherr ist oder König Frederik.

Das Fest mit seinen angekündigten großen Veranstaltungen macht Dresden zu einem Magnet für Fremde. Die Torschreiber notieren in diesen Tagen über 16 000 Touristen, darunter allein über zweihundert böhmische Grafen. Alle Gasthäuser sind überbelegt, private Quartiere kaum noch zu bekommen. Die Touristen sitzen in den Kaffeehäusern, wenn sie das Glück haben, dort einen Platz zu ergattern, sitzen im neuen Weinkeller an der Pirnaischen Gasse und sprechen über das, was sie bereits gesehen und erlebt haben, und das, was noch auf sie wartet. Die Proben in der Zwingerarena, bei denen sie zugeschaut haben, versprechen eine nie dagewesene Anmut und Pracht.

August befiehlt, daß ab jetzt täglich Komödie und Redoute sein soll. Er will, daß jeder zu seinen Bällen und Geselligkeiten kommt, Hoch und Niedrig, soweit der Platz nur reicht, und er ist mißvergnügt, wenn die Wachen zu viele Leute abhalten. Manchmal warnt er bei den Proben persönlich Zuschauer, die sich allzu nahe an die Pferde drängen, vor der Gefahr, in die sie sich und andere mit ihrer Drängelei bringen, und damit richtet er mehr aus als die Wachen. Er ist zu allen Leuten freundlich und gewinnt ihre Zuneigung, wahrt aber immer seine königliche Würde.

Jede Nacht in Dresden wird nun bis drei, vier Uhr morgens durchtanzt. Die Zeitungen berichten spaltenlang über das große Fest, und täglich treffen mehr Touristen ein. Die Lebensmittelpreise steigen, und die Dresdner fürchten, daß bald auch für Geld nichts mehr zu haben ist, da Lebensmittel um diese Jahreszeit noch knapp sind und der Hof zuerst beliefert werden muß.

Das Oberhofmarschallamt hat alle Hände voll zu tun. Für die adligen Kammerherren gibt es einen genauen Dienstplan, wer wann an der Tafel serviert, wer zur Verfügung steht, wenn der König die Proben zum Karussell leitet oder die Kavaliere des Damenfestes die Pferde im Reithaus probieren, wer bereitsteht, um unangesagte Gäste zu empfangen. Gesandte aus anderen Ländern treffen ein, um die Konferenzen zu beobachten oder um im Namen ihrer Souveräne die beiden Vettern Friedrich – auch August wird ja im Alltag Friedrich genannt – an ihre Höfe einzuladen.

Beide Könige lehnen Einladungen dankend ab, sie haben keine Zeit. Die Vettern arbeiten, von den Touristen kaum bemerkt, fleißig, konferieren mit ihren Ministern und miteinander, und jeden Mittag gibt es kleine Herrenessen, auf denen weiter Politik gemacht wird. Diese Essen sind überaus wichtig für Fürsten, deren Länder die Auswirkungen eines Bündnisses der beiden Könige spüren könnten. Der Herzog von Holstein, der frühere Prinz Christian und Administrator für seinen kleinen Neffen, ist nach Dresden gekommen, um zu verhindern, daß im Bündnis seiner beiden Vettern gegen Vetter Karl von Schweden der unwidersprochene Griff nach Schleswig und Holstein zum Preis wird für Verpflichtungen, die Frederik zusagt. Auch Graf Rantzau ist gekommen, Constantias landloser Vetter, und sie will ihm helfen, seine Grafschaft wiederzubekommen, die der eine Landesherr, der Herzog, ihm genommen hat, und an der dem anderen Landesherrn, dem König, gelegen sein muß: sie soll ja an sein Haus kommen, falls die Rantzaus einmal ohne Söhne sterben, und das kann sie nur, wenn sie ihnen auch gehört und nicht dem Herzog. Constantia erreicht ihr Ziel: König Frederik lädt Rantzau zusammen mit dem Herzog an die Königstafel, und einige Tage später lädt er den Grafen allein zu einem kleinen Mittagessen.

Am 3. Juni 1709 ist offene Tafel im Schloß, und jeder, der gut gekleidet ist, Dresdner oder Tourist, darf hineingehen und zusehen, wie die Könige speisen und von den Großen bedient werden. Der Andrang der Zuschauer ist groß. Von der Tür bis zur Tafel steht in zwei Reihen die Chevalier-Garde. Die erhöhte Tafel ist mit einem goldenen Service gedeckt. Trompeter und Pauker aller vier Korps der Chevalier-Garde blasen und trommeln zu Beginn eines jeden Ganges. Kadetten tragen die Speisen aus den Küchen in den Vorsaal, Kavaliere tragen sie in das Speisegemach und reichen sie dem Oberhofmarschall Pflugk, der sie auf die Tafel setzt. Hinter jedem König stehen Adlige zur Bedienung bereit. Jedesmal, wenn die Könige Trinksprüche ausbringen und die großen gläsernen Deckelpokale heben, blasen die Trompeter, trommeln die Pauker, und die Kanonen der Festung schießen Salut.

Gegen Ende des Essens erscheint unter dem Publikum die Gräfin Cosel. Sie trägt ihren Perlenschmuck, ein Halsband aus zweiunddreißig Perlen und um jedes Handgelenk Armbänder aus fünf Reihen Perlen mit Brillantschließen. Frederik sieht sie, will nicht zulassen, daß sie stehen bleibt, wie es doch üblich ist. Beide Könige erheben sich und erweisen der Gräfin vor allen Zuschauern und dem gesamten Hof die Gnade, sie an der Hand an die Tafel zu führen. August läßt ein Taburett bringen, und sie darf sich setzen. Das ist eine unermeßliche Ehre, die ihr andere großen Damen kaum verzeihen.

Das Damenrennen ist für den 5. Juni vorgesehen. Gegen Mittag versammeln sich die Mannschaften im Redoutensaal, wo eine große

Tafel in Form eines lateinischen A für sie gedeckt ist. Wirtin des Damenbanketts, das dem Rennen vorausgeht, ist die Königin. Christiane Eberhardine kämpft selbst nicht mit, sondern wird die Preise verteilen. Seit morgens um elf regnet es stark, und jeder in der Stadt hofft, daß der Regen aufhört, damit das Rennen wie geplant am frühen Nachmittag beginnen kann.

Constantia sitzt zwischen den Königen. Die Mannschaft Couleur de Rose, der Blume der Liebe, zu der als dritter Kavalier ein Graf Holzendorf gehört, zieht aller Augen auf sich. Es ist, als ob das ganze Fest um die Mätresse kreist.

Constantias rosafarbenes Mieder ist hoch geschnürt, man sieht die Schwangerschaft nur wenig, sechs diamantbesetzte Schleifen blitzen untereinander auf Brust und Taille. Der Rock ist nach einem Entwurf Augusts girlandenartig gerafft und mit goldenen Fransenschnüren geschmückt. Constantia trägt weiße Handschuhe, die bis zu den Ellbogen reichen, und auf einer weißen Perücke einen hohen nickenden Busch aus rosa Federn. Auch ihre Kavaliere haben rosa Federbüsche auf den Hüten. Die beiden Renner, König August und Graf Holzendorf, sind in Rosa und Gold gekleidet, der Kutscher, König Frederik, in Rosa und Silber. Die Herren haben rosa Federn und Bänder als Halskragen und auf den Achseln.

Neben der Couleur-de-Rose-Mannschaft sitzt die Mannschaft Couleur de Cerise mit kirschroten Kleidern, Federbüschen und Bändern, daneben eine Mannschaft in Leinengrau. August hat die Farben ausgesucht und ihre Reihenfolge festgelegt: Zitronengelb neben Aurora, der Farbe der Morgenröte, Paille, ein strohfarbenes Gelb, neben Kaffeebraun. Es gibt eine Mannschaft in Purpur, eine in Klatschmohnrot, in Violett, Wasserblau, Himmelblau und Bleumourant, in schmachtendem Blau. Es gibt Wassergrün, Feldgrün, Meergrün, Zimt und Muskat, eine weiße Mannschaft. Die Federbüsche wogen, überall blitzen Juwelen, die Herren und Damen haben sich herausgeputzt, sind in gehobener Stimmung, wissen, in einigen Tagen wird ganz Deutschland von diesem Fest lesen.

Doch auch nach dem Bankett hört der Regen nicht auf. Die grünen Reiser im Zwingertheater tropfen vor Nässe. Schließlich verschiebt August das Rennen auf den nächsten Tag, und der Hof geht zur Redoute.

Am folgenden Morgen strahlt die Sonne von einem klaren blauen Himmel. In den Logen der hölzernen Galerien sitzen die fürstlichen Gäste mit ihren Kavalieren und Damen, auf den flachen Dächern stehen dicht an dicht die bürgerlichen Zuschauer in ihren besten Kleidern. Dann endlich ist es soweit, ein Herold reitet ein, zwölf

Trompeter und vier Pauker folgen ihm und die sechs Maîtres de Camps, die Feldrichter: Der Einzug der Rennwagen in die Arena beginnt.

Als Nummer eins fährt der zitronenfarbene Wagen der Zitronen-Dame ein, der Gräfin Nostiz. Auf dem vorderen Sitz hat der Kutscher, der Herzog von Holstein, seinen Platz, hinter ihm auf einem erhöhten Thron die Dame. Zu jeder Mannschaft gehören sechs Läufer, die die Lanzen tragen. Sie haben, wie Dame, Kutscher und Renner, zitronenfarbene Federbüsche auf den Köpfen, und zitronenfarben sind auch die Federbüsche der beiden Wagenpferde und der Reitpferde der Renner. Mähnen und Schwänze sind mit zitronenfarbenen Bändern durchflochten.

Wagen auf Wagen folgt mit munterem Schellengeklingel im Trab der Pferde. Die Mannschaft Couleur de Rose kommt mit wehenden rosa Federbüschen als Nummer zehn. Die Läufer haben zu weißen Hemden rosa Hosen unter knielangen rosa Taftröcken, rosa Strümpfe und schwarze Hüte mit rosa Krempen.

Die Zuschauer können sich nicht satt sehen an der Farbenpracht und dem Blitzen von Gold, Silber und Edelsteinen in der Sonne. Die Rennwagen ziehen einmal links um die ganze Bahn und bleiben hintereinander stehen. Der Kurprinz, der oberster Kampfrichter ist, gibt das Zeichen zum Beginn.

Die Trompeter heben ihre Instrumente und schmettern eine Fanfare. Der Wagen der Zitronen-Dame startet. Der Herzog von Holstein jagt die Wagenpferde im Galopp auf die hochaufgehängten Ringe der mittleren Bahn zu. Auf den beiden Seitenbahnen galoppieren die Renner. Die Pferdehufe donnern an den Zuschauern vorüber, die Dame und ihre Mitkämpfer heben die Lanzen, treffen die Ringe, und wieder schmettern die Trompeten, und unter dem Beifall der Zuschauer rollt der Wagen aus, und der Herzog lenkt ihn hinter den Wagen der Karmesin-Dame, der letzten Mannschaft.

240 Personen und 96 Pferde sind in der Arena. Zwölfmal darf jede Mannschaft starten. In jeder Bahn hängen zwei Ringe ineinander. Wer den inneren Ring trifft, bekommt drei Punkte, wer den oberen Teil des äußeren Rings trifft, zwei, wer den unteren Teil trifft, einen Punkt. Nach jedem Stechen bringen die Läufer die Lanzen, mit oder ohne Ringe, den Kampfrichtern. Fünfzehn Kampfrichter stehen bereit.

Wieder schmettern die Trompeten, der Wagen der Aurora-Dame jagt vorüber, die Federbüsche wehen, Kutscher ist der Statthalter Fürstenberg. Die Isabell-Dame folgt, die Gräfin Flemming, die temperamentvolle Polin, die Flemming so viel zu leiden gibt. Nach jedem

Treffen schmettern die Trompeter ihre Fanfaren, die Zuschauer klatschen und rufen Beifall, die übrigen Wagen rücken vor zum Start.

Constantia auf dem Rosenwagen sieht sich um, sieht die Tribünen mit den bewegten Zuschauern, sieht die Wettkämpfer. Auf dem vierten Wagen, der jetzt startet, sitzt die Paille-Dame, die Geheimrätin Hoym. Constantias geschiedener Ehemann hat am 7. April 1708 zum zweiten Mal geheiratet, die Comtesse Johanne Maximiliane von Friesen, eine Nichte der Gräfin Reuß. An dieser Heirat haben die Vitzthum, die Reuß und Fräulein Hülchen gestrickt. Doch die zweite Frau von Hoym hat das Schicksal der ersten. Sie ist zwar beherrschter als Constantia, hat aber schon sechs Monate nach der Hochzeit die Scheidung eingereicht. Man sagt, Hoym habe sie mit einer Geschlechtskrankheit angesteckt. Er hat im Spiel mehr Glück als in der Liebe. Vor einigen Wochen ist er in Karlsbad gewesen und hat in zwei Tagen drei Banken gesprengt. Seit seine Frau die Scheidung betreibt, läuft er überall herum und klagt, sie desertiere aus Caprice, er habe nur Unglück mit dem weiblichen Geschlecht.

Wieder schmettern die Trompeten, Constantia sieht, wie die Kaffee-Dame startet, neben ihr galoppiert der Herzog von Weißenfels. Die Purpur-Dame folgt, die Ponceau-Dame, Damen aus altem sächsischem Adel.

Nun steht Wagen Nummer acht am Start. Der Kutscher in Leinengrau ist Löwendahl. Auch er hat wieder geheiratet, am 29. Januar 1709, wieder eine Cousine Constantias, diesmal keine Brockdorff, sondern eine Rantzau. Sie heißt Benedicte Margarethe, ist drei Jahre jünger als Constantia und eine von sechs Schwestern, von denen jede 70 000 Taler Mitgift erhielt. So heißt es jedenfalls. Constantia dreht den Kopf. Die neue Baronin Löwendahl sitzt hinter ihr auf Wagen dreizehn, sie ist die Violett-Dame. Constantia weiß, daß die Cousine sie nicht mag.

Und wieder schmettern die Trompeten, und es wird still auf dem Platz. Der Wagen Couleur de Rose mit dem rosa-silbernen Kutscher und den beiden rosa-goldenen Rennern steht am Start. Die Zuschauer recken die Köpfe nach den Königen und der Mätresse. Der Kurprinz gibt das Zeichen, die Pferde galoppieren an, die Ringe kommen näher, Constantia hebt die Lanze, trifft daneben. Aber August hat getroffen, und die Menge jubelt ihm zu, und auch Frederik lacht und ist vergnügt.

Auf Wagen Nummer fünfzehn sitzt ganz in Blau, bezaubernd und süß, die kleine Prinzessin von Wolfenbüttel, Charlotte Christine, die Tochter von Ludwig Rudolf, die Constantia schon als Kind kannte, ehe ihre Mutter sie zur Königin Christiane Eberhardine gab. Jetzt ist sie fünfzehn Jahre alt und macht ihre Sache sehr hübsch und anmutig. Einer ihrer Renner ist Vitzthum, der Freund des Königs. Jung und alt feiern hier zusammen, der Rang gliedert den Adel auf den Festen, nicht das Alter. Alte und junge Damen sitzen auf den Wagen, junge und alte Herren machen ihnen den Hof, und man hat viel Spaß miteinander. Bald wird wohl die Königin eine gute Heirat für die Prinzessin arrangieren. Ihre Schwester hat den Bruder des Kaisers geheiratet und wird Königin von Spanien sein, wenn die Alliierten Frankreich besiegen. Großvater Anton Ulrich trägt den Kopf noch höher als früher.

Weiter und weiter rücken die Wagen vor, und wieder kommt Constantia an die Reihe mit den beiden Königen. Die Trompeten schmettern, die Zuschauer schreien, die Arena wird zu einer einzigen Bewegung aus Pracht, aus Lärm, aus Farben und Sonne.

Um acht Uhr abends ist das Rennen beendet. Gewinnerin wird mit sechzig Punkten die Prinzessin von Wolfenbüttel. Christiane Eberhardine überreicht der Pflegetochter den ersten Preis, ein Bouquet aus fünf großen und zwölf kleinen Diamanten. Der zweite Preis, ein Diamantdiadem, geht an die punktgleiche Gräfin Holzendorf.

Constantia hat in zwölf Läufen achtmal getroffen. Obgleich sie im Anfang des fünften Monats schwanger ist, haben nur vier Damen mehr Punkte geholt als sie, die meisten trafen gar nicht oder nur ein-, zweimal. Graf Holzendorf war ein schwacher Renner, König August schnitt gut ab. Die Mannschaft Couleur de Rose erreichte Platz vier.

Die Teilnehmer sind erhitzt, guter Laune und hungrig. Der lange Zug der Rennwagen verläßt die Arena und fährt auf die Jungfernbastei an der Elbe, wo die Kämpfer mit den vornehmsten Gästen im Lusthaus auf der Elbterrasse speisen werden. Noch ehe alle Wagen dort ankommen, läutet in der Stadt die Feuerglocke. Im Ratswaisenhaus ist ein Feuer ausgebrochen, vier Häuser brennen ab, doch die Stadt ist nicht gefährdet.

Nach dem Essen beginnt um zehn Uhr das große Feuerwerk. Sein Thema ist die Belagerung von Rijssel – so, wie die Alliierten es den Franzosen gegeben haben, werden die beiden Könige es den Schweden geben. Das Feuerwerk ist auf achtzehn Elbschiffen aufgebaut, eine Festung, sieben Geschosse hoch, höher als die höchsten Häuser der Stadt, und ganz oben brennen die Buchstaben F.IV.R.D., Fredericus IV. Rex Danimarca. Das Feuerwerk beginnt mit einer italienischen Serenade, die auf erleuchteten Schiffen aufgeführt wird, und Neptuns Stimme kommt zu den Zuschauern auf der Terrasse:

»Wann Paucken schallen,
Wann Stücke knallen,
So wächst der Muth:
Und ich verlache,
Ohn alle Rache,
Der Feinde Muth.«

Vom Wasser und vom Land aus beginnt eine Beschießung des Kastells, das sich mit farbigen Leuchtkugeln, mit Girandolen und Raketen verteidigt. August zeigt, was seine Ingenieure und Artilleristen können. Über zwei Stunden dauert das Feuerwerk. Zwischendurch geht ein schweres Gewitter über der Stadt hernieder, doch der König läßt das Feuerwerk nicht unterbrechen, das Naturschauspiel paßt so gut dazu. Eine Viertelstunde nach Mitternacht donnern zum letzten Mal die Kanonen auf der Festung, und dann ist alles für heute vorüber.

Die Bündnisverhandlungen der Minister kommen nur langsam voran. Man einigt sich, daß beide Könige den preußischen König besuchen sollen, um ihn mit einzubeziehen in den Bund gegen Schweden, und sagt ihren Besuch in Berlin an, läßt den Termin aber offen. Große Feierlichkeiten stehen noch bevor, das Ritterturnier, der Aufzug der vier Weltteile mit dem Kampf der Herren und ein Götterfest.

In den Tagen zwischen den Hauptaktionen gibt es kleine Unterhaltungen wie ein Wolfs- und Luchshetzen oder ein Lustjagen auf der Reitbahn, bei dem Frederik und August fünfzig Wildschweine teils mit Lanzen und Wurfspeeren, teils mit bloßen Degen erlegen, oder ein Fuchsprellen im Schloßhof, ein an allen deutschen Höfen hochgeschätztes Vergnügen. Damen und Kavaliere im Jagdgewand stehen sich gegenüber und halten Netze in den Händen, mit denen sie Füchse und Hasen so lange hochprellen, bis sie tot sind. Die Zuschauer lachen herzhaft über die Kapriolen der Tiere, deren Glieder bald gebrochen sind, und über das Stolpern und Umfallen der Kavaliere und Damen, zumal, wenn Sauen unerwartet losgelassen werden und die Damen ihre Röcke halten und kreischen.

Das Ritterturnier zu Fuß findet am 10. Juni nachmittags auf dem Altmarkt statt. Über sechshundert Kämpfer in alten Ritterrüstungen ziehen durch die Stadt zum Markt. Der große Platz ist mit Holzbohlen ausgelegt, August hat hölzerne Logen errichten lassen, und über der mit rotem Samt ausgeschlagenen Loge, in der die Könige sitzen, steht wieder F.IV.R.D. und unter ihren Fenstern hängen vergoldete Schilde mit Sonnen darauf. Die Bürgerschaft ist in Waffen angetreten, Soldaten säumen den Markt, die ganze Stadt ist Hintergrund des kriegerischen Spiels. Mit diesem Turnier weist König August auf die lange Tradition eines ruhmreichen Sachsens hin. Fünf Stunden dauert der Kampf nach alter Ritterart. Zwölf in Schwarz und Gelb gekleidete Männer haben nichts weiter zu tun, als Lanzen und Schwerter zu reichen und Helme zu verschließen. Auf Tapferkeit und Geschicklichkeit kommt es an beim Schwerterschlagen und Pikenbrechen in Duellen und Gruppenkämpfen. Nicht alles läuft so, wie der König es sich dachte, denn viele Kämpfer können sich in den schweren Rüstungen kaum bewegen, können aus den geschlossenen Visieren kaum etwas sehen, und manch einer fällt zu Boden und muß liegenbleiben, bis seine Bedienten ihn aufheben. Trotzdem ist es ein glanzvolles Turnier, das den Touristen gut gefällt. Doch kommt man in den Kaffeehäusern überein, die allgemeine Wohlfahrt habe gar nichts von solchen Festen, und »ein gewisser Poet« dichtet:

»Man wird des Landes Nutz mit Fechten nicht erlangen,
Die allgemeine Not vergeht vom Tanzen nicht,
Ein kluger Vorschlag wird zu Pferde nicht gefangen,
Und niemand voltigiert, wenn er ein Urtheil spricht.«

Aber, so meint man, war das Turnier auch nicht nützlich, so war es doch vergnüglich. Spione des Königs sind überall, und jeder hütet sich, mehr zu sagen.

Abend für Abend gibt es auch weiter französische Komödien, italienische Opern und Redouten und für den Hof Assembleen im Großen Garten, und der König läßt in der Stadt ausrufen, es mögen doch mehr Damen zu seinen Bällen kommen: Die meisten adligen und bürgerlichen Reisenden haben ihre Frauen zu Hause gelassen, und so herrscht Damenmangel.

Die Minister Pflugk, Flemming, Fürstenberg bewirten reihum den König von Dänemark. Auch sie müssen sich seinen Besuch etwas kosten lassen. Frederik lädt wieder den Grafen Rantzau zur Mittagstafel und diesmal auch Constantias Bruder, den Kammerherrn Christian Detlev Brockdorff, eine große Höflichkeit ihr gegenüber.

Bei einem kleinen Wettschießen im engsten Kreis der Könige ist Constantia neben der Herzogin von Sachsen-Weißenfels die einzige Dame. Mit acht Punkten wird sie fünftbeste vor Flemming, der sieben Punkte erzielt, und gewinnt vier Dukaten. Zehn Punkte bekommen August, der Kurprinz und Vitzthum. Frederik gewinnt als Trostpreis einen goldenen Zahnstocher samt Futteral.

Das Wetter ist schön, Sommerwetter, aber oft wird es so warm und drückend, daß alle sich nach kühler Luft sehnen.

In der Woche nach dem Fußturnier proben die Kavaliere fast jeden Tag unter der Leitung von König August den Aufzug der vier Weltteile. König Frederik besucht täglich das Grüne Gewölbe und steht entzückt vor dem Hofhalt des Großmoguls, dem Fest des größten Alleinherrschers der Erde. Das Regierungsprogramm, das bei ihm als papierenes Königsgesetz in der Schublade liegt, steht hier in unvergleichlicher Schönheit, zum Ansehen, Anfassen. Die Arbeit Dinglingers spiegelt den Hofhalt Vetter Augusts, der der zahlreichste und prächtigste in Deutschland ist, spiegelt das große Fest, das August draußen in der Stadt, auf den Festplätzen und in den Festsälen feiert.

Es ist eine große Freude für Frederik, als der Schöpfer der großen Festwelt, August, ihn auffordert, den Schöpfer der kleinen Festwelt, Dinglinger, zu besuchen. Der Goldschmied empfängt die Könige mit ruhiger Würde. Die Majestäten sind Gäste an seiner Tafel auf dem Dachgarten seines Hauses.

Am 19. Juni ist es soweit: Dresden bietet ein ähnlich buntbewegtes Bild wie der Hofhalt des Großmoguls. Die vier Quadrillen Europa, Asien, Amerika und Afrika treffen sich morgens früh an verschiedenen Plätzen der Stadt. Die Straßen sind mit Soldaten der Garnison besetzt. In feierlichen Zügen bewegen sich die Reiter der vier Weltteile, die vornehmsten Adligen in schweren Rüstungen, durch die Stadt zum Zwingerplatz, wo sie im Karussell gegeneinander kämpfen werden.

Frederik ist Chef der Europäer. Die Europäer ziehen in altrömischer Kriegstracht auf und führen zwei Wagen voll Kriegstrophäen mit sich. Chef der Asiaten ist der regierende Herzog von Sachsen-Weißenfels in einem langen grünen Gewand, goldener langer Weste, mit Turban und langem falschem Schnurrbart. In seinem Zug reiten vier Priester unter Baldachinen, und Janitscharen lassen ihre Musik hören. Chef der Amerikaner ist der Bruder des Herzogs, rotbraun bemalt und mit üppigem Federschmuck paradieren sie im Festzug. August ist Chef der Afrikaner. Er und seine sechzehn Reiter sind im Gesicht und an den Armen und Beinen schwarz bemalt, der König trägt eine goldene Sonne auf der Brust und einen weißen Federbusch auf dem schwarzen Kopf. Die Afrikaner führen einen Elefanten und ein Nashorn mit, beides Nachbildungen nur, aber ihre Löwen, Tiger und Bären sind echt.

Die Zwingerarena ist über und über mit Blumen geschmückt und gleicht einem großen Garten. In den Logen und auf den Dächern drängen sich wieder die Zuschauer. Niemals hat man eine schönere und prächtigere Parade durch die Stadt gesehen, darüber sind die Touristen sich einig.

Bei diesem Karussell müssen gleichzeitig vier Reiter, einer aus jedem Weltteil, mit verschiedenen Waffen gegen fünf Phantome kämpfen: Sie müssen eine Lanze so in einen Bären rennen, daß die Spitze in ihm steckenbleibt. Sie müssen mit einem kleinen Javelin, einem Wurfspeer, einen Tiger so treffen, daß der Speer steckenbleibt, und mit einem großen Javelin einen Löwen. Die ausgestopften Tiere haben an den Treffstellen Ringe, und es wird gezählt, wie genau man ins Schwarze trifft. Dann müssen die vier Reiter die Säbel ziehen und sie im Vorbeireiten je zwei und zwei gegeneinanderschlagen und gegen die

Hydra reiten, um dieser einen der vier Köpfe abzuschlagen. Und als letztes müssen sie einem Satyr den Kopf abschlagen — alles im vollen Galopp, und von den Galoppschleifen rechtsherum von einem Kopf zum anderen hat das Rennen den Namen Karussell. Die Köpfe von Bär, Tiger, Löwe, Hydra und Satyr sind mit Rüben auf den Rümpfen befestigt.

In den vorangegangenen Kampfspielen des großen Festes hat August sich zurückgehalten, um den weniger sportlichen und schmächtigeren Vetter Frederik nicht zu beschämen. Nun aber, wo die vier Weltteile um die Vorherrschaft kämpfen, zeigt er, was er kann. Mit vierzehn Punkten wird er Sieger, ist mit Vitzthum, dem Jugendfreund, der mit Abstand beste Kämpfer. Als Herr der Welt verläßt er die Arena.

Am Tag nach dem Karussell kommt der Rittmeister nach Dresden zurück, den August vor einigen Monaten in die Ukraine geschickt hat, um zu erkunden, wie es wirklich im schwedischen und auch im russischen Heer aussieht. Der Rittmeister meldet, alle Aussagen von Gefangenen und Überläufern stimmten darin überein, daß König Karls Heer höchstens noch aus 15 000 Mann bestehe und gewiß bald wieder großen Mangel an Lebensmittel leiden würde, denn der Sommer nach dem schrecklichen Winter habe heiß und unfruchtbar begonnen. Er berichtet, Zar Peter sei sehr unzufrieden mit der Verzögerung und den großen Forderungen König Augusts. Wenn der Zar allein König Karl schlage, dann müsse König August die Hoffnung auf Subsidien aufgeben.

August schickt sofort seinen Kammerdiener Spiegel an den Zaren mit der Erklärung, sein Heer, 12 000 Mann Kavallerie, stehe marschfertig, das Bündnis mit dem König von Dänemark sei geschlossen und beide würden sofort nach Berlin reisen, um den König von Preußen als Bundesgenossen zu gewinnen.

Die Zeit wird knapp, das Bündnis Sachsen-Dänemark ist noch nicht geschlossen, und der Hauptpunkt des Festes steht noch aus, der Aufzug der Götter. Die Einladungen dazu sind in der Stadt an allen Ecken verlesen worden. Der Götteraufzug ist die Krönung des großen Festes, sein eigentlicher Sinn.

Die Könige, die Herzöge, die Großen und ihre Damen zeigen sich am 22. Juni 1709 als Götter. Die Götter treffen sich bei sinkender Sonne zu den Freudenspielen der Nacht. Abends um sieben zieht ein Zug von zweiundsiebzig Göttern und zweiundsiebzig Göttinnen mit ihrem zahlreichen Gefolge aus dem Zeughaus über den Neumarkt, durch die

Moritzstraße und die Kreuzgasse über den Altmarkt und dann durch das Schloß in das Reithaus. Die Bürgerschaft steht im Gewehr an den Straßenrändern, und auch die Garnisonssoldaten sind angetreten. Die Götter sitzen zu Pferd, die Göttinnen auf zweiunddreißig von Ochsen oder Pferden gezogenen Wagen. Die Dresdner und Touristen säumen die Straßen und staunen.

August ist Apoll, der Gott des Lichts, der Gott der jugendlichen Schönheit, der von allen Geliebte, der Strahlende, dessen Glanz das Dunkel der Zukunft durchdringt, der Erretter, dessen Pfeile die finsteren Mächte der Erde überwinden, der Helfer im Kampf, der Arzt der Götter, der Schutzherr des Ackerbaus und der Herden, der Dichtung und der Musik, der Führer der Musen, der Schöpfer dieses großen Festes, einer Welt der Ordnung und Schönheit. Er trägt die goldene Sonnenmaske mit den gezüngelten Strahlen, die schon Requisit Dresdner Planetenaufzüge früherer Zeiten gewesen ist. Vier Poeten begleiten ihn und acht Musikanten.

Dies ist kein Theater, für das der König sich verkleidet hat. Theater machen Berufsschauspieler, Komödianten, Opernsänger, Tragöden. Im Fest wird die Wirklichkeit sichtbar, die hinter dem Alltag steht, die wahre Welt: Der König ist Apoll. Die niederen Götter und ihr Gefolge, die Damen und Herren des Hofes, verehren im Fest den absoluten Fürsten als Gott. Das strenge Hofzeremoniell des Alltags wird im Fest zur Liturgie. Im Fest offenbart der Fürst sein Wesen. Für Stunden wird es sichtbar, greifbar, fühlbar und strahlt so, auch wenn die Erscheinung vorüber ist, als Anspruch auf den Alltag zurück.

Constantia ist Diana, die Zwillingsschwester Apolls, seine Partnerin. Sie ist die Göttin des Mondes und der Jagd, die Pflegerin des Wildes und der Herden, die Beschützerin kleiner Kinder, die Jungfräuliche, die mit Waffen umgehen kann und der sich zu nähern gefährlich ist, die anspruchsvollste Frau im Götterhimmel, die am schwersten zu Gewinnende. Der König hat sie gewonnen. Sie fährt in einem Wagen, den zwei weiße Hirsche ziehen. Jagd und Hunde sind in der griechischen Mythologie eine Erfindung Apolls und Dianas, ein Geschenk der Götter an hohe Personen.

Christiane Eberhardine sitzt im Wagen der vestalischen Jungfrauen, der Priesterinnen der Vesta, der Göttin des Herdfeuers, der Familie und des Staates, um die Apoll gefreit hat. Die vestalischen Jungfrauen im antiken Rom gingen eine symbolische Ehe mit dem König ein, ihr Amtskleid ist eine Brauttracht. Sie leben keusch und hüten das heilige Feuer.

Frederik erscheint als Mars, als Gott des Krieges. Hinter ihm reiten vier berühmte Helden der Vorzeit: Hektor, Achilles, Ajax und Diomedes.

Feierlich ziehen die Götter in das Reithaus ein, das Fackeln beleuchten und über 2000 Kerzen. Die Göttinnen nehmen in den Logen Platz, und die Götter rennen zu Pferd nach dem Ring. Mars rennt vor Apoll, und Apoll achtet darauf, nur genauso viele Punkte zu machen wie er, erst drei, dann sieben.

Nach dem Rennen führen die Götter die Göttinnen zum Götterbankett auf die Redoute und nach dem Bankett zur Mercerie. Das ist ein Markt, eine Mustermesse, die während des Banketts in den Logen des Reithauses aufgebaut wurde. Die Buden sind mit italienischen Früchten üppig geschmückt. Als Kaufleute verkleidete Schauspieler und Spaßmacher preisen den Göttern Produkte der sächsischen Wirtschaft an. Sie zeigen Mars, was Apoll in seinem Land aus Plaisir geschaffen hat, nach seinem Willen und zu seiner Lust, Reichtum, die Grundlage der Macht. Mars ist begeistert über die Qualität und Fülle der sächsischen Waren, besichtigt und besieht, läßt sich unterhalten. Und die Freuden der Götter dauern bis zum folgenden Morgen. Erst als die Sonne aufgeht, fahren und reiten die Götter nach Hause, und so mancher brave Bürger, der verschlafen seinen Fensterladen öffnet, hat sie noch gesehen.

Nach diesem Gipfelpunkt des Festes bleibt keine Steigerung mehr. August bietet seinen Gästen als Ausklang und Belustigung die Gegenwelt der Götter und des Adels, eine Bauernwirtschaft, die erst richtig zeigt, wie herrlich und zivilisiert es am Hof zugeht. Kavaliere und Damen versammeln sich am 25. Juni schon morgens im Großen Garten. Frederik trägt norwegische Bauerntracht. August und Constantia sind ein französisches Bauernpaar, ebenso Flemming und seine Frau. Auch echte Bauern und Bäuerinnen sind eingeladen, das ist gerade der Witz, woher soll man sonst so viel Plumpheit und Tölpelhaftigkeit nehmen. Sie kommen auf langen blumengeschmückten Leiterwagen in ihren besten Kleidern, frohgestimmt und erwartungsvoll. Die echten Bauern hetzen einen Ochsen, und die falschen schießen einen Vogel ab. Alle machen Wettspiele, bewundern ein Feuerwerk, tanzen, jedoch hübsch nach Stand getrennt. Damit auch alles schön echt ist, besteht beim Essen das Tischgeschirr des Hofes aus einfachem Tonzeug mit geringen Messern, Löffeln und Gabeln. Nur der Tisch, an dem der König von Dänemark sitzt, ist mit Delfter Tellern gedeckt. Die Speisen bestehen aus grobem Bauernessen, doch etwas besser gekocht, und nur zum dritten Gang gibt es Mandeln und Rosinen, Kastanien und Törtchen.

6

Drei Tage nach der Bauernwirtschaft, am 28. Juni 1709, wird der Vertrag zwischen Sachsen und Dänemark unterzeichnet. Er besteht aus zwei Teilen: einer Angriffsallianz gegen Schweden und einem allgemeinen Verteidigungsbündnis gegen den Angriff einer beliebigen Macht. Der erste Teil, die Angriffsallianz, soll nur gelten, wenn beide Könige sich mit dem Zaren verständigen.

Zweck des Angriffs ist der Bruch mit Schweden, um »die balance im Norden wieder zu retabliren«, heißt es im Vertrag. August soll die polnische Krone wiederbekommen, Frederik die früheren dänischen Provinzen in Südschweden und Südnorwegen. Frederik verspricht, die Schweden in Norwegen und Schonen spätestens im September anzugreifen, August, gleichzeitig in Polen einzurücken. Beide Könige wollen die schwedischen Provinzen in Deutschland — die Herzogtümer Bremen, Verden und Pommern — in Ruhe lassen. Außerdem verspricht Frederik, das Haus Gottorf nicht zu beunruhigen, sofern es die Schweden nicht unterstützt.

Diese beiden Zugeständnisse — die schwedischen Provinzen zu schonen und insbesondere Schleswig-Holstein — wollen die Könige dem Kaiser und den Seemächten mitteilen und ihnen zugleich versichern, daß die sächsischen und dänischen Truppen in Flandern auch künftig die Alliierten unterstützen werden. Die Friedensverhandlungen der Alliierten und Franzosen haben sich nämlich zerschlagen, der Spanische Erbfolgekrieg geht weiter, und August und Frederik fürchten, die Seemächte und der Kaiser könnten sich gegen ihren Krieg mit Karl XII. wenden. Der Vertrag zwischen Sachsen und Dänemark hat denn auch noch einen Geheimartikel, von dem Kaiser und Seemächte nichts erfahren sollen: Die Könige wollen den Zaren Peter dahin bringen, daß er England und Holland droht, ihnen den Handel über Archangelsk zu entziehen, wenn sie den Krieg gegen Schweden behindern.

Zwei weitere Geheimartikel soll auch der Zar nicht erfahren: Frederik verspricht, August beim Erwerb der absoluten Macht in Polen zu unterstützen oder, wenn das nicht gelingt, darin, daß er einen Teil von Polen erblich bekommt und zu Sachsen schlagen kann. August verspricht dafür, Frederik bei seinem Plan zu helfen, Schleswig und den größeren Teil Holsteins bei nächster Gelegenheit Dänemark einzuverleiben.

Am Tag nach Vertragsabschluß verabschiedet Frederik sich von Constantia. Beide Könige verlassen Dresden und reisen mit ihren Ministern nach Potsdam, um mit dem König von Preußen über seinen Bruch mit Schweden zu verhandeln.

Viele Fremde sind nach Potsdam gekommen, um drei Könige zusammen zu sehen, was noch niemand erlebt hat. Am 3. Juli, nachmittags um drei, bringt in Berlin die Kronprinzessin eine Tochter zur Welt. Friedrich I. bietet seinen Gästen eine große Jagd, bietet ihnen Bälle, und alle drei Könige amüsieren sich gut. Am 12. Juli fahren sie in derselben Karosse nach Berlin, und die unvermeidliche poetische Feder dichtet:

»Berlin, wann hast du doch gesehen,
An deinem Firmament Drei große Sonnen stehen!«

Nachmittags heben die drei Könige die kleine Prinzessin aus der Taufe, in der sie nach allen dreien die Namen Friderica Augusta Wilhelmina erhält. Wilhelmine wird ihr Rufname sein. Abends gibt es ein Galaessen und einen Geburtstagsball.

Frederik gefällt es in Berlin. Er und August machen die Bekanntschaft der offiziellen Mätresse des Berliner Hofs, der Gräfin von Kolbe-Wartenberg. Obwohl Friedrich I. keine Liebesbeziehung zu ihr unterhält, gehört eine Mätresse doch zum Hof eines Königs. Der dänische Frederik flirtet mit ihr, und als sein Graf von Ahlefeldt ihn fragt, wer ihm denn besser gefalle, die Cosel oder die Wartenberg, sagt er, er ziehe die lustige Wartenberg doch vor, die Cosel sei ihm zu gefühlvoll, zu schwärmerisch. Aber dem Vetter August erzählt er das nicht.

Die Verhandlungen der Minister verlaufen turbulent. Der preußische Minister Ilgen schlägt eine Teilung Polens unter Preußen, Sachsen und Rußland vor. Die Preußen bieten an, das polnische Preußen mit ihren Truppen zu besetzen und gegen die Schweden zu verteidigen, allerdings erst, wenn die Russen und Sachsen ganz Polen erobert haben. Dieses militärische Angebot der Preußen ermuntert Flemming nicht zu großen Gegenleistungen. Mehr könne er nicht anbieten, sagt Ilgen, da der größte Teil des preußischen Heeres im Spanischen Erbfolgekrieg gegen Frankreich stehe. Aber damit Preußen überhaupt mit Schweden bricht, muß es zum Preis das ganze polnische Preußen erhalten. Die Dänen Wibe und Lente meinen, Elbing als Preis sei mehr als genug. Flemming will die Konferenz sogar verlassen.

Schließlich kommt es am 15. Juli zum Bündnis der drei Könige. Es ist nur ein Verteidigungsbündnis: Falls Karl XII. die Absicht zeigen sollte, durch Preußen nach Sachsen zu ziehen, werde der preußische König ihm den Weg verlegen. Aber immerhin ist er nicht gegen den Bruch des Friedens von Altranstädt, er erkennt Augusts Anspruch an, sich seinen rechtmäßigen Thron zurückzuerobern, und will sogar selbst mit dem Zaren über ein Bündnis zwischen Preußen und Rußland verhandeln. Wenn der Friede mit Frankreich geschlossen ist, will er sich näher mit Polen und Dänemark verbinden. Viel ist das nicht, aber ein Bündnis mit Preußen ist besser als seine Feindschaft.

Am 22. Juli trifft August wieder in Dresden ein. Kurz nach ihm kommt ein Kurier aus Polen an. Unglaubliches hat er zu berichten: Am 8. Juli 1709 hat Zar Peter in einer Schlacht bei Poltawa das Heer Karls XII. vernichtet.

7.

Es ist fast zu spät für August.

Flemming handelt blitzschnell. Der russische Gesandte von der Lith ist gerade mit den Vertragszugeständnissen in Dresden eingetroffen, die der Zar noch vor der Schlacht von Poltawa gemacht hat. Flemming schließt am 26. Juli 1709 das Bündnis, und August ratifiziert es drei Tage später. Er wartet nicht auf die Ratifizierung des Zaren, sondern verkündet öffentlich seine Absicht, den polnischen Thron wieder zu besteigen. Sein Manifest erscheint am 8. August 1709.

Schon der Herzog von Marlborough hat ihm geraten, einen Bruch des Altranstädter Friedens vor aller Welt hinreichend zu erklären, damit der neue Krieg gegen Schweden nicht als Eidbruch gelte. König August läßt auch den Papst um den versprochenen Brief bitten, mit dem er den Friedensvertrag für ungültig erklären wollte. Der Papst hält sein Versprechen und entbindet den König von allen den Schweden geleisteten eidlichen Verpflichtungen.

In dem Manifest erklärt August, wie es durch den Betrug seiner Unterhändler Imhoff und Pfingsten überhaupt zum Friedensvertrag gekommen war, ». . . dessen ihm aufgewälzte Bedingungen schnurstracks nicht nur wider alle königliche Ehre und Reputation, sondern auch wider die christliche Billigkeit, wider aller Völker Rechte und Gebräuche, ja wider die Möglichkeit selber liefen und also an und für sich null und nichtig wäre – denn wann sei wohl jemals ein rechtmäßiger König gezwungen worden, einen rebellischen Unterthan [Stanislaus] als wahren und rechtmäßigen König anzuerkennen«. Außerdem sei der Verzicht auf den polnischen Thron schon deshalb ungültig, weil ein König von Polen ohne Einwilligung der Republik Polen keine Befugnis dazu habe: »Nehmen [wir] also dasjenige wieder an Uns, was Uns an Gott und Rechts wegen gehöret.« Die Anhänger des Gegenkönigs Stanislaus sollen sich innerhalb von drei Monaten unterwerfen.

Der König setzt Fürstenberg wieder zum Statthalter in Sachsen ein und reist am 12. August nach Guben zum Heer. Am 24. August überschreitet er mit seinen Truppen die polnische Grenze. Er zieht aus, um den Anspruch einzulösen, den er im großen Fest erhoben hat.

1.

Die Trennung von August fällt Constantia schwer. Sie möchte ihm gleich nach ihrer Niederkunft in zwei, drei Monaten folgen, weiß aber nicht, was sie dann mit ihren Kindern machen soll, der kleinen Tochter Augusta Constantia und dem neugeborenen Baby. Am liebsten würde sie die Kinder zu ihren Eltern nach Depenau geben, bis der Friede in Polen gesichert ist. Sie hat ihre Eltern schon einmal gebeten, die Enkel zu nehmen, doch der Vater hat ausweichend geantwortet. Die Kinder des Königs von Polen und ihre Dienerschaft wären eine finanzielle Belastung für das verschuldete Gut, aber er will kein Geld von seiner Tochter annehmen.

Nun schreibt Constantia wieder an ihre Mutter und bittet, ob sie nicht für einige Tage nach Hamburg reisen könne. Sie möchte mit ihr allein die Bedingungen besprechen, unter denen die Kinder vielleicht doch nach Depenau kommen könnten. Constantia fürchtet die schwierige Art ihres Vaters und seine Unentschlossenheit. »So stehe ich nicht nur vor einem großen Hindernis, sondern bin auch noch in höchster Unruhe, was ich, falls er meine Bitte abweist, mit meinen Kindern machen soll, um deren Erziehung ich mich sehr sorge«, berichtet sie ihrem Vetter Rantzau nach Drage. Der Vetter ist nun wieder im Besitz seiner Grafschaft: König Frederik hat dafür gesorgt, daß der Herzog von Holstein sie ihm zurückgibt.

Auch andere Leute zerbrechen sich über Constantias Angelegenheiten nach der Abreise Augusts den Kopf. Die Herzogin von Orléans, Liselotte von der Pfalz, schreibt einer Verwandten in Deutschland: »Das wird ein bitteres scheyden geweßen sein zwischen König Augustus undt die Gräffin Cossel; die ist nun aber reich genug, [König August] wirdt nun woll eine neue bekommen, so ihn auffs neue ziehen wirdt. Es ist woll ein heßlich ellendt leben, das er führt.« Die erfahrene Herzogin weiß: Am Hof hat die Liebe nichts zu sagen. Eine Mätresse ist eine politische Größe, und nun, wo August nach Polen geht, kann die Cosel ihm nicht mehr nützen. Er muß eine neue Mätresse nehmen, eine katholische Polin wie die Fürstin Teschen, Constantias Vorgängerin. So sind die Spielregeln der großen Welt.

Constantia wartet ungeduldig auf die Antwort ihrer Mutter. Sie hat zu allen Sorgen auch Angst um Augusts Leben. »Die Pest regiert in Polen in einer Weise, daß man alles fürchten muß«, klagt sie Rantzau. In Königsberg sterben jede Woche sechs- bis siebenhundert Menschen, und die Behörden haben die Stadt verlassen. Die Seuche breitet sich rasch aus und rückt immer weiter nach Westen vor. Die Leipziger geben sich die größte Mühe, aller Welt zu versichern, in Sachsen gäbe es keine Pest. Sie haben Angst, daß niemand zur Herbstmesse reist.

Constantia läßt sich Bücher kommen, in denen sie nachliest, wie man sich vor der Pest schützt und wie man die Pest, wenn man sie doch bekommen hat, vielleicht kurieren kann.

August zieht nach Osten. Drei Aufgaben liegen vor ihm: Er muß den Zaren treffen und sich mit ihm einigen, er muß mit seinen polnischen Anhängern verhandeln, damit sie ihn umgehend zu ihrem rechtmäßigen König ausrufen, und er muß ein schwedisches Heer unter General Crassau bekämpfen. Alle drei Aufgaben sind miteinander verknüpft, der Erfolg der einen hängt vom Erfolg der beiden anderen ab.

Zar Peter hat den in Dresden mit von der Lith geschlossenen Vertrag nicht ratifiziert. Kurz bevor August mit seiner Armee über die Oder ging, teilte von der Lith ihm mit: Weil der König die Zeit, innerhalb der Peter den Einmarsch verlangte, habe vorübergehen lassen, könne von Subsidien jetzt keine Rede mehr sein. August schickte sofort Vitzthum zum Zaren, und Vitzthum berichtete seinem König, daß die russischen Minister durch den Sieg bei Poltawa hochmütig geworden seien. Der Zar habe gesagt: »Thue ich nicht genug, dass ich König August wieder zum Thron verhelffe? Ich will ihn auch dabey mainteniren biss auff meinen letzten Blutstropfen, aber kein Geld kann ich geben.« Immerhin ist der Zar jetzt auf der Reise zum Treffpunkt, der Stadt Thorn.

Auch die Anhänger Augusts machen Schwierigkeiten nach der Schlacht. Poltawa hat die gesamte Lage verändert. Sie fordern, der König möge keine sächsischen Truppen nach Polen bringen, denn mit dem Feind würden sie nun schon allein fertig werden. Der Rat der Konföderierten will ihn jetzt nur nach erheblichen Zugeständnissen als König bestätigen.

Lange hat man nicht gewußt, was nach der Schlacht mit Karl geschehen war, und noch am 5. September 1709 heißt es in einer Korrespondentenmeldung aus Stockholm: »Der Höchste gebe uns nur eine Zeitung [Neuigkeit] von unserm König und dessen Armee, wovon wir nicht die geringste Nachricht bekommen.« Doch dann trifft Cederhjelm mit einigen Offizieren vom Schlachtfeld in Riga ein. Er berichtet, der König sei zu Beginn der Kämpfe verwundet worden und habe die Schlacht von einer Sänfte aus geleitet, daher sei das ganze Unglück gekommen. Karl sei vor der Vernichtung des Heeres mit 3000 Mann über den Dnjepr gegangen und habe sich in Sicherheit gebracht.

Nach dem Sieg der Russen habe es im Heer noch 10 000 kampffähige Soldaten gegeben, die sich mit ihrem König treffen wollten. Aber beim Übergang über den Dnjepr hätten die Russen angegriffen, das Heer sei in Panik geraten und habe kapituliert. Nur wenigen sei die Flucht geglückt, und sie würden von den Soldaten des Zaren gejagt.

August weiß von seinen Spionen, daß Karl sich mit zweihundert Offizieren in der Moldau aufhält. Der schwedische General Crassau steht mit einem Heer von unbekannter Stärke, wahrscheinlich 17 000 Mann, in Nordpolen. Was Crassau plant, ist unklar. Erst sieht es so aus, als wolle er nach Süden zu seinem König durchdringen. Dann meint man aber doch, daß er sich nach Norden wenden wird, um sein Heer in Schwedisch-Pommern in Sicherheit zu bringen, und Peter fordert August auf, ihm den Rückweg nach Pommern zu verlegen. August will sein Heer schonen und auf die Ankunft der russischen Truppen warten. Doch der Zar schreibt ihm, ein großer Teil von ihnen habe den Zug nach der Ukraine mitgemacht und sie seien so mitgenommen, daß sie sich nur in kleinen Tagesmärschen nähern könnten. Also marschiert August, um Crassau den Rückzug abzuschneiden. Crassau zieht auf die schlesische Grenze zu, und nun ist unklar, ob er August angreifen will oder Sachsen. Die russischen Truppen und die polnische Kronarmee stehen inzwischen an der Weichsel und warten, daß das Wasser des Flusses fällt, damit sie nach Westen übersetzen können.

August will, daß Sachsen sich vor einer Invasion Crassaus schützt, will aber das Land nicht beunruhigen. Also ordnet er an, die Untertanen sollten Sachsen gegen versprengte schwedische Soldaten verteidigen, die die Pest mit sich brächten.

In Sachsen erläßt Statthalter Fürstenberg den Befehl, jedermann habe sich für den Zeitpunkt bereitzuhalten, an dem der Befehl zum Aufgebot der Landmiliz komme.

Schwedische Soldaten, teils einzeln, teils zu zwanzig, dreißig Mann, meist unbewaffnet, auch mit Weibern, Kindern und Wagen, die Reste der großen Armee Karls, die einst so stolz aus Sachsen gezogen ist, lassen sich an den Grenzen sehen und versuchen, nach Westen durchzukommen. Fürstenberg schickt Offiziere in die Nieder- und Oberlausitz und bestellt das erste Aufgebot: 11 460 Mann in der Oberlausitz, 7650 Mann in der Niederlausitz, dazu Ritter und ihre Vasallen, Jäger und Schützen.

Es kommt zu Panikkäufen der Bevölkerung, die Lebensmittelpreise steigen sprunghaft an. Der Herbst setzt früh mit anhaltenden Regenfällen ein. Die Stimmung in Sachsen ist gedrückt.

Aber es sind nur Versprengte, die sich an der Grenze zeigen, einige wenige, die sich retten konnten vor dem Untergang. Nach ein paar Wochen läßt Fürstenberg das Aufgebot vermindern und die Leute nach Hause schicken. Soldaten halten Grenze und Pässe weiter besetzt.

Augusts Heer steht Ende September dicht bei Crassau. Endlich passieren die Russen und die Kronarmee die Weichsel und marschieren den Schweden in den Rücken. Crassau weicht zurück, rettet sein Heer in stillen nächtlichen Eilmärschen, ohne Städte und Dörfer zu berühren, durch Brandenburg nach Schwedisch-Pommern. Nun erfährt man seine wirkliche Stärke: 9000 Mann.

Der Regen strömt unaufhörlich, und die Wege sind unbrauchbar. Der größte Teil der russischen Armee geht mit Kanus auf der Düna nach Norden, um das schwedische Riga zu belagern. Der Zar zieht weiter Richtung Thorn.

Frederik verkündet am 24. September 1709 in Kopenhagen das Königsgesetz. 1665 hat sein Großvater dieses Gesetz unterschrieben, das alle Macht in Dänemark auf den König konzentriert, und damals hätte es vielleicht einen Krieg des Adels gegen den König ausgelöst, wenn es bekanntgeworden wäre. 1709 erregt das Grundgesetz des Absolutismus kaum Aufmerksamkeit, denn es bekräftigt nur einen bestehenden Zustand. Alle drei Feinde Karls, Peter, August, Frederik, sind in ihren Ländern jetzt mächtiger als zur Zeit der ersten Tripelallianz.

Frederik bereitet den Angriff auf Schonen vor. Neunzehn Kriegsschiffe liegen segelfertig in Kopenhagen. Aus Eckernförde bringen Schiffe Kanonen, Haubitzen, Bomben und Granaten in die Hauptstadt, und acht königliche Schiffe holen Kanonen und Kugeln aus Rendsburg und Glückstadt.

Das Aufrüsten und die Kriegsgefahr treiben die Getreidepreise in die Höhe. In Holstein befiehlt der Herzog allen Leuten, sich für ein Jahr zu verproviantieren. Doch es gibt zu wenig Korn nach dem trockenen Frühsommer und der nassen Erntezeit.

König Frederik will selbst mit seinen Truppen nach Schonen übersetzen. Er hat Sorge, daß auch Crassau, von dem es heißt, er sei unschlüssig, was er tun solle, mit seinen noch nicht pestinfizierten Truppen nach Schonen kommt.

Die Schweden sehen dem Kriegsrüsten gegen sie nicht tatenlos zu, nur weil ihr König fern in der Moldau ist. Lange Jahre waren sie unzufrieden mit Karl, der immer nur Männer, Pferde und Geld von ihnen forderte, statt sein Land, wie andere Fürsten, von seinem Schloß aus zu regieren. Nun, nach der Katastrophe, melden viele sich und wollen zu

Fuß und zu Pferd Livland gegen Russen und Sachsen verteidigen. Die Schweden rüsten zu Wasser und zu Land. Der königliche Senat läßt achtzehn Kriegsschiffe in Karlskrona ausrüsten. Jeder dritte Mann wird aufgeboten und mit einem Gewehr versehen, und es wird stark an den Befestigungen gearbeitet. 6000 Mann gehen nach Schonen. Sie werden sich gegen die Dänen, ihre alten Feinde, schon zur Wehr setzen.

In Berlin trifft der schwedische General Meyerfelt ein, derselbe, der in Leipzig sich so fröhlich mit der Schwester der Gräfin Piper verheiratet hat. Er ist in der Schlacht von Poltawa verwundet worden und kann nur noch mit Hilfe von Krücken gehen. Sein König schickt ihn: Karl sucht die Unterstützung der Preußen gegen den Friedensbrecher August.

Karl ist unter einem Geleit von vierhundert türkischen Reitern in der Türkei eingetroffen, in Bender. Der Großsultan, so gehen bald die Gerüchte, habe ihm eine königliche Karosse und einen Beutel Gold geschickt. Angst breitet sich unter den Bürgern aus, daß der Sultan sich mit Karl verbündet. Es ist nur wenig mehr als zehn Jahre her, seit die Türken zum letzten Mal gegen Kaiser und Reich kämpften, und es leben noch manche, die von den Türkenkriegen erzählen können.

Der König in Berlin teilt die Ängste der Untertanen nicht. Er läßt Meyerfelt abblitzen. Meyerfelt reist nach Wien zum Kaiser, um ihn zu fragen, wie er es mit dem Friedensbrecher hält.

Der preußische König macht sich auf den Weg nach Marienwerder, um mit dem Zaren über seinen Anteil an der schwedischen Beute zu verhandeln. Die Reise geht nur langsam voran, die Wege sind vom Regen aufgeweicht, und der König bemüht sich, keine Orte zu berühren, in denen die Pest herrscht. Doch die Pest herrscht überall, und die Reisegesellschaft kommt durch Dörfer, in denen alle Türen vernagelt sind und niemand mehr lebt.

König August und Zar Peter treffen sich am 8. Oktober 1709. Peter reist mit dem Schiff weichselabwärts nach Thorn, August nimmt ein Boot und fährt ihm entgegen. Mitten auf dem Fluß machen die Fahrzeuge der beiden Monarchen aneinander fest, der Zar steigt in das Boot des Königs, und beide Herrscher umarmen sich.

Hinter Peter liegen harten Jahre, aber er und seine Ratgeber haben ihren Willen durchgesetzt, nach innen und nach außen. Peters Betriebsamkeit und seine Wissensgier sind ungebrochen. Er ist noch immer sprunghaft und läßt sich von Augenblickseinfällen überwältigen, aber in seiner Politik ist er zielstrebig und verfolgt seine Pläne mit verbissener Energie. Im Umgang mit August ist er lustig, höflich, übermütig wie bei ihrem letzten Treffen, doch er ist härter geworden, selbstbewußter. Er beobachtet August, bewundert in ihm den Herrscher eines der industriell fortgeschrittensten Länder Europas, aber er nimmt ihm nicht mehr alles vertrauensvoll ab.

Bei aller Zielstrebigkeit und Ungeduld ist er auch vorsichtig. Viermal hat er Schweden Frieden angeboten, hat angeboten, sich aus Polen zurückzuziehen, Livland zu räumen, Narwa freizugeben, hielt nur an Ingermanland und Karelien fest, den Zugängen zur Ostsee. Aber jedesmal lehnte Karl ab. Er wollte Peter noch immer für den Überfall von 1700 bestrafen und erklärte den russischen Vermittlern: »Ich werde nach Moskau kommen und mit ihm Frieden machen, aber einen Frieden auf sächsische Art.«

Doch Karls Vorstoß 1708 nach Rußland hinein traf auf eine gute russische Abwehr, litt zudem an Geldnot und Mißstimmung unter den Schweden, die endlich nach Hause wollten. Dann folgte der furchtbare Winter 1709. Soldaten und Pferde starben vor Hunger und Kälte. Karl verlor so viele Soldaten, daß er im Frühjahr 1709 nicht nach Innerrußland marschieren konnte. Und am 8. Juli schlug Peter ihn bei Poltawa. Der ruhmreiche Karl von Schweden, den ganz Europa fürchtet, wußte nicht, wie er sich verteidigen sollte. Peter hat einen Mythos zerstört.

Der Zar trägt den Kopf hoch in Thorn. Nachdem er sich von König August durch den Friedensschluß von Altranstädt hintergangen fühlte und ihn jahrelang zum Einmarsch nach Polen zu bewegen suchte, hat er es nun nicht mehr nötig, die alten Bündnisangebote aufrechtzuerhalten. Peter sieht August jetzt etwas anders als früher, hält ihn für unzuverlässig, wankelmütig. Aber er braucht ihn. August bringt ihm die Eintrittskarte in die Welt des Westens. Er braucht ihn auch weiterhin als Bundesgenossen, denn der Krieg gegen die Großmacht Schweden ist keineswegs beendet.

Nun will Peter sich neben Bündnissen auch durch Heirat mit den westlichen Dynastien verbinden. August hat zwar keine Tochter, die dafür in Frage käme, aber seine Frau Christiane Eberhardine zieht eine Prinzessin von Wolfenbüttel auf, deren Schwester den Bruder des Kaisers geheiratet hat. Peter will seinen Sohn, den Zarewitsch Alexej, mit der kleinen Prinzessin verheiraten, und August verspricht, diesen Plan zu unterstützen.

Zwölf Tage dauern die Verhandlungen in Thorn, bis am 20. Oktober 1709 ein neuer Vertrag zwischen Zar und König ratifiziert wird. Die Monarchen versprechen sich, alles Widrige, was zwischen ihnen in den vergangenen Jahren vorgefallen ist, zu vergessen und ihre frühere Allianz gegen Schweden zu erneuern. Der Zar wird dem König 4000 bis 5000 Mann Infanterie und 10 000 bis 12 000 Mann Kavallerie überlassen, der König wird während des Krieges gegen Crassau und die aufständischen Polen ein Heer von 10 000 bis 11 000 Sachsen in Polen unterhalten. Der König garantiert dem Zaren alle Landschaften und Städte, die Peter in den letzten Jahren in den schwedischen Ostseeprovinzen erobert hat. Der Zar sagt in einem Geheimartikel zu, er werde Livland und Estland erneut angreifen, und, wenn er sie erobere, Livland erblich an König August abtreten.

In dem Vertrag unterstreicht der Zar eindeutig, daß der König die Wiedergewinnung des polnischen Thrones in erster Linie dem russischen Sieg über Karl und der Unterstützung des Zaren verdanke: August wird polnischer König von des Zaren Gnaden. Zu diesem Zeitpunkt ist seine Stellung in Polen so schwach, daß er sich das gefallen lassen muß. Die Anhänger des Gegenkönigs Stanislaus laufen in Scharen zu ihm über, aber noch viele Große sind gegen ihn. Der Beistand des Papstes ist wertvoll, und die Herren Sapieha, die sich nicht beugen wollen, werden in allen Kirchen exkommuniziert. Aber erst der drohende Druck des Zaren auf die Senatoren, Minister und Kronfeldherren, die sich zu Verhandlungen mit August in Thorn eingefunden haben, macht die widerspenstigen, freiheitsliebenden Polen gefügig.

Der Zar schließt am 22. Oktober das Bündnis mit dem dänischen König. Der preußische König ist in diesen Tagen in Marienwerder angekommen. Friedrich mußte viele Wagen seines Reisezuges unterwegs zurücklassen, sogar den Weinwagen, weil sie immer wieder im Morast steckenblieben und die Reise aufhielten. Peter verläßt Thorn und segelt die Weichsel hinab nach Marienwerder. August begleitet ihn ein Stück, und Flemming reist bis Marienwerder mit. Er soll verhindern, daß eine allzu enge Freundschaft zwischen Rußland und Preußen entsteht.

Die Sachsen trauen den Preußen nicht. Nach der Schlacht von Poltawa fürchteten sie einige Tage lang, daß Preußen die Friedensvermittlung zwischen Schweden und Rußland übernimmt und König August leer ausgeht. Aber Karl lehnte einen Frieden ab.

Der preußische König holt den russischen Zaren persönlich mit der Kutsche am Weichselufer ab. In den folgenden Tagen konferieren König und Zar häufig miteinander, oft drei, vier Stunden lang. Friedrich legt Peter seinen alten Plan einer Teilung Polens unter Preußen, Rußland und Sachsen vor. Aber auch Peter ist genausowenig für eine Teilung wie August. Der Zar und der preußische König schließen also nur ein Schutzbündnis gegen Schweden ab, und Flemming kann seinem König nach Thorn berichten, alles gehe, wie man es sich nur wünschen könne.

August wendet sich ganz den abschließenden Konferenzen mit den polnischen Großen in Thorn zu.

Constantias Vater hat ihre Bitte, die Kinder nach Depenau bringen zu dürfen, erneut abgeschlagen. Constantia fühlt sich elend und allein in Dresden. Der Ruhm Augusts fordert einen hohen Preis von ihr. Sie muß sich von ihren Kindern trennen und weiß doch nicht, wie sie gut für sie sorgen kann. Zudem hat sie Angst vor der Niederkunft.

Löwendahl ist in Dresden, und er schreibt jetzt Anna Margarethe Brockdorff. Er schildert ihr Constantias Verzweiflung und bittet sie dringend zu kommen. Nach diesem Brief läßt Anna Margarethe sich nicht mehr davon abhalten, ihrer einzigen Tochter beizustehen, und reist nach Dresden.

Am 24. Oktober 1709 kommt das Kind zur Welt, wieder eine Tochter. Die Geburt ist lang und schwer. Constantia bittet die sächsischen Stände, »die Grafen, Herren von der Ritterschaft und Städte« zu Gevatter. Mit dieser Gevatterschaft sollen die Stände sie, die Frau des Königs, ehren.

Die Taufe ist am Tag nach der Geburt. Die Tochter erhält die Namen Friederike Alexandra in Anspielung auf den ruhmreichen Vater: Friedrich, der neue Alexander. Gevatter sind die Großmutter Anna Margarethe, der Kammerpräsident Löwendahl und für die Stände der Erbmarschall Hans Löser.

Löser stellt seine Reisekosten und Auslagen aus Anlaß der Taufe der königlichen Kammer mit zweiundsiebzig Talern und acht Groschen in Rechnung. Mit dem Taufgeschenk läßt er sich Zeit. Erst im März 1710 teilt er den Landesdeputierten mit, daß ein Gevatterpräsent nötig sei. Die Herren sind nicht sehr davon angetan, die Mätresse des Königs zu ehren, der ihre alten Rechte zurückdrängt. Löser rät, bei der wachsenden Macht des Königs das Geschenk aus eigenen Mitteln zu gewähren. Das wollen die Herren keinesfalls. Sie beschließen, ein Geschenk von 4000 Talern aus der Steuer zu nehmen. Das Obersteuerkollegium aber meldet Bedenken an, und erst nach einem Befehl des Königs vom 11. Dezember 1710 wird das Geld ausgezahlt.

Constantia ist nach der Geburt in Lebensgefahr. Die Ärzte haben wenig Hoffnung für sie. Am 1. November 1709 ordnet der Statthalter Fürstenberg an, daß sofort nach ihrem Tod alles, was sie in ihrem Palais in Dresden und in Pillnitz hinterlasse, versiegelt werden soll. Er schickt einen Kurier zum König nach Thorn und benachrichtigt ihn über den unverändert ernsten Zustand der Gräfin.

August verhandelt immer noch mit Senatoren, Magnaten und Bischöfen. Die Senatoren begrüßen, daß er zurückgekommen ist, und glauben, daß er Polen den Frieden bringen wird, den das Land so dringend braucht, aber sie können sich untereinander nicht einigen, wie sie seine Rückkehr auf den Thron öffentlich bekanntmachen wollen. Davon, daß er noch einmal die Freiheiten der Republik beschwören müsse, ist unter dem Einfluß des Zaren keine Rede mehr. Endlich entschließen sie sich zu einer Proklamation, und die Großen gratulieren König August öffentlich zu seiner glücklichen Wiederkunft. Polen steht mit Ausnahme von Elbing und Kiow, das ein eiserner Anhänger Stanislaus' hält, wieder unter seiner Herrschaft.

August läßt die Soldaten in Thorn Winterquartiere beziehen. Er selbst will den Winter in Warschau verbringen, die Zimmer im Schloß sind schon für ihn gerichtet. Doch dann gibt es den ersten Pesttoten in Warschau.

Die Pest hat Elbing erreicht und Danzig. Im August 1709 sterben in Danzig 1313 Leute an der Pest und in den drei Monaten September, Oktober, November 19 367. Man führt die Toten weg auf Wagen und Karren, wie es eben geht. In Thorn ist noch kein Fall von Pest aufgetreten, und hier bleibt der König.

Aber als ihn die schlechten Nachrichten über Constantia erreichen und die Kuriere auch nach ein paar Tagen keine Besserung melden, hält er es nicht aus. Völlig überraschend reist er nach Dresden. Seine Bagage, die er in Thorn zurückläßt, bekommt Befehl, am 2. Januar nach Warschau aufzubrechen.

Die Polen sind über die Abreise verärgert und meinen, der König sei nicht berechtigt, ohne Vorwissen und Einwilligung der polnischen Stände auf Reisen zu gehen. Sie drohen ihm sogar, der Zar werde mit seiner Reise nicht zufrieden sein.

August trifft am 19. November 1709 in Dresden ein. Constantia ist bei Bewußtsein, die Krise ist vorüber. Aber er verfehlt seine neugeborene Tochter um Stunden. Am Morgen des 19. November ist Anna Margarethe mit dem knapp vier Wochen alten Säugling und der eineinhalbjährigen Enkelin Augusta Constantia per Schiff nach Hamburg abgereist.

Auch als August das letzte Mal aus Polen kam, in dem politisch schlimmen Winter 1706/07, saß er an Constantias Kindbett. Das Kind, der Sohn, war tot geboren. Damals war er ein König ohne Thron, von seinen Geheimräten verraten und von seinen Standesgenossen verlassen. Heute kommt er zurück als König, dem die polnischen Großen wieder gehuldigt haben. Er ist munter und guter Dinge, lacht und zwinkert mit den braunen Augen.

Constantia ist froh und erleichtert, daß er gesund wieder bei ihr ist.

August liebt sie. Er ist ihretwegen zurückgekommen. Er legitimiert seine beiden Töchter mit einer Urkunde. Diese urkundliche Legitimation ihrer hohen Geburt durch den königlichen Vater gibt den Töchtern die Stiftsfähigkeit, das heißt das Recht der adligen Dame, in ein Stift der Ritterschaft einzutreten. Ein Mädchen, das dieses Recht auf standesgemäße Versorgung nicht besitzt und entsprechend nicht weitervererben kann, hat kaum Heiratschancen bei den Söhnen altadliger Familien. In der Urkunde bezieht der König sich auf sein am 12. Dezember 1705 mit der Gräfin Cosel auf Lebenszeit geschlossenes Konsortium und nimmt damit den Töchtern auch den Makel der Unehelichkeit.

Langsam erholt Constantia sich. Sie weiß ihre Kinder bei ihrer Mutter gut aufgehoben. Sie hat den kleinen Töchtern einen Hofmarschall mitgegeben, eine Amme, eine Kinderfrau, die Magd Susanne und eine französische Gouvernante, Mademoiselle Malacrida.

Der Hofmarschall schickt Reisebericht und Kostenabrechnung an Constantia. Die Reise mit den kleinen Kindern im Spätherbst war schwierig, beide Töchter und die Amme wurden krank. In Torgau mußte Anna Margarethe von der Apotheke Medizin für zwanzig Reichstaler anfertigen lassen und in Magdeburg für vierzig Taler. Erst am 3. Dezember erreichte das Schiff Boizenburg, und der Hofmarschall berichtet: ». . . zu Boitzenburg wegen das harte Wetter mit die Comtessen ans Land gehen müssen und von da bis 4 Meilen Vorspann von 6 Pferden genommen. 8 Reichsthaler. Nacht im Wirtshaus. 2 Reichsthaler.« Das Gepäck und die Mehrzahl der Bedienten blieben auf dem Schiff, das nach Hamburg weiterfuhr. Vier Tage, nachdem sie das Schiff verlassen hatten, kamen Großmutter und Enkeltöchter in Hamburg an. Dort blieben sie eine Woche und erholten sich. Auch in Hamburg ließ Anna Margarethe Pulver für die Enkelinnen machen, aber es ging ihnen schon besser. Der Reisemarschall mietete eine Kutsche und Gepäckwagen. Doch wieder hatten sie Pech, denn Hochwasser zwang sie zu einem großen Umweg, und sie mußten zwei Nächte durchfahren, bis sie endlich am 16. Dezember in Depenau ankamen, fast vier Wochen nach der Abreise aus Dresden.

Das war eine schlimme Reise, aber Constantia erfährt erst von ihr, als es Anna Margarethe und den Kindern wieder gutgeht. Sie kann beruhigt den König nach Polen begleiten, sobald sie ganz gesund ist. August wartet in Dresden gespannt auf die Erfolge seiner Bundesgenossen.

3.

Vetter Frederik hat Vetter Karl am 28. Oktober den Krieg erklärt.
Darauf erschienen im Sund zwanzig Kriegsschiffe der Engländer und
Holländer, die den Frieden zwischen Dänemark und Schweden 1700 in
Traventhal garantiert hatten. Doch Frederik ließ sich nicht abschrek-
ken. Mitte November landete er bei Hälsingborg in Schonen. Auf
seinen neunzehn Schiffen befanden sich 715 Offiziere, 3712 Matrosen,
1113 Mann von der Landmiliz und 442 Konstapel, mit dem König also
5982 Personen.

Es kommt jedoch zu keiner Schlacht. Die Schweden ziehen sich
einfach zurück und zerstören alles hinter sich. Es regnet ununterbrochen, und die dänischen Reiter und Dragoner bleiben im Morast
stecken und können den Schweden nicht nachsetzen. Frederik, der
Landskrona und Malmö einschließen wollte, muß in Hälsingborg im
Hauptquartier bleiben.

Die englischen und holländischen Kriegsschiffe greifen nicht ein,
obwohl man in England besorgt ist um die Freiheit von Europa, wie das
Gleichgewicht heißt, das dem Handel nützt, und obwohl die Alliierten
jetzt alles fürchten: Der König von Polen könnte sich mit Frankreich
verbünden – was August dementiert, er hält zu Kaiser und Reich, aber
man glaubt ihm nicht –, die Schweden könnten sich mit den Türken
verbünden und die Türken wiederum mit Frankreich. Doch können die
Alliierten König August und König Frederik nicht am Krieg im Norden
hindern: Erstens ist der Zar ihr Bundesgenosse, der nun so erstaunlich
stark ist, und zweitens stehen fast 40 000 Sachsen, Dänen und Preußen
beim Heer der Alliierten. Wenn die Könige ihre Truppen zurückrufen,
würden die kleinen Nachbarfürsten wie die Herzöge von Braunschweig
oder Holstein zum Schutz ihrer Länder das gleiche tun, wodurch, der
Herzog von Marlborough rechnet es aus, die Alliierten abermals
20 000 Mann verlören, was ein großer Vorteil für Frankreich wäre.

Im Haag setzt eine geschäftige diplomatische Aktivität ein.

In den letzten Tagen des Jahres 1709 kommt nach Dresden die Nachricht vom triumphalen Einzug des Zaren in Moskau, mit dem er am
21. Dezember seine Siege über den gefürchteten König Karl feiert. Von
allen Türmen Moskaus läuten die Glocken, die Kanonen donnern, und
die Truppen des Zaren ziehen mit ihrer Beute und mit ihren Gefangenen durch die Straßen. Die Schweden gehen »allesamt zu Fuß, gleich
wie solches auch vormahls die bey dem Entsatz von Narva gefangene
Moscowiter haben thun müssen«. Unter den Gefangenen sind Creutz,
der mit seinem König so übermütig und stolz durch Dresden geritten

war, und Feldmarschall Rehnskjöld, der Sieger von Fraustadt, der Karl in Sachsen dreimal gebeten hat, mit seiner Frau heim nach Schweden fahren zu dürfen, und als letzter geht Karl Piper, der Kanzler und Premierminister, der so viele Jahre lang seinen ruhmsüchtigen König zum Frieden drängte. Zweiundsechzig Jahre ist er alt, als er nun in Gefangenschaft zieht. Olof Hermelin fehlt, niemand weiß, wo er geblieben ist. Es heißt, der Zar habe den einundfünfzigjährigen Minister Karls nach der Schlacht von Poltawa im Zorn mit dem Säbel zerstückelt. Hinter Piper reitet hoch zu Pferd Zar Peter zwischen Fürst Menschikow und Fürst Dolgorucky.

Durch sieben Triumphpforten geht der Zug der Besiegten. Die Pforten verherrlichen den Zaren als Imperator zwischen Europa und Asien.

Constantia fällt es schwer, sich von Haus, Gut und Geschäft zu trennen. Sie wird von nun an mit dem König mehr in Polen als in Sachsen sein und bereitet ihre Abwesenheit sorgfältig vor. Ihren Garten in Dresden, den August ihr im September 1705 auf Lebenszeit geschenkt hat, überläßt sie für drei Jahre dem Kammerpräsidenten Löwendahl. Pillnitz verpachtet sie an den Steuerkassierer Bucher, dem sie eine bessere Wirtschaft zutraut als dem bisherigen Pächter. Sie regelt ihre Geldgeschäfte und weist ihrem Vater 4000 Taler zu fünf Prozent zum Kieler Umschlag an.

Sie bestimmt, welche Silbergeräte und Möbel mit nach Polen kommen und welche in Dresden bleiben und für die Zeit ihrer Abwesenheit in Kisten verpackt werden sollen. Wochenlang lebt Constantia zwischen Koffern und Kisten. Ende Januar kommt die gemalte Tapete, die August für ihr Palais in Brüssel bestellt hat: »Les plaisirs des Dieux«. Sie besteht aus fünf Stücken, das größte 5,60 Meter lang und 3,30 hoch, die die Freuden und Feste der Götter zeigen, Apoll mit seinen neun Musen, Bacchus, Neptun, die Göttinnen Flora und Ceres. Es ist zu spät, das Götterzimmer noch einzurichten; und so läßt Constantia die kostbaren Tapeten in die geheime Verwahrung bringen, ins Grüne Gewölbe. Auch die Wandbespannung ihres Türkischen Zimmers läßt sie von den Dienern abnehmen, die Bettvorhänge, die Sessel- und Taburettbezüge und den Teppichboden, und auch ihre schwere Möbelgarnitur aus Augsburger Silber bringen die Diener ins Grüne Gewölbe.

August ist ebenfalls sehr beschäftigt. Er ordnet sein Kabinett um, ein Teil der Minister soll mit ihm nach Polen kommen, die übrigen Sachsen in seiner Abwesenheit regieren. Im Januar haben der päpstliche Nuntius Kardinal Albani, der Neffe Papst Clemens' XI., und Salerno, die aus Wien nach Dresden gekommen sind, Privataudienz und große öffentliche Audienz. Niemand erfährt, was privat besprochen wird, auch Constantia nicht. August befiehlt die Gründung einer Porzellanmanufaktur in Meißen: Auf der Albrechtsburg können Böttger und das Fabrikationsgeheimnis besser bewacht werden als in Dresden. Am 23. Januar 1710 wird die Manufaktur gegründet. Der König erläßt noch ein Mandat zur Verbesserung verschiedener anderer Manufakturen und reist in den letzten Februartagen nach Warschau ab.

Constantia will ihm eine Woche später folgen. Kurz vor ihrer Abreise erhält sie die Nachricht, daß die Erbprinzessin Sophie Amalie von Braunschweig-Wolfenbüttel am 28. Februar 1710 während eines Besuchs bei den kurfürstlichen Verwandten in Hannover an den Pokken gestorben ist. Die Prinzessin, bei der Constantia ihre Jugend in Gottorf und Wolfenbüttel verbracht und die sie erzogen hat, starb im Alter von vierzig Jahren.

Von allen Königen Europas trafen damals Kondolenzbriefe bei Anton Ulrich ein, offizielle, schwarzgesiegelte Briefe von Schreibern, kunstvoll und unpersönlich, und von den nahen Verwandten zusätzlich eigenhändige Briefe. Ein Sekretär ordnete die Post nach dem Rang ihrer Absender, ehe er sie im fürstlichen Archiv ablegte: Zuoberst liegt der Brief von Kaiser Josef, auf Augusts Brief folgt der Brief des Königs in Preußen, der niedriger im Rang war, weil er später König wurde. Heute liegen die Kondolenzbriefe im Niedersächsischen Staatsarchiv in Wolfenbüttel, und wenn man die Mappe vorsichtig öffnet, rieselt der goldene und silberne Sand heraus, mit dem die Kondolierenden vor bald dreihundert Jahren ihre Tinte löschten.

Constantia erfährt aus Depenau kleine Sorgen um die Töchter. Anna Margarethe mußte eine Frau einstellen, »die die junge Comtesse 14 Tage gesäuget hat, als der Dresdner Amme die Milch vergangen war«, und es dauert zwei Wochen, bis die Mutter eine neue Amme für Friederike Alexandra findet, und vier Wochen, bis sie eine holsteinische Kinderfrau einstellen kann, denn die sächsische Kinderfrau will mit der Amme nach Dresden zurückkehren. An dem Tag, an dem die neue Amme ihren Dienst in Depenau beginnt, wird Augusta Constantia krank, und der Arzt aus Plön muß kommen.

Constantia verläßt Dresden am 5. März 1710. Sie hat sich von ihren Kindern getrennt und von manchem, das ihr Leben angenehm gemacht hat und woran ihr viel liegt. Doch sie muß und will ihr Leben dem Ruhm des Königs unterordnen.

rotz der frühen Morgenstunde waren die Garnisonssoldaten der Festung Stolpen und die Mannschaften, die die Staatsgefangene Cosel bewachten, bereits im zweiten Hof angetreten. Oberst Boblick, der Kommandant, schritt die Reihen ab und musterte jeden aufmerksam. Die Stimmen der Unteroffiziere, die Befehle gaben, drangen zu Constantia.

Sie stand am Fenster ihres Gefängnisses und versuchte, aus den Geräuschen zu schließen, was vorging. Bediente fegten eilig den dritten Hof. Die Festung war aufgescheucht. Es stimmte also. Der König kam. August kam, um sie zu holen.

Sie dachte an die Demütigungen, Verdächtigungen, die Versuche, sich ihres Vermögens zu bemächtigen, so wie man vor Jahren Beichling das seine nahm: Habe ich doch nirgends Hilfe, und mein Vermögen ist dahin. August ahnte bestimmt nicht, wie ihre Feinde und deren Diener und Kreaturen ihr zusetzten, nie würde er das dulden. Er wußte, daß sie ihn immer geliebt hatte und noch liebte, wußte endlich, daß sie ihm niemals schaden wollte.

Sie dachte an die Winter in dieser schwarzen Festung auf dem Felskegel hoch über dem verschneiten Land, über das die eisigen Ostwinde heranjagten und durch ihre Fenster drangen und die Wärme aus dem Ofen drückten. Schlimmer noch war die Windstille in den langen kalten Nächten, oben fern die Sterne, die trügerisch zwinkerten, und sonst nur Stille – die große Einsamkeit, als ob sie nicht mehr auf dieser Welt wäre, sondern in einem kalten Gegenbild der Hölle. Nacht für Nacht grübelte sie in der entsetzlichen Stille, welches ihr Verbrechen war, woran sie gefehlt hatte: Die Tage, da Gott mich behütete, waren dahin, dahin die Zeit, da der Allmächtige noch mit mir war und meine Kinder um mich her, und als mich rühmte, wessen Auge mich sah. Wie eine Wolke zog vorüber mein glückseliger Stand, und mich ergriff die elende Zeit. Man hat mich in den Kot getreten und gleich geachtet dem Staub und der Asche.

Sie war sich keines Verbrechens bewußt. Sie hatte nichts getan als andere auch, die noch in Freuden am Hof lebten. Wie konnte sie sich schicken in den willkürlichen Wechsel ihres Glücks, in die unsinnigen Vorwürfe, die man ihr machte. Sie hatte doch immer nur die Interessen des Königs vertreten, auch und gerade in dem letzten Kampf mit Flemming. Sie war Flemming im Weg gewesen, der so hoch steigen wollte, höher als sie, höher als der König selbst. War denn sein Staat mehr als ein Mensch? Flemming war so hoch gestiegen, daß nur noch eine zwischen ihm und dem König stand – sie. Er konnte auf das Wesen des Königs zählen, Augusts Leichtsinn, seine Veränderlichkeit, und seine Zeit abwarten. Ihre Feinde hatten das Herz des Königs von ihr gewandt. Aber sie war seine Frau, nach Recht und Urkunde seine Frau. Sie war mächtiger gewesen als der mächtigste Minister, und so nutzte man eine Schwäche des Königs aus, seine Untreue, und hielt ihm vor, sie schade ihm, als sie Treue verlangte, Beständigkeit.

August war keineswegs bösartig, aber er konnte dazu gebracht werden. Ruhm und Erfolg anderer machten ihn eifersüchtig und erweckten seinen Neid, und man brauchte ihm nur etwas vorzuspiegeln, und er würde alles tun für seinen Ruhm.

Was auch immer geschehen war, Fortuna kehrte zurück, das Glück. Gott wandte sich ihr wieder zu. Aber warum, warum diese Jahre des Leidens und der Prüfung?

Wie quälte sie sich, Gott zu erkennen: Schreie ich zu dir, Gott, so antwortest du mir nicht!

Wie viele Jahre und Wochen, Tage und Stunden hatte sie damit verbracht, die Bibel zu studieren, um seinen Willen zu erforschen. Sie las die »Biblia pentapla«, in der fünf Übersetzungen der Bibel nebeneinanderstanden, so daß sie sehen konnte, wie jeder Übersetzer Gottes Wort wiedergab. Sie verglich die Worte für die Lutheraner, die Katholiken, die Reformierten, die Juden und für die Holländer. So konnte sie sich vielleicht dem wahren Wort Gottes nähern, es durch alle Sonderinteressen der Kirchen erkennen, die sich in den einzelnen Übersetzungen niedergeschlagen haben mochten. Wie konnte sie Gott verstehen, wenn sie nicht einmal sein wahres Wort besaß? Ihr Leben lang hatte sie die Frage gequält, welches die rechte Religion sei.

Die Welt war verwirrend. Gott tut große Dinge, die nicht zu erforschen sind, dachte sie, und Wunder ohne Zahl. Sie studierte Physik und Religion, Philosophie und Chemie, um die Wahrheit über die Welt herauszufinden. Der Fortschritt der Naturwissenschaften stellte die kirchlichen Lehren auf den Kopf. Aber nicht nur das, er machte die Theologen uneins, die offenbar selbst nicht mehr wußten, woran sie waren.

Die Welt, hatte sie als Kind gelernt, war die Wohnstätte des Menschen und um der Menschen willen erschaffen. Sonne, Mond und Sterne standen für die Menschen am Himmel, Zeichen Gottes, um sie vor der Sünde zu warnen. Die Kometen, die hin und wieder erschienen und durch die Sternbilder fuhren, waren für die Menschen da als besondere, außerordentliche Warnungen Gottes.

In ihrem eigenen Geburtsjahr, 1680, erschien ein Komet und regte die Menschen zu großem Nachdenken an. Auch die Pest damals galt als ein besonderes Zeichen Gottes, das irgendwie mit dem Kometen in Zusammenhang stand. Sie hatte immer geglaubt, ihr sei ein außerordentliches Schicksal bestimmt.

Aber was konnte der Mensch wissen? Nicht nur die Geistlichen, auch die Herren Magister und Professoren selbst stritten seit Generationen, ob das Weltsystem des Kopernikus richtig sei. Dieses Weltbild war schwer zu begreifen, denn es widersprach jeder Beobachtung und Erfahrung. Täglich sah sie die Sonne am Himmel hinziehen und nachts den Mond, konnte deutlich beobachten, wie die Schatten der Fensterkreuze ihres Gefängnisses über die Dielenbretter des Fußbodens wanderten. Nun sollte in Wirklichkeit die Sonne stillstehen, der Mond aber weiterlaufen. Die Beweise der neuen Lehren konnte sie nicht nachprüfen. Auch die Wissenschaftler forderten von ihr dasselbe, was die Geistlichen forderten: Glauben.

Kometen sollten nun, wenn sie gewissen Leuten traute, keine Willkürlichkeiten des Schöpfers mehr sein, die den geordneten Gang der Welt unterbrachen, um den Menschen eine Warnung zu geben. Auch der Lauf der Kometen folgt Gesetzen, hieß es nun. Der sächsische Pfarrer Georg Samuel Dörfel aus Plauen im Vogtland hatte ›Astronomische Beobachtungen des Kometen von 1680‹ herausgegeben und bescheiden mitgeteilt, seine »neulichste, wenn auch unreife Erfindung« sei, daß der Lauf des Kometen parabolisch sei, mit der Sonne in einem Brennpunkt seiner Bahn. Auch, schrieb er, sei der Komet der Erde nicht so nahe gekommen, wie man bisher meinte, er habe keineswegs die vier Meilen breite Lufthülle gestreift, sondern sei mindestens 10 000 Meilen von der Erde entfernt gewesen. Der Komet gehöre also in die »unmäßigen leeren Zwischenräume«, aus deren gewaltigen Abmessungen man die »übererstaunliche Größe Gottes« erkennen könne.

Der Komet, ihr, Constantias Komet, sollte nur ein Stern sein in einer Reihe von Sternen, anders als die übrigen, doch auch auf seiner vorgeschriebenen Bahn, auf der er in vorauszuberechnender Zeit wiederkehren würde. Er war demnach kein Beweis, daß Gott sich ihrer entsann, war nur ein Teil der unbegreiflichen Weltordnung.

Wo aber war Gott, wenn nicht im Himmel? Das Wort Gottes, wie es das Alte Testament überlieferte, war durch die neue Wissenschaft des Irrtums angeklagt. Gab das Alte Testament Gottes Worte nicht richtig wieder?

Sie hatte sich doch stets unter Gottes Schutz gefühlt. Jetzt fürchtete sie seit vielen Jahren, daß Gott sie gar nicht kenne, sie nicht sehe aus seiner großen, weiten Entfernung. War das möglich?

Sie hatte Moses gelesen, die jüdische Gesetzreligion studiert, die doch aus einer Eingabe des Heiligen Geistes entstanden war wie die Bibel. Immer wieder hatte sie die Bibel zufällig aufgeschlagen und aus dem, worauf ihr Auge als erstes fiel, den Sinn ihres Leidens zu erkennen gesucht. Aber wie konnte sie Gott schauen und seine Absichten erkennen? Die Biblia pentapla half ihr nicht, und auch nicht die Naturwissenschaften.

Gab es am Ende auch den Teufel nicht? Sie war dabei gewesen, als man Hexen verbrannte, kannte Fälle, in denen erwiesenermaßen der Teufel aufgetreten war. Sie hatte aber auch erlebt, daß sie selbst der Hexerei verdächtigt wurde, ihre eigenen Diener Stein und Bein schworen, sie sei eine Zauberin, und ihre Feinde den dummen Glauben dieser Tölpel ausnutzen wollten, um sie zu vernichten.

Sie war so abgeschnitten von der Welt, hatte niemanden, mit dem sie sprechen durfte. Den Besuch eines Geistlichen verlangte sie schon lange nicht mehr, seit damals Löscher sich für sie verwendet hatte. Sie wollte den Herren ersparen, die demütigenden Eide der Verschwiegenheit ablegen zu müssen, ohne die niemand zu ihr durfte. Auch war es nicht einfach, sich mit einem Geistlichen zu unterhalten, während Holm und Boblick dabeistanden, um jedes Wort dem Geheimen Rat zu hinterbringen. Sie sehnte sich nach Erlösung, der Befreiung ihrer Gedanken und der Erlösung ihrer Seele.

Aber eine Erlösung war jetzt nahe. Die finstere Nacht der Kälte und Einsamkeit war vorüber. Gott strafte keinen Unschuldigen. Sie hatte eine schwere Prüfung bestanden. Wenn es auch nur eine Erlösung in der Welt war, die andere Erlösung würde sich finden.

Jetzt wird sie zurückkehren in allem Glanz, groß und mächtig sein, geehrt. Sie wird wieder einziehen in ihr Palais am Taschenberg und die Sommer in ihrem Pillnitz verbringen an der Elbe. Sie wird endlich ihre Kinder wiedersehen, ihren Sohn, der nun fünfzehn war, und die beiden Töchter. Fünf Kinder hatte sie geboren, keines wurde unter ihren Augen vier Jahre alt. Alles, alles war verändert. Wie blau der Himmel schimmerte, wie strahlte die Sonne, selbst die schwarzen Mauern der Festung wirkten an diesem funkelnden Morgen feierlich in der herrlichen Welt.

Wann aber kam August? Der beschränkte Boblick hatte ihr keine Nachricht geschickt. Sie stand so still hier am Fenster, so überwältigt von Freude und Dankbarkeit, alle Raschheit und Heftigkeit waren von ihr abgefallen, sie hatte Tränen in den Augen. Aber es war doch so viel zu tun. Sie wollte August doch gebührend empfangen. Er sollte sehen, daß sie sich nicht verändert hatte, daß sie noch schön war wie einst, älter, ja, aber den Kopf hoch trug.

Constantia wandte sich vom Fenster ab. Schnell jetzt, schnell. Sie mußte Toilette machen, brauchte Wasser, ihre Kleider, Schminke. Wo war das Mädchen?

Die Kutsche trug den König durch das schöne sommerliche Land. Die Bauern, die so früh schon unterwegs waren, wichen an den Rand der Chaussee und zogen ehrfürchtig ihre Hüte. Der König nickte zufrieden.

Er freute sich am Anblick der neuen Postsäulen aus Stein. Der Geograph Adam Friedrich Zürner, ein ehemaliger Pfarrer, hatte auf seinen Befehl das Land und die Straßen vermessen. Zürner reiste in ganz Sachsen umher und berechnete die Entfernungen mit eigens konstruierten Wegemessern, die die Anzahl der Umdrehungen der Wagenradachse angaben.

Die Kutsche fuhr durch eine kleine Stadt, und der König beugte sich vor, um die neuen Häuser zu betrachten, die in den letzten Jahren gebaut worden waren. Auch die Türen der älteren Häuser hingen gerade in den Angeln, und ihre Dächer sahen solide und dicht aus. Sonnenblumen und Levkojen blühten entlang der Gartenzäune, und Erbsen und Bohnen wuchsen üppig und in geraden Reihen auf den Beeten. Die Straßen waren sauber gefegt. Die Zahl der Bettler in den Städten nahm ab, seit der König Zuchthäuser, Armenhäuser, Arbeitshäuser errichten ließ.

Der König lehnte sich in die Polster und malte sich aus, wie er Constantia vorführen würde, was er zum Wohle Sachsens und zu seinem Ruhm erreicht hatte. Dem Land ging es so gut wie noch nie. Allein Dresdens Einwohnerzahl hatte sich auf 46 472 mehr als verdoppelt, seit Constantia nach Sachsen gekommen war. Er förderte Gewerbe und Handel in jeder für den Staatsfiskus nützlichen Weise. Er hatte alle Gesetze sammeln lassen, die im Lande galten, und sie in mehreren Bänden vom Leipziger Stadtschreiber Johann Christian Lünig herausgeben lassen. Er hatte eine neue Zivilprozeßordnung geschaffen, einheitlich für das ganze Land. Die Strafen waren milder geworden gegen früher.

Die Stände waren gegen die Landvermessung gewesen, gegen einheitliche Gesetze, einheitliche Maße und Gewichte. Sie waren überhaupt gegen jedes, was er anordnete, weil sie sich dem Anspruch des Landesherrn, alle und alles zu erfassen und für seine Ziele zu nutzen, widersetzten. Aber im ganzen gesehen hatte er gegen die Ritterschaft und Grafen gesiegt, nur hin und wieder gelang es dem Adel noch, seinen alten Einfluß zu behaupten. Die Untertanen mußten gleich sein vor ihm. Subordination war die Voraussetzung für den Staat. Er mußte

318

jeden Widerstand gegen seinen Willen brechen. Der neue Staat sollte straff von oben nach unten durchorganisiert sein. Beamtentum und Militär waren das Rückgrat des Staates. Er bemühte sich um eine ihm ergebene und unbestechliche Beamtenschaft, einen Apparat, den er nach Belieben einsetzen konnte. Leicht war das nicht zu erreichen, denn er verabscheute es, durch Furcht und Schrecken zu regieren. Er war für Milde und Mäßigung. Aber er war beharrlich.

Seine Reformpläne für die Armee hatte er lange Jahre zurückgestellt und die Zeit abgewartet, bis es dem Land nach dem Nordischen Krieg wieder gutging. Er verminderte sogar für einige Jahre die Größe seines stehenden Heeres. Aber nun konnte er endlich aus dem Heer das Instrument machen, das ihm vorschwebte. Neue Exerzierreglements für Kavallerie und Infanterie lagen vor, neue Reglements für die Garnisonstruppen, neue Marsch-, Verpflegungs- und Besoldungsbestimmungen. Aber seit vielen Jahren führte er keine Truppen gegen einen Feind, stand seine Armee nicht im Feld. Seine Generale waren alt oder tot, die neuen unerfahren. Übungslager brauchte er, wo er Marschbewegungen exerzieren konnte, Manöver als Kriegsschule für Offiziere und Mannschaften, mindestens alle drei Jahre ein großes und in der Zwischenzeit kleinere. Auch in Polen wären Exerzierlager nötig. Die Armee mußte aus einem Guß sein.

Dem preußischen König müßte er die neue Armee zeigen: Friedrich Wilhelm I. war ein in militärischen Dingen besessener Mann, von niemandem würde er Lob und Kritik besser hören. Mit der Armee konnte er beweisen, daß er ein guter Bundesgenosse war und ein gefährlicher Feind.

Je mehr er seine Stellung in Polen festigte, um so argwöhnischer mußte Preußen werden. Was hatte das arme protestantische Preußen wirtschaftlich und politisch neben einem mächtigen katholischen Reich der Wettiner zu melden, das fest zum Kaiser hielt? Schlesien fehlte ihm noch, die Landbrücke zwischen seinen Ländern. Im Redoutensaal in Dresden hingen sechs große Tapeten mit den Taten Alexanders des Großen. Das war der Weg des Ruhms. Aber nicht der einzige. Krieg kostete mehr als er einbrachte, das sah er nun, wo er alt wurde. Was er brauchte, war ein Handelsvertrag mit Preußen, beiderseitige Handelsfreiheit und gleiche Akzise in beiden Ländern, um Handel und Gewerbe zu fördern. Das würde der Wohlfahrt Sachsens mehr dienen als der Krieg.

Ja, er wollte den König Preußens einladen. Man könnte an der Konfidenz-Tafel speisen, die ihm der Modellmeister Andreas Gärtner gebaut hatte, der Vertrauenstafel. Die war ein Tischlein deck dich: Die Tafel kam vollständig gedeckt mitsamt den Schüsseln aus einem unteren Raum hoch in das Speisezimmer, kein Bedienter ließ sich blicken, konnte lauschen oder spionieren.

Er saß fest auf Polens Thron, aber nach ihm sollte sein Sohn König werden in Warschau, und dazu brauchte er Preußens Freundschaft. Freundschaft brachte mehr ein als Feindschaft. Vielleicht würde der Sohn die Königsmacht gegenüber den Magnaten weiter stärken. Man konnte nicht alles in einer Generation schaffen. Die Polen waren in vielen Rechten beschnitten, aber sie waren noch immer freiheitsdurstig und längst nicht so untertänig, wie er es verlangte.

Flemming hatte viel dazu beigetragen, daß er seine Ziele in Polen und Sachsen erreichte. Es gab keinen besseren Minister an seinem Hof. Mit Flemmings Hilfe waren die Finanzen in Ordnung gekommen, funktionierte das Kabinett reibungslos. Aber Flemming wälzte eigene Pläne in seinem raschen Kopf, handelte nicht immer so, wie sein König es wünschte. Er entfernte zu viele vom Hof, die gut und tüchtig waren. Seit Jahren gab es niemanden mehr, der dem Minister entgegenstehen konnte.

Ungern dachte der König daran, wie er einmal, im Trunk, den Degen gegen Flemming gezogen hatte. Einer der Kavaliere war dazwischengesprungen, sagte, Sire, Sie werden morgen bedauern, wenn Sie ihn heute erstechen.

Flemming war nicht für die absolute Alleinherrschaft des Königs. Er arbeitete für einen gemäßigten Absolutismus, der nicht so scharf durchgriff gegen die Rechte des Adels. Er trat auch immer für die Freiheiten der Polen ein, fühlte sich selbst halb als Pole, wenngleich er in den letzten Jahren hin und wieder äußerte, es sei doch ein Fehler gewesen, nach der Krone Polens gegriffen zu haben. Doch in Handelsfragen zog er mit dem König an einem Strang und auch in der Außenpolitik: In der Anlehnung an Kaiser und Reich werde das aufstrebende Preußen am besten in Schach gehalten.

Aber seinem Sohn wollte er doch raten, keinem seiner Minister zu trauen, wenn er einmal König war. Der Sohn sollte selbst regieren und eher den Rat unbedeutender, unbekannter Leute einholen als den ehrgeiziger Minister.

Dem König in der Kutsche fiel ein, daß er auf seiner Fahrt durch das funkelnde Morgenlicht nicht mehr an die Vergangenheit dachte, sondern seit einer ganzen Weile schon an die Zukunft. Er fühlte sich frei und leicht. Den ganzen Morgen über hatte er sein bisheriges Leben bedacht und seiner Melancholie nachgegeben, versucht, vor dem drohenden Tod einen Abstand zu seinen Kämpfen und Mühen zu gewinnen. Der Tod kam rasch. Im vorigen Jahr war Vitzthum gestorben, der treue Freund aus seinen Jungentagen, in einem Duell um ein Glücksspiel in Warschau erschossen. Der König spürte, wie die Mutlosigkeit zurückkehrte. Er wollte ihr nicht wieder nachgeben.

Er öffnete das Kutschfenster. Die scharfe Morgenluft kam herein mit einem Geruch von Getreide. Er sog sie gierig ein. Er war vom Tod umgeben, aber er konnte noch viele Jahre leben. Warum sollte er jetzt sein Leben ändern, beschaulich werden, Bilanz ziehen? Die Tat – das war sein Leben lang seine Philosophie gewesen.

Er dachte an die bezaubernden Entwürfe von Schlössern, die Pöppelmann und seine anderen Landbaumeister ihm nach seinen Ideen zeichneten. Der König unterhielt ein eigenes Bauamt in Warschau, hatte Maurer, Steinmetzen, Schlosser, Zimmerer, Klempner, Gärtner und Maler aus Sachsen mitgebracht. In den dichten Wäldern nördlich von Warschau besaß er Mariemont, ein Jagdschloß. Vor drei Jahren hatte er dort eine Jagd für 700 Herren gegeben, mit 200 Jägern und 4000 bäuerlichen Treibern. In Warschau gehörte ihm ein eigenes Schloß, er wollte schon seit langem nicht mehr in dem alten Kasten der Republik Polen leben. In seinem Schloß hatte er für sich eine private Küche, einen privaten Keller und ein privates Speisezimmer bauen lassen – Privatleben und Staatsleben traten allmählich auseinander.

Seit Jahren suchte er eine bestimmte Idee zu greifen, sie in Stein umzusetzen. Er wollte ein Schloß bauen, etwas ganz Seltenes und Ungewöhnliches, von dem er selbst noch nicht genau wußte, wie es sein sollte. Das Schloß müßte einen Zentralbau haben in der Form eines Quadrats mit einem runden oder achteckigen Mittelsaal, über dem sich eine hohe Kuppel erhebt. An den Ecken sollte es weitere Zimmer in pavillonartigen Vorsprüngen geben, ebenfalls mit kleinen Kuppeln bedeckt. Dieses Schloß würde der Mode der Zeit widersprechen, die alles auf eine Achse, eine Zufahrt hin baute, als deren Ziel und Krönung schon von weitem das Schloß erscheint. Er brauchte die langen himmelstürmenden Perspektiven und Prospekte nicht mehr. Er hatte seinen Anspruch eingelöst. Nun wollte er einen neuen Typ, ganz ohne Ehrenhof. Das Schloß würde sich frei in der Landschaft erheben, massig, in sich ruhend, geschlossen und selbstbewußt. Das wäre die wahre Macht.

Die Schwermut der frühen Morgenstunden wich endgültig. Die alte Kraft, er spürte es, kehrte zurück, die Lust am Leben. Er freute sich auf die Schießübungen in Stolpen.

Er hatte noch so viel vor. Aber würde Constantia sich in sein Leben fügen? Würde sie wieder Einfluß auf ihn ausüben wollen, ihn in Situationen bringen, die ihm nicht behagten, nicht einsehen, daß er der König war, hoch über allen anderen, auch über ihr? Sie war ihm die Devotion schuldig geblieben. Sie hatte mit ihm gerechtet und ihn lächerlich gemacht, gedemütigt vor dem preußischen König. Alle Welt würde lachen, wenn heute bekannt würde, was damals geschehen war. Ihm fielen die Medaillen ein, die Coseldukaten aus Gold und Silber, die als Spielgeld an einigen Höfen kursieren sollten und die das Ende seines Bundes mit Constantia verspotteten. Auf der einen Seite zeigten sie die Inschrift »WEN DU NICHT TREU WILT SEYN SO« und einen sitzenden Amor, der — nun ja, kackte: dann mach' ich dir ins Herz hinein. Auf der anderen Seite saß ein gekrönter Hahn auf einer Henne.

Nichts verkleinerte die Macht so sehr wie das Lachen. Was würden seine königlichen Vettern in den Nachbarländern, was würde die Kurprinzessin, die Kaisertochter, sagen, wenn nun herauskäme, daß er nicht nur zwei Ehefrauen gleichzeitig besaß, sondern die eine auch noch seit elf Jahren in einem Kerker gefangenhielt? Das müßte nicht nur seiner Würde Abbruch tun und seinem Ruhm, sondern auch dem Ansehen seines Sohnes, dem Ansehen seines Hauses.

Er hatte sich den Morgen über von Sentimentalitäten leiten lassen, die von seiner körperlichen Schwäche herrührten, sich Illusionen von Wärme und Lebensfreude vorgegaukelt. Es brachte stets Verdruß, sich mit Leuten wieder einzulassen, die man einmal vom Hof entfernt hatte. Sie forderten ihre Ehren doppelt und dreifach wieder ein. Constantia würde nicht verschweigen, wo sie in den vergangenen Jahren gelebt hatte. Sie kämpfte erbittert um ihre Ehre, die lächerliche Ehre einer kleinen Adligen und Frau, um etwas, was sie Gerechtigkeit nannte in ihren aufsässigen Briefen. Was war denn das für eine Gerechtigkeit, die sich dem Willen eines Königs widersetzte? Wer durfte es wagen, mit seinem König zu rechten? Der Wille des Königs war das höchste für einen Untertanen, daneben durfte es nichts geben.

Der König legte die Hand über die Augen. Bitterkeit mischte sich in seine Freude, Constantia wiederzusehen. Er verfiel in tiefes Brüten.

1.

In den drei Jahren 1710 bis 1712 begleitet Constantia König August auf seinen zahlreichen Reisen und seinen Feldzügen. Ihre Sorge wächst, ob das, was er sich vorgenommen hat und wozu Flemming ihm rät, wirklich das Beste ist für ihn und seinen Ruhm. Im November 1710 kommt es zur ersten heftigen Auseinandersetzung zwischen ihr und Flemming.

Das Frühjahr 1710 verbringen August und Constantia in Warschau, wo ein großer Reichstag stattfindet. Einige polnische Adelsparteien wünschen die Auflösung der Personalunion mit Sachsen: Der König möge Sachsen an seinen Sohn abtreten. Doch schließlich erkennen die Adligen August »als ihren Herrn und König, der einst in campo electorali mit freien Stimmen erkoren«, an, wollen seine »freie Wahl auf Schritt und Tritt bis zum Tode« verteidigen, ihm aber den Gehorsam aufkündigen, wenn er die alten Freiheiten der Republik verletzen sollte.

Der Hof kann das von der Pest bedrohte Warschau Ende Mai verlassen. August und Constantia fahren zu Schiff die Weichsel abwärts nach Thorn. Der Sommer ist schön, und sie eilen nicht. Jeden Tag lassen sie zwei-, dreimal das Schiff in anmutigen Gegenden am Ufer festmachen. Die Diener schlagen die seidengefütterten Zelte auf, der König und Constantia speisen im Freien. Nach der Tafel gehen sie auf die Jagd. Sie genießen die Lustreise, die ganz gegen die Gewohnheit Augusts verläuft, von einem Ort zum anderen zu hasten.

Als sie Thorn erreichen, ist dort die Pest ausgebrochen, und so reisen sie weiter nach Marienburg. Doch auch in Marienburg werden kurz nach ihrer Ankunft die ersten Pesttoten begraben. Auf der Flucht vor der Pest reist der Hof weiter nach Danzig und bezieht Wohnungen und Häuser in Langenfuhr, einem Heilbad außerhalb der Stadt. Auch hier zeigt sich die Pest in einem nahen Dorf und beunruhigt August und Constantia, aber sie bleiben in Langenfuhr, bis der früh einsetzende Winter sie zwingt, den Ort zu verlassen. Am 24. Oktober gehen sie nach Danzig und beziehen zwei Häuser am Markt.

Der König fordert 200 000 Reichstaler Kontributionen von Danzig. Die Stadt schickt ihre Deputierten, doch er läßt sich nichts abhandeln. Er braucht das Geld dringend.

Das ganze Jahr 1710 über ging alles anders, als König August erwartet hatte, und eines nach dem anderen ging schief. Schulenburg teilte aus Flandern mit, der Einfluß des Herzogs von Marlborough am englischen Hof sei im Sinken. Die Seemächte sind gegen August und den Nordischen Krieg. Sie haben mit dem Kaiser am 31. März 1710 das sogenannte Haager Concert geschlossen, dem auch die deutschen Reichsstände beitreten: Sie garantieren die Sicherheit der schwedischen Provinzen in Deutschland und wollen eine Neutralitätsarmee aufstellen, um zu verhindern, daß der Krieg auf norddeutsches Reichsgebiet übergreift. August kann nun nicht an die Eroberung von Schwedisch-Pommern denken. Sächsische und russische Truppen haben die Grenzen Pommerns besetzt, um Crassau wenigstens von einem Einfall nach Polen abzuhalten.

Auch der König von Dänemark hat kein Glück: Der schwedische General Magnus Stenbock schlug im März 1710 das dänische Hauptheer bei Hälsingborg. Frederik mußte sich mit seinen Truppen aus Schonen nach Seeland zurückziehen.

Nur Zar Peter hat Erfolg. Er eroberte im Sommer 1710 die letzten großen Festungen der Schweden in den baltischen Ostseeprovinzen, Riga, Pernau, Reval, die von der Pest fast entvölkert sind und deren überlebende Einwohner müde und demoralisiert aufgaben, und schließlich das feste und stolze Wiborg.

Die Polen haben die Hoffnung auf raschen Frieden unter Augusts Regierung verloren, und seine Partei schrumpft. Polnische Magnaten treffen im Herbst 1710 in Danzig ein und versuchen auf jede Weise, die sächsischen Truppen König Augusts und die russischen des Zaren loszuwerden. Karl hat in Bender erklärt, er werde August die Krone zum zweiten Mal vom Haupt reißen, und stachelt den türkischen Sultan zum Krieg gegen Polen auf. Mehr und mehr Magnaten beginnen, über die Bedingungen ihres Übertritts auf die Seite Schwedens zu verhandeln.

Auch aus Sachsen kommen schlechte Nachrichten. Streit, Unordnung und Willkür herrschen unter den Ministern Augusts. Als der König im Sommer 1709 nach Polen ging, gab er Hoym und Löwendahl die Oberaufsicht über die Kassen des Landes, die er bisher selbst ausübte, und enthob die Minister der Kontrolle des Statthalters und der Geheimen Räte. Kaum war er fort, setzte ein Sturm der Entrüstung über die neue Regelung ein. Fürstenberg fühlt sich gedemütigt und wird zum Führer aller Verdrängten. Die Stände und die Geheimen Räte lehnen sich gegen die Politik des Königs auf, keiner kümmert sich um seine Befehle. Dresden ist Schauplatz heftiger Kompetenzkämpfe. Der Statthalter hat alle Truppen in Sachsen unter seinem Befehl, und

Hoym klagt Flemming, daß jedermann, der nicht gut mit Fürstenberg stehe, den schrecklichsten Gewalttaten ausgesetzt sein könne: »Eure Excellenz werden uns in diesen Sachen helfen, ich bin ja sonst keine Stunde in Sicherheit in Sachsen.«

Von allen Regierungsbehörden arbeitet nur Flemmings Auswärtige Kanzlei gut, die er sich in Polen aufgebaut hat. Er ist alleiniger Leiter der Außenpolitik neben dem König. In Danzig beginnt er, dem Kabinett eine festere Ordnung als bisher zu verschaffen. Formell ist er Außenminister, doch er bemüht sich um die gesamte Regierung für Sachsen und Polen, als ob die Verantwortung für alles auf ihm ruhe. Nach den vielen Mißerfolgen hört der König mehr und mehr auf seinen zuversichtlichen Minister, der bereit ist, jedes Problem systematisch zu lösen.

Die nächste schlechte Nachricht erreicht den König in Danzig Anfang November 1710: Der Papst hat mit einer Ansprache vor dem Kardinalskollegium der ganzen Welt verkündet, König August habe sich im Januar 1710 dem päpstlichen Gesandten Albani gegenüber verpflichtet, seinen Sohn katholisch werden zu lassen. Die Rede bewirkte, daß Mutter und Großmutter des Kurprinzen ihn eilig in Lichtenburg vom Oberhofprediger Pipping lutherisch konfirmieren und ihm den Eid abnehmen ließen, für alle Zeiten dem Protestantismus treu zu bleiben.

Pläne, die August seit Jahren insgeheim verfolgt, liegen nun offen zutage und drohen zu scheitern. Der Papst hat den Friedensvertrag von Altranstädt unter der Bedingung für ungültig erklärt, daß der Kurprinz katholisch würde. Dieser Preis war dem König zu hoch, er forderte, der Papst müsse zuvor erreichen, daß eine der Töchter des Kaisers den Kurprinzen heirate. Durch eine solche Heirat hofft August, einen Teil des habsburgischen Schlesiens als Landbrücke von Sachsen nach Polen an sein Haus zu bringen. Der Papst fürchtet, daß viele Jahre Diplomatie nötig sind, um den widerstrebenden Kaiser zu gewinnen. Er will, daß der Kurprinz jetzt übertritt, und setzt König August mit seiner Rede unter Druck.

August aber hat den sächsischen Ständen im Sommer 1705, als er ihre Unterstützung gegen Karl XII. brauchte, die protestantische Erziehung seines Sohnes versprochen. Er muß vorsichtig sein. Als er selbst katholisch wurde, liefen Gerüchte um, daß die Stände einen Vetter aus einer Nebenlinie der Wettiner zum Kurfürsten von Sachsen machen wollten. August hat nach allen Seiten hin versprochen, was sich doch ausschließt, um das je nach dem Verlauf der Entwicklungen für ihn und sein Haus Günstigste erreichen zu können. Nun laviert er weiter. Er schreibt dem Papst, er habe die Konfirmation seines Sohnes ausdrück-

lich verboten und werde den Sohn demnächst mit in das katholische
Polen nehmen.

Constantia ist aufs höchste besorgt. August beginnt, seine Absichten
vor ihr geheimzuhalten: Vom Übertrittsversprechen wußte sie nichts.
Es widerstrebt ihrem Gewissen, wie er die Religion seines Sohnes als
Mittel der Politik einsetzt. Sie glaubt nicht mehr an den Erfolg seiner
Polenpolitik. Der König macht sich immer abhängiger von anderen,
erst vom Zaren, nun vom Papst. Nie wird er in Polen sein eigener Herr
sein, wie er es plant. Er riskiert nur, Sachsen wieder zu verlieren, und
niemand wird ihm dann helfen. Er hat sich über den wahren Stand der
Dinge in Polen getäuscht.

Sie versucht, mit August darüber zu reden, aber er lacht sie aus. Sie
muß das Thema fallenlassen. In vielem ist der König nicht zu überreden, besonders, wenn er einmal einen Entschluß gefaßt hat. Billigt man
ihn dann nicht, so schmerzt ihn das, aber er wird halsstarrig. Wenn die
bestbegründeten Vorstellungen keinen Eindruck machen und ihn von
seinem nachteiligen Vorhaben nicht abbringen, muß man ihn in Ruhe
lassen. Dann kommt er manchmal von selbst auf Constantias Wünsche
zurück. Ihre Chance liegt darin, daß des Königs Verlangen, jedermanns
Beifall zu finden, ihn manchmal dazu bestimmt, seinen Plan doch zu
ändern. Wenn Flemming ihm von seiner Politik abrät, wird er vielleicht auf ihn hören. Flemming ist ein Meister im Umgang mit dem
König.

Am Morgen des 29. November 1710 schreibt sie Flemming ein
Billett und bittet um eine Unterredung. Nach dem Diner kommt
Flemming in ihr Apartment. Constantia schließt selbst sorgfältig die
Tür. Sie will nicht, daß die Spione des Königs August dieses Gespräch
hinterbringen.

Sie eröffnet die Unterhaltung mit der Bitte, Flemming möge ihr
genauen Aufschluß über das geben, was vorgehe. Aber Flemming will
nicht und weicht ihr aus.

Es ist sehr zu beklagen, sagt sie, daß man den Kurprinzen zum
Opfer der Polenpolitik ausersehen hat: »Ich weiß nicht, was die Absicht
des Königs ist. Er hat nichts von dem Königreich Polen und kann nicht
hoffen, daß sein Sohn ihm nachfolgen wird. Die Polen müßten närrisch
sein, wenn sie dem nach einer so unglücklichen Regierung wie der des
Königs zustimmten. Die Polen müssen einen Polen zum König haben,
ebenso wie die Engländer einen König aus ihrem Volk.«

*Damit spielt Constantia auf den Kurfürsten von Hannover an, den
Nachfolger der Königin Anna von England. Mein Zeuge für dieses*

Gespräch unter vier Augen ist Flemming. Ich habe nirgends Aufzeich-
nungen Constantias darüber gefunden und kann auch nicht berichten,
wie ihre politischen Ansichten im einzelnen entstanden sind.

»Die Polen haben einen großen Fehler begangen, als sie einen Fremden
wählten«, sagt Constantia. »Nichtsdestoweniger will der König seinen
Sohn zum Opfer bringen und ihn auf eine ganz eitle und unbegründete
Hoffnung hin zur katholischen Kirche übertreten lassen.«

Flemming ist ein frommer Protestant, und Constantia verläßt die
rein politische Argumentation: »Sie gehören doch auch unserer Religion an und Sie müßten sich eine Gewissensfrage daraus machen, das
zu verhindern. Ihr Gewissen müßte Sie auffordern, sich dem Plan mit
all Ihrer Kraft entgegenzustellen.«

Flemming bleibt wortkarg. Sie läßt nicht locker: »Ich weiß, daß Sie
mir sagen werden, daß Sie nicht Minister des Gewissens sind, sondern
Minister des Staates. Aber dies ist auch eine Angelegenheit des Staates.
Denn wenn der König seinen Sohn mit sich nach Polen nimmt, wie er
die Absicht hat, wieviel Widerstand wird das in der Öffentlichkeit
finden? Die Engländer und Holländer und alle protestantischen Fürsten
Deutschlands werden sich von ihm abwenden.« Die katholischen Fürsten spiegelten dem König zwar vor, daß sich ihm, wenn sein Sohn zur
katholischen Kirche übertrete, große Hoffnungen im deutschen Reich
eröffnen würden, allein dies seien Schimären. »Der König irrt sich. Er
hat dann nicht einmal mehr Grund, die Unterstützung Dänemarks zu
erhalten.«

»Sie haben recht, Madame«, sagt Flemming endlich, »zu glauben,
daß ich Ihnen antworten würde, daß ich nicht Minister des Gewissens
sei, sondern des Staates, und das ist hier in der Tat meine Antwort. Ich
möchte hinzufügen, daß ich bei der Wahl [1697] dem König gedient
habe, ohne meine Religion aufzugeben, und daß nichts mich jemals
dazu bringen würde.«

Flemming lehnt ein Gespräch über Politik mit Constantia ab. Sie ist
erbittert über ihn und verklagt ihn beim König. Der lacht nur und zieht
Flemming auf. Flemming macht Constantia lächerlich, indem er anbietet, das Portefeuille abzugeben. Der König amüsiert sich über diesen
Spaß.

Der König liebt die Gräfin zu sehr, meint Flemming. Es ist gefährlich für einen Minister, etwas gegen sie zu sagen. Aber nach wie vor ist
er bezaubert von Constantia, der kleinen Frau, mit der er flirtet,
spielerisch den Verstand mißt. Er schreibt ihr Porträt am 8. Dezember
1710, wenige Tage nach der Unterredung. Wenn sie nur ihren Jähzorn
besiegt, notiert er, wird sie die perfekteste Dame von Welt sein, »ihr

Geist und ihr Körper werden neidisch darüber streiten, wer von beiden sie liebenswerter macht und ihr mehr Herzen gewinnt«.

Doch Flemming ist ein vorsichtiger Mann. Diese schöne Frau ist härter, als er dachte, hat Verstand und politisches Urteil. Sie könnte den König mit ihren Überlegungen beeinflussen. Flemming nimmt die Unterredung so ernst, daß er in einem kleinen Protokoll festhält, wie sie gegen die Polenpolitik des Königs argumentierte. Sie ist sehr gut über die europäische Politik informiert und in der Lage, die herrschenden Strömungen kritisch zu analysieren. Noch ist sie keine Gefahr für den mächtigsten Minister des Königs. Aber er will sich beizeiten absichern.

2.

Die militärische Lage Augusts verschlechtert sich. Der Sultan läßt den Gesandten Polens in Konstantinopel in das Gefängnis der Sieben Türme werfen und erklärt Polen den Krieg. Karl, halb Gefangener des Sultans, halb sein Verbündeter, erreicht, daß der Sultan auch Rußland den Krieg erklärt. Es sieht so aus, als würde im kommenden Jahr die östliche Hälfte Europas von Schweden bis in die Türkei zum Schauplatz verheerender Kämpfe. Manche Leute befürchten, der Nordische Krieg und der Spanische Krieg könnten nun doch zu einem einzigen großen europäischen Krieg zusammenlaufen. Die Diplomaten im Haag verhandeln verstärkt über die Neutralitätsarmee, die die Sicherheit des Reichs im Norden aufrechterhalten soll.

In der zweiten Dezemberhälfte bricht der sächsische Hof aus Danzig auf und reist nach Dresden. August muß von seiner Eskorte den Weg ins Brandenburgische mit Gewalt freihauen lassen, weil der kommandierende preußische Offizier die Straße nicht freigeben will, die der Pest wegen gesperrt ist.

Der König hat nicht die geringste Absicht, seine Polenpolitik zu ändern. Kaum in Dresden, befiehlt er die Doctores der Juristenfakultät Leipzig und die Richter des Schöppenstuhls zu sich, um zu hören, was sie über den Friedensschluß Imhoffs und Pfingstens mit Karl XII. zu sagen haben. Das Gutachten der Juristenfakultät lautet ebenso wie das der Universität Tübingen vom August 1708: Pfingsten sei im hohen Grade für schuldig zu erachten, Imhoff jedoch milder zu beurteilen. Der Schöppenstuhl hat sein Urteil am 20. Dezember 1710 gefällt: Imhoff soll mit lebenslänglicher Haft bestraft, Pfingsten aber »mit dem Schwerte vom Leben zum Tode gerichtet und gestraft« werden.

Später wandelt der König die Todesstrafe für Pfingsten in lebenslange Haft um. Pfingsten stirbt am 21. November 1735 auf dem

Königstein. Imhoffs Urteil auf lebenslängliches Gefängnis mildert der König auf zehn Jahre. Viele Adlige setzen sich für die vorzeitige Entlassung ihres Standesgenossen ein. Imhoff bleibt bis 1714 auf dem Königstein und wird mit einem Dekret entlassen, er habe nur aus Irrtum gefehlt und seine Ehre sei ihm weder genommen noch gekränkt. Er stirbt ein Jahr später.

Die Leipziger Messe im Januar 1711 verläuft schlecht. Wenige Leute kommen, was einige Leipziger dem allgemeinen Geldmangel, andere dem schlimmen Winter, der bald mit Kälte, bald mit starkem Regen wechselt, wieder andere der Pest zuschreiben, die nun an vielen Orten herrscht.

Constantia und August treffen zur Zahlwoche in Leipzig ein. Constantia kann sich endlich wieder persönlich um ihr Kreditgeschäft kümmern. Sie beginnt ein neues, in braunes Leder gebundenes Hauptbuch mit zwei Schlössern, in das sie ihre Außenstände einträgt. Die Summen, mit denen sie jetzt Geschäfte macht, haben sich gegen früher beträchtlich erhöht. Aber nicht alles geht glatt. Der Graf Dünnwald, dem sie 72 000 Taler lieh, hat zur Herbstmesse 1710 nicht gezahlt, und auch nun, im Januar 1711, zahlt er nicht. Sie hat Pfänder für das Geld in der Hand, Anwartschaften auf seine Herrschaft Sabor in Schlesien, aber auch andere Gläubiger sind in den drohenden Konkurs des Grafen verwickelt, und wahrscheinlich wird es zum Prozeß kommen. Ihre Anwesenheit in Sachsen ist dringend notwendig, zumal die Post durch das kriegsverwüstete Polen unzuverlässig geht. Nur unter großen Mühen gelang es ihr im Herbst, als Mademoiselle Malacrida genug hatte vom einsamen Depenau und abreiste, eine neue französische Gouvernante für ihre Töchter zu finden, Madame Trugard, eine ruhige, zuverlässige Witwe. Constantia sorgt für ihre Familie. Im November hat sie erreicht, daß der König ihrem Bruder ein Regiment gab. Jetzt liest sie begierig alle Nachrichten über ihre Töchter, prüft Abrechnungen über den Kauf von Mützchen, Schuhen und einem goldenen Lederstühlchen für die Älteste.

Der Karneval in Dresden wird in diesem Jahr mit einem maskierten Ringrennen, mit Schlittenfahrten und Nachtschießen gefeiert. Der Kurprinz erringt zur Freude seines Vaters den Sieg im Karussell. August zerbricht mit bloßer Hand ein Hufeisen, was alle sehr bestaunen. Das Hufeisen kommt in die Kunstkammer.

August läßt neue Truppen für den bevorstehenden Feldzug anwerben. Die Landmiliz wird fleißig exerziert und auch die Bürgerschaft der Städte. Er ernennt Flemming zum Generalfeldmarschall und gibt ihm das Oberkommando über die gesamte sächsische Armee. Schulenburg nimmt sofort seinen Abschied, und Flemming ist den Konkurrenten, mit dem er sich vor Jahren duellierte, endlich los. Nun ist in der nächsten Umgebung des Königs nur noch die Gräfin Cosel, die nicht zu seiner Partei gehört.

Auch die Bundesgenossen rüsten. Frederik läßt in Dänemark die jungen Burschen von der Straße ins Heer pressen, und Zar Peter sammelt seine Armee. Es heißt, Karl in Bender habe schon 60 000 Kosaken, Wallachen und Schweden zusammen und brauche nur noch Offiziere, die sie kommandieren. Aus Konstantinopel berichtet die Zeitung, »daß die Ottomannische Pforte fast bey Menschen Gedencken nicht grössere Kriegs-Präparatoria gemachet habe, also jetzo geschiehet«. Die Türken geben vor, »daß sie eine Armee von 260 000 Mann ins Feld stellen wolten, aber man weiß, daß die Türcken nicht Combattanten, sondern nur die Köpffe vom Droß und Gesindel rechnen, dann sie auf das höchste nicht über 40 000 Janitscharen und etwa 30 000 Spahi auffbringen können, das andere Volck aber ist nur liederlich Gesindel«.

Doch auch 70 000 Soldaten sind eine große Streitkraft, und der russische Gesandte von Urbich reist nach Wien und versucht den Kaiser zu überreden, mit Rußland und Polen in den Krieg gegen die Türken zu ziehen. Aber der Kaiser will von einer Bundesgenossenschaft nichts wissen und schickt nur einige Wagen mit österreichischen und Tokajerweinen an König August.

August hat den Landtag einberufen: Er will das stehende Heer auf 30 000 Mann vergrößern, und die Stände sollen ihm dafür neue Steuern bewilligen. Er verlangt 2 304 253 Reichstaler jährlich für bestimmte Regimenter und die Miliz und dazu noch einmal eine Million Reichstaler für außerordentliche Ausgaben. Das sind gewaltige Summen. Zwischen den Ständen und dem König kommt es zu einer Kraftprobe.

Die Stände verlangen, daß die Waffenübungen des Landvolks ein Ende nehmen sollen, doch der König schlägt das ab. Dann sagen sie das Geld für den Krieg zu, überreichen dem König aber ein Papier mit Bedingungen, an die sie die Bewilligung knüpfen. August bleibt hart. Er streicht eigenhändig den Absatz, der die Einführung neuer indirekter Steuern an die Zustimmung der Stände knüpft. Er streicht den Absatz, der Kreditoperationen des Königs von ihrer Einwilligung abhängig macht. Von einem Hineinreden der Stände in seine Politik will er nichts mehr wissen, und auch ihr Recht, sich zu versammeln, ohne daß er sie einberufen hat, erkennt er nicht an: »Dießes ist absolutes nicht zu gestahtten und leset [läßt] sich koin her[r] leges [Gesetze] vorschreiben; den er schon wießen wird, was zu seinen und der seinigen besten und nutz des landesbesten ist; die es vorherros getahn, haben es nicht verantworten können und ist koin condominium zu verstatten.« Kein condominium — keine gemeinsame Regierung von König und Ständen: Der König herrscht allein. Er sagt klipp und klar: »man ist nicht gesinnt in der Formundschaft zu verharren, wie es mit den Predecessores [Vorgängern] gegangen.«

Die Stände protestieren. August kümmert sich nicht darum. Er bereitet die Abreise nach Polen vor. Aber dann kommt am 21. April ein Kurier der Kaiserin aus Wien: Der Kaiser ist am 17. April 1711 an den Pocken gestorben. König August ist nun als Kurfürst von Sachsen Reichsvikar, gemeinsam mit dem Kurfürsten von der Pfalz.

Zwei Wochen lang läuten alle Glocken in Dresden jeden Mittag eine halbe Stunde. Die Prediger verlesen von den Kanzeln, daß der König jetzt die Geschäfte des Reichs bis zur Neuwahl eines Kaisers führe. Am 8. Mai läßt August den doppelten Reichsadler auf die Spitze des Kreuzturms setzen.

3.

Die Reise nach Polen ist aufgeschoben. Als Reichsvikar kann August dafür sorgen, daß das Reich ihn unterstützt. Das Neutralitätsheer soll zusammentreten und nicht nur Schwedisch-Pommern vor ihm, sondern vor allem Sachsen vor Karl schützen.

Aber trotz wochenlanger Mühen erreicht er nur, daß der zweite Reichsvikar, der Kurfürst von der Pfalz, acht Bataillone nach Guben schickt. Karl läßt aus Bender mitteilen, wenn das Reich eine Neutralitätsarmee gegen Schweden aufstelle, werde er sie angreifen, sobald er nach Polen komme. In allen Reichsländern gehen die Fürsten so zögernd an die Ausrüstung ihrer Pflichttruppen, daß der Pfälzer seine Bataillone schließlich wieder aus Guben zurückholt.

Die bevorstehende Kaiserwahl mitten im Spanischen Erbfolgekrieg beschäftigt die Höfe Europas. Kaiser Joseph I. ist ohne Sohn gestorben. Sein Nachfolger in Österreich und den habsburgischen Erbländern ist sein jüngerer Bruder Erzherzog Karl, der als spanischer König in Barcelona die Habsburger Erbansprüche gegen den bourbonischen Gegenkönig Philipp V. verteidigt. Wenn Karl nun auch noch zum Kaiser gewählt wird, könnte das Weltreich Karls V. wieder in einer Hand sein. Das wollen weder Frankreich noch England, noch Holland oder die protestantischen Reichsfürsten. Kriegsziel der Seemächte ist nach wie vor ein Gleichgewicht der Mächte, das den Frieden künftig sichern soll.

August ist entschlossen, seine Stimme als Kurfürst bei der Kaiserwahl Karl von Spanien zu geben. Aber er läßt in Wien keinen Zweifel daran, daß er auf Gegenleistungen rechnet, nämlich mit der Heirat des Kurprinzen mit Maria Josepha, der ältesten Tochter des nun verstorbenen Kaisers.

Ein weiterer Plan geistert durch die Abendgesellschaften des Dresdner Hofs. Der Kurprinz soll bei der Heirat die Anwartschaft auf die österreichischen Erbländer bekommen, da Karl sowieso nur bei einer solchen Selbstbeschränkung hoffen könne, als Kaiser Spanien zu behalten. Mit Hilfe des Papstes und der katholischen Kurfürsten soll der Kurprinz zum römischen König gewählt werden, zum Nachfolger des Kaisers also. Dieser Plan stammt vom sächsischen Gesandten in Paris, Suhm, und es ist nicht klar, wie ernsthaft August ihn verfolgt. Vielleicht ist Suhm nur von den Franzosen bestochen worden, um Unruhe zu schaffen, denn die Franzosen streuen das Gerücht aus, August selber wolle Kaiser werden.

Die Regierung des Reichs bringt August nicht nur viel Ruhm, sondern auch viel Arbeit. Täglich konferiert er mit Ministern und Gesandten aus dem Reich. Er nutzt seine Zeit als Reichsvikar, um seine Günstlinge im Stand zu erhöhen. So erhebt er Flemming, Vitzthum und Hoym zu Reichsgrafen und unterschreibt eine Urkunde, die seine Töchter mit Constantia zu legitimen Kindern und »ehrlich geborne Gräfinnen« erklärt. Constantia selbst soll nun endlich Reichsfürstin werden. Aber es stellt sich heraus, daß dies die Kompetenzen eines Reichsvikars überschreitet: Nur ein Kaiser kann jemanden zum Reichsfürsten erhöhen. Also beauftragt August am 12. Mai 1711, seinem Geburtstag, den Chevalier de Lecheraine, der in diplomatischer Mission nach Barcelona reist, er solle vom Erzherzog, der so gerne Kaiser werden will, die Zusage erwirken, daß er die Gräfin Cosel zur Reichsfürstin erheben und beide Töchter noch einmal mit kaiserlichem Siegel legitimieren werde.

Im Jahr des Reichsvikariats läßt August verstärkt an seinem Lieblingsprojekt bauen: dem Zwinger. Nach dem großen Erfolg der hölzernen Galerien und Pavillons um die Reitbahn beim Fest von 1709 wuchs der Plan, an derselben Stelle einen ständigen heiteren Festplatz zu schaffen, verfeinerter und raffinierter in der Anlage, umgeben von Galerien und Pavillons aus Elbsandstein, gelb mit grünen Dächern, mit Speise-, Spiel- und Tanzsälen für den Hof. Gleich nach der Abreise des dänischen Vetters im Sommer 1709 stellte August seinem Landbaumeister Matthäus Daniel Pöppelmann die erste Zahlungsanweisung zum Bau einer Orangerie aus. Ein Jahr später schickte er ihn auf eine große Studienreise nach Wien und Rom, damit er sah, wie die berühmtesten

Architekten der Zeit bauen, und mit ihnen seine Entwürfe besprechen konnte. Nun, 1711, verdoppelt August die Bausumme für den Zwinger und legt Pöppelmann zu seinem Gehalt von sechshundert Talern jährlich noch sechshundert dazu. Pöppelmann baute bislang auch Bürgerhäuser, um sein knappes Einkommen aufzubessern, das bei seiner großen Familie nicht hin und nicht her reicht, doch nun wird er keine Zeit mehr für Privataufträge haben.

Der Landbaumeister ist ein Mann von Geist, Tatkraft und Lebensfreude, ein gelassener, selbstsicherer Künstler. Er kann sehr heftig werden und energisch für seine Arbeiter kämpfen, wenn der König sie nicht bezahlt. Aber im allgemeinen ist er verträglich und arbeitet besonders gut mit dem für andere eigenartigen Bildhauer Balthasar Permoser zusammen. Pöppelmann zieht die Kaskaden eines Nymphenbades hoch, zu dem Permoser die lebensgroßen bezaubernden Statuen beginnt. Der Architekt entwirft einen Wallpavillon, und der Bildhauer meißelt den die Welt tragenden Herkules, der den Pavillon bekrönen und den gesamten Zwinger überragen soll, König August, den sächsischen Herkules. Dies wird ein Sitz irdischer Olympier, der Götter, die sich hier zu Spiel und Fest zusammenfinden, eine Kultstätte mit dem Hercules Saxonicus in der Mitte.

Pöppelmann baut nun auch das Portal vor Constantias Palais, das wichtigste Motiv der Fassade. Er hat ein Modell seines italienisch beeinflußten Entwurfs aus Holz schnitzen lassen, damit der König und die Gräfin die Wirkung erkennen können. Constantia läßt neben dem Palais einen kleinen Garten mit Springbrunnen anlegen und ein zierliches Lusthaus mit Türmchen und blauem Dach errichten.

Das Vorbild des Königs weckt die Baulust der Adligen, und sie vergeben Aufträge für Stadthäuser und Landschlösser »Seiner Königlichen Majestät zu schuldigsten hohen Ehren und zur Zierde des Landes«, wie ein Herr dem König schreibt. Gute Handwerker sind gefragt in Dresden, Steinmetze, die Vasen und Wappen für Fassaden hauen, Maler, die blumentragende Putten an Zimmerwände und Götter an die Decken malen können. Der Standard in Dresden ist hoch. Das Bauen ist eine kostspielige Leidenschaft, und manch einer bringt sich damit in tiefe Schulden. Die adligen Bauherrn ahmen das festliche Treppenhaus in Constantias Palais nach und bauen nach Dinglingers Beispiel Häuser mit flachen Dachgärten. Hoym besetzt das Dach seines neuen Palais mit einer Orangerie, und seine Gäste, die dort oben bei ihm speisen, sitzen mitten in der Stadt im Grünen und haben einen weiten Blick zum Königstein.

Die Bürger tun es dem Adel nach und bauen immer vornehmer und nur noch in Stein, denn die Baumeister des Königs sorgen dafür, daß die alten Holzhäuser wegen der Feuergefahr für die Stadt und wegen der Ratten verschwinden. Statt der Täfelungen in den Wohnstuben mit festen Bänken, die sich an den Wänden entlangziehen, sieht man in den vornehmen Bürgerhäusern nur noch Tapeten und Stoffbekleidungen. Auch die reichen Bürger leben gesellig, brauchen Prunkstuben, Tafelzimmer, Bibliotheken, Besuchszimmer für den Herrn und für die Dame.

Manche neuen Häuser haben schon sieben Stockwerke. Bauplätze sind knapp, Häuserbau ist zum Spekulationsobjekt geworden, und da die Bevölkerung wächst, entstehen immer mehr Mietskasernen. Bis vor wenigen Jahren waren Mieter nur Gesinde und Tagelöhner, jetzt mietet auch der Adel Etagen, um überhaupt eine Wohnung in Dresden zu finden. Es ziehen so viele Menschen in die Stadt, daß Flemming die Umwandlung von Pferdeställen in Wohnstuben verbieten muß. Nachts brennen nun fast überall Laternen, und fast alle Straßen sind gepflastert. Unter den Straßen gibt es ein Kanalnetz für die Abwässer aus den Häusern. Jeden Morgen fahren Bauern mit Wagen durch die Gassen und bringen den Kehricht aus den Häusern und von den Straßen auf die Felder hinaus.

Die Dresdner dürfen nicht bauen, wie sie wollen. Das Oberlandbauamt erläßt seit 1708 Bauordnungen. König August und seine Baumeister ziehen am gleichen Strang. Oberlandbaumeister Karcher und seine Kollegen haben ihm vorgeschlagen, er möge Baulustigen eine Bauhilfe geben. Sie unterrichten selbst Maurer- und Zimmermeister, an denen es in Dresden mangelt, und fertigen Bauwilligen unentgeltlich die Risse an. Sie fordern gleiche Höhe und gleiche Linienführung der Dächer, sind aber auch auf die Freiheit der Bauherren bedacht, weil eine Veränderung in den Fassaden dem Auge angenehmer sei, als wenn zu große Flächen sich gleichen. Für sie ist die Stadt ein lebendes Kunstwerk, in das alle neuen Plätze, Straßen und Häuser sich eingliedern sollen. Lichte und Weite gehören zu den Idealen ihrer Stadtbaukunst, ihr Maßstab, der niemals verletzt werden darf, auch bei den größten Projekten nicht, ist der Mensch.

August beflügelt seine Architekten zu Hochleistungen. Sie arbeiten im Team, zu jedem Projekt werden mehrere Gegenprojekte entworfen, aus denen sich dann der endgültige Plan entwickelt. Dresden wächst zu einer der schönsten Städte der Welt.

Zar Peter hat König August dringend zu einer mündlichen Unterredung über ihre Strategie nach Jaroslau in Polen eingeladen. Die wachsende Kriegsgefahr versetzt Constantia in große Angst. Noch einmal will sie nicht mittellos und verachtet in Wolfenbüttel oder sonst einer Residenz stranden. Sie bittet August so lange, bis er ihr erlaubt, einen Haushalt außerhalb Sachsens zu deponieren. Am 23. Mai ordnet er an, der Gräfin die Möbelgarnitur aus Augsburger Silber, das Türkische Zimmer und die Tapete aus Brüssel aus dem Grünen Gewölbe auszuhändigen, und befiehlt dem Geheimen Cämmerier Starcke, die Gräfin überall damit passieren zu lassen.

Am nächsten Morgen bricht er nach Jaroslau auf. Kurprinz Friedrich August erfährt das Reiseziel, als er im Großen Garten von seinem Vater Abschied nimmt. Der Vater fragt ihn, schon in der Kutsche, ob er nicht Lust habe, ihn nach Polen zu begleiten.

»Herzlich gerne«, sagt der Prinz. »Wann ich nur einige benöthigte Sachen bey mir hätte.«

»Das wird sich alles finden«, sagt August, nimmt seinen Sohn in die Karosse, und sie fahren davon. Christiane Eberhardine und Anna Sophie sind empört, als sie das hören.

Constantia stellt Hausrat für ein standesgemäßes Leben zu zweit für August und sich zusammen und läßt auf sechs Seiten »Was an Silber ist eingepackt worden den 28. May Anno 1711« verzeichnen. In neunzehn Kisten verpacken ihre Diener silberne Kronleuchter, silberne Tische, Tafelaufsätze, Suppenschalen, alles, was ihr damals im Exil in Wolfenbüttel fehlte, als die Schweden Sachsen besetzt hielten und niemand sie empfangen wollte, ein grünes Damastbett für sie und ein rotes Atlasbett für August, Bettdecken aus Spitzen, aus Goldstoff und Seide, Spiegel, Tapeten, Stuhlbezüge. Am 1. Juni wird sie ins Grüne Gewölbe gebeten, und sie nimmt die drei Zimmergarnituren in Empfang und läßt sie in weitere zwölf große Kisten packen.

Constantia erzählt am Hof, sie reise nach Holstein zu ihren Töchtern und ihren Eltern, und bricht mit den einunddreißig Kisten nach Norden auf. Ihre geschwinde Abreise verursacht Gerüchte in Dresden, zumal sie soviel Gepäck mitnimmt. Wie stets ist jeder am Hof mißtrauisch und aufmerksam, um die kleinste Änderung in der Umgebung des Königs mitzubekommen.

Constantia will die kostbaren Kisten in Hamburg in einer Bank deponieren. Das geht aber nicht so ohne weiteres. Die Bank weigert sich, die Kisten entgegenzunehmen, weil derartige Geschäfte nur Hamburger Bürgern erlaubt seien, und einige Tage vergehen, bis Constantia ihr Problem löst.

Hamburg hat sich herausgemacht seit ihrer Kinderzeit. Mit 70 000 Einwohnern ist es fast doppelt so groß wie Dresden, eine betriebsame, bunte Hafenstadt, die endlich die Folgen des Dreißigjährigen Krieges überwunden hat. Der Handel mit Wein und Öl aus Spanien, mit Zucker aus der Karibik floriert, obwohl die Handelsschiffe wegen des

Spanischen Erbfolgekrieges in kostspieligen Geleitzügen fahren. Der Rat hält die Stadtbefestigungen in Ordnung, und ein Drillmeister übt die Bürger im Drillhaus hinter dem Holzdamm im Gebrauch der Waffen. Nachts zieht eine Wache durch die Stadt, zwei Mann mit Seitengewehr, Lanze und Schnarre. Während der eine seine Schnarre dreht und die Stunden auf Platt aussingt, späht der andere umher und beschleicht und packt Störer der Ordnung und der Ruhe. Die Stadt kann ihren Gegnern im Innern und vor den Toren die Stirn bieten: Die Dänen sitzen auf dem rechten Elbufer, die Schweden auf dem linken, und trotzdem fahren in der Mitte die Hamburger auf Gewinn.

Nun gibt es keine Marselis mehr in der Stadt, in der Constantias Großvater und Urgroßvater angesehene Kaufleute waren. Die Nachkommen sind Landedelleute geworden. Nur Constantia lebt in Pracht und macht zwei Familien Ehre, den Marselis und den Brockdorff.

Endlich findet sie eine Lösung für ihre einunddreißig Kisten. Die Kaufleute Frey und Stratfort dienen ihr als Vermittler. Beide sind Hamburger Bürger, und so kann sie die Kisten bei der Bank gegen einen Depositenschein hinterlassen. Aber nun will die Bank die Sachen nur als Pfand für einen Kredit nehmen, und so leiht Constantia 3000 Mark lübsch, bewilligt auch ein Standgeld, und die Bank bringt die Kisten im Kornhaus unter.

In diesem Sommer herrscht eine große Hitze in Holstein, und die Reisewege nach Depenau sind staubig. Constantia kann sich nur kurz bei ihren Töchtern aufhalten, sie soll August in den letzten Junitagen in Karlsbad treffen, wo schon die Zimmer bestellt sind. In Depenau hat sich die finanzielle Lage durch die Kriegssteuern verschärft. Der Vater ist jetzt neunundsechzig Jahre alt, aufbrausend wie früher und noch starrsinniger. Seine Bauern haben sich, meint er, zu seinem totalen Ruin verbündet. Sie haben König Frederik um Beistand gebeten, als er ihnen wieder einmal Land wegnahm, und er wiederum bat den König, ihm gegen seine »widerspenstigen und ungehorsamen Unterthanen« beizustehen: Sie arbeiten nur, wann sie wollen, erscheinen morgens erst um zehn oder elf auf dem Gutshof, gehorchen weder Verwaltern noch Vögten, und wenn man sie zurechtweist, drohen sie, sich zu versammeln und den Aufsehern die Köpfe einzuschlagen. Er hat sie in Eisen legen lassen, aber der König befahl, Brockdorff habe bei Vermeidung von 2000 Reichstalern Strafe ohne vorherige Untersuchung keinen seiner Untertanen mit Strafe oder Gefängnis zu belegen und sich »mit ordentlichem Recht zu begnügen«.

Der Vater fühlt sich bedroht: von den Untertanen, die ihm nicht gehorchen wollen, und vom König, der immer mehr Steuern für seinen Krieg gegen die Schweden von ihm fordert. Der Adel verarmt, hält sich an den Bauern schadlos, die letztlich mit Leibeigenschaft für die Kriege der Könige bezahlen.

Die dänischen Truppen kommen von Seeland und Fünen über die Belte nach Jütland und marschieren nach Holstein, um von dort weiter nach Pommern zu ziehen. Die Soldaten bringen die Pest mit. Krieg und Pest bedrohen Constantias Töchter, ihre Eltern, bedrohen August, bedrohen sie selbst. Die Hitze hält an, die Dürre, der Staub. In Hamburg begräbt man die ersten Pesttoten.

König August und Zar Peter treffen sich am 2. Juni 1711. Der Zar reist mit kleiner Suite. Er will schnell wieder zu seiner Armee zurück, die er gegen die Türken versammelt hat. Auch der König hat nur eine starke Wachttruppe bei sich gegen umherstreifende Rebellen.

Am selben Tag beginnen die Konferenzen der russischen und sächsischen Minister, zu denen auch polnische Große hinzugezogen werden. Peter verlangt die Hilfe der polnischen Kronarmee. Doch sosehr August sich auch bemüht, die meisten Woiwoden sagen, daß sie sich nicht in den Krieg mit den Türken mischen wollen. Der König von Polen kann den polnischen Adel nicht zwingen.

Da Karl von Schweden die Neutralität für die deutschen Länder der Kriegführenden entschieden ablehnt, wollen auch August und Peter sich nicht daran halten und verabreden den Einbruch in das schwedische Pommern.

Der Zar hat es eilig, doch ehe er abreist, unterschreibt er die Ehepakten für die Heirat seines Sohnes mit der Prinzessin von Wolfenbüttel. Die Heirat ist beschlossen, obwohl die kleine Prinzessin einen Widerwillen gegen den Zarewitsch hat. Die Hochzeit soll noch in diesem Jahr bei Königin Christiane Eberhardine in Torgau stattfinden.

August wollte sich auf der Rückreise von Jaroslau in Karlsbad mit dem Nuntius Albani treffen, um wegen des Übertritts seines Sohnes zur katholischen Kirche zu verhandeln. Doch er muß zurück nach Dresden und weiter wegen der Neutralitätsarmee und der Kaiserwahl konferieren, und auch Constantia reist nun nicht nach Karlsbad.

August hat seine Abreise nach Polen auf den 15. Juli 1711 festgesetzt. Anfang Juli fährt er rasch nach Prag und trifft Albani dort. Der fünfzehnjährige Kurprinz widerstrebt den Plänen seines Vaters, er will seinen lutherischen Glauben nicht aufgeben. Der König berät mit Albani, wie sie den Kurprinzen trotzdem zum Übertritt bewegen können und was seine Wahl zum römischen König fördern kann. Der Papst will sich für die Ehe mit der Kaisertochter erst einsetzen, wenn der Kurprinz öffentlich übergetreten ist. Vielleicht glaubt August selbst an die Königswahl, aber wahrscheinlicher ist, daß er den Preis für den Glaubenswechsel möglichst hochschraubt, um sich dann etwas abhandeln lassen zu können.

In Rom geht man nur zögernd auf die sächsischen Pläne ein. »Ein jeder erkennt leicht, daß sie ein Traumgebilde sind«, schreibt ein päpstlicher Staatssekretär an Albani.

In Prag trifft August sich auch mit dem Grafen Koß, einem katholischen Polen. Es ist beschlossen: Sein Sohn wird ihn bei der Kaiserwahl in Frankfurt vertreten und dann mit Koß als Hofmeister auf seine große Tour nach Italien gehen.

Die schwere Bagage des Königs, Constantias und Flemmings ist schon unterwegs nach Polen.

Diplomaten reisen durch ganz Europa und verhandeln über den Krieg und die Kaiserwahl. Überall marschieren die Truppen. Nun ist wirklich ein Neutralitätskorps aus Soldaten verschiedener Reichsländer unterwegs nach Osten. Die Bremer und Stader, die schwedische Untertanen sind und nun einen Angriff der Dänen fürchten, bringen ihre besten Sachen in Verstecke auf dem Land und nach Hamburg.

Als August am 15. Juli von der Mittagstafel aufsteht, wird alles zur Abreise am Nachmittag gerüstet. Doch in letzter Minute schiebt er die Reise auf: Ein Kurier berichtet, daß am 10. Juli ein großes Gefecht zwischen Türken und Russen stattfand. Die Russen hätten 40 963 Tote und 15 070 Gefangene verloren. Die Armee des Zaren scheint vernichtet. August will sichere Nachrichten abwarten.

Die Türken haben den Zaren nach einem unvorsichtigen Vorstoß seiner Armee am Pruth eingeschlossen. Drei Tage schlägt Peter sich vergeblich mit ihnen. Er ist mit den Nerven am Ende. Die Russen haben keine Lebensmittel mehr. Er will entweder in einem nochmaligen Kampf sterben oder sich mit seiner ganzen Armee gefangen geben. Aber seine Mätresse Katharina ist bei ihm, und sie rät, den türkischen Großwesir zu bestechen.

Diese Katharina ist eine mutige und unerschrockene Frau. Sie ist selbst Kriegsbeute aus Marienburg. Als die Russen Marienburg im August 1702 stürmten, nahm General Scheremetjew bei der Beuteverteilung das damals achtzehnjährige Hausmädchen des Pastors Ernst Glück als Mätresse. Fürst Menschikow sah sie wenig später, erbat sie sich als Geschenk und schenkte sie dem Zaren weiter.

Der Rat der Mätresse ist gut. Der Großwesir nimmt Geld und gewährt dafür Frieden für Russen und Polen. Karl XII. ist im türkischen Lager und kann es nicht verhindern.

Schnell erreicht die Nachricht Dresden, daß Peter den Abmarsch seiner Armee und sogar den Frieden erlangt hat. Nun wartet August, daß Frederik IV. marschiert.

Frederik von Dänemark sammelt sein Heer östlich von Hamburg auf der Grander Heide, 30 100 Mann, 15 700 Pferde, 60 Geschütze. Am 6. August 1711 kommt er zur Generalmusterung, und am 9. August marschieren die Truppen nach Pommern ab. Frederik hat von Hamburg 200 000 Reichstaler gefordert.

Der preußische König erlaubt König August, durch seine Länder nach Pommern zu ziehen. Anfang August bricht der König mit 20 000 Sachsen, Polen und Russen auf. Die Schweden haben die meisten Städte in Pommern verlassen, um die Hauptfestungen Stralsund, Stettin und Wismar besser besetzen zu können.

4.

Constantia folgt August Anfang September 1711 in das Militärlager der Sachsen und Dänen vor Stralsund.

Wo das Heer des Königs von Dänemark durchgezogen ist, hat es die Pest hinterlassen. In Kopenhagen sterben in der ersten Augustwoche über vierhundert Leute, Arme der Stadt, unter denen allein die Pest herrscht. Mitte August sterben schon 1400 in einer Woche, und nun sterben auch die Reichen. Ende September heißt es aus Kopenhagen: »Wir sind in Gottes Hand und unter dessen Zucht Rute, wie dann dessen Würge-Engel wochentlich noch über 2000 Personen erlegt.«

Vier Monate verbringt Constantia mit den beiden Königen und ihren Generalen und Ministern im Lager vor Stralsund. Anfangs ist der Aufenthalt dort noch erträglich, zumal es die Stimmung hebt, als Ende September Polen und die Türkei offiziell Frieden schließen. Aber als die Belagerung nicht vorankommt, macht sich Überdruß bemerkbar. Man ist im Feldlager aufeinander angewiesen, die Lebensbedingungen sind primitiv, die Herren sprechen nur von ihren Plänen, und immer häufiger gibt es Streit. Die schwere dänische Artillerie, die per Schiff erwartet wird, bleibt aus, und jeder König glaubt, er mache alles und trage die ganze Last und der Bundesgenosse gar nichts.

Auch die 12 000 Russen, die der Zar versprochen hat, kommen nicht. Man überlegt, wie man mit Flößen auf Rügen landen und Stralsund auch von der Inselseite her einschließen könnte, und beschlagnahmt im Hafen von Rostock alle Schiffe. Die Schiffer wehren sich, aber das hilft ihnen nichts, sie müssen Sachsen und Dänen für billigen Lohn transportieren. Doch als man endlich ernsthaft Beschlüsse faßt, haben die Schweden auf Rügen Schiffe in die Fahrwasser versenkt und die Insel mit Kanonen umgeben, so daß man nirgends landen kann.

Anfang Oktober ist die große Artillerie aus Dänemark immer noch nicht eingetroffen, und August ordert Artillerie aus Sachsen, doch die läßt auch auf sich warten. Stralsund ist vom Land her eingeschlossen, und damit ist die vereinte Armee an der Grenze ihrer Leistungskraft. 3000 Arbeiter fehlen für das Ausheben von Laufgräben und weitere 3000 Mann, um die Arbeiter vor den Schüssen der Belagerten zu schützen. Doch selbst wenn man die Leute hätte: Munition fehlt auch. Die Belagerten in Wismar, das Frederik allein erobern will, machen nachts Ausfälle und erbeuten Proviantwagen, die für die Dänen bestimmt sind. Hartnäckig hält sich das Gerücht, der König von Schweden sei mit 5000 Mann auf dem Marsch nach Polen.

In der zweiten Oktoberhälfte werden vor Stralsund Lebensmittel und Pferdefutter knapp. August schickt am 18. Oktober einige dänische Grenadiere und ein Korps Sachsen mit sechzehn Kanonen los, um die Peenemünder Schanze zu erobern, die ein schwedischer Kapitän mit sechzig Mann hält. Die Eroberung gelingt – ein kleiner Sieg, der im zermürbenden Warten groß gefeiert wird. Aber ein schwedischer Transport aus Karlskrona kommt an und setzt ein paar tausend Mann auf Rügen an Land. Die Belagerten in der Stadt stecken Freudenfahnen auf die Wälle und lösen dreimal die Kanonen der Festung.

Die Belagerer warten weiter auf ihre Artillerie und auf Verstärkung durch die Russen.

Die Reaktionen auf den Krieg sind bitter in Norddeutschland. Constantia ist in großer Sorge um ihre Töchter: Die Pest grassiert jetzt auch in Holstein. Der Hamburger Magistrat bittet den preußischen König abzuwenden, daß dänische Truppen an der Elbe überwintern, und der Herzog von Mecklenburg-Schwerin bittet die englische Königin um Soldaten, damit er verhindern kann, daß die Dänen in seinem Land Winterquartier nehmen und Hungersnot und Pest bringen. Königin Anna bemüht sich vergeblich, den Frieden im Norden wiederherzustellen. England führt Krieg gegen Frankreich jetzt auch in Kanada und belagert Quebec. Auch der Spanische Erbfolgekrieg findet kein Ende.

In das tägliche Einerlei des Lagers bringen Berichte aus Sachsen über den Besuch des Zaren in Dresden Abwechslung und über die Hochzeit seines einundzwanzigjährigen Sohnes mit der siebzehnjährigen Prinzessin von Wolfenbüttel, die am 25. Oktober stattfindet. Anton Ulrich ist nach Torgau gereist. Seine ältere Enkelin ist nun Kaiserin: Am 12. Oktober 1711 wurde ihr Mann zum Kaiser Karl VI. gewählt. Die Kaiserwahl dauerte eine Viertelstunde, kein ernstzunehmender

Kandidat stand gegen Karl, nur er als der mächtigste Reichsfürst kann bei der Bedrohung durch Kriege in Ost und West die Kaiserwürde tragen. Die norddeutschen Kurfürsten, eifersüchtig auf das wachsende Sachsen, wollten von einer Wahl des sächsischen Kurprinzen zum römischen Kaiser nichts wissen. Das Projekt ist erledigt, von August längst vergessen. Nach der Kaiserwahl geht das Neutralitätskorps, das bislang bei Guben stand, wieder auseinander. Das Reich verhindert die Kriege seiner Fürsten nicht.

Zar Peter traf mit zweihundertfünfzig Begleitern und fast vierhundert Pferden in Sachsen ein. In Wittenberg besichtigte er Luthers Stube und bat, Luthers Trinkglas mitnehmen zu dürfen, die kostbarste Reliquie in diesem Raum. Als es ihm verweigert wurde, ließ er das Glas fallen. Oberhofmarschall Pflugk meldet nach Stralsund, der Zar habe bei der Abreise zur Hochzeit einige Bettücher in Dresden im Gasthof zum Goldenen Ring eingepackt. Als er eben dabei war, eigenhändig die grüntafteten Fenstervorhänge abzunehmen, die das Oberhofmarschallamt zur Dekoration des Zimmers geliefert hatte, kam ein Stubenheizer herein, auch ein Peter, der dem Zaren erschrocken sagte, das ginge aber nicht, und so die Vorhänge rettete. Nach der Hochzeit blieb der Zar wieder in Dresden, besuchte Dinglinger, den er sehr schätzt und bewundert, und den Hofmechanikus Andreas Gärtner. Er ließ sich mit einer neuartigen Maschine drei Stockwerke hinab und »machte dann Gärtner ein Präsent von Zobel, davon er sich ein Paar schöne Winterstrümpfe verfertigen lassen solle«.

Flemming ist von Stralsund nach Sachsen gereist, um mit den russischen Herren über weitere Truppen zu verhandeln. Die Belagerung, sagt Flemming ihnen in seiner mokant-lässigen Art, ginge auf ganz »extraordinaire Weise« vor sich, nämlich nur mit Kavallerie, aber sie wäre nicht stark, weil viele Kavalleristen nach Greifswald, Demmin, Anklam und Peenemünde abkommandiert worden seien und der Rest nicht ausreiche, um die Soldaten in den Laufgräben vor Stralsund ablösen zu können. Doch er erreicht nicht viel. Der Zar tritt die Rückreise nach Rußland in einer von vier Pferden getragenen Sänfte an.

Im Lager von Stralsund trifft Salerno, der Gesandte des Papstes, als Hofkavalier verkleidet ein: Der Kurprinz widersetze sich der Bekehrung zum Katholizismus. Augusts Sohn hat sich in Frankfurt über den Gesandten Weyberg an den dänischen König gewandt und ebenso an die englische Königin und um Hilfe gegen die gewaltsamen Bekehrungsversuche gebeten, denen er ausgesetzt sei.

Stundenlang diskutieren nun in Stralsund Onkel und Vater des Kurprinzen über den Glaubenswechsel. Frederik versucht alles, um

August davon abzubringen. Auch Flemming widerstrebt dem Übertritt, sagt, man dürfe die freundliche Gesinnung oder neutrale Haltung der norddeutschen Nachbarstaaten nicht erschüttern und vor allem die sächsischen Stände nicht verprellen. Er sagt dem König, was im Vorjahr Constantia ihm sagte, und schlägt eine Heirat des Kurprinzen mit Charlotte Amalie vor, der jetzt fünf Jahre alten Tochter Frederiks. Ein Verlöbnis ihrer Kinder würde die Bundesgenossenschaft zwischen beiden Königen festigen, die die Ereignisse vor Stralsund auf eine bedenkliche Probe stellen. Doch Salerno siegt mit dem Argument, daß das österreichische Eheprojekt den größten Vorteil für das Haus Wettin bringe. Er bleibt von nun an bei August, um alle dem Papst feindlichen Einflüsse abzufangen.

Endlich kommen Anfang November die schweren Kanonen aus Sachsen und Dänemark. Die Stimmung steigt. August und Frederik versprechen sich, ihr Bündnis vor der Eroberung von Stralsund nicht zu lösen. Sie lassen Kanonen und Haubitzen im Schutz von Nebel und Dunkelheit von den Soldaten in Linie bringen, und August reicht »einem jeden, der des Nachts in der Arbeit gestanden, Toback, Brandewein, und 4. Schilling an Geld«. Der Kriegsberichterstatter meldet außerdem: »Die Schwedische Cavallerie auß der Stadt desertirt gar sehr . . . und weilen es meist gebohrne Sachsen sind, so nehmen sie auch bey Ihro Königl. Maj. in Pohlen wiederum Dienst.«

Doch der Angriff Mitte Dezember auf Stralsund mißlingt.

Die Könige können die Stadt den Winter über nicht einschließen. Nächstes Jahr will August weiter Stralsund und Rügen belagern, Frederik Wismar und Stade. Sie senden ihre schwere Bagage fort, die Truppen rüsten zum Marsch in die Winterquartiere, die dänischen nach Holstein, die sächsischen zum kleineren Teil nach Greifswald, zum größeren nach Sachsen.

Constantia, »die Gräfin Koselin«, kann am 5. Januar 1712 aus dem Lager abreisen. August bricht mit seiner Armee zwei Tage später im Morgengrauen auf. Das Lager läßt er in Brand stecken.

Constantia sitzt in ihrem Schlitten, in einen Zobelmantel gehüllt, und birgt die Hände vor der Kälte in einem Zobelmuff. Eine zahlreiche Leibwache sorgt für ihren Schutz. Sie reist durch ein verheertes Land. Der Krieg geht ins dreizehnte Jahr. Sie kommt durch Dörfer, in denen kein Rauch aus den Schornsteinen steigt. Manchmal sehen gleichgültige Augen sie an und verschwinden in den Brandruinen. Die Schweden haben den Landleuten Lebensmittel und Vieh, Getreide und Arbeitspferde weggenommen und in die Festungen gebracht, und was die Schweden nicht fanden, nahmen die Sachsen, die Polen, die Russen, die Dänen. Bauern und Städter müssen Kontributionen an jeden streifenden Heerführer zahlen, der sie fordert. Sie bestechen Offiziere in der Hoffnung, daß sie einen Ort oder einen Hof von Plünderungen verschonen. Doch dann kommt der nächste Trupp. Die Marschrouten der Bewaffneten sind durch die Leichen der Bauern gekennzeichnet, die die Räuber an den Bäumen aufknüpften, weil sie ihre Schätze nicht verraten wollten oder niemals welche hatten. Wen die Soldaten nicht töteten, den holte die Pest, und wen die Pest nicht holte, der ist vom Hungertod bedroht. Viele Bewohner der zerstörten Städte und Dörfer irren umher, verbergen sich in den Wäldern, schließen sich zusammen und führen Krieg auf eigne Faust, ums nackte Überleben.

Die Greuel der Soldaten sind so furchtbar wie einst im Dreißigjährigen Krieg. Sie schlitzten Bürgern den Bauch auf und preßten lebende Katzen in die Eingeweide. Schwedische Soldaten öffneten die Gruft der kurländischen Herzöge in Mietau, zerrten die Leichen heraus und beraubten sie. In kleinen Orten töteten sie alle Einwohner, hängten Frauen, Greise, Kinder auf. Die Reiter des Zaren verwüsteten Estland, Livland, Finnland. Die Städte sind Steinhaufen, das Land verödet. Sie spießten Bauern und Priester, verprügelten und vergewaltigten Frauen und Mädchen, zwangen die Männer mit brutalster Quälerei, ihre vergrabenen Schätze hervorzuholen, und ließen sie ins innere Rußland treiben. In Wiborg boten sie die Frauen auf dem Markt als Sklavinnen an die Kosaken aus.

Pommern und Mecklenburg sind verwüstet, die Kirchen zu Pferdeställen umgewandelt, die Herrenhäuser verbrannt. In Polen sind von fünf Landgütern vier verlassen. In Kalisch stehen von zweihundert Häusern noch vierunddreißig. Als August 1706 hier siegte, hatte die Stadt 2000 Einwohner. Nun sind es achtundsiebzig.

Und der Krieg soll immer weitergehen nach dem Willen der Könige und des Zaren und zu ihrem Ruhm.

Constantia fährt durch einsame Wälder. Zerlumpte Gestalten huschen hinter die schwarzen Bäume, verschmelzen im Gestrüpp mit dem grauweißen Wintertag.

5.

Am zehnten Tag nach ihrer Abfahrt von Stralsund trifft Constantia in Dresden ein. Am Tag darauf kommt auch der König.

Wenige Feste werden in diesem Winter in Dresden gefeiert. Der König ist nur nach Sachsen gereist, um alle Mittel seines Landes für den Krieg auszuschöpfen. Er verlangt Geld von den Ständen und schickt seine Werber aus, Soldaten zu rekrutieren.

Constantia betreibt ihre Erhebung zur Reichsfürstin. Der Chevalier de Lecheraine, den der König nach Barcelona zum damaligen Erzherzog Karl geschickt hatte mit dem Ersuchen, die Gräfin Cosel zur Fürstin zu machen, bekam nur die Antwort, der Erzherzog werde sich das überlegen. Er war August nicht freundlich gesonnen, von dem die Franzosen sagten, er wolle selbst Kaiser werden und sein Kurprinz römischer König. Als Lecheraine nach der Kaiserwahl im Herbst in Frankfurt noch einmal daran erinnerte, daß schon der verstorbene Kaiser die Erhebung der Gräfin zugesagt habe, gab Karl VI. wieder eine ausweichende Antwort. König August hat auch seinen Gesandten in Regensburg angewiesen, die Sache beim immerwährenden Reichstag zu betreiben. Der Gesandte schlug für Constantia den Namen einer Fürstin von Görlitz vor, um jeden Widerspruch eines Reichsfürsten gegen einen Namen vorzubeugen, der sich auf ein Land bezieht.

Nun erfährt Constantia, daß am 12. Januar 1712 die beiden kursächsischen Gesandten von Friesen und von Hagen in Wien dem Kaiser noch einmal die Angelegenheit vortrugen. Der Kaiser antwortete mit so leiser Stimme, daß Friesen ihn gar nicht, Hagen ihn nur halb verstand. Hagen meint, der Kaiser habe etwas in der Richtung geäußert, daß die Wahlbedingungen sein Recht auf Fürstenstandserhöhungen beschnitten hätten, er sich aber näher erkundigen wolle und sich immer freue, wenn er König August in einer Sache nachgeben könne.

August befiehlt dem ständigen sächsischen Geschäftsträger in Wien, die Erhöhung weiter zu betreiben. Constantia selbst schreibt Briefe an Persönlichkeiten von Einfluß und verspricht dem Reichsvizekanzler Graf von Schönborn »un souvenir digne de lui et de moi«, ein Geschenk, das ihm und ihr würdig sei. Es kommen aber nur unbestimmte Antworten.

Die sächsischen Stände, Christiane Eberhardine und Madame Royale bitten den König, den Kurprinzen nach Sachsen zurückzurufen. Aus Venedig laufen Briefe von Koß ein voller Klagen, daß der Prinz mit niemandem über religiöse Dinge sprechen wolle.

In den ersten Märztagen treffen drei Briefe des Kurprinzen in Dresden ein, an seinen Vater, seine Mutter und seine Großmutter. In seinem Brief liest August die dringende Bitte des Sohnes, nach Sachsen kommen zu dürfen. Beunruhigt öffnet er die beiden anderen Briefe. Seiner Mutter schreibt der Sohn, er habe ihren ihm heimlich zugestellten Brief bekommen und er werde ihre Befehle genau beachten und niemals katholisch werden. Ähnlich schreibt er der Großmutter.

Der päpstliche Gesandte Salerno ist nicht mit nach Dresden gekommen, das hätte die Protestanten zu sehr erbittert. Der König bestellt ihn

344

zu einer Besprechung nach Bautzen, von der niemand erfahren darf. Es soll unter dem Adel in Sachsen einen Geheimbund geben, der in Fühlung mit den beiden Kurfürstinnen Christiane Eberhardine und Anna Sophie und auswärtigen protestantischen Fürsten steht und von dem es heißt, er sei bereit, mit allen Mitteln einen Glaubenswechsel des Kurprinzen zu verhindern.

August verläßt Dresden am 20. März 1712 und besucht seine Mutter in Lichtenburg. Am 23. März ist er im Gasthof zur Post in Bautzen, in dem einige Tage vorher Salerno, immer noch als Hofkavalier verkleidet, und Graf Szembeck, der Großkanzler der Krone Polens, eingetroffen sind und sich verborgen halten. Mitten in der Nacht um ein Uhr läßt August Salerno rufen und berät sich mit ihm und Szembeck bis zum frühen Morgen. August sagt, er habe alles versucht, jetzt wisse er keinen Rat mehr. Salernos Vorschlag, ein Machtwort zu sprechen und dem Sohn den Glaubenswechsel zu befehlen, lehnt er ab. Salerno will nun die Bekehrung des Widerspenstigen persönlich in die Hand nehmen und nach Italien reisen. Um sechs Uhr früh fahren der König und der Großkanzler weiter nach Warschau.

Constantia folgt August nach Polen. Sie ist empört über ihn. Er hat sich mit ihr, der strikten Gegnerin des Übertritts seines Sohnes zum Katholizismus, einen Spaß erlaubt. Er ließ ihre Hauskapelle im Palais am Taschenberg katholisch weihen, und zwar einer Heiligen, die er sich wohl extra für diesen Streich ausgedacht hat: der Heiligen Constantia.

Auch Frederik von Dänemark schöpft alle Mittel seines Landes für den Krieg aus und belegt die adligen Güter mit schweren Steuerlasten.

In Depenau liegt Joachim Brockdorff krank im Bett und schreibt mit zitternder Hand auf Constantias Rat an den Grafen Lagnasco, der sich als sächsischer Gesandter am dänischen Hof aufhält. Joachim Brockdorff kann die Sondersteuern nicht zahlen und bittet Lagnasco, sich für ihn zu verwenden, damit sein großer König nicht erlaube, »daß ein treuer Offizier und alter Diener seines Hauses ruiniert und ins Ausland getrieben« werde.

Auch Constantia schreibt an König Frederik und bittet ihn, das elterliche Gut zu schonen.

6.

Im Frühjahr 1712 wird Flemming endgültig Constantias Feind.

Oberhofmarschall Pflugk stirbt am 8. April 1712 in Warschau, und unter den Parteien am sächsischen Hof entsteht ein Wettkampf um die Neubesetzung seines Amtes. Constantia und Anna Sophie, Madame

Royale, arbeiten für Löwendahl. Beide Frauen erhoffen sich von ihm, daß er mäßigend auf die Kriegspläne des Königs einwirkt und ein Gegengewicht zu Flemming ist.

Flemming will das Geheime Kabinett nun ganz neu ordnen und die Hauptämter Pflugks – Oberhofmarschall und Leitender Minister des Kabinetts – teilen. Er selbst will das Kabinett leiten, und zum Oberhofmarschall soll der König Wackerbarth ernennen, den Flemming fest in der Hand hat.

Constantia warnt August vor Flemming und seinem Ehrgeiz, die Regierung in Sachsen und Polen allein beherrschen zu wollen. Sie setzt sich durch. Der König, der Wackerbarth nicht leiden kann, ernennt Löwendahl am 7. Mai 1712 zum Oberhofmarschall.

Löwendahl, den Constantia zum Gegenspieler Flemmings aufbauen will, weiß nicht recht, auf wessen Seite er sich im Kampf der beiden großen Günstlinge, der Mätresse und des Ministers, schlagen soll, wo mehr Sicherheit für seine Zukunft ist.

August und Constantia gehen mit dem Hof von Warschau über Dresden nach Karlsbad, und auch Flemming reist kurze Zeit später nach Karlsbad und trifft am 24. Mai dort ein.

Löwendahl sucht Flemming am Tag nach seiner Ankunft auf. Er trifft ihn unterwegs auf der Straße, umarmt ihn mehrfach, drückt ihm die Hände und überhäuft ihn mit Freundschaftsbezeigungen, kann seine Hand gar nicht loslassen. Da bemerken beide in einer Entfernung von nur zwanzig Schritt die Gräfin Cosel, »geschmückt und schön wie eine Venus aus Griechenland«. Flemming, der wohl weiß, was in dem frischgebackenen Oberhofmarschall vorgeht, genießt die Situation. Die Gräfin kommt näher, geleitet von Lecheraine, umgeben von einer Schar von Höflingen, gefolgt von zahlreichen Lakaien. Flemming merkt, daß Löwendahl ihm seine Hand, die noch in der Flemmings liegt, zu entziehen sucht. Flemming aber greift fest zu und führt den in immer größere Verlegenheit geratenden Oberhofmarschall Hand in Hand weiter, bis sie nur noch einen Schritt von der Gräfin entfernt sind.

Flemming begrüßt Constantia, wechselt einige höfliche Worte mit ihr und geht dann zum König. Löwendahl vermehrt das Gefolge der Gräfin und begleitet sie zu der Wiese, zu der sie spaziert.

Flemming macht Constantia keinen Besuch, er läßt sich bei ihr entschuldigen. Sie läßt »fort gracieusement«, wie er seiner Frau schreibt, sehr anmutig, erwidern, er möge ja nur für seine Gesundheit Sorge tragen. Die Frau, deren Schönheit ihn hinreißt, ist wie eine Katze, die anfängt, seine sorgsam ausgelegten Netze zu zerreißen. Vieles, was ihn bis jetzt an ihr entzückte, findet er nun aufdringlich, herrschsüchtig, unverschämt, und ihr großartiger Lebensstil, für den sie soviel Geld vom König verlangt und dem er selbst nacheifert, ärgert ihn nun.

Constantia geht es nicht gut. Tagsüber beherrscht sie sich, aber nachts träumt sie schlecht. Einmal träumt sie, Schweden seien in der Stadt verborgen und stiegen durch das Fenster in das Schlafzimmer des Königs, um August zu entführen. Sie wacht verstört auf und läuft zu August, um sich zu überzeugen, daß er noch da ist, und sich von ihm trösten zu lassen.

Solche Vorkommnisse erfährt jeder am Hof. Nichts bleibt geheim vor Flemmings Spionen und den Spionen der anderen Höflinge. Constantia und August leben öffentlich. Der König, heißt es, habe erst um zwei Uhr morgens einschlafen können, was ihn gehindert habe, am andern Tag den Brunnen zu trinken.

Flemming erzählt das ganze mokant und brühwarm gleich am nächsten Morgen seiner Frau in einem Brief. Er beschreibt ironisch die große Sorgfalt, die die Cosel dem König widme, indem sie sogar des Nachts aufstehe, »um ihren Diensteifer für ihn zu beweisen«.

Diese nächtlichen Aufregungen wiederholen sich und stören die Kur. Constantia ist im vierten Monat schwanger und diesmal besonders unausgeglichen und ängstlich. August tut sich schwer, Zärtlichkeit zu zeigen, die über die Rolle des höfischen Liebhabers hinausgeht. Er ist befangen und unsicher und fürchtet, man könne über ihn lachen.

Constantia versucht, ihre Kriegsangst zu überspielen. Sie umgibt sich mit einem Kreis von Anbetern, und der eifersüchtige König macht spöttische Bemerkungen über ihre »petits collets«, die kleinen Offizierskragen, mit denen sie sich amüsiere. Auch als sie nach Dresden zurückkehren, verlassen die Angst vor dem Krieg und vor den Folgen eines Glaubenswechsels des Kurprinzen in Sachsen sie nicht.

Die Reglements zur Umgestaltung des Geheimen Kabinetts ergehen am 5. und am 15. Juni 1712. Der König hört nicht auf Constantias Warnungen. Er macht Flemming zum Leitenden Kabinettsminister und besetzt die übrigen Ressorts mit Leuten, die Flemming ergeben sind: Sein Freund Manteuffel erhält die auswärtigen, Wackerbarth die militärischen Angelegenheiten, für Inneres und Finanzen ist sein Freund Watzdorf zuständig.

Flemmings Kompetenzen als Leiter des Kabinetts sind weitgefaßter, als die Pflugks es waren. Der Vortrag beim König geschieht jetzt ausschließlich durch ihn, er allein stellt die Verbindung zwischen dem König und den übrigen Ministern und Beamten her. Er bekommt die einlaufende Post zuerst und kann sie nach Gutdünken weitergeben. Flemming ist am Ziel angelangt.

Constantia ist gegen das neue Reglement. August hört nur, was Flemming ihn hören läßt, und niemand kann nachprüfen, ob die Befehle des Königs wirklich von ihm kommen, weil sie nur durch Flemming weitergegeben werden. Die bisherige Regierung war eine Herrschaft des Königs aus seinem Kabinett. Die neue kann zur Herrschaft Flemmings und des Kabinetts werden.

In ihrem Wunsch, August vor dem übermächtigen Minister zu schützen, bittet Constantia Flemming im Juli 1712 noch einmal um eine Unterredung.

Auskunft über diese Unterredung geben mir ein langes Protokoll, das Flemming eigenhändig auf deutsch schrieb, und eine Kurzfassung seines Sekretärs auf französisch. Leider fand ich wieder keine Niederschrift Constantias und kenne also nur Flemmings Sicht des Gesprächsverlaufs. Er hat die Kurzfassung mit ausführlichen Randbemerkungen auf französisch versehen, in denen er seinen Standpunkt schärfer erklärt als in seinem eigenen Protokoll und mit denen er ihr den Charakter einer Rechtfertigungsschrift gibt. Auffällig ist dabei, daß das Tagesdatum fehlt, was die Frage aufwirft, ob diese Schrift unmittelbar nach dem Streit entstand oder erst später. Auffallend ist weiter, daß er Wendungen benutzt und Argumente widerlegt, die Constantia ihm nach Jahren in Briefen aus Stolpen schrieb.

Das Gespräch spitzt sich rasch zu. Constantia wirft Flemming vor, daß er den König zu Dingen verleite, »sie möchten recht oder unrecht sein«, die der König im Grunde gar nicht wolle, daß er gegen den Willen des Königs handle und daß es ihm ein leichtes sei, den König zu betrügen.

Für jeden Ministervortrag beim König gibt es auch eine schriftliche Unterlage, ein Papier, auf dem die Anordnungen und Befehle des Königs zu den einzelnen Punkten festgehalten und am Schluß von ihm pauschal abgezeichnet werden: »Herr Graf, hat Er kein Papier bei sich? Ich will ihm weisen, wenn dieses Papier gebrochen und man schreibt den Vortrag weitläufig darauf und der König resolvirt, so kann man ja zwischen den Vortrag soviel hereinschreiben, als man will und kann solche für des Königs Resolution [Beschluß] ausgeben, maaßen der König doch nicht Alles Schreibt, sondern nur unten seinen Namen setzt.«

Flemming streitet ab, daß ein solcher Betrug möglich sei.

Der König habe ausreichend Ratgeber, fährt Constantia fort, und es sei nicht nötig, daß Flemming behaupte, nur er wisse über alles Bescheid und für alles Rat.

Flemming zählt weitschweifig auf, was alles er in den letzten Jahren erfolgreich allein unternommen hat, und rechtfertigt sich. Constantia bringt das Gespräch auf den Geheimen Rat. Sein altes Recht auf Mitregierung des Landes, das offiziell nicht aufgehoben ist, könnte vielleicht noch ein Gegengewicht zu Flemmings Alleinherrschaftsanspruch sein. Doch Flemming ist dem Adelskollegium in allen Regierungsgeschäften immer um eine Nasenlänge voraus.

»Wie kann man Rat geben«, sagt sie und meint mit »man« die Räte, »wenn man nicht über die Affären so informiert ist, wie es sich gehört?«

»Im einzelnen ist es unmöglich, den Geheimen Rat von allem zu informieren«, entgegnet Flemming. »Vieles hängt auch von einer perfekten Kenntnis der Absichten der Majestät ab, die der Geheime Rat nicht hat.«

»Wie auch immer, der Geheime Rat ist nicht genau über die Affären unterrichtet.«

»Voilà!« ruft Flemming aus. »Das alte Lied. Seit einiger Zeit schreit der Statthalter gegen das Kabinett an. Wir Kabinettsminister sind nicht sehr gerührt von dieser Klagerei. Ich sagte ihm einmal, er dürfe nicht glauben, mit seiner Klagerei ein Kollegium umzustürzen, das er selbst gegründet hat, denn wie könnte er den König davon überzeugen, daß eine Einrichtung, die er früher selbst als nützlich pries, nun nichts wert sei. Wenn es aber nicht das Kabinett sei, das er beseitigen wolle, sondern die Minister, so bräuchte er uns nur anzugreifen, wir wüßten uns gut zu verteidigen.« Die Kabinettsminister hätten, um diesen fortwährenden Kritiken ein Ende zu machen, den König gebeten, er möge dem Geheimen Rat befehlen, einmal genau aufzuzeigen, in welchen Fällen die Regierungsgeschäfte schlecht geführt seien und welche Vorschläge zur Verbesserung der Rat habe. »Das war die beste Gelegenheit für die Räte, aber sie sagten, sie hätten nicht die notwendigen Kenntnisse der Affären, sie könnten sich nur äußern, wenn sie genau wüßten, was in Polen geschehen sei, was in den Verhandlungen mit dem Zaren, mit dem König von Dänemark, mit dem König von Preußen.« Flemming ist kaum zu bremsen. »Aber der Friede von Altranstädt wurde vom Geheimen Rat gemacht, obwohl er damals bestens Bescheid wußte — der Friede war nicht mehr nötig, und dennoch schlossen die Geheimen Räte ihn.«

Das ist wahr, Constantia weiß kein Gegenargument. Die Geheimen Räte haben damals gegen den Willen des Königs gehandelt.

»Trotzdem ist es nicht richtig, daß Sie den Vortrag allein machen wollen«, beharrt sie.

»Man muß ein unehrenhafter Schelm sein, wenn man andere daran hindert, mit dem König zu sprechen. Ich glaube nicht, daß Sie das von mir annehmen.«

»Nein«, sagt Constantia, »ich spreche nur allgemein.«

»Eh bien! Wenn Ihr Vorwurf mich beträfe, würde ich mir mein Urteil sprechen. Aber ich glaube nicht, daß er mich betrifft, denn mir scheint, daß man ausreichend über mich zum König spricht, und wenn ich verhindern wollte, daß dies geschieht, verwirkliche ich die mir unterstellte Absicht schlecht.«

Er gibt damit den Vorwurf des alleinigen Vortrags beim König und des übergroßen Einflusses an Constantia zurück und spielt darauf an, daß sie den König vor ihm gewarnt hat. »Madame, Sie wissen sehr gut, daß ich nicht so eifrig bin wie gewisse Leute, die immer um den König sind.«

»Ich möchte klarstellen«, sagt Constantia, »daß ich weit davon entfernt bin, mich gegen das Kabinett zu stellen, im Gegenteil, vorausgesetzt, daß die Minister nichts gegen die Order des Königs unternehmen. Aber wenn sie gegen die Order handeln, wird nichts mich daran hindern, mich mit Eifer unverbrüchlich an die Befehle seiner Majestät zu halten.«

»Aber Sie sehen doch, daß Sie keine einzige Beschwerde zu nennen wissen, was den Vortrag angeht.«

»Oh! Es gibt auf der Welt Leute, die das Talent haben, durch ihre Worte das Schwarze weiß erscheinen zu lassen.«

Flemming verteidigt gereizt sein neues Reglement für das Kabinett und sagt schließlich: »Madame, diejenigen, die kritisieren, brauchen nur die Minister zu verfolgen, und sie zerstören das Ministerium des Königs. Sie sind weit davon entfernt, den Interessen des Königs zu dienen, im Gegenteil, sie zerschlagen sie, wenn sie sein Ministerium zerstören. Das Ministerium hat seine Autorität vom König. Wer das eine zerstört, zerstört das andere.«

Mit diesen Worten macht Flemming aus Constantias Kritik an seiner Person eine Zerstörung der Autorität des Königs und damit eine Zerstörung des Staates, eine Auflösung von Gottes Ordnung, dessen Statthalter auf Erden der König ist.

Flemming nimmt Constantia bitterernst: Zwischen ihn und den König kann sich nach dem neuen Reglement nur noch die Mätresse stellen. Sie sieht den König abends als letzte, morgens als erste. August ist beeinflußbar. Er braucht sich nicht an das neue Reglement zu halten, er kann es jederzeit durchbrechen oder sogar aufheben. Die

Mätresse hat mit der Ernennung Löwendahls zum Oberhofmarschall ihren Einfluß auf den König gerade bewiesen.

Flemming, selbst ein Günstling, will das System ändern, in dem Günstlinge, zu denen auch die Mätresse gehört, zu den Großen des Staates werden. Er hat die Funktion des Oberhofmarschalls und des Leitenden Kabinettsministers, die bislang Pflugk in einer Person ausübte, getrennt, weil er will, daß die Regierung unabhängig wird vom Hof. Er will die Regierung straff hierarchisch ordnen und die Etats Hof, Verwaltung, Militär klar voneinander scheiden. Tüchtige Leute sollen in die Ämter, die nicht nach der Gunst des Königs schielen und unabhängig davon für den Staat arbeiten. Er weiß, daß der König mißtrauisch ist, ob wirklich Leute, die weder Amt noch Ehren bei Hof haben und nicht um die Gnade des Königs kämpfen müssen, Freunde des Landesherrn sein und gut für ihn arbeiten können. Flemming versucht über viele Jahre, ihn davon zu überzeugen, »daß die Ehrenhaften mehr Freundschaft für ihren Herrn haben als für ihresgleichen und selbst für ihre Verwandten, weil man sie in der Verehrung ihres Herrn erzogen hat wie in der Verehrung Gottes und weil man in ihnen das Gefühl weckte, Vater, Mutter, Freunde und ihren Besitz für den Dienst des Herrn zu opfern«. Der König glaubt das nicht, aber Flemming ist entschlossen, es ihm zu beweisen.

Die Mätresse, die ihm nun so energisch entgegentritt, droht zu zerstören, worauf er seit langem hinarbeitet und was doch längst nicht gefestigt ist. Auch er, der »Minister des Staates«, wie er sich nennt, ist abhängig von der Gnade des Königs, kann sie jederzeit verlieren und auf den Königstein gebracht werden. Um so mehr muß er unberechenbare Größen wie Günstlinge und Mätressen aus der Regierung des Landes ausschalten.

Constantia ist der straff auf eine Führungsspitze ausgerichtete neue Staat, der sich hier abzeichnet, fremd. Sie hat zudem Angst um August, denn noch immer kursieren Gerüchte über eine Verschwörung sächsischer Adliger, die ihn absetzen und seinen Sohn zum Kurfürsten machen wollen. Sie versteht ihre Standesgenossen. Was aber wird dann aus ihr und ihren Kindern?

Sie bittet August um eine urkundliche Absicherung ihres Besitzes, die sie auch vorzeigen kann im Gegensatz zum Ehevertrag, der doch geheimbleiben soll. Er gibt ihr am 8. Juli 1712 ein offenes Dekret, in dem es heißt, obwohl sie »nicht die allergeringste Ursach hätte, in die Continuation Unserer Gnade den geringsten Zweifel zu setzen«, so erkläre er ihr doch noch einmal »bei ihrem jetzigen Zustand und da man nicht wissen könnte, auf was Art göttliche Providenz über sie zu disponieren geruhen möchte«, daß sie ihren Besitz behalten solle. Niemand soll denken, sie habe etwas ohne seine Zustimmung an sich gebracht. Sie soll ihren Besitz nach Belieben verkaufen, vertauschen, vererben können, nämlich das Rittergut Pillnitz und ihre vier Häuser auf dem Taschenberg – das Palais gehört dem König. Er bestätigt ihr auch den Besitz ihrer Barschaft, ihres Silbers, ihrer Preziosen und aller seiner Geschenke und verpflichtet sich, für die künftige Wohlfahrt und den standesgemäßen Unterhalt für sie und die gemeinsamen Kinder zu sorgen. Niemand, weder er noch seine Erben und Nachfolger, sollen ihren Besitz anfechten können.

Fünf Tage später geht ein Dekret gleichlautenden Inhalts an den Geheimen Rat.

August ist unsicher. Er weiß, Constantia hat mit ihrer Beurteilung der außenpolitischen und militärischen Lage recht und mit ihren Warnungen. Aber sie darf nicht recht haben.

Er ist ausgezogen, um Macht und Ruhm zu gewinnen, und es ist eine tiefe Enttäuschung für ihn, daß der Krieg sich nun wieder hinzieht. Er steckt bis über den Hals in Schwierigkeiten, aber wenn er jetzt Polen zum zweiten Mal aufgibt, hat er Ruhm und Ehre für immer verloren. Er wollte der ruhmreichste größte Fürst sein – dann wäre er der kleinste. Er darf nicht auf Constantia hören. Er kann sie nicht ertragen. Ihre Ängste sind seine eigenen, tief verborgenen Ängste. Immer hat er sich künftiges Unglück größer ausgemalt, als es dann kam. Er braucht bei seinen Selbstzweifeln jemanden, der sie ihm nimmt. Er braucht jetzt Flemming um sich, der stets munter ist, voller Pläne und Arbeitskraft und nie um einen Ausweg verlegen.

7.

Flemming begleitet König August Ende Juli 1712 nach Warschau und berät dort mit seiner Cousine, der Frau des polnischen Krongroßschatzmeisters Przebendowsky – auf sächsisch Frau von Brebentau –, wie man dem König die Mätresse Cosel ausreden und ihm eine polnische Mätresse geben könne. Frau von Brebentau hört sich um. Der polnische Oberhofmarschall Graf Bielinski bietet ihr seine Tochter Marie Magdalena an, die mit einem Grafen Dönhoff verheiratet ist.

Als Flemming die Gräfin Dönhoff zum ersten Mal im Hause seiner Cousine sieht, weiß er, daß er eine aussichtsreiche Kandidatin gefunden hat. Die Gräfin ist noch keine zwanzig Jahre alt, eine sinnliche Schönheit mit schlanker Taille, vollem Busen und runden Hüften. Sie hat ein munteres Lachen, fröhliche Augen und ein vergnügtes, frisches Naturell. Papageien, Affen und kurzweilige Leute sind ihr Zeitvertreib, und sie ist eine glänzende Reiterin. Viel Geist hat sie nicht, was durchaus ein Vorteil ist: Selbst wenn sie sich in Staatsgeschäfte mischen sollte, kann sie kaum gefährlich werden.

Flemming läßt von nun an seine Cousine dafür sorgen, daß die Wahl des Königs auf diese Dame fällt — der König könnte böse werden, wenn er eine Falle bemerkt. Harmlos soll das neue Verhältnis als kleines Abenteuer beginnen. Nach den ersten Liebesstunden werden polnische Höflinge es befördern, die dem König eine ständige polnische Mätresse als politisch vorteilhaft, sogar notwendig hinstellen. Schnell wird über das Liebesabenteuer ein Zwist zwischen der Cosel und dem König entstehen und, wenn nur genügend Leute bei Hof über die Dönhoff reden, der Bruch. Dinge, die ursprünglich nicht da sind, können sich aufbauen, bis es kein Zurück mehr gibt.

Flemming kann sich da ganz auf Constantia verlassen: Sie wird nie eine andere neben sich dulden, heftig und jähzornig reagieren und den König ganz von allein gegen sich aufbringen. Er braucht dann nur noch dafür zu sorgen, daß der König und die Cosel sich sobald nicht wiedersehen. Er kennt auch den König: Wenn erst einige Zeit vergangen ist, liebt er es nicht, denen zu begegnen, denen er einmal Unrecht tat.

Constantia ahnt nichts von der Mine, die Flemming in Warschau gelegt hat. Sie erwartet ihr Kind im Oktober und feiert in Dresden den Namenstag des Königs, den 3. August, beim neuen Finanzminister Watzdorf. Watzdorf berichtet hocherfreut und geehrt Flemming von ihrem Besuch.

Sie beschäftigt sich mit dem Weiterbau ihres Palais. August hat schon im April 1712 Pöppelmann 3000 Taler für Baumaterial, Hölzer, Ziegelpfannen anweisen lassen. Constantia drängt auf Beschleunigung der Arbeiten. Morgens und abends ist sie in den neuen Zimmern, und Pöppelmann schreibt dem König, daß »durch früh und späthe Gegenwarth Ihro Excellenz selbst, die Arbeith dergestalt poußiret wird, daß ich verhoffe zu rechter Zeith fertig zu werden, wiewohl sich über dasjenige, was Ew. Königl. Majst. allergnädigst angeordnet, durch hochgedachte Ihro Excell. Angaben, noch vieles ereignet, so ebenfals gefertiget werden soll«. Auf Constantias Drängen stellt Pöppelmann mehr Arbeiter ein, und die ersten 3000 Taler vom Frühjahr sind bald ausgegeben. Constantia beauftragt Pöppelmann, dem König zu schreiben und um Geld für den Innenausbau zu bitten. Pöppelmann meint, daß noch einmal 3000 Taler kaum reichen werden.

Constantia hat Pillnitz wieder selbst übernommen und in Christian

Kluge einen tüchtigen, zuverlässigen Gutsverwalter gefunden. Er ist für die Untertanen ein strenger Herr, und sie ist mit seiner Arbeit zufrieden. Im Vorjahr hat sie Pillnitz wieder vergrößert und einen Weinberg hinzugekauft. Sie genießt die Sommertage an der Elbe, die im krassen Gegensatz stehen zum Aufenthalt im Militärlager vor Stralsund, in dem August sie nach der Niederkunft erwartet. Der Hausverwalter Bucher hat zu ihrer Freude unter den Fenstern ihres Tafelstübchens einen kleinen Garten angelegt mit einem Springbrunnen und einer Laube, deren Wände aus duftendem Jasmin und deren Dach aus pfirsichblütenfarbenem und zinnoberrotem Jelängerjelieber bestehen. Der Lavendel auf den Beeten duftet, und an heißen Tagen sitzt Constantia in der schattigen Laube und hört auf das Plätschern des Springbrunnens.

Für ihre Töchter in Depenau stellt sie wieder ein Paket zusammen und packt Wiegenlaken ein, große und kleine Windeln, Nabelbinden, Spitzenhemden, praktische Baumwollstrümpfe, Spitzenkragen und kleine Vorsteckärmel aus Spitze, mit weißen Leinen gefütterte Kattunkleidchen, aber auch ein Damastkleid mit silbernen Blumen und ein blaugoldenes Kleidchen.

Zur Herbstmesse reist sie vor der nahen Niederkunft nach Leipzig, und auch der König kommt überraschend zu einem kurzen Besuch in die Messestadt. Aber das Verhältnis zwischen August und Constantia ist gespannt. Sie wohnt bei ihm am Markt, er ißt auch jeden Mittag und Abend bei ihr, aber nach dem Essen verabschiedet er sich schnell und verläßt das Haus. Es gibt andere Damen in der Stadt, die nicht hochschwanger sind und sich über seinen Besuch freuen.

Die Verstimmung auf beiden Seiten wächst, und ein anonymer Beobachter berichtet: »Die Hymmen [Constantias Spitzname] hat nichts als etliche Stücke Stoff bekommen, obgleich sie 14 Tage ein Paket vom Juden [mit Juwelen] bei sich gehabt, aber sie hat es müssen wieder zurückgeben, worüber sie fast rasend ist . . . mit einem Worte kann ich versichern, daß die Liebe sehr zurückgeht und wird wills Gott bald alle werden.« Nach ein paar Tagen reist der König zurück nach Stralsund.

Zwischen Constantia und ihm ist eine Entfremdung eingetreten. August hat sich verändert in den letzten drei Jahren. Er, der doch beliebt bei allen sein will und zu jedermann freundlich, muß fortwährend lavieren, lügen, betrügen, hart sein. Ein Riß ist in sein Leben gekommen.

Constantia ist müde geworden. Seine Untreue kränkt sie. Sie will auch nicht noch ihr fünftes Kind weggeben und wieder ins Feldlager vor Stralsund reisen müssen und am Krieg teilnehmen.

Am 17. Oktober 1712, ihrem eigenen Geburtstag, an dem sie zweiunddreißig Jahre alt wird, bekommt sie endlich einen Sohn. Er erhält nach seinem Vater die Namen Friedrich August. Wie bisher nach jeder Geburt ist Constantia lange leidend.

Im Lager vor Stralsund steht es nicht gut: Der schwedische General Stenbock ist mit 16 000 Mann auf Rügen gelandet. Am 20. Dezember 1712 kommt es bei Gadebusch in Mecklenburg zur Schlacht. Frederik von Dänemark muß mit ansehen, wie Stenbock sein Heer besiegt.

In der Schlacht fallen auch enge Verwandte Constantias, die im dänischen Heer dienten: ihr Vetter Gerhard, der zweitälteste Sohn ihres Onkels Gerhard, des Bruders ihres Vaters, der schon seinen Ältesten im Krieg des dänischen Landesherrn verlor, und auch der Mann ihrer Cousine Charlotte, der ältesten Tochter des Onkels, Oberstleutnant Claus Langhaar.

Vor der heranrückenden sächsisch-russischen Armee zieht Stenbock nach Norden, um Dänemark in Holstein anzugreifen. Er verlangt Kontributionen von den Einwohnern der Herzogtümer und droht ihnen mit Feuer und Schwert. Am 8. Januar 1713 steht er vor Altona. Die Einwohner wollen nicht zahlen, und er zündet die Stadt an.

Stenbock überschreitet die Eider bei Friedrichstadt, und der Herzog von Holstein, obgleich er Neutralität im Nordischen Krieg versichert hat, läßt ihn in die Festung Tönning ein. Darauf nimmt König Frederik den Gottorper Anteil von Schleswig durch Patent in alleinigen Besitz, ist nun alleiniger Landesherr des Herzogtums.

August ist nach Warschau gereist. Die Türken haben im November 1712 wieder den Krieg gegen Polen und Russen erklärt. Am 29. Dezember versammelt er den Reichstag. Aber nichts kommt dabei heraus, es gibt nur Streit unter den Adligen, und ein Starost Upizky sprengt den Reichstag durch sein Veto am 17. Februar.

Der Kurprinz ist inzwischen, von Salerno nach Wochen strenger Isolation mit Musik und Liturgie dazu gebracht, in Bologna am 27. November 1712 heimlich katholisch geworden. August, der so dringend auf die Hilfe Sachsens angewiesen ist, kann es nicht wagen, das bekanntzugeben, obwohl es schon Gerüchte gibt. Der Papst ist einverstanden, noch etwas zu warten, denn Augusts Lage in Polen ist schwierig.

Einzige Stütze des Königs in Polen ist nun die sächsische Armee, die er von Pommern in die vom Türkeneinfall bedrohte Republik abzieht. Aber gerade das löst bei den Polen den schärfsten Widerstand aus. Die sächsischen Truppen besetzen die wichtigsten Festungen, legen Magazine an, treiben rücksichtslos Kontributionen ein. In Warschau deckt der Kabinettssekretär Pauli eine Verschwörung gegen das Leben des Königs auf. Ein Woiwode namens Jablonowsky wollte sich mit einigen hundert Leuten im Stadtschloß verstecken und den König abends, wenn die Lichter ausgelöscht werden, überfallen und töten.

August läßt im ganzen Land seine Gegner verhaften. Er greift scharf durch. Die Unterdrückung ruft überall in Polen eine tiefe Abneigung gegen den König und seinen Hof hervor.

Constantia verbringt den Winter in Dresden mit ihrem kleinen Sohn. Haxthausen, der von einer Reise zurückkehrt, ist erstaunt über die Veränderung, die mit ihr vorgegangen ist. Sie, die den König überallhin begleitete, die ihn niemals allein schlafen ließ und selbst tagsüber nur für Momente von ihm ging, bleibt jetzt mit ihrem Kind in Dresden. Er hat das Gefühl, daß der König ihr verleidet ist, daß sie Verdruß und sogar Groll ihm gegenüber empfindet und daß es ihr gefällt, einmal in Ruhe und ohne ihn zu leben.

Haxthausen ist beunruhigt. Er macht sich Sorgen um die Zukunft seiner Freundin. Wer am Hof stürzt, stürzt schnell.

1.

Flemming will Constantia stürzen, und Haxthausen weiß es. Der mächtige Minister, der ihn gut leiden kann, hat ihm den Rat gegeben, sich von der Mätresse zurückzuziehen, denn ihre Herrschaft werde bald enden. Haxthausen mußte versprechen, diesen Rat geheimzuhalten.

Er versucht, Constantia zu warnen, ohne Flemmings Vertrauen zu verletzen. Mehrfach beschwört er sie, dem König zu folgen, und hält ihr das Beispiel von Beichling vor, der nur stürzte, weil er so lange fern von August war, bis seine Feinde das Ohr des Königs gewonnen hatten. Er erinnert Constantia an die große Zahl ihrer Feinde, die vor dem König tausend Anschuldigungen gegen sie erfinden und nicht Ruhe geben würden, bis ihre Herrschaft vorbei sei.

Constantia kann dem Freund nicht glauben. Sie zeigt ihm Briefe Augusts, die regelmäßig mit Expreßkurieren bei ihr eintreffen und immer gleich zärtlich sind.

»Seien Sie nicht zu sicher«, sagt Haxthausen, »Sie kennen den König gut genug, um zu wissen, daß er seine liebevolle Aufmerksamkeit verdoppelt, wenn er bereit ist, jemanden kaltzustellen. Ihre Abwesenheit richtet bei ihm mehr Schaden an, als Ihr Einfluß je wiedergutmachen kann.«

»Ich habe drei Kinder von ihm!« ruft sie aus.

»Die Königsmarck hat einen Sohn von ihm und die Teschen auch.«

»Seien Sie still, das waren seine Mätressen. Ich bin seine Frau.«

»Die Königin ist seine Frau«, sagt Haxthausen.

»Sprechen wir nicht mehr davon. Er würde mich niemals verlassen.«

Constantia hat sich von der Geburt im Oktober noch nicht erholt, sie ist erschöpft und den Winter über häufig krank. Sie steht wie gelähmt vor den Vorbereitungen für eine Reise durch das verschneite Polen. Sie müßte ihren Sohn weggeben, wie schon ihre Töchter, und weiß doch nicht wohin, ihre Mutter ist nun alt und der Vater bettlägerig. Sie will sich selbst um dieses Kind kümmern, um Pillnitz, um ihr Kreditgeschäft, will nicht schon wieder alles aufgeben, nur um nach Warschau zu reisen, wo August sowieso nicht lange bleiben wird. Sie fühlt sich seinem unruhigen Leben nicht

357

gewachsen, dem Krieg, der den Einsatz nicht lohnt. August wird doch bald nach Dresden kommen, so wie jeden Frühling in den letzten Jahren.

Haxthausen gibt nicht nach. Immer wieder hält er ihr die Unbeständigkeit des Königs vor. Constantia erinnert ihn an den großen Einfluß, den sie seit acht Jahren auf den König hat. Sie wird ihm irgendwann folgen und ihn dann immer noch rechtzeitig treffen: »Wenn ich bei ihm bin, werde ich in zweimal 24 Stunden alles zerstören, was diese Miserablen in einem Jahr gegen mich aufbauen.«

»Die Frage ist, ob Sie jemals in seine Nähe kommen werden, und ich glaube fast, ich kenne den König besser als Sie.«

Constantia bricht in Lachen aus: Glaubt er wirklich, den König besser zu kennen als sie, die Tag und Nacht so vertraut mit ihm zusammen war?

»Die Leidenschaft verhindert, daß man die kennt, die man liebt«, sagt Haxthausen. Die fortwährenden Gefälligkeiten des Königs ihr gegenüber und sein Bestreben, seine wahren Absichten zu verbergen und sich zu verstellen, hätten ihr niemals erlaubt, ihn gut zu kennen. »Ich wünsche, daß meine Voraussagen falsch sind, aber ich bitte Sie, zögern Sie nicht einen Moment, unter irgendeinem Vorwand Dresden zu verlassen und zum König zu reisen.«

Haxthausen hält ihre Erschöpfung für einen Vorwand. Sie will offenbar nicht beim König sein, und der fatalistische Gedanke beschäftigt ihn, daß ihre Stunde gekommen sei und sie ihr vorherbestimmtes Schicksal nicht ändern könne.

Constantia führt in Augusts Abwesenheit ein großes Haus und behauptet sich in der Gesellschaft an erster Stelle. Die Kavaliere und Damen, die in Dresden sind, besuchen sie, man spielt und plaudert. Haxthausen soupiert fast täglich bei ihr und geht nicht vor Mitternacht nach Hause, denn im Palais am Taschenberg ist es üblich, sich erst gegen Mitternacht zu trennen. Das gefällt nicht allen Gästen, und die Frau des Geheimen Rats Bose beklagt sich bei ihrem Mann, daß man in den Gesellschaften verweilen müsse, solange es der Cosel beliebe, »die es schlecht aufnimmt, wenn ein anderer als sie die Gesellschaft beendet«.

Auch Chevalier de Lecheraine und General Lagnasco kommen oft zu Constantia und beobachten sie und ihre Gäste für den König. Aber diese Spione sind längst ihre Freunde geworden. Es gibt zwei Brüder Lecheraine in Dresden, sie stammen aus Savoyen, sind beide witzig, geistvoll und arm – und in Constantia verliebt. Der Chevalier hat seinen Bruder, den Abbé, in ihre Gesellschaft eingeführt, und beide

Brüder sind täglich bei ihr und eifersüchtig aufeinander. Der Conte de Lagnasco stammt aus Turin. Er ist ein schöner Mann, amüsant und offen. Der König schätzt ihn sehr, und er ist gefährlich für die, die er nicht mag, denn er hat eine scharfe Zunge. Flemming versteht es, ihn immer wieder mit diplomatischen Aufträgen an andere Höfe zu schikken, um ihn vom König fernzuhalten.

Constantia beklagt sich bei Haxthausen, daß Flemming sich so stark von ihr zurückziehe, seit sie Löwendahl anstelle seines Favoriten Wackerbarth zum Oberhofmarschall machte. Sie verteidigt sich: »Löwendahl ist mein Verbündeter, er war in erster Ehe mit meiner Cousine Brockdorff verheiratet, er ist mir verpflichtet, weil ich ihn nach Dresden geholt habe, ich kann auf ihn rechnen, weil er mir dankbar ist und weil er sich nur durch mich halten kann. Wackerbarth ist gegen mich, er hat dem König so oft Mätressen zugeführt, und ich habe ihn mit offenem Abscheu behandelt. Flemming hat unrecht, sich zu ärgern, daß ich Wackerbarth diese Charge entrissen habe. Wenn er sie erhalten hätte, hätte der König niemals Ehre davon gehabt.«

Haxthausen versucht, den Bruch zwischen Flemming und Constantia zu kitten. Er hat keinen Erfolg.

August schreibt Constantia, sie möge doch Haxthausen in ihren Dienst nehmen. Voller Freude erzählt sie es dem Freund: »Sagen Sie mir, was wollen Sie werden, ich mache einen Großmarschall aus Ihnen, den ersten der Minister, ich werde Ihnen sicher dienen.«

Haxthausen erbittet Bedenkzeit. Er erinnert sich an die Worte der Mutter von Lecheraine, die sehr besorgt darüber ist, daß ihr Sohn sich so stark an die Cosel bindet: »Das Mittel, durch eine Mätresse voranzukommen, erscheint mir wie ein faules Brett, das zerbricht, wenn man darüber geht, und Sie stürzen in den Fluß.«

Haxthausen traut dem Angebot des Königs nicht und fragt seine alte Freundin Fräulein Hülchen um Rat.

»Der König sucht Fehler bei der Cosel«, sagt die erfahrene Dame, die August schon so viele Jahre kennt, »vermeiden Sie es, in ihren Sturz verwickelt zu werden. Sie wird sicher für Sie erreichen, was sie verspricht, aber der König wird Sie dann für ihre Kreatur halten, und nach ihrem Sturz fallen Sie auch.« Sie rät ihm, mit Flemming darüber zu sprechen.

Flemming empfiehlt ihm, seine Antwort an Constantia hinauszuzögern.

Eines Tages warnt sogar Madame Flemming Haxthausen im Vertrauen vor einer bevorstehenden Revolution der Kabinettsminister gegen die Cosel.

In Warschau kursieren Druckschriften in der Stadt und am Hof, deren anonyme Verfasser fordern, daß die Klugheit dem König gebiete, neben seiner sächsischen Mätresse auch eine polnische anzunehmen, um die Eifersucht der Polen zu beruhigen.

Flemmings Cousine, die Frau Krongroßschatzmeisterin Przebendowsky, hat sich mit der Mutter der Dönhoff besprochen. Die Mutter stimmte sofort zu, ihre Tochter dem König als Mätresse anzubieten. Sie rechnet damit, bei einem Erfolg die miserable finanzielle Situation ihres Hauses verbessern zu können. Auch Marie Magdalena willigt ein.

Doch es ist nicht einfach, den König verliebt zu machen. Beim ersten Treffen, einem Abendessen, das Frau von Przebendowsky gibt, gefällt die Dönhoff dem König gar nicht. Sie ist weder so schön wie Constantia noch geistig regsam. August liebt Constantia trotz der Mißstimmung vom letzten Herbst, ist im Zweifel, ob er der politischen Klugheit und den höfischen Sitten nachgeben soll. »Man will mich verliebt machen«, sagt er, »aber solange man mir nichts Besseres als die Gräfin Dönhoff anbieten kann, bezweifle ich, daß ich der Gräfin Cosel untreu werde.«

Bald heißt es am Hof, der König müsse nicht von einer, sondern von drei Frauen zugleich Liebesanträge erdulden: von der Gräfin Dönhoff, von ihrer Mutter und von ihrer Schwester, die auch für die Familie arbeitet.

Die Liebe am Hof ist keine Privatsache. Man liebt die Person, die einem am meisten nützen kann. Jedes andere Gefühl ist unhöfisch. Constantia bringt August weder in Sachsen noch in Polen politischen Vorteil. Ihre Beziehung zu August beruht ganz auf einem persönlichen Gefühl. Aber eine solche Liebe trägt einem König, der Ruhm und Vorteil sucht, auf die Dauer nichts ein.

So geht er halb gezwungen, halb freiwillig in die Falle, die Flemming und seine Cousine für ihn aufgebaut haben. Der Hof in Warschau steht erwartungsvoll um ihn. Constantia ist fern. Schließlich schläft August mit der Dönhoff, und jeder Höfling erfährt es und spricht über dieses Ereignis, und damit wird es zum offiziellen Staatsakt. Der Hof atmet auf.

Als Haxthausen von einer Reise nach Hannover zurückkommt, findet er Constantia weniger sicher vor. Sie erzählt ihm, daß sie nicht mehr so regelmäßig Briefe vom König bekomme und daß die Briefe den Ton geändert hätten. Dann fragt sie ihn, ob er nicht von einem Verhältnis des Königs mit der Gräfin Dönhoff gehört habe.

Ja, sagt Haxthausen, man spricht darüber.

»In was für eine Kloake taucht er ein!« ruft sie.

Einige Tage später läßt Constantia Haxthausen dringend zu sich bitten. Sie ist sehr aufgeregt. Löwendahl ist von Polen nach Dresden gekommen.

»Er hat eben versucht, mich zu überzeugen, ich solle mit ihm ins Bett gehen«, berichtet sie Haxthausen, »ich habe ihm gedroht, dem König zu schreiben, und ihm eine kräftige Ohrfeige gegeben. Er hat sich zurückgezogen und gesagt, daß ich es noch bereuen werde. Was halten Sie davon?«

»Er kann vielleicht schon dafür sorgen, daß Sie es bereuen«, sagt Haxthausen nachdenklich. »Er kommt aus Warschau, er kennt die augenblickliche Lage am Hof. Er fürchtet Sie nicht mehr, und das Engagement mit der Dönhoff scheint mir sicher zu sein, denn sonst hätte er das niemals gewagt. Ich habe sogar einen anderen Verdacht, den ich Ihnen aber nicht sagen will, so unwürdig kommt er mir vor.«

»Aber beraten Sie mich doch!«

Löwendahl will sich jetzt gegen Constantia stellen, meint Haxthausen, sie soll gerade nach Warschau schreiben. Er wird alles abstreiten, und keiner wird ihr glauben. Dann hätte er vor aller Augen einen Grund, nicht mehr zu ihr zu halten, und niemand würde ihn undankbar finden.

Haxthausen rät ihr, gar nichts zu tun, und Constantia befolgt seinen Rat.

Damen und Kavaliere ziehen sich von Constantia zurück bis auf Haxthausen und Madame Glasenapp. Madame Glasenapp ist eine Schwester der ehemaligen Mätresse Teschen, die ihr das Haus verbot, weil sie den König und sie durch Klatschereien gegeneinander aufgebracht hatte. Haxthausen warnt, diese Frau sei die größte Pest der Welt. Aber Constantia ist traurig, niemand besucht sie mehr, die Glasenapp ist fast ihre einzige Gesellschaft. Mit ihr werde sie schon fertig werden, meint sie.

Eines Nachmittags kommt Haxthausen zu Constantia und findet sie in heller Aufregung. Sie läuft ihm entgegen: »Hätten Sie das von Lecheraine gedacht? Er erzählt überall herum, daß ich ein Verhältnis mit seinem Bruder hätte, dem Abbé.«

Die Glasenapp habe es ihr gesagt. Lecheraine sei gerade aus ihrem Haus geflohen, weil sie ihn wie einen Hund behandelt habe. Sie sei so wütend gewesen, daß sie ihn mit einem Federmesser erstechen wollte, hier, mit diesem.

Haxthausen läßt Constantias Ungestüm abklingen und sagt, dies sei ein typischer Streich der Glasenapp, Lecheraine sei ein Mann von Ehre. Er geht sofort zu ihm in seine Wohnung, um alles wieder einzurenken.

Doch der Chevalier fürchtet den Zorn Constantias. Er weiß noch nichts von der Dönhoff und sprudelt in seinem schnellen Italienisch hervor, daß die Cosel ihn beim König verklagen werde, daß sie ihre Wut jetzt nur verstecke, um es ihm später um so schlimmer heimzuzahlen, und daß er eingesperrt würde.

Es gelingt Haxthausen, ihm das Versprechen abzunehmen, in einer Stunde zur Cosel zu folgen. Aber Lecheraine kommt nicht. Er flieht, läßt Anstellung und Salär im Stich und kehrt nie wieder nach Dresden zurück.

Constantia verbietet der Glasenapp das Haus. Doch es ist zu spät. Die Glasenapp schreibt tausend böse Dinge über sie an alle Welt.

Der Postmeister in Dresden erhält am 6. April 1713 den Befehl von Oberhofmarschall Löwendahl, alle Briefe an die Gräfin Cosel aufzuhalten und abzuliefern. Von nun an werden die Briefe an sie geöffnet, registriert, einige werden abgeschrieben und die Originale dann an sie gegeben, andere werden ganz einbehalten. Auch die Briefe, die sie fortschickt, unterliegen der Zensur.

Flemming rät Haxthausen nun eindringlich, Constantia nicht so oft zu besuchen. Aber der lehnt das ab: Sie habe ihn so sehr ausgezeichnet, als sie in ihrem höchsten Ruhm stand, es sei ihm nicht möglich, undankbar zu werden, im Gegenteil, es sei eine Befriedigung für ihn, seine Besuche bei ihr zu verdoppeln, seit er der einzige sei, der noch zu ihr kommt.

Flemming schüttelt den Kopf über ihn, er könne sich doch nur schaden: »Ich schätze, was Sie mir sagen, und mag Sie um so besser leiden, aber an einem Hof, der mit Niederträchtigkeiten angefüllt ist, kommt man so nicht voran.«

Noch immer bleibt Constantia in Dresden, unentschlossen, ob sie etwas unternehmen soll und was. Der Krieg, den sie so sehr fürchtet, hat jetzt ganz Holstein erfaßt. Der dänische König hat die holsteinische Regierung abgesetzt und eine eigene Verwaltung eingerichtet.

Den Schweden in Tönning gehen die Lebensmittel aus, eine pestartige Krankheit rafft in der überfüllten Stadt Tausende dahin. Am 13. Mai 1713 gibt Stenbock auf und geht mit seiner Armee, noch 11 000 Mann, in Kriegsgefangenschaft.

König Frederik und Zar Peter sind auf Schloß Gottorf, und der König schenkt dem Zaren den »Riesenglobus«, in dem Constantia früher mit ihrer Prinzessin Sophie Amalie gesessen hat. Der Zar läßt den Globus nach Petersburg bringen.

August reist in diesem Frühjahr nicht nach Dresden. Aus Warschau kommt sein Befehl, Constantia möge für einige Zeit aus ihrem Haus ausziehen, er wolle es umbauen lassen. Sie hat Mühe, ein anderes Haus zu finden. Jeder fürchtet sich davor, an sie zu vermieten.

Sie hält es nicht mehr aus in Dresden. Sie will nach Warschau reisen und August zurückgewinnen. Um ihre Feinde zu überraschen, verbreitet sie in Dresden das Gerücht, sie gehe nach Hamburg, um dort ein Haus zu kaufen.

Constantia reist langsam nach Osten und bleibt einige Tage in Breslau. Fürstenberg hat ihre Abreise aus Dresden nach Warschau gemeldet, und Lagnasco schickt nun aus Breslau die Nachricht nach Warschau, sie sei dort. Er ist ihr gefolgt. Er ist zwar ein Freund, aber doch auch Spion des Königs.

In Warschau entsteht ein panischer Schrecken am Hof. Zu viele Leute schon haben ihre Karriere an die neue Geliebte gebunden. Sie haben von der Cosel nichts Gutes zu erwarten und wollen sie auf keinen Fall zum König lassen. Sie beschließen, beim König den Befehl zu erwirken, daß die Cosel nach Sachsen abgeschoben wird.

Die Mutter der Dönhoff schlägt vor, der Gräfin Cosel den Franzosen Nicolaus de Montargon entgegenzuschicken. Montargon hat durch die Vermittlung des Hauses Bielinski/Dönhoff eine Stelle in der königlichen Verwaltung bekommen und ist der neuen Favoritin unbedingt treu: Mit ihr würde auch er stürzen.

Dem König gefällt das alles nicht, aber man läßt ihm keine Ruhe. Marie Dönhoff erzählt ihm auf Anordnung ihrer Mutter, sie habe Angst, daß die Cosel käme, um sie zu erschießen. August kennt Constantias Drohungen, wenn er untreu war. Er gibt nach, um zu beweisen, daß er Manns genug ist, mit dieser temperamentvollen Dame fertig zu werden. Er schickt ihr den frischgebackenen Kammerjunker Montargon und den Oberstleutnant der Kavaliergarde de la Haye mit einigen Gardisten im Eilritt entgegen mit dem Befehl, sie in Güte oder mit Gewalt nach Dresden zurückzubringen.

Im bescheidenen Gasthaus des kleinen polnischen Städtchens Widawa kehrt Constantia mit ihren Dienern zum Mittagessen ein. Noch ehe der Tisch für sie in einem separaten Zimmer gedeckt ist, betreten die Herren Montargon und de la Haye das Gasthaus. Sie bitten die Gräfin um eine Audienz und versichern ihr, sie seien erfreut über diese zufällige Zusammenkunft. Constantia lädt die Herren ein, an ihrem Mittagessen teilzunehmen.

Nach dem Essen bringt Montargon das Gespräch auf ihre Reise nach

Warschau und empfiehlt ihr, nach Sachsen zurückzukehren. Er spricht, als sei dies sein eigener Einfall und als wolle er ihr, als dankbarer Mittagsgast, nur einen guten Rat geben.

Constantia glaubt nicht recht zu hören und behandelt ihn verächtlich. Als er den Mund nicht hält, droht sie, ihn durch ihre Leute gefangenzusetzen. Montargon richtet sich auf: Er rede im Namen des Königs.

Sie denke gar nicht daran zu gehorchen, antwortet Constantia. Der König habe sich nur durch Einflüsterungen ihrer Feinde in Warschau gegen sie aufbringen lassen, es würde ihm sicher gut gefallen, wenn sie sich von einem Kammerjunker Montargon nicht einschüchtern ließe.

Nun rückt Montargon mit der Wahrheit heraus: Er habe einen königlichen Befehl bei sich, dafür zu sorgen, daß sie nach Dresden zurückkehre, notfalls mit Gewalt.

Constantia springt auf, greift zu ihren Pistolen, ohne die sie niemals reist, und richtet sie auf ihn. Sie werde ihn erschießen, sagt sie drohend.

Montargon flieht hastig aus dem Zimmer.

Der Oberstleutnant der Kavaliergarde de la Haye ist kein kläglicher Höfling, sondern ein Mann von Gewicht. Er redet ruhig und vernünftig mit Constantia und bestätigt den Befehl des Königs. Er bedauert ihr Unglück und rät ihr ab, sich offen diesem Befehl zu widersetzen. Sicher werde der König bald nach Dresden kommen, meint er tröstend.

Constantia bleibt nichts anderes übrig, als sich zu fügen. Sie kehrt, bewacht von de la Hayes Gardisten, der Elitetruppe des Königs, nach Dresden zurück.

»Mit der Frau Gräfin von Cosel scheint es wohl aus zu sein«, schreibt Vitzthum aus Warschau an Flemming, der sich in Berlin aufhält, »der Herr Oberhofmarschall bezahlt sie am allerbesten, er ist derjenige, der sie am allermeisten verfolgt, es ist keine Extremität, wozu er dem König nicht rathet, man weiß noch nicht eigentlich das Ende von ihrem Sort [Schicksal], bis dato heißt es, daß sie ihr gehabtes Tractament behalten soll und kann leben wie wird wollen, allein kein Commercium [Umgang] will man nicht mehr mit ihr haben.«

Was Haxthausen vorausgesagt hat, tritt ein: Löwendahl wird zum schärfsten Gegner Constantias.

2.

Löwendahl hat sich in den vergangenen Jahren keine Freunde in Dresden gemacht, und seit er Oberhofmarschall ist, sind alle Kabinettsminister gegen ihn. Als er den Sturz Constantias kommen sieht, fürchtet er um seine Existenz. Vom Sommer 1713 an schadet er Constantia, quält sie, versucht, seine Karriere auf ihre Kosten zu sichern und sich der neuen Mätresse Dönhoff zu empfehlen und vor allem dem König. August will Schuld bei Constantia sehen, Untreue, irgend etwas, das ihn entlastet und sein Verhalten rechtfertigt. Löwendahl, der das begreift, beginnt eine wahre Treibjagd gegen Constantia.

Er beschuldigt sie, sie habe ein Verhältnis mit dem Grafen Callenberg, einem ihrer Kreditnehmer. Constantia verteidigt sich, sie habe immer Zeugen bei den geschäftlichen Besprechungen mit ihm gehabt. Man könne die Leute nicht hindern, sich zu verlieben, müsse aber doch danach richten, ob die Dame das Gefühl erwidere.

Er greift das Gerücht der Madame Glasenapp auf und berichtet nach Polen, die Cosel habe ein Verhältnis mit dem Abbé Lecheraine. Höflinge dort versprechen dem Abbé eine große Geldsumme, wenn er nach Warschau komme. Als er dort eintrifft, versuchen sie, ihm ein Geständnis abzulocken, und der König selbst dringt mit Fragen in ihn. Doch nichts kommt bei dem Verhör heraus, und so zahlt man ihm nur die Reisekosten.

Der Abbé ist empört, daß man sich seiner bedienen wollte, um die Tugend Constantias zu verdächtigen. Wenn sie auch ihre Schattenseiten habe, schreibt er Flemming, besitze sie doch Eigenschaften, die sie selbst vor dem leisesten Verdacht sichern: »Tausend Tode und das brillanteste Vermögen werden mir niemals andere Worte über sie entreissen.«

Constantia schreibt Lagnasco, »alles, was er sagte, wird dazu dienen, meine Feinde zu zerstören«.

Doch sie irrt sich.

Briefe sind von nun an meine Hauptzeugen für Constantias Geschichte, Briefe der Kabinettsminister über sie, an sie, ihre Briefe an die Minister, die im Staatsarchiv in Dresden in den Akten des Geheimen Kabinetts liegen, und ihre Briefe, die die Adressaten nie erreichten, weil die Zensur sie abfing. Löwendahl legte eine eigene Akte »bezüglich der Gräfin von Cossel betreff« an. Manche Briefe sind unvollständig oder gar nicht datiert, manche Abschriften und Konzepte unklar. Aber aus allen zusammen geht doch hervor, wie man versuchte, Constantia in die Enge zu treiben und zu isolieren, und wie sie sich verteidigte und sich gutgläubig immer wieder an vermeintliche Freunde wandte.

Constantia schreibt an August, schreibt an ihre Mutter, an Lagnasco, der wieder einmal in diplomatischer Mission unterwegs ist. Bitter berichtet sie ihm, »daß man Schlag für Schlag verdoppelt und das in der Art des Hofes, die ebenso unwürdig wie ungerecht ist. Man hat mich mit mehreren Verbrechen belastet und mich unter diesem durchsichtigen Vorwand wie eine Übeltäterin aus Sachsen jagen wollen.« Der ganze Hof habe sich nach ihr richten, die auswärtigen Gesandten ihr die Cour machen müssen, sie habe in Korrespondenz mit dem Kabinett gestanden und dem König nicht die Freiheit lassen wollen, sein Geld auszugeben, wie er wollte. Man solle doch ihre Verbrechen beweisen, aber von Beweisen spricht man nicht. Sie will und wird Sachsen nicht verlassen, es sei denn, man zwingt sie mit Gewalt. Sie hat nichts verbrochen und leidet unter den Lügen und der Qual, daß diese Lügen öffentlich ausgesprochen werden. »Ich habe nichts getan, aber ich bin fast bereit, etwas zu tun.« Man drängt sie, Dresden zu verlassen und nach Bautzen zu gehen, aber dann geht sie schon lieber auf den Königstein, »denn das ist ein renommierter Ort«, und die Welt wird ja doch von »meiner Belohnung für neun Jahre Dienst« erfahren. Der Königstein ist besser, »als in aller Welt bekannt zu sein als Person, die wegen schlechter Aufführung ins Exil gejagt wurde, denn gegen die Macht gibt es kaum Gesetze und durch eine solche Gewalttat wüßte ein jeder mein Verbrechen«.

Niemand hält mehr zu ihr, »man braucht die Laterne des Diogenes, um einen wahren Charakter zu finden«.

Aber sie hat den Ehevertrag. Der Vertrag kam aus Mund und Herz des Königs und wird ihre Feinde überdauern. Sie erwartet jeden Moment Antwort auf einen Expreßbrief, den sie dem König geschickt hat, »und vielleicht wird meine Antwort [darauf] vom Königstein kommen«.

Vielleicht ist das der Brief, auf den August drei Jahre später in einem Schreiben für den preußischen König — dann Friedrich Wilhelm I., der Soldatenkönig — anspielt, über dessen Anlaß ich noch berichten werde: Die Gräfin habe ihm mitgeteilt, sie könne nicht mehr mit ihm leben, wenn er eine Mätresse nehme, und wolle ihre Verbindung zu ihm auflösen.

Constantia wirft sich oft vor, daß sie auf dem Weg nach Polen umkehrte, statt ihre Wächter zu töten und weiterzureisen. August liebt die Abwechslung, das weiß sie, aber er wird, wie bisher, wieder zu ihr zurückkommen. An diesen Glauben klammert sie sich. Ihre Feinde wollen nur ausnutzen, daß er ein offenes Verhältnis in Polen hat, und sie mit ihren Anklagen zur Verbrecherin machen, sie aus dem Lande schaffen, »um dann um so mehr gegen mich vorgehen zu können«. Sie aber will ihre Ehre offenlegen.

Sie setzt ein langes Verteidigungsschreiben an den König auf und schickt Lagnasco das Konzept. »Indem ich mir vielleicht die Interessen Seiner Majestät zu sehr zu Herzen nahm und mit zuviel Wärme handelte«, heißt es darin, »habe ich mich dabei sehr leicht irren können oder Anlaß gegeben, daß die, die ihre eigenen Absichten verfolgen, meine Vorschläge gegen mich benutzen.« Niemals, schreibt sie August, werde sie sich seiner Liebe unwürdig zeigen oder ihre Pflicht ihm gegenüber vergessen. »Meine Pflicht ist ohne Zweifel, Seine Majestät zu lieben und Ihr mein ganzes Leben zu dienen und auf die Erhaltung seines Ruhmes bedacht zu sein, sogar auf Kosten meines Lebens.« Sie fährt fort: »Ich gestehe ein, daß ich weder Herrin meines Schicksals noch meines Herzens bin, aber ich werde immer Herrin meiner Ehre und meines guten Rufes sein.«

Ihrer Mutter schreibt sie, der König sei sehr zu beklagen, da er in üblen Händen von Leuten sei, die nur ihre Fortune machen wollten, »ich bin vielleicht die Einzige, die es recht zu Herzen nimmt, weil ich ihn mehr geliebt habe als meine Seele, und ihn auch in Ewigkeit nicht vergessen werde«.

Mitte Dezember 1713 kommt aus Warschau der Befehl, die Doppelwache vor Constantias Haus, in dem sie nun wieder wohnt, einzuziehen und den Gang zwischen Palais und Schloß abzubrechen. Der Kurier trifft abends in Dresden ein, und wenige Stunden später schon läßt Flemming die Arbeiter anfangen. Die ganze Nacht über hört Constantia das Brechen und Abhauen.

Wenige Tage danach kommt ein neuer Befehl: Der König sei unterwegs nach Dresden, die Cosel soll nach Pillnitz gehen. Wenn sie Widerstand leiste, soll Löwendahl sie in die Kutsche setzen. Die Schlüssel zum Taschenberg-Palais soll sie dalassen.

Löwendahl wagt nicht, zu Constantia zu gehen, und wendet sich an Flemming. Der bittet Haxthausen, mit ihr zu sprechen. Die Dönhoff, erzählt er, werde den König nach Dresden begleiten und habe gesagt, sie sei ihres Lebens nicht sicher, wenn die Cosel in der Stadt sei. Der König selbst sei froh, wenn sie weg ist, denn sie hat ihm für den Fall einer solchen Untreue oft gedroht. Sie werde ihn nicht mit ihrem Geplauder und ihrer Überlegenheit wiedergewinnen.

Haxthausen zögert, diesen Auftrag zu übernehmen, läßt sich dann aber doch bei Constantia melden. Sie geht eine Weile im Zimmer auf und ab, geht schließlich hinaus in den winterlichen Garten. Als sie zurückkommt, fragt sie Haxthausen, ob er den Befehl mit der Unterschrift des Königs selbst gesehen habe. Ja, sagt Haxthausen.

Constantia wird zornig, droht, alle zu töten und sich für diese Beleidigung zu rächen, die man ihr antut. Sie zieht über die Dönhoff her und ihre Liebhaber und Amouren, nennt den König unwürdig, daß er sich mit einer solchen Person vergesse, deren Umgang ihm nur Schande bringe und Verlust seines Ansehens. Sie schreit ihren Schmerz und ihre Wut hinaus. Dann wird sie ruhig, zählt all die Mühen auf, die der König sich gab, um sie zu gewinnen, seine Treueschwüre, die Zärtlichkeiten und die Süße der Liebe, die er und sie in so vielen Jahren miteinander gekostet haben, die Kinder, die aufrichtige Liebe, die sie ihm immer entgegenbrachte, die Unmöglichkeit, daß er sie verlassen könne. Sie wünsche nichts, als eine Viertelstunde mit ihm zu sprechen.

Sie kommt auf den Befehl zurück, die Stadt zu verlassen, und gerät wieder in Zorn, schimpft auf die Undankbarkeit des Königs und seinen unbeständigen Charakter. Dann nimmt sie alles wieder zurück, erinnert sich an seine guten Eigenschaften, daran, wie liebenswert er ist, wenn er will. Schließlich jagt eine Leidenschaft bei ihr die andere. Haxthausen sitzt ruhig auf seinem Stuhl und bewundert insgeheim ihre Beredsamkeit. Das dauert eine halbe Stunde.

Müdigkeit ergreift Constantia, der Zornanfall ist vorüber. Haxthausen nutzt ihr Schweigen und rät, sie möge nachgeben und später die Gelegenheit suchen, den König zurückzugewinnen. Nur durch gute Aufführung werde sie ihn nicht irritieren, nur wenn sie sich jetzt füge, werde sie einmal die Gelegenheit bekommen, ihn wiederzusehen. Sie habe das Beispiel der Königsmarck, die durch ihre Sanftmut sich niemals mit dem König erzürnt habe, und das der Teschen, die sich anfangs zwar erzürnte, aber dann nachgab und nun in Dresden lebe und am Hof den König sehe, ganz im Gegenteil zur Esterle, die opponierte und den König nie wiedersah.

»Ihre Beispiele schockieren mich«, unterbricht Constantia, »das sind Mätressen, ich bin die Frau des Königs.«

Sie scheint entschlossen, am nächsten Morgen abzureisen, doch dann ruft sie aus: »Sie werden es nicht wagen, mich zu zwingen, und der König selbst wird es nicht tun, er wird niemals so weit gehen.«

Zwei Tage später zeigt Flemming selbst Constantia den Befehl des Königs: Wenn sie nicht am nächsten Morgen freiwillig die Stadt verlasse, werde er sie mit Gewalt fortbringen. Er sei sehr ärgerlich, zu diesen Dingen gezwungen zu werden, sagt Flemming, denn er habe nichts gegen sie. Er bittet sie ans Fenster, gibt ein Zeichen, und sie sieht einen Trupp Soldaten anrücken.

Constantia wechselt so viel Bargeld ein, daß viele am Hof denken, sie habe eine weite Reise vor. Sie schickt noch ein Paket nach Depenau für die kleinen Töchter. Ihrem Vater überweist sie eine größere Summe nach Lübeck.

Am 22. Dezember 1713 verläßt sie Dresden mit ihrem Sohn und fährt nach Pillnitz.

Zwei Tage später trifft August in der Stadt ein, und einige Tage nach ihm Marie Dönhoff. Sie wohnt bei Fürstenberg. August wollte sie nicht mit nach Dresden nehmen, aber Constantias Feinde haben ihr die Reise in die berühmte Stadt eingeredet.

Der Abbruch des Gangs und die Abreise Constantias so kurz vor der Ankunft des Königs sind die endgültigen Zeichen, auf die alle am Hof in Dresden gewartet haben: Die Cosel hat die Gunst des Königs verloren. Jedermann setzt sich hin und schreibt Briefe an Freunde, die an auswärtigen Höfen leben. Aurora von Königsmarck, die Pröpstin von Quedlinburg, erhält sofort Nachricht von ihren Freundinnen aus Dresden. Postwendend berichtet sie aus Quedlinburg das eben Gelesene an Herzog Anton Ulrich nach Wolfenbüttel weiter.

3.

»Nuhr schade wegen der Geschichte, daß Sie sich nicht erstechen wollen«, schließt Aurora von Königsmarck ihren Bericht über Constantia.

Die ›Geschichte‹ ist eine verschlüsselte Erzählung, die Aurora einige Zeit zuvor dem Herzog geschickt hat. Anton Ulrich arbeitet noch immer an der Neufassung seiner ›Römischen Octavia‹, und Aurora will dazu die Geschichte der Givritta, der Anna Constantia von Cosel beisteuern, wie sie sich bis zum Sommer 1713 zutrug. Ein Selbstmord Constantias würde so gut zum letzten Satz der Geschichte passen: »Inzwischen wartet Dolch, Gift und Sarg, ob Givritta sich ihrer zu bedienen noch entschlossen verbleibet.«

Auch Romane können Geschichtsquellen ihrer Zeit sein und dabei genauso zuverlässig oder verlogen wie Berichte und Memoiren. Vielleicht finde ich in der Erzählung die Antwort auf die Frage: Was ist eigentlich mit Constantia los, daß Aurora, deren Sanftmut Haxthausen ihr als beispielhaft vorhält, sie so gehässig beschreibt und sie am liebsten tot sehen will?

Alle wichtigen Personen am Dresdner Hof kommen in der ›Givritta‹ vor: König Wilkinus ist August, Königin Julanda ist Christiane Eberhardine, Danae ist die neue Mätresse Dönhoff, und Augea, eine Jüngerin der Minerva, ist Aurora selbst. Nicht die Königin und die Mätresse Givritta wetteifern um die Gunst des Wilkinus, sondern Givritta und Augea. Sie sind die beiden Gegenpole der Erzählung.

Der klugen, tugendhaften und mäßigen Augea steht die unbeherrschte und bösartige Givritta gegenüber. Nur Augea ist wirklich und dauerhaft mit dem guten König Wilkinus verbunden: Er sucht ihren Rat und drückt ihr in stillem Einverständnis heimlich die Hand. Der schönen Givritta ist er zwar verfallen, ihrer zugleich aber auch überdrüssig: ihrer Art, laut zu lachen, laut zu weinen, vor Wut mit Mord oder Selbstmord zu drohen, kurz, ihre Gefühle frei zu zeigen.

Auch in der Wirklichkeit ist Aurora das Gegenteil Constantias. Als August sie verließ, ging sie klaglos. Sie rechtet um den Unterhalt für sich und ihren Sohn Moritz und fällt August damit lästig, aber sie hat conduite, höfisches Benehmen. Doch während Constantia am Hof von Anbetern gefeiert wird, muß die achtzehn Jahre Ältere sich in Quedlinburg mit den hämischen Intrigen engstirniger Stiftsdamen herumschlagen. Während Constantia in üppigem Luxus lebt und Ansehen und Ehre gewinnt, kämpft sie gegen das Vergessenwerden.

Aurora führt ihr Leben tapfer. Ihre große Jugendliebe, Klaus-Gustav Graf Horn, kam nach einem Duell auf der Flucht um. Das Vermögen ihres berühmten Vaters zogen die schwedischen Könige ein, ihr älterer Bruder fiel im Krieg, der jüngere wurde am Hof in Hannover auf geheimnisvolle Weise beseitigt und umgebracht. Aurora war in ihrer Jugend eine Abenteurerin, und sie müht sich, ihre Ehre zu wahren und aller Welt ein Bild von der bedeutenden Besonderheit ihrer Person, ihrer Gelehrsamkeit und ihrer Talente zu geben. Bei ihren seltenen Besuchen in Dresden kann sie ihre Stellung am Hof nur nach den ausgezirkelten Regeln des höfischen Lebens halten. Wärme, menschliche Nähe, Liebe sind da nicht vorgesehen. Sie benimmt sich weltweise, aber es ist kalt um sie.

Ihr Lebenskampf hat etwas Verzweifeltes, ist anrührend, auch wenn die ›Geschichte der Givritta‹ geradezu niederträchtig mit Constantia abrechnet — oder vielleicht eben darum.

Constantia hat alles, was Aurora nicht mehr hat: Impulsivität und Wärme. Sie zeigt starke Gefühle und weckt starke Gefühle. Sie setzt auf die persönliche Liebe und geht über die Frage des Nutzens hinweg. Ihr gesellschaftlich ungebundenes Gefühl steht im Gegensatz zur kalkulierenden höfischen Liebe.

Augea macht an Givritta verächtlich, was ihr selbst fehlt. Ihr Haß auf sie ist der Selbsthaß auf den Teil ihres Wesens, den sie unter beständiger Kontrolle halten muß. Givritta ist die ungebändigte Frau, die man fürchtet und nicht ertragen kann, weil sie verkörpert, was die anderen am Hof in sich unterdrücken, die ihre starken Gefühle höfisch-höflich kultivieren, bis sie verbogen sind oder abgetötet.

Die strenge Selbstsucht wird mit Gnade belohnt. Sogar Haxthausen, dessen Freundschaft zu der stürzenden Mätresse Flemming schon als unhöfisch rügt, stellt Constantia Auroras Verhalten als Vorbild hin: Klug und höfisch hat sie durch Fügsamkeit die Gunst des Königs wiedererlangt, darf zumindest am Hof erscheinen. Aber mit einer solchen Beziehung zu August kann Constantia sich nach den vielen Jahren, in denen sie die Süße der Liebe miteinander kosteten, nicht begnügen. Die höfische Weltweisheit, nach der der König sich für die Mätresse entschieden hat, die ihm am meisten nützt, widerspricht ihrer Auffassung von persönlicher Ehre. Nur äußerlich ist sie ein Höfling. Sie hat sich das strahlende Selbstvertrauen der Marselis und die ritterliche Ungebundenheit der Brockdorff bewahrt. »Diese seltsame Heroine« nennt Aurora sie.

Constantia kennt selbstverständlich die Spielregeln der höfischen Welt. Sie ist bei Prinzessin Sophie Amalie aufgewachsen, und auch Flemming hat sie ihr oft genug vorgetragen und versucht, ihr Temperament und die Einflüsse der väterlichen Erziehung zu dämpfen. Viele Jahre später schreibt sie aus Stolpen, das einzige Verbrechen, das man ihr vorwerfen könne, sei Eigensinn oder »folle conduite«, törichtes, unhöfisches Benehmen.

Aurora, die mit der gefeierten Constantia eine freundschaftliche Korrespondenz pflegte, fordert nun, 1714, weltweise und höfisch, ihre Briefe zurück.

4.

Constantia lebt verlassen mit ihrem kleinen Sohn in Pillnitz, während August in Dresden den Karneval mit Nachtschießen, Ringrennen und Bauernwirtschaft feiert. Ihre Zähne fangen an zu zerbrechen. Sie sind sehr dünn, und es ist, als beiße sie sie sich nun aus.

Der Frühling kommt. Das Eis bricht auf der Elbe, und die Flöße aus Böhmen treiben an Pillnitz vorüber flußabwärts nach Dresden. Die Rittergutsbesitzerin Cosel bittet ihren König wie jedes Jahr um die Erlaubnis, »200 Schock Pfähle« für ihre Weinberge aus Böhmen zollfrei die Elbe herunterbringen zu dürfen.

Constantia beschäftigt sich mit ihrem Garten, läßt die Charmillen vollenden, die sie im vorigen Jahr am Ausgang des Lustgartens pflanzen ließ, die Hecken aus Hainbuchen, die später beschnitten und zu grünen Wänden von Gesellschaftsräumen im Freien werden. Die ersten Buchenblättchen schimmern zartgrün und bewegen sich leicht in der milden Frühlingsluft, und niemand in Pillnitz weiß, ob der König und der Hof hier noch einmal feiern werden.

Manchmal, sehr selten, kommt ein steifes Briefchen der nun sechsjährigen Augusta Constantia aus Depenau an »Madame et tres honorée Maman«, die sehr geehrte Mama, mit der Versicherung, sie umarme auch »M. le comte nostre chere frere«, den Herrn Grafen, unseren lieben Bruder. Constantia schreibt ihrer Mutter über Weißweiler in Hamburg und legt Briefchen »Pour ma chère Fille« bei, für meine liebe Tochter, und Löwendahls Zensoren fangen die Briefe ab, öffnen, lesen und registrieren. Ihr Bruder Christian Detlev gibt ihr brieflich die guten Ratschläge, niemandem zu trauen und ihre Ehre nicht zu vergessen. Er setzt sich für den Kammerherrn Leschgewang ein, dem sie Geld geliehen hat, das er nicht zurückzahlen kann. Sie erläßt ihm die Summe, Leschgewang bedankt sich überschwenglich, und sie hört nie wieder etwas von ihm.

Christian Detlev schreibt ihr zunächst freundlich, rät, »haben Sie Geduld, denn die Zeit ist ein großer Meister, lassen Sie Ihre Feinde nicht triumphieren« und nennt sich ihren »Advocat«. Doch der früher so Begabte hat sich anders entwickelt, als Anna Margaretha und Joachim Brockdorff erwarteten. Seit dem glänzenden Abschluß seines Studiums in Kiel konnte er niemals etwas aus eigener Kraft erreichen, aus sich selbst heraus jemand sein, muß am Dresdner Hof leben, standesgemäß und abhängig von seiner Schwester und der Gnade des Königs. Er ist am Hof ein leichtgewichtiger Mann geworden, unzuverlässig, vorschnell, auf seinen Nutzen und den Beifall anderer bedacht. Nach wenigen Wochen schon beginnt er, sich von seiner Schwester abzusetzen, um nicht in ihren Sturz mit hineingezogen zu werden, gibt ihr selbst die Schuld an ihrer Verbannung, und schließlich bricht sie, verletzt, den Umgang mit ihm ab.

Jasmin und Jelängerjelieber blühen, Constantia sitzt allein in ihrer Gartenlaube am Tisch für acht Personen. Der König leitet Verhandlungen mit ihr ein über ihre zukünftigen Bezüge und ihren Aufenthaltsort. Als Unterhändler schickt er ihr seinen Generaladjutanten Benedict Detlev von Thienen. In ihrem Kummer freut Constantia sich über die Besuche Thienens, den sie Vantin nennt.

Thienen ist etwas jünger als Constantia und verliebt sich sofort in sie. Es tut ihr wohl, mit dem liebenswürdigen Mann zu sprechen und ihr Unglück für Stunden zu vergessen. Doch seine Besuche hören abrupt auf. Constantia erfährt den Grund erst, als Haxthausen das nächste Mal nach Pillnitz kommt.

Der König schickt an Thienens Stelle den Kabinettsminister Watzdorf.

Watzdorf eröffnet die erste Verhandlung damit, daß er Constantia zu umarmen versucht und am liebsten sofort mit ihr ins Bett will. Sie gibt ihm eine kräftige Ohrfeige, die seine Glut löscht, und manierlich diniert er mit ihr. Aber nach Tisch sagt er, wenn sie ihm ihre Gunst schenke, würde er ihr zu so guten Bedingungen verhelfen, wie sie sich nur wünschen könne, und wenn sie sich ihm verweigere, bekäme sie nichts und würde es noch bereuen.

Als Haxthausen kommt, ist er erschrocken, daß Löwendahl in Watzdorf einen guten Sekundanten gefunden hat. Constantia will den Vorfall gleich dem König berichten. »Sie wissen«, sagt sie, »was für eine kleine Figur Watzdorf am Hof gewesen ist. Man hat ihn wie einen Possenmacher behandelt und sich immer über ihn lustig gemacht.«

Aber wie schon bei Löwendahls Liebesantrag rät Haxthausen ab, da Constantia nicht wisse, ob Watzdorfs Verhalten nicht abgekartetes Spiel, ob nicht die Dönhoff seine Komplizin sei, der er, der Finanzminister, viel Geld verschaffe.

Haxthausen bleibt bei seinen seltenen Besuchen zwei, drei Tage in Pillnitz. Seine Freunde in Dresden wenden sich an Flemming, damit er dafür sorgt, daß die Besuche bei der Cosel aufhören. Aber Flemming meint nur, der König fände nichts dabei, im Gegenteil, Haxthausen werde ihr guten Rat geben und sie von vielen Dummheiten zurückhalten, zu denen sie fähig sei.

Constantia möchte, daß man ihr statt Watzdorf wieder von Thienen schickt, aber Haxthausen sagt, Thienen sei ein Mann ohne Augenmaß und Haltung, leichtsinnig und unbesonnen, und habe am Hof alles für sie verdorben, nachdem er das letzte Mal aus Pillnitz zurückkam. Sie müsse ganz fröhlich bleiben, sich den Befehlen des Königs völlig unterwerfen bis zu besseren Zeiten, die nicht ausbleiben würden. Vor allem solle sie nicht wie bisher allen möglichen Leuten vertrauen und ihnen brieflich oder persönlich ihre Gedanken erzählen, da diese Leute oft Spione seien und Falsches über sie an schlechte Seiten berichteten.

Haxthausen meint später, daß sie sich nicht an seinen Rat gehalten habe.

Thienen sagt jedem, der es hören will, daß Constantia in allem recht habe, daß sie so schön sei und die Bewunderung der ganzen Welt verdiene und daß der König nicht richtig handle. Löwendahl kann Constantia zwar wieder kein Verhältnis nachweisen, aber wenigstens heißt es am Hof, Thienen liebe die Cosel leidenschaftlich und mache seine Dummheiten auf ihr Geheiß.

Als er einmal in das Zimmer eintreten will, in dem der König diniert hat und sich nun betrinkt, hält Vitzthum ihn ihm Vorzimmer auf und warnt ihn, weiterzugehen, weil der König nicht zufrieden mit ihm sei. Thienen tritt doch ein, drängt sich in die Nähe des Königs und mischt sich in die Gespräche. August dreht sich zu ihm um, geht auf ihn zu, treibt ihn vor sich her, bis er mit dem Rücken in einer Ecke steht. Er greift ihn, wirft ihn auf den Boden und tritt ihn heftig mit Füßen. Die Kammerherren müssen Thienen aus dem Zimmer tragen.

August ist eifersüchtig auf Thienen. Constantias Gegner am Hof fürchten, daß er die gestürzte Mätresse noch immer liebt. Ein anderer Vorfall bestätigt diesen Verdacht.

Eines Abends, auf einer Assemblee des Hofs, springt er plötzlich auf die Gräfin Dönhoff zu und reißt ihr die Kleider in Stücken vom Leib. Kavaliere und Damen weichen zurück, stehen starr im Kreis um den König und die neue Mätresse. Er ist wie in Raserei. Er brüllt, und manche fürchten, er habe den Verstand verloren. Die Dönhoff ist entsetzt, niemand hilft ihr. August hört erst auf, als sie keinen Fetzen mehr am Leib hat. Er verstummt, sieht sie erschrocken an und wendet sich schnell ab. Die kleine Gräfin beginnt zu weinen, die Damen umringen sie und führen sie aus dem Saal.

Dieser Vorfall wird am Hof viel besprochen und dringt sogar in die Zeitung, wobei man dem Korrespondenten auch gleich die Ursache dieser Aufführung nennt, Zauberei: »Dabey wird debitiret [angenommen], daß der Gräfin Cosel beigemessen würde, solches dem Könige aus Rache und Jalousie [Eifersucht] angethan oder beygebracht zu haben, dahero diese bereits in der Stille decolliret [enthauptet] wäre.« Der König liebt die Cosel, und diese unhöfische Liebe ist nur erklärlich, weil sie ihn verzaubert hat.

Es ist ein Alarmzeichen, daß der König sie noch immer liebt. Nun, wo die Intrigen gegen sie soweit gediehen sind, daß die Dönhoff, die doch ursprünglich nur polnische Mätresse sein sollte, mit nach Dresden kam, darf man erst recht nicht zulassen, daß die Cosel an den Hof zurückkehrt. Sie würde sich fürchterlich an ihren Feinden rächen.

Löwendahl ermittelt gegen Constantia wegen Zauberei. Wenn er ihr einen Bund mit dem Teufel nachweisen kann, ist das ganze Problem gelöst. Auf Hexen warten hohe Strafen.

Und auf Denunzianten warten hohe Belohnungen. Wo immer Zauberei gemeldet wird, müssen die Behörden eingreifen, Leute verhören, ellenlange Protokolle aufsetzen. Als sich herumspricht, daß sie gegen die Cosel ermitteln, strömen Denunzianten von allen Seiten nach Dresden, aus Geldgier, Wichtigtuerei, Dummheit und Rache. Der Wagner Georg Krauße aus Pillnitz gibt an, er habe seiner Gutsherrin einen Totenkopf vom Galgen besorgen sollen, und als er das nicht

374

wollte, wenigstens einen vom Friedhof. Ihr Bedienter Jacob sei zu ihm gekommen und habe verlangt, daß er einer ganz schwarzen Katze den Kopf abhaue. Das habe er aber nicht wollen, da habe der Jacob es getan. Bedienstete Constantias aus dem Schloß sagen aus, sie hätten beobachtet, wie die Gräfin im geheimen gewisse Drogen braue, wie sie Boten ins Ausland schicke, die ihr dort Briefe bestellen und Chemikalien besorgen.

Die es nicht besser wissen, verdächtigen noch jeden der Zauberei, der eine Bibliothek besitzt und sich ein Labor einrichtet. Constantia hat in Pillnitz schon seit vielen Jahren ein Labor und einen Laboranten. Sie stellt ihre Kosmetika und Medizinen selbst her und sucht, wie viele Kavaliere und Damen und der König auch, nach dem Mittel, Gold zu machen. Ihr Labor ist allmählich weithin bekanntgeworden, und ihre Erfahrungen sind von anderen adligen Damen gefragt, die die gleichen Interessen haben und sie bitten, gemeinsam mit ihr experimentieren zu dürfen. Heilkundige Zigeunerinnen kommen zu Constantia, Landfahrerinnen, deren Männer auf dem Bau in Dresden gefangen sind, und ihr Koch Turbe muß ihnen Essen und Trinken geben, was ihm gar nicht paßt. Constantia unterhält sich lange mit den Frauen, die wie sie Kräuter und Wurzeln kennen, und kocht mit ihnen auf dem Ofen in ihrer Silberkammer im Erdgeschoß Arzneien. Auch eine Feldwebelin ist oft bei ihr, die im Volk allgemein als Hexe gilt: Die alte Volksheilkunde der Frauen ist als Teufelswerk verdächtig.

Durch die Gerüchte angelockt, kommen auch Leute zu Constantia, die ihr versprechen, ihr durch Zaubertränke die Liebe des Königs wieder zuzuwenden. Eine alte Frau, Marie Pfitzner, sagt wortreich in Dresden aus, die Cosel habe sie aufgefordert, »die Wiedervereinigung der beiden Personen zu bewirken und sie wiederum zur Liebe zu bringen«. Sie habe ihr eine eigenhändige Unterschrift des Königs gegeben und Haare von ihm und Stücke seiner Leibwäsche und zwei geweihte Wachskerzen und ihr auch ihren eigenen Namen auf einen Zettel geschrieben, damit die beiden Namenspersonen wieder vereint würden. Sie habe ihr auch noch drei andere Zettel gegeben mit den Namen der Personen, die ihre größten Feinde wären, und der Aufforderung, diese zu dämpfen, nämlich Löwendahl, Vitzthum und Comtesse Clärenhoff. Mit dem Namen Clärenhoff können die Vernehmungsbeamten nichts anfangen, und sie einigen sich mit dieser ergiebigen Zeugin darauf, daß die Dönhoff gemeint sei: Die Cosel, erklärt die Zeugin, habe ihr später noch einen Zettel mit dem richtigen Namen ihrer Feindin nachgereicht, Dönhoff. Ein anderer Zeuge gibt an, die Cosel bereite einen Zauber vor gegen Leib und Leben, Verstand und Gesundheit des Königs.

Constantia erfährt von den Ermittlungen und ist empört, daß man sie der unsinnigsten Dinge beschuldigt, daß sie eine »Hexe und Zauberin aller Sparten« sei, daß sie sich alle Tage ein paar Mal betrinke, daß alle, die zu ihr kämen, ihre Geliebten oder Kabbalisten seien, daß sie Gift für andere bereite, kurz, daß alle Laster ihr aufgebürdet würden. Sie kann sich gegen die Schädigung ihres Rufs und ihrer Ehre nicht wehren. Sie sei, schreibt sie traurig an Flemming, doch nur eine Frau, »die kein anderes Verbrechen begangen hat als das, keinen König mehr für sich zu haben, der sie anbetet«.

5.

Die Rosen blühen, und der Sommer kommt.

August fordert den Ehevertrag von Constantia zurück.

»Das Dokument werde ich keinesfalls herausgeben«, antwortet sie Flemming, »und ich bitte den König, nicht darauf zu bestehen. Denn es ist die Grundlage, auf der mein ganzer Anspruch beruht, da das Talent meiner Person und das meines Herzens nicht mehr zählen.«

Am 12. Juli 1714 reist August nach Polen. Constantia bekommt strikte Order, in Pillnitz zu bleiben, und er befiehlt dem Kommandanten von Dresden, die Gräfin Cosel, falls sie an die Tore käme, nicht in die Stadt einzulassen. Watzdorf soll mit ihr über den Verkauf ihrer Häuser an den König und die Übergabe ihres Palais verhandeln.

Am Tag der Abreise ängstigen schwere Gewitter von drei Uhr nachmittags bis zehn Uhr nachts die Dresdner Umgebung. Blitze schlagen an drei Orten ein, einhundertzwanzig Häuser, eine Kirche und eine Schule brennen ab. Die Bäume im Park von Pillnitz biegen sich unter den Windstößen. Im Schloß schlagen die Türen, und Regengüsse prasseln gegen die Fensterscheiben.

Einen Monat später wendet Constantia sich an Flemming um Hilfe. Man zahlt ihre Pension nicht pünktlich, liefert ihr das Deputat Holz nicht mehr, das August ihr schenkte, als sie noch Madame Hoym war, und verweigert ihr die Erlaubnis, Wegeholz zu kaufen. Sie entschuldigt sich bei Flemming für ihre Klagen, »aber es ist unmöglich, alle diese Ungerechtigkeiten zu ertragen, die mich treffen«. Die Minister beginnen im Namen des Königs alle vorstellbaren Gewalttaten gegen sie, und sie wolle sich nicht von Schikanen narren lassen: »Lieber Graf Flemming, erleichtern Sie mir mein grausames Schicksal.«

Flemming verspricht, ihr zu helfen, berichtet, er sei ihretwegen zum König gegangen, doch der bringe ihr noch die gleichen ablehnenden Gefühle entgegen wie bisher.

Constantia weigert sich weiter, den Ehevertrag auszuliefern, schreibt Flemming, sie wisse wohl, in welche Gefahr sie sich damit stürze, aber sie wolle lieber ihr Leben geben als den Vertrag. Drohungen würden sie nicht schrecken, doch wenn man sie zum Äußersten bringe, werde sie zur Schwätzerin werden und den Vertrag aller Welt bekanntmachen, »aber ich glaube, daß man mich lieber zum Schweigen bringen will als zum Sprechen«.

Sie schreibt August, er möge ihr erlauben, Sachsen zu verlassen, bittet Flemming, sie beim König zu unterstützen.

Er habe keine entschiedene Antwort vom König bekommen, teilt Flemming ihr mit, doch wolle dieser ihr gestatten, außer Landes zu gehen, auch solle ihr die Pension fortgezahlt werden, nur dürfe sie sich nicht in Dresden aufhalten, wenn der König dort sei. Aber nichts Handfestes kommt aus Warschau.

Die Schikanen häufen sich. Die Minister deuten an, Constantia habe sich unrechtmäßig bereichert, den König bestohlen. Sie ist außer sich.

Sie hat Angst, die Minister wollen ihr Vermögen an sich bringen, so wie das Vermögen Beichlings unter Hofleuten verschwand. Sie kann nicht glauben, daß August weiß, was man von ihr verlangt. Sie kann ihn nur über Flemming erreichen. Wenn der König selbst ihr das nehmen wolle, was sie durch seine Gnade erlangte, schreibt sie Flemming, werde sie es sich nehmen lassen, jedoch sagen, »daß die Liebe mich beschenkte und die Ungerechtigkeit alles wieder davontrug«.

Auch wenn Flemming Constantia wiederholt beteuert, er sei nicht über alles unterrichtet, geschieht doch nichts, was er nicht weiß. Was Beamte ihm nicht offiziell bringen, tragen seine Spione ihm heimlich zu. Er besitzt Kopien der Briefe des Königs an Watzdorf und Löwendahl, die mit Constantias Angelegenheiten beauftragt sind.

Constantia spürt seine Kälte: »Drei Zeilen von Ihrer Hand wären mir viel lieber gewesen, als das lange Schreiben Ihres Sekretärs.« Spöttisch, verletzt und verletzend dankt sie ihm für seine früheren heilsamen Lektionen, jetzt, wo sie sieht, wohin ihr Glück sie geführt hat. Dann wieder bittet sie ihn, ihr seine Freundschaft zu erhalten.

Sie rechnet mit der Erlaubnis, Pillnitz endlich verlassen zu dürfen, und packt ihre kostbarsten gold- und silberdurchwirkten Kleider in zwölf Koffer und läßt eine zehn Seiten lange Liste schreiben »Eingepackt am 28. Oktober 1714«.

Doch die Erlaubnis kommt nicht.

Eines Tages taucht Thienen wieder bei Constantia in Pillnitz auf. Sofort streuen ihre Gegner in Dresden das Gerücht aus, die Cosel erwidere seine Liebe und gewähre ihm ihre Gunst.

Der Oberst Joachim Rantzau, ein Vetter Constantias im Dienst des

Königs, sagt in einer Gesellschaft, Thienen schlafe am Tage, nachts gehe er zur Cosel. Als Thienen Rantzau auf der Straße trifft, zufällig vor Flemmings Haus, stellt er ihn zur Rede, und es kommt zu einer heftigen lauten Szene. Flemming läßt beide in ihren Quartieren unter Arrest stellen. Ärgerlich und warnend teilt er Constantia den Vorfall mit.

Aber noch etwas geschieht.

Constantia hat ihre Kammerjungfer Charlotte hinausgeworfen, nachdem sie erfuhr, daß ihr Bruder Christian Detlev, der ihr Charlotte empfohlen hatte, das Mädchen aus einem Bordell kennt. Nun, nach dem Zusammenstoß Thienens mit Rantzau, sagt Charlotte in Dresden, sie hätte sich in Pillnitz eine Geschlechtskrankheit zugezogen, das solle ihr die Cosel teuer bezahlen, erzählt, sie hätte die Cosel selbst mit Thienen überrascht und auch ein Page hätte die beiden auf dem Bett gesehen.

Christian Detlev hat das Regiment, das Constantia ihm verschaffte, verloren und meint, er könne seine Karriere noch retten, wenn er sich auf Rantzaus Seite schlägt und allen zeigt, daß er seine Schwester verurteilt. Er glaubt Charlotte und weist Constantia wegen ihrer Schamlosigkeit scharf zurecht.

Constantia erfährt von dem ganzen Gerede erst durch den Brief ihres Bruders. Sie kocht. Sie schreibt Christian Detlev, sie wolle nie wieder etwas von ihm hören. Eine Kopie seines Briefes schickt sie Thienen: »Mein unwürdiger Bruder, der nicht weiß, wie er sein Unglück wiedergutmachen soll, versucht es auf meine Kosten, als wäre ich ein sittenverdorbener Schmachtfetzen.« Sie verlangt, Thienen solle sie rächen.

Der aber hat schon Rantzau am Hals und bittet sie, ihrem Bruder zu verzeihen, denn alle Welt würde ihr eine Rache an ihm übelnehmen.

Flemming läßt sich die ganze Geschichte von Thienen erzählen und hebt den Arrest auf. Thienen fordert Rantzau zum Duell. Der König gestattet das Duell und erteilt beiden den Abschied, um nicht sein eigenes Duellverbot für Offiziere zu verletzen.

Der bevorstehende Kampf wird in Dresden viel besprochen. Die Damen des Hofes teilen sich in Pro- und Kontra-Parteien und bieten sich als Sekundanten an. Löwendahl verbreitet, die Cosel habe bei Thienens Abreise zum Treffpunkt mit Rantzau bis ein Uhr nachts an der Pillnitzer Fähre auf ihn gewartet und ihm selbst die Pistolen geladen und ihn gemahnt, sie zur rechten Zeit abzudrücken.

Thienen und Rantzau treffen sich Mitte November 1714 bei Altenberg im Erzgebirge. Thienen erschießt Rantzau und flieht.

August nimmt die Mitteilungen über Constantias angebliches Verhältnis mit Thienen und das Duell mit größter Gelassenheit entgegen, das ginge nur sie selbst etwas an, er wünsche ihr Glück, sofern das, was sie tue, anderen nicht schade.

Constantia ist wieder allein in Pillnitz. Um sich die bösen Gedanken zu vertreiben, vertieft sie ihre Kenntnisse im Schachspiel. Sie bittet den Hofjuden Joseph Löbel Pörlhäffter, der als ausgezeichneter Schachspieler bekannt ist, aus Töplitz zu ihr zu kommen und sie zu unterrichten.

Eines Tages bringt ein Kurier aus Dresden frische Orangenblüten. Böttger, der Aurifex, der nun Porzellanmacher ist, schickt sie der verlassenen und verbannten Gräfin. Die Blüten sind der ferne Gruß eines Mannes, der die Gefangenschaft kennt. Böttger ist nun frei. Nach dreizehn Jahren hat der König ihn aus der Haft entlassen und geadelt. Sein Leben ist vorübergegangen, weil ein König nach Gold verlangte. Er ist Direktor der Porzellanmanufaktur auf der Albrechtsburg in Meißen.

Böttger hält Kopf und Schultern gebeugt, geht wie ein Mann, der eine schwere Last trägt, und trinkt stark. Er lebt mit zahlreicher Dienerschaft in Dresden, hält sich Hunde und einen herrlichen Garten. Constantia hat ihn in seiner Gefangenschaft besucht und getröstet, nun wird die schöne Gräfin selbst bespitzelt und überwacht. Er schickt ihr täglich weiße Orangenblüten.

6.

Auch der zweite Winter in Pillnitz ist einsam und lang. Monatelang hört Constantia nichts von Watzdorf. An den grauen Nachmittagen kreisen Tausende von Krähen über dem Gut, bis sie am Abend kreischend in ihre Schlafbäume auf der Elbinsel einfallen.

Im April endlich kommt Watzdorf. Constantia dringt in ihn, er möge ihr doch sagen, was denn ihr Verbrechen sei, daß sie so leben müsse. Er gibt ihr keine Antwort.

Der König wolle ihre Häuser zurückkaufen und ihr im Lauf der nächsten Jahre 30 000 Taler dafür bezahlen, sagt er. Constantia traut Watzdorf nicht und verlangt einen ordentlichen Kaufvertrag.

Sie ist in großer Sorge um ihr Geldgeschäft, das sie schon so lange nicht selbst in Leipzig leiten kann. Insgesamt hat sie 389 241 Taler verliehen, die größten Summen an Lehmann, 116 000, und an Weißweiler, 41 954. Seit sie in Ungnade gefallen ist, zahlen Kavaliere und Damen die Zinsen nur säumig. Sie müßte fortkönnen von Pillnitz.

Im Juni 1715, am Himmelfahrtstag, hält sie die Einsamkeit und das

Eingesperrtsein nicht länger aus. Sie setzt sich in ihre Kutsche und fährt über Plauen an den Vorstädten Dresdens vorbei zu ihrem Garten, geht spazieren, fährt zurück. Der Kommandant von Dresden regt sich sehr auf, als er von diesem Ausflug erfährt.

Constantia wird mürbe. Sie ist jetzt mit allem einverstanden, was August fordert, ist bereit, ihm auszuliefern, was er wünscht, wenn sie nur wieder nach Dresden darf. Sie will ihm den Ehevertrag geben, ihre Häuser, das Palais am Taschenberg räumen. Nur die Möbel im Palais und damit auch die in der Hamburger Bank behält sie sich vor.

Watzdorf muß wegen der Zahlungsmodalitäten beim König in Polen zurückfragen. Er vereinbart mit ihr, daß sie schon vor Abschluß der Verträge nach Dresden zurückdarf, wenn sie unterschreibt, sich nie dort aufzuhalten, wo der König ist, in Briefen, Reden und Handlungen nichts zu sagen und zu unternehmen, was ihm mißfallen könnte, und sich seinem gerechten Unwillen zu unterwerfen, wenn sie eines dieser Versprechen verletzt.

Nach einigen Wochen kommt die Zustimmung des Königs. Constantia unterschreibt die Bedingungen, »so wahr mir Gott helfe bis zum Ende meiner Tage. Pillnitz, 6. Juli 1715«. Sie fügt der Erklärung einen Brief an August bei, in dem sie ihm verspricht, daß er nie Grund zur Klage über sie haben werde. Doch sie fürchte Intrigen gegen sie und bitte ihn, ihr und den Kindern den Besitz zu lassen.

Sie liefert Watzdorf die Schlüssel für das Palais ab und übergibt ihm schweren Herzens einen Ring, einen großen gelben Diamanten, ein Geschenk Augusts, das er nun zurückverlangt. Sie hat diesen Ring täglich getragen als Erinnerung und Beweis, daß das, was in vergangenen Zeiten der Liebe geschah, auch wirklich war.

Endlich darf sie nach Dresden.

»Ich werde die erste Gelegenheit ergreifen«, schreibt sie Watzdorf, »um dem König meinen Gehorsam zu beweisen, was mir entsetzlich schwerfällt, und ich bitte Sie zu bedenken, was mein Herz mir sagen kann nach all den Gnaden, die ich vom König erhalten habe, und nachdem er mir den Himmel geben wollte, damit es mir gutgehe. Bestellen Sie dem König meine Grüße, wenn die Zeit kommt, daß er sie empfangen will.«

Sie sucht ein Haus in Dresden. Für eines, das auf die Schloßgasse geht, verlangt der Verkäufer 17 000 Taler, das ist ihr zuviel. Ein anderes, das dem verstorbenen Höfling Gersdorf gehörte, ist »ein Schweinestall, der nur für Ratten taugt«. Es ist schwer, etwas in Dresden zu finden, gleich ob zum Kauf oder zur Miete. Ein Haus, das sie für fünfhundert Taler Miete jährlich bekommen könnte, hat nur mittags ein wenig Sonne und ist so finster, daß sie nicht einziehen mag.

Aber schließlich findet sie eine Wohnung und beginnt, sich dort einzurichten.

Das Gerücht läuft durch Dresden, die Cosel wolle nach Frankreich gehen, und als Constantia es hört, ist sie beunruhigt. Sie befürchtet neue Schikanen. In Dresden erwartet man den König, was ihre Sorge verdoppelt: Sie muß nach Pillnitz zurück, wenn er kommt, und ihre Wohnung ist nicht fertig, in allen Räumen herrscht noch ein großes Durcheinander, sie hat ihren kleinen Sohn gerade erst nach Dresden geholt. »Aber wenn der König kommt, werde ich ihn zu ihm tragen lassen«, schreibt sie am 3. August 1715 Thienen, der sich jetzt in Stettin aufhält, »um ihn vorzuzeigen und damit ihm wenigstens eine Idee davon bleibt, daß er einmal einen Vater gehabt hat.«

Die Zensur hält den Brief auf, und Löwendahl erfährt ihre Absicht.

Hoym reicht am 7. September sein Abschiedsgesuch ein, da er unter den in Dresden herrschenden Verhältnissen sein Amt nicht länger bekleiden könne. Flemming hat geschickt verstanden, seine Angst vor dem Königstein zu schüren, und tauschte seine sächsischen Güter gegen schlesische ein. Hoym geht nach Schlesien, lebt von nun an teils auf seinen Gütern, teils in Wien.

Flemming hat sich ein prächtiges Haus in Dresden gebaut. Vor seiner Tür halten zwei Grenadiere Wache. Jetzt ist er, nicht Constantia, der einzige Günstling am Hof, der eine doppelte Wache hat.

Die abschließenden Verhandlungen mit Watzdorf geraten ins Stokken. Er hat immer neue Einwände, stößt bisherige Vereinbarungen um. Constantia verliert die Angst vor Betrug nicht.

Dann kommt August. Constantia muß fort. Sie muß ihren Sohn mitnehmen, der König soll ihn nicht sehen.

Wieder lebt sie einsam in Pillnitz.

»Der König wird nach Polen gehen«, berichtet sie ihrer Mutter im November, »wenn seine ganze Suite mitgeht, werde ich wohl bald nach Dresden kommen, wo aber das Weibervolk bleibt, muß ich hier bleiben, denn sie sich vor mich fürchten als vor dem Teufel und kommt all mein Leiden umb ihrenthalben, weil sie alles wollen von mir besitzen und sich beständig sorgen, daß ich ihnen die Schuhe austrate. Der König würde nicht solche unbillige Dinge vorgenommen haben, wenn sie und ihre Rathgebers ihn nicht dazu verleiteten. Man hat mich versprochen, meine Häuser zu bezahlen, jetzunder aber gedenkt Niemand daran. Indessen logirt die Dönnhoffen mit ihrer ganzen Ligue in das meinige und durff mich nicht einmahl darüber beschweren. Aber Gott wird doch Richter sein und mir zu meinem Recht helfen, wenn es ihm wird gefällig seyn. Haben wir die guten Tage von dem Herrn können annehmen, warumb sollen uns auch die bösen Tage nicht anstehn, es kommt doch alles an sein Ende und Glück und Unglück kann nicht allzeit dauern. Ich habe immer guten Muth und verlasse mich auf Gott und meine Gerechte Sache.«

Auch diesen Brief nimmt Löwendahl zu seinen Akten.

Nun, da August in Dresden ist, kommen die Verhandlungen voran. Er verspricht, Constantia die Kaufsumme für die Häuser zur Michaelismesse 1719 zu bezahlen, bis dahin soll sie »6% Interessen« bekommen. Beamte reisen nach Pillnitz wegen der endgültigen Übergabe der Häuser.

Im Dezember kommt Watzdorf nach Pillnitz und zeigt Constantia ein Dekret des Königs vom 1. Dezember 1715, in dem er ihr gestattet, sich überall dort ungehindert aufzuhalten, wo er selbst nicht ist. Ihre Pension soll ihr fortgezahlt werden, solange sie sich nicht verheirate und in Sachsen bleibe. Den Garten in Dresden übernimmt der König wieder. Für Pillnitz, die Häuser in Dresden und ihren Weinberg in Lößnitz sichert er ihr die Summe von 200 000 Talern zu, zahlbar in zehn Jahren mit jährlichen Raten von 20 000 Talern, allerdings nur, wenn sie ihrem Sohn für den Fall ihres Todes 200 000 Taler vermacht.

Constantia ist mit allem einverstanden und trägt Watzdorf ihre abschließenden Wünsche vor: Sie will ihren Rang behalten, und man soll sie in Zukunft nicht verurteilen, ohne sie selbst zu den Vorwürfen, die jemand gegen sie erhebt, zu hören. Dafür, daß sie sich entfernt, wenn der König kommt, möchte sie den gelben Ring wiederhaben. Außerdem möchte sie, daß ihre Angelegenheit in Wien beendet, sie also Fürstin wird.

Constantia ist eine geübte, zähe Verhandlungspartnerin, die ihren Vorteil zu wahren und zu vergrößern weiß. Aber die Verhandlungen sind nun beendet. Sie wird den Freibrief des Königs – sich überall aufzuhalten, wo sie mag – erhalten, sobald sie den Ehevertrag ausliefert. Constantia verspricht, den Vertrag so schnell wie möglich herbeizuschaffen.

August verläßt Dresden, und Constantia bereitet ihren Umzug in die Stadt vor. Noch ehe sie reist, bekommt sie eine Order, die die Vereinbarung vom Sommer, sie dürfe in Dresden leben, wenn der König nicht da sei, aufhebt: Sie soll in Pillnitz bleiben, bis sie den Vertrag ausliefert.

Constantia hat den Vertrag nicht. Er liegt in Drage im Familienarchiv der Rantzaus. Ihr Vetter Christian Detlev Rantzau ist am 9. Mai 1715 in Berlin auf die Anklage des Jägers einer Frau von Schlieffen verhaftet worden, Rantzau habe ihm für ein homosexuelles Verhältnis 1000 Taler versprochen. Der Vetter sitzt in der Festung Spandau. Sie hat ihm mehrfach geschrieben, aber keine Antwort erhalten.

Constantia spricht mit Watzdorf, erklärt ihm, daß Rantzau auf ihre Briefe nicht antwortet und daß sie selbst in Berlin mit ihm reden müsse, um Order für seine Bediensteten in Drage zu bekommen, ihr das Dokument auszuliefern. Watzdorf weiß selbst, daß solche undurchsichtigen Affären wie die des Grafen Rantzau sich über Jahre hinziehen können. Er rät Constantia, nach Berlin zu fahren, wenn sie sicher ist, daß sie das Dokument bekommt, und wenn sie schnellstens zurückkehrt. Gestatten kann er ihr die Reise nicht, aber er kann schweigen.

Eilig bereitet Constantia die Reise vor. Sie muß Pillnitz sowieso bald räumen und bringt die wertvollsten Kostbarkeiten schnell in Sicherheit. Wenn sie fort ist, soll niemand ihr Eigentum beschlagnahmen und sie ausplündern können wie Beichling. Sie übergibt dem Hofjuden Jonas Meyer die zwölf Koffer, die sie im vorigen Oktober gepackt hat, und zwei hölzerne Kisten mit ihrem goldenen Service für zwölf Personen. In den Kisten sind auch die Polster und Fenster ihrer vergoldeten Staatskutsche: In ihrer Kutsche soll die Dönhoff nicht durch Dresden fahren. Auch ihren großen Schmuck gibt sie Jonas Meyer, die berühmten Diamanten und die Perlen, einhunderteinundzwanzig Teile insgesamt. Außerdem schickt sie Joseph Löbel Pörlhäffter nach Töplitz zwei Wagen mit fünfzehn Kisten Silberzeug und anderen Wertsachen.

Der Verwalter Christian Kluge bekommt eine eigenhändige Instruktion von Constantia: ». . . nachmahlen hat er sich der Wirthschaft bestens an zu nehmen, auch meine Weine und Scheuhren täglich zu beobachten, das darinne keine Schaden geschehe, alle Woche zum wenigstens eine Relation [Bericht] zu thun was passiret und die Briefe nur allezeit an Jonas Meyer zu adressiren in ein Couvert . . . die Nacht Wächter zu bestellen, auch alle Tage in meine Zimmer zu gehn umb zu observiren, ob auch etwas untruhes passiret. So Gott behüte den kleinen Graf ein Anstos zukehme, sogleich den kleinen Wagen hineinzuschicken und Docktor Maider hohlen zu lassen.«

Constantia läßt ihren dreijährigen Sohn in der Obhut seines Kindermädchens La Colla in Pillnitz, sie will ja nur kurz fortbleiben. Sie bittet La Collas Vater, einen zuverlässigen, ihr ergebenen Mann, in ihrer Abwesenheit nach dem Rechten zu sehen.

Sollte jemand aus Dresden kommen und nach ihr fragen, soll Christian Kluge nur sagen, daß sie bald wiederkäme. Wenn aber im Namen des Königs nach ihren Sachen gefragt werde, so soll er antworten, sie seien nach Töplitz gebracht worden, und seines Wissens weiter nach Prag. Aber der Verwalter soll Neugierigen möglichst aus dem Weg gehen, damit unnötige Fragen sich erübrigen.

Am 12. Dezember 1715 reist sie in Begleitung ihres Kammermädchens Katharina und ihres Kammerdieners Christian ab. Zwei Tage später ist sie in Berlin. Sie unterrichtet sofort Watzdorf und versichert ihm noch einmal:»meine Reise ist nur aus bester Absicht geschehen.«

7.

In Dresden erfährt Oberhofmarschall von Löwendahl durch seine Spione in Pillnitz von der Abreise der Gräfin. Er faßt sie als Flucht auf. Bestürzt eilt er am frühen Morgen des 13. Dezember zu Fürstenberg, dem Statthalter.

Fürstenberg schickt sofort einen Kurier nach Leipzig und befiehlt dem Gouverneur der Stadt, er solle die Gräfin Cosel, wenn sie dort eintreffe,»zu amüsieren suchen, bis Befehle eingingen, und Disposition treffen, daß sie sich nicht entfernen könne«. Einen zweiten Kurier schickt er expreß mit der Meldung, sie habe Pillnitz verlassen, dem König nach, der unterwegs nach Warschau und Danzig ist.

Der Gouverneur von Leipzig antwortet am 16. Dezember, er habe von der Gräfin nichts gehört, sie werde wohl einen anderen Weg genommen haben.

Der Eilkurier erreicht den König noch in Guben, wo er am 19. Dezember eingetroffen ist. August ist zornig. Constantia hat gegen sein Verbot nicht nur Pillnitz, sondern Sachsen verlassen.

Doch Watzdorf, der seinen König bis an die Landesgrenze begleitet, läßt Constantia nicht im Stich. Er versichert dem König, sie habe ihm geschworen, sie könne das Dokument nicht erhalten, wenn sie nicht selbst mit Rantzau spreche, und er habe ihr gesagt, wenn sie sicher sei, das Papier zu bekommen, und schnell wieder zurückkehre, würde er ihr zu dieser Reise raten.

August beruhigt sich und ist mit seinem Minister zufrieden.

Constantia bemüht sich in Berlin um die Erlaubnis, zu ihrem Vetter in die Festung Spandau eingelassen zu werden.

Sie traut Watzdorf nicht, vor dem Haxthausen sie so eindringlich warnte, kann nicht glauben, daß die Order, sie dürfe Pillnitz nicht verlassen, ehe sie nicht den Vertrag beschaffe, gekommen wäre, wenn August wüßte, daß sie längst auf alle seine Wünsche eingegangen ist. Seit Jahren ist sie von August abgeschnitten, verhandelt nur mit seinen Ministern. Vielleicht kann sie ihn über Lagnasco erreichen.

Sie unterrichtet Lagnasco von ihrer Ankunft in Berlin und bedankt sich, daß er ihr die ganze Zeit über seine Freundschaft erhalten hat. Sie habe viel Unglück gehabt, denn nachdem sie die Wünsche des Königs erfüllte, so sehr sie konnte, kam Order, sie dürfe weder nach Dresden zurück noch anderswohin, ehe sie nicht ein Papier beschaffe, das sie nicht beschaffen kann, ohne selbst nach Berlin zu gehen. Sie ist in dem festen Glauben, daß man ihr ihren Besitz mit Gewalt nimmt: »man gibt mir weder Mitleid noch Gerechtigkeit, ich bin ganz meinen Feinden ausgeliefert«, und deshalb für einige Zeit nach Berlin gegangen, um auswärts Hilfe zu suchen. Sie möchte die Weiterzahlung ihrer Pension, ihre völlige Freiheit, und daß man ihr das bißchen läßt, was sie »aus den Händen der Harpien« gerettet hat. Sie will nur noch in Ruhe leben können und bittet Lagnasco, beim König für sie zu sprechen. Den Brief unterzeichnet sie mit »Carina«.

Ein Tag nach dem anderen vergeht, ohne daß Constantia nach Sachsen zurückkehrt. August glaubt nun, daß sie ihr Gespräch mit Rantzau nur vorgeschoben hat und in Wirklichkeit geflohen ist. Watzdorf soll dafür sorgen, daß sie schnellstens mit dem Papier zurückkommt, sonst werde er andere Maßnahmen gegen sie ergreifen.

Watzdorf schreibt Constantia, sie solle umgehend kommen, mit den Kaufverträgen für ihre Häuser sei jetzt im übrigen auch alles geregelt. »P.S. Ich habe mich dafür verwendet, daß Sie in Berlin Erlaubnis bekommen, Rantzau zu sehen.«

Constantia kann endlich ihren Vetter in Spandau besuchen. Er ist froh, sie zu sehen, glaubt, sie könne ihn aus der Festungshaft befreien. Der preußische König verlangt von ihm 15 000 Taler für die Freilassung. Rantzau bittet Constantia, diese Summe für ihn zu bezahlen. Er erpreßt sie: Nur gegen das Geld will er das Päckchen, das in Drage liegt, herausgeben.

Die Unterredung entwickelt sich unerfreulich, wird heftig und laut. Immer hat Constantia ihm in der Vergangenheit geholfen, hat für seine Grafschaft gekämpft, war ihm gefällig über die Vernunft hinaus. Nun, wo es um ihre Freiheit geht, erpreßt er sie. Aber auch für Rantzau geht es um die Freiheit.

Constantia ist erbittert. Sie hat keine Möglichkeit, schnell an so viel Geld heranzukommen. Was sie besitzt, ist in Sachsen und fest angelegt. Auch Rantzau ist erbittert. Er sieht viele Jahre Gefangenschaft vor sich. Seine schöne reiche Cousine ist seine einzige Hoffnung.

In den folgenden Wochen kämpft Constantia für Rantzaus Freiheit. Einerseits versucht sie, das Geld herbeizuschaffen, andererseits, mit ihm über das Päckchen zu verhandeln, das ihr doch ihre Freiheit und damit ihre Kreditwürdigkeit zurückgibt.

Sie hat eine Wohnung im Haus des Stallmeisters Franz gemietet und einen Koch eingestellt und lebt inkognito unter dem Namen Madame la Capitaine. Aus Pillnitz hat sie einen kleinen Reisehaushalt mitgebracht und etwas »Silberwerk«, Leuchter, Vasen, Kaffeekanne, Teekessel, Zuckerdose, Senfkrüglein mit Löffel, auch Tintenfaß und Streusandbüchse, was eine Dame von Stand so braucht. Ihre Haushaltsführung ist einfach und sparsam, sie hat nicht viel bares Geld bei sich, und es wird knapp, als ihr Aufenthalt sich hinzieht, weil weder Rantzau nachgibt, noch sie die 15 000 Taler zusammenbringt. Die Zeit vergeht quälend langsam und doch so schnell. Sie mietet ein Klavizimbel und lernt einen Oberst Wangersheim kennen, der Laute spielt und mit ihr musiziert. Schließlich tritt sie aus ihrer Verborgenheit hervor und beginnt, sich mit Personen des preußischen Hofes, die sie von früher kennt, in Verbindung zu setzen, um herauszufinden, wie sie ihre Sache vorantreiben kann.

Der Verwalter Kluge benachrichtigt sie, daß die fünfzehn Kisten, die er mit Pferd und Wagen nach Töplitz bringen sollte, an der Grenze von böhmischen Zollbeamten festgehalten werden. Constantia wendet sich an den ihr befreundeten Grafen Clary in Töplitz. Doch sie muß selbst nach Böhmen reisen, um mit der Mautbehörde zu verhandeln.

In Töplitz bekommt sie Fieber, liegt einige Tage im Bett und kann Watzdorf erst am 15. März 1716 mitteilen, wo sie ist. Beim Zoll erreicht sie nur, daß die Kisten gegen 3000 Taler freigegeben werden. Einige Kisten bleiben in Töplitz, die meisten werden über Schlesien nach Berlin gebracht. Constantia fährt eilig nach Berlin zurück. Nun hat sie kein Geld mehr. Sie versetzt ihre Juwelen.

Watzdorf schreibt, wenn sie nicht sofort gehorche und zurückkomme, könne er ihr nicht länger beistehen.

Anna Margarethe Brockdorff hat vor vier Monaten den letzten Brief von Constantia erhalten und seitdem auch kein Geld mehr für die Enkelinnen. Nun, Ende März, hört sie die Gerüchte über Constantias Flucht nach Berlin. Sie wendet sich an Löwendahl, sie sei entsetzt über ihre Tochter und wüßte nicht, was in sie gefahren sei. Sie bittet ihn, sich der Comtessen anzunehmen, damit sie wie »königliche Kinder« gehalten werden können, fragt besorgt, wie es ihrem Enkelsohn gehe. Sie schmeichelt Löwendahl, setzt sich von Constantia ab, schreibt, die Tochter habe durch ihr Verhalten Schuld daran, daß der Sohn sein Regiment verlor.

Anna Margarethe, die reiche Marselis-Tochter, ist verarmt und muß nun, da Constantia in Ungnade gefallen ist, allein für die Kinder sorgen. Wer in Ungnade fällt, den kennen selbst die eigenen Eltern nicht mehr. Zuviel hängt von den Begünstigungen und Gnadenerweisen der Könige ab. Das höfische Leben mit seiner Subordination und Selbstzensur erschüttert alle Beziehungen zu anderen Menschen außer denen zum Fürsten.

Aber Anna Margarethe ist auch verwirrt. Joachim ist krank, und sie fühlt sich alt. Sie ist schlecht unterrichtet in Depenau, jetzt beschuldigt sie ihre Tochter, später wird sie ihren Sohn beschuldigen, er habe zum Unglück der Tochter beigetragen. Sie schwankt, ob sie ihrem Streben nach Vorteil für die Enkelinnen oder ihrer Treue zu ihren Kindern nachgeben soll. Anna Margarethe ist sich über ihre Liebe zu den Kindern selbst nicht klar, fühlt sich bald von ihrer Tochter verraten, bald von ihrem Sohn ausgenutzt und verlassen. Noch ist Constantias Geschick in der Schwebe. Später, als alles entschieden ist, schreibt sie nur noch warm und herzlich an ihre Tochter.

Constantia kommt in Berlin nicht voran. Sie bittet Watzdorf Ende April, er möge sich persönlich von der Lage überzeugen. Flemming versichert ihr, sie habe nichts vom König zu befürchten, wenn sie nach Sachsen zurückkehre. Sie dankt ihm für diese Versicherung, sie wäre längst wieder in Sachsen, wenn sie nur erfüllen könnte, was man von ihr verlangt: »Die Freuden, die ich hier habe, sind nicht so erheiternd, um mich zurückzuhalten und mich dazu zu bringen, meine Familie und meine Geschäfte zu verlassen.«

Überraschend erhält sie am 29. April 1716 den Besuch von Thienen, der gerade in Berlin eingetroffen ist. Sie erzählt ihm, daß sie den Kaufvertrag für ihre Häuser noch nicht bekommen hat, daß man ihre Möbel nicht herausgibt, kurz, daß man keine der Vereinbarungen mit ihr hält und sie nun ein gewisses Papier herbeischaffen müsse, um wenigstens ihre Pension und ihre Freiheit zu retten.

Wie schon so oft in ihrem Leben vertraut sie auch diesmal einem falschen Freund. Sie ahnt nicht, daß Thienen nun ein Spion Flemmings ist. Nach dem Duell ist es ihm nicht gelungen, an irgendeinem Hof eine Anstellung zu finden. Flemming hat zugesagt, ihm zu helfen. Der König selbst hat ihm 1000 Taler versprochen, wenn er die Cosel aus Berlin zurückhole.

Gleich am Tag nach seiner Ankunft in Berlin berichtet Thienen Watzdorf. Er ist so eifrig auf Gnade bedacht, daß er schreibt, was der König von ihm hören will: Er glaube nicht, daß Rantzau das fragliche Papier überhaupt habe, sie habe es wohl selbst und wolle es nicht herausgeben.

Diese Meinung des Königs teilt er auch Constantia mit. Constantia versichert erregt sogleich Watzdorf, sie habe das Papier bestimmt nicht und wolle den König nicht täuschen: »Ich bitte Sie zu glauben, daß ich weder gegen meine Ehre noch gegen meine Geburt handeln will und daß, wenn ich sie hätte, ich sie nach den Versprechen, die ich gab, nicht einen Augenblick behalten würde.« Der Hinweis auf Ehre und Geburt, die zentralen Begriffe ihres Lebens, nach denen sie handelt, muß Watzdorf doch überzeugen. Wenn der König 15 000 Taler bei einem Bankier hinterlege, schreibt sie ihm, könne sie Rantzaus Freiheit und ihr Papier erlangen.

Watzdorf und Thienen wissen nicht, worum es sich bei dem Vertrag überhaupt handelt, und so heißt es in den Gesprächen und Korrespondenzen mal das Papier, mal die Papiere oder auch das Dokument.

Dann kommt Watzdorf selbst nach Berlin. Die Unterhaltung ist frostig. Der König will nicht, daß sie länger in Berlin bleibt, sagt er. Sie will nicht in Pillnitz wie eine Gefangene leben, sagt sie. Sie wird zurückkehren, wenn der König ihr eigenhändig zusichert, daß er sich mit dem Austausch Papier gegen Freibrief gedulde, bis Rantzau frei sei. Sie will so leben, »wie alle Leute von Ehre es für ihre Person und ihre Freiheit erwarten können«.

Einige Tage später besucht Manteuffel sie, der jetzt sächsischer Botschafter in Berlin ist: Je länger sie bleibe, um so ärgerlicher werde der König, denn sie blamiere ihn vor aller Welt.

Constantia versucht fieberhaft, Geld aufzutreiben. Sie ist so dicht am Ziel, wenn sie jetzt aufgibt, wird sie jahrelang wieder in Pillnitz oder anderswo in Sachsen gefangen sein, ohne etwas anderes tun zu können, als geduldig auf Rantzaus Freilassung und ihr Papier zu warten.

Sie macht sich Sorgen um ihren Sohn. Sie hat einen Brief von La Colla bekommen, dem Vater des Kindermädchens, »an Unsere Excellenz«, er sei in Pillnitz gewesen. Der kleine Graf sei bei guter Gesundheit, schreibt er, es fehle ihm nichts. Aber dem besorgten Vater gefällt es nicht, daß seine Tochter allein inmitten der Lakaien lebt, er will, daß sie den Dienst quittiert.

Am 30. Juni 1716 endlich kann Constantia Watzdorf mitteilen, mit Rantzaus Sache stehe es gut, er sei bald frei. Sie hat erreicht, daß 8000 Taler in Hamburg zu ihrer Verfügung bereitstehen. Wegen weiterer Hilfe hat sie an König Frederik von Dänemark geschrieben. Sobald alles geregelt ist, kommt sie nach Dresden.

August beurteilt die Lage anders. Er meint, die Affäre Rantzau werde noch lange nicht zu Ende sein. Er will, daß Constantia aus Berlin und die beiden Töchter aus Depenau wieder nach Sachsen kommen. Sie soll sich um die Erziehung der Töchter und des kleinen Grafen kümmern, damit er nicht von Dienstboten vernachlässigt lebt. Dafür erhält sie schließlich die Pension von ihm, und wenn sie das nicht tut, will er den Kindern Gouverneure und Gouvernanten, Hofmeister und Domestiken geben und die Kosten von ihrer Pension abziehen. August ist überzeugt davon, daß Constantia den Kindern eine sehr gute Erziehung geben kann. Wenn sie sich seine Gnade erhalten will, soll sie nun endlich kommen.

Constantia sieht keinen Ausweg. August und die Minister Watzdorf und Flemming halten sie für eine Lügnerin und verachten sie. Sie muß ihren Ruf und ihre Ehre verteidigen. Das aber kann sie nur, wenn sie in Berlin bleibt, bis sie den Vertrag von Rantzau hat. Nur mit der Auslieferung des Vertrages kann sie beweisen, daß sie nicht gelogen, daß sie weder gegen ihre Ehre noch gegen ihre Geburt gehandelt hat, und die gute Meinung anderer zurückgewinnen.

Mitte Juli ist Watzdorf wieder in Berlin. Sie hat kein Geld mehr, bittet um Geld aus Sachsen. Watzdorf sagt, das bekommt sie, aber erst, wenn sie zurückkehrt und das Papier ausliefert.

Constantia bleibt in Berlin.

1.

Constantia weigert sich in einem politisch denkbar ungünstigen Moment, Berlin zu verlassen. Im ersten Halbjahr 1716 hat sich die Lage in Polen für August gefährlich entwickelt. Die sächsischen Minister befürchten, Constantia könne am preußischen Hof Staatsgeheimnisse verraten: den geheimen Übertritt des Kurprinzen zur katholischen Kirche, Augusts Absicht, das Wahlkönigreich Polen erblich an das Haus Wettin zu bringen, und das österreichische Heiratsprojekt, das Sachsen einen Teil Schlesiens einbringen soll, an dem Preußen selbst interessiert sein muß. August aber braucht die Hilfe des preußischen Königs mehr denn je.

Der Spanische Erbfolgekrieg ist zu Ende. England hat seine Theorie vom Gleichgewicht der Mächte durchgesetzt. Nun gibt es weder eine Habsburger Universalmonarchie in Europa noch eine Vorherrschaft Frankreichs. Das spanische Erbe ist aufgeteilt:

Der bourbonische König Philipp V., der Enkel Ludwigs XIV., erhält Spanien mit den amerikanischen Kolonien, doch darf Spanien nie mit Frankreich vereint werden.

Kaiser Karl VI., der bisherige Habsburger Thronanwärter, bekommt die spanischen Besitzungen in Italien — Mailand, Neapel, Sardinien — und die spanischen Niederlande.

England bekommt Gibraltar, das seine Handelsherrschaft im Mittelmeer sichert, Teile Kanadas, günstige Handelsbedingungen in Spanien, Mittel- und Südamerika und von Frankreich das Monopol des Sklavenhandels in den spanischen Kolonien.

Preußen und Hannover haben ihre Truppen aus Flandern zurückgeholt und wenden sich der nordischen Politik zu. Friedrich Wilhelm I., preußischer König seit 1713, schließt im Juni 1714 ein Bündnis mit Zar Peter: Wenn der Zar ihm Teile des schwedischen Vorpommerns — die Odermündungen mit ihren Hafenstädten — garantiert, garantiert er ihm die schwedischen Gebiete Ingermanland, Karelien und Estland. Der Kurfürst von Hannover ist nun König Georg I. von England geworden. Er schließt sich der russisch-preußischen Allianz an und fordert die schwedischen Herzogtümer Bremen und Verden für sich.

Zwei Wochen nach dem letzten Friedensschluß des Spanischen Erbfolgekrieges bricht Karl von Schweden in Bender auf. In der Nacht vom 10. auf den 11. November 1714 trifft er in Stralsund ein, das König August im vierten Jahr belagert. Er ist jetzt bereit, August als

König von Polen anzuerkennen, wenn er mit ihm einen Bund gegen Rußland schließt. Aber August kann nicht einmal auf Verhandlungen eingehen: Zar Peter würde sich sofort mit dem polnischen Adel gegen ihn verbünden.

Nach militärischen Anfangserfolgen sieht es bald schlecht aus für Karl. Seine Offiziere bedrängen ihn, wenigstens sich selbst nach Schweden in Sicherheit zu bringen. Lange weigert der König sich, dann gibt er nach. In einer dunklen Dezembernacht rudern ihn Soldaten in einem kleinen Boot zu einem schwedischen Schiff, das vor der Küste Rügens wartet. Am 13. Dezember 1715 betritt Karl morgens um sechs Uhr nach fünfzehnjähriger Abwesenheit schwedischen Boden. Zehn Tage später kapituliert Stralsund im fünften Jahr der Belagerung.

August kann sich nicht lange an dem Erfolg freuen. In Polen herrscht Bürgerkrieg. Selbst seine eifrigsten polnischen Anhänger sind nicht bereit, seinen Plänen, aus Polen eine absolute Monarchie zu machen und es mit Sachsen zu vereinen, zuzustimmen. Die Pläne sind geheim, aber einiges ist doch durchgesickert.

Seit Herbst 1715 kämpfen in ganz Polen Adel, Bürger und Bauern gegen die Sachsen. August muß Krakau und Kleinpolen räumen. Ein Teil des Adels wendet sich an Zar Peter um Hilfe gegen die absoluten Ansprüche des Königs. August selbst will einerseits den bedrückenden Einfluß des Zaren loswerden, muß andererseits aber versuchen, seine Hilfe gegen die aufständischen Polen zu gewinnen. Peter wünscht ein ruhiges Polen unter König August, der jedoch nicht zu mächtig sein soll.

Die Kämpfe zwischen Polen und Sachsen werden Anfang 1716 heftiger. Der König hat kein Geld. Er kann nicht einmal seine Garde in Warschau bezahlen. Er ist nahe davor, die polnische Krone wieder zu verlieren. Die Aufständischen drohen, in Sachsen einzufallen.

Gerade jetzt sieht es so aus, als rücke die österreichische Heirat in greifbare Nähe und mit ihr ein Bündnis mit dem Kaiser, das den Einfluß Rußlands zurückdrängen und so auch Preußen schwächen würde. Die Kaiserin hat am 13. April 1716 einen Sohn geboren, und der Kaiser, der nun einen Thronfolger und Erben hat, läßt durchblikken, daß er sich mit dem Gedanken trage, die eine Tochter seines Bruders und Vorgängers mit dem bayerischen, die andere mit dem sächsischen Kurprinzen zu verheiraten.

Die Verhandlungen beginnen. Der Kaiser soll das Eheversprechen durch Ausliefern eines Teils von Schlesien an Sachsen garantieren. Wenn das Heiratsprojekt vorzeitig bekannt wird, könnte Preußen die protestantischen Reichsländer gegen August beeinflussen, und dabei sind doch Preußen und Hannover gerade erst offiziell in den Krieg gegen Karl XII. eingetreten. Ein katholisches Reich der Wettiner in Sachsen, Schlesien und Polen ist den norddeutschen Fürsten zu groß. Der preußische König schielt selbst nach Schlesien, das Preußen den wirtschaftlichen Aufschwung bringen würde, an dem er arbeitet. Jetzt, im Sommer 1716, steht für August alles auf dem Spiel. Ist Fortuna freundlich, hat er mit einem Schlag gewonnen, wofür er seit so vielen Jahren kämpft. Hat er kein Glück, ist alles verloren.

Constantia muß aus Berlin entfernt werden. In ihrer Rachsucht könnte sie König August den größten Schaden zufügen, meinen die Minister. Der preußische König ist argwöhnisch und Einflüsterungen zugänglich. Sie hat schon an den König von Dänemark geschrieben und sich an Mitglieder des preußischen Hofes gewandt – wie kann man sicher sein, daß sie bei ihren Versuchen, ihre eigenen Interessen zu verfolgen, nicht auch Staatsgeheimnisse verraten wird.

Und nicht nur das. Es kränkt August, daß sie, wie Spione wie Thienen berichten, in Berlin Dinge verbreitet, die seinem Ansehen schaden: daß man die Zusagen an sie gebrochen habe, sie das Geld für ihre Häuser und die Möbel nicht bekomme. Auf sein Ansehen darf kein Makel fallen. Friedrich Wilhelm ist ein sittenstrenger Hausvater.

Manteuffel, der sächsische Gesandte in Berlin, erhält im August 1716 den Befehl, die Festnahme der Gräfin Cosel und ihre Auslieferung an Sachsen am Berliner Hof zu beantragen. Er soll die Sache lebhaft betreiben, selbst wenn sie einige tausend Taler Bestechungsgelder koste.

2.

Constantia ahnt nichts. Ihr Agent Francheuille unterrichtet sie zwar in seinen Briefen über die Parteien am Hof in Warschau und teilt ihr auch im September mit, der Friede in Polen sei noch nicht geschlossen und der König mache große Anstrengungen, die sächsischen Grenzen durch die Landmiliz bewachen zu lassen. Aber sie weiß nichts von der derzeitigen Geheimdiplomatie und bringt sich in keine Verbindung zur Politik. Sie will nur den Ehevertrag herbeischaffen und ihn gegen den Freibrief des Königs austauschen. Seit Watzdorf und Flemming glauben, sie betrüge den König, muß sie erst recht beweisen, daß Rantzau den Vertrag hat, und ihre Ehre wiederherstellen.

Den König Friedrich Wilhelm kennt sie nicht. Am 26. September 1716 fährt sie über die Hundebrücke in Berlin, als gerade von der anderen Seite der König in einer mit sechs Pferden bespannten Jagdkalesche rasch herankommt. Constantia läßt ausweichen, doch die königliche Kalesche stößt seitlich an ihren Wagen. Der Wagen stürzt um,

Constantia fällt heraus. Sie ist unverletzt, aber ihr Kleid ist zerrissen. Sie eilt in das nächste Haus, um ihre Garderobe notdürftig wiederherzustellen. Der König schickt ihr einen Diener nach und läßt ihr sein Kompliment machen und erklären, daß er über die Ungeschicklichkeit seines Kutschers großes Mißfallen trage.

In Leipzig beginnt die Herbstmesse. Dort könnte Constantia das restliche Lösegeld zusammenbringen. Die 69 000 Taler, die sie Callenberg gegen Wechsel geliehen hat, sind überfällig, er hat sie nicht zurückgezahlt zu Ostern, und die Zinsen auch nicht. Löwel Weißweiler hat ebenfalls weder Kapital noch Zinsen gezahlt, sie besitzt Schuldscheine von ihm über mehrere zehntausend Taler. Sie will sich mit ihrem Leipziger Agenten besprechen, sehen, wie sie Geld nach Preußen kriegt, und beschließt, an die sächsische Grenze nach Halle zu fahren.

Am Abend vor ihrer Abreise verpackt sie Hausrat und Kleider und übergibt einen Koffer einer Frau Neubauer. In diesem Koffer liegt der Depositenschein der Hamburger Bank für ihre silbernen Möbel und den Hausrat, die sie vor fünf Jahren, 1711, dort untergestellt hat. Einige andere Koffer schickt sie nach Boizenburg zu einem befreundeten Herrn von Dallwig. Alles übrige bleibt versiegelt in ihrer Berliner Wohnung.

Von Constantia in Halle haben wir den Bericht eines Augenzeugen. Er heißt Johann Michael von Loen, hat damals in Halle studiert und erzählt:

»Die Gräfin von Cosel sahe ich als ein junger Student in Halle, wo sie als eine vom Hof verwiesene Liebhaberin des Königs sich hingeflüchtet hatte: sie hielte sich daselbst ganz verborgen in einer abgelegenen Straße bey einem Bürger, unweit dem Ballhaus auf. Ich gieng fast täglich zu einem guten Freund, der gleich neben bey wohnte. Das Gerüchte breitete sich aus, daß sich daselbst eine fremde Schönheit aufhielte, die ganz geheim lebte. Das Studentenvolk ist vorwitzig. Ich sah sie etlichmahlen mit gen Himmel aufgeschlagenen Augen in tiefen Gedanken hinter dem Fenster stehen; so bald sie aber gewahr wurde, daß man sie betrachtete, so trat sie erschrocken zurück. Außer den Leuten, die ihr das Essen über die Straße brachten, sah man niemand, als einen wohlgekleideten Menschen bey ihr aus und eingehen, den man für ihren Liebhaber hielte. Man kann keine schönere und erhabnere Bildung sehen. Der Kummer, der sie nagte, hatte ihr Angesicht blaß und ihren Blick sehnend gemacht; sie gehörte unter die bräunlichen Schönen, sie hatte große, schwarze, lebhafte Augen, ein weißes Fell, einen schönen Mund und eine fein geschnitzte Nase. Ihre ganze Gestalt war einnehmend, und zeigte etwas großes und erhabenes. Es muß dem König nicht leicht gewesen seyn, sich von ihren Fesseln loszumachen . . .«

Wer der»wohlgekleidete Mensch« war, der bei ihr ein- und ausging, habe ich nicht herausfinden können.

Kurz nach ihrer Ankunft in Halle läßt der preußische König Constantia unter Arrest stellen. Manteuffel in Berlin hat erfolgreich gearbeitet. Sie darf das Haus, in dem sie wohnt, nicht mehr verlassen.
Constantia hat Angst. Sie schreibt dem König nach Potsdam. Sie fragt nach dem Grund für den Arrest. Sie bittet um ihre Freiheit. Wieder und wieder schreibt sie, bittet, nach Berlin zurückkehren zu dürfen, bittet, weder sie noch ihren Besitz aus Preußen auszuliefern, sie sei unschuldig, »da ich nur gewisse Papiere nicht zurückgeben wollte, die mir aus gutem Herzen gegeben wurden«. Sie schickt Friedrich Wilhelm die Schlüssel ihrer Berliner Wohnung, um zu beweisen, daß sie nichts zu verbergen hat.
Nach zehn Tagen, am 13. Oktober 1716, wird der Arrest verschärft. Der preußische Oberst von Winterfeldt ist mit ihrer Bewachung beauftragt. Er stellt ihr einen Posten vor die Zimmertür.
Constantia versucht zu retten, was zu retten ist. Sie ruft ihre Kammerjungfer Katharina Rost aus Berlin nach Halle, händigt ihr die Schlüssel zu den Kisten aus, die in Berlin stehen, und gibt ihr den Auftrag, sie nach Depenau zu bringen.
Sie schreibt weiter an den König von Preußen und an einflußreiche Leute, die sie in Berlin kennt, sie fleht, man möge ihr die Freiheit wiedergeben oder wenigstens dem Oberst von Winterfeldt sagen, er solle sie entfliehen lassen.
Oberst von Winterfeldt ist äußerst höflich zu ihr. Zum Wachkommando gehört ein Leutnant d'Hautcharmois. Die Preußen haben Mitleid mit ihrer Gefangenen. Der Arrest dauert viele Wochen, man freundet sich an. Hautcharmois verliebt sich in die schöne Gräfin. Constantia bittet ihn, wichtige Papiere in Sicherheit zu bringen: ihre Geschäftsbücher, in denen ihre ausgeliehenen Gelder verzeichnet sind, Wechsel und Schuldscheine, die Unterlagen für ihr gesamtes Geschäftsvermögen. Der Leutnant verspricht, ihr nachts einen Mann unter ihr Fenster zu schicken.
Constantia packt die Unterlagen in einen Mantelsack und wirft den Sack wie verabredet nachts dem Mann zu, der schnell davonläuft und ihn Hautcharmois bringt.
Unter den Papieren ist auch die Quittung der Frau Neubauer für den

Berliner Koffer, in dem der Depositenschein der Hamburger Bank liegt. Hautcharmois soll sich den Koffer aushändigen lassen. Er bescheinigt Constantia schriftlich, daß er wichtige Papiere von ihr bekommen hat. Sie legt seine Quittung in ihre Bibel.

3.

»Meine Absicht ist, daß sie ehrenhaft behandelt werden soll«, schreibt König August aus Warschau an Watzdorf in Dresden, »es wird genügen, wenn man ihr zwei Offiziere gibt, ohne andere Wachen, um sie an einen sicheren Ort zu bringen, der entweder das Schloß von Meißen sein könnte oder das von Nossen.« Er läßt Watzdorf die Wahl: In Meißen gibt es schon eine Wache, Nossen ist abgelegen und hat nur ein Tor.

»Die Gräfin Cosel wird nach dem Grund ihres Arrestes fragen. Sie sagen ihr, daß sie ihn niemand anders zu verdanken hat als sich selbst, daß man sie oft genug ermahnt hat, mäßig in ihren Reden und Schriften zu sein, aber da sie weder auf diese Ermahnungen hören noch ein ordentlicheres Benehmen zeigen wollte, ist man wider seinen Willen gezwungen gewesen, zum äußersten Mittel zu greifen.«

Wenn sie die Papiere ausliefert, wird man sie aus dem Arrest entlassen, und sie kann nach Pillnitz gehen.

Der preußische König hat zwar den Arrest der Gräfin Cosel angeordnet, lehnt es aber ab, sie auszuliefern. Manteuffel verhandelt weiter. Friedrich Wilhelm verlangt zunächst einmal ein eigenhändiges Schreiben von König August, in dem er um die Auslieferung bittet.

Die Preußen sind sehr interessiert an den geheimnisvollen Papieren, von denen im Brief der Cosel an den preußischen König die Rede ist. Eines Sonntagnachts um zwölf erscheint der Geheime Rat von Katsch im Haus des Stallmeisters Franz, schließt Constantias Wohnung auf, läßt die Schränke aufbrechen und nimmt alle Papiere mit. Der Minister von Ilgen prüft sie persönlich, schickt sie aber zurück in die Wohnung, weil sie für ihn ganz belanglos sind.

In Warschau schreibt König August am 3. November 1716 eigenhändig den verlangten Brief an König Friedrich Wilhelm.

August ist aufgestört. Sächsische Spione haben Constantias Briefe an den preußischen König heimlich gelesen, und Löwendahl hat seinen König von ihrem Inhalt unterrichtet. August weiß, daß sie Friedrich Wilhelm die Schlüssel zu ihrer Wohnung geschickt hat mit der Aufforderung, ihre Papiere einzusehen. Er ist sicher, daß sie, nicht Rantzau, den Ehevertrag hat. Subalterne, die ihre Papiere durchsuchen, könnten ihn finden. Er will unbedingt verhindern, daß irgend jemand von seiner heimlichen Ehe mit Constantia erfährt. Ein König, der eine Mesalliance einging, ist nicht der geeignete Schwiegervater für eine Kaisertochter.

Bis jetzt weiß keiner seiner Minister, um was es sich bei dem geforderten Dokument überhaupt handelt. Nun muß er sie einweihen, damit sie mit dem König von Preußen verhandeln können. Aber Löwendahl soll nichts davon wissen. August macht das allein mit Watzdorf und Manteuffel.

Er schreibt Watzdorf, Manteuffel soll den preußischen König mit neuen Nachrichten dazu bringen, »daß er die Comtesse von Cossel in meine Hände gibt«, und legt dem Brief eine ausführliche Verhandlungsinstruktion bei. Manteuffel soll vortragen, es gehe gar nicht um Papiere, die die Cosel besitzt, die hätte König August längst während ihres dreijährigen Arrestes in Pillnitz an sich nehmen können. Diese Papiere im Hintergrund seien eine Bagatelle. Die Gründe, weswegen er die Gräfin haben will, seien ganz anders, nämlich: »die schlimme und gefährliche Sprache der Gräfin von Cossel, ihr unternehmender und kühner Geist, der zu allem fähig ist, um ihre Leidenschaften und ihre Wut zu befriedigen, sogar zu dem Versuch, durch stärkste Mittel Zwietracht und Verwirrung unter Souveräne zu bringen, die die besten und einigsten Freunde sind«. Mit ihrem Benehmen beweise sie »ihre Undankbarkeit, ihren mangelnden Respekt, ihre Wut und die Unzivilisiertheit ihres Lebens. Der König ist mehr als im Recht, sie in exemplarischer Weise zu bestrafen, zumal sie als seine Untertanin angesehen werden muß, da sie Güter und Landbesitz in seinen Ländern hat.«

Trotz allem wolle er versprechen, ihr die gerechte Strafe, die sie verdient, nicht zu geben. Er will sich nur ihrer Person versichern und weder an ihren Besitz noch an ihr Leben rühren.

Die Cosel, das soll Manteuffel sagen, habe keinen Grund, sich über König August zu beklagen, sie müsse im Gegenteil eher seine Güte und Großherzigkeit loben. Sie selbst habe doch den Bruch mit ihm gefordert. Er hat ihr eine Pension von 15 000 Talern ausgesetzt, was ohne Zweifel für eine Frau wie sie ausreiche, es gibt viele Prinzessinnen, die nicht so viel haben. Sie kann sich nicht beklagen, er habe ihr Häuser weggenommen. Er hat ihr versprochen, 30 000 Taler dafür zu geben unter bestimmten Bedingungen, die sie nicht beachtet habe. Wenn sie behauptet, man habe ihr Möbel genommen, so sei das erlogen.

Für den Fall, daß Manteuffel mit diesen Argumenten die Auslieferung nicht erreicht und der König von Preußen doch mehr über das Papier wissen will, legt August eine ergänzende Instruktion für weitere Verhandlungen bei:

»Es ist wahr, daß der König die Gräfin von Cossel geliebt hat.« Sie aber wollte ein Versprechen von ihm, ehe sie sich ihm hingab. »Man hat ihr im guten vorgehalten, daß es moralisch unmöglich sei, ihr ein derartiges Versprechen zu geben, doch sie hat auf ihrer Anmaßung bestanden. Aber es ist klar, daß ein solches Versprechen nichtig war, zumal damals, als sie es erzwang, . . . die Scheidung ihrer Ehe nicht ausgesprochen war.« Abgesehen davon sei dieses Versprechen sowieso nichtig, »weil die Gräfin von Cossel selbst gewünscht und gefordert hat, daß die Bindung, die sie mit dem König hatte, aufhöre, wie man es durch ihre eigenen Briefe beweisen könnte. Dieses Versprechen ist schon von daher, selbst wenn es irgendwelchen Wert gehabt hätte, was es mit Sicherheit nicht hatte, in jeder Hinsicht nichtig geworden.«

Sie hat versprochen, das Papier auszuhändigen, es aber verweigert, als der König nach ihm fragen ließ. »Im Augenblick will sie ihre Ungezogenheiten, Dummheiten und Vergehen mit dem Hinweis auf diese Papiere rechtfertigen, die doch nicht mehr als eine Schwäche beweisen können, von der kein Mann ausgenommen ist und von der man Beispiele bei den allergrößten Königen findet und ebenso bei den allerheiligsten. Beispiele, mit denen die Geschichte, die heilige wie die weltliche, gesättigt ist.«

Zum Schluß weist August zum dritten Mal darauf hin, daß sie selbst ihr Verhältnis mit ihm auflösen wollte, der ihr in seiner Güte auch darin zugestimmt habe.

Was einmal war, soll nicht mehr gelten. Der Wille und der Vorteil des Königs sind das einzige, was in der Gegenwart zählt. August verbiegt die Wahrheit für seinen Ruhm, so wie er für seinen Sohn nach allen Seiten sich widersprechende Zusagen machte, opfert Constantias Ehre seinem Ruhm.

Constantia ist eine Untertanin, die sich gegen ihren König auflehnt und ihn mit ihren Worten lächerlich macht. Was sie als Kampf um Wahrheit und Gerechtigkeit auffaßt, steht ihr nicht zu. Sie soll sich unterordnen, demütig hinnehmen, was er verlangt. Eine Ehre, die vor dem Willen ihres Königs bestehen könnte, hat sie nicht.

Er will sie für ihren Ungehorsam exemplarisch bestrafen. Jeder muß sehen, was geschieht, wenn man sich der Autorität des Königs widersetzt. Auch das gehört zu seinem Ruhm.

Das eigenhändige Schreiben König Augusts an König Friedrich Wilhelm braucht nicht mehr überreicht zu werden, und auch die Instruktionen an Manteuffel sind überholt. Auf dem langen Postweg Warschau—Dresden—Berlin haben die Briefe sich überschnitten: Constantia ist bereits an Sachsen ausgeliefert. Friedrich Wilhelm verlangte von Manteuffel für die desertierte Gräfin alle preußischen Deserteure, die nach Sachsen geflohen sind.

4.

In Constantias Wohnung in Halle erscheint am 21. November 1716 der sächsische Oberst von Thiemann. Ein Auditeur, ein Justizbeamter, durchsucht Constantias Bett, ihre Kleider, die Taschen des Kleides, das sie trägt.

Abends wird sie in eine Kutsche gesetzt. Oberst Winterfeldt eskortiert sie zur Grenze. Er übergibt sie dem sächsischen Militärkommando, das dort auf die Gefangene wartet.

Der sächsische Offizier ist äußerst barsch. Er verlangt, Constantia solle aus der Kutsche steigen und sich auf einen offenen Wagen setzen. Sie wird ausgetauscht gegen Deserteure, Verbrecher, ist somit selbst eine Verbrecherin, und Verbrecherinnen fahren auf offenen Wagen und nicht in Kutschen. Winterfeldt verhandelt lange mit dem Sachsen und erreicht schließlich, daß Constantia in der Kutsche bleiben darf.

Man übernachtet in Merseburg.

Die beiden Offiziere, die während der Nacht in Constantias Zimmer wachen, vergewaltigen sie. Sie wehrt sich, kämpft, schreit, schlägt sich die Arme wund, doch die Männer sind zu zweit. Bei der zweiten und dritten Vergewaltigung verliert sie das Bewußtsein.

Am Mittag des nächsten Tages geht die Reise weiter nach Leipzig, wo die Wache mit Constantia im Gasthaus der Frau Neidhold ein Zimmer nimmt.

Hier sind wenigstens Menschen. Constantia verlangt, daß man in einem Nebenzimmer ein Bett für sie aufschlägt. Sie ruft die Neidhold zu sich, ist froh, eine Frau zu sehen, die ihr helfen wird. Sie umarmt sie, küßt sie, weint, beschwört sie, ihr zu helfen. Sie bietet ihr fünfhundert Taler, alles, was sie hat, wenn sie ihr die Kleider gewöhnlicher Leute verschafft und ihr zur Flucht verhilft.

Die Neidhold antwortet steif, daß dies der vielen Wachen wegen untunlich sei. Sie geht aus dem Zimmer und teilt das Gespräch dem Oberst von Thiemann mit.

Thiemann geht in das Zimmer. Als er Constantia verläßt, liegt sie ohnmächtig auf dem Bett.

Thiemann kriegt nun Angst. Er ruft den Arzt.

Constantia kommt langsam zu sich. Der Arzt ist bei ihr. Sie will keine Arznei nehmen, bittet ihn um Gift, er könne wohl ihren Leib kurieren, aber nicht ihr Herz, das gehe wie ein Läppchen.

Thiemann verlangt von der Neidhold eine spanische Wand, die sie um das Bett der Gräfin stellen soll.

Als er hinausgeht, ruft Constantia die Neidhold wieder herein, zieht sie zu sich aufs Bett, flüstert, sie möge Kleider in die spanische Wand legen und sie so heimlich in das Zimmer bringen, damit sie sich umziehen und fliehen kann. Die Neidhold möge die Türen schmieren, damit sie nicht knarren, eine Leiter an ein Fenster legen und ihr eine Frau verschaffen, die sie durch den Wald und auf abgelegenen Wegen fortbringen könne.

Constantia nimmt eine Kerze, stellt sich vor den Spiegel und zieht eine Grimasse, ein Dickmaul, wie die Neidhold später erzählt, und fragt: »Kennt Ihr mich?«

»Ja, was hat Sie denn gemacht?« ruft die Neidhold aus.

Constantia hat ihr Gesicht durch Schminke verändert.

Die biedere Gastwirtin hilft ihr nicht. Was soll sie ihr Geschäft riskieren für die abgehalfterte Mätresse des Königs, sich gegen die Männer stellen, Offiziere, die in ihrer Kameradschaft zusammenhalten?

Constantia hat ausdrücklich noch die Erlaubnis, Briefe abzuschicken. Sie sieht darin keine Falle. Eilig schreibt sie nach Halle an Hautcharmois. Ihre Schrift ist aufgelöst, die Feder kleckst, der Brief wird unleserlich. Sie soll in den Amtsbezirk Nossen gebracht werden, schreibt sie, aber an jeder Station kommt neue Order. Großer Gott, zwei- oder dreimal ist sie vergewaltigt worden, sie hat kaum ihr Leben gerettet, ihre Qualen sind jenseits aller Vorstellung. Nachts sind immer zwei Offiziere der Garde in ihrem Zimmer, »und wenn das Unglück mich schwanger macht, werde ich dieses Produkt für den Messias ausgeben«.

Früh am anderen Morgen, die Kutsche wartet schon, schreibt sie zur Sicherheit doch noch einen zweiten Brief an Hautcharmois. »Ich bin hier nach ausreichenden Erlebnissen mehr tot als lebendig angekommen.« Sie wisse noch nicht, in welches Loch man sie stecken werde, man werde wohl »die Eingeweide des Teufels ausgraben, um mich darin zu verbergen«. Die Wache sage, es gehe nicht zum Königstein.

Beide Briefe werden abgefangen und landen in Dresden in den Akten. Die Neidhold wird verhört, ihre Aussage zu Protokoll genommen.

Am 23. November 1716 kommt die Eskorte mit der Gräfin gegen Mittag in Nossen an. Constantias Ankunft erregt großes Aufsehen in der Stadt und im Schloß, das Sitz eines Amtmanns und seiner Behörde ist. Die Zimmer für Constantia und ihre Bedienten — Kammermädchen, Kammerdiener, Sekretär — sind groß, drei Stuben und eine Kammer, aber in schlechtem Zustand.

Das Schloß ist von einem Wachkommando von siebzig Mann besetzt. Keiner der Offiziere und der Soldaten, die vor Constantias Zimmer stehen, darf mit ihr sprechen, kein Brief an sie darf ihr gegeben, niemand in das Schloß eingelassen werden, so steht es in Thiemanns Instruktionen. Der Oberst soll besonders darauf achten, daß die Gräfin nicht Sachen ihrer Diener anzöge und in dieser Verkleidung entkomme. Der Kommandant soll keinen größeren Korb oder Kasten aus dem Schloß tragen lassen, ehe er ihn nicht geöffnet und nachgesehen hat, was darin ist. Im übrigen soll der Gräfin höflich begegnet werden, es sei denn, daß sie etwas Unanständiges anfinge oder etwas, was ihre Flucht vorbereite. Türen, Zimmer, Wände, Kamine sollen genau untersucht, die Fenster vergittert werden.

Aber Thiemann wird, vielleicht aufgrund der beiden Briefe Constantias an Hautcharmois, nun seines Postens enthoben. In seinem Bericht betont er ganz ausdrücklich, er sei in Leipzig nur kurz im Zimmer der Gräfin gewesen.

Hauptmann Johann Holm ist ab jetzt für die Gräfin zuständig.

Vier Tage nach der Ankunft, am 27. November abends gegen sieben Uhr, hat Constantia einen Schlaganfall. Sie kann kaum noch das Bett erreichen, liegt stumm da. Ihre Diener, Hauptmann Holm und eine Frau von Meggenburg, die sich in Nossen aufhält, stehen erschrocken um das Bett. Die Offiziere haben Frau von Meggenburg erzählt, die Gräfin sei schon länger krank — nicht erst seit jener Nacht in Merseburg. Die Hände der Gefangenen sind ganz kalt. Die Umstehenden haben große Angst um sie. Sie fällt aus einer Ohnmacht in die andere, das Übel wird ärger, und es geht ihr immer schlechter.

Nach einer Stunde setzt Holm sich hin und berichtet seinem Vorgesetzten Janus von Eberstedt, dem Gouverneur von Dresden. Er schreibt besorgt und aufgeregt.

Hauptmann Holm ist ein korrekter Mann. Er ist nicht ohne Gefühl und Phantasie, hält sich aber bei allem, was er tut, vollkommen an seine Richtlinien, ein guter Soldat. Er macht, was man ihm sagt, weil man es ihm sagt, beobachtet gut und hält sein eigenes Urteil weitgehend zurück, denn es gilt nichts gegenüber seinen Befehlen, ein treuer Diener. Er ist unbestechlich und so korrekt, daß er sich Unkorrektheit bei anderen nicht vorstellen kann.

Frau von Meggenburg ist eine energische Dame. Sie hat Angst, Constantia könnte sterben. Sie holt den Apotheker der Stadt, den

Geistlichen. Constantias rechte Seite ist lahm, sie ißt nichts, trinkt nichts. Sie phantasiert, redet, erzählt, was ihre Umgebung nicht glauben kann und als närrische Dinge abtut, lacht überlaut. Frau von Meggenburg fährt nach Dresden, um höheren Orts Hilfe zu holen, denn Holm ist untergebener Militär, er muß auf Weisungen warten. Als in Dresden niemand helfen will, schreibt sie an Flemming: »Die arme Gräfin Cosel ist miserabel. Man hat sie unterwegs von Halle todkrank geholet, der Schlag hat sie gerühret, die ganze rechte Seite ist lahm. Sie ißt und trinkt nichts, es ist recht zum erbarmen. Die Geistlichen sind bei ihr, um sie zu trösten. Sie hat die schwere Noth fort und fort. Wie sie die 70 Mann gesehen, so erschrack sie und sagte, was sollen soviel Leute bei mir armen Frau. Sie ist so miserabel, daß es einen Stein möchte erbarmen.«

Constantia erschrickt beim Anblick jedes Mannes, wird ohnmächtig, hat grausame Träume und Phantasien.

Später kann sie sich an die Wochen in Nossen nicht erinnern.

Auf Betreiben der Frau von Meggenburg fährt ein Leibarzt des Königs, der Hofrat Tropaneger, von Dresden nach Nossen. Tropaneger ist Constantia dankbar: Sie hat vor Jahren dafür gesorgt, daß sein Sohn in Dresden die Approbation bekam. Er hilft ihr, so gut er kann, untersucht sie, tröstet sie, vereinbart mit Holm, daß der Apotheker im Schloß bleiben und ihr Medikamente geben darf und daß eine Wärterin immer bei ihr ist, denn man kann die Gräfin nicht allein lassen.

Nachdem Tropaneger sich von Constantia verabschiedet hat und nach Dresden zurückfährt, weint sie lange, und es geht ihr besser. Sie ißt etwas, aber sie ist verkrampft und muß sich gegen Abend ein Klistier geben lassen, das jedoch wirkungslos bleibt. Sie schläft ein und liegt »stille und in guter Ruh«, wovon Holm sich überzeugt. Morgens früh um vier beginnen »die Convulsiones« wieder, die Zuckungen, die Krämpfe, das Erbrechen, und als es ihr nach zwei Stunden nicht bessergeht, schreibt Holm wieder an den Gouverneur und jagt einen Eilkurier mit dem Brief nach Dresden.

Eberstedt schickt Tropaneger sofort nach Nossen zurück.

Constantia geht es am Morgen besser, »allein so hat sie den Vormittag wiederumb bitterlich geweinet, wegen Mattigkeit kann sie nicht auf die Bein stehen« und muß den ganzen Tag im Bett liegen. Sie redet Holm an, sagt, sie will gerne an den König schreiben, wenn sie nur wüßte, daß er den Brief auch bekommen würde. Holm sagt ihr, sie solle nur schreiben, er würde den Brief schon weiterleiten, »darauf sie antwortete, wo ich ihn dann hin bestellen würde, nach Dreßden an Sr. Excellenz den Herren Geheimbden Rat von Watzdorff oder an Euwer Excellentz, ich sagte dazu nein, sie aber rept. [antwortete], ich solte ihr nicht vor so einfältig ansehen, daß sie solches nicht besser wiße«.

Sie bittet Holm, Eberstedt zu schreiben, »Sie möcgten ihr doch sagen, ob es ihr erlaubt werde an Höchstgedachte K[önigliche] Maj[e- stät] zu schreiben und ob dieselbe den Brief gewiß bekommen würde, wo nicht, so wolle sie auch nicht schreiben«.

Abends um sieben trifft der Arzt Tropaneger wieder in Nossen ein. Erst nachts um elf findet Holm Zeit, den Gouverneur zu unterrichten, bittet ihn auch um Essen für den Apotheker und für die Wärterin. Gerade als er den Brief schließen will, kommt ein Hofkurier aus Dresden mit Lebensmitteln.

Es herrscht ein ziemliches Durcheinander im Schloß. Leute aus der Stadt und aus der Umgebung kommen und gehen, im Schloß ist ja die Amtsbehörde des Bezirks, die Soldaten der Wache sind wild, die Offiziere betrinken sich und gehorchen Holm nicht. Der Hauptmann kommt nicht zur Ruhe.

Constantia geht es wieder schlechter. Viele Tage liegt sie schwer- krank. Sie phantasiert, »hat das böse Wesen«, und Holm schickt Brief über Brief per Stafette nach Dresden, schreibt nachts um elf, um eins, morgens um halb vier.

Constantia hat große Blasen auf beiden Armen, und der Bader aus Nossen öffnet sie ihr, während sie in tiefer Ohnmacht liegt. Sie ist oft besinnungslos, kommt manchmal ein wenig zu sich und redet stun- denlang »ohne Verstand«, dann liegt sie wieder still, schläft aber nur selten. In den Stunden, in denen es ihr bessergeht, klagt sie über Kopfschmerzen und Mattigkeit. Und immer wieder kommen die Krämpfe und Zuckungen, dann redet sie wieder »närrische Dinge«, lacht überlaut, »worüber mir angst und bange« wird. Ihr ganzer Leib zittert und bebt dabei, sie will aufstehen, sagt, es fehle ihr doch nichts, kann aber nicht und liegt in großer Unruhe, ist dann wieder matt, »Gott weiß, wie es mit ihr gehen wird«.

Janus von Eberstedt läßt Constantia über Holm grüßen und ihr von ganzem Herzen gute Besserung wünschen. Er schickt ihr Medika- mente, den Oberhofprediger aus Dresden, den Arzt, Essen, alles, was Holm anfordert, und mehr.

Endlich geht es Constantia etwas besser in den Stunden, in denen sie die Anfälle, »das Zucken und Werken«, nicht hat, und es kommen erste Nächte, in denen sie zu Holms Erleichterung »einigermaßen ruht«.

Aber Holm kommt aus der Aufregung nicht heraus. Zwei Mann der Wache sind desertiert, er muß einen Bericht darüber schreiben, Ersatz anfordern. Das Schloß ist wie ein Taubenschlag, er kann seine

Wachaufgaben kaum erfüllen. Wenn es mit der Gräfin jetzt besser wird, steigt auch die Gefahr, meint er, daß sie flieht.

Constantia liegt nun nicht mehr stundenlang ohne Besinnung, meist ist sie bei sich, aber sie hat eine »innerliche Hitze« und große Schmerzen. Sie macht sich Sorgen um ihren Sohn. Aus Pillnitz ist ein Kammerdiener zu ihr gekommen, und sie schickt ihn nun zurück und gibt ihm für den kleinen Grafen einen Rock und ein Jagdmesser mit.

Der Kammerdiener soll sich in Dresden erkundigen, was mit ihrem Haushalt in Berlin geschehen soll und, wenn es ihm erlaubt wird, dorthin reisen. Sie glaubt, daß sie ihren Arrest entweder in Dresden oder in Pillnitz halten wird. Sie befiehlt dem Kammerdiener, ihr aus Pillnitz hundert Taler zu schicken, und gibt ihm einen Brief an ihren Verwalter Christian Kluge. Sie hat sich vom Nossener Amtsverwalter fünfzig Taler geborgt, denn sie braucht Geld, um ihre Mägde und die Wärterin bezahlen zu können.

Nachdem der Kammerdiener sich von ihr verabschiedet hat, abends am 5. Dezember, steht sie zum ersten Mal auf. Aber es scheint, als ob die Anfälle wiederkommen, und die Wärterin legt sie schnell ins Bett. Constantia beginnt, sich selbst mit einem Heilwasser einzureiben, und die Zuckungen lassen wieder nach, »welches bei ihr ein ungemeine Freude verursachet«.

Sie bittet Holm, der nach ihr sieht, um eine Magd aus Dresden, die bei ihr wachen und die Wärterin ablösen kann. Ein Kammermädchen war zu schwach für die Krankenpflege, und sie hat es mit dem Kammerdiener verabschiedet, ein anderes wár nicht anständig, und sie hat es entlassen, jetzt fehlt ein Mädchen, sie hat Angst davor, nachts allein zu sein. Holm möge doch auch Eberstedt bitten, einmal zu ihr nach Nossen zu kommen.

Holm berichtet Eberstedt alles, was vorgefallen ist, darunter auch ein wenig ratlos von Constantias Sekretär, der behauptet, er sei gar nicht bei ihr angestellt und habe nun seinen Ruin vor Augen.

In Dresden schaltet Löwendahl sich ein. Er befiehlt, Constantia kein Geld zu geben. Holm schreibt seinem Vorgesetzten, er wolle der Gräfin diesen Befehl nicht mitteilen, denn wenn er ihr das sage, werde sie darüber »gar rasend« werden und in die vorige Krankheit fallen. Er hat auf Order des Gouverneurs die Habe der Gräfin erbrochen und ihre Sachen durchsucht und ihren Zorn und ihren Spott kennengelernt.

Wieder bittet er Eberstedt um mehr Bedienung für sie. Der Tambour, der mit im Wachkommando steht, hat bis jetzt das Essen bis vor die Tür der Gräfin getragen, weil die Küche weit über den Schloßhof liegt, und nachdem der Kammerdiener weg ist, so hat man haben wollen, daß er das Essen in die Stube hineintrage – darüber erbittet

Holm Befehl. Die Frau Gräfin hat ihm auch gesagt, sie will in ihrem Schlafzimmer einen Kamin bauen lassen. Sie liegt beständig vor Schwäche im Bett, schreibt er, hat keine Anfälle mehr, fing heute früh wieder an zu weinen, hat keinen Appetit. Holm bittet den Gouverneur, ihn aus »diesem bösen Commando bald zu absolvieren«, zu entlassen.

Sein Vorgesetzter Eberstedt versteht ihn offenbar und verspricht gleich am nächsten Tag, über seine Bitte um ein anderes Kommando nachzudenken. Er läßt sein »Ergebenstes Compliment« an die Gräfin ausrichten, die Bedienung für sie komme.

Löwendahl paßt die vernünftige Art Eberstedts nicht. Zweimal schreibt er persönlich an den Hauptmann Holm und befiehlt, er möge sich vor List und Trug der Gräfin hüten und in acht nehmen. Holm versteht die Warnung des Oberhofmarschalls wohl. In dieser Angelegenheit spielen so hohe Personen mit, daß auch sein Vorgesetzter ihm nicht helfen kann. Hier ist Subordination gefragt, wenn er Gunst und Karriere retten will.

Am 12. Dezember schreibt er dem Oberhofmarschall einen langen Brief: zu seiner Bestürzung habe er von der Gräfin selbst gehört, daß ihr Kammerdiener in Dresden arretiert worden sei. Er weiß nicht, wie sie das erfahren konnte. Zu ihr ins Zimmer kommt nur die Wärterin, der Apotheker, ihr Sekretär, ihr Kammermädchen und »das Mensch, welches die Stube auskehrt und ihr den Nachtstuhl austrägt«. Wenn die Magd hineingeht, ist stets ein Offizier dabei, der ihr nicht von der Seite weicht. Holm fragt höflich an, ob der Herr Oberhofmarschall hier eine Veränderung befehle. Der Bader aus Nossen ist zweimal täglich gekommen, berichtet er weiter, um der Gräfin die Arme zu verbinden, an denen die Blasen gezogen wurden, »aber nie ohne mein Beisein oder das des Leutnants«. Es wäre doch »von Herzen zu wünschen, daß Sie an einem sicheren Ort wäre als hier«, denn wenn er auch von früh bis zur Nacht aufpasse, könne er doch nicht verhindern, daß Leute und Wagen, die hier zu tun hätten, ein- und ausspazieren müßten, was bei dieser Lage »etwas gefährlich« scheine. Er hat einen Schlagbaum gemacht und ein Verschlußgatter, hat alle Brücken zum Schloß gesperrt, damit niemand die Gräfin herausholen kann. Er hat überall Barrikaden gebaut und Fallen gelegt und Steine in den Hof geworfen. Der Hofrat Tropaneger hat der Gräfin hundert Taler mitgebracht und sie Holm gegeben. Er habe dies der Gräfin nicht erzählt, und behalte das Geld bei sich.

Löwendahl schickt eine Vertrauensperson nach Nossen, um wieder einmal Constantias Sachen zu durchsuchen. Er befiehlt Eberstedt, alles schwer bewachen zu lassen, auch den Park.

Holm findet nun heraus, wie Constantia von der Verhaftung ihres

Kammerdieners erfuhr: Ein Korporal hat sich irgendwann einmal mit dem Sekretär der Gräfin unterhalten und es ihm erzählt.

Löwendahl schreibt Eberstedt, »das Theater von Nossen« solle sich ändern in das Theater von Stolpen. Eberstedt befiehlt Holm, die Überführung der Gefangenen vorzubereiten. Holm macht sich ganz im geheimen an die Arbeit.

Der Reisewagen muß repariert werden. Er steht in einem Schuppen des Schlosses, an einer Stelle, »wo aus der Frau Gräfin Fenster alles, was da rein und ausgeht gesehen werden kann«. In dem Schuppen steht aber glücklicherweise auch die Chaise des Amtmanns. Der Amtmann muß für Holm den Schmied aus dem Städtchen holen lassen und ihm befehlen, so zu tun, als hätte er an der Chaise zu arbeiten. In Wirklichkeit aber soll er den großen Wagen nachsehen. Der Schmied muß auf seinen Bürgereid versprechen, alles genau so zu machen und selbst seiner Frau nichts davon zu erzählen. Um elf Uhr vormittags am 22. Dezember ist er mit der Reparatur fertig.

Constantia geht es wieder schlechter. Sie muß sich stark übergeben und schläft kaum in der Nacht, steht aber am nächsten Morgen auf.

Sie hat keine Wachslichter mehr und kann den Gestank der Unschlittlichter nicht ertragen. Doch sie hat kein Geld für Kerzen. Der Wein ist auch alle.

Der Korporal, der so sorglos mit dem Sekretär geredet hat, wird am 23. Dezember verhaftet.

August hat der Überführung der Gefangenen nach Stolpen zugestimmt. Wenn Watzdorf und Löwendahl glauben, daß es in Nossen zu schwer ist, die Cosel zu bewachen, schrieb er am 9. Dezember aus Warschau, dann könne man sie nach Stolpen bringen. Man solle alle Papiere, ihr Geld und den Schmuck sicherstellen.

Der König hat von Constantias Angebot, der Neidhold fünfhundert Taler zu geben, wenn sie ihr zur Flucht verhelfe, erfahren und nimmt nun an, daß sie Geld hat. Man soll ihr auch ihre Obligationen wegnehmen, »aber Sie nehmen nur die Papiere, die mich betreffen«. Die Beamten sollen eine genaue Spezifikation aller beschlagnahmten Dinge anfertigen und sie der Gräfin geben, damit sie weiß, daß man ihr nichts wegnehmen will.

August läßt überall nach dem Ehevertrag suchen. Watzdorf soll ihre Sachen in Halle und Berlin abholen lassen und den Mantelsack auftreiben, den Hautcharmois hat.

Er gibt selbst eine genaue und sehr strenge Anweisung, wie sie in Stolpen gehalten werden soll, damit sie vollkommen isoliert ist von jeder Verbindung zur Außenwelt. Constantias Fluchtplan in Leipzig ist für ihn wieder ein Beweis ihres mangelnden Respekts vor ihm. Er hat keine Vorstellung, in welcher teils grausamen, teils lächerlichen Weise seine Befehle ausgeführt werden. Er weiß nicht, wie es ist, als Gefangene in die Hände Subalterner zu fallen. Einen gewissen Verdacht hat er allerdings, denn er wiederholt noch einmal am 23. Dezember, daß nichts »touchiert« werden soll, was Constantia gehört, und verlangt erneut Spezifikationen von ihrem gesamten Eigentum.

Eine Flut von Verordnungen verläßt Dresden. Wachen für die Reise reiten nach Nossen. Die Festung Stolpen, die nur eine kleine Garnisonsbesatzung hat, wird um vierzig Mann mit vier Unteroffizieren unter einem Hauptmann Lauterbach verstärkt.

Hauptmann Holm bekommt seine Order. Am 24. Dezember 1716 läßt er die Kutsche vorfahren und die Gräfin hineinlegen, denn zum Sitzen ist sie zu schwach. Ein starkes Wachkommando unter mehreren Offizieren umringt den Wagen von allen Seiten. Scharf heben sich die Hufe der Pferde vom dünnen Schnee ab. Die Bäume stehen kahl und sind von Nässe schwarz. Auf dem Boden fault das Laub.

In Blasewitz halten Wachmannschaften und Wagen vor einem Gasthaus. Der Wirt serviert fünf Schüsseln. Constantia kann kaum etwas essen.

Weiter fährt die Kutsche, macht einen Bogen um Dresden, um Pillnitz, fährt durch die großen Wälder.

Am Abend erreichen Wagen und Reiter das Städtchen Stolpen am Fuß des hohen Basaltkegels. Als es über den Marktplatz geht, wird Constantia unerträglich durcheinandergeschüttelt. Die Kutsche hält am Tor der schwarzen Festung.

Constantia wird ohnmächtig. Als sie aufwacht, liegt sie in einem Bett. Hofrat Tropaneger sitzt auf einem Stuhl daneben. Sie versteht kaum, was er sagt.

Hauptmann Holm hat erleichtert die Gefangene dem Hauptmann Johan Bernhard Heineke übergeben. Heineke ist mit dem Sonderauftrag nach Stolpen abkommandiert worden, sich speziell um die Gefangene zu kümmern. Außer ihm und Hauptmann Lauterbach gibt es noch den Kommandanten der Festung, den Major Johann Friedrich von Wehlen. Er hat die obere Etage des Zeughauses für die gefangene Gräfin gerichtet.

Warum das alles, diktiert Constantia in einem Brief an August am nächsten Tag, was habe ich verbrochen, daß ich wie die kriminellste Person behandelt werde. Sie verliert das Bewußtsein. Tagelang liegt sie in Phantasien, ihn Ohnmachten, die Krämpfe kehren wieder.

Mitleidig stehen die Offiziere Hauptmann Heineke und Major von

Wehlen am Bett der Gefangenen. Sie dürfen nur gemeinsam zu ihr, einer nur mit ihr sprechen, wenn der andere dabei ist, das ist ein eigenhändiger Befehl des Königs.

Constantia hat schwere Gedächtnisstörungen. Sie weiß nicht mehr, wie sie von Halle hergekommen ist. Wenn sie nach vielen Stunden des Fiebers und der Phantasien aufwacht, quält sie sich damit, sich an die Geschehnisse der vergangenen Wochen zu erinnern.

Ihr Zustand bessert sich nicht, immer wieder liegt sie lange »ohne Verstand«, wie nun Heineke nach Dresden berichtet. Am 28. Dezember schickt er einen Expreßbrief mit der dringenden Bitte um Arzt und Medikamente. Constantia kann die rechte Hand nicht bewegen, verlangt einen Sekretär.

Heineke ist anders als Holm, er zeigt sein Mitgefühl und tröstet Constantia. Als er am 4. Januar 1717 mit dem Arzt bei ihr ist, fängt sie an, bitterlich zu weinen, und sagt: »Wie hat Gott mich so verlassen, daß ich so gewaltthätiger Weise in meiner Feinde Hände fallen muß, denn gewiß durch meine Missethat mir dieses nicht zugezogen habe. Das Document, worüber man mich so sehr quält, ist nicht in meiner Macht zu verschaffen und hat der König zu der Zeit mir selbst geheißen, es wohl aufzuheben, wer sollte denn glauben, daß eine Sache, die mir von freien und guten Herzen anvertraut worden, jetzt ein Prätext [Vorwand] sein muß, mich um Ehre, Gesundheit, Verstand und Freiheit zu bringen.«

5.

August beauftragt einen Grafen Werther mit der Suche nach dem Ehevertrag. Werther soll ganz im geheimen vorgehen, »da in den Angelegenheiten, welche die Gräfin Cossel betreffen, Sachen vorkommen, von denen ich nicht will, daß sie in der Öffentlichkeit bekannt werden«.

Er ordnet die Erziehung seines und Constantias Sohnes in Dresden und gibt ihm einen Hofmeister. Auch die beiden Töchter sollen nach Dresden kommen. Als Anna Margarethe sich weigert, die Mädchen herauszugeben, ist er einverstanden, sie bis zum Frühjahr in Depenau zu lassen. Löwendahl soll Geld nach Holstein schicken und einen Vertrauten, der nachsieht, wie es den Kindern geht und ob sie alles haben, was sie brauchen. Wenn die Obristin Brockdorff die Kinder im Frühjahr aber nicht herausgibt, wird August sie über den König von Dänemark zwingen.

Constantias Festungshaft soll vollkommen geheim bleiben.

Constantia lebt abgeschnitten von aller Welt. Ihre Post wird nicht befördert. Ein Brief ihrer Mutter an sie wird durchgelassen, in dem Anna Margarethe ihre Tochter ermahnt, nicht durch Widersetzlichkeit gegen den Willen des Königs ihre Leiden zu vermehren und zu verlängern.

Constantia antwortet, die Mutter möge nicht glauben, daß sie an ihrem Unglück Schuld trage. Man verlange etwas von ihr, was sie einfach nicht beschaffen könne, es sei, als ob »20 halten die Thüre zu und ich soll das Leben verbrochen haben, wenn ich sie nicht aufthue«. Ihr Gewissen sei rein: »Was aber mein Verbrechen, habe bis dato nicht erfahren.«

Dieser Brief kommt in Dresden zu Löwendahls Akten.

Löwendahl fordert sie schriftlich auf, das bewußte Dokument auszuliefern. Constantia schreibt Hautcharmois, »ich muß zugeben, daß ich sehr unglücklich mich immer in der Wahl meiner Freunde irre«. Löwendahl liest auch diesen Brief.

Kein Beauftragter des Königs kommt zu Constantia in die Festung, es gibt keine Anklage, keine Verteidigung. Sie kann nur Briefe schicken in der Hoffnung, daß irgendein Schreiben Wirkung zeigt bei denen, die ihre Post zensieren.

Fortuna, die Glücksgöttin, ist freundlich zu August. Der Bürgerkrieg in Polen ist beendet. Unter dem Druck russischer Truppen haben die Aufständischen mit seinen Vertretern unterhandelt und einen Vertrag geschlossen.

Der König verpflichtet sich, das sächsische Militär aus Polen abzuziehen. Dafür werden sämtliche Adelsvereinigungen im ganzen Land aufgelöst. Der Adel darf die Kronarmee nicht mehr ohne die Zustimmung des Königs aufbieten, und die adligen Güter unterliegen einer ständigen Besteuerung. Andererseits bekräftigt der Vertrag, daß die sächsisch-polnische Verbindung nur eine Personalunion ist: Sachsen und Polen gehören nicht zusammen.

Dieser Punkt beunruhigt August wenig. Jeder Vertrag beschreibt nur, was ist, nicht, was sein soll. So hat er es bisher immer gehalten, und so halten andere Fürsten es auch.

Ein eintägiger stummer Reichstag ratifiziert den Vertrag am 1. Februar 1717, und es regt die adligen Herren sehr auf, daß der König auf diese unerhörte Weise ihre Goldene Freiheit, ihr Recht auf ein Veto, bricht. Aber hinter August steht der Zar.

Das Ausland ist beeindruckt von diesem Vertrag. Die Macht des Königs hat zugenommen. Nun muß nur noch die österreichische Heirat zustande kommen. Die Verhandlungen zwischen August und dem Papst, dem Papst und dem Kaiser, dem Kaiser und August haben einen Rückschlag erlitten. Der Sohn des Kaisers, ein Säugling, ist gestorben. Aber die Kaiserin ist noch jung.

Löwendahl hat einen Brief Constantias erhalten. Sie bringt erhebliche Klagen vor. Er erschrickt. Diesen Brief kann er nicht einfach zu den Akten legen, die Offiziere in Stolpen, Heineke und Wehlen, der Kommandant, kennen ihn. Er schickt ihn Watzdorf. Watzdorf leitet ihn weiter nach Warschau an den König.

August ist erbost über diesen Brief. Constantia hat den Ehevertrag und gibt ihn nicht zurück. Ihre Gründe interessieren ihn nicht. Er befiehlt, und sie muß gehorchen. Sie widersetzt sich der Macht des Königs.

Er läßt einen Sekretär den Brief nach Punkten auflisten, setzt sich am 6. März 1717 hin und geht auf alle Punkte ein. »Meine Gedanken und Anmerkungen« sollen Löwendahl und Watzdorf als Instruktionen für ihre weiteres Vorgehen dienen.

August äußert sich ungeduldig und abweisend. Trotz des langen Schreibens bleiben seine Gefühle für mich unscharf. Mich macht stutzig, daß er sich überhaupt rechtfertigt. Ich vermute zwei persönliche Motivkomplexe:

1. Die politische Gefahr ist vorüber, und er ist böse, weil er aus kurzfristiger Not langfristig etwas veranlaßt hat, Auslieferung und Haft, was ihm zuwider ist, und das schiebt er nun von sich und lastet es Constantia an.

2. Aus seinen Anmerkungen sprechen dieselbe Verletztheit, die Kleinlichkeit und der Haß wie aus vielen sich lange hinziehenden Scheidungskorrespondenzen unserer Zeit. Sicher ist er ein absoluter König des frühen 18. Jahrhunderts und sie seine Untertanin. Aber zugleich ist er nur ein Mann, der eine Frau erobert und sie trotz aller Treueschwüre verlassen und den Vertrag mit ihr gebrochen hat und der sich nun rechtfertigen will.

Constantia wundert sich in ihrem Brief an Löwendahl, daß man jetzt nichts mehr von den Vereinbarungen wissen will, die zwischen dem König und ihr vor eineinhalb Jahren getroffen wurden.

August schreibt, er habe viel mehr Grund sich zu verwundern, »daß sie es wagt, sich zu beklagen, man habe nicht gehalten, was man ihr versprach, denn sie ist es, die in jeder Hinsicht versäumt hat, wozu sie verpflichtet war«.

Constantia bemerkt, daß man ihr das »congé« vorenthält.

Ein »congé« ist das offizielle Abschiedsgeschenk, das jemand bekommt, der aus dem Dienst des Königs scheidet. Wenn sie jemand ist, den man als Dienerin einstellt und nach Belieben fortschicken kann, wenn sie also nicht die Frau des Königs war, sondern die Mätresse vom Dienst, dann will sie auch ein »congé«.

August versteht ihren Spott und schlägt hart zurück: Sie ist eine Mätresse. »Unter welchem Haushaltstitel kann sie ein Abschiedsgeschenk verlangen? Ist sie am Hof bedienstet gewesen, beim Staat oder in der Armee? Ist es Brauch, daß man Mätressen offizielle Abschiedsgeschenke überreicht?«

Constantia beklagt sich, daß Löwendahl und Watzdorf ihre Briefe an sie ohne Unterschrift und Datum schicken und sich dunkel und unklar ausdrücken bis auf ihre Forderung nach dem Original aus Rantzaus Besitz, mit der die beiden sie nach allem, was vorgefallen ist, verhöhnen.

August sieht das anders: »Sie ist es, die durch ihr ganzes Benehmen erkennen läßt, daß sie alle verhöhnt.«

Constantia hat mehrfach gebeten und bittet noch einmal darum, daß jemand zu ihr nach Stolpen zu einem Gespräch kommt.

August überläßt es Watzdorf und Löwendahl, ob sie Constantia besuchen, allein, zu zweit oder gar nicht.

Constantia versichert, daß das Dokument nicht unter ihren Papieren ist, sondern in Händen von Leuten, die daraus gute Rechnung ziehen wollen. Sie ist bereit, es dem König zurückzugeben, vorausgesetzt, er bewilligt ihr, was man ihr nicht verweigern kann, nämlich ein Leben in Ehren, »ohne das ziehe sie es vor, ruhmvoll unterzugehen«.

August bezweifelt stark, daß sie das fragliche Dokument dem Grafen Rantzau anvertraut hat. »Aber wie kann man sich auf sie verlassen, nachdem sie so oft ihr Wort gebrochen hat.«

Constantia klagt, man habe sie dreimal »abusée«. »Abuser« heißt täuschen, aber auch mißbrauchen, vergewaltigen. Dreimal: Man habe ihre Häuser genommen, ohne sie zu bezahlen, man habe alle ihre Papiere genommen, ohne ihr den Freibrief zu geben, man habe ihr das Versprechen des Königs verweigert, daß sie in Sicherheit nach Sachsen zurückkommen könne, wenn sie die Berliner Angelegenheit beendet habe.

August antwortet, wenn sie das Dokument herausgegeben hätte, wie sie es zugesagt habe, dann hätte er alle Versprechen gehalten. Aber ihr unregelmäßiges, wildes Benehmen in Berlin, »die kühnen, wenig respektvollen und indiskreten Reden, die sie dort geführt, die Briefe, die sie in demselben Stil geschrieben hat, haben erzwungen, daß man mit ihr zu den Extremitäten kommen mußte, zu denen man gekommen ist«.

Als sie zum Schluß darum bittet, den Kammerdiener doch endlich nach Berlin in ihre Wohnung reisen zu lassen, schlägt er es ab: Wenn das fragliche Dokument an einem Ort sei, von dem er es erhalten könne, werde sie es von diesem Kammerdiener woandershin bringen lassen, und sie würde es »so gut verstecken lassen, daß man es niemals wiederfinden kann«.

Auf der Festung Stolpen wird Hauptmann Heineke abgelöst. Er ist zu mitleidig mit der Gräfin, erlaubt ihr zuviel. Sein Nachfolger ist sein Vorgänger: Hauptmann Johann Holm. Heinekes Ablösung ist eine deutliche Warnung für ihn.

Dicke Akten wachsen nun in Dresden mit Nachrichten, die aus Stolpen über Constantia einlaufen, mit Verdächtigungen, Vorsichtsmaßnahmen, Befehlen, die Holm und der Festungskommandant Wehlen anfordern, wenn die Gräfin Tee kochen will oder ein Spinnrad haben möchte oder einen Schrank.

August befiehlt Löwendahl und Watzdorf am 17. März 1717 aus Warschau, daß sie einen Vertrauten nach Drage schicken. Er tröstet Watzdorf, der sich über Constantias boshafte Sprache ihm gegenüber beklagt hat: »Mir scheint, das dürfte Ihnen nichts ausmachen, und Sie müßten sich über das stellen, was eine aufgebrachte Frau sagen kann, um so mehr, als Sie nichts getan haben, was ich Ihnen nicht befohlen habe, und ich Ihr ganzes Benehmen gebilligt habe und billige.«

Der Bevollmächtigte Göttsche reist nun nach Drage zum Grafen Wilhelm Adolf Rantzau, dem jüngeren Bruder von Christian Detlev in Spandau. Wilhelm Adolf gibt nach langem Widerstreben zu, daß im Familienarchiv in Drage ein mit fünf Siegeln verschlossenes und an die Baronin von Hoym adressiertes Paket liegt. König August versichert ihm schriftlich, daß er ihn gegen jeden Rechtsanspruch der Gräfin Cosel auf Schadenersatz und Wiedergutmachung vertreten und sie nicht eher entlassen werde, bis Rantzau volle Sicherheit über die rechtlichen Folgen der Auslieferung des Pakets habe.

Endlich hat August den Ehevertrag zurück. Er vernichtet ihn.

Doch jetzt ist keine Rede mehr davon, daß Constantia nach Pillnitz darf, wenn er den Vertrag hat. Er müßte ein Unrecht eingestehen: Sie hat nicht gelogen. Sie hat es an Respekt, an Subordination fehlen lassen, hat ihn an frühere Versprechen erinnert, versucht, mit ihm zu rechten. Er hat Leute wegen viel geringerer Verbrechen gegen die Majestät einsperren lassen. Auf Majestätsbeleidigung steht Todesstrafe.

Nur Watzdorf bleibt beunruhigt. Nachdem er Constantia anfangs glaubte und ihr zur Reise nach Berlin riet, hat er seine Meinung geändert und den König in seinem Glauben bestärkt, daß sie ihn täusche. Nun stellt sich heraus, daß das ein Irrtum war. Er hat Angst, daß August ihm das vorwirft und er die Gnade des Königs verliert. Er ist ein Adliger wie Constantia, denkt und schlußfolgert wie sie. Aber der König läßt ihm noch einmal ausrichten: »Seine Majestät ist weiterhin sehr zufrieden über die Art, in der Ihre Exzellenz in den Angelegenheiten der Gräfin Cossel verfahren.«

Die Töchter läßt August in Depenau. Geld bekommt Anna Margarethe nicht mehr.

Der Ehevertrag kam für ihn im rechten Moment aus Drage. Die Aussicht auf die österreichische Heirat und damit auf das Bündnis mit dem Kaiser gegen den lästigen Zaren und auf die Landbrücke nach Polen hat sich verbessert. Die Kaiserin hat am 13. Mai 1717 eine Tochter zur Welt gebracht. Die Urenkelin Anton Ulrichs heißt Maria Theresia.

Nun vereinbart der Kaiser die Verlobung seiner ältesten Nichte Maria Josepha mit dem Kurprinzen von Sachsen.

Anna Sophie von Dänemark, die Mutter des Königs, stirbt am 1. Juli 1717. Am 11. Oktober erklärt der Kurprinz in Wien öffentlich seinen Übertritt zur katholischen Kirche. Es ist das zweihundertste Jahr der Reformation. Tiefe Erbitterung herrscht in Sachsen, aber nirgends kommt es zu den gefürchteten Ausschreitungen.

Die Macht des Königs wächst.

Constantia entschuldigt sich im Juni 1717 bei August dafür, daß sie ihm den Ehevertrag nicht verschaffen kann. Sie heißt Constantia, Beständigkeit, und sie ist beständig: Sie sei die beste Freundin, die er habe.

Wenige Tage danach erfährt sie, daß ihr Ehevertrag längst ausgeliefert ist. Ihr Schicksal sei nun in Händen von Leuten, schreibt sie Löwendahl, »die Gott dafür danken, daß sie weder Gewissen noch Redlichkeit besitzen« – eine Anspielung, die Löwendahl wohl versteht, die ihr aber wenig hilft. Doch Worte sind die einzige Waffe der Ohnmächtigen.

Noch immer ist sie krank. Die Folgen des Schlaganfalls bessern sich kaum. Sie hat Kopfweh, Magenschmerzen und kann kaum gehen. Der Apotheker von Stolpen kommt zu ihr, und sie kann ihm eine Nachricht an Pörlhäffter und Christian Kluge, den Verwalter von Pillnitz, zustekken. Aber Hauptmann Holm findet es heraus.

Ihr Leben auf Stolpen ist ärmlich. Ein Gefangener muß sich selbst versorgen, doch die Lebensmittel aus Pillnitz kommen nur in unregelmäßigen Abständen. Oft kann sie ihren Dienern kaum ausreichend Essen noch den Lohn geben.

Im April 1718 wird ihr die Verfügung über ihr Privatvermögen und über ihr Kreditgeschäft entzogen. Die Hof- und Justizräte Karl Gottlieb Ritter und Johann Heinrich Exß sind nun ihre Kuratoren, Christian Gottlieb Pohle der Administrator und Rechnungsführer. Die bürgerlichen Doktoren weigern sich erst, das Kuratorenamt zu übernehmen, und sagen, sie könnten ohne Zustimmung der Gräfin nur handeln, wenn diese amtlich entmündigt werde. Doch das Geheime Kabinett wischt diesen rechtlichen Einwand weg. Man will kein Aufsehen, kein Entmündigungsverfahren. Constantia ist faktisch entmündigt.

Sie bittet Pörlhäffter im Sommer 1718, er möge ihr doch endlich die seit einem dreiviertel Jahr bestellte Leinwand schicken, »weil ich kein Hemt noch Betziege habe, da nicht zum wehnigsten 6 oder 7 Flicken darauf seint. Holm und Doctor Tropaneger haben es gesehen, das sie sich beyde davor entsetzen haben, so werde ich gehalten im Hauße derer die mich lieben.«

Es erschüttert sie, als sie im November 1718 durch ihren Verwalter Kluge erfährt, man habe in Pillnitz ihr Bett und das Bett des Königs fortgenommen, und sie bittet sehr darum, die Betten doch wieder an ihren alten Platz zu stellen.

Der einzige Gegenstand, den sie aus Pillnitz bekommt, ist ihr alter Lehnstuhl. Er ist »versilbert, jedoch ziemlich abgewetzt«, wie die Beamten feststellen. Im Juni 1719 fleht sie wieder um ihre Entlassung aus der Festungshaft: Sie will alles, was sie besitzt, als Kaution dafür geben, daß sie in Sachsen bleibe. In der Festung komme sie um ihre Gesundheit.

August verlangt von ihr, daß sie ihm Pillnitz gibt. Das ist ein schrecklicher Schlag für Constantia, der ihre Qualen verdoppelt und ihr den Mut nimmt. Sie weiß nicht, wie sie in Stolpen existieren soll ohne die Einnahmen aus Pillnitz. August bietet ihr das Gut Zabeltitz zum Tausch an, das er von seiner Mutter geerbt hat. Constantia will Pillnitz behalten, das als Erbe ihren drei Kindern zugesagt ist. Nur wenn der König das Gut bezahlt, wird sie einverstanden sein. Sie sieht kein Verbrechen darin, ihren Besitz nicht verlieren zu wollen, schreibt sie Flemming. Nichts bleibt ihr von den Gütern, die der König ihr gegeben hat. Aber sie will alles ausliefern, wenn er ihr »ehrenhaft und großmütig meine Freiheit« wiedergibt. Doch ihr Pillnitz zu nehmen und sie in Gefangenschaft zu lassen, dem kann sie nicht zustimmen, es wäre besser, wenn man ihr gleich das Leben nehme, »ich verlange nichts als Gerechtigkeit«.

Der König nimmt Pillnitz im August 1719. Constantia fühlt sich, als sei sie in »Sklaverei«. Sie ist »geplagt vom Gefängnis, von Krankheit und von dem Eingeschlossensein«, das ihr die Luft zum Leben nimmt. Sie will sterben, denn in der kalten Erde würde es ihr besser gehen als im Leben.

Sie erholt sich, beginnt wieder, sich zu wehren: »Es ist der Herr von Watzdorf wohl wissend, daß es nicht königlich Meinung, daß man mich crepiren lassen soll, da alle andern sich in das Meinige theilen und ich muß wie ein armer Hund mit lauter Bedürfnissen mich behelfen.«

Als wieder einmal Lebensmittel und Geld für Feuerung ausbleiben und Hauptmann Holm ihr sagt, sie müsse warten und sich behelfen, bis der Hofrat Ritter komme, schickt sie Wackerbarth, der nun Kommandant von Dresden ist und dem die Festungen Königstein, Sonnenstein und Stolpen unterstehen, ein Paar diamantene Ohrringe mit der Bitte, er möge darauf für sie Geld leihen, es ginge ihr schlechter als den Bausklaven. Wackerbarth schickt die Ohrgehänge sofort zurück und mit ihnen fünfhundert Taler für sie an Hauptmann Holm.

Im Sommer 1720 verlangt Löwendahl von ihr, daß sie unterschreibt, sie habe ihre jährliche Pension bekommen. Constantia weigert sich. Lieber will sie trockenes Brot essen, Wasser saufen und in Leinwand gekleidet gehen, meint sie, als daß sie Sachen unterschreibe, die sie nicht erhalten habe, und anderer Leute Bediente durch ihr Unglück reich und zu Pensionären würden. Daraufhin entzieht August ihr »wegen ihrer üblen Aufführung und ungebührlichen Bezeigens« die Pension.

Die bürgerlichen Kuratoren bieten der Gefangenen einen gewissen Schutz. Pillnitz wird auf 64 132 Taler geschätzt, und Constantia bekommt von nun an fünf Prozent Zinsen auf diese Summe als jährlichen Lebensunterhalt. Hiervon werden allerdings die Kosten für die Erziehung ihres Sohnes abgezogen, um die Constantia sich sehr sorgt und die sie brieflich zu beeinflussen versucht. Die Kuratoren stellen im Herbst 1721 auch fest, daß die 30 000 Taler für die Häuser ihres Mündels immer noch nicht eingegangen sind, und legen den Kaufvertrag vom November 1715 vor, den der König selbst unterschrieben hat. Constantia hat man dies als fehlenden Respekt ausgelegt, aber die wachsende geordnete Verwaltung sorgt dafür, daß auch die Großen und selbst der König sich an Verträge halten müssen.

Im Oktober 1721 wird Constantia wieder sehr krank. Sie hat Angst, man wolle sie vergiften, und nimmt nur die Medikamente ein, die der Apotheker aus Stolpen in ihrem Beisein zubereitet.

In diesem Jahr 1721 ist der Nordische Krieg beendet.

1718 starb Karl XII. im Laufgraben von Frederikshald in Norwegen. In einer stillen Nacht bekam er eine Pistolenkugel durch den Kopf. Niemand wußte, wer sie abschoß, die dänischen Feinde oder ein Attentäter aus den schwedischen Reihen. Man setzte den Sarg in der Ryddarholmskirche in Stockholm bei und umgab den toten König mit seinen eroberten Fahnen. 1718 kam auch Rehnskjöld aus russischer Kriegsgefangenschaft zurück, neun Jahre nach Poltawa, er war bald siebzig. Piper war zwei Jahre vorher in der Gefangenschaft gestorben.

Karls Schwester Ulrika Eleonora wurde nun Königin von Schweden. England vermittelte die Friedensschlüsse Schwedens mit seinen Gegnern und versuchte dabei vergeblich, Rußland aus Nord- und Mitteleuropa hinauszudrängen. Drei Jahre dauerte es, bis der letzte Friedensvertrag unterschrieben war:

1719 verlor Schweden die Herzogtümer Bremen und Verden an Hannover;

1720 verlor es einen Teil Vorpommerns, Stettin und die Odermündungen an Preußen;

1721 verlor es Livland, Estland, Ingermanland und Karelien an Rußland.

Frederik von Dänemark bekam das Herzogtum Schleswig und den größeren Teil von Holstein und durfte nun auch von schwedischen Schiffen den Sundzoll bei Helsingör erheben.

August von Polen bekam kein Land. Livland, das zu erobern er ausgezogen war, hatte Zar Peter ihm zwar mehrfach versprochen. Doch der Zar behielt, wie der Livländer Patkul befürchtet hatte, den Braten für sich.

Nach einundzwanzig Jahren Krieg ist das Ende der Großmachtstellung Schwedens besiegelt. Rußland ist an seine Stelle getreten. Der Zar ist der große Sieger des Nordischen Krieges.

Das Haus Wettin hat sich mit dem Haus Habsburg verbunden. Die Hochzeit des Kurprinzen mit der Kaisertochter fand 1719 in Dresden statt. Das Bündnis zwischen König August und dem Kaiser vom selben Jahr soll August helfen, sich in Polen gegen den Zaren zu behaupten und auch gegen Preußen.

Die Macht der drei Monarchen, die vor einundzwanzig Jahren den Krieg begannen, ist groß geworden in ihren Ländern. Die Könige und der Zar haben über den Adel gesiegt.

Der Zar sah in seinem Sohn Alexej den Anführer einer Rebellion gegen seine Reformen. Der Zarewitsch floh, der Vater ließ ihn sich ausliefern. Der Sohn wurde zum Tode durch Enthaupten verurteilt und starb in der Nacht nach der Urteilsverkündung unter ungeklärten Umständen. Die kleine Prinzessin von Wolfenbüttel ist schon lange tot. Sie wurde kaum einundzwanzig Jahre alt. Sie starb an den Prügeln des Zarewitsch und an gebrochenem Herzen.

Der König von Dänemark, nun alleiniger Landesherr in Schleswig und dem größten Teil Holsteins, streckt die Hand auch nach der Grafschaft Rantzau aus. Christian Detlev Rantzau ist 1720 aus der Gefangenschaft des preußischen Königs zurückgekehrt. Als er am 10. November 1721 in der Nähe seines Schlosses ins Holz reitet, um Schnepfen zu jagen, wird er aus dem Hinterhalt erschossen. König Frederik setzt in Rendsburg eine Mordkommission ein. Die Kommission kommt zu der Ansicht, daß Graf Wilhelm Adolf an dem Mord nicht unbeteiligt war. Als er das nächste Mal durch dänisches Gebiet nach Hamburg fährt, wird er in Pinneberg verhaftet und nach Rendsburg gebracht. Das Gericht dort verurteilt einen Kapitän Detlef Prätorius wegen Mordes an Christian Detlev zum Tode mit dem Schwert, drei andere Beteiligte bekommen lebenslanges Gefängnis. Aber der Prozeß gegen den Grafen Wilhelm Adolf geht weiter. Er ist seit zehn Jahren in kinderloser Ehe mit einer Gräfin zu Sayn-Wittgenstein verheiratet, und König Frederik sorgt dafür, daß sie ihren Mann niemals in der Haft besuchen darf, wie es doch sonst üblich ist. Sie soll nicht doch noch ein Kind bekommen, denn es gibt ja den alten Vertrag: Wenn diese Linie der Rantzaus ausstirbt, kriegt der König von Dänemark die Grafschaft. Viele Jahre später, 1726, wird Wilhelm Adolf wegen Ermordung seines Bruders zu lebenslanger Gefangenschaft verurteilt. Der König von Dänemark läßt ihn weit weg nach Kristiania auf die Festung Akershus bringen.

6.

König August will Constantias gesamten Besitz zu seiner Verfügung haben. Er ordnet an, ihre Kisten in der Hamburger Bank und ihren Haushalt in Berlin wieder nach Sachsen zu schaffen und herauszufinden, wo ihre Diamanten und Perlen sind.

Löwendahl macht sich mit Elan an die Arbeit. Seit Hoym Dresden verlassen hat, unterrichtet niemand mehr den Oberhofmarschall über die Staatsgeschäfte, und er ist vollends ein Mann ohne Bedeutung geworden. Er macht das Aufspüren von Constantias Eigentum zu seiner Hauptaufgabe, um sich doch wenigstens so die Gnade des Königs zu erhalten.

Constantia verweigert jede Auskunft. Sie meint, Löwendahl und seine Helfer wollen sie berauben. Ihr Besitz soll an ihre Kinder kommen. Sie glaubt nicht, daß August, wenn er nur wüßte, wie man ihr zusetzt, das billigen würde.

416

Der König aber hat eine ordentliche Kommission unter der Leitung eines Kammerherrn von Schwan und des Oberrechnungsrats Döbner eingesetzt, die ein Inventar von Constantias Sachvermögen aufstellen soll. Über das Geschäftsvermögen legen die Kuratoren jährlich Rechenschaft vor der Oberrechnungsdeputation ab. Doch Constantia in Stolpen weiß nichts vom Fortschritt der Verwaltung seit ihrem Sturz, sie kennt nur die alten Ämter, in denen kaum jemand sich um die Befehle des Königs kümmerte, jeder nur auf der Jagd nach Bestechungen war und in die eigene Tasche wirtschaftete. Beichlings Vermögen war doppelt so groß wie ihres und verschwand doch unauffindbar unter den Höflingen. Sie weiß nicht, daß das Vorgehen der Beauftragten, das sie glauben läßt, sie sei in die Hände ihrer plündernden Feinde gefallen, die Arbeitsweise der neuen Bürokratie ist.

Sie sagt, sie wisse selbst nicht, wo ihre Kostbarkeiten seien. Sie habe sie so gesichert, daß man sie erst herausgeben werde, wenn sie ihre Freiheit habe und sich selbst darum kümmern könne.

Löwendahl läßt alle Personen aufspüren, denen Constantia während ihres Arrestes in Halle Papiere und Gegenstände anvertraut haben könnte. Er sucht den Depositenschein der Bank in Hamburg. Die Bank will die einunddreißig Kisten der Gräfin nur gegen diesen Schein ausliefern. Die Sache geht vor den Hamburger Rat. Die bürgerlichen Ratsherren, selbst Kaufleute, stützen die Bank gegen den König von Polen: ohne Depositenschein gibt man Eigentum von Kunden nicht heraus.

Löwendahl setzt dem Leutnant d'Hautcharmois nach. Auf Bitte Sachsens befiehlt der preußische König seinem Leutnant, zwei Pakete mit Schriften der Gräfin Cosel dem sächsischen Postkommissar Schuster zu geben, der eigens nach Berlin gereist ist. Doch die Siegel der Pakete sind verletzt und die Papiere, wie sich in Dresden herausstellt, ohne Bedeutung.

Löwendahl vermutet, daß Hautcharmois nicht alles ausgeliefert hat. Dem König von Preußen wird nun ein Langer Kerl aus der sächsischen Garde versprochen, wenn er Hautcharmois die Herausgabe des gesamten Besitzes der Cosel anbefiehlt. Hautcharmois versichert aber, daß er nichts weiter habe.

Löwendahls Leute haben Constantias Kammermädchen Katharina Rost verhaftet. Sie sitzt im Stockhaus in Dresden, einem üblen Gefängnis. Löwendahl läßt sie verhören, und sie sagt aus, was sie weiß.

Die Gräfin Cosel rief sie nach Halle, gab ihr die Schlüssel zu den Kisten in ihrer Berliner Wohnung und beauftragte sie, die Kisten nach

Depenau zu bringen. In Berlin traf sie den Oberst von Wangersheim, der so schön die Laute spielt und mit dem ihre Gräfin oft musizierte. Der Oberst sagte ihr und dem Kammerdiener Christian, ihrem Verlobten, die Cosel komme doch nicht wieder los und werde lieber ihnen und ihm die Sachen gönnen, die Kinder hätten einen reichen Vater, der könne sie wohl ernähren. Die Bedienten fanden das einleuchtend. Also öffneten sie die Koffer, Kisten und Schränke in der Wohnung, packten zusammen, was wertvoll war, und Oberst von Wangersheim schickte mehrere Koffer nach Hamburg. Als er das übrige bei Nacht auch fortschaffen wollte und der Postwagen schon mit sechs Pferden bespannt vor der Tür stand, erschien der Kommandant von Berlin, Generalmajor von Forcade, und beschlagnahmte den Transport.

Nach diesem Fehlschlag wollte Wangersheim nun die Koffer haben, die bei Dallwigs, den Freunden der Gräfin in Boizenburg, standen und die das Kammermädchen auch nach Depenau bringen sollte. Der Oberst schickte Katharina und Christian nach Boizenburg. Das Kammermädchen wollte seine Untreue hinter einer Verkleidung verbergen, zog eine Robe seiner Gräfin an und führte sich bei Frau von Dallwig als Frau von Rappen und Beauftragte der Gräfin Cosel ein. Aber Frau von Dallwig ließ sich nicht täuschen. Sie meinte, der Vogel passe nicht zu den Federn, und verweigerte die Herausgabe der Koffer.

Wangersheim reiste nach Hamburg und nahm die Koffer, die er dorthin geschickt hatte, in Empfang. Er blieb einige Zeit in der Stadt und verschwand dann zu Schiff in unbekannte Ferne.

Löwendahl glaubt, daß die Rost noch mehr weiß, und so bleibt sie viele Jahre im Gefängnis. Sie wird dort halb irrsinnig. Man bekommt Angst, sie werde Selbstmord begehen, und das Kabinettsministerium ordnet im März 1723 ihre Entlassung an. Sie muß einen schweren Eid ablegen, niemandem zu erzählen, weshalb sie im Stockhaus saß. Sachsen darf sie vorerst nicht verlassen.

Jahrelang suchen sächsische Agenten den Oberst von Wangersheim in Schweden und in Holland. Schließlich finden sie 1724 heraus, daß er auf einem Gut zwischen Narwa und Reval lebt. Ehe die Agenten dort eintreffen, reist er nach Petersburg. Hier verhaften die russischen Behörden ihn auf Antrag des sächsischen Gesandten. Sie eröffnen einen Prozeß gegen ihn, doch Wangersheim leugnet alles, und die Anklage muß fallengelassen werden, obwohl Verdachtsmomente bestehen, er habe Spitzen aus dem Besitz der Cosel verkauft. Der sächsische Gesandte glaubt Wangersheim nicht, denn auf seinem Bett liegt eine schwere rote Samtdecke, ein Luxusstück, das nicht zu seiner übrigen ärmlichen Einrichtung paßt. Aber beweisen kann er nichts.

Löwendahl läßt den Hofjuden Pörlhäffter vernehmen und ihn, da er schweigt, im Oktober 1721 verhaften. Wochenlang sitzt er im Gefängnis. Er fürchtet, er werde nie wieder seine Freiheit erlangen, und gesteht, daß er Briefe für die Gräfin besorgte.

Löwendahl läßt Pörlhäffter in aller Heimlichkeit und gut bewacht nach Stolpen bringen: Er soll die Gräfin dazu bewegen zu sagen, wo der Depositenschein und weitere Schätze sind. Die Kuratoren Ritter und Exß erhalten Befehl, bei der Untersuchung dabeizusein und einen Arzt mitzunehmen für den Fall, daß die Gräfin bei ihrer bekannten Heftigkeit einen Anfall bekomme. Sie treffen am 4. Dezember 1721 auf der Festung ein.

Pörlhäffter weint und fleht Constantia an, die Wahrheit zu gestehen. Constantia sagt, sie besitze den Depositenschein nicht. Der Leutnant d'Hautcharmois habe für sie nur einige Verse abgeschrieben, die Abschrift sei zwar verlorengegangen, aber seine Verse wüßte sie noch aus dem Gedächtnis, und sie sagt Löwendahls Kommissaren und den Kuratoren einen Vers auf:

»Pour Vous donner de nouvelles louanges,
L'amour n'a point de termes assez doux,
Il faut parler le langage des anges
Pour en trouver, qui soient dignes de Vous.«

Auf deutsch und ohne Reim: Um Ihnen neue Lobpreisungen zu sagen, hat die Liebe keine Ausdrücke, die süß genug wären, man muß die Sprache der Engel sprechen, um Worte zu finden, die Ihrer würdig sind.

Gewissenhaft schreiben die Beauftragten den Vers für ihren Bericht an den Oberhofmarschall mit. Die Herren selbst sprechen keineswegs zu Constantia in der Sprache der Engel. Sie zeigen ihr einen königlichen Durchsuchungsbefehl und sind verwundert, als die Gräfin sich gerührt freut, »daß sie Sr. Majestät liebe Hand zu sehen bekomme«.

Zwei Tage lang durchsuchen sie Constantias Zimmer, ihre Truhen, den Schrank und die Kleider. Constantia hilft ihnen mit spöttischem Übereifer, reißt alle Kleider heraus und schüttelt sie aus. Dann muß sie sich in Gegenwart der Ehefrau des Kommandanten der Festung und einer Hauptmannsfrau ausziehen und leibesvisitieren lassen. Die Herren finden in einer Zuckerdose siebenundvierzig Dukaten. Das ist schlimm für Hauptmann Holm und den Kommandanten, denn die Gräfin darf keinen Groschen besitzen.

Zurück in Dresden kommt Pörlhäffter wieder ins Gefängnis. In seiner Angst vor lebenslanger Haft gesteht er, er habe mehrfach geheime Mitteilungen von der Gräfin erhalten. Im Dezember 1722, nach über einem Jahr Gefängnis, wird er entlassen.

Auf der Festung beginnen die Untersuchungen, wie Pörlhäffter zu den Mitteilungen der Gräfin kommen konnte. Es stellt sich heraus, daß Constantia die Briefe teils zum Fenster hinaus an einem Bindfaden hinabließ, teils durch ihren Lakaien Gäbler dem Leutnant Melchior Johann Helm zuschickte. Helm gehört zur Festungsgarnison, nicht zu den Wachsoldaten. Er gesteht, die Gräfin habe ihn mit zwölf Dukaten bestochen, mehrere Briefe an Pörlhäffter zu befördern.

Helm und Gäbler wird der Prozeß gemacht. Constantia weint vor den Kommissaren, sie sei an allem schuld, schreibt Bittbriefe nach Dresden. Das Urteil gegen Helm lautet auf Abhauen von zwei Fingern der rechten Hand und Enthauptung. Ein Befehl des Königs begnadigt ihn: Er soll zum Tode vorbereitet und auf den öffentlichen Richtplatz geführt werden, wo ihm aber dann die Gnade zu verkünden sei, daß der König ihm das Leben schenke und er für sechs Jahre auf den Festungsbau gebracht werde.

Constantia kämpft weiter um Helms Freiheit. Im Mai 1725 erreicht sie ihr Ziel. Helm wird ganz begnadigt. Er ist unbemittelt, und sie schickt später ihm und seiner Familie regelmäßig Geld.

Der Lakai Gäbler wird für zehn Jahre des Landes verwiesen.

Löwendahl hat den Depositenschein der Hamburger Bank noch immer nicht. Ein braunschweigischer Rittmeister von Broizem meldet sich bei ihm und behauptet, er wisse, wo die Gräfin ihre Dokumente verwahre. Er will sie herbeischaffen, wenn er tausend Taler bekomme und zum Kommissionsrat ernannt werde. Löwendahl geht auf diese Bedingung ein, traut dem Rittmeister aber doch nicht ganz und gibt ihm den Kommissionsrat und Kreisamtmann von Meißen, Johann Friedrich Fleuter, zur Seite. Broizem und Fleuter reisen nach Depenau.

Anna Margarethe, nun fünfundsiebzig Jahre alt, lebt allein auf dem Gut, Joachim ist tot, die Enkeltöchter sind wieder in Dresden. Sie gibt zu, daß sie Schriften und Papiere ihrer Tochter besitze. Für die Schriften verlangt sie die Freiheit ihrer Tochter.

Langwierige Verhandlungen finden statt, an denen auch der Geheime Rat in Dresden beteiligt ist. Die Räte wissen nicht, was die Gräfin Cosel so Kriminelles oder Enormes begangen haben könnte, daß sie mit ewigem Gefängnis bestraft zu werden verdient, und meinen, wenn es nur darum gehe, ihr einen Zaum anzulegen, weil sie sich gegen verschiedene Leute ungebührlich benommen habe, so könne man das auch, wenn man sie aus der Festung befreie, aber sonst genügend einschränke.

Anna Margarethe macht mit König August einen Vertrag: Sie wird alles hergeben, was in Depenau ihrer Tochter gehört. Dafür soll vom

Verkaufserlös der Wertsachen ihrer Tochter für Constantia ein Rittergut oder eine Herrschaft mit einem bequemen Wohnhaus in Sachsen gekauft werden. Die Gräfin wird vor ihrer Entlassung einen Eid leisten: Sie werde von dem ihr angewiesenen Wohnort nicht fortgehen; werde ohne königliche Erlaubnis von ihrem Vermögen nichts verkaufen, verschenken, verpfänden und auch kein Testament machen; sie werde sich nicht verloben oder verheiraten ohne Einwilligung des Königs; sie werde nichts tun, woraus dem König, seinen Dienern oder Privatpersonen Verdruß oder Schaden erwachse oder was die Öffentlichkeit dazu bringe, sich ein Urteil zu bilden.

Die Erfüllung dieses Vertrages sichert August Anna Margarethe eigenhändig »bei Unserem Königlichen Wort« am 16. Dezember 1723 zu.

Anna Margarethe liefert die Kisten und Koffer aus.

Die Kisten werden nach Sachsen gebracht und geöffnet. Geschäftspapiere sind darin, alte Verwaltungsunterlagen über Pillnitz, aber nicht der Depositenschein. Der Vertrag mit Anna Margarethe Brockdorff soll nun nicht mehr gelten.

Der Kurator und Justizrat Ritter reist im April 1724 nach Stolpen und berichtet Constantia von dem Vertrag: Er könne doch noch in Kraft treten, wenn sie den Depositenschein ausliefere.

Ritter hat zwei Unterredungen mit Constantia, die eine dauert vierzehn Stunden, die andere acht.

Kein Haxthausen kommt durch die Nacht geritten und erzwingt sich Einlaß in die Festung. Niemand zeigt ihr die Handschrift und den wahren Willen des Königs, warnt sie davor, seine Gnade auszuschlagen, um sie nicht für immer zu verlieren. Ihr Freund Haxthausen, der in eisiger Nacht zu Beichling auf den Königstein ritt, hat jetzt eine untergeordnete und schlechtbezahlte Stellung bei der Post.

Constantia lehnt das Angebot Depositenschein gegen Freiheit nicht ab. Aber sie will sich die Gewißheit verschaffen, daß es keine Falle ist. Sie verlangt von Ritter, man möge ihr eine Unterredung mit ihrer Mutter oder mit Hautcharmois an der sächsischen Grenze gestatten.

Dr. Ritter, der bürgerliche Jurist, der sich um Rechtssicherheit bemüht, stellt einen entsprechenden Antrag in Dresden und unterstützt ihn.

August lehnt den Antrag ab mit der Begründung, daß sie mit der Unterredung nur den an Hautcharmois gekommenen Koffer oder Teile seines Inhalts weiter verbergen statt herbeischaffen wolle. Ritter möge ihr im übrigen raten, die kostbaren Ohrringe, die sie noch bei sich habe, abzugeben und zum Besten der Kinder verkaufen zu lassen.

Nun beginnen neue Verhandlungen mit Hautcharmois über den Depositenschein. Im August 1724 ordnet der König an, man solle ihm für die Herausgabe der anvertrauten Sache eine Generaladjutantenstelle und sechs- bis zehntausend Taler versprechen.

Hautcharmois sagt, daß er den Koffer nicht mehr besitze: Er war ihm zu gefährlich geworden, und er hat ihn längst dem Fürsten von Anhalt-Dessau gegeben.

Also wendet man sich an den Fürsten. Den Depositenschein, sagt der Fürst, werde er gerne ausliefern, aber erst, wenn er den Wald bekomme, den er seit Jahren von Sachsen beansprucht.

1727 gelingt es Löwendahl, diese Sache zu erledigen. Im März gibt die Bank die einunddreißig Kisten, die sechzehn Jahre im Kornhaus standen, dem Kommissionsrat Fleuter.

Ob der Fürst den Wald bekommen hat, steht leider nicht in den Akten.

Löwendahl hat nun alles zusammengebracht, was Constantia gehört. Der König übernimmt die Juwelen, die Silbermöbel, das Silbergerät, die Preziosen, die ins Grüne Gewölbe kommen, das goldene Service und verspricht Constantias Kuratoren, dafür 200 000 Taler zu zahlen.

66 558 Taler, 1 Groschen und drei Pfennige hat Löwendahl ausgegeben, um die Coselschen Besitztümer ausfindig zu machen. Manche Leute, in deren Hände sie geraten waren, haben sich an der Auslieferung eine goldene Nase verdient.

Zur Ostermesse 1725 legen die Kuratoren Ritter und Exß eine vorläufige Vermögensübersicht vor. Constantia, die so ärmlich in Stolpen lebt, ist eine reiche Frau. Sie besitzt »624 934 Reichstaler, 5 Groschen 10 Pfennig«. Davon stehen 184 415 Taler, 17 Groschen und 10 Pfennige noch aus, da eine Reihe von Kreditnehmern nicht zahlt. Hinzu kommen die 200 000 Taler des Königs für Gold, Silber und Edelsteine und die 30 000 für die Häuser, die er schon vor Jahren bezahlen wollte, und 64 000 für Pillnitz. Die Kuratoren verwalten das ihnen Anvertraute getreulich und führen Constantias Kreditgeschäfte weiter. Sie verklagen zwar Dünnwald, Callenberg, Weißweiler und eine Reihe von Höflingen, nicht aber den König, der nun bald 300 000 Taler versprochen hat und sie nicht zahlt.

Löwendahl gewinnt sein Ansehen durch seinen Eifer nicht wieder. Er kann sich in Dresden nur halten, weil seine Frau eine Freundin Flemmings ist.

Flemming, der das Studium derselben Menschen in unterschiedlichen Situationen liebt, hat ausreichend Gelegenheit zu beobachten, wie Constantia sich in Festungshaft verhält und verändert. Er korrespondiert mit ihr, nimmt die Lektionen über ihr Benehmen auf, und in ihren Briefen an ihn schimmert manchmal auch ihre alte Spottlust durch. Doch der Briefwechsel ist nur ein letzter müder Schlagabtausch der einstmaligen Freunde.

Constantia beginnt ihn im August 1717 und bittet Flemming um die Fortsetzung seiner Freundschaft, sie werde ihn so wenig wie möglich belästigen. Sie lebt auf der Festung, »verlassen vom Glück, ausgeschlossen von der Gerechtigkeit und vergessen von meinen Freunden«. Sie hat erfahren, daß er es ablehnt, sich in eine so dornige Affäre wie die ihre zu mischen, aber sie bittet ihn trotzdem »um der Liebe Gottes willen«, die Güte des Königs anzurufen.

Flemming antwortet umgehend. Er hoffe, sie glaube ihm, »daß ich niemals gegen Sie war«. Ihm wäre es die größte Freude, ihr zu helfen, doch seit langem seien andere mit ihren Angelegenheiten beauftragt. Er versichert ihr »als ehrenhafter Mann«, er wüßte bis zur Stunde nicht, wie und warum sie verhaftet worden sei, und sehe sich außerstande, ihr zu helfen.

Constantia vertraut auf Flemmings Einfluß und bittet ihn um seinen Besuch. Er möge sich dafür einsetzen, daß sie »mit Ehre« von einem Ort entlassen werde, an dem niemand lange leben könne, ohne selbst zum Hansnarr zu werden nach allem, was ihre Bewacher mit ihr aufstellten. Im Frühsommer des Jahres 1718 besucht Flemming sie. Er facht das alte Spiel und Geplänkel wieder an, reizt sie und schickt ihr nach seinem Besuch zwei Flaschen Wein. Constantia schickt ihm in Anspielung auf das Gespräch ein Buch, in das sie einige Randbemerkungen geschrieben hat, Porträts verschiedener Personen des Hofes, auch ein Porträt von ihm. Flemming, tief gekränkt, dankt ihr für das Porträt, das sie für ihn gewählt hat, sie verletze ihn nicht, er sei Kritik gewohnt. Doch die Porträts der übrigen Höflinge werde er nicht weitergeben, andere Leute hätten wohl kaum so viel Humor wie er. Er liebe das weibliche Geschlecht so sehr, daß alles, was es mache, ihm nur höchst selten mißfalle, aber was sie angehe, so sage man in seinem Heimatland Pommern: »jy kont ju olle nücken nich laaten.«

Constantia hat die schwächere Position, das Spiel der Salons läßt sich von der Festung aus schlecht mit Anmut spielen. Sie versucht, ihn zu besänftigen, schickt ihm selbstgemachten parfümierten Puder, bittet wieder um ihre Freiheit. Flemming antwortet, es hänge alles nicht von ihm ab. Sie solle sich an seinen Rat halten und nicht so ungeduldig und heftig sein.

Sie entschuldigt sich, sie kann nicht anders sein, wie soll sie vergessen, daß sie in Stolpen ist. Sie hat überlegt, ob sie selbst an ihrem Unglück schuld sei. Aber das sei sie nicht, immer sei die Notwendigkeit der Grund für ihr Verhalten gewesen.

Flemming versucht wirklich, mit dem König über Constantia zu reden, doch er muß ihr am 11. März 1719 mitteilen, daß er nichts für sie tun kann. Der König entscheidet über alles selbst. Das habe er ihr gleich gesagt, aber sie wollte ihm nicht glauben.

Im Sommer 1719 ändert sich der Ton der Briefe. Sie klagt ihn an, er habe schuld, daß sie noch immer in Gefangenschaft sitze. Er verteidigt sich, beklagt sich, daß sie ihm nicht mehr schreibe, nennt sich ihren besten Freund. Ihm mache es Freude, ihr zu schreiben, auch wenn sie das nicht wahrhaben wolle. Seine beherrschende Leidenschaft sei »plaisir«, das Vergnügen und der Wille, zu bekommen, was er möchte, ihre aber »l'ambition«, das Streben nach Ehren. Er glaube, daß er ein besserer Freund und besserer Liebhaber sei als andere, aber er fühle sich unsicher ihr gegenüber, wisse nicht, »wo ich bin und wo es Ihnen gefällt, mich zu halten«. Er wirft ihr ihr Streben nach Ehre vor, während er doch nur Freude suche, und versichert sie seiner Freundschaft.

Constantia nimmt ihn beim Wort und bittet um Briefe von seiner Hand. Er antwortet, sie solle es doch nicht so schwernehmen, daß er alles von seinem Sekretär schreiben lasse.

Der Briefwechsel gleicht einem Katz-und-Maus-Spiel, vielleicht erinnert Flemming sich an seine alte Verliebtheit, ist noch oder wieder verliebt, manchmal schreibt er vertraulich, dann wieder zurückweisend, vielleicht ist es nur das Spiel des Hofes, der galanten Welt.

Im Spätherbst 1719 verändert Constantias Schrift sich, wird zittrig. Flemming rät ihr, ihr Eigentum herauszugeben. Sie hält das für nutzlos. Aber wenn er ihr verspreche, ihr zu helfen, werde sie wieder Mut schöpfen. Einige Monate später hofft sie, er werde sie besuchen. Doch er weicht aus.

Ein Jahr später muß sie sich aufs neue gegen Anschuldigungen, sie habe politisch gegen den König gearbeitet, verteidigen.

Constantia wird müde, aber sie ändert sich nicht. Sie verteidigt tapfer ihre Ehre und wehrt sich gegen alle Versuche, sie zur Subordination, zur totalen Unterwerfung zu bringen. Sie kämpft um ihre Selbstachtung, um ihre Existenz, ihr Leben. Flemming behauptet, er wolle ihr helfen, wenn sie sich in bestimmte Vorstellungen schicke und aufhöre, über Leute am Hof beleidigende Bemerkungen zu machen. Sie soll sich endlich höfisch-höflich benehmen.

Constantia kann mit diesen Worten nichts anfangen. Der Briefwechsel Flemmings mit Constantia läuft aus. Es ist alles gesagt, was zu sagen ist. Er endet 1724, als der König den Vertrag mit Anna Margarethe nicht hält.

Flemming war insgesamt sehr erfolgreich in den letzten Jahren. Es ist ihm gelungen, seine Vorstellungen in der Verwaltung und in der Polenpolitik durchzusetzen. Und doch beginnt der König, sich von ihm zurückzuziehen.

Im Januar 1722 schreibt Flemming das Porträt des Königs. Er legt auch in mehreren Aufsätzen die Ergebnisse seiner politischen Tätigkeit nieder. Sie sind offenbar in der Absicht geschrieben, sich zu rechtfertigen. Mehrfach betont er, der König sei der Herr und Meister, er könne befehlen, was er wolle, die Minister müßten mit allem zufrieden sein. Flemming hat auch über sein Verhalten gegenüber den Mätressen des Königs nachgedacht und wohl vor allem über die herausragendste, Constantia:

»Der König liebt die Frauen, es ist wahr, und wer sollte sie nicht lieben. Er liebt sie aber, um sich von der Last der Geschäfte zu erholen, und keineswegs mit romantischer Glut. Doch haben sich infolge des verbindlichen und liebenswürdigen Benehmens des Königs seine Geliebten in den Kopf gesetzt, sich ganz zu Herrinnen seines Willens zu machen und sogar die Geschäfte beherrschen zu wollen. Der Übelstand war, daß einige der Minister aus höfischer Politik sich so gefällig zeigten, den Wünschen der Favoritinnen entgegenzukommen. Ich habe ihnen dies von meiner Seite stets verweigert, jedoch unter dem Erbieten, es zu tun, wenn ich einen Befehl meines Herrn erhalte; da mir niemals ein solcher zugegangen ist, habe ich auf keine Weise mich zur Erfüllung solcher Wünsche verstanden.«

Der König entzieht Flemming den alleinigen Vortrag. Das alte Mißtrauen gegenüber seinem Minister gewinnt die Oberhand.

August beginnt, die Politik wieder allein in die Hand zu nehmen, greift in Flemmings Organisation der Regierung und Verwaltung ein. Über dreißig Jahre war Flemming ein Günstling am Hof. Nun spürt auch er die Macht des Königs.

Constantia blieb nicht viel Zeit, um Toilette zu machen. Warum nur hatte sie nicht gleich auf das Mädchen gehört, als es ihr zum ersten Mal sagte, der König komme nach Stolpen.

Sie öffnete den Schrank und die Truhen, zerrte die wenigen Hofkleider hervor, die vor elf Jahren mit ihr von Halle gekommen waren. Oberkleider, Unterkleider, Ärmel, Leibstücke lagen auf dem Fußboden. Das Zimmer roch nach Kampfer.

August legte so viel Wert auf Kleidung. Sie mußte sich schnell entscheiden. Es war keine Zeit mehr, die Kleider zu bügeln. Sie wählte ein goldenes Kleid mit silbernen Blumen. Die Metallfäden waren an einigen Stellen gebrochen, aber das sah man erst auf den zweiten Blick. Der Glanz des Goldes überdeckte die Schäbigkeit. Den Geruch konnte sie mit Parfüm mildern.

Nadel und Faden, befahl sie dem Mädchen, rasch!

Das Mädchen war Eile nicht gewohnt. Constantia nähte die Ärmel selbst an das Leibstück. Seufzend dachte sie an ihre früheren geschickten Kammerzofen. Sie konnte ihre Ungeduld kaum bezähmen, als das Mädchen ihr langsam das Kleid überzog.

Sicher lachte August sie aus. Damals trug man nur wenige Reifen in den Unterröcken. Heute waren ausladende Reifröcke modern, wie sie vom Fenster aus an den Garderoben der Offiziersdamen sah. Die Generalstaaten von Holland hatten extra eine Aktiengesellschaft für den gesteigerten Walfischfang gegründet, so groß war die Nachfrage nach Fischbein geworden. Wie ausladend würden erst die Röcke der Hofdamen in Dresden sein.

Heute noch würde sie ihre Töchter sehen, ihren Sohn, ihren Enkelsohn.

Constantia setzte sich vor den Spiegel. Wenn sie doch nur ihre diamantenen Ohrringe noch hätte.

Mit ausdruckslosen Augen sah das Mädchen zu, wie sie weiße Schminke auf das Gesicht auftrug und rote auf die Wangen. Siebenundvierzig Jahre war sie jetzt alt.

Der König ist schon da, sagte das Mädchen.

Haarpuder, schnell, sagte Constantia.

Er ist schon in der Stadt, sagte das Mädchen, und die Bürgerschaft ist angetreten, und sie haben ihre besten Kleider an und stehen auf dem Markt.

Ein Kanonenschuß donnerte gegen den Basaltfelsen. Der Fußboden zitterte.

Constantia atmete tief durch. Solange August schießen ließ, hatte sie Zeit. Ein zweiter Schuß.

Hol einen Koffer, befahl sie und wies auf die Sachen, die sie mitnehmen wollte, Briefe, ein paar Bücher, die Bibel. Alles andere mochte hierbleiben. Nie wieder wollte sie etwas in die Hand nehmen, das sie an Stolpen erinnerte.

Ein dritter und vierter Schuß.

Damit hörte das Schießen auf. Constantia schickte das Mädchen hinaus, um zu fragen, was los war.

Die Macht des Königs war groß, und furchtbar waren die Leiden derer, die in Ungnade fielen. Aber sie stand nun wieder in Gnaden. Der König selbst holte sie aus der Festung. Er stellte ihre Ehre vor den Augen der Welt wieder her. Er kam, weil er endlich einsah, daß sie niemals gegen ihn gearbeitet hatte, daß sie damals in Berlin nicht anders handeln konnte, als sie handelte. Er schob die Minister, Beauftragten, Kommissare, Kuratoren, die zwischen ihm und ihr standen, einfach fort. Er war älter geworden und weiser und konnte nun sein Unrecht wegen des Ehevertrages eingestehen. Er wußte, daß sie ihn trotz allem liebte.

Noch ein Tupfer Rot. Sie wollte ihm ein fröhliches Gesicht zeigen. Er liebte keinen Kummer, kein Gejammer. Er sollte sehen, daß sie beständig war, heiter und unverändert. Er kam, um sie zu holen, seine Frau.

Das Mädchen kehrte zurück und schloß die Tür hinter sich.

Man hat mit Kanonen gegen die Felsen geschossen, sagte es, und die Kugeln sind zersprungen, und das Stück einer Kugel ist in die Stadt geflogen und durch das Dach eines Hauses geschlagen, und deshalb haben sie mit Schießen aufgehört.

Constantia stand auf, strich das Kleid glatt. Sie ging zum Fenster. Die Schuhe waren ungewohnt.

Boblick, der seit zwei Jahren Kommandant von Stolpen war, ließ sie nicht benachrichtigen. Das sah dem kopflosen Pedanten ähnlich. Aber sie würde den Wachen nicht sagen, daß sie sie nun vorbeilassen müßten. Sie war die Frau eines Königs und wollte mit königlichen Ehren abgeholt werden, wenn die Gerechtigkeit siegte und sie zurückkehrte an den Hof und in die Welt.

Unten standen die Soldaten, die Bedienten, die Frauen der Offiziere und die Kinder im Sonntagsstaat.

Ihr Herz klopfte. Sie hörte die Trommeln im ersten Hof, die Trompeten. Die Soldaten traten ins Gewehr. Der König kam. Der

König ritt in die schwarze Festung ein, durch den ersten Hof, durch den zweiten Hof, von seinen Herren gefolgt. Sie hörte die Hufe der Pferde auf dem Kopfsteinpflaster. Nun ritt er durch das enge Tor in den dritten Hof.

Constantia beugte sich vor. Langsam kam August näher. Wie dünn er war. Der Mund war eingesunken, sicher fehlten ihm Zähne. Er war jetzt siebenundfünfzig Jahre alt. Sie sah die scharfen Falten an den Nasenflügeln, die schlaffen Wangen. Seine Augen lagen tief in den Höhlen, wurden von den Lidern halb verdeckt, das rechte mehr als das linke. Das herabgesunkene Lid gab ihm einen unendlich müden Blick.

Constantia wurde vor Liebe fast schwach, sie liebte ihn so zärtlich, das Herz zog sich ihr zusammen.

Nun stand sein Pferd unter ihrem Fenster. Ganz nahe war er ihr auf dem Rücken des Pferdes. Er wandte ihr sein Gesicht zu. Sie wollte sprechen, brachte kein Wort heraus, lächelte.

Der König sah zu Constantia hoch. Da stand sie am Fenster des alten Zeughauses und erwartete ihn, schön und strahlend wie früher, energisch und siegesgewiß, hoheitsvoll und ungebrochen. Die Frau, die sich dem Willen eines Königs widersetzte, die ihn um ihrer Ehre willen lächerlich gemacht hatte vor den Augen seiner Minister, die seine Würde und Macht mit ihrem Verhalten verspottete – hatte sie sich verändert? Mußte er wieder seinen Willen gegen ihren stemmen? Er konnte nicht mehr, er wollte nicht mehr.

Es würde bekanntwerden, was bei ihrer Gefangennahme vorgefallen war. Alle Welt würde von der langen Festungshaft erfahren, vielleicht sogar von dem gebrochenen Ehevertrag. Aus dem Aufrühren der Vergangenheit konnte nur Schaden entstehen für den Ruhm des Hauses Wettin. Seine Ehe mit ihr mußte vor der Öffentlichkeit geheim bleiben.

Er dachte an seine Schwiegertochter, die Kaisertochter in dem spanischen Kleid. Das Schweigen, in dem er Constantia gefangenhielt, durfte nicht zerreißen.

Der König führte die Hand zum Hut und hob ihn grüßend ein wenig an. Er wendete sein Pferd und ritt aus dem Hof und aus der Festung.

Nach einer Weile kam ein Bote des Königs zum Kommandanten Boblick und richtete aus, daß der König nicht zum Frühstück käme, er sei bereits auf dem Rückweg nach Pillnitz.

Wenige Wochen nach dem Besuch König Augusts in Stolpen starb die Königin Christiane Eberhardine in Pretzsch, am 5. September 1727. Ihr Hofstaat setzte sie in aller Stille bei. Der König kam nicht zur Beerdigung.

Ein Halscollier aus dem Besitz der Königin schenkte der König seiner jüngsten Tochter Friederike Alexandra von Cosel. Die Damen des Hofes in Dresden beneideten sie darum. 30 000 Reichstaler soll das Collier wert gewesen sein.

Augusta Constantia, die Gräfin Friesen, bekam am 25. November 1727 einen Sohn. Sie starb am 4. Februar 1728 an den Pocken. Sie war zwanzig Jahre alt.

Am 30. April 1728 starb Jakob Heinrich von Flemming auf der Durchreise in Wien. Der Schlag traf ihn, als er gerade neuangekommene Briefe und Depeschen durchsah. Er war einundsechzig Jahre alt. Die Gebühren, die die Wiener Geistlichen für ein Begräbnis forderten, waren seiner Witwe zu hoch. Auch eine offizielle Überführung nach Sachsen war ihr zu teuer: Da Flemmings Reichtum bekannt war, würde jeder Ort, durch den der Leichnam kam, hohe Summen für die Passage verlangen. Sie ließ ihn heimlich nach Sachsen auf das Gut Putzkau, nicht weit von Stolpen, bringen, das Flemming von Haxthausen gekauft hatte. Sein Leichnam wurde oberflächlich einbalsamiert und auf wohlriechende Kräuter gebettet in einen Reisekoffer gelegt. Weil der Tote nicht in den Koffer paßte, schnitt man ihm die Flechsen an den Knien durch. Ein Zeitgenosse, Graf Henckel zu Donnersmarck, schrieb: »So hat der Mann, der in seinem Leben an so vielen und kostbaren Palästen nicht genug gehabt, sich nach seinem Tode als ein Stück Wäsche zusammenlegen und in einen Koffer packen lassen müssen.« Flemming hinterließ sechzehn Millionen Taler. Acht Millionen zog die königliche Kammer in Dresden als unrechtmäßig erworben ein.

Seit Flemmings Tod ließ König August sich auch die jährlichen Abrechnungen der Kuratoren über Constantias Vermögen vorlegen. Er wollte, daß mit ihrem Geld »gute Wirthschaft« getrieben werde. Die meisten Außenstände waren eingeklagt, die Gesamtsumme wuchs langsam an. Sohn und Tochter erhielten ihren Unterhalt von der Mutter, sie bezahlte Reisen und Schulden des Sohnes und machte der Tochter Geldgeschenke.

Constantia schickte dem König im November 1729 einen Brief an ihre Mutter. Sie entschuldigte sich sehr dafür, doch da sie alle anderen Wege schon probiert und den Brief immer wieder zurückbekommen hätte, wüßte sie nun keinen anderen Ausweg mehr. Seit Ritter tot war, besuchte sie niemand mehr, sie war ganz verlassen und wurde schlecht behandelt: »Ich werfe mich zu Füßen Eurer Majestät mit dem größtmöglichen Respekt und Vertrauen und bitte Sie demütig, Ihren Beistand einer Dame nicht zu verweigern, die einstmals Gnade vor Ihren Augen fand.«

Drei Monate später bedankte sie sich beim König für die Erlaubnis, daß sie eine Nachricht von ihrer Mutter erhalten durfte. Am 31. Januar sei ein großes Feuer bei ihren Zimmern neben dem Pulverturm gewesen, schrieb sie. Sie bat, das Pulver woanders zu lagern, da für eine Feuergefahr auf der Festung nicht vorgesorgt sei. Sie bekam keine Antwort.

Die gemeinsame Tochter Friederike Alexandra heiratete am 18. Februar 1730 in Dresden den polnischen Krongroßschatzmeister Anton Mosczynski. Auch sie bekam wie ihre Schwester 100 000 Taler Mitgift aus dem Vermögen der Mutter. Am Hochzeitsabend gab es bei Hof ein großes Souper. Der König, der Kurprinz, die Kurprinzessin und fast alle legitimierten Kinder waren anwesend. Überraschend erschien der preußische König als Hochzeitsgast. Friedrich Wilhelm I. war um zweiundzwanzig Uhr eingetroffen und gleich danach maskiert zum Fest seines Freundes August gegangen.

Im Sommer 1730 kam der preußische König mit seinem Sohn Friedrich wieder nach Sachsen, um den großen Manövern beizuwohnen, die König August bei Zeithain veranstaltete. Planvolle Manöver waren damals noch unüblich und erregten großes Aufsehen. August verband die Truppenschau mit einem phantasievollen Festwirbel. Gastgeberin an seiner Seite war seine Tochter Anna, die Gräfin Orzelska, die sich so gern in weißen Männerkleidern zeigte.

Während König August seine Truppen dem preußischen Freund und Rivalen vorführte, befiel Constantia in Stolpen eine Lähmung des rechten Schenkels. Seit einiger Zeit durfte sie in einem kleinen Kohlgarten arbeiten, und Kommandant Boblick meinte, sie habe sich bei der Ernte übernommen. Er bat den Geheimen Rat um die Erlaubnis, ihr Krankenwärterinnen zu geben. Der Rat fragte den König, und der König gestattete das »jedoch unter erforderlicher praecaution«. Immer noch unterlag die Post der Gefangenen einer strengen Zensur.

Constantia bat Wackerbarth, sich für ihre Befreiung einzusetzen, wobei sie aber davon ausging, »daß sie ehrenhaft ist, sonst würde ich vorziehen, Gift zu schlucken«. Für ihre andauernde Gefangenschaft hatte sie nur eine Erklärung: »Die Rachsucht muß die Überlegung ausgelöscht haben.«

Wackerbarth antwortete ihr, der König sei »noch nicht bereit genug«, um ihrem Gesuch zu entsprechen.

Anfang des Jahres 1731 war Constantia immer noch sehr krank, und Wackerbarth schickte ihr einige Kapaunen. Sie bedankte sich: »besonders vor derselben Güthe, ich habe mich daran delectirt, denn es ist allhier ein sehr miserables Leben, welches bei gesunden Tagen nicht so sehr geachtet als wie es jetzunder schwehr fället, sich hinzuhelffen, und die Mittel, welche ein besseres [Leben] vorschlagen möchten, seind mit so vielen Kyrieleison umgeben, daß einem darvor grauet sich unterwürffig zu machen.«

Ein Jahr später entstand wieder einmal der Verdacht, daß die Gräfin die Zensur umgehe und auf geheimen Wegen Briefe abschicke. Eine weitläufige Untersuchung fand statt, bei der Kommandant von Boblick und Hauptmann Holm sich gegenseitig der Nachlässigkeit beschuldigten. Beide erhielten einen ernsten Verweis aus Dresden.

Boblick erhöhte seine Vorsicht, soweit das noch möglich war. Als der Arzt Constantia ein Lavement, ein Klistier, verordnete, ließ Boblick den Bader aus Stolpen nicht über die Türschwelle der Gräfin aus Angst, die Gefangene könnte ihm eine geheime Mitteilung zustecken. Der Bader mußte unverrichteter Dinge mit seinem Apparat wieder abziehen. Boblick schrieb einen Bericht an den Geheimen Rat und bat um Anweisung. Die Räte in Dresden traten zu einer Sitzung zusammen und beschlossen, der Bader müsse der Kammerfrau zeigen, wie man ein Lavement macht. Boblick müsse aber aufpassen, daß die Kammerfrau dem Bader nichts sage und der Bader nichts der Kammerfrau. Ob das Lavement nach so vielen Tagen noch nötig war, teilen die Akten nicht mit.

Boblick verbot den Dienern der Gefangenen, die Festung zu verlassen. Er wies ihnen besondere Plätze in der Schloßkapelle zu, damit sie nicht mit Leuten aus der Stadt sprechen konnten. Vier Bediente kündigten.

Constantia wollte zwei neue Mädchen einstellen. Beim Vorstellungsgespräch durfte sie nicht mit ihnen reden, durfte sie nur schweigend ansehen. Sie war außer sich über diesen Unsinn und beschwerte sich beim Geheimen Rat über Boblick, der »nach seinem blöden Verstand theils lächerlich, theils ärgerlich, denn man nichts als Ketten, Haspen, Riegel und Schlösser schleppen sieht, als ob ich als der Behemoth in Kurzem abgethan werden sollte«. Wieder berieten die

Räte in geheimer Sitzung: Die Gräfin dürfe mit den Mädchen sprechen, allerdings nur, wenn die Mädchen einen Eid ablegten, nichts weiterzuerzählen.

Am 8. Februar 1733 läuteten die Glocken von elf bis zwölf Uhr vormittags das Trauergeläut, und Constantia fragte Boblick, wer gestorben sei. Boblick verweigerte eine Antwort. Sechs Wochen läuteten die Glocken, und Constantia erfuhr, daß August am 1. Februar 1733 in Warschau gestorben war. Sie glaubte, daß ihre lange Haft nun ein Ende hätte.

Der König litt in den Wochen vor seinem Tode sehr. Seine Umgebung riet ihm von der anstrengenden Winterreise nach Warschau ab, aber er sagte: »Ich fühle die mir drohende Gefahr, doch bin ich verpflichtet, mehr Bedacht zu nehmen auf meine Völker als auf meine Person.«

Während der letzten acht Meilen vor Warschau fiel er zweimal in tiefe Ohnmacht. Als die Minister ihn fragten, ob er nicht seinen Sohn den polnischen Reichsständen als Nachfolger empfehlen wolle, antwortete er, »er habe eine Dornenkrone getragen, stelle seinem Prinzen frei, ob er solche annehmen wolle, wolle ihm die Krone zwar gönnen, aber auch dabei mehr Glück, als er gehabt, wünschen«. Am Tag darauf starb er im Alter von zweiundsechzig Jahren an seiner langjährigen Zuckerkrankheit. Kaum ein Arzt wußte damals etwas über diese Krankheit.

Den Leichnam des Königs begrub man in Krakau, sein Herz, auf seinen ausdrücklichen Wunsch, in Dresden.

Der polnische Adel wählte seinen Sohn, den Kurfürsten Friedrich August II. von Sachsen, am 5. Oktober 1733 als August III. zum König von Polen. Rußland und Österreich unterstützten seine Wahl. Der neue König mußte in den Krieg ziehen und den alten Gegenkönig Stanislaus Leszczyński bekämpfen, den Frankreich unterstützte. August III. siegte, und der königliche Hofstaat, 4000 Personen inzwischen, fuhr zur Krönung nach Krakau.

Constantia trauerte tief um August. Sie trug Trauerkleider und verglich sich in ihren schwarzgeränderten Briefen mit der Witwe Scarron, der Mätresse de Maintenon, die Ludwig XIV. in zweiter Ehe geheiratet hatte: Sie war die Witwe König Augusts.

Sie glaubte, daß am Hof des neuen Königs keine einzige Person lebte, die sich im guten an sie und an die vergangenen Zeiten erinnerte. Siebzehn Jahre war sie nun eingesperrt. Sie schrieb fast nur noch an den Hofrat von Wichmannshausen, ihren Kurator in Dresden, klagte ihm, daß ihr Sohn zwar in Dresden sei, sie aber nicht besuche, klagte über ihre schlechte Gesundheit, ihren Rheumatismus, ein Tag sei wie der andere, sie verzehre sich innerlich, bis Gott ihre Stunde bestimme.

Als das Frühjahr voranschritt und es warm wurde, ging es ihr besser, und sie bat wiederholt den neuen König um ihre Freiheit, bat die Königin, bat die Tochter, ihr zu helfen, flehte Wackerbarth an, sich für sie zu verwenden, und entschuldigte sich, daß sie ihn so oft behellige, schrieb Wichmannshausen: »Sollte es denn keine Möglichkeit sein, S. K. H. dahin zu disponieren, das Sie mit Gnaden die edle Freiheit mir zuständen, den was ist ihnen mit der lengern Qwahl einer alten ungesunden Frau gedient, die so viele trübselige Gewitter ausgestanden, und wenn es zu sagen wehre, umb der Warheit und Billigkeit Hiobs Leyden und Vorwürfe erdulden und noch tragen muß.«

August III. ließ sich alle Angelegenheiten der Gräfin Cosel vorlegen, zeichnete die Order selbst ab. Kein Brief von ihr sollte die Festung verlassen, sie mußte weiter in strenger Isolierung leben. Er wachte persönlich über das Ansehen seines Vaters und den Ruhm des Hauses Wettin.

Wieder mußte Constantia darum kämpfen, daß sie Verbindung mit ihrer nun fünfundachtzigjährigen Mutter halten durfte: »Ich bin so überdrüßig genöthigt zu sein alle mal das jenige zu repetiren worumb so umb ständig gebettelt.«

Im Dezember 1733 erlaubte der neue König ihr, Sohn und Tochter ein paar Mal im Jahr auf Antrag zu sehen. Aber wenn sie das benutze, um Korrespondenzen aus der Festung zu bringen, werde er sich an ihre Kinder halten, drohte er. Friedrich August von Cosel mußte versprechen, niemandem etwas über die Gefangenschaft seiner Mutter mitzuteilen.

Die Besuche der Kinder verliefen unbehaglich. Constantia bat, daß nicht Tochter und Sohn gleichzeitig zu ihr kämen, das wäre ihr zuviel für einen Tag, sie hätte wenig Bequemlichkeit und nicht genügend Diener, um sie freundlich und standesgemäß empfangen zu können. Sie bewirtete ihre Kinder mit Schokolade.

Sie glaubte, die Kinder warteten auf ihren Tod.

1736 starb Anna Margarethe Brockdorff, geborene Marselis, im Alter von achtundachtzig Jahren auf Depenau.

August III. kümmerte sich persönlich um das Erbe der Gefangenen. Er erlaubte ihr, daß sie über die Erbschaft in Holstein mit ihren

Kuratoren korrespondierte, ohne daß Boblick diese Briefe erst dem Geheimen Rat vorlegte. Die Kuratoren durften sogar einmal mit ihr über das Erbe sprechen, jedoch über kein anderes Thema.

Constantia sorgte sich noch immer darum, daß sie ihrem Sohn zu wenig hinterlassen würde. Anna Margarethe hatte ihrer Tochter aus ihrer Mitgift eine beträchtliche Summe vermacht, die aus dem Gut bezahlt werden sollte. Mit ihrem Sohn Christian Detlev lebte sie bis zum Schluß in großem Zerwürfnis, weil sie ihm Mitschuld an Constantias Unglück gab.

Christian Detlev wehrte sich dagegen, Geld aus Depenau zu ziehen, und es kam zu einem langjährigen Prozeß mit Constantias Kuratoren. Er war nach dem Tod seiner Mutter nach Depenau zurückgekehrt. Ein Jahr später, 1737, brach eine Rebellion der Bauern auf Depenau aus. Der neue Gutsherr ließ über vierzig Leute gefangensetzen. Auch er sah, wie sein Vater, in den Gutsuntertanen Sklaven. Als sie ihn später einmal darum baten, die Hofschweine nicht auf ihr Feld zu treiben, antwortete er: »Ist das Feld mein oder euer, ich vermeine, daß das Feld sei mein! Nichts gehört euch zu, die Seele gehöret Gott, eure Leiber, Güter und alles was ihr habt ist mein.«

Constantia durfte nun den Besuch der Offiziersfrauen Madame Boblick und Frau Hauptmann Holm erhalten, doch drohte der König mit schweren Strafen, falls sie durch die Damen Briefe bestellen ließe. Er erlaubte ihr, die Kinder der Offiziere vorzulassen, die ihr Gedichte aufsagten. Sie durfte im Park spazierengehen, wobei die Offiziere sie bewachen mußten. Ihre Tochter, die Krongroßschatzmeisterin Mosczynska, erhielt die Erlaubnis, ihre Mutter zu besuchen, aber nicht, auf der Festung zu übernachten.

Im Oktober 1740 erlaubte der König Constantia auf ihre Bitte, ohne Begleitung frei auf der Festung umherzugehen, ihre Domestiken, ohne daß diese vereidigt wurden, selbst auszuwählen, mit ihren Kindern, Kuratoren und Ärzten ungehindert zu korrespondieren. Sohn, Tochter und Enkeln stand es von nun an frei, zu ihr zu reisen und auch über Nacht in Stolpen zu bleiben. Bekannte Personen durften sie besuchen.

Constantia hatte Boblick gesagt, als sie ihn drängte, diese Gesuche in Dresden vorzutragen: »Ich werde mir selber enge Schranken vorschreiben, indem meine Courage weder Löwen noch Bären scheuet, aber in eine entsetzliche Furcht gesetzt worden in puncto der ungewissen und lügenhaften Menschen.«

Wieder bat sie den König um ihre Freiheit. Doch der König hatte im Herbst 1740 schwerwiegende Bedenken, sie zu entlassen.

Kaiser Karl VI. war gestorben, der Onkel der Königin. Seine

Tochter Maria Theresia, ihre Cousine, sollte ihm nachfolgen und ihn beerben. Doch König August III. wollte nun endlich die Landbrücke nach Polen und beanspruchte Schlesien als Erbe seiner Frau. Es könnte dem Ruhm der Wettiner schaden, wenn ausgerechnet jetzt diese alte Mätresse seines Vaters, an die niemand sich noch recht erinnerte, auftauchte, sich als Königswitwe bezeichnete und womöglich Wiedergutmachung forderte — der Vater hatte weder die Juwelen noch die Häuser bezahlt.

Auch der neue preußische König Friedrich II. wollte Schlesien haben. Es kam zum Krieg. Am 26. November 1740 erstürmten Sachsen, Bayern und Franzosen die Stadt Prag. Alle vier Halbbrüder des Königs kämpften für August III. Constantias Sohn kämpfte geistesgegenwärtig und entschlossen, und sein königlicher Bruder ernannte ihn nach der Schlacht wegen bewiesener Tapferkeit zum General.

Im Juli 1742 schloß August III. Frieden mit Österreich. Es war nun keine Rede mehr davon, daß Sachsen sein Gebiet durch Oberschlesien vergrößerte. Schlesien gehörte nun Friedrich II. von Preußen.

König August III. brauchte Geld. Am 29. April 1743 befahl er, Constantias Vermögen einzuziehen und bei der Ober-Steuereinnahme zinsbar unterzubringen.

Die Kuratoren erreichten im Erbschaftsprozeß um Depenau einen Vergleich, doch bevor er unterzeichnet war, starb Christian Detlev 1744, und Constantia erbte Depenau. Nun kam es mit anderen Verwandten zu einem neuen Erbschaftsprozeß. Auch um ihn kümmerte sich August III. aus Warschau. Für ihn unterschrieb jetzt Graf Brühl, sein Günstling und der mächtigste Minister in Sachsen. Brühl wies im Juni 1744 das Geheime Kabinett in Dresden an, sich wegen Depenau an den König von Dänemark zu wenden und an den Großfürsten von Rußland.

Der Großfürst von Rußland — das war der Herzog von Holstein, der Enkel des Herzogs Friedrich IV., der bei Klissow gefallen war. Friedrichs Sohn mit der Schwester Karls XII. hatte eine Tochter des Zaren Peter geheiratet, und der Enkel war russischer Thronfolger.

Die Kuratoren gewannen den Prozeß für Constantia.

Von nun an enthalten die Akten in Dresden fast keine Briefe Constantias mehr. Hauptmann Holm schrieb noch immer seine Berichte nach Dresden, derselbe, der schon 1716 um Ablösung aus diesem bösen Kommando gebeten hatte. Er brachte sein Leben mit der Bewachung Constantias zu.

Seit Jahren war Constantias Wohnung im Zeughaus nicht renoviert worden, das Fundament wies große Risse auf, der Fußboden in den Zimmern war an verschiedenen Stellen gesunken, und nun wichen auch die Mauern des Hauses über eine Handbreit auseinander. Endlich ließ man in der zweiten Etage wenigstens eiserne Anker einziehen. Am 8. Juli 1742 schlug abends um elf der Blitz in den Johannisturm neben dem Zeughaus, der Turm brannte aus. Ein Jahr später, am 22. Juli 1743, nachts um eins, erschütterte ein heftiger Donnerschlag die Festung, ein kalter Blitz tötete eine Schildwache und fuhr in Constantias Zimmer, ruinierte die Möbel und zerstörte die Küche. 1744, am 22. April, stürzte plötzlich der große Ofen, neben dem Constantia am Tisch saß, zusammen. Die eisernen Trümmer verletzten sie im Gesicht und an den Händen und zerschlugen ihr linkes Bein.

Constantia mußte ihre Wohnung im Zeughaus aufgeben. Achtundzwanzig Jahre hatte sie hier gelebt. Sie zog in den Johannisturm.

Der Turm hat in jeder Etage nur ein gewölbtes Zimmer. Im ersten Stock ist die Küche mit Eßzimmer, im zweiten Stock die Wohnstube, im dritten das Schlafzimmer. Der Fußboden ist mit Steinplatten belegt. Selbst im Sommer ist es dort kalt.

Constantia saß nun hoch über dem Land. Sie verlor in dem engen, unbequemen Turm das Interesse am standesgemäßen Leben. Jetzt überließ der König ihr ihre Zinsen zur freien Verfügung. Viele Jahre hatte sie um das Geld gekämpft, nun machte sie kaum Gebrauch von ihm. Sie entließ drei ihrer fünf Dienstboten, lebte von Jahr zu Jahr einfacher und sparsamer, trug nur noch Kleider aus Livreetuch und Biberfilz.

1745, zu Beginn des Zweiten Schlesischen Krieges, erschienen preußische Soldaten vor Stolpen. August III. befahl, die Gräfin Cosel auf ein anderes Schloß zu bringen. Auch wenn sie sich weigere, solle sie fortgebracht werden, man müsse ihre »Renitenz« brechen.

Doch nichts geschah. Constantia blieb in Stolpen.

Die Nachrichten in den Akten hören fast ganz auf. Holm schrieb nicht mehr. Boblick, der Kommandant von Stolpen, starb 1747, und Constantia war von einem Bewacher befreit, der sie zweiundzwanzig Jahre lang gequält hatte. Oberst Johann Adolf von Liebenau, ein bejahrter humaner Mann, trat an seine Stelle.

1751 baute die Gräfin auf ihre Kosten ein Pulvermagazin. Sie wollte das Pulver nicht länger neben sich dulden, das sie über viele Jahrzehnte in Angst versetzt hatte.

1756 brach der Siebenjährige Krieg aus. Friedrich II. kämpfte gegen Maria Theresia. Sachsen stand auf der Seite des Reichs.

Liebenau fragte an, wie es mit der nun sechsundsiebzigjährigen Gräfin Cosel zu halten sei. Er erhielt keine Antwort.

Preußische Truppen überrannten Sachsen, die Garnisonssoldaten verließen die Festung Stolpen, nur eine Wache aus Invaliden blieb zurück. Eine preußische Husarenstreife erschien am 3. September 1756 vor der Festung, Widerstand war aussichtslos, Liebenau wollte seinen Degen überreichen. Der preußische Oberstleutnant von Warnery schoß ihm eine Kugel in den Leib. Preußische Infanterie besetzte die Festung, zerstörte einen Teil der Burganlagen, warf Gewehre, Pulver und Blei in den einzigen Brunnen.

Liebenau lag schwer verwundet. Constantia schrieb am 21. September 1756 an König August, sie habe lange kein Lebenszeichen gegeben, sie habe sich in die Grimassen ihres Schicksals gefügt. Sie bitte aber den König, ihr angesichts der Besetzung der Festung durch die Preußen mitzuteilen, was aus ihr werden solle. Sie möchte gern in Sachsen bleiben, dem Land, das sie so viele Jahre ernährte und sie von der Höhe in die Tiefe warf. Wenn der König das aber nicht wünsche, würde sie gern nach Hamburg gehen. Sie erhielt keine Antwort.

Zwei Jahre später war Stolpen in österreichischer Hand. 3000 preußische Kriegsgefangene kamen nach Stolpen, davon 1000 in die Festung. Es herrschte grimmige Kälte, und sie standen die ganze Nacht um fünfundneunzig große Feuer in den Höfen der Festung. Constantia nahm siebzehn Männer und eine Soldatenfrau in ihre Räume. Da es keine Wachen gab, kam es zu großen Ausschreitungen. Vor Constantias Zimmer hatte Liebenau zwar einen Mann gestellt, der aber nicht verhindern konnte, daß die hungernden Gefangenen ihre Küche und ihren Keller vollständig leerten.

Liebenau starb am 24. März 1760, und ihm folgte als Kommandant der Oberstleutnant Georg von Low.

Constantia setzte am 30. März 1760 ihren Letzten Willen auf. Sie hinterließ alles, was sie besaß, ihrem Sohn, setzte ihrer Tochter nur ein Legat von 1000 Talern aus.

Im Juli beschossen die Preußen auf Befehl ihres kunstsinnigen Königs Dresden. Sie machten den Zwinger zum Holzstapelplatz, die Festsäle in den Pavillons zu Magazinen. »Dresden ist nicht mehr vorhanden«, schrieb ein Berichterstatter nach der Bombardierung, »seine größten Paläste und Straßen, wo Kunst und Pracht miteinander um den Vorzug stritten, sind Steinhaufen, die Haupt- und Kreuzkirche nebst ihrem Turm haben Feuerkugeln· und Bomben ruiniert. Die reichsten Einwohner sind arm geworden, denn was ihnen noch das Feuer übriggelassen, hat ihnen der Raub genommen.«

Kommandant Low zeigte unter dem 26. September 1760 in Dresden an, es falle der Gräfin Cosel dann und wann ein, sich von

Stolpen weg an andere Orte begeben zu wollen, er bitte um Anweisung, was er solchenfalls zu tun habe. Er erhielt keine Antwort.

1762 besuchte ein Tourist Constantia, der Prinz von Ligne. Stolz sagte sie dem Besucher, sie hätte nach König Augusts Tod freikommen können, zöge es aber vor, in Stolpen zu bleiben, weil sie niemanden in der Welt mehr kenne. Sie habe in den letzten Jahren alle Religionen studiert und sich zuletzt für die jüdische entschieden. Sie schenkte dem Prinzen eine Bibel, in die sie mit dickem Rotstift Bemerkungen geschrieben hatte.

Constantias Geist war nicht mehr so frisch und klar wie früher. Sie verließ ihr Turmzimmer kaum. Nur eine Magd und ein Stubenheizer sorgten noch für sie. Über ihre letzten Jahre ist eine Beschreibung des Amtmanns von Stolpen, Christoph Friedrich Gülden, erhalten:

»In dem kleinen Wohnzimmer waren keine Tapeten, zwei alte, sehr schadhafte Stühle, ebenso viele kleine hölzerne Tische, ein großes, hölzernes Bett ohne Vorhänge und der Gräfin eigener Stuhl, darauf sie zwischen zwei hölzernen Seitenlehnen ohne Rückenstück auf zwei alten, übereinanderliegenden Federkissen, den Rücken allezeit dem Ofen zukehrend, gesessen. Durch den vielen Rauch und Dampf einer mitten im Zimmer von der Decke herabhängenden Lampe, welche von Abend bis zum hellen Morgen brennen mußte, war alles so schwarz geworden, daß man den Zeiger einer an der Wand hängenden schlechten Schlaguhr nicht erkennen konnte.«

1763 ging der Siebenjährige Krieg zu Ende. Sachsen war entmachtet und verarmt. August III. starb im selben Jahr.

Ab 1764 galt Stolpen nicht mehr als Garnison. Als letzter Kommandant verließ ein Oberst Francken die Festung. Reparaturen sollten von nun an nicht mehr vorgenommen werden.

Aber Constantia lebte noch immer, und noch immer war sie gefangen. Alle Mitspieler aus ihrer großen Zeit waren von der Bühne abgetreten, ein Licht nach dem anderen verloschen, und sie saß vergessen unter einer rußigen Lampe. Es war niemand mehr da, der wollte, daß sie gefangen war, aber auch niemand, der die Verantwortung auf sich zu nehmen wagte, die Staatsgefangene zu entlassen, und so verwaltete die Bürokratie sie weiter. Der Amtmann von Stolpen war nun für sie zuständig.

Im März 1765 wurde sie immer schwächer und konnte das Bett nicht mehr verlassen. Sie war jetzt vierundachtzig Jahre alt und lebte seit neunundvierzig Jahren in Festungshaft. Am 31. März, vormittags um elf Uhr, starb sie. Bei ihrem Tod waren nur ihre Magd und ihr Stubenheizer zugegen.

Ihr Sohn reiste mit seiner Frau aus Dresden an und besichtigte mit dem Amtmann die Hinterlassenschaft seiner Mutter, die Zimmer im Turm, die alten Zimmer im Zeughaus, die ein unerträglicher Modergeruch von verschimmeltem Eingemachten erfüllte, die traurige Hinterlassenschaft einer alten Frau, die sich seit vielen Jahren um nichts mehr kümmern mochte. Sie fanden einen gelben Brillanten, etwas Geld in einem vergessenen Versteck und eine goldene englische Uhr mit dem Zeichen AR auf dem Gehäuse, Augustus Rex. Constantia hatte alle Papiere verbrannt, die Auskunft geben konnten über die Geschichte ihres Lebens.

Gerüchte waren aufgekommen, die Gräfin habe auf ihre alten Tage sich zum Judentum bekannt. Der Amtmann meinte, der Glaube, in dem die Gräfin verstorben sei, sei schwer zu bestimmen. Sie habe den Sonnabend jeder Woche als Sabbat gefeiert, habe kein Schweinefleisch, keinen im Blut erstickten Vogel noch einen Fisch ohne Schuppen gegessen, sei viele Jahre nicht mehr in die christliche Kirche gekommen und habe kurz vor ihrem Tod noch die Christen verhöhnt. Aber seiner Ansicht nach sei sie nicht Jüdin geworden, seiner Ansicht nach wußte sie nicht, woran sie glauben sollte.

Auch im Tod verließ Constantia die Festung nicht. Am 4. April wurde sie nachmittags um drei in der Burgkirche begraben. Sie hatte genau hinterlassen, wie sie alles haben wollte. Ihr Körper wurde in einen Sarg aus Fichtenholz gelegt, der mit einem gelben Seidentuch ausgeschlagen war. Ein Pergament wurde auf ihre Brust geheftet, auf das sie geschrieben hatte:

»den warhaftigen Weg habe ich ausderwählt. Deine Gerichte habe ich mir vorgestellt. Gott du solst mich niht verschämen, ich habe mich gehefft an Deine Gezeugnisse, ich will den Weg vor Deinen Geboten lauffen, denn Du wirst mein Herz derweitern. Gott lern mich den Weg von Deinen Gesetz und ich will sie hüten bis zu den End.«

Ein blaues Tuch sollte auf Constantias Sarg liegen, das nach der Beerdigung unter die Kurrendaner verteilt wurde, die aus der Stadt Stolpen zum Singen kamen. Hundert Taler gingen an die Armen. Auf ihren Wunsch legte man ein Schälchen aus Serpentinstein auf ihren Mund. Über dieses Schälchen kam oben auf den Sargdeckel eine Tafel aus Zinn, auf der ihre Lebensjahre und die Namen ihrer Eltern und Großeltern standen: »Hier ruht in Gott und erwartet die fröliche Auferstehung Die Hochgebohrne Frau Anna Constantia Reichsgräfin von Cosel.«

Depenau erbte Constantias Sohn und nach ihm ihr Enkel Sigismund. Sigismund von Cosel verkaufte Depenau an seine Mutter, und sie verkaufte das Gut 1783 mit allem Zubehör bis auf die Küchengeräte herab an Nicolaus von Luckner, Marschall von Frankreich, der im Siebenjährigen Krieg großen Reichtum zusammengerafft hatte. Luckner ließ das alte Herrenhaus, in dem Constantia zur Welt gekommen war, niederreißen, um ein modernes Schloß zu bauen. Er ließ Tausende von Bäumen heranschaffen, um den alten Burggraben aufzufüllen, und viele Felsen von der Insel Sylt. Doch ehe der Neubau begann, starb Luckner 1794 in Paris unter der Guillotine.

Die Stelle des alten Hauses gehört heute zum Wirtschaftshof des Gutes.

In späteren Jahren, als die Leibeigenschaft in Holstein aufgehoben wurde, konnten die Bauern das Land, das die Adligen ihnen abgenommen hatten, zu einem kleinen Teil in Erbpacht übernehmen oder durch Abzahlung wiedererwerben. Die letzte Rate in Holstein wurde 1936 gezahlt.

Die beiden Söhne der ältesten Tochter Constantias und König Augusts, Augusta Constantia, starben ohne Erben. Auch die zweite Tochter, Friederike Alexandra, bekam zwei Söhne. Einer von ihnen hatte drei Töchter, alle Töchter starben kinderlos.

Friedrich August, Constantias Sohn, General der Infanterie und Befehlshaber der Garde du Corps, hatte eine Gräfin von Holtzendorf geheiratet. Er baute sich nach dem Siebenjährigen Krieg eines der schönsten und prächtigsten Palais' Dresdens. Aus dem Erbe seiner Mutter bekam er die Herrschaft Sabor, das alte Pfand für den Dünnwald-Kredit, das Constantias Kuratoren nach langen Prozessen aus dem Dünnwald-Konkurs gerettet hatten. Die beiden Söhne des Grafen Cosel hatten keine Kinder, aber seine älteste Tochter bekam vier Töchter und die jüngere fünf.

Diese neun Urenkelinnen Constantias und Augusts verheirateten sich mit sächsischen Gutsbesitzern und Oberforstmeistern und hatten eine zahlreiche, muntere Nachkommenschaft. Doch trotz dieser vielen Constantias und Augustas − die Namen lebten durch Generationen weiter − gilt die Familie der Anna Constantia von Cosel als ausgestorben.

Die Gräfin Cosel und August der Starke wurden Opfer der Anekdote und Legende.

Constantia verwandelte sich in eine Frau von krankhafter Habgier und Verschwendungssucht, Ehrgeiz, Leichtsinn und Herrschsucht. Es hieß, sie habe unermeßliche Schätze auf der Festung vergraben. Schatzjäger erwirkten die Erlaubnis, danach zu suchen, und trafen bei Nacht ihr Gespenst, das schützend um die Verstecke waberte. 1881 fand ein Professor auf der Suche nach alten Grabinschriften ihr Grab. Er öffnete es, holte eine Haarlocke und gelbe Seide heraus und vergaß dann, die Platte wieder draufzulegen, so daß man die genaue Stelle nicht mehr kennt. Ein wahrer Cosel-Kult setzte ein. Romane und Schauspiele griffen die Anekdoten und Legenden von der habgierigen Mätresse auf, die ihre gerechte Strafe bekam. Artige Leser und Leserinnen erfreuten sich schaudernd am Zerrbild der schönen, sexuell so sündigen Frau, die sich nicht fügen wollte, am Gegenbild dessen, was eine Frau nach dem Ideal des 19. und frühen 20. Jahrhunderts sein sollte.

Heute ist die schwarze Festung Stolpen restauriert, und fast 200 000 Touristen kommen jährlich in den Sommermonaten und sehen sich an, wo und wie die Gräfin Cosel lebte. Am Marktplatz der Stadt gibt es eine Cosel-Drogerie, und wer Geduld hat, erfährt aus zeitgemäß mitleidigem Mund das Neueste über die schöne Gräfin, die nämlich auch Fahnen für den Schützenverein des Städtchens stickte und wie weiland die heilige Elisabeth von Thüringen mit einem Körbchen in die Häuser Stolpens kam und den Armen Gutes tat.

August, der spätbarocke König, wurde in Anekdote und Legende zum Prachtmeier und dummen August, zum Wüstling, der 365 Kinder zeugte, so viele wie das Jahr Tage hat, und sogar mit seiner eigenen Tochter, der Gräfin Anna Orzelska, ein Verhältnis pflegte und den sein wüstes Leben zugrunde richtete. Die 365 Kinder gehen auf eine flotte Bemerkung zurück, die Wilhelmine von Bayreuth, die Schwester Friedrichs des Großen, in ihren Memoiren über ihren Patenonkel August machte, der sie 1709 mit zwei anderen Königen in Berlin aus der Taufe hob.

Alles, was August schuf, wurde im 19. Jahrhundert vergessen oder verachtet. Niemand wußte mehr, wozu dieser eigenartige Zwinger – nicht Schloß, nicht Garten und für Bären nicht geeignet – wohl gedient haben mochte. Auch der Goldschmied Dinglinger wurde verachtet wie sein König. Erst Ende des Jahrhunderts fanden sich die ersten Kunsthistoriker, die Verständnis für diese vergangene Epoche aufbrachten, ihre Ideen und Ziele erfaßten und dem Publikum nahebrachten, was wir heute Barock nennen. Dresden und das Grüne Gewölbe wurden zum Ziel bürgerlicher Bildungsreisen. Doch der Hofhalt des Großmoguls galt vielen weiter als die sinnlose Puppenstube eines albernen Königs. Der Kunsthistoriker Seidlitz schrieb 1921: »Dieses Werk ist trotz ungeheurer Arbeit und vortrefflicher Einzelheiten, schon seiner Idee nach, das unglückseligste, was er [Dinglinger] geschaffen hat, da es über das Wesen eines dazu noch überladenen Spielzeugs nicht hinauskommt.«

Am 14. Februar 1945 zerstörte der größte Luftangriff des Zweiten Weltkrieges in einer Nacht die Kunststadt Dresden. Die Engländer warfen Phosphorbomben, Straßen und Ruinen brannten tagelang. Als die Überlebenden endlich an die Keller herankonnten, fanden sie die Toten, vielleicht 35 000. Sie wußten sich nicht anders zu helfen, als ihre Toten aufzuschichten und Flammenwerfer auf sie zu richten.

Heute ist der Zwinger wieder aufgebaut. Vom Schloß und vom Palais Constantias stehen noch die ausgebrannten Ruinen, und in den leeren Fensterhöhlen wachsen Bäume und Gras. Beide Gebäude sollen einmal restauriert werden.

Das Kleinste und Empfindlichste, Dinglingers Werk, hat den Zweiten Weltkrieg auf der Festung Königstein überstanden. Die russischen Sieger brachten es nach Rußland und gaben es Anfang der sechziger Jahre wieder zurück. Der Ruhm Dresdens und des Hauses Wettin sind heute, so wie August der Starke es wollte, die Sammlungen der Kurfürsten, die Kostbarkeiten des Grünen Gewölbes, des Mathematisch-Physikalischen Salons, die umfangreiche Sammlung des Königs von chinesischem und Meißner Porzellan und die Gemäldesammlung, die sein Sohn erweiterte.

Wer heute nach Dresden reist, sieht russische Offiziere durch die Straßen der Stadt gehen: Die Grenze zwischen dem Spanischen Erbfolgekrieg und dem Nordischen Krieg ist im Grunde bestehengeblieben. Aber Reisegesellschaften aus Ost und West stehen Schlange vor der Kasse des Grünen Gewölbes. Die Besucher haben Pöppelmanns Bauten und Permosers Statuen bewundert und wollen nun das Bad der Diana sehen, die Juwelengarnituren König Augusts und den Hofhalt des Großmoguls.

Dinglinger gilt heute in der internationalen Fachliteratur als der größte Goldschmied des Spätbarock. Der König und sein Goldschmied sind die hervorragenden Gestalten einer Zeit, die mit Unternehmungslust und schwungvoller Phantasie politische und künstlerische Ziele vereinte. Wir Besucher stehen staunend vor dem politischen Programm eines Königs im Gewand eines Märchens aus Gold und Edelsteinen. Wir haben nichts mehr mit dem absoluten Staat und seiner Unterdrückung der Bürger im Sinn. Doch Anmut und Glanz dieser Kunst haben die Jahrhunderte überdauert, und die Gesichter vor den Museumsvitrinen werden froh und entzückt.

as Bild, das ich von August dem Starken zeichne, weicht von der bislang die Geschichtsschreibung beherrschenden Darstellung eines seinen Sexualtrieben ausgelieferten Wüstlings und dummen Augusts so sehr ab, daß ich hier eine kleine Auseinandersetzung mit den vorliegenden Biographien nachholen möchte, auf die ich in einem Buch, das besonders Laien Freude machen soll, bewußt verzichtet habe. Als ich damit begann, das kaum bekannte Leben der Anna Constantia von Cosel zu erforschen, rechnete ich nicht entfernt damit, daß ich meine Forschungen auch auf den König selbst ausdehnen müßte. Doch die August-Biographien sind teils so unzureichend, teils so veraltet, daß aus meinem Buch über die Gräfin Cosel fast eine Doppelbiographie des Königs und seiner Mätresse geworden ist.

Biographien liegen vor, jeweils mit dem Titel ›August der Starke‹, von Cornelius Gurlitt, 1924, von Paul Haake, 1927, von Herbert Pönicke, 1972, und von Hermann Schreiber, 1981. Ältere Biographien aus dem 18. und 19. Jahrhundert sind in diesen Darstellungen berücksichtigt. Bibliographische Einzelheiten zu allen Veröffentlichungen, auch denen, die ich noch nennen werde, finden sich in meinem Literaturverzeichnis.

Der beherrschende August-Forscher, den historische Handbücher und Bibliographien fast ausnahmslos an erster Stelle nennen, ist Paul Haake. Die historische Landesforschung zur August-Zeit ist, abgesehen von einem Band mit sehr instruktiven Aufsätzen deutscher und polnischer Forscher, den Kalisch und Gierowski 1962 herausgegeben haben, so sehr ins Stocken geraten, daß auch Herbert Pönicke in seiner kleinen August-Übersicht sich noch stark an Haake hält, wenn er auch weitaus vorsichtiger formuliert als Hermann Schreiber, der sich allzu arglos auf Haake verläßt.

Paul Haake, 1873–1950, wurde 1907 Privatdozent in Berlin, 1915 Titularprofessor und 1921 a. o. Professor. Zu Beginn seiner Forschertätigkeit bekam er von der Sächsischen Kommission für Geschichte den Auftrag, die handschriftlichen Entwürfe und Briefe Augusts des Starken herauszugeben. Sein erster Aufsatz über den König erschien 1900, sein letztes Buch über ihn 1939.

Haake muß die Zeit Augusts des Starken als ein für ihn reserviertes Gebiet angesehen haben, das er gegen jeden anderen Forscher verteidigte. Als Gustav Buchholz in seiner Antrittsvorlesung in Leipzig 1903 vortrug, die Absicht, in Polen Fuß zu fassen, sei schon unter den sächsischen Kurfürsten vor August nachweisbar, machte Haake den Kollegen persönlich verächtlich. Zwei Jahre später kam es zu einem wegen persönlicher Angriffe wütend ausufernden Streit zwischen Haake einerseits und Johannes Ziekursch und Otto Eduard Schmidt andererseits. Sachlich ging es darum, daß Haake entschieden abstritt, August habe in Polen auch wirtschaftspolitische Interessen verfolgt.[1] Nach seiner Ansicht hätte nur dynastischer und militärischer Ehrgeiz beim Erwerb der polnischen Krone eine Rolle gespielt, eine These, die Rudolf Forberger, der streng Haakes ungenügenden Einblick in wirtschaftliche Fragen rügt, widerlegt.

Im Zusammenhang mit dieser scharfen Auseinandersetzung entwarf Haake eine Art Regierungsprogramm für den damals immerhin seit 172 Jahren verstorbenen König, an dem er dessen politisches Handeln in den nächsten Jahren seiner Forscherarbeit maß. Er konstruierte einen Wettstreit zwischen Sachsen und Preußen, dessen Ziel die Gründung des Deutschen Reiches gewesen sei, für ihn offenbar das Ziel der gesamten, 1870/71 vorhergehenden deutschen Geschichte.

Haakes Programm für den König sah vor, daß August zunächst das Herzogtum Lauenburg, auf das er Erbansprüche hatte, erwerben und dann weiter erobernd »elbabwärts an das Meer« gelangen sollte. Eine Personalunion Sachsens und Polens habe nicht in Sachsens Interesse gelegen, der König und seine Nachfolger hätten vielmehr gegen die Hohenzollern kämpfen müssen. Sie hätten als Vorbereitung zu diesem Kampf zuerst in Sachsen die Macht der Stände brechen und die Kräfte der Sachsen »entbinden« sollen, um dann ». . . sie wie sich selbst in den Dienst der Gesamtheit zu stellen und schließlich, wenn Staat und Volk innerlich erstarkt waren, . . . in ihrer natürlichen Expansionsrichtung gelegene Gebiete, wenn nötig, im Kampfe mit den Nachbarn hinzuzuerwerben. Die Wettiner hätten auf diese Weise den Vorsprung, den der brandenburgische Staat vor dem sächsischen hatte, vielleicht noch einholen und die Vormachtstellung im deutschen Norden behaupten resp. wieder erringen können . . .« Statt wegen einer Landverbindung nach Polen gegen Friedrich II. von Preußen zu kämpfen, hätte August III. gemeinsam mit ihm Maria Theresia besiegen und dann in einem günstigen Moment den Kampf gegen Preußen aufnehmen sollen.[2]

Da August der Starke nicht auf das Programm des Professors gekommen war und demnach verhinderte, daß ein Bismarck aus Sachsen das Reich gründete, ist für Haake die August-Zeit eines der trübsten Kapitel der sächsischen Geschichte.

Haake rezensierte Aufsätze und Doktorarbeiten zur August-Zeit, überging in seinen Büchern Forschungsergebnisse, die seiner Auffassung widersprachen und griff Forscher weiter persönlich an, die ein differenzierteres Bild des Königs entwarfen als er. Die August-Forschung erlahmte innerhalb eines Jahrzehnts angesichts des unüberwindlichen Paul Haake. Es blieben nur einzelne Archivräte, die auf Nebengebieten arbeiteten, wo sie sich wohl vor seinen Angriffen sicher fühlten. In seiner Biographie, die Haake innerhalb eines Vierteljahrhunderts mehrfach für das jeweils nächste Jahr ankündigte, ist August ein »zu ausdauernder Arbeit unfähiger, von Begierde zu Genuß taumelnder und im Genuß vor Begierde verschmachtender sittlicher Schwächling, der andern kein Vorbild der Opferwilligkeit und des Verzichts sein konnte«.[3] Um den Charakter des Königs vollends auszuloten, vergleicht er ihn mit einem Sexualverbrecher und zitiert als Beweis zwei Seiten aus dem Buch ›Der Sexualverbrecher‹ von Erich Wulffen, dessen fragwürdige Ansichten von Psychologen heute hoffentlich vergessen sind.[4]

Unstimmigkeiten seines Bildes von August mit Quellen, auf die auch Haake unvermeidlicherweise in den Archiven stieß, wischt er mit dem Hinweis auf eine Prophezeiung weg, die der Leitfaden der Politik des Königs gewesen sei: »Im übrigen hat er an die Prophezeiung von Paul Grebners Seidenem Weltfaden oder vielmehr an ihre Verfälschung durch den Pastor Johann Wilhelm Petersen, der sie zwischen 1660 und 1680 aus dem Lateinischen ins Deutsche übertrug, ohne Zweifel geglaubt . . . Warum sollte er nicht der sein, dem geweissagt wird, daß er am Bosporus residieren werde? Seine Gedanken nahmen diese Richtung.«[5] August bleibt für ihn der »von der wunderlichen Prophezeiung des Seidenen Weltfadens ganz benommene, nach einem höheren Titel als seine Standesgenossen gierende Kurfürst«, der seine »Blicke ostwärts nach der Weichsel und nach dem Bosporus hin«[6] wandte. Als Beweis für die Richtigkeit seiner These gibt Haake an, daß die Mutter des Königs diese Schrift besaß: Da sie die Schrift besaß, hat ihr Sohn sie gelesen, da er sie las, hat er daran geglaubt, und da er daran glaubte, wurde sie das Ziel seiner Politik. Da es keine Gegenbeweisführung gibt – geben kann –, ist Haakes Behauptung unwiderlegbar. Zwingend ist sie nicht.

Haake hat sich mit seiner Darstellung Augusts des Starken den Politikern angeschlossen, die nach dem Siebenjährigen Krieg Sachsen für immer von Polen getrennt sehen wollten. Das waren einmal Politiker im besiegten Sachsen, die aus Furcht vor einer Restauration die Polenpolitik der beiden Auguste verteufelten, zum anderen waren es vor allem die preußischen Sieger, die ihre eigenen politischen Ziele verfolgten. Für das Verständnis aller Epochen der Geschichte ist es eine wichtige Frage, wie die Geschichtsschreibung mit den Besiegten umgeht. Ich halte es für wenig erkenntnisfördernd, wenn ein Historiker bei der Beschreibung eines Politikers – Augusts des Starken – einseitig der Propaganda eines Kriegsgegners seines Landes aus einer späteren Zeit – Friedrichs des Großen – folgt. Der ungarische Historiker Aladár von Boroviczény gibt 1930 an, er sei der erste, der die Politik Sachsens einmal nicht von der Seite Preußens aus untersuche: »Niemand hat bisher versucht, die politische Rolle Sachsens im 18. Jahrhundert von dem Gesichtswinkel der Politik des Heiligen Römischen Reiches aus zu schildern.«[7] Sachsen habe, im Gegensatz zu Friedrich II., keine Absicht gehabt, das Reich zu zerstören, es habe im Gegenteil immer auf seiten der Kaiser gestanden. Boroviczény versucht von daher, die ebenfalls in der Geschichtsschreibung verurteilte Politik des sächsischen Ministers Brühl zu rehabilitieren. Wieweit ihm das überzeugend gelungen ist, kann ich nicht beurteilen.

Paul Haake gab die Entwürfe und Briefe Augusts nie heraus. Als Hans Beschorner, Oberarchivrat des Hauptstaatsarchivs Dresden, 1924 nachfragte, wann endlich mit einer Veröffentlichung zu rechnen sei, fühlte Haake sich bedroht und beschuldigte die Archivare, sie würden Augusts Briefe vor ihm verstecken, weil sie sein negatives und unwiderlegbares Bild des Königs unterlaufen wollten. Bis in die fünfziger Jahre galt Haake als der bedeutendste – inzwischen ja auch beinahe einzige – August-Forscher. Nach seinem Tod sollte Johannes Kalisch die August-Handschriften nach den Vorarbeiten im Haake-Nachlaß als Doktorarbeit auswerten. Doch Kalisch fand keine Vorarbeiten, fand nur kleine Zettel mit Notizen ohne Fundstellen, ohne Datum und ohne erkennbaren Zusammenhang untereinander – eine traurige Geschichte, deren persönliche Hintergründe ich nicht kenne. Kalisch mußte sein Thema ändern und untersuchte die Polenpolitik Augusts von 1697 bis 1700.

Einen methodisch von Haakes Vorgehen völlig unterschiedlichen Ansatz legte Cornelius Gurlitt mit seiner August-Biographie 1924 vor. Für Haake war er nur der »mit seinem zweibändigen Werk über diesen Wettiner völlig entgleiste Cornelius Gurlitt«[8]. Seine Behauptung, Gurlitt habe die Archive gar nicht benutzt, wog schwer, zumal Gurlitt kein Fachhistoriker war. Gurlitt hat weder Quellen noch Literatur angegeben, so daß die weitere Forschung nur schwer an ihn anknüpfen kann. Dennoch stimmt sein methodischer Ansatz überein mit dem, den eine moderne Landesforschung auch für Barock und Absolutismus weiterentwickelt und verfeinert hat. Gurlitt versucht, die Zeit beschreibend zu erfassen, in der August der Starke lebte, versucht, ihn aus den Eigenarten und Maßstäben seiner Zeit heraus zu verstehen, statt rückwirkend Begriffe, moralische Urteile und politische Anschauungen einer späteren Epoche wertend ins Barock zu tragen. Diese Methode war auch 1924 nicht neu, wurde aber zum ersten und bisher einzigen Mal in einer August-Biographie angewandt.

Cornelius Gurlitt, 1850–1938, war Professor an der Technischen Hochschule in Dresden, ein Kunsthistoriker, dessen Hauptwerk, eine dreibändige ›Geschichte des Barockstiles‹, 1889, gemeinsam mit Heinrich Wölfflins ›Renaissance und Barock‹, 1888, bahnbrechend wirkte in einer Zeit, die von Barock kaum noch etwas wußte, von der Wiederentdeckung Johann Sebastian Bachs abgesehen. Man brachte der unliterarischen Ausdrucksweise dieses Barock, die als ungelehrt galt, überwiegend Unverständnis und Mißachtung entgegen. Die Epoche hatte unter Historikern noch nicht einmal einen Namen, sie galt als ausschweifend, maßlos, verrückt, seit die Bürger sich ja gerade gegen Fürstenherrschaft vielmehr der Aufklärung und dem Liberalismus verpflichtet fühlten und ihnen der Absolutismus noch zu hautnah war, um ihn frei von Tagespolitik betrachten zu können.

Der Beginn der Mißachtung des Barock ist an August dem Starken beispielhaft zu beobachten. Sein Lebensende bezeichnet auch das Ende einer Epoche, des Spätbarock in Deutschland. Besonders deutlich wird das an den Urteilen zweier Preußenkönige über ihn: Friedrich Wilhelm I., der Soldatenkönig, sah in August dem Starken den größten Fürsten, der jemals regierte[9], für seinen damals einundzwanzigjährigen Sohn, den späteren Friedrich den Großen, war er der falscheste Fürst, gegen den er die meiste Abneigung hege.[10] Da bekannt ist, daß Vater und Sohn 1732/33, zur Zeit dieser Äußerungen, wenig harmonierten und solche Urteile zudem immer auch von privaten Erlebnissen gefärbt sind, ein anderes Beispiel: Schon der Sohn Augusts des Starken wußte mit dem Festhof Zwinger nichts mehr anzufangen, zog sich in die Privatheit des Rokoko zurück, wo der Vater das Gesamtkunstwerk des öffentlichen Festes als politisches Ereignis zelebrierte. Johann Matthias von der Schulenberg dagegen, der Feldmarschall von Venedig, der der Generation Augusts des Starken angehörte, nannte ihn in einer Denkschrift, die er 1740 Voltaire übersandte, einen der vollendetsten Fürsten, den man sich denken könne.[11]

Gurlitt kommt zu dem Ergebnis: »Wenn ich so Augusts Leben überschaue, so erscheint es mir als das eines Hochgesinnten, der in seinem Streben nach Edlem Großes leistete, wenngleich er als Politiker den Gegnern, mit denen ihn das Schicksal zusammenführte, sich nicht gewachsen zeigte. Mir scheint aber sein Lebenswerk wertvoller als das Karls XII. von Schweden, Karls VI. von Österreich, Friedrich Wilhelms I. von Preußen, der Kurfürsten von Bayern, Hannover und anderer. Denn es war ein Leben mit vorwiegend geistigen Zielen, den Zielen seiner Zeit, des Barocks. August ist der barocke Mensch in seiner vollsten Ausprägung.«[12]

Die August-Biographie von Gurlitt ist heute veraltet. In den letzten Jahren sind Untersuchungen zu Spätbarock und Absolutismus, zu Künstlern an Augusts Hof und auch einige zu Aspekten der sächsischen Landesgeschichte und polnischen Union erschienen, die einem August-Biographen bisher unbekannte Fakten und wichtige Einsichten vermitteln. Gurlitts Vergleich des Königs mit anderen Fürsten seiner Zeit ist wohl etwas gewagt, doch seinem letzten Satz über August möchte ich mich anschließen, wenn er mir auch ohne den gefährlichen Superlativ lieber wäre. Was dieser Satz im einzelnen bedeutet, habe ich im vorliegenden Buch konkret zu beschreiben versucht.

Ich habe mein Buch anfangs ›fast eine Doppelbiographie‹ genannt: Mein Hauptthema ist die Gräfin Cosel. So gehe ich auf die Jugendjahre des Königs nur wenig ein und auf seine letzten sechs Lebensjahre gar nicht. Für das Bild des Königs habe ich auch keine ungedruckten Quellen herangezogen, bis auf einige wenige, die ich im Zusammenhang mit der Gräfin fand. Ich habe für meine Rekonstruktion alle mir erreichbaren zeitgenössischen gedruckten Quellen benutzt, um sowohl etwas über den König und seine Politik als auch über Alltag und Feste im Spätbarock zu erfahren. Mit den Zeitungen hat sich mir eine umfangreiche Quelle erschlossen, die in der August-Forschung bisher nicht ausgewertet wurde und die innerhalb ihrer Aussagegrenzen sehr ergiebig ist, besonders für biographische Fragen. Über die Hintergründe politischer Ereignisse bringen die Zeitungen fast nichts, um so mehr aber über ihren zeitlichen Ablauf und ihre Auswirkungen. Auch für den Alltag des barocken Lebens ist diese Quelle sehr anregend, angefangen vom Wetter und den Ängsten und Hoffnungen der Menschen, weiter über Äußerlichkeiten wie den Leibrock, den der König an einem bestimmten Tag zu einer bestimmten Uhrzeit trug, bis hin zu großen, politisch bedeutsamen Einladungen, die der König oder die Gräfin Cosel gaben. Weiter habe ich natürlich alle Darstellungen benutzt, von denen ich nur erfahren konnte und die in Verbindung mit meinem Thema stehen.

Aus diesem Puzzle, dessen Teile sich gegenseitig erhellten, ergab sich ein neues Bild des Königs. Dennoch ist diese Charakterskizze nur ein vorläufiger Zwischenbericht. Einer umfassenden August-Biographie müßte die systematische Aufklärung einer Fülle von Einzelfragen vorausgehen: zur Ständepolitik, zur Regierungs- und Verwaltungsreform, zum Finanzwesen, zur Wirtschaft, zur Militärreform, zum Wandel der Bevölkerungsstruktur, zur sächsischen Politik gegenüber dem

Reich, gegenüber dem Kaiser, dem Papst, Frankreich und vor allem gegenüber Rußland, zu Absichten und Einfluß der Minister Augusts in Sachsen und in Polen – besonders fehlte mir eine Monographie Flemmings –, zur sächsisch-polnischen Personalunion und ihrem Vergleich mit anderen Personalunionen der Zeit. Weiter wäre, um begriffliche Schärfe zu gewinnen, ein Vergleich der wichtigsten Ergebnisse mit Ergebnissen der Forschung über andere deutsche Länder dieser Zeit notwendig.

Meine Darstellung der Anna Constantia von Cosel beruht überwiegend auf Archivforschungen. An ernsthaften Veröffentlichungen zur Geschichte der Cosel gibt es nur einen Aufsatz von Karl von Weber, ›Anna Constance Gräfin von Cossell‹, 1871. Der häufig genannte, dreißig Jahre jüngere Aufsatz von Oskar Wilsdorf ist lediglich eine gekürzte und geschmeidigere Fassung der Weberschen Ergebnisse.

Die Cosel-Akten im Staatsarchiv in Dresden sind recht umfangreich, und Weber hat sie nur teilweise ausgewertet, aber ich war doch froh, an seine Arbeit anknüpfen zu können. Allerdings hat Weber einen Fehler gemacht, auf den ich hinweisen möchte. Er spricht von einem ausgedehnten Briefwechsel der Cosel in ihrer Gefangenschaft und übersieht dabei, daß die Originalbriefe der Cosel an ihre Mutter und ihre Töchter und die Briefe der Mutter an die Cosel, die wir in den Akten des Geheimen Kabinetts finden, ihre jeweilige Empfängerin gar nicht erreichten: Diese Briefe wurden von der Zensur beschlagnahmt. Wäre es nicht so gewesen, müßten die Briefe teils in Depenau liegen, teils in Stolpen verbrannt sein, als die Cosel am Ende ihres Lebens alle ihre Papiere vernichtete.

Dieser Fehler ist mit die Ursache dafür, daß Weber die Härte und Isolation der Gefangenschaft unterschätzt. Gleichzeitig überschätzt er die Möglichkeiten der Gefangenen, ihre Freiheit wiederzubekommen. Seiner Ansicht nach ist die Dauer ihrer Gefangenschaft allein selbstverschuldet, und zwar durch ihre ganz persönliche Hartnäckigkeit.

Meine Interpretation unterscheidet sich von der Webers vor allem darin, daß er das Schicksal der Cosel als ein von ihrer historischen Lebenszeit unabhängiges individuelles Unglück sieht, während ich es mit dem Konflikt zwischen dem Standes- und Ehrbegriff der Gräfin und dem Anspruch des Königs auf absolute Herrschaft verknüpfe. Nach dem ersten Teil seiner Darstellung kommt auch Weber, ein wenig ratlos, zu der Vermutung, die Geschichte der Cosel lasse sich nur aus ihrer Zeit heraus verstehen, doch er geht dieser Vermutung nicht nach, bleibt bei seiner Individualisierung. Er begleitet die Cosel mit einer gewissen Sympathie, aber es ist die Sympathie eines bürgerlichen Mannes aus dem 19. Jahrhundert, die ihre Grenze findet am Anspruch einer adligen Frau aus dem 17./18. Jahrhundert: Er verlangt von ihr, sie möge ihre Finger von Geldgeschäften lassen und sich in der Haft allen Forderungen der Minister und Bewacher fügen, verlangt also – rückwirkend! – finanzielle Abhängigkeit, Gehorsam, Unterwürfigkeit.

Zu Webers Aufsatz gibt es eine ergänzende Mitteilung von Theodor Distel, auch noch aus dem 19. Jahrhundert, und in ihr finden wir die Mißachtung der sexuellen Ansprüche und Lebenswünsche der Cosel als Ehefrau. Distel hält die Cosel, die eine Scheidung von ihrem untreuen Ehemann Hoym wünscht, sowieso für keinen besonders würdigen Gegenstand der Forschung und äußert sich nur, um in Verehrung Webers einen Nachtrag aus den Scheidungsakten zu bringen. Seine Zusammenfassung der Akten des Oberkonsistoriums ist nicht nur lückenhaft und ärgerlich. Wenn er schreibt: »In der Klage und in den anderen Schriftstücken des Scheidungsprozesses ist nur von ›Antipathie‹ der Frau gegen ihren Mann die Rede, ohne daß dieselbe näher erklärt würde«[13], so ist das schlichtweg falsch. In Distels Mitteilung begegnet uns die doppelte Moral des 19. Jahrhunderts, eine Verachtung der Frau, die ihn zu einer klaren Geschichtsfälschung hinreißt – und zu einer lächerlichen noch dazu.

Ich stand, wie wohl jeder Sachbuchautor, vor dem Problem des Apparats in einem für ein breiteres Publikum gedachten Buch: Eine durchweg belegte Biographie würde fast für jeden Satz Anmerkungen erfordern und das Buch zur Unhandlichkeit aufblähen. Daher habe ich einen Kompromiß gewählt. Zitatnachweise und Bibliographie werden, auch in Hinblick auf August den Starken, jeden Geübten schnell die Quellen finden lassen, die ich benutzt habe, und die Darstellungen, deren Autoren ich verpflichtet bin. Dem Ungeübten dagegen werden sie einen kleinen, nicht allzu verwirrenden Einblick in die Arbeitsweise eines Biographen geben.

Der Besuch Augusts des Starken in Stolpen am 23. Juli 1727 und die Schießproben sind bezeugt in der ›Historie der Stadt und Bergvestung Stolpen‹ des Chronisten Gercke, den Weber einen zuverlässigen Gewährsmann nennt.[14]

Ich habe mich an allen Orten umgesehen, an denen Anna Constantia von Cosel lebte, nur in Polen war ich nicht. Mit meinen Fragen habe ich vielen Leuten Arbeit und Mühen verursacht. Einige von ihnen, die mir besonders mit Rat und Tat halfen, möchte ich hier nennen:

Herrn von Heuningen-Hüene vom Landesarchiv Schleswig-Holstein in Schleswig, Schloß Gottorf, der das Gutsarchiv Depenau inventarisiert hat, gilt mein besonderer Dank. Er hat für mich auch die Akten ›betreffend Sophie Amalie‹ in Schleswig durchgesehen.

Gräfin Brockdorff, Priörin des Klosters Preetz, hat im Klosterarchiv für mich nach der Familie Brockdorff-Depenau geforscht.

Graf zu Rantzau hat mir gestattet, das Archiv der Familie in Breitenburg zu benutzen, Herr Neumann, der ehrenamtliche Archivar, hat sich außerordentlich bemüht, mir zu helfen.

Dr. Henning von Rumohr schickte mir das Depenau-Kapitel seines damals noch ungedruckten zweiten Buches über die Schlösser und Herrenhäuser in Ostholstein.

Oberstleutnant E. Condil, Reichsarchiv Kopenhagen, schickte mir einen Auszug aus dem handschriftlichen Manuskript Hirsch über die Militärkarriere Joachim Brockdorffs.

In Wolfenbüttel hat Dr. Maria Munding, Herzog-August-Bibliothek, mich auf das Kapitel ›Givritta‹ in Anton Ulrichs ›Römischer Octavia‹ hingewiesen und mir ihr ungedrucktes Manuskript anvertraut. Ich fand in ihr eine anregende Diskussionspartnerin und danke ihr herzlich für die kritische Durchsicht meiner Seiten über ›Givritta‹ und ihren Rat.

Aus Dresden hat mir Dr. Harald Marx, Kustos der Gemäldegalerie Alte Meister, die Illusion genommen, die in der Literatur häufig erwähnten Porträts der Gräfin Cosel stellten auch wirklich sie dar, beziehungsweise existierten noch. Dr. Ulli Arnold, Kustos des Grünen Gewölbes, hat mich ausführlich über Coseldukaten, Schmetterlingstaler und Coselgulden unterrichtet und − leider − auch hier schöne Legenden zerstört.

Dr. Martin Welke, Deutsches Presseforschungszentrum Bremen, hat mich eingeführt in das Zeitungswesen Ende des 17., Anfang des 18. Jahrhunderts und mir damit eine Quelle erschlossen, auf deren Bedeutung ich bereits hinwies.

Dr. Gerhard Knoll, Universitätsbibliothek Bremen, hat Teile meines Manuskriptes kritisch und sehr freundlich gelesen.

Frau Maj Popken danke ich für die Übersetzung eines vertrackten französischen Gesellschafts-Wortspiels.

Ganz besonders danke ich den Damen und Herren des Staatsarchivs Niedersachsen in Wolfenbüttel, der Sächsischen Landesbibliothek in Dresden und vor allem des Staatsarchivs Dresden für ihre bereitwillige und freundliche Unterstützung, ihre Hinweise und ihre Mühen, ohne die meine Arbeit in den Archiven gar nicht möglich gewesen wäre.

Mein Hauptdank zum Schluß aber gilt − um auch das nicht zu verschweigen − meinem Mann Per Hoffmann, der sich monatelang zu den unmöglichsten Tages- und Nachtzeiten meine Hypothesen über August den Starken und die Gräfin Cosel anhören mußte und doch niemals die gute Laune verlor.

EZ:	Europäische Zeitung
franz.:	Original in französisch
Sta Wb (Nr.):	Niedersächsisches Staatsarchiv Wolfenbüttel,
	Aktentitel siehe unter »Archivalien«
Sta Dr Loc.:	Staatsarchiv Dresden, Locatnummer, Aktentitel siehe unter »Archivalien«
Weber:	Karl von Weber: Anna Constance Gräfin von Cossell.
	In: Archiv für die sächsische Geschichte, Bd. 9, Leipzig 1871.

14 »die große Reise . . .« Beschorner, Leiden, S. 54

15 »Hier ist sie . . .« Beschorner, Leiden, S. 59

15 »Was ist der . . .« Beschorner, Leiden, S. 60

16 »mon but . . .« und »le soleil . . .« Watzdorf, S. 88

18 »Du kleines Hurchen . . .« Gurlitt, August, Bd. 1, S. 176

19 »es ihm . . .« (franz.) Flemming an Wackerbarth, Warschau, den 12. 3. 1727, Weber, S. 140

20 »Einem Hund . . .« Cosel an Wackerbarth, Weber, S. 139

23 »Sire, haben Sie . . .« (franz.) Cosel an König August, Stolpen, den 20. 6. 1725. Weber, S. 139

26 »Weder gegen meine . . .«: »ny contre mon honneur ny ma naissance . . .« Sta Dr Loc. 776, Cosel an Watzdorf, Berlin, den 5. 5. 1716

26 »Allein es sind . . .« Relations-Courier vom 16. 11. 1680

29 »Stolt as en Rantzau« Rumohr, Ostholstein, S. 247

29 »Heinrich Rantzaus Grab . . .« Im Original: »Henrici tumulus Ranzoi heic. Caetera norunt/Europae gentes orbis et occiduus.« Brandt, S. 144

29 »riik as en Brockdörp« Rumohr, Ostholstein, S. 247

30 »Lt. i Liv. Rgmt tilhest« Reichsarchiv Kopenhagen. Hirsch: Danske og Norske Officerer 1648–1814. Handschriftl. Manuskript

30 »der einen Schwester . . .« Sta Dr Loc. 778, Bd. 9. Status Causae, Frau Annen Constantien Reichsgräfin von Coßell, gebohrener

Brockdorff Erb-Recht an Depenau und Zugehörungen, Dresden, den 3. September 1744. – Es handelt sich um Anna Catharina Brockdorff, die Schwester von Ditlev, dem Großvater, die 1660 einen Herrn von Rauthern heiratete.

31 »Wir sind Kaufleute . . .« (dänisch) Dansk Biografisk Leksikon, 1938, Artikel Marselis, und Amburger, S. 41

32 »auff Herrn Marcellis . . .« Olearius in seiner Holsteinischen Chronik, 1663. Christian Jensen, Brautwerbung, S. 249

35 »Schuwutt« Hirschfeld, Schleswig-Holsteinische Herrenhäuser, Gutshöfe und Gärten des 18. Jahrhunderts, S. 21

40 »Einen Kopf mit . . .« und einen »Körper . . .« Christian Kock, Taxordnung für die Scharfrichter in Holstein, S. 173. Der Hinweis auf die Kosten von zwei Schweinen und einem Ochsen in: Otto Kock, Von der Leibeigenschaft auf dem Gute Depenau, S. 141

40 »Er hätte es . . .« und »Sie hätte nicht . . .« Protokoll der Gerichtsverhandlung, Depenau, 1687, in: Meier, S. 86

41 »Totenberg« Oldekop, S. 26

42 »Anno 1689 den 4 february . . .« Aus dem Urkundenbuch des Klosters Preetz, das 1691 begonnen wurde. Nach der freundlichen Mitteilung der Priörin Gräfin Brockdorff in einem Brief an mich vom 8. 1. 1981

43 »Königs natürliche . . .« aus: »Königl. Dänische Rang-Ordnung, de Anno 1680«, Lünig, Bd. 1, S. 1497

43 »Ehre« und »Beyhülffe«; Artikel »Ehre« in: Zedler, Bd. 8. – Die Definition der Ehre als Ausdruck der Zugehörigkeit zur Adelsgesellschaft stammt von Elias, Die höfische Gesellschaft, S. 145f.

47 »Eure Majestät repräsentieren . . .«
(dänisch) Draebel u. a., S. 141
48 »L'art de plaire . . .« Titel eines von fünfzehn Anstandsbüchern, die Lünig, Bd. 2,
S. 1316, aufzählt.
50 »Printzeßin-Hofmeister«, »Der Printzeßin-
Cammer-Diener« und »Beyläuffer«:
»Hertzog Christian Albrechts zu Schleß-
wig-Hollstein-Gottorff revidirte Rang-
Ordnung vor seine Hof- und andere Bedienten in denen Erb-Landen, de Anno
1681.« Lünig, Bd. 1, S. 1499
52 »Ihr Dienst ist . . .« Lünig, Bd. 1, S. 301
52 »zivilisierter Konversation« Lünig, Bd. 2,
S. 1316
53 »Neue-Zeitungs-Sucht«: Johann Ludwig
Hartmann: Unzeitige Neue-Zeitungs-
Sucht und Vorwitziger Kriegs-Discoursen
Flucht (. . .), Rotenburg 1679.
»Zeitungs Lust und Nutz / Oder: derer so
genannten Novellen oder Zeitungen / wir-
kende Ergetzlichkeit / Anmut / Notwendigkeit und Frommen (. . .)« Entworffen
von dem Spaten (d.i. Kaspar Stieler),
1. Ausgabe, Hamburg 1695.
Beide Titel habe ich von Welke, Zeitungslesen in Deutschland, S. 30 f. Dort auch
weitere Einzelheiten über das Zeitungslesen in der 2. Hälfte des 17. und des begin-
nenden 18. Jahrhunderts; ebenso in Welke, Die Legende vom »unpolitischen Deutschen«.
55 »einige Unpäßlichkeit« Relation aus dem
Parnasso vom 1. 1. 1695
55 »Ihro Hochfürstl. Durchl. . . .« Relations-
Courier vom 4. 1. 1695
57 »Ehepakten« Sta Wb 1 Alt 23, Nr. 289.
Abschrift der Ehepakten zwischen August
Wilhelm und Sophie Amalie, Gottorf, Juli
1695
57 »befindet sich alles . . .« Stralsundischer
Relations-Courier vom 17. 7. 1695
57 »Juncta arma armori« und »Der starcken
Löwen . . .« Rehtmeier-Buenting, S. 1576
59 »Damen-Ceremoniel« und »auf beyde Bak-
ken«: »Von Damen-Ceremoniel am Hoch-
Fürstl. Hofe zu Wolfenbüttel«, Lünig,
Bd. 2, S. 1316
60 »Ihr werdet gleich . . .« aus: »F. C. Bressand, Doppelte Freude der Musen / bey
dem zwey und sechzigsten Geburtstage des
Durchleuchtigsten Fürsten und Herrn /
Hn. Anthon Ulrichs (. . .) und dabei ge-
schehener unvermuteter Ankunfft Der
Durchleuchtigsten Fürstin und Frauen /

Frn. Sophia Amalia (. . .), Wolfenbüttel,
im Jahre 1695.« Tintelnot, Barocktheater,
S. 321 ff.
61 »Unterthänigster Bewillkommungs-Zuruff« Sta Wb Mappe 1621, Paul Weissen,
Fürstl. Hoff-Buchdrucker zu Wolfenbüttel,
12. November 1695
62 »Wenn Gott nicht . . .« Aus einem Brief
an Ernst Ludwig von Hessen. Boehn, Mode im 17. Jh., S. 5
63 »reinen deutschen« Sprache. Der Lehrplan
soll für die Schüler »lustig, angenehm und
nützlich seyn«. Rehtmeier-Buenting,
S. 1541 f.
63 »die Teutschen selbsten . . .« Querfurt in
der offiziellen Schrift über Salzdahlum.
Gerkens, S. 85
63 »Der stoltze Po . . .« Bressand, Saltzthali-
scher Mayen-Schluß. Gerkens, S. 84
64 »auf dem Kackstuhl lesen« Boehn, Mode
im 18. Jh., S. 10
66 »summo cum applausu« und »dadurch den
hohen . . .« Relations-Courier vom 13. 9.
1698. – Die Dissertation Christian Detlev
Brockdorffs trägt den Titel »Positiones Ju-
ris rationibus subnexis breviter illustratae«
und ist heute noch, wie Dr. Hans F. Ro-
thert, Schleswig-Holsteinische Landesbibliothek Kiel, mir freundlicherweise am
4. 2. 1982 mitteilte, in der Universitätsbibliothek Kiel im Sammelband Ke 9982 –
355 vorhanden. Ich habe sie im Archiv
Rantzau gesehen – vielleicht hat Christian
Detlev sie seinem Verwandten zugeschickt.
66 »Gottorper Rasereien« Allgemeine Deutsche Biographie, Bd. 8, Artikel »Friedrich
IV. Herzog zu Schleswig-Holstein-Gottorp« von P. Hasse, S. 22
70 »tanzt in Unterhosen . . .« Aus dem Tagebuch Ludwig Rudolfs, nach freundlicher
mündlicher Mitteilung von Dr. Gerhard
Gerkens, Bremen; ebenso »Bruder Tönjes«
71 »Das Flüchten von . . .« Stralsundischer
Relations-Courier vom 27. 3. 1702
71 »ihre Freyheit . . .« Relation aus dem Parnasso vom 7. 4. 1702
73 »Hungrige Hunde . . .« Bengtsson, S. 149
73 »daß wir bald . . .« Bengtsson, S. 149 f.
74 »Laß sie gehen . . .« Bengtsson, S. 152
75 »Inconstance, Louche, Brune . . .« und
»Constance, Retour, Repos . . .« und der
Satz »La constance vent . . .« Sta Wb 1
Alt 22 Nr. 452, Blatt 56. Übertragung ins
Deutsche von Maj Popken
77 »daß von den Kindern . . .« Aus dem Frei-

brief, gegeben »auf meinem hauße Depenau den 13. September 1699« (Gutsarchiv Depenau, Akte 64). Pöhls, S. 183

79 »Dass ich mir . . .« Originalschreibweise: ». . . daß ich mich vielmals den dodt wunsche . . .« Sta Dr Loc. 1913, Anna Constantia von Hoym an ihren Mann Adolf Magnus von Hoym, Dresden, 20. 6. 1704

80 »Die Rüben . . .« Lahnstein, S. 193

81 »wegen der lieblichen . . .« Iccander, S. 163

82 »Je pleure vostre abcence« Distel, S. 642

84 »als ob umb . . .« EZ vom 4. 1. 1704

87 »verlanget mich gar . . .« Christiane Eberhardine an ihre Mutter in Bayreuth. Haake, Chr. Eb., S. 18

87 »liber alle zeitliche . . .« Haake, Chr. Eb., S. 40

89 »Ich bin mit . . .« Schreiber, S. 157

89 »Die Verachtung, die . . .« Original: »Das odium in concubinas muß bei großen Fürsten und Herren cessiren, indem diese den legibus privatorum poenalibus nicht unterworfen, sondern allein Gott von ihren Handlungen Rechenschaft geben müssen, hiernächst eine Concubina Etwas von dem Splendeur ihres Amanten zu überkommen scheint.« Christian Thomasius, Juristische Händel, Bd. 3, o. J., S. 219, zit. nach Biedermann, Deutschland, S. 69

91 »Gott ist mächtiger . . .« Im Original indirekte Rede: »Gott sei . . .« Sta Dr Loc. 1913, Protocollen in Termino, d. 29. Januar 1705

91 »ihres Mannes Willen . . .« Zedler, Bd. 9, Artikel »Frau«. Doch allgemein heißt es in diesem Artikel über das weibliche Geschlecht: »Ob aber selbiges dem Männlichen vorzuziehen, ist eine andere Frage, inmittelst ist doch gewiß, daß man von diesen Geschlechte an allen Orten viel geschickte und herrliche Subjecta findet, welche es in denen Studiis und andern stattlichen Wissenschafften und Künsten viel berühmten Männern, wo nicht zuvor, doch gleich gethan haben.«

92 ». . . weillen euch mein . . .« Sta Dr Loc. 1913, Anna Constantia von Hoym an ihren Mann Adolf Magnus von Hoym, Dresden, 20. 6. 1704

93 »als noch immer . . .« Depesche Patkuls vom 22. 8. 1704 an den Grafen Gollowyn, wohl in Moskau. Foerster, S. 130

94 »Meine Herren, hätten . . .« und »So boshaft sind . . .« Bengtsson, S. 214

98 »Joho, hoch do, ho!« Döbel, S. 79

98 f. »der Herr Ober-Jäger-Meister . . .« EZ vom 6. 1. 1705

99 »durch den Ermel . . .« EZ vom 6. 1. 1705

100 »von der Accise . . .« EZ vom 3. 2. 1705

101 »Wie straft man . . .« und alle weiteren Verse: Anton Ulrich von Braunschweig-Wolfenbüttel, Römische Octavia, Geschichte der Givritta, S. 375 f. Vgl. dazu meinen Text S. 369 ff. Auf die ›Geschichte der Givritta‹ hat Maria Munding mich aufmerksam gemacht, die Spezialistin für die ›Römische Octavia‹. Sie gab mir auch die ›Geschichte der Solane‹, die verschlüsselten Memoiren der Mätresse Königsmarck, mit denen Aurora dem Publikum eine äußerst ehrenrettende Darstellung ihres kurzen Liebesbundes mit August anbietet. Givritta dagegen, die Mätresse Cosel, wird mit vernichtender Kritik geschildert. Ihre Geschichte muß jemand geschrieben haben, der Aurora schmeicheln wollte, und Maria Munding und ich haben eine Reihe von Argumenten zusammengetragen, die nahelegen, daß Aurora selbst die Autorin der ›Givritta‹ ist. Obwohl die historischen Vorgänge am sächsischen Hof in der ›Givritta‹ meist mit erstaunlicher Genauigkeit geschildert werden, bleibt es natürlich fraglich, ob die Szene in Leipzig und die Verse authentisch sind.

102 »Es wäre ein . . .« Sta Dr Loc. 1913, Protocollen in Termino, d. 29. Januar 1705

103 »er solte sich . . .« EZ vom 20. 1. 1705

103 »Das könne sie . . .« Sta Dr Loc. 1913, Protocollen in Termino, d. 29. Januar 1705

105 »das ich nicht . . .« Sta Dr Loc. 1913, Anna Constantia von Hoym an Adolf Magnus von Hoym, 7. 2. (1705)

108 »Sehr ungnädig« EZ vom 17. 3. 1705

108 »er werde denjenigen . . .« Schulenburg, S. 203

108 »der Hertzogin Garten« EZ vom 17. 3. 1705

110 »Diesse beiden Brieder . . .« Haake, Jugenderinnerungen Augusts, S. 397

113 »man kunte sagen . . .« Watzdorf, S. 21

118 »Wan ich in mein Zimmer . . .« Cosel an Jahnus von Eberstädt, Stolpen, den 24. 1. 1717. Nach Weber, S. 118

119 »durch diesen Schrank . . .« Reskript des Geheimen Rates. Weber, S. 119

123 »Ich habe ihn . . .« Original: ». . . weil ich ihn mehr geliebt habe als meine Seele . . .« Cosel an ihre Mutter, 30. 11. 1713. Nach Weber, S. 44 f.

123 »Ehre und Hoheit . . .« O. E. Schmidt, Bd. 1, S. 196

125 »bey Verlust Dero . . .« Watzdorf, S. 96 f.

125 »Retirade Gemach« Watzdorf, S. 84

125 »Balthasar mit dem Barte« Hantzsch, S. 22

126 »L'Effronterie perd . . .« Watzdorf, S. 121

126 »wol vor dißmal . . .« EZ vom 5. 5. 1705

126 »über alle massen . . .« Extraordinaire Europaeische Zeitung Nr. 41, Meldung vom 16. 5. 1705

127 f. »wenn so viele . . .« EZ vom 12. 6. 1705

129 »keineswegs in der . . .«: »Copulationsurkunde« des Kurfürsten Johann Georg IV. für Sibylle von Neitschütz, datiert auf den 16. 10. 1691. Weber, S. 13

130 »Nun fehlt unserem . . .« Biedermann, Deutschland, S. 101

131 »So bin ich . . .« Pöllnitz, S. 222. Vgl. meinen Text S. 151

131 »Den 20. Juni haben . . .« Haake, Chr. Eb., S. 116

133 »sie solten sich . . .« und »die Galgen über . . .« EZ vom 14. 7. 1705

133 »Ewer Gnaden wenten . . .« Christiane Eberhardine an ihren Vater, den Markgrafen von Brandenburg-Bayreuth, Torgau, den 10. 7. 1705. Haake, Chr. Eb., S. 121

134 »die Madame Hoymin . . .« Haake, Chr. Eb., S. 116

136 »leihweise für . . .« Die Urkunde, die Patkul für die Geheime Rätin von Hoym ausstellt, ist vom 26. 9. 1705. Erdmann, S. 180

137 »daß der Zar . . .« Schreiber, S. 167

137 »Unseren getreuen Ständen . . .« Extraordinaire Europaeische Zeitung Nr. 74, Meldung vom 9. 9. 1705

137 »unverschämten und lügenhaffte . . .« wie oben

138 »Augen des Gemühts« Dinglinger an König August, 11. 10. 1707. Watzdorf, S. 131

140 »brüllte wie ein . . .« Aus dem Bericht des Kommandanten vom Königstein vom 12. 4. 1702. Vehse, Bd. 5, S. 93

141 »Habt mich lieb! . . .« Fürstenberg an Böttger. Vehse, Bd. 5, S. 96

141 »excellentissimi ingenii« Pater Vota an König August, 1. 3. 1705. Vehse, Bd. 5, S. 99

142 »bey der Madame . . .« dem Hofkalender. Haake, Chr. Eb., S. 117

143 »derselben mit aller . . .« Sta Dr Loc. 1913. Aus dem Urteil des Oberkonsistoriums vom 9. 11. 1705

143 »bösliche Verlasserin« Sta Dr Loc. 1913. Schreiben des Oberkonsistoriums vom 18. 12. 1705

143 »Wir Friedrich August . . .« Sta Dr Loc. 776. Entwurf des Dokuments vom 12. 12. 1705. Weber hat die Originalurkunde nicht im Staatsarchiv in Dresden gefunden, und ich fand sie nicht im Archiv Rantzau in Breitenburg, wohin das Archiv aus Drage gebracht wurde. Das entspricht den späteren Nachrichten, August habe das Dokument vernichtet. Der Entwurf ist undatiert, sein Datum wird in der Urkunde genannt, mit der August 1709 seine beiden Töchter legitimiert. Weber zweifelt nicht daran, daß die vom König ausgestellte Urkunde in der vorliegenden Form oder ähnlich abgefaßt wurde. Weber, S. 13. Der gesamte Entwurf ist bei Weber, S. 10 f., abgedruckt. Was aus dem Doppel des Dokuments wurde, das der König dem Geheimen Rat versiegelt überreichte, ist unbekannt. Wahrscheinlich hat er es auch vernichtet.

144 »Pro Fide, Rege . . .« Watzdorf, S. 55 f.

149 »110. Brod, 100. Tonnen . . . .« Journal vom 27. 2. 1706

153 »Ich habe meine . . .« Seligmann, der sächsische Resident in Wien, an Pflugk, 7. 3. 1706. Günther, Gefahr, S. 52, Anm. 2

153 »es komme darauf . . .« Schulenburg, S. 244

153 »Ein' feste Burg«, »Macht alles nieder«, »Mit Gottes Hilfe« Auszug eines Schreibens einer Privat-Person aus Liegnitz, einige nähere Umstände der Schlacht von Fraustadt und deren Folgen betreffend. Liegnitz, 26. 2. 1706. Schulenburg, S. 264 ff.

155 »Ich bin gestern . . .« EZ vom 2. 3. 1706

155 »Die Sächsischen Todten . . .« Ordentliche Wochentliche Kayserliche Reichs-Post-Zeitungen vom 5. 3. 1706

155 »kaum die Helffte . . .« Ordentliche Wochentliche Kayserliche Reichs-Post-Zeitungen vom 19. 3. 1706

155 f. »viele hohe . . .« und »einer nach . . .« EZ vom 26. 2. 1706

156 ». . . der Feind, welcher . . .« Bericht eines ungenannten sächsischen Leutnants aus Grünberg vom 14. 2. 1706. In: Extraordinaire Europaeische Zeitung Nr. 17. Der Bericht ist fast identisch im ›Journal‹ vom 2. 3. 1706 abgedruckt; hier wird als Verfasser ein Leutnant Hochmuth angegeben.

157 »Das Meiste, worauff . . .« Ordentliche Wochentliche Kayserliche Reichs-Post-Zeitungen vom 19. 3. 1706

157 »bis die Kosten . . .« Geheimer Rat an König August, 24. 2. 1706. Günther, Gefahr, S. 34, Anm. 3

157 »Der Zorn Gottes . . .« wie oben, Anm. 1
157 »mit Behutsamkeit« König August an
Schulenburg, Petrikow, 1. 3. 1706.
Günther, Gefahr, S. 38, Anm. 3
159 »Kanonismus« Ich folge hier der Darstellung und Interpretation von Forberger,
Neueinschätzung, S. 222
160 »Anarchia« Ich folge hier der Darstellung
und Interpretation von Roos, S. 65 ff.
161 »Ihr seyd Ursach . . .« EZ vom 7. 5. 1706
163 »Mad. la Comtesse . . .« Fürstenberg 1706
an einen ungenannten Empfänger. Weber,
S. 24
166 »dergestalt verfahre(n), dass . . .« König
August an König Karl, 16. 8. 1706 (Reichsarchiv Stockholm). Günther, Entstehung,
S. 314, Anm. 6
166 »Solte aber der König . . .« und »so muß
man wider . . .« Die Originale beider Instruktionen hat man noch nicht gefunden,
oder sie existieren nicht mehr. Günther,
Entstehung, S. 315, Anm. 3 und 4, zitiert
sie aus einem Schreiben Imhoffs.
167 »treulose und ungerechte . . .« und »Recht
und Satisfaktion« Bengtsson, S. 87
171 »betrübt und verzagt« Schwedisches Protokoll der Sitzung vom 12. 9. 1706 (Reichsarchiv Stockholm). Günther, Entstehung,
S. 325
172 »Ich habe immer . . .« Bengtsson, S. 246
175 »Jüngsthin sah ich . . .« Journal vom
23. 10. 1706
176 »auff Dero glückliche . . .« Ordentliche
Wochentliche Kayserliche Reichs-Post-Zeitungen vom 26. 10. 1706
179 »den Unternehmungen . . .« Schreiben,
welches die Königin in Engelandt und die
Herrn General Staaten durch dero Gesandten an König in Schweden abgehen lassen.
Ihro König. Majest. in Schweden Antwort
ist: »Er habe niemahlen . . .« EZ vom
12. 11. 1706
181 »so hertzhafft wie . . .« Journal vom
9. 11. 1706
181 »nebst dem Göttl. . . .« Aus: »Vorläuffige
mündliche Relation / des von Ihro Königl.
Majest. in Pohlen den 30. Octobr. 1706 nach
Wien an Dero Hrn. Stadthaltern Fürsten
von Fürstenberg abgeschickten Couriers /
betreffen / die durch Göttl. Beystand von
Höchstged. Ihro Königl. wider den Schwedischen Hn. General Mardefeld den 29. Ejus-
dem bey Kalisch erhaltenen Victoriae.« Ordentliche Wochentliche Kayserliche Reichs-
Post-Zeitungen vom 12. 11. 1706

181 f. »Was diese Friedens . . .« EZ vom
23. 11. 1706
182 »Ich habe in . . .« Liselotte von der Pfalz an
die Raugräfin Louise, 2. 12. 1706. Haake,
Urteil Zeitgenossen, S. 8
182 »Seyder König Augustus . . .« Liselotte
von der Pfalz an ihre Schwester Amalie,
9. 12. 1706. Haake, Urteil Zeitgenossen,
S. 8
182 »Von den Frieden . . .« Altonaischer Mercurius vom 3. 12. 1706
183 f. »Ich bin so . . .« (franz.) und »mit
Moskau zu . . .« Kretzschmar, S. 169
184 »Ich weiss wohl . . .« und »Wenn ich im
Thurm . . .« Flemmings Bericht über die
Konferenz zu Tamitz vom 11. 12. 1706 (Sta
Dr). Danielson, S. 20
184 »Ich habe gestern . . .« (franz.) Archiv
Rantzau. La Comtesse de Cossell an Monsieur le Comte de Rantzau, Wolfenbüttel,
12. 12. o. J. (1706)
185 »in was Puncten . . .« Extraordinari-
Kayserl. Reichs-Post-Zeitung vom
14. 12. 1706
185 »Hier habt ihr . . .« Braunschweig-Wolfenbüttel, Römische Octavia, Givritta,
S. 384
186 »sich incommodiret . . .« Beschorner, Leiden, S. 49, Anm. 1
187 »denn all seine Courtoisie . . .« Erdmann,
S. 250
188 »das wilde Tier« Erdmann, S. 251
188 »wegen des totalen . . .« Kretzschmar,
S. 174
188 »schändlich betrogen« Bericht von Jessen,
15. 1. 1706, an den König von Dänemark
über die Audienz am 12. 1. 1706 (Geheimes
Archiv Kopenhagen). Danielson, S. 28
191 »Die Frau Gräfin . . .« EZ vom 11. 2. 1707
194 »beinahe zu einem . . .« Privatbrief Her-
melins vom 30. 3. 1707. Kretzschmar,
S. 170
195 »König August wohnt . . .« Bengtsson,
S. 257 f.
196 »der König von . . .« Brief des Zaren Peter
vom 21. 2. 1706. Schulenburg, S. 221
197 »bey Hofe Cavalliers . . .« EZ vom
11. 3. 1707
197 »der König herunter . . .« EZ vom
1. 4. 1707
199 »ein vor allemal . . .« EZ vom 12. 4. 1707
200 »mit der Schlaff-Mütze . . .« EZ vom
19. 4. 1707
200 »Mein Herr und Bruder . . .« Voltaire,
S. 121 f.

457

261 »der König Augustus . . .« Journal vom
18. 8. 1708
264 »Die Gräfin von Cosel . . .« Journal vom
12. 1. 1709
264 »Son Excellence Madame . . .« und »Le
Triomphe de La Vertu« Sächsische Landesbibliothek Dresden, Handschrift Oc 82 f.
Poisson, comedien du Roy: Le Triomphe de
La Vertu. Divertissement pour Le Retour
De Sa Majesté Presenté A Son Excellence
Madame La Comtesse de Cosel. Undatiert,
so daß es nur wahrscheinlich, nicht aber
gesichert ist, daß er ihr sein Stück bei der
Rückkehr des Königs Ende 1708 gab.
264 »Ils ne m'oteront pas un seul Rayon.«
Watzdorf, S. 384, Anm. 57. Auch die Entstehung des Rahmens ist ungesichert;
Watzdorf gibt die Zeit von 1707 bis 1712
an.
264 »daß wir hier . . .« (franz.) Archiv Rantzau. Cosel an Rantzau in Wien, Dresden,
20. 1. o. J. (1709)
265 »wass verbindliches und . . .« Danielson,
S. 77
266 »wie sie aber . . .« EZ vom 25. 1. 1709
266 »halten es mit . . .« Journal vom 29. 1.
1709
267 »mithin dann auch . . .« EZ vom 25. 1.
1709
267 »Plaisir« und »ambition« Sächsische Landesbibliothek Dresden, Handschriftenband
e 76. Flemming, Porträt des Königs, 1722
267 »Les plaisirs des Dieux« Sta Dr Loc. 776
und Loc. 777, 1718–1730, vol. II. Specificatio Worinnen die Drey nachfolgenden
Garnituren bestehen.
269 »wie Herkules den . . .« und
269 »ein köstliches Ballet . . .«: »Nachricht,
wie der Chur-Printz zu Sachsen Johann
Georg der III. bey seiner Ankunfft und
Anwesenheit zu Copenhagen nebst seiner
Frau Mutter tractiret worden, de Anno
1663.« Lünig, Bd. 1, S. 223
272 »Ich habe den . . .« (franz.) und alles folgende bis S. 275 in Haxthausens Memoiren, Vehse, Bd. 5, S. 210–235
276 »Deo inceptum 1701. Germanis Dinglerianis inventum« und »Deo Finitum
1708 . . .« Watzdorf, S. 145 f. Watzdorf
gibt »Dinglingerianis« an, aber auf dem
Foto Menzhausen-Beyer, Tafel 32, ist auf
dem Sockel des rechten Götzen deutlich
»Dinglerianis« zu erkennen. Bei einem Besuch im Grünen Gewölbe sind die Figuren
vom Besucher so weit entfernt, daß man

nur schwer etwas lesen kann, was man
nicht vorher schon kennt.
279 »Wie er heisse? . . .« EZ vom 2. 12. 1707
280 »dergleichen Frequenz . . .« Journal vom
18. 5. 1709
280 »reichen auch allewege . . .« EZ vom 14. 5.
1709
282 »Carneval« Sta Dr Oberhofmarschallamt
F 15. Carneval welcher bey hoher Anwesenheit Sr. Königl. Mayt. in Dennemarck
Frederici IV. ingleichen Sr. Hochfürstl.
Durchl. Herzog Johann Georgens zu Sachsen-Weißenfels dero Durchläuchtigster
Frau Gemahlin und Prinzeßin Schwester
Durchl. in Dresden gehalten worden von
22. May bis 2. July 1709. Aufgesetzt zu
Warschau von Christoph Weigelt
283 »daß er die Krone . . .« (Biblioteka Czarto-
ryskich w Krakowie) Gierowski, Personalunion, S. 263
284 »weil deren Anzahl . . .« und »in sauberer
Kleidung . . .«: »Aus Sachsen vom 1. Ju-
nii. Bericht vom Einzug Königl. Majestät
von Dennemarck etc. in Dreßden.« EZ vom
7. 6. 1709
285 »Ihm zu Ehren« und »erst, wenn beide . . .« (dänisch) Aus der Einleitung zur
eigenhändigen Bestimmung über die An-
wendung der Zeit der Wochentage. Draebel
u. a., S. 34
291 »Wann Paucken schallen . . .« Sta Dr
Oberhofmarschallamt F 15
293 »ein gewisser Poet«, dessen Namen nicht
genannt wird, sowie das Gedicht: Lünig,
Bd. 2, S. 1164
298 »die balance im Norden . . .« Danielson,
S. 91
299 »Berlin, wann hast . . .« EZ vom 16. 7.
1709
300 ». . . dessen ihm aufgewälzte . . .« Aus
dem Manifest vom 8. 8. 1709. Lindau,
S. 567
300 »Nehmen [wir] also . . .« Aus dem Manifest vom 8. 8. 1709. Danielson, S. 100
301 »Ich stelle den Ruhm . . .« Original:
»j'aime le Roy sans interêt sa gloire
encore plus que ma personne.« Sta Dr Loc.
3307, Blatt 212 und 213. Kopie eines
Schreibens, in dem die Cosel sich verteidigt,
wohl an den König gerichtet, sie sie in
ihrem Brief an Lagnasco vom 25. 11. o.J.
(1713/14) erwähnt. Der Brief liegt in derselben Akte.
301 »So stehe ich . . .« (franz.) Archiv Rantzau. Cosel an Rantzau in Drage, Dresden,

den 4. oder 14. 8. o.J. (1709). Das Tagesdatum ist auch mit Lupe schwer zu lesen, es müßte aber nach dem Inhalt des Briefes der 14. August sein, da die Abreise des Königs erwähnt wird: Er verließ Dresden am 12. August.

301 »Das wirdt ein . . .« Liselotte von der Pfalz, die Herzogin von Orléans, an eine Verwandte in Deutschland, 15. 8. 1709. Haake, Urteil Zeitgenossen, S. 9

301 »Die Pest regiert . . .« (franz.) Archiv Rantzau, Cosel an Rantzau, wie Anm. 2 zu S. 301

302 »Thue ich nicht genug . . .« Vitzthum an König August, 12. 9. 1709. Danielson, S. 104

302 »Der Höchste gebe . . .« Meldung aus Stockholm, 5. 9. 1709. Journal vom 28. 9. 1709

306 »Ich werde nach Moskau . . .« Kersten, S. 167

308 »die Grafen, Herren . . .« Sta Dr Loc. 777, Gevatter-Präsent betr. 1710. Schreiben der Cosel vom 24. 10. 1709 an die Grafen, Herren von der Ritterschaft und Städte, vom Tage der Geburt. Weber gibt an, die Tochter sei am 27. Oktober geboren, was nach diesem Schreiben ein Druckfehler in seinem Aufsatz sein muß.

310 »zu Boitzenburg wegen . . .« Sta Dr Loc. 1400. Abrechnung des namentlich nicht genannten Hof- und Reisemarschalls, Anno 1709

311 »allesamt zu Fuß . . .«: »Beschreibung des triumphirenden Einzugs, den der Czaar, Peter Alexiewitz, nach der Schlacht bey Pultawa, in die Stadt Moscau Anno 1709. gehalten.« Lünig, Bd. 2, S. 1282

312 »Les plaisirs des Dieux« Von der Tapete heißt es in Sta Dr Loc. 776, sie komme Anfang 1710 aus Brabant. In Sta Dr Loc. 777, 1718–1730, vol. II, Specificatio Worinnen die Drey nachfolgenden Garnituren bestehen, wird sie genau beschrieben. Diese Spezifikation stammt vom Sommer 1711; vgl. meinen Text S. 335. Außer der »Garniture de Tapisserie ou Tenture représentant les plaisirs ou festins de Dieux consistant en cinq pieces« werden die Garnitur Augsburger Silber und die Garnitur des Türkischen Zimmers beschrieben; vgl. Text S. 245 f.

313 »die die junge Comtesse . . .« Sta Dr Loc. 1400. Rechnung was ausgegeben an die Bedinsten von beiden Comtessen ihr Lohn und andere Unkosten Anno 1710. Vom na-

mentlich unbekannten Hofmarschall der Kinder

315 »Biblia pentapla« Diese Ausgabe der Bibel ist in drei Bänden 1711 bei »Hermann Heinrich Holle, Hochfürstl. Holstein-Gottorf priv. Buchdrucker zu Schiffbeck bei Hamburg« erschienen. Weber, S. 158. Vielleicht hat die Cosel sie sich bei ihrem Besuch in Holstein im Sommer 1711 gekauft, oder ihre Mutter schenkte sie ihr.

316 »neulichste, wenn auch . . .« und »unmäßigen leeren Zwischenräume« und »übererstaunliche Größe Gottes« Aus: Georg Samuel Dörfel, Astronomische Beobachtungen des Kometen von 1680. Gurlitt, August der Starke, Bd. 2, S. 34

322 »WEN DU NICHT . . .« Nach einer freundlichen Mitteilung von Dr. Ulli Arnold, Kustos des Grünen Gewölbes, an mich vom 23. 3. 1983. Schmetterlingstaler und Coselgulden werden, nach Arnolds Auskunft, so verschwommen und mehr legendenhaft als überzeugend mit der Cosel in Verbindung gebracht, daß ich sie in die Biographie nicht aufgenommen habe.

323 »als ihren Herrn . . .« und »freie Wahl auf . . .« Gierowski, Personalunion, S. 266

325 »Eure Excellenz werden . . .« Hoym an Flemming, Dresden, 8. 9. 1709. Dürichen, S. 98

326 »Ich weiß nicht . . .« (franz.) sowie alle weiteren Zitate aus dieser Unterredung (auch franz.) bis S. 327: Sta Dr Loc. 776, Minute d'un entretien de S. E. M. le Comte de Flemming avec M. la C. de Cosel. Danzig, 29. 11. 1710

327 f. »ihr Geist und . . .« (franz.) Sächsische Landesbibliothek Dresden, Handschriftenband e 76. Flemming: »Portrait de . . .« vom 8. 12. 1710

328 »mit dem Schwerte . . .« Aus dem Urteil des Leipziger Schöppenstuhls vom 20. 12. 1710. Friesen, S. 100

330 »daß die Ottomannische . . .« und »daß sie eine . . .« Journal vom 21. 3. 1711

330 »Dießes ist absolutes . . .« Haake, August der Starke, S. 118

331 »man ist nicht . . .« Haake, August der Starke, S. 118 f.

332 »ehrlich geborne Gräfinnen« Urkunde vom 22. 6. 1711. Weber, S. 22

333 »Seiner Königlichen Majestät . . .« Joachim Sigismund von Ziegler und Klipphausen an König August, 17. 1. 1710. Schmidt, Bd. 7, S. 37

335 »Herzlich gerne . . .« und »Das wird
sich . . .« Fassmann, S. 640
335 »Was an Silber . . .« Sta Dr Loc. 777,
1715–1717, vol. I b
336 »widerspenstigen und ungehorsamen . . .«
Kock, Leibeigenschaftsstrafen auf Depenau,
S. 236.
336 »mit ordentlichem Recht . . .« Befehl König Frederiks von Dänemark, vom 25. 2.
1710, Glückstadt (Gutsarchiv Depenau, Akte 58). Kock, Leibeigenschaftsstrafen auf
Depenau, S. 237
338 »Ein jeder erkennt . . .« Chiffrierter Brief
an Albani vom 22. 8. 1711 (Vatikanarchiv
in Rom). Ziekursch, Kaiserwahl, S. 110
339 »Wir sind in . . .« EZ vom 6. 10. 1711
341 »machte dann Gärtner . . .« Weber, Besuche Peters, S. 346
341 »extraordinaire Weise« Sta Dr Loc. 3624,
1711, vol. II. Protokoll der Konferenz am
19. 10. 1711 mit den russischen Ministern
in Schloß Torgau
342 »einem jeden, der . . .«: »Auß dem Dähni-
schen Lager vor Strahlsund«, den 13. 12.
1711. Journal vom 29. 12. 1711
342 »die Gräfin Koselin«: »Außm Lager vor
Strahlsund, den 6. Januar« EZ vom 17. 1.
1712
344 »un souvenir . . .« Cosel an Reichsvizekanzler Graf von Schönborn. Weber, S. 32
345 »daß ein treuer . . .« Sta Dr Loc. 3307.
Joachim de Brockdorff an Comte de
Lagnasco, Depenau, 17. 5. 1712
346 »geschmückt und schön . . .« (franz.) Sta
Dr Loc. 677. Rapport de ce qui s'est passé à
Carlsbad à L'arrivée du Feldmarschall, vom
26. 5. 1712
346 »fort gracieusement« Flemming an seine
Frau, 26. 5. 1712. Weber, S. 33
347 »um ihren Diensteifer . . .« (franz.) Flemming an seine Frau, 26. 5. 1712. Weber,
S. 33
347 »petits collets« Weber, S. 35
348 »sie möchten recht . . .« (franz.) sowie alle
weiteren Zitate aus dieser Unterredung bis
S. 350: Sta Dr Loc. 776. Entretien qu J'ay
eu avec Madame de Cossell le . . . Juli à
Dresden, 1712. Das deutsche Protokoll
Flemmings liegt in der gleichen Akte vor
der französischen Zusammenfassung. Ich
habe aus beiden Unterlagen zitiert und habe
dabei den französischen Text teilweise gekürzt, ohne die Auslassungen in meinem
Manuskript kenntlich zu machen, um die
Lesbarkeit des Dialogs nicht zu stören.

351 »daß die Ehrenhaften . . .« (franz.) Sächsische Landesbibliothek Dresden, Handschriftenband e 76. Flemmings Porträt des
Königs vom 16. 1. 1722
351 »Minister des Staates« (franz.) Sta Dr Loc.
776. Minute d'un entretien de S.E.M. le
Comte de Flemming avec M. la C. de Cosel.
Danzig, 29. 11. 1710
351 f. »nicht die allergeringste . . .« Sta Dr Loc.
1400. Dekret des Königs vom 8. 7. 1712.
Dekret des Königs an den Geheimen Rat
über die gleiche Sache vom 13. 7. 1712
353 »durch früh . . .« Pöppelmann an den König in Warschau, 7. 8. 1712. Heckmann,
Leben und Werk, S. 324
354 »Die Hymmen hat . . .« Brief eines Ungenannten. Weber, S. 38. Weber datiert den
Brief auf die Herbstmesse 1712. Ich habe
den Brief leider nicht gefunden: Die Anwesenheit des Königs im Herbst 1712 in Sachsen ist nicht ganz eindeutig; andere Quellen
wie z.B. Fassmann oder Hilscher-Klemm
berichten, er sei von Warschau aus nicht
mehr nach Sachsen zurückgekehrt. Andererseits wiegt ein Brief schwerer als die
Biographie von 1733 oder die Chronik.
357 »Mein einziges Verbrechen . . .« Original:
». . . qui neut charge deautre Crime que
celuy de navoir plus un Roy pour elle qui la
adore.« Sta Dr Loc. 776. Brief der Cosel an
eine namentlich ungenannte Exzellenz,
wahrscheinlich Flemming, vom 26. 6. 1714
357 »Seien Sie nicht . . .« (franz.) und alles
folgende bis S. 358 in Haxthausens Memoiren. Vehse, Bd. 5, S. 157 ff.
358 »die es schlecht . . .« (franz.) Geheimrätin
von Bose an ihren Mann, 25. 3. 1713.
Weber, S. 41
359 »Löwendahl ist . . .« (franz.) Haxthausens
Memoiren. Vehse, Bd. 5, S. 160
359 »Sagen Sie mir . . .« (franz.) und »Das
Mittel, durch . . .« (franz.) und »Der
König sucht . . .« (franz.) Haxthausens
Memoiren. Vehse, Bd. 5, S. 161 f.
360 »Man will mich . . .« Pöllnitz, S. 182
360 f. »In was für eine . . .« (franz.) und Dialog
über Löwendahl: »Er hat eben . . .«
(franz.) Haxthausens Memoiren. Vehse,
Bd. 5, S. 167
361 »Hätten Sie das . . .« (franz.) sowie die
gesamte Lecheraine-Affäre: Haxthausens
Memoiren. Vehse, Bd. 5, S. 168–170
362 »Ich schätze, was . . .« (franz.) Haxthausens Memoiren. Vehse, Bd. 5, S. 170
362 »Riesenglobus« Der Globus wurde 1714

nach Petersburg abtransportiert. Im Zweiten Weltkrieg fanden deutsche Truppen ihn im Schloßpark von Zarskoje Sselo und brachten ihn nach Holstein zurück. Anfang der fünfziger Jahre stand er im Park des Landeskrankenhauses Neustadt/Holstein, wie der nun verstorbene damalige Direktor der Klinik Dr. Fritz Rücker-Embden mir erzählte. Heute ist der Globus wieder in Leningrad im Lomonossow-Museum, wie Rumohr, Schleswig, S. 150, schreibt.

364 »Mit der Frau Gräfin . . .« Vitzthum an Flemming, Warschau, 4. 7. 1713. Weber, S. 40

365 »Tausend Tode . . .« Abbé de Lecheraine an Flemming, Prag, 14. 7. 1714. Weber, S. 34

365 »alles, was er sagte . . .« (franz.) Sta Dr Loc. 3307. Cosel an Lagnasco, 25. 11. o.J. (1713 oder 1714)

365 »bezüglich der Gräfin . . .« Sta Dr Loc. 777. Acta die Papiere des Oberhofmarschalls Freiherrn von Löwendahl bezüglich der Gräfin von Cossel betreff, 1715. In dieser Akte liegt ein Verzeichnis der abgefangenen Briefe. Diese 226 registrierten Briefe datiert Weber, S. 56, auf die Zeit vom 9. 4. 1715 bis 3. 9. 1715. Ich lese 9. 4. 1713 bis 3. 9. 1715.

366 »daß man Schlag . . .« (franz.) und alle weiteren Zitate bis »und vielleicht wird . . .« (franz.) Sta Dr Loc. 3307. Cosel an Lagnasco, 25. 11. o.J. (1713 oder 1714)

367 »um dann um so mehr . . .« (franz.) und »Indem ich mir . . .« (franz.) Sta Dr Loc. 3307, Blatt 212 und 213, undatiert

367 »ich bin vielleicht . . .« Cosel an ihre Mutter, 30. 11. 1713. Weber, S. 44 f.

368 »Ihre Beispiele . . .« (franz.) und »Sie werden es nicht . . .« (franz.) Haxthausens Memoiren. Vehse, Bd. 5, S. 173

369 »Nuhr schade wegen . . .« Sta Wb 2 Abt. 284, Blatt 25 und 27. Aurora von Königsmarck an Herzog Anton Ulrich in Wolfenbüttel, Quedlinburg, 27. 12. 1713

369 »Inzwischen wartet Dolch . . .« Braunschweig-Wolfenbüttel. Römische Octavia, 7. Teil, S. 400. Vgl. Anm. zu S. 101

371 »Diese seltsame Heroine« Sta WB 2 Abt. 284, Blatt 25 und 27. Aurora von Königsmarck an Herzog Anton Ulrich, 27. 12. 1713

371 »folle conduite« Cosel an Wackerbarth. Weber, S. 75 (nach 1720)

371 »200 Schock Pfähle« Sta Dr Loc. 777 Gräfin

Cossell betr. 1710−43. Offizielles Schreiben der Cosel an den König vom 29. 3. 1714

372 »Madame et tres . . .« und »M. le comte . . .« Sta Dr Loc. 1400. Augusta Constantia an ihre Mutter, undatiert

372 »Pour ma chère Fille« Sta Dr Loc. 777, Acta Löwendahl, 1715. Aus der Postregistratur

372 »haben Sie Geduld . . .« (franz.) Sta Dr Loc. 1400. Christian Detlev Brockdorff an Cosel, Dresden, 26. 2. 1714

372 »Advocat« (Brief franz.) Sta Dr Loc. 1400. Christian Detlev Brockdorff an Cosel, 1. 3. o.J. (1714)

373 »Sie wissen, was . . .« (franz.) Haxthausens Memoiren. Vehse, Bd. 5, S. 177

374 »Dabey wird debitiret . . .« Aus: »Berliner Informationsblätter« von Franz Hermann Ortgies. Schreiber, S. 212. Ich habe den ganzen Vorfall von Schreiber übernommen, der aber leider kein Datum angibt.

375 »die Wiedervereinigung . . .« Weber, S. 46

376 »Hexe und Zauberin . . .« (franz.) Aus einem Brief der Cosel von 1714. Weber, S. 50

376 »die kein anderes . . .« (franz., vgl. Anm. zu S. 357). Sta Dr Loc. 776. Cosel an eine namentlich nicht genannte Exzellenz, wahrscheinlich Flemming (Watzdorf tituliert sie zu dieser Zeit mit »Monsieur«), vom 26. 6. 1714

376 »Das Dokument werde . . .« (franz.) Cosel an Flemming, 27. 6. 1714. Weber, S. 51

376 »aber es ist . . .« (franz.) und »Lieber Graf . . .« Sta Dr Loc. 776. Cosel an Flemming, Pillnitz, 15. 8. 1714

377 »aber ich glaube . . .« (franz.) Cosel an Flemming, 29. 8. 1714. Weber, S. 51 f.

377 »daß die Liebe . . .« (franz.) Cosel an Flemming, 3. 9. 1714. Weber, S. 55 f.

377 »Drei Zeilen von . . .« (franz.) Sta Dr Loc. 682, Bd. 37. Cosel an Flemming, 28. 9. o.J.

377 »Eingepackt am 28. Oktober 1714. . .« Sta Dr Loc. 777, 1715−1717, vol. I b

378 »Mein unwürdiger Bruder . . .« (franz.) Sta Dr Loc. 776. Cosel an Vantin 17. 11. 171?. Ich habe »1715« entziffert, doch nach dem Inhalt und dem Zusammenhang mit den Briefen, die in der Akte davor und danach geheftet sind, muß es wohl 1714 heißen.

380 »so wahr mir . . .« (franz.) Sta Dr Loc. 777, 1715−1717, vol. I b, Blatt 37, Pillnitz, 6. 7. 1715

380 »Ich werde die . . .« (franz.) Sta Dr Loc.

777, 1715–1717, vol. I b. Cosel an Monsieur (Watzdorf), 13. 7. 1715
380 »ein Schweinestall . . .« (franz.) Brief wie oben
381 »Aber wenn der König . . .« (franz.) Sta Dr Loc. 777, Acta Löwendahl 1715. Cosel an Vantin, 3. 8. 1715
381 »Der König wird . . .« Cosel an ihre Mutter, 14. 11. 1715. Weber, S. 58
382 »6% Interessen« Sta Dr Loc. 1297. Watzdorf an Cosel, 14. 11. 1715
383 »nachmahlen hat er . . .« Instruktion der Cosel an ihren Verwalter Christian Kluge vom 12. 12. 1715. Weber, S. 60
384 »meine Reise ist . . .« (franz.) Sta Dr Loc. 777, 1715–1717, vol. I b. Cosel an Watzdorf, Berlin, 14. 12. 1715
384 »zu amüsieren suchen . . .« Fürstenberg an von Neitschütz, den Gouverneur von Leipzig, 13. 12. 1715. Weber, S. 62
385 »man gibt mir . . .« (franz.) bis »Carina« Sta Dr Loc. 3307. Cosel an Lagnasco, Berlin, undatiert
385 »P. S. Ich habe . . .« (franz.) Sta Dr Loc. 777, 1715–1717, vol. I b. Watzdorf an Cosel, Briefentwurf, undatiert (nach dem 19. 12. 1715)
386 »Silberwerk« Sta Dr Loc. 778, Administration 1729/30, vol. VI. Specificatio Desjenigen Gräffl. Cossellischen Silberwerks, so den 11. Mai 1728 an den Hn. Accis-Rath Langen extradiret worden.
386 »königliche Kinder« Sta Dr Loc. 777, 1715 bis 1717, vol. I b. Anna Margarethe Brockdorff an Löwendahl, 31. 3. 1716
387 »Die Freuden, die . . .« (franz.) Cosel an Flemming, 28. 4. 1716. Weber, S. 64
387 f. »Ich bitte Sie . . .« Original: »je Vous prie de croire, qu je ne veut travalier ny contre mon honneur ny ma naissance et . . .« Sta Dr Loc. 776. Cosel an Watzdorf, 5. 5. 1716
388 »wie alle Leute . . .« (franz.) Brief Cosel vom 9. 5. 1716. Weber, S. 65, nennt den Empfänger nicht.
388 »an Unsere Excellenz« Sta Dr Loc. 1400. La Colla an Cosel, 24. 5. 1716
393 f. »Die Gräfin von Cosel . . .« Des Herrn von Loen gesammelte kleine Schriften. Franckfurt und Leipzig, 1749, Bd. 1, S. 191 f.
394 »da ich nur gewisse . . .« (franz.) Sta Dr Loc. 1400, Blatt 120. Cosel an König Friedrich Wilhelm I. Satz aus einem Blatt mit Notizen über den Inhalt mehrerer Briefe vom Oktober 1716, wohl von verschiedenen Händen.

395 »Meine Absicht ist . . .« (franz.) und »Die Gräfin Cosel wird . . .« (franz.) Sta Dr Loc. 777 l'emprisonnement 1716–1717. König August an Watzdorf, 27. 10. 1716
396 »daß er die Comtesse . . .« (franz.) Sta Dr Loc. 589. König August an Watzdorf, 27. 11. 1716
396 »die schlimme und . . .« (franz.) und »ihre Undankbarkeit . . .« (franz.) Sta Dr Loc. 589. Aus der Instruktion des Königs für Manteuffel, die dem Brief an Watzdorf vom 27. 11. 1716 beigefügt ist.
397 »Es ist wahr . . .« (franz.) bis »Im Augenblick will . . .« (franz.) Sta Dr Loc. 589. Aus dem Teil »A part« der Instruktion des Königs für Manteuffel, s. vorige Anmerkung
399 »Kennt Ihr mich?« und »Ja, was hat . . .« Weber, S. 72
399 »und wenn das Unglück . . .« (franz.) Sta Dr Loc. 777, 1715–1717, vol. I b. Cosel an d'Hautcharmois in Halle, am 22. o. Monat, o. J., in der Abendstunde
399 »Ich bin hier . . .« (franz.) Sta Dr Loc. 777, 1715–1717, vol. I b. Cosel an d'Hautcharmois. Leipzig, den 23. 11. o. J.
401 »Die arme Gräfin . . .« Frau von Meggenburg an Flemming, Dresden, 29. 11. 1716. Weber, S. 73
401 »stille und in . . .« und »die Convulsiones« Sta Dr Loc. 14 493. Hauptmann Holm an Janus von Eberstedt. Nossen, 30. 11. 1716, früh um 6 Uhr
401 f. »allein so hat . . .« und »darauf sie antwortete . . .« und »Sie möcgten . . .« Sta Dr Loc. 14 493. Holm an Eberstedt, 30. 11. 1716, nachts um 11
402 »hat das böse Wesen« Sta Dr Loc. 14 493. Holm an Eberstedt, 2. 12. 1716, früh um halb vier
402 »ohne Verstand« Sta Dr Loc. 14 493. Holm an Eberstedt, 2. 12. 1716
402 »närrische Dinge« und »worüber mir angst . . .« und »Gott weiß, wie . . .« Sta Dr Loc. 14 493. Holm an Eberstedt, 3. 12. 1716
402 »das Zucken und Werken« Sta Dr Loc. 14 493. Holm an Eberstedt, zweiter Brief vom 3. 12. 1716, nachts um 11
402 »einigermaßen ruht« Sta Dr Loc. 14 493. Holm an Eberstedt, 5. 12. 1716
403 »innerliche Hitze« Sta Dr Loc. 14 493. Holm an Eberstedt, 6. 12. 1716
403 »welches bei ihr . . .« Sta Dr Loc. 14 493. Holm an Eberstedt, 6. 12. 1716
403 f. »gar rasend« und »diesem bösen Com-

462

mando . . .« Sta Dr Loc. 14 493. Holm an
Eberstedt, 8. 12. 1716

404 »Ergebenstes Compliment« Sta Dr Loc.
14 493. Eberstedt an Holm, 9. 12. 1716

404 »das Mensch, welches . . .« und »aber nie
ohne . . .« bis »etwas gefährlich« Sta Dr
Loc. 14 493. Holm an Oberhofmarschall
Löwendahl, 12. 12. 1716

405 »das Theater von Nossen« (franz.) Sta Dr
Loc. 14 493. Löwendahl an Eberstedt,
21. 12. 1716

405 »wo aus der Frau . . .« Sta Dr Loc. 14 493.
Holm an Eberstedt, 22. 1. 1716

405 »aber Sie nehmen . . .« (franz.) Sta Dr Loc.
777 l'emprisonnement 1716–1717. König
August an Watzdorf, Warschau, 9. 12.
1716

406 »touchiert« (franz.) Sta Dr Loc. 777 l'emprisonnement 1716–1717. König August
an Watzdorf, Warschau, 23. 12. 1716

407 »ohne Verstand« Sta Dr Loc. 14 493. Bericht von Hauptmann Heineke, Stolpen,
28. 12. 1716

407 »Wie hat Gott . . .« Bericht von Hauptmann Heineke, 4. 1. 1717. Zit. nach
Weber, S. 116

407 »da in den Angelegenheiten . . .« (franz.)
Sta Dr Loc. 777 l'emprisonnement 1716
bis 1717. König August an Werther, 2. 1.
1717

408 »20 halten die . . .« und »Was aber
mein . . .« Sta Dr Loc. 777, 1715–1717,
vol. I b. Cosel an ihre Mutter, 4. 2. 1717

408 »ich muß zugeben . . .« (franz.) Sta Dr
Loc. 777, 1715–1717 vol. I b. Cosel an
d'Hautcharmois, 4. 2. 1717

409 »Meine Gedanken und . . .« (franz.) sowie
alle weiteren Zitate bis S. 411 aus den Anmerkungen Augusts: Sta Dr Loc. 777 l'emprisonnement 1716–1717. Schreiben König Augusts an Löwendahl und Watzdorf,
Warschau, 6. 3. 1717, nebst Anlagen: »Extrait de la Lettre du Baron de Löwendahl du
24. Febr. 1717« und »Extrait de la lettre de
la Comtesse de Cossel au Grand Marechal«
(vom 19.2. 1717)

411 »Mir scheint, das . . .« (franz.) Sta Dr Loc.
777 l'emprisonnement 1716–1717. König
August an Löwendahl und Watzdorf, Warschau, 17. 3. 1717

412 »Seine Majestät ist . . .« (franz.) Sta Dr
Loc. 3585. Baron de Gaultier an Watzdorf,
2. 6. 1717

412 »die Gott dafür . . .« (franz.) Cosel an
Löwendahl, 17. 2. 1717. Weber, S. 119

413 »weil ich kein Hemt . . .« Cosel an Pörlhäffter, 18. 8. 1718. Weber, S. 123

413 »versilbert, jedoch . . .« Sta Dr Loc. 359.
Specificationes . . . Kapitel IX c »An
Stühlen«

413 »ehrenhaft und großmütig . . .« (franz.)
und »ich verlange nichts . . .« (franz.) Sta
Dr Loc. 682, Bd. 37. Cosel an Flemming,
4. 3. 1719

414 »Sklaverei«: »Esclavage« Sta Dr Loc. 682,
Bd. 37. Cosel an Flemming, 1. 9. 1719

414 »geplagt vom Gefängnis . . .« (franz.) Sta
Dr Loc. 682, Bd. 37. Cosel an Flemming,
21. 11. 1719

414 »Es ist der Herr . . .« Brief der Cosel aus
Stolpen. Weber, S. 124

414 »wegen ihrer üblen . . .« Reskript vom
10. 8. 1720. Weber, S. 125

419 »Pour Vous donner . . .« Weber, S. 129

419 »daß sie Sr. Majestät . . .« Weber,
S. 129 f.

421 »bei Unserem Königlichen Wort« Reskript
vom 16. 12. 1723. Weber, S. 133

422 »624 934 Rthl., 5 Gr. 10 Pf.« Sta Dr Loc.
359 Specificationes . . . vom 30. 8. 1728

423 »verlassen vom Glück . . .« (franz.) und
»um der Liebe . . .« (franz.) Sta Dr Loc.
682, Bd. 37. Cosel an Flemming, 9. 8. 1717

423 »daß ich niemals . . .« (franz.) und »als
ehrenhafter Mann« (franz.) Sta Dr Loc.
682, Bd. 37. Flemming an Cosel, 18. 8.
1717

423 »mit Ehre«: »avec honneur« Sta Dr Loc.
682, Bd. 37. Cosel an Flemming, 7. 10.
1717

423 »jy kont ju . . .« Sta Dr Loc. 682, Bd. 37.
Flemming an Cosel, (1.–4.) 7. 1718

424 »plaisir« und »l'ambition« und »wo ich
bin . . .« (franz.) Sta Dr Loc. 682, Bd. 37.
Flemming an Cosel, 9. 8. 1719

425 »Der König liebt . . .« (franz.) Sächsische
Landesbibliothek Dresden, Handschriftenband e 76. Flemming, Porträt des Königs
vom 16. 1. 1722. Übersetzung von Weber,
S. 24 f.

429 »Hiobs Leyden« Cosel an Wichmannshausen, 2. 7. 1733. Weber, S. 149. Vgl. meinen
Text S. 433

429 »So hat der . . .« Graf Henckel zu Donnersmarck an die Witwe Flemmings (erstaunlicher Beileidsbrief). Haake, Flemming, S. 158

429 »gute Wirthschaft« Sta Dr Loc. 778, Bd.
IV. König August an die Geheimen Räte,
9. 8. 1730

463

430 »Ich werfe mich . . .« (franz.) Sta Dr Loc.
777, 1718–1730, vol. II. Cosel an den
König, 16. 11. 1729
430 »jedoch unter erforderlicher . . .« Sta Dr
Loc. 778, Bd. VI. König August an die
Geheimen Räte, 11. 7. 1730
431 »daß sie ehrenhaft . . .« (franz.) und »Die
Rachsucht . . .« (franz.) Cosel an Wackerbarth, 8. 8. 1730. Weber, S. 142
431 »noch nicht bereit . . .« Weber, S. 142
431 »besonders vor derselben . . .« Cosel an
Wackerbarth, 21. 2. 1731. Weber, S. 142
431 »nach seinem blöden . . .« Weber, S. 148
432 »Ich fühle die . . .« Gurlitt, August der
Starke, Bd. 1, S. 182
432 »er habe eine Dornenkrone . . .« Schmidt,
Bd. 6, S. 188
433 »Sollte es denn . . .« Cosel an Wichmannshausen, 2. 7. 1733. Weber, S. 149
433 »Ich bin so überdrüßig . . .« Sächsische
Landesbibliothek Dresden, Handschrift C
107 h, Nr. 5. Cosel an Wichmannshausen,
27. 8. 1733
434 »Ist das Feld . . .« Oberst Brockdorff 1740
zu seinen Untertanen (Landesarchiv Schleswig). Prange, S. 596
434 »Ich werde mir . . .« Weber, S. 151
436 »Renitenz« Sta Dr Loc. 778, Bd. IX. König
August III. an General Graf Rutowski,
13. 12. 1745
437 »Dresden ist nicht . . .« Lindau, S. 668
438 »In dem kleinen . . .« Sta Dr Loc. 778,
Bd. X. Aus dem Bericht des Amtmanns von
Stolpen, Christoph Friedrich Gülden, über
den Tod der Gräfin Cosel, 15. 4. 1765, nach
Weber, S. 157
439 »den warhaftigen Weg . . .« Weber, S. 159
439 »Hier ruht . . .« Wilsdorf, Gräfin Cosel,
S. 69 f. Gegen Schluß der Grabinschrift
heißt es: »Sie vermählte sich nach Sachsen
Ao 1699 im 19. Jahre an Adolphum Magnum Graf von Hoym.« Für dieses von der

Heiratsurkunde abweichende Datum gibt es
bislang keine Erklärung.
441 »Dieses Werk . . .« Watzdorf, S. 178

Nachwort für Historiker
1) Johannes Ziekursch: Die polnische Politik der Wettiner im 18. Jahrhundert. –
Otto Eduard Schmidt: Zur Charakteristik
Augusts des Starken. – Paul Haake: Erklärung. Alle drei Beiträge in: Neues Archiv
für Sächsische Geschichte, Bd. 26, 1905,
S. 107–129.
2) Haake, Erklärung, s. Anm. 1, S. 128 f.
3) Haake, August der Starke, 1927, S. 72
4) Haake, August der Starke, 1927, S. 200
bis 202
5) Haake, August der Starke, 1927, S. 59
6) Haake, Kursachsen oder Brandenburg-
Preußen? Geschichte eines Wettstreits,
1939, S. 205
7) Boroviczény, Graf von Brühl, 1930, S. 7
8) Haake, Kursachsen oder Brandenburg-
Preußen? S. 197
9) »le plus grand prince, qui eût jamais
regné.« Brief General Grumbkows an Sek-
kendorf vom 4. 11. 1732. In: Eduard Vehse,
Geschichte der Höfe des Hauses Sachsen,
Bd. 6, 1854, S. 200
10) Brief des Kronprinzen Friedrich an
General Grumbkow vom 21. 1. 1733. In:
Vehse, a. a. O., S. 199 f.
11) Albrecht von der Schulenburg: Leben
und Denkwürdigkeiten Johann Mathias
Reichsgrafen von der Schulenburg, 1834,
S. 496 f.
12) Gurlitt, August der Starke, Bd. 2, 1924,
S. 191
13) Distel, Neues über die spätere Gräfin
Cossell, 1888, S. 643
14) Weber, Anna Constance Gräfin von
Cossell, 1871, S. 140

Archivalien und Literatur

1. Archivalien

Familienarchiv der Grafen zu Rantzau in Schloß Breitenburg bei Itzehoe
G Nr. 75/27 Gräfin von Cossel betreffend de 1708 et sequ.

Sächsische Landesbibliothek Dresden
Journal Von dem Exercitio Militari bey Pillnitz (1725, mit Karte) Handschrift Msc. Dres. C 69
Briefe der Cosel an einen ungenannten Hofrath (Wichmannshausen) Stolpen, 17. August 1733 und 27. August 1733, C 107 h, Nr. 5
Flemming: Portraits des Cours, Princes et autres personnes (18. Jh., von verschiedenen Händen) Handschriftenband e 76
Historischer Bericht von dem Berg-Schloß Stolpen. In: Varia Saxonica inedita Vol. 3. Handschrift J 54 f
Kurtzer Bericht von dem Tode des Joh. Reinhold von Patkul und wie er sich zum Tode bereitet hat. Casimierz, 1. Oct. 1707, von M. Lorentz Hagen, Regimentspastor. Handschrift K 102, Blatt 69–88
Copia eines Briefes von Patkuls Tode, welchen der Regiments-Pastor an seine gewesene Liebste geschrieben. Handschrift K 102, Blatt 89
Le Triomphe de La Vertu. Divertissement pour Le Retour De Sa Majesté Presenté A son Excellence Madame La Comtesse de Cosel. Poisson, comedien du Roy. o.J. Handschrift Oc 82 f

Staatsarchiv Dresden
Locat 359 Specificationes Der Frau Gräfin von Cosel sämtlichen Vermögens (vom 27. 4. 1718 und vom 30. 8. 1728)
Locat 479 Die dem Geheimen Rath von Beichlingen conferirte Starckische Verlassenschaft betr. an. 1700 ff.
Locat 589 Einige die Gräfin Cosel betr. Schriften. 1716 ff.
Locat 677 Papiere des Feldmarschalls Grafen von Flemming, 1712–1727
Locat 681 Des Gen. Feld Marschalls Hr. Gr. v. Flemming Correspondenz mit . . . Brockdorff, Obrister von. 1715, vol. XXII

Locat 682 Des Gen.-Feld Marschalls Herrn Gr. v. Flemming Correspondenz mit Cosel, Gräfin von. 1709–1724. vol. XXXVII
Locat 776 Sachen die Gräfin von Cosel betr. 1705–1736 und 1741, vol. I a
Locat 777 Das der Frau Gräfin von Coßel von der Landschaft gereichte Gevatter-Present betr. 1710
Locat 777 Gräfin Cossell betr. 1710–43
Locat 777 Die Erhebung der Frau Gräffin von Cossell in Reichs-Fürsten-Standt betr. 1711–1713
Locat 777 Acta die Papiere des Oberhofmarschalls Freiherrn von Löwendahl bezüglich der Gräfin von Cossel betreff 1715
Locat 777 Actes concernant l'emprisonnement de la Comtesse de Cosel en 1716–1717
Locat 777 Acta die Gräfin von Cosel betr. 1715 bis 1717, vol. I b
Locat 777 Acta Die Gräfin von Cosel betr. 1718–1730, vol. II
Locat 777 Die Administration der Gräfin von Cossel Vermögens betr. 1718/19, vol. I, 1720–22, vol. II, 1723/24, vol. III, 1725/26, vol. IV
Locat 778 Die Administration der Gräffin von Cossel Vermögens betr. 1727/28, vol. V, 1729/30, vol. VI, 1731/1732, vol. VII, 1733–1739, vol VIII, 1740 ff., vol. IX, 1752–1765, vol. X
Locat 1297 Den Wiederkauf derer Gräffl. Cosselischen Häuser betr. 1715
Locat 1400 Briefe an die Gräfin Cosel 1714 ff.
Locat 1913 Acta in Ehesachen. Den Wohlgeborenen Herrn Adolph Magnum, Edlen Panner und Freiherrn von Hoymb (. . .) contra Deßen Ehegemahlin, der Wohlgeborenen Frau Annen Constantien, gebohrener von Brockdorffin, Beklagtin andern Theils 1705, vol. I (alte Nr.: III, 46 fol. 20 b, Nr. 18, vol. I)
Locat 2089 Briefwechsel König Augusts II. von Polen vol. 18
Locat 2097 Anordnungen für allerhand Festlichkeiten von König August II. eigener Hand aufgezeichnet
Locat 3307 Lettres de plusieurs Princes et Princesses au Comte de Lagnasc(o)
Locat 3585 Correspondenz des Grafen von

465

Watzdorf mit dem Baron de Gaultier zu
Warschau 1715–1727
Locat 3624 Sachen mit Moscau den Poln.-
Schwedischen Krieg betr. und was sowohl
diesfalls als auch wegen Abtretung der Provinz Lieffland an Königl. Majt. in Pohlen,
und sonsten an den Czaarischen Hof, durch
den Ober-Falcken-Meister von Vizthum ne-
gotiiret worden. 1710, vol. I.; 1711, vol. II.;
1711/12, vol. III
Locat 3696 Die zwischen Ihr. Königl. Majt. in
Pohlen und Ihr. Czaaar. Majt. zu Jaroslaw
vorgewesene Entrevuë, und die daselbst,
wegen derer Operationen in Pommern, und
Abtretung der Provinz Lieffland errichteten
Tractaten betr., 1711
Locat 4565 Ober-Consistorial Sachen de annis
1704 et 1705
Locat 13537 Sächsische Hofordnung von 1712,
1716, 1744
Locat 14493 Actet Der Frau Gräffin von Cosell
Arest betr. 1716 vol. I
Locat 30538 Schreiben der Gräfin Cosel an den
Hofrat von Wichmannshausen in Dresden
(1733 und 21. 2. 1738)
Oberhofmarschallamt F 15. Carneval welcher
bey hoher Anwesenheit Sr. Königl. Mayt.
in Dennemarck Friederici IV. ingleichen Sr.
Hochfürstl. Durchl. Herzog Johann Geor-
gens zu Sachsen-Weißenfels dero Durchläuchtigster Frau Gemahlin und Prinzeßin
Schwester Durchl. in Dresden gehalten
worden von 22. May bis 2. July 1709, aufgesetzt zu Warschau von Christoph Weigelt

Reichsarchiv Kopenhagen
Hirsch: Danske og Norske Officerer 1648 bis
1814. Handschriftl. Ms.

Herzog August Bibliothek Wolfenbüttel
Druckschrift: Gottlieb Treuer, Leichenpredigt
Sophie Amalie am 30. März 1710 in der
Schloßkirche Wolfenbüttel

Niedersächsisches Staatsarchiv Wolfenbüttel
1 Alt 22 Nr. 284–286, 295, 423. Alle: betr.
Anton Ulrich
1 Alt 22 Nr. 426–431, 433, 440, 442, 443. Alle:
betr. August Wilhelm
1 Alt 22 Nr. 443, 445, 447, 451, 452, 460, 462,
473a u. b, 496, 510. Alle: betr. Ludwig
Rudolf
1 Alt 23 Nr. 289–291 betr. Sophie Amalie
2 Alt 284 betr. Ceremonialschreiben des Stiftes
Quedlinburg

17 III Alt Nr. 108–111 (Kammerrechnungen)
93 Urk Nr. 83, 88, 89 (Urkunden betr. Familie
Hoym und Gut Vahlberg)
Slg Abt. 26 150 H Stammtafel Familie Hoym
K b Abt. 1 Nr. 1332 Kirchenbuch der Schloßkir-
che Wolfenbüttel
Mappe 1621 betr. Herzog August Wilhelm und
seine drei Gemahlinnen

2. Zeitungen

Altonaischer Mercurius, Jg. 1703, 1706
Augspurgische Ordinari-Post-Zeitung, Jg. 1707
Der Historischen Remarques über die Neuesten
Sachen in Europa, Jg. 1703
Die Europäische, Jg. 1696, 1703
Die Europäische Fama, Jg. 1696, 1697, 1698,
1699, 1703
Die Europäische Relation, Jg. 1695, 1699, 1701,
1702
Eingelauffene Ordinari Post-Zeitung, Jg. 1695
bis 1697
Europaeische Zeitung, Jg. 1701, 1703–1709,
1711, 1722
Extraordinaire Europaeische Zeitung, Jg. 1704
bis 1709, 1711, 1712
Extraordinair-Kayserl. Reichs-Post-Zeitung, Jg.
1705, 1706
Extraordinaire Relation, Jg. 1680
Freytags-Ordinari-Beylage (zu: Eingelauffene
Ordinari Post-Zeitung), Jg. 1695 bis 1697
Hamburger Relations-Courier, Jg. 1698, 1699,
1710, 1711
Hanauischer Mercurius, Jg. 1680
Journal, Jg. 1701, 1703–1709, 1711, 1712
Leipziger Post- und Ordinar Zeitung, Jg. 1680,
1695, 1696
Mercurii Relation oder Wochentliche Reichs
Ordinarii Zeitungen von underschidlichen
Orthen, Jg. 1695
Monatlicher Staatsspiegel Augsburg, Jg. 1698
Nordischer Mercurius, Jg. 1703, 1710, 1713
Ordentliche Wochentliche Kayserliche Reichs-
Post-Zeitungen, Jg. 1706
Relation aus dem Parnasso, Jg. 1695, 1696, 1698,
1699, 1702, 1709, 1711
Relations-Courier, Jg. 1680, 1695–1697, 1700
Stralsundischer Relations-Courier, Jg. 1695,
1701, 1702
Wöchentlicher Mercurius zur Ordinari Post Zei-
tung, Jg. 1695–1697

3. Gedruckte Quellen (Bücher) und Darstellungen

Abkürzungen:
Dr. Gbl.: Dresdner Geschichtsblätter
NASG: Neues Archiv für Sächsische Geschichte

Alewyn, Richard und Karl Sälzle: Das große Welttheater. Die Epoche der höfischen Feste in Dokument und Deutung. Hamburg 1959.
Alewyn, Richard (Hg.): Deutsche Barockforschung. Dokumentation einer Epoche. Köln, Berlin 1965.
Allgemeine Deutsche Biographie. Berlin 1967 (Nachdruck der 1. Aufl. von 1875 ff. Hg. durch die Historische Commission bei der königlichen Akademie der Wissenschaften).
Amburger, Erik: Die Familie Marselis. Studien zur russischen Wirtschaftsgeschichte. Gießen 1957.
Arnold, Ernst: August der Starke, sein Leben und Lieben. 2. Aufl. Stuttgart o.J.
Arps-Aubert, Rudolf von: Die sächsischen Lackmöbel des 18. Jahrhundert. In: Zeitschrift des Deutschen Vereins für Kunstwissenschaft, Berlin, 1936, S. 342–368.
Arps-Aubert, Rudolf von: Sächsische Barockmöbel 1700 bis 1770. Berlin 1939.
Asche, Siegfried: Balthasar Permoser und die Barockskulptur des Dresdner Zwingers. Frankfurt 1960.
Aschenborn, P.O.: Aus den Memoiren der Gräfin Aurora von Königsmarck. Berlin o.J.

Bachmann, W.: Zur Geschichte der ehemaligen Kreuzpforte und des Salomonistores. In: Dr. Gbl. Jg. 41, 1933, Nr. 1–2.
Baedeker, Karl: Schleswig-Holstein. Freiburg 1963.
Bauer, Max: Die deutsche Frau in der Vergangenheit. Berlin o.J.
Baur-Heinhold, Margarete: Theater des Barock. Festliches Bühnenspiel im 17. und 18. Jahrhundert. München 1966.
Bengtsson, Franz Gunnar: Karl XII. Stuttgart 1957.
Benkert, Curt: Die Entwicklung des Dresdner Wohnhauses vom 16. bis zum Ausgang des 18. Jahrhunderts. (Diss. TH Dresden). München 1914.
Beschorner, Hans: August der Starke als Soldat. In: Neue Jahrbücher für das klassische Altertum, Bd. 15, Jg. 8, 1905, S. 220–230.
Beschorner, Hans: Die Pillnitzer Fest- und Manövertage Juni 1725. In: Über Berg und Thal, Jg. 28, (1905), S. 430 ff.
Beschorner, Hans: Beschreibungen und bildliche Darstellungen des Zeithainer Lagers von 1730. In: NASG, Bd. 27, 1906, S. 103–151.
Beschorner, Hans: Das Zeithainer Lager von 1730. In: NASG, Bd. 28, 1907, S. 50–113 und S. 200–252.
Beschorner Hans: August des Starken Leiden und Sterben. In: NASG und Altertumskunde, Bd. 58, 1937, S. 48–84.
Biedermann, Karl: Deutschland im Achtzehnten Jahrhundert. 2. Bde. Leipzig 1854 und 1858. (Neudruck Aalen 1969).
Biedermann, Karl: Aus der Glanzzeit des sächsisch-polnischen Hofes. In: Zeitschrift für Deutsche Kulturgeschichte N.F.1 (1891), S. 214–218.
Biehn, Heinz und Johanna Herzogenberg: Große Welt reist ins Bad. München 1960.
Biehn, Heinz: Feste und Feiern im alten Europa. München o.J. (1963).
Blanckmeister, Franz: Der Prophet von Kursachsen. Valentin Löscher und seine Zeit. Dresden 1920.
Blaschke, Karl Heinz: Bevölkerungsgeschichte von Sachsen bis zur industriellen Revolution. Weimar 1967.
Boehn, Max von: Die Mode. Menschen und Moden im 17. Jahrhundert. 5. Aufl. München 1964.
Boehn, Max von: Die Mode. Menschen und Mode im achtzehnten Jahrhundert. München 1909.
Borovicény, Aladár von: Graf von Brühl. Zürich, Leipzig, Wien 1930.
Brabant, Artur: Das Heilige Römische Reich teutscher Nation im Kampf mit Friedrich dem Großen. 3 Bde. Berlin 1904, Berlin 1911, Dresden 1931.
Brabant, Artur: Tausend Jahre Landesgeschichte. In: Sachsen. 1000 Jahr deutscher Kultur. Hg. von Karl Grossmann. Dresden o.J. (1925), S. 1–30.
Brabant, Artur: Dresdens Einwohnerzahl und Hausbesitz vor zweihundert Jahren. In: Dr. Gbl., Jg. 38, 1930, Nr. 1 u. 2.
Brandt, Otto: Geschichte Schleswig-Holsteins. Ein Grundriß. 5. Aufl. Neubearb. v. Wilhelm Klüver. Kiel 1957.
Braunschweig-Wolfenbüttel, Anton Ulrich von: Der Römischen Octavia Siebenter Theil. Wien 1762.

Brunner, Otto: Adeliges Landleben und europäischer Geist. Salzburg 1949.

Cholevius, Leo: Die bedeutendsten deutschen Romane des siebzehnten Jahrhunderts. Leipzig 1866. (Nachdruck Stuttgart 1965).

Cipolla, Carlo (Hg.): Europäische Wirtschaftsgeschichte. Bd. 2: Das 16. und 17. Jahrhundert. Stuttgart 1979. Bd 3: Die industrielle Revolution. Stuttgart 1976.

Claussen, Benno: Eine Reise durch Schleswig-Holstein im Jahre 1642. In: Die Heimat, Jg. 22, 1912, S. 90–93

Clifford, Derek: Geschichte der Gartenkunst. München 1966.

Däßler, Ernst: Ein Dresdner Stubenheizer als Lebensretter Augusts des Starken. In: Dr. Gbl., Jg. 42, 1934, Nr. 1–2

Danielson, Johan Richard: Zur Geschichte der sächsischen Politik 1706–1709. (Diss. phil 190 Helsinki). Helsingfors 1878.

Danmarks Adels Aarbog. 1935. Bd. LII, Teil II, S. 9–12 und S. 45–73.

Dansk Biografisk Leksikon (Hg. C.F. Bricka). Kopenhagen 1897 u. 1938

Danske Slotte og Herregaarde. Kopenhagen 1966.

Dehio, Georg: Handbuch der Deutschen Kunstdenkmäler. Hamburg. Schleswig-Holstein. Bearb. v. Johannes Habich. o.O. 1971.

Demeter, K.: Das deutsche Offizierskorps in Gesellschaft und Staat 1650–1945. 2. Aufl. Frankfurt/Main 1965.

Distel, Theodor: Neues über die spätere Gräfin Cossell. In: Zeitschrift für Geschichte und Politik (Hg. v. H. v. Zwiedineck-Südenhorst), Stuttgart, Bd. 5, 1888, S. 642 bis 644.

Döbel, Heinrich Wilhelm: Neueröffnete Jäger-Praktika. 4., umgearbeitete Aufl. Leipzig 1828 (1. Aufl. 1746).

Döbler, Hannsferdinand: Hexenwahn. München 1977.

Draebel, Bo; Per Eilstrup; Henri Meyer; Holger Rasmussen: Danmarks Kongeslotte. Kopenhagen o.J. (ca. 1970).

Dresdner Heide, Pillnitz, Radeberger Land. Ergebnisse der heimatkundlichen Bestandsaufnahme im Gebiet von Radeberg und Dresden-Pillnitz. In: Werte unserer Heimat, Bd. 27, Berlin 1976.

Dürichen, Johannes: Geheimes Kabinett und Geheimer Rat unter der Regierung Augusts des Starken in den Jahren 1704 bis 1720. Ihre Verfassung und politische Bedeutung. In: NASG, Bd. 51, 1930, S. 68 bis 134.

Eisenbart, Liselotte Constanze: Kleiderordnungen der deutschen Städte zwischen 1350 und 1700. Göttingen 1962.

Elias, Norbert: Über den Prozeß der Zivilisation. 2 Bde. Bern, München 1969.

Elias, Norbert: Die höfische Gesellschaft. Untersuchungen zur Soziologie des Königtums und der höfischen Aristokratie mit einer Einleitung: Soziologie und Geschichtswissenschaft. 4. Aufl. Neuwied, Berlin 1979.

Erdmann, Yella: Der livländische Staatsmann Johann Reinhold von Patkul. Berlin 1970.

Ermisch, Hubert: Das alte Archivgebäude am Taschenberg in Dresden. In: NASG, Bd. 9, 1888, S. 1–28.

Ermisch, Hubert Georg: Matthes Daniel Pöppelmann. In: Sächsische Lebensbilder, hg. v. der Sächs. Kommission für Geschichte, Bd. 2, Dresden 1937, S. 324–339.

Fassmann, David: Das glorwürdigste Leben und Thaten Friedrich Augusti des Großen. Hamburg 1733.

Feldtmann, Eduard: Geschichte Hamburgs und Altonas. Hamburg 1902.

Ferdinandy, Michael de: Die theatralische Bedeutung des spanischen Hofzeremoniells Kaiser Karls V. In: Zeitschrift für Kulturgeschichte, 47, (1965), S. 306–320.

Fischer, Georg: Kursachsens Anteil an der Handwerkspolitik des Reiches. In: Hamburger Mittel- und Ostdeutsche Forschungen, Bd. VI, 1967, S. 223–268.

Flake, Otto: Große Damen des Barocks. Gütersloh 1961.

Foerster, Friedrich: Friedrich August II. »der Starke« Kurfürst von Sachsen und König von Polen, geschildert als Regent und Mensch. Leipzig 1909 (nach der Ausgabe von 1839).

Foerster, Rolf Hellmut: Die Welt des Barock. München 1970.

Forberger, Rudolf: Die Manufaktur in Sachsen. Vom Ende des 16. bis zum Anfang des 19. Jahrhunderts. Berlin 1958.

Forberger, Rudolf: Zur wirtschaftsgeschichtlichen Neueinschätzung der sächsisch-polnischen Union. In: Kalisch-Gierowski (s.d.), Berlin 1962, S. 208–253.

Frahm, Ludwig (Hg.): Stormarn und Wandsbek. Eine Heimatkunde. Poppenbüttel 1907.

Franz, Heinrich Gerhard: Dresdner Barockpalais. In: Zeitschrift für Kunst. Leipzig 1949, Heft 2, S. 76−90.

Freytag von Loringhoven, Frank Baron (Hg.): Europäische Stammtafeln. Stuttgart 1975.

Friedrich d. Große: Betrachtungen über den Charakter und die militärischen Talente Karls XII. 1759. In: Ausgewählte Werke, Berlin 1916, S. 348−370.

Friesen, Ernst von: Die Lage in Sachsen während der schwedischen Invasion 1706 und 1707 und der Friede von Altranstädt. Dresden 1901.

Frommhold: Spiegelschleife, Pulvermühle und Kanonenbohrwerk. Drei kurfürstliche Industrieanlagen an der Weißeritz in Dresden. Dresden 1929.

Fürsen, Otto: Das kursächsische Salzwesen seit dem Tode des Kurfürsten August und seine Bedeutung. In: NASG und Altertumskunde, Bd. 26, 1905, S. 63−106.

Ganssauge, Gottfried: Schloß Pillnitz als Beispiel für den chinesischen Einfluß auf Europas Baukunst im 18. Jahrhundert. In: NASG, Bd. 49, 1928, S. 59−77.

Gerkens, Gerhard: Das fürstliche Lustschloß Salzdahlum und sein Erbauer Herzog Anton Ulrich von Braunschweig-Wolfenbüttel. Göttingen 1974.

Gierowski, Józef: Personal- oder Realunion? Zur Geschichte der polnisch-sächsischen Beziehungen nach Poltawa. In: Kalisch-Gierowski (s.d.), Berlin 1962, S. 254−291.

Gloy, Arthur: Bilder aus der Vergangenheit des Klosters Preetz. In: Die Heimat, Jg. 14, 1904, S. 14−19, 29−34, 55−61.

Grabke, Wilhelm: Wandsbek und Umgebung. Hamburg 1960.

Gretschel, Carl: Geschichte des Sächsischen Volkes und Staates. Bd. I, Leipzig 1843, Bd. II und III, Leipzig 1847.

Gruner, O.: Besprechung der Diss. »Beiträge zur Entwicklung des bürgerlichen Wohnhauses in Sachsen im 17. und 18. Jahrhundert« von Walther Dietrich, Leipzig 1904. In: NASG, Bd. 25, 1904, S. 328−330.

Günther, Arno: Sachsen und die Gefahr einer schwedischen Invasion im Jahre 1706. (Diss. Leipzig). Pegau 1903.

Günther, Arno: Das schwedische Heer in Sachsen 1706−1707. In: NASG, Bd. 25, 1904, S. 231−263.

Günther, Arno: Die Entstehung des Friedens von Altranstädt. In: NASG, Bd. 27, 1906, S. 311−329.

Gundlach, Franz: Das Album der Christian-Albrechts-Universität zu Kiel 1665 bis 1865. Kiel 1915.

Gurgius, Fawzu: Bild und Funktion des Orients in Werken der deutschen Literatur des 17. und 18. Jahrhunderts. Berlin 1972.

Gurlitt, Cornelius und R. Steche: Beschreibende Darstellung der älteren Bau- und Kunstdenkmäler des Königsreichs Sachsen. Bd. 1−41. Dresden 1882−1923.

Gurlitt, Cornelius: Dresden. Berlin 1907.

Gurlitt, Cornelius: Warschauer Bauten aus der Zeit der sächsischen Könige. Berlin 1917.

Gurlitt, Cornelius: August der Starke. Ein Fürstenleben aus der Zeit des deutschen Barock. 2. Bde. Dresden 1924.

Haake, Paul: Die Jugenderinnerungen König Augusts des Starken. In: Historische Vierteljahrschrift, Jg. 3, 1900, S. 395−403.

Haake, Paul: Ein politisches Testament König Augusts des Starken. In: Historische Zeitschrift, 87 (N.F.51), 1901, S. 1−21.

Haake, Paul: Johann Friedrich von Wolfframsdorff und das Portrait de la cour de Pologne. In: NASG, Bd. 22, 1901, S. 69−101 u. S. 344−378.

Haake, Paul: König August der Starke. München, Berlin 1902.

Haake, Paul: Der Plan einer Ruhmesgalerie Augusts des Starken. In: NASG, Bd. 23, 1902, S. 336−343.

Haake, Paul: Die Türkenfeldzüge Augusts des Starken 1695 und 1696. In: NASG, Bd. 24, 1903, S. 134−154.

Haake, Paul: Rezension der Dissertation »Die Beziehungen Augusts des Starken zu seinen Ständen 1694−1700« von Georg Wagner, Rochlitz 1903. In: NASG, Bd. 24, 1903, S. 356−359.

Haake, Paul: Besprechung der Dissertation »Sachsen und die Gefahr einer schwedischen Invasion im Jahre 1706« von Arno Günther, Pegau 1903. In: NASG, Bd. 25, 1904, S. 169−171.

Haake, Paul: Zur Geschichte Augusts des Starken. Erklärung. In: NASG, Bd. 26, 1905, S. 127−129.

Haake, Paul: Polen am Ausgang des 17. Jahrhunderts. In: Neue Jahrbücher für das klassische

Altertum, Jg. 8, 1905, Bd. 15, S. 723–736.

Haake, Paul: August der Starke im Urteil seiner Zeit und der Nachwelt. Dresden 1922.

Haake, Paul: August der Starke. Berlin, Leipzig 1927.

Haake, Paul: August der Starke, Kurprinz Friedrich August und Premierminister Graf Flemming im Jahre 1727. In: NASG, Bd. 49, 1928, S. 37–58.

Haake, Paul: August der Starke im Urteil der Gegenwart. Sachsen zur Zeit Augusts des Starken. Berlin 1929. Darin auch: In eigener Sache, S. 99 ff., und Ein Wortspiel Augusts des Starken, S. 119 ff.

Haake, Paul: Christiane Eberhardine und August der Starke. Eine Ehetragödie. Dresden 1930.

Haake, Paul: Der erste Hohenzollernkönig und August der Starke vor und nach 1700. In: Forschungen zur Brandenburgisch-Preußischen Geschichte, Bd. XLVI, 1934, S. 381 bis 390.

Haake, Paul: Jacob Heinrich Graf von Flemming. In: Sächsische Lebensbilder, hg. v. der Sächs. Kommission für Geschichte, Bd. 2, Dresden 1937, S. 149–160.

Haake, Paul: Kursachsen oder Brandenburg-Preussen? Geschichte eines Wettstreits. Berlin 1939.

Haenel, Erich und Eugen Kalkschmidt: Das alte Dresden. Bilder und Dokumente aus zwei Jahrhunderten (1700–1900). München 1925.

Haenel, Erich und Erna von Watzdorf: August der Starke. Kunst und Kultur des Barock. o.O. 1933 (Neudruck Frankfurt/Main 1980).

Haenel, Erich: Dresden. 2. Aufl. Berlin 1938.

Hagen, Rolf: Schloß Wolfenbüttel. Berlin 1980.

Hammes, Manfred: Hexenwahn und Hexenprozesse. Frankfurt/Main 1977.

Hantzsch, Adolf: Hervorragende Persönlichkeiten in Dresden und ihre Wohnungen. In: Mitteilungen des Vereins für Geschichte Dresdens, 1918, Heft 25.

Hasche, Johann Christian: Magazin der sächsischen Geschichte. 8 Bde. Dresden 1784 bis 1791.

Hasche, Johann Christian: Diplomatische Geschichte Dresdens. 4 Bde. Dresden 1816 bis 1819.

Haxthausen, Georg Ludwig: Memoiren. In: Eduard Vehse, Geschichte der Höfe des Hauses Sachsen. Bd. 5, Hamburg 1854.

Heckendorf, Heinrich: Wandel des Anstandes im französischen und deutschen Sprachgebiet. Bern 1970.

Heckmann, Hermann: M.D. Pöppelmann als Zeichner. Dresden 1954.

Heckmann, Hermann: Matthäus Daniel Pöppelmann. Leben und Werk. München, Berlin 1972.

Hedemann-Hespen, Paul von: Aus Aufzeichnungen und Briefen über drei Jahrhunderte schleswig-holsteinischer Geschichte. In: Quellen und Forschungen zur Geschichte Schleswig-Holsteins, Bd. 3, 1915.

Heinecke, Ernst: Die wirtschaftliche Entwicklung der Stadt Halle unter brandenburgisch-preußischer Wirtschaftspolitik von 1680 bis 1806. Halberstadt 1929.

Hennebo, Dieter und Alfred Hoffmann: Geschichte der deutschen Gartenkunst. Bd. II: Der architektonische Garten. Renaissance und Barock. Hamburg 1965.

Hennebo, Dieter: Geschichte des Stadtgrüns. Hannover, Berlin 1970.

Hennebo, Dieter: Die sächsische Baukunst des 18. Jahrhunderts in Polen. 2 Bde. Berlin 1967.

Hentschel, Walter: Die Zentralbauprojekte Augusts des Starken. Ein Beitrag zur Rolle des Bauherrn im deutschen Barock. Berlin 1969.

Herzog August Bibliothek (Hg.): Sammler, Fürst, Gelehrter. Herzog August zu Braunschweig und Lüneburg. Ausstellungskatalog der Herzog August Bibliothek Nr. 27 zur Ausstellung in Wolfenbüttel 1979.

Hilscher, P.G. und Gustav Klemm: Chronik der Königlich Sächsischen Residenzstadt Dresden. 3 Bde. Dresden 1837.

Hiltebrand, Philipp: Die polnische Königswahl von 1697 und die Konversion Augusts des Starken. In: Quellen und Forschungen aus Italienischen Archiven, Bd. 10, 1907, S. 152–215.

Hirsch, Arnold: Bürgertum und Barock im deutschen Roman. 2. Aufl. Köln, Graz 1957.

Hirschfeld, Peter: Schleswig-Holsteinische Schlösser und Herrensitze im 16. und 17. Jahrhundert. Kiel 1929.

Hirschfeld, Peter: Schleswig-Holsteinische Herrenhäuser, Gutshöfe und Gärten des 18. Jahrhunderts. Kiel 1935.

Hörig-Weymar, Rudolf: Sächsische Finanzwirtschaft vom 14. bis zum 18. Jahrhundert.

In: Hamburger Mittel- und Ostdeutsche Forschungen, Bd. V, 1966, S. 129 bis 160.

Hoff, Heinrich Ewald: Schleswig-Holsteinische Heimatgeschichte. Neumünster 1925.

Holzhausen, Walter: Geistesgeschichtliche Voraussetzungen des Kunsthandwerks unter August dem Starken. In: Mitteilungen der Gesellschaft für vervielfältigende Kunst, 1927, Nr.2/3, S. 29−36.

Holzhausen, Walter: Sächsische Gläser des Barock. In: Zeitschrift für Kunstwissenschaft, Bd. 8, 1954, S. 95−124.

Hubatsch, Walther: Das Zeitalter des Absolutismus 1600−1789. Braunschweig 1975.

Hughes, Graham: The Art of Jewelry. New York 1972.

Iccander (d.i Johann Christian Crell): Das auf dem höchsten Gipfel seiner Vollkommenheit und Glückseligkeit prangende königliche Dresden. 3. Aufl. Leipzig 1726.

Jahn, G.: Zur Gewerbepolitik der deutschen Landesfürsten vom 16. bis zum 18. Jahrhundert. Diss. Leipzig 1909.

Jensen, Christian: Eine königliche Brautwerbung. Ein Bild aus der Glanzperiode Gottorps. In: Die Heimat, Jg. 21, 1911, S. 249 bis 252.

Jensen, Christian: Herzog Friedrich IV. von Schleswig-Holstein-Gottorp, der vierte Bauherr des Schlosses Gottorp. In: Die Heimat, Jg. 28, 1918, S. 97−101.

Jensen, Hans B.: Zu: Harte Leibeigenschaftsstrafen auf Depenau. In: Die Heimat, Jg. 77, 1970, S. 353. (Vgl. Otto Kock).

Jungkunz, Antonie Claire: Menschendarstellung im höfischen Roman des Barock. Berlin 1937.

Kaemmel, Otto: Sächsische Geschichte. Leipzig 1899.

Kalisch, Johannes: Zur Polenpolitik Augusts des Starken 1697−1700. Reformversuche in Polen am Ausgang des 17. Jahrhunderts. Diss. Leipzig 1957.

Kalisch, Johannes: Sächsisch-polnische Pläne zur Gründung einer See- und Handelskompanie am Ausgang des 17. Jahrhunderts. In: Kalisch-Gierowski (s.d.), 1962, S. 45−69.

Kalisch, Johannes und Józef Gierowski: Um die polnische Krone. Sachsen und Polen während des Nordischen Krieges 1700−1721. Berlin 1962.

Kammeyer, Hans: Pillnitz und seine Geschichte. Hosterwitz-Pillnitz 1928.

Kasch, August: Reinbek im großen Nordischen Krieg. In: Festschrift zur 725-Jahr-Feier von Reinbek. Reinbek 1963, S. 101−103

Kelm, Elfriede: Preetz. Kloster und Stadt. Preetz o.J.

Kempe, Lothar: Schlösser und Gärten in Dresden. Dresden (1957).

Kersten, Kurt: Peter der Große. Nürnberg 1951.

Keyser, Erich: Neue deutsche Forschungen über die Geschichte der Pest. In: Vierteljahrschrift für Sozial- und Wirtschaftsgeschichte, Jg. 44, 1957, S. 243−253.

Keyßler, Johann Georg: Neueste Reise durch Teutschland. Hannover 1740.

Keyßler, Johann Georg: Fortsetzung Neuester Reisen durch Teutschland, Böhmen, Ungarn, die Schweitz, Italien und Lothringen worinn der Zustand und das merckwürdigste dieser Länder beschrieben wird. Hannover 1741.

Kinder: Urkundenbuch zur Chronik der Stadt Plön. Urkunden und Akten gesammelt und mit Erläuterungen versehen von Bürgermeister Kinder. Neudruck Kiel 1977. (Ursprüngl. ca. 1890).

Klaveren, Jacob von: Die historische Erscheinung der Korruption. In: Vierteljahrschrift für Sozial- und Wirtschaftsgeschichte, Jg. 44, 1957, S. 289−324 und Jg. 45, 1958, S. 433−504.

Kleine-Natrop, Heinz-Egon: Das heilkundige Dresden. Dresden 1964.

Knoop, Mathilde: Kurfürstin Sophie von Hannover. Hildesheim 1964.

Kock, Christian: Taxordnung für die Scharfrichter in Holstein. In: Die Heimat, Jg. 30, 1920, S. 173.

Kock, Otto: Über Glashütten in der Umgebung Bornhöveds. In: Die Heimat, Jg. 35, 1925, S. 10−12.

Kock, Otto: Von der Leibeigenschaft auf dem Gute Depenau. Totschlag und Exekution im Jahre 1707. In: Die Heimat, Jg. 77, 1970, S. 139−141.

Kock, Otto: Harte Leibeigenschaftsstrafen auf Depenau. In: Die Heimat, Jg. 77, 1970, S. 236−238.

König, J. (Hg.): Beiträge zur Geschichte der Stadt Wolfenbüttel. Wolfenbüttel 1970.

Kötschke, Rudolf: August der Starke. Lebensgang und Stellung in der deutschen Geschichte. In: Vergangenheit und Gegenwart, Bd. 23, 1933, S. 65−88.

Kötschke, Rudolf und Hellmut Kretzschmar: Sächsische Geschichte. Frankfurt 1965. (Mitte der dreißiger Jahre zuerst erschienen.)

Kracke, Friedrich: Das Königliche Dresden. Erinnerungen an Sachsens Landesväter und ihre Residenzstadt. Boppard 1972.

Kraft, Heinz: Die Entwicklung des Zunftwesens und die geistesgeschichtlichen Grundlagen der Gewerbefreiheit. In: Zeitschrift für die gesamte Staatswissenschaft, Bd. 106 (1950), S. 54–66.

Kreisel, Heinrich: Die Kunst des deutschen Möbels. München 1970.

Kretzschmar, Hellmut: Der Friedensschluß von Altranstädt 1706/07. In: Kalisch-Gierowski (s.d.), Berlin, 1962, S. 161–183.

Kruedener, Jürgen von: Die Rolle des Hofes im Absolutismus. Stuttgart 1973.

Kuczynski, Jürgen: Geschichte des Alltags des deutschen Volkes. Bd. 1: 1600–1650. Berlin 1980. Bd. 2: 1650–1810. Berlin 1981.

Kudriaffsky, Eufemia von: Die historische Küche. Ein Culturbild. Wien 1880. (Neudruck Leipzig 1975).

Lahnstein, Peter: Das Leben im Barock. Stuttgart 1974.

Landau, Johann: Die Arbeiterfrage in Deutschland im 17. und 18. Jahrhundert und ihre Behandlung in der deutschen Kameralwissenschaft. Diss. Zürich 1915.

Langer, Johannes: Der ostelbische Bergbau im und am Gebiet der Dresdner Heide und der Sächsischen Schweiz. In: NASG, Bd. 50, 1929, S. 1–66.

Latour, Anny: Kulturgeschichte der Dame. Hamburg 1963.

Lehnartz, Klaus: Bilder aus Sachsen. Berlin 1978.

Leist, Friedrich: Höfische Sitte im alten Briefstil. In: Zeitschrift für Geschichte und Politik (Hg. v. H.v.Zwiedineck-Südenhorst), Bd. 5, 1888, S. 548 ff.

Leister, Ingeborg: Rittersitz und adeliges Gut in Holstein und Schleswig. In: Geographisches Institut Kiel, Schriften, Bd. 14, Kiel 1952, H.2.

Lemke, Heinz: Die römische Mission des Baron Hecker im Jahre 1721. Ein abenteuerlicher Plan zur Einführung der sächsischen Erbfolge in Polen. In: Kalisch-Gierowski (s.d.), Berlin 1962, S. 292–304.

Leszczyński, Józef: Die Oberlausitz in den ersten Jahren des Nordischen Krieges (1700 bis 1709). In: Kalisch-Gierowski (s.d.), Berlin 1962, S. 70–94.

Lindau, M.B.: Geschichte der Königlichen Haupt- und Residenzstadt Dresden. 2. Aufl. Dresden 1885.

Löffler, Fritz: Das alte Dresden. Geschichte seiner Bauten. Frankfurt 1966.

Löffler, Fritz und Willy Pritsche: Der Zwinger in Dresden. Leipzig 1976.

Lorentzen, Friedrich: Das Kieler Schloß. In: Die Heimat, Jg. 23, 1913, S. 178–183.

Lubojatzky, Franz: Stolpen und seine Gefangene, die Gräfin Cosel. In: Das goldene Buch vom Vaterlande. Löbau 1860, S. 36–51.

Lünig, Johann Christian: Theatrum ceremoniale historico-politicum oder Historisch- und Politischer Schau-Platz aller Ceremonien welche so wohl an Europäischen Höfen als auch sonsten bey vielen illustren Fällen beobachtet worden. Nebst unterschiedlichen Hof-Ordnungen, Rang-Reglementen und anderen curieusen Piecen. 2 Bde. Leipzig 1719/20. (In meinen Anmerkungen zitiert als: Lünig).

Lünig, Johann Christian: Theatrum ceremoniale historico-politicum, oder Historisch-und politischer Schau-Platz des Europäischen Cantzley-Ceremoniels. Leipzig 1720.

Lürßen, Elisabeth: Die Frauen des fürstlichen Absolutismus und des internationalen Adels. Berlin 1929.

Lugowski, Clemens: Die märchenhafte Enträtselung der Wirklichkeit im heroisch-galanten Roman. In: Deutsche Barockforschung, hg. v. R. Alewyn. Köln, Berlin 1965, S. 372 bis 394.

Luin, Elisabeth: Fürstenbesuch in der Barockzeit. In: Mitteilungen der Gesellschaft für Salzburger Landeskunde, 95 (1955), S. 121–140.

Malortie, Carl Ernst von: Der Hof-Marschall. Handbuch zur Errichtung und Führung eines Hofhaltes. 3. Aufl., 2 Bde. Hannover 1866/67.

Malortie, Carl Ernst von: Das Menü. Teil 1: Anleitung, Muster-Menüs, Historische Menüs, Culinarische Litteratur. Teil 2: Anweisung zur Bereitung der Gerichte. 2. Ausgabe. Hannover (1881).

Massuet, P.: Histoire des rois de Pologne et du gouvernement de ce royaume. 2 Bde. Amsterdam 1733.

Mazingue, Etienne: Anton Ulrich. Bd 2. Bern, Frankfurt/Main 1978.

472

Meiche, Alfred: Vom Fischerdorf zum Königsschloß. Ein Gang durch die Geschichte von Pillnitz. In: Mitteilungen des Landesvereins Sächsischer Heimatsschutz, Bd. 16, 1927, H. 1/2, S. 1–25.

Meier: Hexenprozesse in Holstein im 17. Jahrhundert. In: Schleswig-Holsteinische Blätter für Polizei und Kultur (Altona und Kiel), Bd. 1, 1799, S. 57–95.

Menzhausen, Joachim (Text) und Klaus G. Beyer (Fotos): Am Hofe des Grossmoguls. Der Hofstaat zu Delhi am Geburtstage des Grossmoguls Aureng-Zeb. Kabinettstück von Johann Melchior Dinglinger, Hofjuwelier des Kurfürsten von Sachsen und Königs von Polen August II., genannt August der Starke. Zürich 1965.

Menzhausen, Joachim: Einführung in das Grüne Gewölbe. 6., überarb. Aufl. Dresden 1980.

Merckwürdiges Leben Ihro Königlichen Majestät von Pohlen und Churfl. Durchl. zu Sachsen Friedrichs Augusti Darinnen alles, was von dieses grossen Printzen hohen Geburth an biß auf dessen tödtlichen Hintritt notabel und denckwürdig, kurz und aufrichtigst entdeckt ist. Frankfurt, Leipzig 1733.

Merker, Otto: Ein Gästebuch von einem Fest in der Pulvermühle 1711. In: Dr. Gbl., Jg. 35, 1927, S. 204–206.

Meyer, Rudolf: Hecken- und Gartentheater in Deutschland im 17. und 18. Jahrhundert. Emsdetten 1934.

Meyfart, Johannes Matthäus: Teutsche Rhetorica oder Redekunst. Tübingen 1977. (Nachdruck der Ausgabe Coburg 1634).

Mikoletzky, Hanns Leo: Hofreisen unter Kaiser Karl VI. In: Mitteilungen des Instituts für Österreichische Geschichtsforschung. Jg. 60 (1952), S. 265–285.

Mikoletzky, Hanns Leo: Der Haushalt des kaiserlichen Hofes zu Wien. In: Carinthia, I, Jg. 146 (1956), S. 658–683. (Vornehml. 18. Jh.)

Minckwitz, August von: Geschichte von Pillnitz. Vom Jahre 1403 an. Dresden 1893.

Mörtzsch, Otto: Die Laubegaster Fähre. In: Dr. Gbl., Jg. 36, 1928, Heft 3 und 4.

Mörtzsch, Otto: Eine kirchliche Merkwürdigkeit. In: Dr.Gbl. Jg. 38, 1930, Heft 3 und 4.

Mörtzsch, Otto: Die älteste Mühlengaststätte in Dresden. In: Dr.Gbl., Jg. 38, 1930, Heft 3 und 4.

Mörtzsch, Otto: Zur Geschichte der Elbschiffahrt. Dresden o.J.

Mols, R.: Die Bevölkerung Europas 1500 bis 1700. In: Cipolla, Bd. 2 (s.d.), S. 5–49.

Müller, Günther: Höfische Kultur. In: Deutsche Barockforschung, hg. v. R. Alewyn. Köln, Berlin 1965, S. 182–204.

Munding, Maria: Zur Entstehung der Römischen Octavia. Phil. Diss. München, im Druck.

Neidhardt, Hans-Joachim: Schloß und Park Pillnitz. Leipzig 1964.

Neidhardt, Hans-Joachim: Schloß Pillnitz. 9. Aufl. Dresden 1981.

Nienholdt, Eva: Kostümkunde. Braunschweig 1961.

Nostiz, Helene von: Festliches Dresden. Die Stadt Augusts des Starken. Frankfurt 1962.

Öttinger, Eduard Maria: Geschichte des dänischen Hofes. Hamburg 1857.

Oettrichen, Gottlob: Richtiges Verzeichniß derer Verstorbenen nebst Ihren Monumenten und Epitaphien, Welche in hiesiger Kirchen zu St. Sophien ihre Ruhe gefunden. Dresden 1709.

Oldekop, Henning: Topographie des Herzogtums Holstein. Kiel 1908.

Pasche, Georg: Chronik des Kirchspiels Bornhövede. Nach gedruckten und ungedruckten Quellen. Schleswig 1839.

Paul, Wolfgang: . . . zum Beispiel Dresden. Schicksal einer Stadt. Frankfurt 1964.

Piwarski, Kazimierz: Das Interregnum 1696/97 in Polen und die politische Lage in Europa. In: Kalisch-Gierowski (s.d.), Berlin 1962, S. 9–44.

Plaul, Rudolf: Die Stuckdecken in Sachsen. Berlin 1920.

Pöhls, Heinrich: Aus der Geschichte unserer Güter. In: Heimatbuch des Kreises Plön. Plön 1963. S. 163–197.

Pöllnitz, Karl Ludwig von: Der verschwenderische Liebhaber oder Das galante Sachsen. Frankfurt/Main 1964. (1. Aufl. 1734: La Saxe Galante).

Pönicke, Herbert: Die fremden Tuchhändler auf den Dresdner Jahrmärkten im 18. Jahrhundert. In: Dr.Gbl. Jg. 40, 1932, Heft 2–4.

Pönicke, Herbert: August der Starke. Ein Fürst des Barock. Göttingen 1972. (In meinen Anmerkungen zitiert als Pönicke.)

Pönicke, Herbert: Das Meißner Porzellan in seinen Anfängen. In: Archiv für Sippenforschung, Jg. 40, 1974, Heft 54, S. 409 bis 417.

473

Pönicke, Herbert: Politisch einflußreiche Männer um August den Starken. In: Archiv für Sippenforschung, Jg. 40, 1974, Heft 56, S. 599–610.

Poeschel, Hans: Schloß Stolpen und die Reichsgräfin von Cosel. In: Die Grenzboten, Bd. LXIX (1910), S. 5–17.

Politikens Forlag (Hg.): Danmarkshistoriens hvornår skete det. Kopenhagen 1972.

Prange, Wolfgang: Die Anfänge der großen Agrarreformen in Schleswig-Holstein bis um 1771. Neumünster 1971.

Pusch, Oskar: Der Dresdner Saugarten in der Dresdner Heide. In: Mitteilungen des Landesvereins Sächsischer Heimatschutz, Bd. 16, 1927, S. 32–36.

Rat der Stadt Stolpen (Hg.): Burg Stolpen. 12. Aufl. Dresden (1979).

Ratjen, H.: Geschichte der Universität zu Kiel. Kiel 1870.

Rehtmeier, Philipp Jacob (Hg.) und Heinrich Buenting (Verf.): Braunschweigisch-Lüneburgische Chronica. Braunschweig 1722.

Reinhardt, Curt: Tschirnhausens Forschungslaboratorium für Porzellane in Dresden. In: Neues Lausitzisches Magazin, Bd. 105, Görlitz 1929, S. 131–151.

Rennert, Georg: Die Dresdner Küchen-Kutsche. In: Dr.Gbl., Jg. 36, 1928, Heft 1 und 2.

Rennert, Georg: Der kursächsische Kammerrat Georg Ludwig von Haxthausen. In: NASG, Bd. 50, 1929, S. 175–187.

Rennert, Georg: Dresdens Postgebäude und Posthalterei 1600–1900. In: Dr. Gbl., Jg. 38, 1930, Heft 1 und 2.

Rennert, Georg: Zur Geschichte des Dresdner Postwesens. Die Dresdner Postmeister der letzten 300 Jahre. In: Dr.Gbl., Jg. 39, 1931, Heft 1 und 2.

Rennert, Georg: Die ersten Posten von Dresden nach Nürnberg und München. In: Dr. Gbl., Jg. 43, 1935, Heft 3 und 4.

Riedel, Friedrich W.: Die Kaiserkrönung Karls VI. (1711) als musikgeschichtliches Ereignis. In: Mainzer Zeitschrift, 60/61 (1965/1966), S. 34–40.

Rohr, Alheidis von: Sophie Kurfürstin von Hannover. Begleitheft zur Ausstellung des Historischen Museums Hannover 1980.

Rohr, Julius Bernhard von: Einleitung zur Ceremonielwissenschaft der großen Herren (. . .). Berlin 1733.

Rohr, Julius Bernhard von: Vollständiges Hauß-wirthschafftsbuch. Leipzig 1751.

Roos, Hans: Der Adel der Polnischen Republik im vorrevolutionären Europa. In: Der Adel vor der Revolution, hg. v. Rudolf Vierhaus, Göttingen 1971, S. 41–76.

Roussell, Aage (Hg.): The National Museum of Denmarck. Copenhagen 1957.

Rühle, Ernst Karl: Die Wasserversorgung der Stadt Dresden vom 13. bis 19. Jahrhundert. In: Forschungen zur ältesten Entwicklung Dresdens, Leipzig 1954, Heft 2.

Rumohr, Henning von: Schlösser und Herrenhäuser in Schleswig. Frankfurt/Main 1968.

Ruhmor, Henning von: Schlösser und Herrensitze in Schleswig-Holstein und Hamburg, 3. Aufl. Frankfurt/Main 1969.

Rumohr, Henning von: Schlösser und Herrenhäuser in Ostholstein. Frankfurt/Main (1973).

Sachsen, Albert Herzog zu: Die Polenpolitik Augusts des Starken. In: Bohemia, 13, 1972, S. 131–154.

Sachsen, Albert Herzog zu: Der Dresdner Zwinger. In: Bohemia, 13, 1972, S. 155 bis 168.

Sachsen, Albert Herzog zu: 250 Jahre Jagdschloß Moritzburg bei Dresden. In: Bohemia, 13, 1972, S. 169–181.

San Salvatore: Der galante König und sein Hof. Ein Sittenbild aus dem 18. Jahrhundert. Berlin (1912).

Sartorio, Salomone (Hg.), Koge Bog. Kopenhagen 1616. (Fotograf. Nachdruck Arhus 1966.)

Schmidt, Hans Georg: Die Konvention von Altranstädt vom 22. August 1707. Leipzig 1907.

Schmidt, Otto Eduard: Kursächsische Streifzüge. Bd. 1, Leipzig 1902; Bd. 2 Leipzig 1904; Bd. 3 Leipzig 1906; Bd. 4, 3. Aufl., Dresden 1928; Bd. 5, 2. Aufl., o.O. 1928; Bd. 6, o.O. 1928; Bd. 7, o.O. 1930. (Nachdruck der Bde. 4–7, Frankfurt/Main 1969.)

Schmidt, Otto Eduard: Zur Charakteristik Augusts des Starken. In: NASG, Bd. 26, 1905, S. 121–127.

Schnee, Heinrich: Die Hoffinanz und der moderne Staat. 5 Bde. Berlin 1953–65.

Schnee, Heinrich: Das Hoffaktorentum in der deutschen Geschichte. Göttingen 1964.

Schoeps, Hans-Joachim: Barocke Juden, Christen, Judenchristen. Bern 1965.

Schreiber, Hermann: August der Starke. Leben

und Lieben im deutschen Barock. München 1981.

Schröder, Johannes von: Darstellungen von Schlössern und Herrenhäusern der Herzogthümer Schleswig, Holstein und Lauenburg. Hamburg 1862.

Schubert, Franz (Hg.): Große Männer Sachsens. Katalog der Bildnisausstellung Dresden 13.5.–3.9.1939.

Schulenburg, Albrecht von der: Leben und Denkwürdigkeiten Johann Mathias Reichsgrafen von der Schulenburg, Erbherrn auf Emden und Delitz, Feldmarschalls in Diensten der Republik Venedig. Aus Original-Quellen bearbeitet. In zwei Theilen. Leipzig 1834.

Schultz, Alwin: Das Alltagsleben einer deutschen Frau zu Anfang des 18. Jahrhunderts. Leipzig 1890.

Schultz, Alwin: Das häusliche Leben der europäischen Kulturvölker vom Mittelalter bis zur zweiten Hälfte des 18. Jahrhunderts. München, Berlin 1903.

Schumann, August: Vollständiges Staats-Postund Zeitungs-Lexikon von Sachsen. Bd. 1 bis 17. Zwickau 1814–1830.

Seydewitz, Max: Dresden. Musen und Menschen. Berlin o.J.

Sieber, Friedrich: Volk und volkstümliche Motive im Festwerk des Barock. Berlin 1960.

Siebmacher, Johann: Siebmachers großes Wappenbuch. Nürnberg 1856 ff.

Sievers, Kai Detlev: Aus der Geschichte der Kieler Universität. In: Die Heimat, Jg. 72, 1965, S. 83–86.

Sonnenburg, Ferdinand: Herzog Anton Ulrich von Braunschweig als Dichter. Berlin 1896.

Sponsel, Jean Louis: Das Reiterdenkmal Augusts des Starken und seine Modelle. In: NASG, Bd. 22, 1901, S. 102–150.

Sponsel, Jean Louis: Johann Melchior Dinglinger und seine Werke. Stuttgart 1904.

Sponsel, Jean Louis: Fürstenbildnisse aus dem Hause Wettin. Dresden 1906.

Sponsel, Jean Louis: Der Zwinger, die Hoffeste und die Schloßbaupläne zu Dresden. Textund Tafelband. Dresden 1924.

Stadt und Schloß Stolpen. Nebst einer Biographie der Gräfin von Cosel. Bautzen (1868).

Stein, Otto: Zur Frage nach der Herkunft der Glasmacher in Ostholstein. In: Die Heimat, Jg. 35, 1925, S. 91.

Steingräber, Erich (Hg.): Schatzkammern Europas. München 1978.

Stern, Selma: The Court Jew. A Contribution to the History of the Period of Absolutism in Central Europe. Philadelphia 1950.

Stieve, Gottfried: Europäisches Hof-Ceremoniel. Leipzig 1723.

Stölten, Hermann und Nicolaus Detlefsen: Pulsgeläute, Pulsleiche, Pulsglocke. In: Die Heimat, Jg. 77, 1970, S. 57 ff.

Sulze, Heinrich: Die Dresdner Barockgärten an der Elbe. In: Jahrbuch zur Pflege der Künste, 2, Dresden 1954.

Sulze, Heinrich: Versailles und der Zwinger. In: Jahrbuch zur Pflege der Künste, 5, Dresden 1957, S. 209–219.

Thöne, Friedrich: Wolfenbüttel. Geist und Glanz einer alten Residenzstadt. München 1963.

Tintelnot, Hans: Barocktheater und barocke Kunst. Die Entwicklungsgeschichte der Fest- und Theater-Dekoration in ihrem Verhältnis zur barocken Kunst. Berlin 1939.

Tintelnot, Hans: Die Bedeutung der »festa theatrale« für das dynastische und künstlerische Leben im Barock. In: Archiv für Kulturgeschichte, 37 (1955), S. 336–351.

Trautmann, Otto: Geschichte des Plantageguts zu Hosterwitz. In: Dr.Gbl., Jg. 28, 1909.

Treue, Wilhelm: Illustrierte Kulturgeschichte des Alltags. München 1952.

Vehse, Eduard: Geschichte der Höfe des Hauses Braunschweig. Hamburg 1853.

Vehse, Eduard: Geschichte der Höfe des Hauses Sachsen. Hamburg 1854. (In meinen Anmerkungen zitiert als Vehse).

Vierhaus, Rudolf (Hg.): Der Adel vor der Revolution. Göttingen 1971.

Vierhaus, Rudolf: Deutschland im Zeitalter des Absolutismus. Göttingen 1978.

Voigt, Chr.: Kurfürstlich-Sächsischer Wassersport. In: NASG, Bd. 51, 1931, S. 135 bis 145.

Voltaire (d.i. François-Marie Arouet): Geschichte Karls des XII. Leipzig 1826.

Walcha, Otto: Meißner Porzellan. Dresden 1973.

Wanke, E.: Petri Heil! in Dresden. Fischersdorf und der Hoffischgarten. In: Dr.Gbl., Jg. 41, 1933, Heft 3 und 4.

Watzdorf, Erna von: Johann Melchior Dinglinger. Der Goldschmied des deutschen Barock. 2 Bde. Berlin 1962.

Weber, Hellmuth von: Die Entwicklung des Zuchthauswesens in Deutschland im 17.

und 18. Jahrhundert. In: Festschrift Adolf Zycha, 1941, S. 427–468.

Weber, Karl von: Aus vier Jahrhunderten. Mittheilungen aus dem Haupt-Staatsarchive zu Dresden. Bd. 1., Leipzig 1857; Bd 2. Leipzig 1858.

Weber, Karl von: Anna Constance Gräfin von Cossell. In: Archiv für die sächsische Geschichte, Bd. 9, Leipzig 1871, S. 1–78 und 113–164.

Weber, Karl von: Die Besuche Peters des Großen in Dresden. In: Archiv für die sächsische Geschichte. Bd. 11, Leipzig 1873.

Weber von Rosenkrantz, Woldemar: Die Gräfin Cosel. In: Die Heimat, Jg. 21, 1911, S. 273–278.

Welke, Martin: Gemeinsame Lektüre und frühe Formen von Gruppenbildungen im 17. und 18. Jahrhundert: Zeitungslesen in Deutschland. In: Lesegesellschaften und bürgerliche Emanzipation. Ein europäischer Vergleich. Hg. v. Otto Dann. München 1981.

Welke, Martin: Die Legende vom »unpolitischen Deutschen«. Zeitungslesen im 18. Jahrhundert als Spiegel des politischen Interesses. In: Jahrbuch der Wittheit zu Bremen, Bd. 25, 1981, S. 161–188.

Wilhelm, Rolf: Die Fassadenbildung des Dresdner Barockwohnhauses. Diss. Leipzig 1939.

Wilhelmine von Bayreuth: Memoiren. Berlin 1927 (1. Aufl. 1810).

Wilsdorf, Oskar: Schloß Stolpen und die Gräfin Cosel. In: Vom Fels zum Meer, 1889, S. 1375–1390.

Wilsdorf, Oskar: Gräfin Cosel. Ein Lebensbild

aus der Zeit des Absolutismus. Nach historischen Quellen bearbeitet. 5. Aufl. Dresden, Leipzig o.J. (3. Aufl. 1902).

Wimmer, Jan: Die Schlacht bei Kalisz am 29. Oktober 1706. In: Kalisch-Gierowskï (s.d.), Berlin 1962, S. 184–207.

Winkler, Major: Die Kriegsereignisse bei der sächsischen Armee in Böhmen in den Jahren 1741 und 1742. In: Archiv für die sächsische Geschichte, Bd. 8, 1870, S. 63–81.

Wittram, Rainer: Peter I. Czar und Kaiser. 2 Bde. Göttingen 1964.

Yamado, Chisaburo: Die Chinamode des Spätbarock. Berlin 1935.

Zedler, Johann Heinrich: Großes Vollständiges Universallexikon. 64 Bde. Leipzig, Halle 1732–1750.

Zeißig, Herbert: Eine deutsche Zeitung 1730 bis 1930. Zweihundert Jahre Dresdner Anzeiger. Dresden 1930.

Ziekursch, Johannes: Die Kaiserwahl Karls VI. (1711). Gotha 1902.

Ziekursch, Johannes: August und die katholische Kirche 1697–1720. In: Zeitschrift für Kirchengeschichte, 24, 1903, S. 86–135 und 232–280.

Ziekursch, Johannes: Die polnische Politik der Wettiner im 18. Jahrhundert. In: NASG, Bd. 26, 1905, S. 107–121.

Zimmermann, Paul: Zu Herzog Anton Ulrich's »Römischer Octavia«. In: Braunschweigisches Magazin, Jg. 1901, S. 105–110.

1618–1648	Dreißigjähriger Krieg
1648	Westfälischer Friede
1661	Ludwig XIV. kommt in Frankreich an die Regierung
1665	Königsgesetz in Dänemark
1670	Geburt Augusts des Starken
1680	Geburt Anna Constantias von Cosel
1683–1699	Türkenkriege
1688–1697	Pfälzischer Krieg
1689	»Glorreiche Revolution« in England (=konstitutionelle Monarchie)
1689	Peter I. wird Zar von Rußland
1694	August wird Kurfürst von Sachsen
1695	Friedrich IV. wird Herzog von Holstein
1697	Karl XII. wird König von Schweden
1697	August wird König von Polen
1699	Frederik IV. wird König von Dänemark
1700–1721	Nordischer Krieg
1701–1714	Spanischer Erbfolgekrieg
1703	Cosel kommt nach Dresden
1705–1711	Regierungszeit Kaiser Josephs I.
1706	Karl XII. besetzt Sachsen; August verliert den polnischen Thron
1709	Peter I. schlägt Karl XII. bei Poltawa; August wird wieder König von Polen
1711–1740	Regierungszeit Kaiser Karls VI.
1713	Sturz der Cosel
1721	Ende des Nordischen Krieges
1733	Tod Augusts des Starken
1765	Tod Anna Constantias von Cosel

Albani, Hannibal 325, 337 f.
Anna Sophie v. Dänemark 84, 87 f., 91, 94, 192,
  196, 212, 247, 269, 335, 345, 412
Anton Ulrich v. Braunschweig-Wolfenbüttel
  56 f., 60 ff., 63 ff., 70 ff., 108, 126, 172 f.,
  176, 180, 184, 291, 313, 340, 369, 412
August Wilhelm v. Braunschweig-Wolfenbüttel
  56, 58 f., 61, 65, 67, 153, 252

Beichling, Dietrich v. 198, 270 ff., 273 ff., 314,
  357, 377, 383, 417, 421
Berns, Albert Baltzer 31 f.
Bilinska, Katharina Gräfin 229
Boblick, Johann Heinrich v. 20, 314, 317, 427 f.,
  430 ff., 434, 436
Böttger, Johann Friedrich 139 ff., 254, 277, 313,
  379
Brockdorff, Anna Margarethe (verw. Berns)
  26 f., 30, 32 ff., 35, 78, 308 ff., 313, 372,
  386 f., 406, 408, 412, 420 f., 425, 433 f.
Brockdorff, Christian Detlev 27, 34 f., 44, 66, 77,
  205, 225, 293, 372, 378, 434 f.
Brockdorff, Joachim 26 f., 30, 32 f., 35, 40, 42,
  45, 78, 209, 336, 345, 372, 387, 420
Brockdorff, Joachim (Sohn) 27, 34 f., 77, 205,
  262
Brockdorff, Marguerita Dorothe 27, 42, 65

Cederhjelm, Josias 186, 195 f., 201, 204, 302
Christian V. (dän. Kg.) 46, 51, 67
Christian Albrecht v. Holstein-Gottorp 47 ff.,
  50, 55
Christiane Eberhardine v. Brandenburg-Bayreuth 12 f., 84, 86 ff., 89, 126 f., 130, 133,
  170, 173, 189 f., 192, 197, 199, 204, 285,
  288, 290 f., 296, 306, 335, 337, 344 f., 370,
  429
Cosel, Augusta Constantia v. 23, 221 ff., 224 ff.,
  227 ff., 229 f., 255, 301, 309, 313, 372, 429,
  440
Cosel, Friederike Alexandra v. 224, 226, 229,
  308, 313, 429 f., 440
Cosel, Friedrich August v. 226, 228 f., 355, 433,
  440
Cosel, Sigismund v. 439
Crassau 302 ff., 306, 324

Dinglinger, Georg Christoph 264
Dinglinger, Johann Melchior 16 f., 125 f., 138 f.,

142, 213 f., 246, 276, 293 f., 341, 441 f.
Dönhoff, Maria Magdalena Gräfin v. 18, 352 f.,
  360 ff., 363, 365, 367 ff., 370, 373 ff., 381,
  383
Duval, Henriette 13, 151, 164

Eberstedt, Janus v. 400 ff., 403 ff.
Elisabeth Juliane v. Braunschweig-Wolfenbüttel
  59 ff., 62, 72, 77, 172
Esterle, Gräfin v. 13, 99, 190, 368
Eugen, Prinz v. Savoyen 115, 149, 256 f., 261,
  265, 283
Exß, Johann Heinrich 413, 419, 422

Flemming, Jakob Heinrich Graf v. 10, 14, 18 f.,
  21, 97, 100 f., 108 f., 122, 124, 128, 131, 136,
  145, 156, 162 f., 183 f., 187, 206, 211 f., 217,
  229, 233, 235 ff., 238 ff., 244, 250, 254 f.,
  262 f., 267, 270 ff., 275, 279, 282 ff., 285,
  289, 293, 297, 299 f., 307, 314 f., 320, 323,
  325 ff., 328 ff., 332, 341 f., 345 ff., 348 ff.,
  351 ff., 357, 359 f., 362, 364 f., 367 ff., 371,
  373, 376 ff., 381, 387, 389, 392, 401, 413,
  422 ff., 425, 429
Frederik III. (dän. Kg.) 44 ff., 49, 269, 285
Frederik IV. (dän. Kg.) 24, 67 f., 167, 205 f., 209,
  263, 265, 269, 281, 284 ff., 287 f., 290,
  293 ff., 296 ff., 299, 301, 304, 311, 324, 330,
  336, 339 ff., 342, 345, 355, 362, 388, 415 f.
Friederike Amalie v. Holstein-Gottorp 49, 57
Friedrich I. (preuß. Kg.) 140, 260, 283, 299
Friedrich II., d. Große (preuß. Kg.) 435 f.
Friedrich IV. v. Holstein-Gottorp 50, 56 ff., 66,
  68 f., 73 f., 167
Friedrich August II. (Kurfst. v. Sachsen; als
  König von Polen August III.) 13, 284, 335,
  432, 433, 435 ff., 438
Friedrich Wilhelm I. (preuß. Kg.) 319, 366, 390,
  392, 394 f., 397 f., 430
Friesen, Heinrich Friedrich Graf v. 23, 225,
  228 f.
Fürstenberg-Heiligenberg, Anton Egon Fürst v.
  83, 85, 93, 95, 100, 106, 140, 161, 163,
  216 f., 240, 270 f., 275, 277, 293, 300, 303 f.,
  308, 324 f., 363, 369, 384

Gärtner, Andreas 319, 341

Hagen, Lorenz 215 f.

480

Stammtafel der dänischen, sächsischen und schwedischen Fürstenhäuser, der Herzöge von Holstein-Gottorp und der Herzöge von Braunschweig-Wolfenbüttel

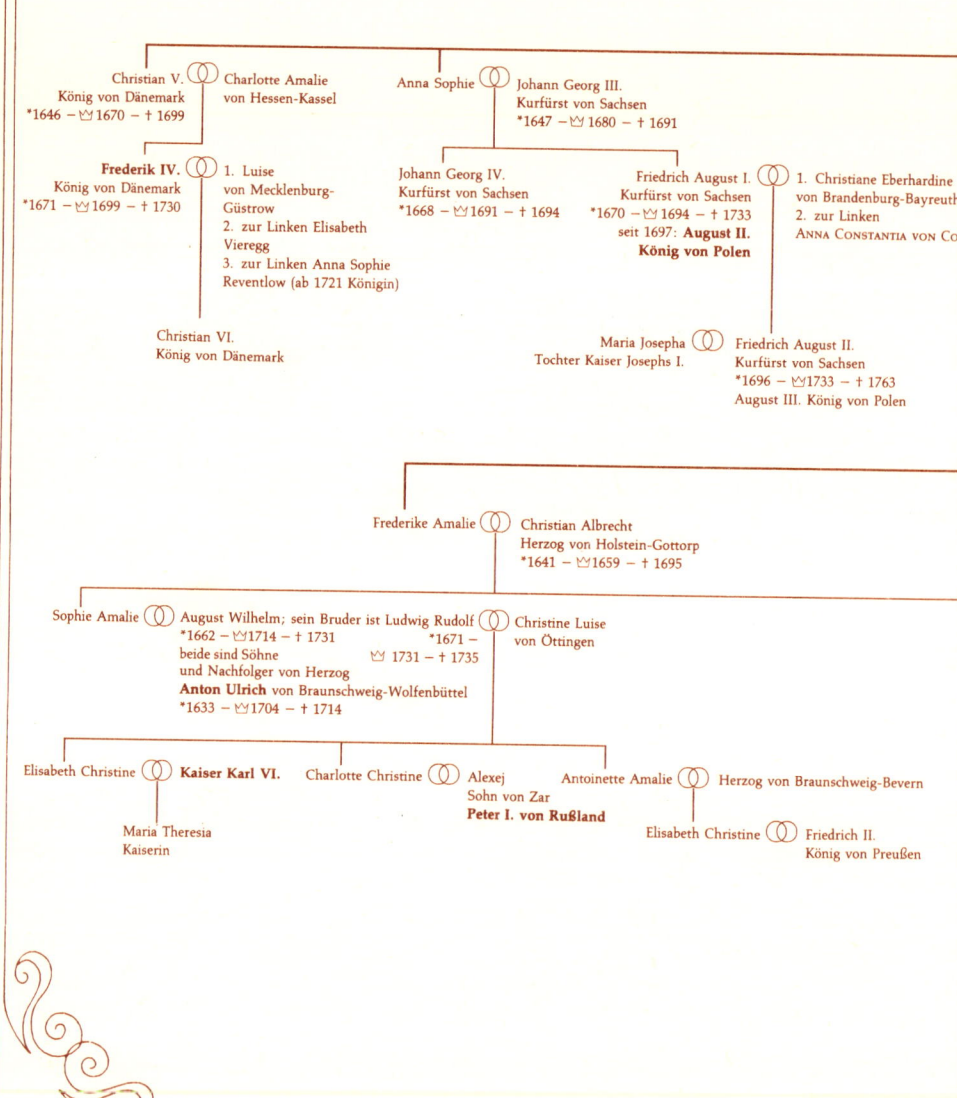

Christian V. König von Dänemark *1646 − ⚭ 1670 − † 1699 ⚭ Charlotte Amalie von Hessen-Kassel

Anna Sophie ⚭ Johann Georg III. Kurfürst von Sachsen *1647 − ⚭ 1680 − † 1691

Frederik IV. König von Dänemark *1671 − ⚭ 1699 − † 1730 ⚭ 1. Luise von Mecklenburg-Güstrow 2. zur Linken Elisabeth Vieregg 3. zur Linken Anna Sophie Reventlow (ab 1721 Königin)

Johann Georg IV. Kurfürst von Sachsen *1668 − ⚭ 1691 − † 1694

Friedrich August I. Kurfürst von Sachsen *1670 − ⚭ 1694 − † 1733 seit 1697: **August II.** **König von Polen** ⚭ 1. Christiane Eberhardine von Brandenburg-Bayreuth 2. zur Linken ANNA CONSTANTIA VON COS

Christian VI. König von Dänemark

Maria Josepha ⚭ Friedrich August II. Tochter Kaiser Josephs I. Kurfürst von Sachsen *1696 − ⚭ 1733 − † 1763 August III. König von Polen

Frederike Amalie ⚭ Christian Albrecht Herzog von Holstein-Gottorp *1641 − ⚭ 1659 − † 1695

Sophie Amalie ⚭ August Wilhelm; sein Bruder ist Ludwig Rudolf ⚭ Christine Luise *1662 − ⚭ 1714 − † 1731 *1671 − von Öttingen beide sind Söhne ⚭ 1731 − † 1735 und Nachfolger von Herzog **Anton Ulrich** von Braunschweig-Wolfenbüttel *1633 − ⚭ 1704 − † 1714

Elisabeth Christine ⚭ **Kaiser Karl VI.**

Charlotte Christine ⚭ Alexej Sohn von Zar **Peter I. von Rußland**

Antoinette Amalie ⚭ Herzog von Braunschweig-Bevern

Maria Theresia Kaiserin

Elisabeth Christine ⚭ Friedrich II. König von Preußen